AFONSO DE LIGÓRIO

O triunfo
da benignidade
frente ao
rigorismo

MARCIANO VIDAL

AFONSO DE LIGÓRIO

O triunfo da benignidade frente ao rigorismo

1

A paisagem e o personagem

Coleção "Introdução à Theologia Moralis" de Santo Afonso

EDITORA SANTUÁRIO

scala EDITORA

Direção editorial: Marcos Vinícius Ramos de Carvalho, CSSR
Direção administrativa: José Rosa de Morais, CSSR
Secretário editorial: Giovane Costa Bastos, CSSR
Conselho editorial:
- Alan Santana Rauschkolb, CSSR
- Antônio Ranis Rosendo dos Santos, CSSR
- Fábio Mendonça Pascoal, CSSR
- Paulo Júnior Silva Leão, CSSR

Tradução: Claudiberto Fagundes, CSSR
Diagramação: Marcia Lezita Silveira
Revisão:
- Vítor Edézio Tittoni Borges, CSSR
- Irmã Carina Malcomes
- Divina Maria de Queiroz

© Editorial El Perpetuo Socorro
Covarrubias, 19 – 28010 MADRI
Tfno.: 914 455 126
Fax: 914 455 127
www.pseditorial.com
E-mail: perso@pseditorial.com
1.ª Edición 2019
ISBN (Tomo 1): 978-84-284-0811-0
ISBN (Obra completa): 978-84-284-0813-4
Depósito Legal (Tomo 1): M-38485-2018
Depósito Legal (Obra completa): M-38556-2018
Impressão: CIMAPRESS

Dados Internacionais de Catalogação na Publicação (CIP)
(Câmara Brasileira do Livro, SP, Brasil)

Vidal, Marciano
Afonso de Ligório : o triunfo da benignidade frente ao rigorismo / Marciano Vidal ; [tradução Claudiberto Fagundes]. -- Goiânia, GO : Scala Editora, 2022. -- (Introdução à Theologia Moralis de Santo Afonso ; 1)

Título original: Alfonso de Liguori (1696-1787) : Il trionfo de la benignidad frente al rigorismo.
ISBN 978-65-86176-85-8

1. Afonso Maria de Ligório, Santo, 1696-1787 2. Benignidade 3. Teologia moral I. Título. II. Série.

22-116935 CDD-241

Índices para catálogo sistemático:

1. Teologia moral : Cristianismo 241

Eliete Marques da Silva - Bibliotecária - CRB-8/9380

Impresso no Brasil
Printed in Brazil
2022
Edição: 1ª

Dedico este volume aos meus
formadores e professores redentoristas:
em El Espino (Miranda de Ebro, Burgos),
em Nava del Rey (Valladolid),
em Laguna de Duero (Valladolid),
na Academia Alfonsiana (Roma).

SUMÁRIO

Segunda Seção

Terceira Seção

Quarta Seção

Quinta Seção

Sexta Seção

Sétima Seção

Índices das obras de Santo Afonso

Apresentação da Coleção

"Introdução à *Theologia Moralis* de
Santo Afonso de Liguori"

"Não". Essa foi, em 5 de julho de 1831, a resposta da Penitenciaria Apostólica (depois aprovada por Gregório XVI) à consulta do cardeal arcebispo de Besançon, formulada na seguinte questão: "Deve se preocupar o confessor que, na prática do confessionário, segue todas as opiniões do bem-aventurado Afonso de Liguori pelo motivo de a Santa Sé ter declarado que, em suas obras, nada foi encontrado digno de censura?" Resposta negativa que era, portanto, uma afirmação, fruto de longo e conturbado percurso, da autoridade incontestável de Afonso de Liguori no campo da Teologia Moral. Mas não apenas isso, uma autoridade ainda matizada nos limites do inaudito quando, na mesma consulta, surge caracterizado o hipotético confessor: "O confessor em questão, leu as obras do santo Doutor apenas para conhecer sua doutrina, sem avaliar as razões e motivos com que apoia as mesmas conclusões". Em outras palavras, a Penitenciaria Apostólica responde não dever se preocupar o confessor que segue tão somente as conclusões de Afonso, sendo desnecessário verificar a argumentação com que o santo justifica tais conclusões. Ou seja: confiança cega, granítica, monolítica. Impossível, e não verificada na história da Igreja, maior consagração para um autor. Um quase semideus da Teologia Moral. Santo Afonso do século XIX.

Poderíamos então perguntar: mas, o que o próprio Santo Afonso acharia deste "sem avaliar as razões e motivos com que apoia as mesmas conclusões"? Nada melhor, sem dúvida, que ouvir o interessado. No prefácio à *Theologia Moralis*, com o sugestivo subtítulo "que o autor pede ao leitor que leia para a compreensão de toda a obra", depois de explicitar o motivo da composição (ensinar aos jovens da Congregação a arte de orientar as consciências através da pregação e da confissão durante as Missões), encontramos um autor insatisfeito com sua obra: "Eu mesmo acabei não ficando satisfeito, pois muitas coisas não saíram bem explicadas ou ficaram expostas em uma ordem confusa"; tentando remediar os problemas encontrados: "Apliquei-me à segunda edição cuidando em levar tudo a uma ordem melhor" e explicando o motivo e oportunidade desse procedimento: "Como sou humano, também reformei algumas opiniões que, com o passar do tempo, havia chamado a um julgamento mais atento"; nessa atitude, orgulhoso, então, de nobre companhia: "Não me envergonho disso, pois o próprio Santo Agostinho não se envergonhou de se retratar em muitas questões; Santo Tomás também o fez, como atestam Caetano, Catharino e Capreolo, e o próprio doutor Angélico confessa, quando diz: *Embora tenha escrito diferentemente em outro lugar (3p., quaest. 9, art. 4)*. O mesmo também afirmou Túlio [Cícero]: É coisa própria do sábio mudar de opinião [Sapientis est mutare consilium]. E, em outra passagem: *Nunca se elogiou a insistência em uma sentença única.*" Explicitando a mola propulsora de seu método de estudo: "Empreguei muito trabalho para conseguir escolher as sentenças de acordo com a verdade da questão. Investiguei, por muitos anos e em muitos volumes de autores clássicos, tanto as sentenças rígidas, quanto as benignas que, recentemente (pelo que sei), vieram a público"; baseado na reflexão e não apenas na autoridade: "Mas, na escolha das sentenças, o meu maior cuidado foi sempre colocar a razão na frente da autoridade..." e, por isso, "não duvidei em modificar o julgamento sobre muitas sentenças" e "quando não encontrei razão convincente em favor de uma parte, não ousei condenar a oposta, como fazem alguns que têm muita facilidade em reprovar opiniões..." para que "não julgues esteja eu aprovando as opiniões que não reprovo, pois geralmente as exponho fielmente, com suas razões e defensores, para que outros, por sua prudência, julguem qual o seu peso". Santo Afonso do século XVIII.

Não precisamos ir além desse importante prefácio à *Theologia Moralis*, embora pudéssemos nos estender muito, já que, para nossa sorte, Santo Afonso deixou consignadas, em passagens memoráveis das oito revisões de sua obra magna, bem como em numerosíssimas cartas e outros muitos escritos, seu modo de entender e fazer Teologia Moral. O que aqui apresentamos quer apenas aguçar a curiosidade do leitor para esse fenômeno editorial (nove edições durante a vida do autor, mais cinquenta desde então), *semper reformanda*, que foi para seu autor a *Theologia Moralis*. E, ao mesmo tempo, a história profícua e polêmica de sua recepção social, cultural e eclesial. Talvez, por isso, o melhor elogio que poderíamos fazer ao autor, e o que ele mais aprovasse, fosse a constatação de, em sua materialidade, a obra-prima teológica de sua vida estar hoje grandemente desatualizada. Desatualizada porque, de tal modo próxima às necessidades concretas de sua época que, uma vez modificadas radicalmente, não pode deixar de perder a atualidade. Mas, ao mesmo tempo, com um espírito pastoral tão fecundo e criativo, com abertura de pensamento tão larga, que não pode deixar de ser, mais que nunca, atual para a compreensão e o fazer moral que desafia a teologia nos dias de hoje. Santo Afonso do século XXI.

Prova disso são as numeráveis publicações que começam a reflorescer sobre o estudo do texto da *Theologia Moralis* afonsiana. Apenas nos últimos meses pudemos contar três importantes contribuições nesse sentido: "*Conscience - writings from Moral Theology, by Saint Alphonsus*" ("Consciência - escritos de Teologia Moral, por Santo Afonso") de Raphael Gallagher, publicado pela Liguori Publications, em abril. "*Alfonso de Liguori (1696-1787): Il trionfo de la benignidad frente al rigorismo*", em dois volumes publicados pela Editorial Perpétuo Socorro, Espanha, de Marciano Vidal, dentro da coleção de História da Teologia Moral. Bem como o projeto editorial de tradução da *Theologia Moralis* para o português, que já vai para o final, pelo Centro Dom Bosco – projeto análogo está em andamento nos Estados Unidos, também já com vários volumes publicados: *Moral Theology by Liguori CSSR*, Ryan Grant. Ante toda essa movimentação editorial, não podemos deixar de augurar que, de fato, Santo Afonso seja um dos grandes autores redescobertos dessa primeira metade de século.

Contudo, tal redescoberta do texto afonsiano, vai acompanhada por um desafio muito mais árduo: o desafio da interpretação. Se é verdade que, de Afonso já foram feitas tantas interpretações quantos retratos, a exigência é enorme, visto a enorme galeria pictórica que, do santo, a tradição nos legou. Nem é necessário, portanto, retornarmos ao primeiro parágrafo para uma pequena ideia de quanto a mesma tradição, com a melhor das intenções conservativas, acabou por acrescentar tantas camadas de verniz que terminaram, algumas vezes, mais por obscurecer, que por revelar, o genuíno pensamento do doutor zelantíssimo. É nesse sentido, então, que a União dos Redentoristas do Brasil - URB - apresenta esta publicação como abertura de toda uma coleção, ou seja, uma grande introdução ao pensamento moral e à figura de Santo Afonso. Mais que oportuna, com certeza, pois, embora muito querido e admirado, o Doutor da Igreja e Padroeiro dos Confessores e Moralistas, nem sempre é correspondentemente conhecido, talvez por sua inabarcável bibliografia, constantemente atualizada, nem sempre estar disponível em português.

Decidimos abrir a coleção com aquele que é, sem dúvida, o maior conhecedor da obra moral de Santo Afonso na atualidade, o missionário redentorista Pe. Marciano Vidal. No primeiro livro poderemos acompanhar como a tradição afonsiana repercutiu vivencialmente na trajetória acadêmica e pastoral desse seu filho e, ao mesmo tempo, a partir de seus olhos e atuação, na inteira segunda metade do século XX. Preferimos fazer assim, começar com um testemunho, também para professar nossa opção por uma moral viva e encarnada, pastoral, atenta às demandas do tempo presente, ao mesmo tempo em que, por isso mesmo, comprometida com a fidelidade ao Evangelho, como o fez Santo Afonso em sua época.

Na sequência, teremos então os quatro volumes do que se pode chamar uma "verdadeira enciclopédia" jamais escrita sobre

Santo Afonso e a Teologia Moral. Do mesmo autor, Pe. Marciano Vidal, publicados em 2019, condensam em grande panorama interpretativo e bibliográfico, tudo o que se escreveu de mais importante sobre o assunto. O leitor terá, por exemplo, um comentário sobre as mais de 128 obras de Santo Afonso, inseridas e analisadas nos contextos vitais do autor e referidas em suas várias edições.

Depois dessa desafiante incursão biobibliográfica, estaremos prontos para o "curso avançado". Destinado apenas aos "fortes", acompanharemos toda a gênese do pensamento moral afonsiano pelas mãos de um de seus insuperáveis pesquisadores, o falecido Pe. Domenico Capone, diretor da Academia Alfonsiana e profundo estudioso do tema. Nessa obra, passando em detalhada revista todos os escritos morais de Santo Afonso, o leitor poderá encontrar uma visão realista e ontológica do "mais napolitano dos santos e mais santo dos napolitanos", tanto das implicações atuais de sua proposta, quanto de seu labor e amadurecimento teológico-moral.

Por fim, algo que pensamos esteja ainda faltando aos estudiosos iniciantes, traremos uma introdução didática ao texto da *Theologia Moralis*, sobretudo, aos tratados do Livro I, ou seja, *Sobre a Consciência* e *Sobre a Lei*, bases do método afonsiano e sua grande contribuição à ciência moral.

Agradecemos ao Pe. Claudiberto Fagundes, mestre em teologia e doutor e pós-doutor em letras, pela proposição e organização dos textos, bem como aos outros confrades que se estão unindo a essa empreitada editorial. Agradecemos às editoras que assumiram a tarefa ingente de disponibilizar esse importante material aos leitores de língua portuguesa. Agradecemos a URB, União dos Redentoristas do Brasil, aos provinciais e confrades, pela aprovação e apoio necessário ao projeto. Por último, mas não em último lugar, a todos os leitores que, com suas observações, sugestões e críticas, auxiliarão na concretização do mesmo projeto.

Pe. Vitor Edezio Tittoni Borges

Pela União dos Redentoristas do Brasil.

Coleção "INTRODUÇÃO À THEOLOGIA MORALIS" DE SANTO AFONSO

1. "Conversa com Marciano Vidal",
   José Manuel Caamaño. (publicado)

***

"Afonso de Liguori (1696-1787): O triunfo da benignidade frente ao rigorismo". Marciano Vidal. Apresentado em quatro volumes:

2. **A Paisagem e o Personagem (publicado).**
3. A Mensagem (publicado).
4. A Moral Afonsiana (publicado).
5. Espiritualidade Afonsiana e Moral.
   Significado histórico de Afonso de Liguori (publicado).

***

6. A proposta moral de Santo Afonso: desenvolvimento e atualidade. Domenico Capone (em preparação).

7. Theologia Moralis: A Consciência e a lei.
   Tradução e introdução didática.

Apresentação

O livro que o leitor tem em mãos ou, em razão do tamanho do volume, apoiado em um suporte, foi concebido com dois objetivos. Em primeiro lugar, formar parte de uma História da Teologia Moral Católica e, nesse sentido, constitui o terceiro tomo de sua parte V. De Trento ao Vaticano II. O segundo objetivo - para quem escreve, o principal - oferecer um balanço, o mais completo possível, do significado histórico de Afonso de Liguori.

Embora sejam diferentes, não **são** objetivos excludentes, e o texto pode perfeitamente ser - e de fato é - o mesmo. Também **é** o mesmo o título para os dois objetivos apresentados: Afonso de Liguori (1696-1787). O triunfo da benignidade frente ao rigorismo. A mesma, ainda, a imagem abaixo do título: uma reprodução do magnífico quadro com o qual o pintor ferrolano, radicado em Madri, **Fernando Álvarez de Sotomayor** (1875-1960), diretor do Museu do Prado (1922-1931, 1939-1960), quis render homenagem ao santo napolitano e retribuir a relação de amizade com os redentoristas espanhóis.

Toda apresentação de uma obra constitui um corpo a corpo do autor com o leitor. O autor promete ao leitor que, chegando ao final do livro, poderá comprovar que lhe foi entregue o prometido. Sendo assim, asseguro ao benévolo leitor que, chegando ao final da leitura:

1. Conhecerá *o conteúdo de todas as obras de Afonso* - conforme as últimas contagens, chegam a 128 títulos.

2. Terá oportunidade de entrar em contato com (quase) toda *a produção bibliográfica* de temática afonsiana. Ainda que, nesse ponto, não possa oferecer novas descobertas arquivísticas, garanto o contato com a maior parte da bibliografia afonsiana, embora em algumas passagens precise continuar empregando a convencional confissão: "A bibliografia afonsiana é inabarcável".
3. Contará com uma biografia completa da obra principal de Afonso, sua *Theologia Moralis*, analisada com o **método original que o autor denomina** *método sociobiográfico*.
4. Em poucas bibliografias afonsianas o leitor encontrará análise tão minuciosa sobre *o pensamento moral de Afonso* e história tão detalhada de sua *recepção*, seja pelos teólogos moralistas, seja pelo magistério eclesiástico. Nesse âmbito, o autor se sente feliz por ter lançado um neologismo - *liguorização* da moral católica - para referir o fenômeno da recepção teológico-moral e eclesial da moral afonsiana; e, mais feliz ainda, por ter sido um dos primeiros, se não o primeiro, a empregar a expressão *benignidade pastoral* para caracterizar a peculiaridade da orientação moral de Afonso.
5. Na presente obra, alguns leitores se sentirão mais satisfeitos com determinados conjuntos temáticos: a ampla exposição sobre *a espiritualidade afonsiana*, a análise da *experiência familiar* de Afonso, a apresentação de *sua formação, tanto civil, quanto eclesiástica*, a descrição da *trajetória biográfica* do santo napolitano, onde o leitor avisado apreciará a apresentação de Afonso *enquanto escritor*.
6. Em poucas obras gerais, como *é o caso*, o leitor poderá dispor de tantos conhecimentos necessários para avaliar a contribuição de Afonso aos vários campos do *saber teológico*: teologia bíblica, teologia da história, teologia dogmática e, sobretudo, apologética.
7. Pode acontecer que algum leitor desavisado - não é o caso - pergunte sobre a amplitude do espaço dedicado à descrição geográfica, histórica, social, cultural e religiosa do Reino e da Cidade de Nápoles. Como autor, confesso que não poderia ter feito diferente, na medida em que pretendo explicitar o significado histórico do *santo mais napolitano de todos os santos* (alguns acrescentam: *do napolitano mais santo de todos os napolitanos*).

Comumente, a apresentação da obra também oferece uma espécie de guia para o leitor se sentir mais confortável em sua tarefa

- oxalá, grata - de explorador literário. Se o inteligente leitor já conhecer outros escritos meus, saberá que me agradam a clareza e a simplicidade - quem sabe, sejam a mesma coisa - no plano da obra.

O esquema da presente obra não poderá ser mais claro e simples para quem seguir o itinerário das partes assinaladas com letras maiúsculas:

A) A Paisagem, descreve o *Settecento* napolitano em suas três vertentes: social, religiosa e cultural.

B) A Figura, ou seja, a apresentação de Afonso de Liguori em sua experiência familiar, formação e trajetória biográfica.

C) A Mensagem, exposta inicialmente em confronto com os movimentos culturais, sociais e teológicos da época (Iluminismo, Racionalismo, Jurisdicionalismo, Jansenismo, Probabiliorismo) e, na continuação, abordando diretamente o pensamento teológico de Afonso.

D) A Moral Afonsiana, analisada com método sociobiográfico e estudo direto dos textos afonsianos.

E) A Espiritualidade Afonsiana, vista em articulação com a Moral.

F) Esquema sintético onde, como em um mapa conceitual, recapitula o significado de Afonso de Liguori.

Conhecido o panorama geral da obra, cada leitor poderá buscar as partes que mais lhe interessam e traçar seu próprio itinerário. Para os diretamente interessados na História da Teologia Moral, será decisiva a parte D) A Moral Afonsiana. Mas não poderão deixar de conhecer o autor que a compôs: B) A Figura; bem como, a sociedade a que se dirigiu: A) A Paisagem; a cultura civil e eclesiástica com a qual dialogou: C) A Mensagem; e a espiritualidade com que forma unidade temática: E) A Espiritualidade.

Como autor, não seria fiel à obra, se não expressasse o desejo de o texto ser lido em sua totalidade e, se possível, acompanhando o itinerário das partes, seções e capítulos apresentados no volume. Também penso que nenhum leitor poderia deixar de ler, em primeiro lugar, a *Introdução Geral* com a síntese biográfica de Afonso e apresentação das referências bibliográficas gerais.

O último parágrafo da Apresentação e, segundo o ritual, o último escrito pelo autor, precisa ser reservado aos agradecimentos.

Na *Dedicatória,* faço referência a vários grupos de formadores e professores redentoristas aos quais me sinto especialmente agradecido.

Em obras como esta, o autor ainda deve reconhecer sua gratidão aos pesquisadores anteriores, dos quais é, necessariamente, devedor. Citarei os mais representativos (apenas os falecidos): a) Entre os *biógrafos* de Afonso: Antônio Maria Tannoia, Alois Pichler, Raimundo Tellería, Théodule Rey-Mermet, Frederick M. Jones. b) Dos bibliógrafos afonsianos: sobressai o belga Maurice De Meulemeester. c) Entre os muitos *estudiosos* da vida e da obra de Afonso: Celestino Berruti, Charles Keusch, Clément Dillenschneider, Oreste Gregorio, Ambroggio Fredda, Vincenzo Toglia, Germain Liévin, Giuseppe Cacciatore, Andreas Sampers, José Fidel Hidalgo, Hernán Arboleda, Sante Raponi, Dionisio Ruiz, Manuel Gómez Ríos, Giuseppe Orlandi, Hamish F. G. Swanston, Otto Weiss. d) Autores de *monografias,* ainda valiosas e sugestivas, como as de: Candido Romano, Giovanni Getto, Rodrigo Bayón, Giuseppe de Luca. e) *Especialistas no pensamento moral* de Afonso: Leonardo Gaudé, Gabriel M. Blanc, Domenico Capone, Bernhard Häring, Louis Vereecke, Rodrigue Théberge.

Expresso um agradecimento especial ao diretor da Editorial PS, Francisco J. Caballero, que dedicou grande interesse à presente obra por se tratar de Afonso de Liguori, o fundador da Congregação do Santíssimo Redentor e joia literária mais apreciada do *Editorial Perpetuo Socorro.* Também agradeço a amigável e desinteressada colaboração de Vicente García, atual secretário da Província espanhola redentorista, nos aspectos informáticos da edição.

Por último, agradeço aos que me animaram com suas benévolas recensões - e com suas aquisições - dos volumes precedentes e aos que me proporcionaram o afeto necessário para viver e trabalhar.

Sem desmerecer o que disse antes, pelo contrário, dando-lhe plenitude de significação, é a Deus, o doador de todos os dons, a quem rendo totalmente minha ação de graças.

***

Por motivos práticos, o texto foi dividido em tomos, mantendo a unidade do conjunto que o autor refere com o termo *volume.*

SIGLAS E ABREVIATURAS

I. Gerais

Sagrada Escritura:

Ab (Abdias)	Gn (Gênesis)	Mt (Mateus)
Ag (Ageu)	Hab (Habacuc)	Nm (Naum)
Am (Amós)	At (Atos)	Ne (Neemias)
Ap (Apocalipse)	Hb (Hebreus)	Nm (Números)
Br (Baruc)	Is (Isaías)	Os (Oseias)
Ct (Cânticos)	Jó (Jó)	Pe (Pedro)
Cl (Colossenses)	Jd (Judas)	Pv (Provérbios)
Cor (Coríntios)	Jt (Judite)	Rs (Reis)
Cr (Crônicas)	Jr (Jeremias)	Rm (Romanos)
Dn (Daniel)	Jl (Joel)	Rt (Rute)
Dt (Deuteronômio)	Jo (João)	Sb (Sabedoria)
Ecle (Eclesiastes)	Jn (Jonas)	Sl (Salmos)
Eclo (Eclesiástico)	Js (Josué)	Sm (Samuel)
Ef (Efésios)	Jz (Juízes)	Tg (Tiago)
Es (Esdras)	Lm (Lamentações)	Sf (Sofonias)
Est (Ester)	Lc (Lucas)	Ts (Tessalonicenses)
Êx (Êxodo)	Lv (Levítico)	Tm (Timóteo)
Ez (Ezequiel)	Mac (Macabeus)	Tt (Tito)
Fm (Filemon)	Mal (Malaquias)	Tb (Tobias)
Fl (Filipenses)	Mc (Marcos)	Zc (Zacarias)
Gl (Gálatas)	Mq (Miqueias)	

Documentos do Concílio Vaticano II (1962-1965):

AA Apostolicam actuositatem.
AG Ad gentes.
CD Christus Dominus.
DH Dignitatis humanae.
DV Dei Verbum.
GE Gravissimum educationis.
GS Gaudium et spes.
IM Inter mirifica.

LG Lumen gentium.
NA Nostra aetate.
OE Orientalium ecclesiarum.
OT Optatam totius.
PC Perfectae caritatis.
PO Presbyterorum ordinis.
SC Sacrosanctum concilium.
UR Unitatis redintegratio.

Documentos pontifícios (encíclicas, cartas, exortações apostólicas, etc.):

AL Amoris laetitia.
CA Centesimus annus.
CC Casti connubii.
ChF Christifideles laici.
CiV Caritas in veritate.
CT Catechesi tradendae.
DCE Deus caritas est.
DM Dives in misericordia.
DetV Dominum et vivificantem.
EdE Ecclesia de Eucharistia.
EG Evangelii gaudium.
EN Evangelii nuntiandi.
ES Ecclesiam suam.
EV Evangelium vitae.
FC Familiaris consortio.
FR Fides et Ratio.
GSa Gratissimum sane.
HV Humanae vitae.
LE Laborem exercens.
LS Laudato sì.
LF Lumen fidei.
MD Mulieris dignitatem.
MM Mater et magistra.

OA	Octogesima adveniens.
PP	Populorum progressio.
PT	Pacem in terris.
NMA	Novo millennio adveniente.
NMI	Novo millennio ineunte.
QA	Quadragesimo anno.
RH	Redemptor hominis.
RM	Redemptoris missio.
RP	Reconciliatio et paenitentia.
RN	Rerum novarum.
SRS	Sollicitudo rei socialis.
VS	Veritatis splendor.

Documentos de Dicastérios romanos:

AN	Aetatis Novae.
CP	Communio et progressio.
DoVe	Donum veritatis.
DP	Dignitas personae.
DV	Donum vitae.
LC	Libertatis conscientia.
LN	Libertatis nuntius.
PH	Persona humana.

Outras:

AAS	Acta Apostolicae Sedis.
BAE	Biblioteca de Autores Españoles.
Bund	J. Bund, *Catalogus qui scripserunt de Theologia morali et practica* (Ruon, 1900).
CC	Corpus Christianorum.
CCCM	Corpus Christianorum. Continuatio Mediaevalis.
CCL	Corpus Christianorum. Series Latina.
CDF	Congregação para a Doutrina da Fé.

CEC	Catecismo da Igreja Católica.
Catholicisme	Catholicisme hier, aujourd'hui, demain.
CIC	Código de Direito Canônico.
CSEL	Corpus Scriptorum Ecclesiasticorum Latinorum.
CTI	Comissão Teológica Internacional.
DACL	Dictionnaire d'archéologie chrétienne et de liturgie.
DH	H. Denzinger - P. Hünermann, *El Magisterio de la Iglesia* (Barcelona, 2000²). [= H. Denzinger - P. Hünermann. *Compêndio dos símbolos, definições e declarações de fé e moral*. São Paulo: Paulinas/ Loyola, 2006. 1468 p].
DPAC	A. Di Berardino (ed.), *Diccionario Patrístico y de la Antigüedad Cristiana*, I y II. Ediciones Sígueme (Salamanca, 1991, 1992). [= *Dicionário Patrístico e de Antigüidades Cristãs*. São Paulo: Vozes/Paulus, 2002. Tradução: Cristina Andrade. 1484 p].
DS	Dictionnaire de spiritualité ascétique et mystique.
DTC	Dictionnaire de Théologie Catholique.
Dizionario	L. Pacomio - G. Occhipinti (ed.), *Lexicon. Dizionario dei Teologi*. Piemme (Casale Monferrato, 1998).
EC	Enciclopedia Cattolica.
Fitzgerald	A. D. Fitzgerald (ed.), *Diccionario de San Agustín*. Editorial Monte Carmelo (Burgos, 2001). = *Agostinho através dos tempos*: uma enciclopédia. São Paulo: Paulus, 2018. 1000 p.
Hurter	H. Hurter, *Nomenclator literarius theologiae catolicae*, 6 vol. (Innsbruck, 1903-1913).
LTK	Lexikon für Theologie und Kirche.
Mansi	J. D. Mansi, *Sacrorum Conciliorum nova et amplissima collectio* (Florença, 1759-1798; reimpressão, Graz, 1960-1962).

MGH	Monumenta Germaniae Historica.
PG J.-P.	Migne, *Patrologiae Cursus completus. Series Graeca.*
PL J.-P.	Migne, *Patrologiae Cursus completus. Series Latina.*
Sommervogel	C. Sommervogel, *Bibliotèque de la Compagnie de Jésus* (Bruxelas-Paris, 1890 ss.).
SC	Sources chrétiennes.

II. Especiais

Siglas e abreviaturas para o presente volume:

A56:	Alfonso de Liguori [*Apologia*], *Risposta ad un'anonimo che ha censurato ciò che ha scritto l'autore nel capo V al paragrafo 1º della prima parte; ed insieme l'opera morale del medesimo.* Apêndice ao livro *Le Glorie di Maria* (Nápoles, 1756). Citada pela edição de L. Corbetta, t. 30 (Monza, 1831) 73-93.
A64a:	Alfonso de Liguori [*Apologia*]. *Risposta apologetica ad una lettera d'un religioso circa l'uso dell'opinione egualmente probabile.* Foi publicada no livro *Confessore diretto per le confessioni della gente di campagna* (Veneza, 1764) 505-530. Citada pela edição de L. Corbetta, t. 30 (Monza, 1831) 95-131.
A64b:	Alfonso de Liguori [*Apologia*], *Apologia in cui si difende la Dissertazione dell'a. sull'uso moderato dell'opinione probabile dalle opposizioni fattegli da un molto Rev. P. Lettore, che si nomina "Adelfo Dositeo"* (Veneza, 1764). Citada pela edição de L. Corbetta, t. 30 (Monza 1831) 133-339.
A69:	Alfonso de Liguori [*Apologia*], *Apologia della Teologia morale dell'Ill.mo e Rev.mo Mons. D.*

Alfonso de' Liguori, vescovo di s. Agata de' Gotti, tracciata da taluni per lassa come seguace del sistema probabilistico e specialmente dell'opinione meno probabile. Unida à obra *Delle cerimonie della Messa* (Bassano, 1769) 193-264. Citada pela edição de L. Corbetta, t. 30 (Monza, 1831) 5-71.

Boland:	A. J. Boland, *A Dictionary of the Redemptorists* (Roma, 1987).
Cacciatore:	G. Cacciatore, *S. Alfonso de' Liguori e il giansenismo. Le ultime fortune del moto giansenistico e la restituzione del pensiero cattolico nel secolo XVIII* (Florença, 1942).
CC:	Alfonso de Liguori, *Cose di Coscienza*. Caderno manuscrito de Afonso. Arquivo Geral dos Redentoristas, Roma, SAM, VI, 10.
Contributi:	O. Gregorio - D. Capone - A. Fredda - V. Toglia, *Sant'Alfonso de Liguori. Contributi bio-bibliografici* (Bréscia, 1940).
D49:	Alfonso de Liguori [*Dissertação*], *Dissertatio scholastico-moralis pro usu moderato opinionis probabilis in concursu probabilioris* (Nápoles, 1749). Citada pela edição de L. Corbetta, t. 28 (Monza, 1832) 5-79.
D55:	Alfonso de Liguori [*Dissertação*], *Dissertatio scholastico-moralis pro usu moderato opinionis probabilis in concursu probabilioris* (Nápoles,1755). Citada pela edição de L. Corbetta, t. 29 (Monza, 1831) 81-258.
D62:	Alfonso de Liguori [*Dissertação*], *Breve dissertazione dell'uso moderato dell'opinione probabile* (Nápoles, 1762). Citada pela edição de L. Corbetta, t. 29 (Monza,1831) 365-472.
D65:	Alfonso de Liguori [*Dissertação*], *Dell'uso moderato dell'opinione probabile* (Veneza, 1765). Citada pela edição de L. Corbetta, t. 29 (Monza, 1831) 3-364.

D74: Alfonso de Liguori [*Declaração*], *Dichiarazione del sistema che tiene l'autore intorno alla regola delle azioni morali, e si risponde ad alcune nuove opposizioni che gli vengono fatte.* Publicada como apêndice ao livro *Traduzioni de' Salmi* (Nápoles, 1774). Citada pela edição de L. Corbetta, t. 31 (Monza, 1872) 5-95.

De Meulemeester: M. De Meulemeester, *Bibliographie générale des écrivains rédemptoristes*, 3 vol. (Haya-Lovaina, 1933-1939).

Ferrero-Boland: F. Ferrero - S. J. Boland, *Las obras impresas por S. Alfonso María de Liguori*: Studia et Subsidia de vita et operibus S. Alfonsi Mariae de Ligorio (1696-1787) (Roma, 1990) 485-543.

Gaudé: S. Alphonsi Mariae de Ligorio, Doctoris Ecclesiae, *Opera Moralia. I. Theologia Moralis.* Editio nova cum antiquis diligenter collata, in singulis auctorum allegationibus recognita, notisque criticis et commentariis illustrata cura et studio P. Leonardi Gaudé, C.SS.R., Roma, 1905-1912, 4 vol. Citada por tomo (números romanos) e por página (números arábicos).

Introduzione generale: O. Gregorio - G. Cacciatore - D. Capone, *Introduzione generale* [Opere Ascetiche] (Roma, 1960).

Jones: F. M. Jones, *Alphonsus de Liguori. The Saint of Bourbon Naples. 1696-1787* (Dublim, 1992).

Lettere: *Lettere di S. Alfonso Maria de' Liguori.* Ed. F. Kuntz e F. Pitocchi, I, II, III (Roma, 1887-1890).

Rey-Mermet: T. Rey-Mermet, *El Santo del Siglo de las Luces. Alfonso de Liguori (1696-1787)* (Madrid, 1985). **Na presente tradução será empregada, tanto nas citações diretas, quanto nas referências, a edição brasileira: *Afonso de Ligório: uma op-***

	***ção pelos abandonados*. Aparecida: Santuário, 1984. 719 p.** [Original: T. Rey-Mermet, *Le saint du siècle des lumières: Alfonso de Liguori (1696-1787)*. Paris, 1982].
SA:	*Sant'Alfonso*. Periodico mensile (Pagani, desde 1930).
SH:	*Spicilegium Historicum Congregationis SS. Redemptoris* (Roma, desde 1953).
SM:	*Studia Moralia* (Academia Alfonsiana, Roma).
Tannoia:	A. M. Tannoia, *Della vita, ed istituto del venerabile servo di Dio Alfonso Mª Liguori*, 3 tomos (Nápoles, 1798-1800-1802). Citado por tomo (números romanos) e página (números arábicos).
Tellería:	R. Tellería, *San Alfonso María de Ligorio, Fundador, Obispo y Doctor*, 2 tomos (Madri, 1950-1951). Citado por tomo (números romanos) e página (números arábicos).
TM:	Alfonso de Liguori, *Theologia Moralis* (9 edições durante a vida do autor).

INTRODUÇÃO GERAL

Síntese biográfica de Afonso de Liguori e referências bibliográficas gerais

Neste capítulo introdutório, concebido a modo de abertura de uma ampla sinfonia, apresento a síntese da biografia de Afonso de Liguori, bem como as referências bibliográficas gerais dos estudos sobre seu significado histórico.

I. Síntese biográfica de Afonso de Liguori (1696-1787)

Afonso de Liguori nasceu em uma família patrícia napolitana, no dia 27 de setembro de 1696, às sete horas da manhã, na casa rural que seus pais possuíam em Marianella, bairro periférico (*casale*) situado ao norte da cidade de Nápoles[1]. Faleceu no dia 1º de agosto de 1787, na casa religiosa redentorista de Pagani (província de Salerno, região da Campania), com 91 anos. Se acrescentarmos à sua longevidade o fato de, contradizendo ao estereótipo napolitano do *dolce farniente*, ter feito voto de não perder um minuto de tempo, facilmente poderemos concluir que a vida de Afonso foi extensa em tempo físico e densa em tempo biográfico.

---

[1] Aos 15 anos, o pai de Afonso, Dom Giuseppe, tinha herdado de seu pai, Dom Domingos, uma casa em Marianella, "uno de' Casali di Napoli" (Tannoia, I, 3). Nessa casa, começaram a viver os recém-casados pais de Afonso. Sobre o destino da casa em geral e, mais concretamente, da habitação onde Afonso nasceu: P. Pietrafesa, *Marianella: la casa natale di S. Alfonso M. d' Liguori* (Pompeia, 1978), mimeografado. Ver também as notas históricas de O. Gregorio em: *Contributi*, 30-36.

Foi batizado na paróquia de seus pais, Santa Maria *dei Vergini*. Ao nome de Afonso, foram acrescentados os nomes de Maria, Antônio, João, Francisco, Cosme, Damião, Michelângelo, Gaspar. A referência mariana do segundo nome (Afonso *Maria*) - algo também comum entre seus companheiros e primeiros redentoristas - provavelmente se deve à devoção mariana da mãe[2]. Começou a usar o segundo nome tardiamente: "Uma vez bispo, esse menino assinará, não mais Afonso de Ligório, mas Afonso Maria, sem mais"[3]. "Os demais santos protetores se explicam pelo calendário e pelos padroeiros de outros membros da família"[4].

O nome de Afonso é de origem visigótica, com o significado original, segundo indicam os elementos linguísticos que o compõem: (*adal*: nobre; *funs*: pronto ou preparado; *hatus*: luta), *nobre guerrreiro pronto ou preparado para a luta*. O inicial uso visigótico do nome continuou nas Astúrias cristãs, de onde passou ao restante da Espanha e então à Itália e outros ambientes europeus[5]. Por causa dessa raiz gótica, não é procedente escrever o nome à maneira latina (ou francesa) com ph: *Alphonsus, Alphonse*[6]. Tampouco se aceita hoje a latinização (e consequente castelhanização) do sobrenome: *Ligorius, de Ligorio.*

Quase certamente, a escolha do nome não teve nada a ver com tal origem visigótica, nem com a lembrança de Santo Ildefonso de Toledo[7]. Afonso herdou o nome do primeiro membro da família que se dedicara à magistratura na cidade partenopeia, sede de Portanova: Alfonso Liguori (1593?-1652)[8].

Quanto ao sobrenome - de amplo e variado uso, como documentou O. Gregorio[9] – , para seguir a maior exatidão histórica, deveria ser

---

2 Tellería, I, 9; Jones, 9.

3 Rey-Mermet, 28.

4 Tellería, I, 9.

5 J. Löw, *De nomine Alfonso*: SH 1 (1953) 114-118.

6 *Ibid.*, 118: atualmente, os livros litúrgicos trazem *Alfonsus*, enquanto até 1900 preferiam escrever *Alphonsus.*

7 Assim pensa: A. Pichler, *Der heilige Alfons von Liguori. Ein Charakterbild* (Regensburg, 1922) 2.

8 H. F. G. Swanston, *Saint Alphonsus and His Brothers. A Study of the Lives and Works of Seven Redemptorists* (Liguori, Missouri, 2000) 9-10.

9 *Contributi*, 19-22. Também: O. Gregorio, *Ricerche storiche intorno al cognome di S. Alfonso*: SH 1 (1953) 106-113.

escrito *de' Liguori* (*dei Liguori*); contudo, com exceção das citações, onde será mantida a forma empregada pelo autor, as páginas que seguem apresentarão *de Liguori*.

O menino Afonso foi batizado na cidade de Nápoles, dois dias depois do nascimento, ou seja, 29 de setembro, na igreja de *Santa Maria dei Vergini* (assim: *dei Vergini*; e não: *delle Vergini*). Apesar do tempo transcorrido e de outros percalços bélicos (Segunda Guerra Mundial), ainda se conserva a bela pia batismal, bem como o registro do pároco que batizou Afonso, Pe. Giuseppe del Mastro. Era a igreja paroquial dos pais de Afonso e de seus avós paternos, cujo "palácio em Nápoles (se encontrava) fora dos muros da porta de São Genaro e a alguns passos da paróquia de *Santa Maria dei Vergini*"[10].

Os pais de Afonso, Dom Giuseppe de Liguori (provavelmente com longínquos ancestrais vindos da Ligúria) e Dona Ana Cavalieri (com comprovados ascendentes próximos à nobreza catalã em uma das linhas[11]), se casaram na paróquia da catedral em 1695, ambos com a mesma idade, 25 anos. Dom Giuseppe exercia o cargo de capitão (*capitano di fanteria*) na Armada Real de Nápoles, mais tarde chegaria ao grau de comandante (*tenente colonello*). Dona Ana que, sem dúvida, constituía um prestigioso partido em razão de seu sobrenome e educação, trouxe como dote ao matrimônio a quantia de 5.000 ducados.

No lar Liguori-Cavalieri nasceram oito filhos, embora uma menina gêmea tenha morrido praticamente no parto. A média dos lares da época era de quatro a cinco filhos e, na família de Afonso, a proporção foi de quatro meninas e quatro meninos. Afonso era o primogênito, fato que marcou sua vida de maneira decisiva. A família tinha a estrutura própria da classe aristocrática da época: junto com os pais e filhos vivia também o pessoal de serviço. Dada a condição geopolítica marítima de Nápoles, e em razão do ofício de Dom Giuseppe na Armada, não é de estranhar a presença de um jovem escravo negro entre os serviçais.

---

10 Tellería, I, 7-8.

11 Ver as notas históricas de O. Gregorio em: Contributi, 23-30.

A família Liguori pertencia à nobreza napolitana do Antigo Regime, a chamada *nobreza de praça*, com o título de *cavaleiros*.

> Costumava-se dizer que os napolitanos desprezavam os outros italianos, que a *nobreza* de Nápoles desprezava o restante dos napolitanos, e que os *cavaleiros* desprezavam os demais nobres. Havia uma centena e meia de famílias com o título de cavaleiros. Os cavaleiros napolitanos estavam envolvidos na vida da cidade através das *sedes* (subprefeituras): cinco para a nobreza e uma para o povo. Os representantes das seis sedes formavam a Junta Suprema da Cidade[12].

Aos Liguori correspondia a *sede* de Portanova, com suas obrigações e, sobretudo, seus privilégios. Afonso foi iniciado nessa atividade e participou dela[13]. Já redentorista, exerceu ainda por três vezes seu direito ao voto.

Afonso nasceu súdito espanhol, dentro de um vice-reinado de Nápoles integrado à monarquia espanhola. De 1707 a 1734, viveu sob os Astúrias de Viena e, a partir dessa última data (1734), foi cidadão do Reino Livre de Nápoles, embora dependente da família dos Bourbon e, consequentemente, vinculado aos monarcas espanhóis.

Realizou os primeiros estudos em casa e fez carreira de Direito na Universidade de Nápoles, na época, um dos centros mais prestigiosos da Europa nessa área de conhecimento.

Exerceu a profissão de advogado durante uns dez anos (1714-1723), quando uma experiência negativa impulsionou a mudança de sua orientação vocacional. Contrariando as expectativas do pai, abandonou a profissão forense e ingressou no estado eclesiástico, realizando estudos filosófico-teológicos no seminário de Nápoles como aluno externo.

Nessa mesma cidade, exerceu o ministério pastoral nos primeiros anos de seu sacerdócio, período em que vivia no ambiente fami-

---

12 G. Sodano, *Governing the City*: T. Astarita (ed.), A Companion to Early Modern Naples (Leiden-Boston, 2013) 109-130. Também: L. de Lutio di Castelguidone, *I Sedili di Napoli (Origini, Azione Politica e Decentramento Amministrativo)* (Nápoles, 1973).

13 Ver a descrição dessa forma de governo em: Tellería, I, 41-50: "En el sejo de Portanova (1713-1723)".

liar. Em 1729, aos 33 anos, começou a se dividir entre o domicílio familiar e uma residência sacerdotal, chamada *Colégio dos Chineses* em razão de sua orientação missionária, voltada para o Extremo Oriente. Nessa primeira etapa, a atividade pastoral de Afonso foi o ministério da confissão e direção espiritual, bem como o da pregação. Realizou esse ministério da Palavra em Nápoles e em outros lugares do Reino, sobretudo, através das Missões Populares e participação, como membro ativo, na instituição diocesana das *Missões Apostólicas*.

Em 1732, com 36 anos de idade, iniciou em Scala (vilarejo próximo de Amalfi, na península sorrentina), a fundação de uma congregação de missionários, chamada mais tarde de Congregação do Santíssimo Redentor (redentoristas). Seu ministério pastoral continuou sendo o da Palavra, agora especialmente através das Missões Populares e Exercícios Espirituais, preferentemente nas zonas rurais do Reino de Nápoles. Envolvido com o ministério da Palavra e tarefas de fundador, Afonso também teve outro trabalho constante: o ministério da pena. Contabilizam-se 111 escritos seus (há outras formas de contar que elevam a cifra a 128 obras). Contra sua vontade, foi nomeado bispo (1762) de uma pequena diocese do Reino, Santa Águeda dos Godos, cuja nomeação dependia direta e exclusivamente da Santa Sé. Exerceu o ministério episcopal durante 13 anos e, renunciando em 1775, retirou-se a Pagani, uma das casas da Congregação por ele fundada.

Passou os últimos dez anos de sua vida na comunidade redentorista de Pagani, padecendo de uma enfermidade dolorosa e sofrendo, sobretudo nos últimos cinco anos, crises psicológicas de conteúdo religioso[14]. Faleceu em 1 de agosto de 1787.

II. Estudos biográficos sobre Afonso de Liguori

Diz uma acertada formulação de F. Chiovaro: "Ao menos com seus biógrafos, Afonso teve sorte"[15]. Estes foram muitos e, em termos gerais, bons profissionais.

[14] G. Illiano, *Sant'Alfonso, vescovo emerito in Pagani*: G. Vicidomini (ed.), Alfonso M. de Liguori. Un santo per il terzo millennio (Materdomini, s. a. = 2010) 251-260.

[15] F. Chiovaro, *S. Alfonso Maria de Liguori. Ritratto di un moralista*: SH 45 (1997) 121.

As três últimas biografias, cada qual com características peculiares, são suficientemente críticas:

- R. Tellería, *San Alfonso María de Ligorio, Fundador, Obispo y Doctor*, 2 vol. (Madri, 1950-1951).

"A obra de Telleria é uma história monumental da vida de Santo Afonso e, como a de Tannoia, de sua Congregação: dois volumes, respectivamente, de 885 e 1.023 páginas, fruto de pesquisas realizadas em todos os lugares onde se esperasse ou pudesse encontrar algum documento ou livro que, direta ou indiretamente, se referisse à história de Santo Afonso e dos redentoristas ou pudesse esclarecê-la. A documentação é simplesmente extraordinária. (...) Talvez tenha se preocupado um pouco demais em imitar os clássicos da língua espanhola, o que não favorece sua leitura. O certo é que o livro não teve o sucesso que merecia. (...) O *San Alfonso* de Telleria (...) permanece, contudo, o vade-mecum indispensável para quem quer se ocupar, não só da vida de Santo Afonso, mas também da história redentorista, principalmente do período das origens, já que a documentação bibliográfica e arquivística é de tal modo rica que parece impossível ter sido reunida por um só homem."[16]

- T. Rey-Mermet, *Le saint du siècle des lumières: Alfonso de Liguori (1696-1787)*. (Paris, 1982). [= *Afonso de Ligório: uma opção pelos abandonados*. Aparecida: Santuário, 1984].

"Théodule Rey-Mermet declara-se em sua última grande biografia alfonsiana, *Le saint du siècle des Lumières Alfonso de Liguori*, em favor da total paternidade afonsiana da Congregação Redentorista, embora não negue as contribuições de Crostarosa, de Falcoia e da experiência vivida nas Missões Apostólicas de Nápoles. Embora sua posição não tenha alcançado unanimidade dentro da Congregação – nem se poderia esperá-lo –, conseguiu difusão só comparável à do *Saint Alphonse* de Berthe".[17]

T. Rey-Mermet também compôs uma síntese sobre a biografia afonsiana relacionada ao processo fundacional da Congregação: T. Rey-

---

[16] F. Chiovaro, *Introdução*: Id. (ed.), *História da Congregação do Santíssimo Redentor*. Volume 1: As Origens (1732-1793). Aparecida: Santuário/Scala, 2019, p. 31-32.

[17] *Ibid.*, 33-34.

-Mermet, O fundador (1696-1732), p. 113-158; Da fundação à aprovação pontifícia (1732-1749), p. 159-232; Da aprovação pontifícia até a questão do "Regulamento" (1749-1779), p. 233-264: F. Chiovaro (ed.), *História da Congregação do Santíssimo Redentor*. Volume 1: As Origens (1732-1793). Aparecida: Santuário/Scala, 2019.

Sobre a biografia afonsiana de T. Rey-Mermet, ver: G. Orlandi, *Una biografia di S. Alfonso M. de Liguori. A proposito dell'opera di Théodule Rey-Mermet CSSR*: Studia Moralia 21 (1983) 383-403; A. de Spirito, *Una nuova biografia di S. Alfonso*: Ricerche di storia sociale e religiosa. Nuova Serie 13 (1984) n. 25-26, 339-347. Também: L. Vereecke em: SH 35 (1987) 223-230; O. Weiss em: Theologie der Gegenwart 30 (1987) 215-216. Além disso: L. Vereecke, *In memoriam. R. P. Théodule Rey-Mermet, CSSR (1910-2002)*: SH 50 (2012) 629-630.

– F. M. Jones, *Alphonsus de Liguori. The Saint of Bourbon Naples, 1696-1787.* (Dublin, 1992).

Concebida e preparada durante muitos anos, essa biografia de Afonso foi publicada depois da obra de T. Rey-Mermet, não como oposta, mas com opções metodológicas e orientações um pouco diferentes. Companheiro de R. Tellería durante muitos anos em Roma, o autor se serviu da documentação, sobretudo da arquivística civil, reunida pelo biógrafo espanhol. Embora traduzida para outros idiomas, a de F. M. Jones segue sendo a biografia afonsiana mais utilizada em ambientes anglo-saxões. Assim como T. Rey-Mermet faz um aceno ao público de fala francesa em seu título (*Le Saint du siècle des Lumières*), da mesma forma F. M. Jones conecta o leitor de fala inglesa, fazendo de Afonso de Liguori *The Saint of Bourbon Naples*. Não sabemos se R. Tellería pensou em intitular seu Santo Afonso como *El Santo nacido en la Nápoles del Virreinato español*.

Antes das três biografias citadas (e comentadas), precisamos assinalar como expoente do início dos estudos críticos sobre a biografia afonsiana (e em geral, sobre a obra afonsiana), a obra coletiva de:

– O. Gregorio - D. Capone - A. Fredda - V. Toglia, *Sant'Alfonso de Liguori. Contributi bio-bibliografici* (Bréscia, 1940).

Essa obra, "embora se limitando à figura do Fundador, dava mais fôlego à pesquisa histórica, saindo do âmbito restrito da documentação interna para procurar documentos nos arquivos fora do Instituto Redentorista, a saber, no Arquivo de Estado de Nápoles"[18].

Foram muitas as biografias de Afonso anteriores ao mencionado estudo, e suficientes em qualidade - algumas vezes, com qualidade preferentemente literária, outras, com qualidade histórica, e outras ainda, com qualidade espiritual: J. Jeancard (1828), J.-B. A. Verdier (1833), P. L. Rispoli (1834), A. Bossers (1856), C. Villecourt (1863), V. Loyodice (1874), C. Dilgskron (1887), A. Capecelatro (1893), F. Kuntz (1879-1905), A. Berthe (1900), J. L. Jansen (1910), A. Pichler (1922).

Já na época dos acontecimentos biográficos de Afonso, houve os que se dedicaram a anotar fatos e palavras. Sobressaem as testemunhas: José Landi (1725-1797) e Antônio Maria Tannoia (1725-1808); os dois reuniram dados e redigiram sínteses históricas, sem que houvesse relação profissional entre eles. No fundo de todas as apresentações históricas sobre Afonso, encontra-se, por fim, a obra do memorialista Antônio Maria Tannoia:

- A. Mª. Tannoia, *Della vita, ed instituto del venerabile servo di Dio Alfonso Mª. Liguori*, 3 vol. (Nápoles, 1798-1800-1802), edição anastática com *Apresentação* de T. Rey-Mermet (Materdomini, 1982).

"(O livro), embora nos limites que os autores desse volume [*História da Congregação do Santíssimo Redentor*. Volume 1: As Origens (1732-1793)] não deixam de realçar, permanece até hoje a narração mais vivaz, porque vivida a partir de dentro da Congregação Redentorista até a morte do Fundador"[19].

Tannoia funde, na unidade histórica, a biografia de Afonso ["le azioni di Monsignore"] com a história dos inícios da Congregação.

Para a cronologia afonsiana:

- A. M. Santonicola, *Vita cronologica di S. Alfonso M. de' Liguori Dottore della Chiesa* (Pagani, 1972).
- A. Amarante - P. Marrazzo, *Cronologia*: E. Masone - A. Amarante (ed.), S. Alfonso de Liguori e la sua opera. Testimonianze bibliografiche (Nápoles, 1987) 17-26.

---

[18] *Ibid.*, 28.
[19] *Ibid.*, 13-14.

Nota bibliográfica sobre as biografias de Alfonso.

- O. Weiss, *Alfons von Liguori und seine Biographen*: SH 36-37 (1988-1989) 151-284 (o estudo não alcança a biografia de F. M. Jones).
- G. Orlandi, *Una biografia di S. Alfonso M. de Liguori. A proposito dell'opera di Théodule Rey-Mermet CSSR*: Studia Moralia 21 (1983) 383-403 (sobre a biografia escrita por T. Rey-Mermet).
- A. de Spirito, *Una nuova biografia di S. Alfonso*: Ricerche di storia sociale e religiosa 25-26 (1984) 339-349.

III. Bibliografia Afonsiana

A imensa (e dificilmente abarcável) bibliografia afonsiana pode ser consultada nos seguintes elencos bibliográficos, publicados de forma escalonada desde o ano de 1938 até o ano de 1999.

- A. Sampers, *Bibliographia Alfonsiana (1938-1953)*: SH 1 (1953) 248-271; *(1953-1971)*: SH 19 (1971) 410-448; *(1972-1974)*: SH 22 (1974) 437-443; *(1974-1978)*: SH 26 (1978) 478-489.
- O. Weiss - F. Ferrero, *Bibliografia alfonsiana (1978-1988)*: SH 36-37 (1988-1989) 565-612.
- F. Ferrero, *Orientación bibliográfica sobre temas alfonsianos*: SH 36-37 (1988-1989) 547-563.
- A. Owczarski. *Bibliografia alfonsiana (1989-1995)*: SH 44 (1996) 495-565; (1996-1999): SH 48 (2000) 329-392; (2000-2011): SH 60; (2012): 349-398; Bibliografia Alfonsiana nell'Osservatore Romano (1861-2014): SH 63 (2015) 157-218.

Ao longo das páginas que compõem a presente obra, percorreremos a bibliografia mais significativa sobre os diferentes temas tratados. Mas, já desde agora, anotamos algumas referências que apresentam a figura e obra de Afonso em seu conjunto.

Sobre o significado histórico de Afonso.

- F. Meffert, *Der heilige Alfons von Liguori, der Kirchenlehrer und Apologet des XVIII. Jahrhunderts* (Mogúncia, 1901).
- G. Liévin, *Alphonse de Liguori (Saint)*: DS, I (Paris, 1932) 357-389.
- G. de Luca, *S. Alfonso, il mio maestro di vita spirituale*, edição de O. Gregorio (Alba, 1963).

- D. Mondrone, *Sant'Alfonso come era*: La Civiltà Cattolica 114 (1963) I, 37-50.

- M. Gómez Ríos, *San Alfonso de Liguori, ayer y hoy*: Vida Religiosa 62 (1987) 245-255.

- S. Cipriani, *Attualità della figura di S. Alfonso*: Asprenas 35 (1988) 3-6.

- A. Napoletano, *Sulle orme di S. Alfonso* (Nápoles, 1989).

- G. de Rosa, *La figura e l'opera di sant'Alfonso nell'evoluzione storica*: SH 45 (1997) 207-224.

- S. Majorano, *Essere Chiesa con gli abbandonati. Prospettive alfonsiane di vita cristiana* (Materdomini, 1997).

- A. D. Mongillo, *Un maestro per l'umanità del duemilla*: A. de Spirito (ed.), La figura e l'opera di Alfonso de Liguori nel Sannio (Milão, 1999) 279-293.

- D. Capone, *Ligorio (Liguori), Alfonso María de*: Ch. E. O'Neill - J. Mª. Domínguez (ed.), Diccionario histórico de la Compañía de Jesús. Biográfico-temático (Roma-Madri, 2001), III, 2356-2357.

Trabalhos coletivos sobre a pessoa de Afonso e sobre seu projeto existencial.

- E. Masone - A. Amarante (ed.), *S. Alfonso de Liguori e la sua opera. Testimonianze bibliografiche* (Nápoles, 1987).

- Vários, *S. Alfonso M. de Liguori: una teologia dalla prassi pastorale. Nel secondo centenario della morte, 1787-1987*: Asprenas 35 (1988) fascicolo 1.

- V. Ricci (ed.), *Alfonso M. de Liguori maestro di vita spirituale* (Milão, 1998).

- G. Vicidomini (ed.), *Alfonso M. de Liguori. Un santo per il terzo millennio.* Atti del Convegno nel 170º. Anniversario della canonizzazione di S. Alfonso (1939-2009). Scala - Ciorani - Pagani, 22-26 maggio 2009 (Materdomini, s. a. = 2010).

- F. Piazza - A. Abbatiello (ed.), *Alfonso Maria de Liguori e il Concilio Vaticano II. Attualità e intuizioni* (Roma, 2013).

Apresentações breves (mas valiosas) da pessoa e da obra de Afonso.

- G. Getto, *Sant'Alfonso de Liguori* (Milão, 1945).

- J. Heinzmann, *Unruhe der Liebe. Alfons Maria von Liguori (1696-1787)* (Friburgo de Suiza, 1983).

- D. Ruiz, *San Alfonso María de Ligorio* (Madri, 1987).
- D. Chiovaro, *S. Alfonso* (Materdomini, 1996).
- A. Amarante, *Dio sul percorso di un uomo. Alfonso de Liguori, una vita per l'abbondante redenzione di Cristo* (Materdomini, 2009).
- L. A. Rojas, *Alfonso María de Liguori, un santo para el siglo XXI* (Bogotá, 2012).

IV. Escritos de Marciano Vidal sobre a tradição afonsiana (e redentorista)

Livros

- *Frente al rigorismo moral, benignidad pastoral. Alfonso de Liguori (1696-1787)*, Perpetuo Socorro (Madri, 1986). Tradução italiana: *La morale di sant'Alfonso. Dal rigorismo alla benignità*, Academia Alfonsiana (Roma, 1992).
- *La familia en la vida y en el pensamiento de Alfonso María de Liguori (1696-1787)*, Perpetuo Socorro (Madri, 1995).
- *Moral y espiritualidad. De la separación a la convergencia*, Perpetuo Socorro (Madri, 1997). Tradução italiana: *Morale e spiritualità. Dalla separazione alla convergenza*, Cittadella Editrice (Assis, 1998).
- *Dios misericordioso y conciencia moral. La propuesta antijansenista de S. Alfonso Mª de Liguori, 1696-1787*, Perpetuo Socorro (Madri, 2000).
- *La espiritualidad de San Alfonso. Proyecto de vida cristiana*, Ediciones Scala (Bogotá, 2004).

Capítulos de livro

- *S. Alfonso de Liguori moralista. Significato storico e messaggio attuale*: R. Tremblay - D. Billy (ed.), Historia: memoria futuri (Roma, 1991) 275-301.
- *Alfonso de Liguori*: M. Vidal, *Diccionario de ética teológica* (Estella, 1991, 2002²) 649.
- *Carisma redentorista y propuesta moral*: N. Londoño (ed.), Ser redentorista hoy. Testimonios sobre el carisma, Comisión de Espiritualidad CSSR (Roma, 1996) 409-420. [= Carisma Redentorista e proposta moral. In: *Espiritualidade Redentorista 7*. Ser redentorista

hoje: testemunhos sobre o carisma. Goiânia: Gráfica e Editora Redentorista, 1996. 403-414].

- *Espiritualidad y moral en la existencia cristiana*: Vários, Contemplación y evangelización misionera, Perpetuo Socorro (Madri, 1997) 189-215.
- *El rostro benigno del Dios cercano*: Vários, ¿Quién es tu Dios? Rostros cercanos en la vida consagrada, Publicaciones Claretianas (Madri, 1999) 95-108.
- *La coabitazione prima delle nozze*: A. de Spirito (ed.), La figura e l'opera di Alfonso de Liguori nel Sannio, Ancona (Milão, 1999) 227-239.
- *Moral Responsibility of Saint Alphonsus*: R. Douziech (ed.), Proceedings of the Fourth International Congress of Redemptorist Moral Theologians (Krakaw, 4-9 july 1999) (Edmonton, 2000) 337-364.
- *Rasgos innovadores en la moral matrimonial de San Alfonso María de Liguori*: J. Mª. Castán - C. Guzmán - T. Mª. Pérez-Agua - J. Mª. Sánchez García (ed.), Hominum causa omne ius constitutum est. Escritos sobre el matrimonio en homenaje al Prof. José María Díaz Moreno, S. J., Publicaciones de la Universidad P. Comillas (Madri, 2000) 191-218.
- *Aproximaciones hermenéuticas a "Pratica di amar Gesù Cristo" (1768) de Alfonso de Liguori*: R. Douziech, Proceedings of the Fifth International Congress of Redemptorist Moral Theologians (Materdomini, Italia, 7-12 July 2002) (Roma, 2003) 151-185.
- *Bernhard Häring - Ein Theologe in der alfonsianischen Tradition*: A. Schmied - J. Römelt (ed.), 50 Jahre "Das Gesetz Christi". Der Beitrag Bernhard Härings zur Erneuerung der Moraltheologie (Münster, 2005) 143-173.
- *Redención y moral. Perspectivas desde la tradición redentorista*: R. Corriveau - A. de Mingo (ed.), La Redención en Cristo. Espiritualidad Redentorista 13 (Roma, 2007) 145-166 [= *Redemption and the Moral Life*: R. Corriveau - A. de Mingo (ed.), Readings on Redemption (Roma, 2006) 199-229. = Redenção e moral. Perspectivas a partir da Tradição Redentorista. In: *Espiritualidade Redentorista 10*. Aparecida: Santuário, 2007. p. 227-253].
- *Benignity*: S. Wales - D. Billy (ed.), Lexicon of Redemptorist Spirituality. General Secretariat for Redemptorist Spirituality (Roma,

2011) 30-32 = *Benignidad*: S. Wales - D. Billy (ed.), Cien palabras para el camino. Diccionario de Espiritualidad Redentorista (Bogotá, 2012) 56-59. [= Benignidade. In: S. Wales - D. Billy (ed.). *Dicionário de Espiritualidade Redentorista*. Goiânia: Scala, 2012. 41-43].

Artigos

- *Una espiritualidad centrada en la práctica del amor. La propuesta espiritual de San Alfonso*: Vida Religiosa 62 (1987) 256-273 = Segno 19 (1993) n. 142-143, 90-108.
- *Un Santo para reorientar el espíritu de la Ilustración. San Alfonso*: Ecclesia n. 2330 (1987) 6-8.
- *La moral de San Alfonso de Liguori y la Compañía de Jesús*: Miscelánea Comillas 45 (1987) 391-416.
- *La "praxis": rasgo característico de la moral alfonsiana y reto a la teología moral actual*: Studia Moralia 25 (1987) 249-326.
- *Del rigorismo a la benignidad. Significado histórico de la moral alfonsiana*: Moralia 10 (1988) 157-191.
- *La pastoralidad de la teología moral. La moral de San Alfonso de Liguori (1696-1787)*: Confer 27 (1988) 437-460.
- *La science morale au service des priorités pastorales selon le dynamisme de Saint Alphonse de Liguori*: Le Supplément n. 166 (1988) 119-136 = Vários, *Actualité Pastorale d'Alphonse de Liguori* (Ste-Anne de Beaupré, Canadá, 1987) 41-56.
- *S. Alfonso de Liguori moralista. Significato storico e messaggio attuale*: Studia Moralia 28 (1990) 363-389.
- *Die Familie in Leben und Lehre des Alfons von Liguori (1696-1787)*: Spicilegium Historicum CSsR 42 (1994) 5-32 = (tradução italiana:) Studia Moralia 32 (1994) 341-366.
- *Las relaciones prematrimoniales. El pensamiento de Alfonso de Liguori (1696-1787)*: Moralia 17 (1994) 357-378 = A. de Spirito (ed.), La figura e l'opera di Alfonso de Liguori nel Sannio (Milão, 1999) 227-239.
- *A moral de Santo Afonso de Ligório. Significado histórico e mensagem atual*: Fragmentos de Cultura 5 (1995) 51-68.

- *La conciencia en el proyecto moral de Alfonso de Liguori*: Moralia 19 (1996) 389-410 = (tradução italiana:) Segno n. 184 (1997) 15-30.
- *La imagen de Dios en la tradición redentorista*: Spicilegium Historicum CSsR 46 (1998) 263-286 = (tradução italiana:) Segno 25 (1999) n. 202, 57-63.
- *Estudios recientes sobre la Moral de san Alfonso*: Moralia 22 (1999) 129-140.
- *La moral de San Alfonso según el Magisterio eclesiástico reciente*: Moralia 22 (1999) 255-280.
- *Significato storico e messaggio attuale della morale alfonsiana*: Segno 26 (2000) n. 213, 60-72.
- *La moral alfonsiana: una respuesta a los retos de ayer y de hoy*: Moralia 23 (2000) 241-242.
- *Rasgos innovadores en la moral de san Alfonso*: Studia Moralia 38 (2000) 347-380.
- *S. Alfonso: un obispo renovador de la Teología Moral. Aspectos innovadores y actualidad de la moral alfonsiana*: Istituto storico redentorista, 250° dell'ordinazione vescovile di S. Alfonso M. de Liguori (1762-2012) (Roma, 2012) 33-66 - Spicilegium Historicum CSsR 60 (2012) 33-66.

A

A PAISAGEM

O *Settecento* napolitano. Sociedade, Igreja, Cultura na época de Afonso de Liguori (século XVIII)

O presente volume, integrado na História da Teologia Moral, tem por objetivo expor e analisar o pensamento moral de Afonso de Liguori (1696-1787). Mas, a fim de avaliar em seu devido alcance a proposta moral afonsiana, parece conveniente conhecer, tanto o *personagem* ou autor do pensamento moral submetido à análise e avaliação, quanto a *paisagem* ou contexto histórico em que o autor adquire real destaque.

Nesta primeira parte, então, nos fixaremos na paisagem *sócio-histórica*, deixando para a segunda parte, a consideração sobre o *personagem*.

O contexto sócio-histórico da moral afonsiana não é outro que o *Settecento* napolitano. Com essa expressão nos referimos à situação social, cultural e religiosa do Reino e da Cidade de Nápoles no século XVIII. Esse é o contexto em que adquire relevo a figura de Afonso de Liguori e, mais concretamente, sua obra moral.

Acreditamos que o objetivo desta primeira parte do presente volume será suficientemente alcançado ao longo de quatro seções:

- **1ª. Seção: O Reino de Nápoles: O devir histórico e a situação no século XVIII.** Apresenta o Reino de Nápoles em sua história anterior ao século XVIII e em sua situação concreta no *Settecento*.
- **2ª. Seção: A Cidade de Nápoles na época de Afonso de Liguori (século XVIII).** Realiza a mesma dupla aproximação precedente, mas agora em relação à Cidade Partenopeia.
- **3ª. Seção: A Igreja na Nápoles do século XVIII.** Aborda a situação eclesial, tanto em referência concreta ao *Settecento* napolitano, quanto em perspectiva mais ampla.
- **4ª. Seção: A cultura no *Settecento* napolitano.** Recolhe o horizonte cultural desse momento histórico napolitano.

Ao conjunto temático desta primeira parte, vamos antepor uma breve **Introdução,** sublinhando a importância e atualidade da consideração acerca do *Settecento* napolitano.

Introdução

O *Settecento* napolitano "interessa" porque "está em tudo"

Sem deixá-la para o final da seção, desde agora nos colocamos a pergunta: vale a pena dedicar tempo e espaço a uma realidade geograficamente reduzida e temporalmente *limitada*?

Sob essa pergunta se esconde a questão do valor: em momento histórico como o nosso, em que tudo é medido com parâmetros de globalização, parecem merecer atenção apenas aquelas realidades com significação para o conjunto da humanidade. A Nápoles do século XVIII teria essa condição?

Uma enciclopédia recente - com o gênero anglo-saxão de *A Companion to* - responde às duas perguntas apresentadas: de um lado, a enciclopédia abre com a afirmação de que "Nápoles é todo o Mundo"[1]; por outro, encerra assegurando que "a história de Nápoles (ainda) interessa"[2].

O autor do presente volume lança ao possível e benévolo leitor essas duas posições. Assegura que Nápoles, sem ter realizado o impossível sonho do Barroco *omnia ubique* (tudo em tudo) condicionou, no período humano a que nos referimos, grande parte do

---

1 T. Astarita, *Introduction: "Naples is the Whole World"*: T. Astarita (ed.), A Companion to Early Modern Naples (Leiden-Boston, 2013) 1-10.

2 A. Mª. Rao, *Conclusion: Why Naples's History matters*: T. Astarita (ed.), A Companion..., 477- 490.

devir histórico da Itália, Europa e zonas inteiras do mundo. Nesse "devir histórico" entram: geopolítica (do importante Mar Mediterrâneo e de seus âmbitos geográfico-humanos derivados), forma de entender a vida, experiência estética, dimensão religiosa. Sendo assim, conhecer Nápoles é, em maior ou menor medida, mas sempre em alguma medida, conhecer a si mesmo.

O segundo fato consiste em apostar na afirmação de que "Nápoles (ainda) interessa". Referimo-nos concretamente à Nápoles do século XVIII. Contudo, muitos dos ideais que ali surgiram não encontraram realização completa ou adequada. Como, realmente, foram muitos, assinalo os mais destacados:

- O ideal de uma política com *ilustração*, ou seja, com elevação cultural, educativa, artística.
- O ideal de uma *economia capaz de medir a riqueza pelo grau de felicidade* das pessoas.
- O ideal de uma *religião livre do poder e aberta ao serviço do povo*, especialmente dos abandonados e dos sem esperança.

Em todo caso - seja qual for a opinião sobre o que foi dito -, conhecer Nápoles (Reino, Cidade e Igreja) do século XVIII não é indiferente para quem se propõe a conhecer melhor um representante dessa terra nesse momento histórico. Para conhecer melhor o napolitano Afonso de Liguori, o *Settecento* napolitano "interessa".

O leitor encontrará abundante bibliografia ao longo dos capítulos que compõem as quatro partes e vinte e quatro seções do presente volume. Mas não seria demais, desde agora, tomar nota de um conjunto de obras que, embora escritas desde fora - ou precisamente por terem sido escritas desde fora? -, afirmam que Nápoles (ainda) "interessa" por ter influenciado (e ainda influenciar) o "todo" do humano.

São estas as obras a que me refiro:

- G. Imbruglia (ed.), *Naples in the Eighteenth Century: The Birth and Death of a Nation State* (Cambridge, 2000).

- Vários, *The Disciplines of the Arts and Sciences in Naples*: California Italian Studies 3 (2012) Issue 1.
- T. Astarita (ed.), *A Companion to Early Modern Naples* (Leiden-Boston, 2013).
- M. Calaresu - H. Hills (ed.), *New Approaches to Naples c. 1500-c. 1800: The Power of Place* (Farnham, Surrey, UK, 2013).

Além das obras indicadas, onde prevalece o tema de Nápoles, há outras em que o Reino de Nápoles constitui elemento importante para o conjunto temático analisado. Por exemplo:

- A. de Francesco - L. Mascilli Migliorini - R. Nocera (ed.), *Entre Mediterráneo y Atlántico. Circulación, Conexiones y Miradas, 1756-1867* (Santiago, Chile, 2014).

Esta obra considera a Nápoles do século XVIII em sua relação (sobretudo ativa) com as nações hispano-americanas do Império Espanhol, em vias de alcançar independência e abertura a processos políticos constitucionalistas.

Ver, de modo especial:

- R. Nocera, "Prefacio", p. 33-42. "Nápoles, lugar privilegiado no século XVIII de 'reelaboração da cultura ilustrada' e de sua circulação até a Espanha e, através desta última, até os territórios do Império colonial" (*Ibid.*, 33).
- E. Chiosi, "Nápoles: Las Luces en el espacio mediterráneo", p. 57-71. Nápoles vem considerada como "fronteira e ponte das relações culturais" no espaço mediterrâneo.
- P. Iradiel, *El Mediterráneo medieval y Valencia. Economía, sociedad e historia* (Valença, 2017).

No "mercado comum mediterrâneo" da Coroa de Aragão, Nápoles, juntamente com Valença e Barcelona, exerceu papel de primeira grandeza na mobilidade social, cultural e mercantil.

Ver, especialmente: *Ibid.*, 217-242: "Nápoles en el mercado mediterráneo de la Corona de Aragón".

- (Além disso): F. Salvatori (ed.), *Il mediterraneo delle città. Scambi, confronti, culture, rappresentazioni* (Roma, 2008).

Como complemento - aparentemente "anedótico", mas realmente constituinte ou "categórico" - seria conveniente o leitor tomar nota do que a civilização deve a Nápoles[3]. Deixando de lado as invenções de caráter culinário (a melhor *pizza* é feita em Nápoles, famoso é o café *expresso napolitano*), de orientação musical (inesquecível a *canção* napolitana), ou de vertente manufatureira (surpreendem as insuspeitas formas dos *presépios* de Nápoles), o leitor pode anotar outras características catalogadas entre realidades humanas *sérias*, como as seguintes:

1. Nápoles foi uma das cidades pioneiras em contar com instituições de caridade (assistência social). Testemunhos do século XVII são, tanto o *Pio Monte della Misericordia*, quanto o *Monte de Pietà*.
2. O século XVIII, em Nápoles, como em outras cidades da Itália, já contava com bancos privados e públicos[4].
3. O *Teatro São Carlos*, mandado construir pelo rei Carlos, projetado pelos arquitetos João Antônio Medrano e Angel Carasale, foi inaugurado em 4 de novembro de 1737, dia do onomástico do rei, e constitui o primeiro teatro de ópera da Europa.
4. Antônio Genovesi iniciou em Nápoles (1754) a primeira cátedra de *economia política* do mundo, propiciando a compreensão da riqueza das nações como aumento no nível da felicidade pública[5]. Fernando Galiani escreveu um tratado sobre a moeda (*Della Moneta*, 1750), onde elabora nova teoria sobre o valor. Caetano Filangieri foi autor de uma *Ciência da Legislação* (1780-1785), enunciando os princípios da justiça, entendida desde posições modernas. Os três autores citados, com suas respectivas obras, suscitaram admiração no mundo dos ilustrados europeus.

Não foram poucos os personagens de projeção universal nascidos em Nápoles. No mundo da cultura eclesiástica merecem

---

3 A. Forgione, *Made in Naples. Come Napoli ha civilizzato l'Europa (e come continua a farlo)* (Milão, 2013⁶).

4 L. de Rosa, *Banchi pubblici, banchi privati e monti di pietà a Napoli nei sec. XVI-XVIII*: Vários, Banchi pubblici, banchi privati e monti di pietà nell'Europa pre-industriale (Gênova, 1991) I, 499-512.

5 F. Sabetti, *Public Happiness as the Wealth of Nations: The Rise of Political Economy in Naples in a Comparative Perspective*: California Italian Studies 3 (2012) n. 1.

menção: Tomás de Aquino, Giordano Bruno, Tomás Campanella, João Pontano, Afonso de Liguori.

No que se refere ao campo mais preciso da vida e discurso morais, "o século XVIII foi crisol de uma nova iniciativa moral e não, como alguns querem considerá-lo, século de decadência, de pajens e de perucas empoeiradas"[6].

[6] V. Gleijeses, *La storia di Napoli dalle origini ai nostri giorni* (Nápoles, 1974) 734-735.

PRIMEIRA SEÇÃO

O Reino de Nápoles: o devir histórico e a situação no século XVIII

O personagem de nossa história - **Afonso de Liguori** (1696-1787) - nasce e realiza seu projeto biográfico em Nápoles - *Reino, Cidade e Igreja* - do século XVIII. Desenvolver o significado dos três termos sublinhados, aos que acrescentamos ainda o termo *Cultura,* é o objetivo das seções e dos correspondentes capítulos que compõem a primeira parte do presente volume.

Esta primeira seção é dedicada a expor o significado do *Reino de Nápoles* em seu devir histórico e, principalmente, em sua peculiar situação no século XVIII.

Não é demais enfatizar o dado de que esse *Reino* - e o mesmo vale para essa *Cidade* e essa *Igreja* - se situam no âmbito geográfico e humano do que agora chamamos *Itália.* Justifica-se, portanto, antes de mais nada, um panorama sobre a ampla realidade italiana do século XVIII. Tal é o objetivo do primeiro ponto da presente seção, capítulo que oferece o quadro geral para tudo quanto será dito depois sobre a situação do *Settecento* napolitano.

Eis os outros capítulos - com seus temas correspondentes - que compõem a seção:

1.1. A Itália do século XVIII.

1.2. O Reino de Nápoles em seu devir histórico.

1.3. O Reino de Nápoles na época de Afonso. (I) Mapa político.

1.4. O Reino de Nápoles na época de Afonso. (II) Situação social.

1.1. A ITÁLIA DO SÉCULO XVIII

Não pretendemos fazer a apresentação completa da história da Itália, nem sequer da Itália no século XVIII. Apenas:

- Recolhermos, a modo de foto panorâmica, a descrição geográfica da Itália.
- Em seguida, aludirmos ao devir - longo no tempo e rico em significados - da vivência humana no âmbito italiano.
- Para, no terceiro momento, nos determos na descrição do mapa político da Itália no século XVIII.

As três aproximações oferecem o marco geral para tudo quanto será dito depois sobre o Reino, a Cidade e a Igreja de Nápoles, enquanto quadro adequado para captar o significado histórico de Afonso de Liguori, cidadão napolitano do século XVIII.

Segundo o historiador grego Antíoco de Siracusa (séc. V a.C.), a palavra *Itália* designava a parte sul da atual Calábria, habitada pelos ítalos. Outros escritores gregos, um pouco mais recentes que Antíoco, relacionaram o termo Itália com a palavra local *vitulus* (bezerro), pelo fato de ser uma região rica em gado bovino. O *touro* foi o símbolo do povo sanita que se revoltou contra Roma no séc. I a.C., e esta, por sua vez, é conhecida por ter a *loba* como animal totêmico.

Com o tempo, o termo *Itália* foi abrindo seu significado a uma geografia cada vez mais extensa, até abarcar toda a península. As ilhas da Sicília, Sardenha e Córcega passaram a formar parte da Itália no século III d.C., em consequência das reformas administrativas do imperador Diocleciano.

1.1.1. *A geografia italiana e suas implicações*

"A superfície geográfica da Itália cobre uns 300.000 quilômetros quadrados (pouco mais da metade da Espanha, um quarto maior que a Grã-Bretanha e o equivalente ao Estado de Nevada dos Estados Unidos), apresenta paisagem geograficamente tormentosa e é banhada pelo mar em três de seus lados ao longo de 8.000 km de costa. Em toda a sua extensão, observa-se grande diversidade de contornos ambientais, onde paisagens com colinas e montanhas atravessam planícies costeiras, formando a conhecida 'bota'.

A península, que divide em dois o Mediterrâneo, consiste em duas áreas distintas e definidas pelas cadeias montanhosas dos Alpes e dos Apeninos. Ao norte, se abre o vale do Pó (...).

A outra grande área geográfica da península começa ao sul da planície padana e, geograficamente, é bastante mais complexa e irregular, dividida pela dorsal apenina em duas vertentes, oriental e ocidental (...).

Na parte sul da 'bota', os Apeninos se curvam para o oeste, deixando espaço para a planície da Apúlia e terminando na ponta da Calábria, divisor entre os mares Tirreno e Jônio. Separada da massa continental, emerge a maior ilha do Mediterrâneo, Sicília, eixo fundamental entre as partes ocidental e oriental do Mediterrâneo. Ao norte da Sicília se encontra a Sardenha, situada no meio do Mediterrâneo ocidental, separada da Córsega pelo estreito de Bonifácio"[1].

Ante essa descrição geográfica, cabe lembrar aquele *gracejo* do chanceler austríaco Metternich, no início do século XIX: "A Itália nada mais é que uma expressão de significado *geográfico* com um glorioso passado *cultural*". De fato, até o ano de 1861, a Itália era, politicamente, um conjunto de várias unidades, a maioria, sob o controle de potências estrangeiras. Também comparável a um *gracejo* é a afirmação de que os italianos já existiram antes mesmo que existisse a Itália[2].

1 D. Scalmani, *Historia de Italia* (Madri, 2016) 16-17.
2 C. Capra, *Gli italiani prima dell'Italia* (Roma, 2014).

Sem reduzir a Itália ao aspecto físico, não convém desvalorizar este seu significado geográfico[3]. "A história da Itália está intimamente ligada à sua posição geográfica"[4]. Tal afirmação é comprovada "pelo fato de, durante séculos, a Itália ter constituído a encruzilhada da Europa"[5]. Basta apontar os seguintes dados:

- Ao norte, os Alpes não foram impedimento para povos e mercadorias entrarem com relativa facilidade: visigodos, hunos, lombardos e outros povos centroeuropeus, nos séculos seguintes à queda de Roma; o denso fluxo comercial da Idade Média, em épocas posteriores.
- Localizada no centro do Mediterrâneo, com extenso e suave litoral, a Itália se tornou lugar propício e atrativo para colonizadores: do leste (gregos), do sul (cartagineses, árabes), do oeste (normandos, angevinos, aragoneses, castelhanos).
- Dividindo o Mediterrâneo em dois, a Itália se abriu, tanto para o Oriente, quanto para o Ocidente. Até o século XV, Veneza se voltou para o Oriente. Nápoles e Sicília receberam seus códigos de leis de nações do Ocidente: França, Alemanha, Espanha.

Se a posição da Itália no conjunto da Europa e, mais concretamente, no Mediterrâneo, marcou a orientação de sua história, "a geografia interna da península também ditou os principais aspectos de sua vida econômica e social"[6]. Para uma população mais abundante que os recursos agrícolas disponíveis, não foi o menor dos problemas derivados dessa geografia a escassa fertilidade do solo, com a consequente necessidade de emigração.

A falta de limites na intervenção humana sobre a terra, bem como outros fatores de origem geológica, fez que a paisagem ita-

---

[3] Remetemos à leitura do primeiro capítulo de: Ch. Duggan, *Historia de Italia* (Madri, 2017[2]) 17-40: com o significativo título "Determinantes geográficos de la desunión". [=Christopher Duggan, *História Concisa da Itália*, São Paulo: Edipro, 2016, 368p.].

[4] *Ibid.*, 17.

[5] *Ibidem.*

[6] *Ibid.*, 23.

liana sofresse drásticas mudanças com o passar do tempo. Tais mudanças também foram notáveis nos cultivos e vegetação.

"Algumas árvores frutíferas de origem asiática como o pistache, o pessegueiro e a amendoeira fizeram sua aparição antes dos romanos, enquanto algodão, arroz, sumagre, laranjas, limões e amoreiras foram introduzidas, provavelmente, pelos árabes, no período compreendido entre os séculos V e X. Durante a Idade Média, foi cultivada a cana-de-açúcar no sul e, até o século XVI, com um clima aparentemente mais quente, era possível encontrar esse cultivo em lugares do norte da costa oeste como Formia. O descobrimento da América introduziu outros tipos de cultivos como tomateiros, palmas e, mais importante de todos, o milho que, embora muito distante de ser a planta ideal para a região do norte da Itália, logo se converteu no mais importante cultivo de subsistência. No curso dos séculos XVI e XVII, as plantações de arroz se estenderam ao longo do vale do Pó, bem como as amoreiras, que constituíram a base da tão significativa indústria da seda"[7].

O terreno montanhoso, a escassez de estradas e a estrutura dos núcleos rurais tiveram implicações, sobretudo nas zonas do sul da Itália, para a penetração e consolidação da lei e da ordem. Por outro lado, a distância e pobreza de muitas comunidades rurais italianas explicam, em grande medida, a ausência de uniformidade linguística[8]. "Alguns dados afirmam que em 1860 apenas 2,5 % da população entendia o italiano, ou seja, o toscano literário do século XIV que, desde o Renascimento, era aceito como língua das pessoas cultas, embora muitos integrantes das classes dirigentes preferissem não empregá-lo[9]".

Chama a atenção o fato de, em algumas partes do sul da Itália, os dialetos conservarem elementos do latim e dórico arcaicos, correspondentes às etapas pré-cristãs. Também é estranha a persistência, até nossos dias, de comunidades falantes de grego na Calábria e Apúlia, cujas origens remontam ao período bizantino. De época mais recente são as cidades albanesas do sul, fundadas no século

---

[7] *Ibid.*, 26.

[8] M. Maiden, *A Linguistic History of Italian* (Londres, 1995).

[9] Ch. Duggan, *Historia de Italia...*, 38.

XV por refugiados procedentes dos Balcãs. Em Alghero, na ilha da Sardenha, ainda sobrevive uma comunidade falante de catalão do ano de 1354, época em que foi colonizada por catalães.

1.1.2. A longa e multifacetada história humana na Itália

Como no resto da Europa ocidental, também na Itália há sinais do *paleolítico* inferior, médio e superior. A *revolução neolítica* - cultivo de cereais e domesticação de animais - chegou ao centro e sul da Itália desde o Oriente Médio com uma onda migratória que seguia a rota do litoral. Outra onda chegou pelo norte. Avanços tecnológicos que ocasionaram o descobrimento do cobre, bronze e ferro podem ser constatados em diversos lugares da Itália.

A *civilização etrusca* é considerada a primeira a utilizar o ferro na península itálica. Se os etruscos ocuparam o centro, os *celtas* se instalaram no norte e os *fenícios* e *gregos* no sul. A oliveira e a videira - azeite e vinho - símbolos e realidades da paisagem e cozinha mediterrâneas, constituem parte da herança grega. O comércio - por terra e, sobretudo, por mar: o Mar Mediterrâneo - pode ser considerado herança fenícia. Também é patente a herança celta: "Os elementos que constituem a sociedade celta podem ser resumidos em dois: estrutura aristocrática, baseada na posse de terras, e sua maneira de guerrear, quando utilizavam habilmente o cavalo"[10].

Seja de origem autóctone ou estrangeira, a desenvolvida cultura criada pelo povo etrusco foi, em grande parte, absorvida por Roma. "Os etruscos foram muito influenciados pela cultura grega, da qual tomaram a escrita que, por sua vez, estes (os gregos) haviam adquirido dos fenícios"[11]. Após séculos de grande esplendor, os etruscos foram, primeiro, encurralados pelos sanitas (sul) e celtas (norte) e, por fim, absorvidos pelos *latinos* (centro). "Os romanos, com a conquista de Orvieto em 265 a.C., última cidade etrusca independente, conseguiram a vitória definitiva sobre os etruscos, que foram absorvidos pela civilização romana"[12].

---

[10] D. Scalmani, *Historia de Italia...*, 33.
[11] *Ibid.*, 25.
[12] *Ibid.*, 27.

A *cultura romana* tem origem na região da planície que compreende a área da costa do mar Tirreno, entre a desembocadura do Tibre e o promontório Circeo. O exército foi o instrumento utilizado pela Roma das origens para estender seu domínio, primeiro por toda a Itália, e depois, dominando o Mediterrâneo frente à potência de Cartago, criar o império com maior duração no mundo ocidental até hoje. E a Itália era o centro desse império. A cultura romana, devedora em muitos aspectos das civilizações etrusca e grega, teve desenvolvimento independente e rico em figuras e obras originais, ambas com grande influência e longo alcance.

> "A proeza que conseguiram os romanos ao submeter, a península primeiro, e a totalidade do Mediterrâneo mais tarde, exerceu enorme influência sobre a mentalidade de muitos de seus seguidores. Já desde os albores do século XIV, Dante se mostrou fascinado pela ideia de um imperador poderoso que pusesse fim aos conflitos e facções. Dois séculos mais tarde, a fascinação de Maquiavel pela Roma republicana o fez arder em desejos de recobrar aquelas virtudes cívicas que, tempos atrás, tinham tornado possível uma grande Itália. A cultura do Renascimento e sua idolatria pelo mundo clássico se traduziram, a partir do século XVI, em sentimento crescente de fracasso, e fundamentaram a crença de que os italianos precisavam se tornar dignos de seu passado heroico. Essa convicção inspiraria muitos patriotas do *Risorgimento* e impulsionaria, não sem certa amargura, a retórica do fascismo, bem como grande parte de sua agressão militar"[13].

A monarquia militar de Roma começou a entrar em crise no século III d.C. O primeiro ato dessa crise foi a transferência do centro político para o Oriente, decisão que preparou a divisão do Império em duas partes. Tais decisões fizeram com que Roma e Itália perdessem o protagonismo mantido durante séculos.

> "Desde finais do século IV, com o ataque dos hunos que se moviam rumo a oeste, empurrados, por sua vez, pelo Império Chinês, as migrações dos germanos tinham assumido dimensão incontrolável (...). O movimento dos hunos para o Ocidente fez com que os ostrogodos e visigodos atravessassem o Danúbio, enquanto os

[13] Ch. Duggan, *Historia de Italia...*, 41-42.

vândalos cruzavam toda a Europa e se estabeleciam no sul da Espanha. Estes movimentos populacionais foram o gérmen da criação de autênticos estados autônomos dentro do Império, de onde reis de origem germânica governavam com leis e súditos próprios, defendendo-se com uma milícia composta por soldados de seu próprio povo"[14].

Dessa nova situação, nasceram as unidades nacionais, cuja vigência ainda perdura: a Hispania (poderia ter se chamado *Visigótica)* dos godos do oeste; a França (a Gália latina) dos francos; a Britânia dos ingleses e dos saxões.

A Itália não teve configuração tão clara: poderia ter sido a *Ostrogotia* (dos ostrogodos ou godos do oeste) ou a *Lombardia* (dos lombardos).

> "Os lombardos eram um povo seminômade especialista na criação de cavalos e na arte da guerra, mas, em contrapartida, se mostrava pouco afeito à realização de outras atividades mais pacíficas. Depois de terem feito retroceder os bizantinos, confinando-os ao extremo sul e nordeste fronteiriço a Ravena, fundaram um novo reino que, embora com base em Pavia, depositou todo seu poder efetivo nas mãos dos duques regionais. Desde o ponto de vista político, a invasão lombarda foi sinônimo de segmentação, posto que acabou com qualquer vestígio de união política na península. Isto se deveu ao fato de os lombardos não saberem empregar sua destreza militar para conquistar a totalidade do país. Os imperadores orientais continuaram governando na Sicília e alguns territórios do sul, enquanto os Papas, ansiosos por fazer valer suas pretensões de soberania sobre a Igreja, lutaram com relativo êxito para manter a independência de Roma e territórios adjacentes"[15].

O conjunto da Itália se viu submetido à ação de múltiplas forças:

- O Império romano oriental (ou bizantino), com seus enclaves, tanto no norte (Ravena), quanto no sul (parte da Campania e Sicília).
- Os francos (mais tarde, o Império Carolíngio), que buscavam ampliar seus domínios pelo sul.

---

14 D. Scalmani, *Historia de Italia...*, 79.

15 Ch. Duggan, *Historia de Italia...*, 42-43.

- O surgimento de outra força, de criação nova: o Patrimônio de São Pedro ou Estados Pontifícios.

Submetida a essas forças contrapostas, a Itália *deixará de existir* a partir da Alta Idade Média[16]. Daí a expressão, às vezes convertida em ditado: *primeiro houve os italianos e apenas mais tarde* (finais do século XIX) *surgiu* a Itália.

Quando perguntaram ao historiador Michel Pastoureau se a Europa nasceu na Idade Média, como sustentava Jacques Le Goff, respondeu: "Suas estruturas políticas [da Europa] nasceram nessa época. Na Europa, somos herdeiros dos Estados que surgiram na Idade Média; nunca o dissemos, há duas formas como se constituíram esses países. Em alguns lugares, o Estado nasceu antes da nação. É o caso da França, Estado forte, centralizado, nasceu muito cedo, desde o século XII, embora a nação francesa nasça no século XVIII (...). Logo, há países, como a Alemanha ou Itália, onde a nação aparece muito cedo, ou seja, existe uma nação italiana ou alemã, mas o Estado é muito recente, terá que esperar o século XIX"[17].

A conquista de grande parte do mundo mediterrâneo pelos árabes (séculos VIII-IX) também atingiu a Itália. "Desde o ano 831, os muçulmanos se instalaram de maneira estável em Palermo, cidade que transformaram em base para incursões à Itália continental, chegando mesmo a saquear Roma e Gênova. Desde Palermo, desenvolveu-se a conquista de toda a Sicília que, em 948, se tornou sede do emirado hereditário fatimí"[18]. Herança árabe em toda a Itália, além de outros aspectos de caráter cultural, são as frutas cítricas e a amoreira para a produção da seda.

O desejo de *Bizâncio* pela Itália não arrefeceu[19]. Desse desejo nasceu Veneza, em cuja configuração tampouco estiveram ausentes os francos. "A cidade de Veneza, protegida por esses impérios, fran-

---

[16] Ch. Wickham, *Early Medieval Italy: Central Power and Local Society: 400-1000* (Londres, 1984); C. La Rocca (ed.), *Italy in the Early Middle Ages, 476-1000* (Oxford, 2002). Também: D. Abulafia (ed.), *Italy in the Central Middle Ages* (Oxford, 2004).

[17] M. Pastoureau, *Entrevista* (con G. Altares): El País Semanal (2/X/2016) 66.

[18] D. Scalmani, *Historia de Italia*..., 98.

[19] G. Gay, *L'Italia meridionale e l'impero bizantino* (Florença, 1917).

co e bizantino, colocava então as bases de seu futuro poder, destinada a tirar o maior proveito, tanto no comércio, quanto na política, de sua invejável posição geopolítica"[20]. Houve então influência bizantina em toda a Itália, a chamada "segunda dominação" de Bizâncio[21].

O auge do *papado*, superando em importância os patriarcados de Antioquia, Alexandria, Jerusalém e Constantinopla, converteu Roma em centro da cristandade. O enfrentamento entre Oriente e Ocidente recrudesceu. No ano 1054 produziu-se um cisma na Igreja, que se viu dividida entre a obediência a Roma ou Bizâncio. Os francos haviam apoiado as pretensões territoriais do papado romano e este justificou a criação do Sacro Império Romano (e Germânico, acrescentado em época posterior)[22]. Apesar dessa mútua convivência, o Ocidente, em geral, e a Itália, em particular, conheceram intensas lutas entre papado e Império. A criação dos Estados Pontifícios, no centro da península itálica, impedirá, até seu desaparecimento (de fato, em 1870; oficialmente, em 1929), a unidade política italiana[23].

Os *normandos* vikings, assentados no norte da França, circundaram as costas europeias até o sul da Itália, arrebataram-o dos bizantinos e árabes e, pactuando então com o papado, declararam-se seus vassalos[24]. Em 1130, Rogério II assumiu o título de Rei da Sicília e Duque da Apúlia e Calábria, "formando, assim, um novo estado monárquico na península, destinado a perdurar até a unificação italiana, com diferentes mudanças dinásticas. Seja como for, a Sicília se converteu em centro do reino (*Regnum Siciliae*), desde cuja capital, Palermo, começaram a irradiar novas dinâmicas de organização do poder, consolidadas pelas estruturas administrativas"[25].

---

[20] D. Scalmani, *Historia de Italia...*, 101.

[21] R. Zapata, *Italia bizantina. Historia de la dominación bizantina en Italia, 867-1071* (Madri, 2006).

[22] J. Richard, *Popes and the Papacy in the Early Middle Ages, 476-752* (Londres, 1979); T. Noble, *The Republic of St. Peter: The Birth of the Papal State, 680-825* (Filadélfia, 1984).

[23] D. Scalmani, *Historia de Italia...*, 91: "A existência, na zona central da Itália, do chamado 'Patrimônio de São Pedro', que dividia em dois a península, impediu durante séculos a formação de um Estado unitário na Itália".

[24] J. J. Norwick, *The Normans in Sicily* (Londres, 1992).

[25] D. Scalmani, *Historia de Italia...*, 118.

O desenvolvimento feudal e, de modo particular, os *movimentos comunales* (1000-1300) darão lugar, no norte e centro da península itálica, à criação de unidades sociais e políticas ao redor de uma grande cidade. Milão, Florença, Gênova, Mântua, Cremona, Piacenza, Pádua, Pisa e outras cidades, instauraram instituições comunales que geraram as Cidades-Estado[26].

> "A fundação de comunas independentes foi também consequência de um novo e extraordinário crescimento econômico, que se prolongou até o século XIV. Essa prosperidade econômica gerou as condições materiais, a partir das quais, desenvolveu-se a civilização do Renascimento, com todas as suas realizações culturais e artísticas (...). O fato de os vínculos feudais terem perdido, temporalmente, o peso específico que haviam tido antes, fomentou a emigração para as cidades, onde as oportunidades de investimento econômico se contavam aos milhares"[27].

As comunas precisaram enfrentar um novo desafio para manter sua independência: o ressurgimento do Sacro Império Romano. Frederico Barbarroxa, da Suávia, eleito imperador em 1152, quis tornar efetivos seus direitos imperiais sobre as cidades italianas, mas chocou-se com a oposição destas, apoiadas pelo papado. Isso deu lugar a partidos frontalmente contrários: os guelfos, partidários do papado e de seus aliados, e os gibelinos (nome proveniente da cidade de Waiblingen, onde se encontrava o castelo natal dos suevos), partidários do imperador. "Esse conflito converteu-se no problema político mais relevante da Baixa Idade Média, que acabou se resolvendo em favor do Império de Carlos V, já em pleno século XVI"[28].

O neto de Barbarroxa, imperador Frederico II de Hohenstaufen (1194-1250), realizou nova tentativa de submeter as comu-

---

[26] J. Hyde, *Society and Politics in Medieval Italy. The Evolution of the Civil Life, 1000-1350* (Londres, 1973); L. Martines, *Power and Imagination: City-States in Renaissance Italy* (Londres, 1980); Ph. Jones, *The Italian City-State: From Commune to Signoria* (Oxford, 1997); D. Waley, *The Italian City Republics* (Londres, 2010^4).

[27] Ch. Duggan, *Historia de Italia...*, 49.

[28] D. Scalmani, *Historia de Italia...*, 128.

nas[29]. Esse imperador converteu Palermo em centro político do Sacro Império Romano. Deixando para tratar mais tarde seus méritos no campo cultural (artístico e científico), sua ambição levou ao conflito, não apenas com as comunas, mas, o que era pior, com o papado, que havia consolidado seu poder em Roma e territórios adjacentes.

Frederico não contava com aliados poderosos na Itália quando a morte bateu à sua porta em 1250. Como notaremos mais detidamente no capítulo seguinte, o papado teve atuação decisiva para que o Reino de Nápoles e Sicília passasse, do controle imperial, ao controle dos angevinos (1282-1442)[30]. Destes, mais tarde, passaria aos aragoneses (1442-1494)[31].

A vida social e cultural começou se tornar intensa no território italiano. Já o havia sido na Baixa Idade Média, época em que brilharam nomes como Dante, Petrarca, Boccaccio, Giotto e surgiram importantes centros universitários: Bolonha, Pádua, Perugia, Pavia, Ferrara, Sena[32]. O humanismo deu lugar ao renascimento[33]. Ambos trouxeram a renovação das letras (Ludovico Ariosto, etc), do pensamento (Nicolau Maquiavel, etc) e das artes (Leonardo da Vinci, Miquelângelo Buonarroti, Rafael Sanzio, etc).

A partir do século XVI, a Itália se converteu em cenário da luta entre grandes potências europeias. As *guerras da Itália* foram guerras entre potências continentais, sobretudo entre França e Espanha. Frente ao amplo e intenso emprego da força por parte da

---

29 D. Abulafia, *Frederik II: A Medieval Emperor* (Londres, 1988). Também: E. Kantorowicz, *Frederik the Second, 1194-1250* (Londres, 1931).

30 S. Runciman, *The Sicilian Vespers: A History of the Mediterranean World in the Thirteenth Century* (Cambridge, 1958).

31 D. Abulafia, *La guerra de los doscientos años. Aragón, Anjou y la lucha por el Mediterráneo* (Barcelona, 2017).

32 J. Larner, *Italy in the Age of Dante and Petrarca* (Londres, 1980).

33 D. Hay - J. Law, *Italy in the Age of the Renaissance, 1380-1530* (Londres, 1989); J. Najemy (ed.), *Italy in the Age of the Renaissance* (Oxford, 2004). Também: J. Burckhardt, *La cultura del Renacimiento en Italia* [1860] (Barcelona, 2004). [=Jacob Burckhardt, *A cultura do Renascimento na Itália*, São Paulo: Companhia das Letras, 2009. Tradutor: Sergio Tellaroli.].

França para dominar a Itália[34], foi a Espanha quem acabou se impondo no conjunto dos territórios italianos[35].

Surgiu, assim, o que foi denominado *Itália espanhola*, realidade iniciada no século XVI, consolidada durante todo o século XVII e continuada significativamente no século XVIII[36].

> "Sob o reinado de Filipe II (1556-1598) a consolidação da hegemonia espanhola na Europa teve a Itália como parte importante de seu sistema de poder. Filipe II controlava, diretamente, Milão, o Reino de Nápoles e a Sicília e, indiretamente, como satélites do domínio espanhol, a República de Gênova e o Ducado de Mântua (...). De 1559 a 1620, a hegemonia espanhola na Itália quase não enfrentou oposição. Somente Veneza seguiu mantendo seus domínios em terra firme, enquanto os Estados Pontifícios conseguiram conservar autonomia apenas parcial. Nesse período também se verificaram fenômenos econômicos inéditos para os homens da época (...). Um claro benefício da dominação espanhola foi a paz, sessenta anos nos quais os domínios italianos foram administrados pelos representantes da coroa espanhola"[37].

Sem entrar em avaliação detalhada da presença da Espanha na Itália, sobretudo no século XVII, convém recordar, por um lado, o intercâmbio mútuo, especialmente de bens culturais e religiosos[38], bem como a presença de italianos na administração espanhola, de

---

[34] D. Abulafia (ed.), *The French Descent into Renaissance Italy, 1494-1495: Antecedents and Effects* (Aldershot, 1945).

[35] D. Scalmani, *Historia de Italia*..., 189-197.

[36] Sobre o significado da *Spanish Italy* e sobre sua verificação no séc. XVIII: Ch. Storrs, *The Spanish Resurgence, 1713-1748* (New Haven-Londres, 2016) 182-214 (aplicação à Sardenha e Sicília: p. 183-186; aplicação à Parma, Piacenza e Toscana: p. 186-188; aplicação ao Reino de Nápoles e Sicília: p. 188-200; aplicação a Milão: p. 200-203).
Recopilação de estudos sobre áreas concretas da *Spanish Italy* antes do séc. XVIII: T. J. Dandelet - J. A. Marino (ed.), *Spain in Italy: Politics, Society and Religion (1500-1700)* (Leiden-Boston, 2007): Sicília (p. 23-44); Sardenha (p. 45-72); Nápoles (p. 73-98); Milão (p. 99-134); Toscana (p. 135-180); Veneza (p. 227-150). Também: E. Romero, *El Imperialismo Hispánico en La Toscana durante el siglo XVI* (Lleida, 1986); S. d'Amico, *Spanish Milan: A City within the Empire, 1535-1706* (Nova York, 2012). Há seis estudos dedicados aos âmbitos da *Spanish Italy* em: A. Álvarez-Ossorio - B. García y García (ed.), *Monarquía de las Naciones* (Madri, 2004).

[37] D. Scalmani, *Historia de Italia*..., 189-190.

[38] J. S. Amelang, *Exchanges between Italy and Spain: Culture and Religion*: T. J. Dandelet - J. A. Marino (ed.), Spain in Italy..., 433-455.

modo particular, no século XVIII[39]. Mas, por outro lado, também é procedente mencionar o fato de o prolongado e intenso domínio espanhol, como acontece com todos os impérios[40], acabar gerando normal sentimento *anti-espanhol*[41].

Além disso,

"os aristocratas espanhóis chegaram em grande número e se fixaram preferentemente no sul [da Itália]. Trouxeram consigo muitos valores cortesãos tradicionais, tais como a preocupação com a honra, o privilégio e a cerimônia, bem como a inclinação para atos de *vingança*. Por vezes, mostravam-se profundamente devotos, circunstância corroborada pelo fato de, durante os anos de domínio espanhol, a Igreja italiana ter recebido ingentes benefícios e se tornado desmedidamente rica e poderosa"[42].

No século XVII, a Itália se tornou novamente sede importante da cultura do Barroco, poderosa na ciência (Galileu) e arte (Bernini, Borromini, Caravaggio, Monteverdi), sem desvalorizar o desenvolvimento do ensino e do livro (através da imprensa)[43].

Ainda,

"Os ganhos culturais alcançados na Itália no século XVI foram acompanhados pela economia, que continuou dinâmica em mui-

---

[39] Mª. C. Irles, *Italianos en la administración española del siglo XVIII*: Revista de Historia Moderna 16 (1997) 157-176.

[40] Mª. E. Roca, *Imperiofobia y leyenda negra. Rusia, Estados Unidos y el Imperio Español* (Madri, 2017³).

[41] A. Musi (ed.), *Alle origini di una nazione. Antispagnolismo e identità italiana* (Milão, 2003). Esse *anti-espanholismo* é um dado historiográfico surgido, sobretudo, na época do *Risorgimento*: muitos historiadores italianos consideram o período espanhol como etapa de decadência entre os esplendores do Renascimento e do Iluminismo. Ver, sobre isso: G. Pepe, *Il Mezzogiorno d'Italia sotto gli Spagnoli: la tradizione storiografica* (Florença, 1952).

[42] Ch. Duggan, *Historia de Italia...*, 89. Também: G. Muto, *Noble Presence and Stratification in the Territories of Spanish Italy*: T. J. Dandelet - J. A. Marino (ed.), Spain in Italy..., 251-198; C. Donati, *The Profession of Arms and the Nobility in Spanish Italy: Some Considerations*: Ibid., 299-324; G. Cirillo, *Virtù cavalleresca e antichità di lignaggio. La real camera di S. Chiara e le nobiltà del regno nell'età moderna* (Roma, 2012).

[43] D. Sella, *Italy in the Seventeenth Century* (Londres, 1997); E. Cochrane, *Italy, 1530-1630* (Londres, 1985); Ch. Black, *Early Modern Italy: A Social History* (Oxford, 2000); G. Hanlon, *Early Modern Italy, 1550-1800: Three Seasons in European History* (Londres, 2000); J. A. Marino (ed.), *Early Modern Italy* (Oxford, 2002).

tos aspectos. Uma das razões para que essa circunstância fosse possível, ou, em todo caso, um fato que se encontrava por trás do evidente incremento da produção experimentada nesse período, tanto na indústria, quanto na agricultura, foi o crescimento da população"[44].

No século XVII, a população italiana foi afetada por duas *epidemias* de peste com efeitos devastadores. Uma (em 1630), atingiu sobretudo o norte da Itália, a outra (em 1656), afetou precisamente Roma e Nápoles. "Em ambos os casos, o contágio se difundiu, tanto nas cidades, quanto no campo, e as vítimas foram muito numerosas, em alguns casos até quase um terço da população, causando a paralisia social e econômica de inteiras áreas do país"[45].

1.1.3. Panorama político italiano no século XVIII

O século XVIII foi, para a Itália, como em geral para o conjunto da Europa, época de reformas. Estas aconteceram, de modo especial, no Piemonte, "cujos duques, primeiro, e reis, mais tarde, mostraram intensões expansionistas que, a não ser por uma burocracia eficaz e centralizada, jamais teriam sido levadas a efeito"[46].

As reformas também foram necessárias na Lombardia, onde "a nobreza possuía quase metade das terras agrícolas em meados do século XVIII, enquanto a Igreja abarcava outros 20%"[47].

Não ficavam atrás as outras regiões: "Na Itália central, apenas 113 famílias dividiam 61% do *agro romano*, enquanto no Reino de Nápoles, entre 40 e 50% dos ingressos agrícolas iam parar nos cofres da Igreja e nobreza"[48].

---

[44] Ch. Duggan, *Historia de Italia...*, 79. Nas p. 79-90 dessa síntese sobre a história da Itália, são anotados os "avanços sociais e econômicos nos séculos XVI e XVII". Mas também sublinha que, "contudo, a impressão geral que dava a Itália no séc. XVII era de esgotamento, tanto no nível social, quanto econômico" (p. 88). [= Christopher Duggan, *História Concisa da Itália*, São Paulo: Edipro, 2016, 368p.].

[45] D. Scalmani, *Historia de Italia...*, 218.

[46] Ch. Duggan, *Historia de Italia...*, 92.

[47] *Ibid.*, 93.

[48] *Ibid.*, 93-94.

A confusão administrativa era evidente nas diversas regiões da Itália e o sistema legal se encontrava em situação caótica. Com efeito,

> "A Itália albergava um grande número de tribunais e jurisdições rivais. Isso era consequência, de um lado, da riqueza que acumulara a sociedade civil, tanto leiga, quanto religiosa, na Idade Média e, por outro lado, da longa história de fragmentação política da península. Ironicamente, a força que ostentava a profissão legal na Itália ajudou a alimentar essa confusão, já que a maioria dos advogados tinha interesse pessoal em preservar o *status quo* e se opor aos esforços da Coroa na incrementação dos poderes reais. Isso foi especialmente verdade no sul, onde os advogados eram, não apenas numerosos (diz-se que em Nápoles 26.000 homens ganhavam a vida com o Direito em meados do século XVIII), mas também provinham de boas famílias que os pagavam para defender suas imunidades e privilégios"[49].

Na continuação, nos fixaremos no panorama político da Itália do século XVIII.

Com as lutas dos séculos XIV e XV, dos movimentos comunais dos séculos XV e XVI e dos confrontos entre as grandes potências europeias no séc. XVII, foi se configurando o panorama político italiano que terminou conformado, em princípios do séc. XVIII, em mosaico de unidades sociopolíticas.

As variações no panorama político da Itália no séc. XVIII provinham das consequências das três guerras de sucessão, ocorridas na primeira metade do século: espanhola (1701-1714), polonesa (1733-1737) e austríaca (1740-1748). Como resultado, a Áustria se consolidou como potência europeia de primeira importância. E, segunda consequência, o controle da península italiana acabou sob o domínio imperial dos Habsburgo.

Se é possível dizer que no séc. XVII a Itália (em seu conjunto) foi *espanhola*, com igual razão se pode afirmar que no séc. XVIII a Itália (em seu conjunto) foi *austríaca*. Depois dos acordos de Ras-

[49] *Ibid.*, 94.

tadt (6 de março de 1714), passaram a depender da complexa administração do Império Austríaco: os Países Baixos Espanhóis, o Ducado de Milão e o Reino de Nápoles.

Em seguida, apresentamos breve descrição das unidades que configuraram o *tabuleiro sociopolítico* da Itália do séc. XVIII.

– A República de Veneza

No século XVIII, a velha República de Veneza deixara para trás os tempos de esplendor (séc. X-XVI)[50] e vivia um longo outono[51]. Do ponto de vista político, estava dominada pelas quarenta e duas famílias que, tradicionalmente, tinham ocupado os organismos políticos da *Sereníssima* e faziam oposição a qualquer tentativa de perda do poder. Enquanto a frota mercantil veneziana conseguia manter bom nível de atividade, os esforços reformistas se concentravam na política religiosa de orientação jurisdicionalista tentando, por sua vez, reduzir a autonomia do clero, mãos-mortas e conventos.

Na Veneza do séc. XVIII, sobressaem os aspectos culturais. No campo literário há a figura de **Carlos Goldoni** (1707-1793), pai da comédia italiana moderna, sobre cujo significado nos detivemos no volume precedente (V/2 1093-1098) da presente História da Teologia Moral. Na arte figurativa, a Veneza do séc. XVIII produziu notáveis talentos:

- **João Batista Tiepolo** (1696-1770) é o pintor que oferece interpretação original da estética Rococó. No auge da fama (1762), foi chamado por Carlos III da Espanha para pintar os afrescos das salas do Palácio Real de Madri.
- No séc. XVIII, surgiu em Veneza a escola dos Vedutistas [autores de obras pictóricas ou de desenho ricas em detalhes e geralmente em grande escala]: Francesco Guadi, Bernardo Belloto e, sobretu-

---

50 R. Crowley, *Venecia. Ciudad de la fortuna. Auge y caída del imperio naval veneciano* (Barcelona, 2016).

51 J. J. Norwick, *Historia de Venecia* (Granada, 2009) 727-754: "El siglo XVIII (1718-1789)".

do, o grande **Canaletto** (1697-1768), pintor dos majestosos e precisos panoramas de Veneza, que homenageia com grande perícia técnica e uso inteligente das regras geométricas da perspectiva.

– A República de Gênova

Na órbita da Monarquia espanhola[52], a República de Gênova também vivia uma espécie de longo outono nos inícios do séc. XVIII. Também aqui, uma vintena de famílias detinha a maior parte da riqueza patrimonial. Embora com menor força que no passado, havia uma burguesia mercantil que utilizava as vantagens do porto de Gênova e dos outros portos menores da Ligúria. Na República de Gênova "difundiram-se entre as classes burguesas as ideias ilustradas, enquanto alguns religiosos aderiram ao jansenismo"[53].

– O Ducado de Milão

Era controlado pelos Habsburgo austríacos[54]. A cidade de Milão "no séc. XVIII se encontrava entre as cidades que encabeçavam o Iluminismo na Itália"[55]. Pertence ao âmbito milanês o ilustrado César Beccaria. Deve-se à imperatriz Maria Teresa numerosas reformas na Lombardia, começando pelas novas disposições sobre o ensino público. As reformas continuaram com o imperador José II, que eliminou a Inquisição e acabou com a censura eclesiástica sobre os livros. Apoiaram as reformas eclesiásticas os professores Pedro Tamburini e José Zola, ambos da Universidade de Pavia, próximos às posições jansenistas.

No séc. XVIII, a unidade sociopolítica da Lombardia já havia perdido para a República de Veneza as cidades de Bérgamo, Bréscia e Verona. Permanecia no Ducado de Milão a cidade de Mântua, de

---

52 M. Herrero Sánchez, *Génova y el sistema imperial hispánico*: A. Álvarez-Ossorio - B. García y García (ed.), Monarquía de las Naciones (Madri, 2004) 529-562.

53 D. Scalmani, *Historia de Italia...*, 245.

54 Sobre a Milão austríaca do séc. XVIII, ver a síntese de: D. Scalmani, *Historia de Italia...*, 228-234. Também: D. Sella - C. Capra, *Il Ducato di Milano dal 1535 al 1796* (Turim, 1984).

55 D. Scalmani, *Historia de Italia...*, 228.

origem etrusca, povoada por soldados veteranos de César Augusto, pátria do poeta Virgílio, governada com esplendor pela família Gonzaga (1328-1708), enriquecida com as obras pictóricas do genial **André Mantegna** (1431-1506) e com a música de **Cláudio Monteverdi** (1567-1643).

- O Grão-Ducado da Toscana

Os Habsburgo-Lorena receberam esse Ducado (1737) e o inseriram na órbita austríaca[56]. Quando da morte de Francisco II, primeiro Grão-Duque de Lorena, Pedro Leopoldo assumiu o título em 1765, mantendo-o até 1790, quando então se tornou imperador sucedendo ao seu pai, José II. Uma das principais reformas do Grão-Ducado, no séc. XVIII, consistiu na liberação do comércio de mercadorias agrícolas. Contudo, a reforma mais emblemática foi a do Direito Penal, inspirada diretamente no pensamento de César Beccaria. A Toscana foi o primeiro país do mundo ocidental a abolir a tortura judicial e a pena de morte (1786).

> "À política de renovação de Leopoldo, se uniram numerosos professores da Universidade de Pisa e outros intelectuais reformadores, como Bernardo Tanucci e Pompeu Neri, figura de relevo, inclusive fora do Grão-Ducado. Em geral, nesse período, a Toscana entrou em contato com os centros do movimento iluminista internacional, tanto que, por exemplo, a *Enciclopédia* de Diderot e d'Alembert foi publicada na Toscana em duas edições, e Florença se tornou o centro propulsor dos novos estudos dedicados à fisiocracia, escola de pensamento econômico inspirada no *Tableau Économique* de François Quesnay, segundo a qual, a agricultura era a única atividade produtiva de riqueza que devia escapar dos vínculos feudais e limitações extra econômicas"[57].

No séc. XVIII, ao Grão-Ducado da Toscana estava incorporada **Lucca**, cidade-estado que, com Veneza, alcançou maior duração his-

---

[56] Sobre o Grão-Ducado da Toscana no séc. XVIII, ver a síntese de: D. Scalmani, *Historia de Italia...*, 234-236. Também: E. Cochrane, *Florence in the Forgotten Centuries, 1527-1800. A History of Florence and the Florentines in the Age of the Gran Dukes* (Chicago, 1973); S. Landi, *Il governo delle opinioni: Censura e formazione del consenso nella Toscana del Settecento* (Bolonha, 2000).

[57] D. Scalmani, *Historia de Italia...*, 235-236.

tórica. Antes da unificação da Itália, Lucca passou a ser Principado de Lucca e Piombino (1805-1815) e Ducado de Lucca (1815-1847).

Também dependia dos Habsburgo-Lorena o **Ducado de Módena**, comuna livre desde 1288 e, depois, regida pela Casa de Este (desde 1452). Os territórios de Módena, Parma e Toscana, passaram a integrar as províncias unidas da Itália central unificada, anexadas ao Reino da Sardenha (1860).

- O Reino de Savoia no Piemonte

Sua língua oficial era o francês[58]. Os maiores centros urbanos eram Turim, Niza e Alexandria, sendo a maior parte do território de configuração rural. Desde meados do séc. XVII, até finais do séc. XVIII, Turim, a capital, cresceu de 24.000 para 92.000 habitantes. Vítor Amadeo II (1666-1732) impulsionou fortemente a centralização do Estado e o crescimento de Turim; no campo político-religioso, exerceu política jurisdicionalista para reduzir a autonomia do clero e o poder da Igreja, com a qual firmou uma concordata em 1741.

> "A economia de Estado foi basicamente rural, apesar de algumas tentativas de desenvolver a indústria da lã, e o aparato público se revestiu de caráter que obedecia aos princípios de um absolutismo nutrido por espírito marcial e burocrático, longe dos modelos reformistas do despotismo ilustrado (...). Em 1736, Carlos Emanuel III fez apressar a traição a Pedro Giannone, o reformador napolitano, que buscara refúgio em Savoia e, até sua morte, permaneceu em cárceres piemonteses"[59].

- O Reino da Sardenha

Liberada do domínio espanhol (aragonês) e transferida para a casa de Savoia (1720)[60], durante o séc. XVIII a Sardenha constituiu um domínio insular governado, a modo de colônia, pela dinastia

---

[58] Sobre o Reino do Piemonte no séc. XVIII, ver a síntese de: D. Scalmani, *Historia de Italia...*, 240-242. Também: G. Symcox, *Victor Amadeus II. Absolutism in the Savoyard State, 1675-1730* (Londres, 1983); Ch. Storrs, *War, Diplomacy and the Rise of Savoy, 1690-1720* (Cambridge, 1999); A. Merlotti, *L'Enigma delle Nobilità. Stato e ceti dirigenti nel Piemonte del Settecento* (Florença, 2000).

[59] D. Scalmani, *Historia de Italia...*, 241.

[60] Ch. Storrs, *The Spanish Resurgence...*, 183-185.

dos Savoia do Piemonte, mais concretamente, por Emanuel III que, através de seu ministro Bogino, impulsionou uma política de caráter colonial na ilha, com métodos autoritários e efeitos concretos para reduzir o poder dos conventos e do clero, mas não o dos proprietários de terra[61].

- O Ducado de Parma, Piacenza e Guastalla

Este pequeno Estado foi criado em 1545 pelo Papa Paulo III, Farnese, para seu filho, Pedro Luís. Desde os anos cinquenta do séc. XVII, foi governado por Gilherme du Tillot, que se chocou com a Igreja ao querer eliminar os privilégios fiscais e jurisdicionais do clero.

> Essas "disposições do Ducado, foram anuladas por Roma, que excomungou quem as havia promulgado e redigido. Parma respondeu expulsando os jesuítas e reorganizando a educação pública como escola estatal. O ataque, levado a cabo pela Santa Sé contra o pequeno Ducado, foi entendido como aviso aos soberanos Bourbon da Espanha e França e sua política jurisdicional que, por sua vez, reagiram ocupando, o soberano espanhol, os territórios de Benevento e Pontecorvo pertencentes à Santa Sé e que se encontravam dentro do Reino de Nápoles; e o soberano francês, Avignon, território pontifício na França. Clemente XIV, então, se viu obrigado a capitular, suprimindo a ordem dos jesuítas (1773) em troca da retirada das tropas dos territórios ocupados"[62].

- Os Estados Pontifícios

Eram constituídos por vastos territórios da Itália central. A capital, Roma, era a segunda cidade da Itália em número de habitantes naquele tempo, logo depois de Nápoles. Nela residiam grupos aristocráticos eclesiásticos e leigos que dominavam o aparato do Estado. A classe dirigente - Cúria, superiores de Ordens Religiosas, dignatários do Papa - formavam, em grande medida, a aristocracia

---

61 F. Manconi, *Cerdeña a finales del siglo XVII-principio XVIII: Una larga crisis de casi medio siglo*: Estudis 33 (2007) 27-44; Id., *The Kingdom of Sardinia: A Province in Balance between Catalonia, Castile, and Italy*: J. Dandelet - J. A. Marino (ed.), Spain in Italia..., 45-72.

62 D. Scalmani, *Historia de Italia...*, 244-245.

romana. O conjunto do Patrimônio de São Pedro estava dotado de copiosas rendas de feudos e propriedades imobiliárias que, por sua vez, se estendiam para além dos limites do Estado e se encontravam no Reino de Nápoles, Toscana e Lombardia.

A capital, Roma, que acolhia grande número de estrangeiros e peregrinos era, sobretudo, um centro de consumo, graças ao dinheiro que fluía para São Pedro desde o mundo católico. Mas, fora de Roma, do ponto de vista econômico, o território do Lácio estava entre os mais atrasados da Europa. Nos grandes latifúndios se desenvolvia o pastoreio ou a agricultura extensiva. Desde os Apeninos até o Adriático prevaleciam as pequenas cidades provincianas, que subsistiam graças aos mercados locais e à produção de alimentos dedicados ao consumo local. As zonas de Bolonha, Ferrara e Romanha eram as mais produtivas, as únicas a exportar produtos agrícolas. A universidade de Bolonha mantinha certa capacidade para atrair estudantes.

> "O Papa Pio VI (1775-1799) tentou promover uma política de reformas para agilizar as aduanas, liberar o comércio de cereais e sanear os pântanos, mas não obteve nenhum efeito relevante. Os tímidos remédios eram insuficientes, embora passasse da hora de atacar a situação do escandaloso privilégio que bloqueava a sociedade da economia de Estado"[63].

O **Reino de Nápoles e da Sicília** está além dos âmbitos sociopolíticos assinalados, por isso, voltaremos a atenção sobre ele no próximo capítulo.

1.1.4. Duas anotações gerais

Em relação às unidades políticas nomeadas, queremos acrescentar duas anotações de caráter geral e significado comum a todas elas.

A primeira anotação destaca a *força* dessas sociedades:

> "Durante o século XVIII, a situação geral higiênico-sanitária das cidades melhorou, reduzindo sua exposição ao contágio de doenças

[63] *Ibid.*, 244.

infecciosas e diminuindo o peso dos fatores de risco epidêmico. O aumento da produção agrícola, base social e economia fundamental da sociedade pré-industrial, permitiu melhor alimentação da população e sustentou o crescimento demográfico durante todo o século (...). Ao maior aproveitamento extensivo das terras, graças ao cultivo de antigas zonas pantanosas (...), acrescentou-se o uso racional do terreno (...). Numerosas inovações técnicas e de gestão transformaram a paisagem agrária da Itália do norte, adequando-a às exigências da agricultura e alimentação (...). Em numerosas fazendas do Piemonte, Toscana, Lombardia e Vêneto, nota-se gestão inteligente dos recursos econômicos e divisão racional do trabalho entre o proprietário do terreno, o gestor agrícola e os camponeses"[64].

Do lado positivo, deve-se colocar também o fomento da produção industrial por parte do soberano, como aconteceu em Nápoles, onde o rei Carlos VII (III da Espanha) fundou, em 1738, a Real Fábrica de Capodimonte para a produção de porcelana e a Real Fábrica de Tapeçaria de São Carlos em Mortelle. Com semelhante orientação, os Habsburgo tentaram criar em Milão um atelier para trabalhar a lã, mas a oposição dos grupos e o escasso êxito comercial, fizeram a iniciativa fracassar.

Por outro lado, "a melhoria do transporte por mar de mercadorias de grande volume favoreceu a integração da Itália no comércio europeu, o que foi estimulado pela criação de portos francos, onde as mercadorias podiam transitar sem taxas aduaneiras. O êxito de Livorno inspirou a criação de portos livres de tarifas em Trieste, Ancona, Civitavecchia e Messina, que se converteram em centros de seleção das mercadorias produzidas nos campos da península"[65].

A segunda anotação recolhe alguns fatores que indicam a *debilidade* das sociedades apresentadas:

O tratamento uniforme dos súditos, a modernização da administração pública e o submetimento das leis territoriais à única e comum

---

[64] *Ibid.*, 223-224.
[65] *Ibid.*, 228.

lei de Estado enfrentaram "uma muito forte resistência por parte de alguns grupos que encontravam maneiras de evitar as leis ou impedir que as reformas fossem levadas a cabo. A plena autoridade do Estado era posta em discussão ou contrastada pela Igreja e o clero, que pretendiam reivindicar a legitimidade de seus próprios privilégios e isenções. Também os grupos aristocratas se adequavam apenas parcialmente, e com resistência, à vontade dos soberanos na hora de criar o aparato administrativo independente dos grupos de poder. Outro importante elemento de debilidade do aparato público dos Estados italianos era o desequilíbrio, nascido da contínua necessidade de financiamento sem dispor de sistemas eficazes de arrecadação fiscal, gerando especulação que deprimia as possibilidades de crescimento da economia e perpetuava as condições de atraso existentes. A escassez de infraestrutura pesava sobre os transportes (...). A distância econômica entre os grupos citadinos e do campo tinha se atenuado ao longo de um século, mas agora ficava clara a diferença, desde o ponto de vista cultural e de condições de vida (...). Os sinais de pobreza difusa eram visíveis em vastas zonas do território, onde carestias e epidemias se tornaram frequentes e o grau de instrução e alfabetização das populações se mantinha entre os mais baixos da Europa"[66].

1.1.5. Complemento bibliográfico

Sobre a história geral da Itália

- R. Romano - C. Vivanti (ed.), *Storia d'Italia. Einaudi*, 10 vol. (Turim, 972-1976).
- H. Galasso (ed.), *Storia d'Italia. Utet*, 17 vol. (Turim, 1999-2008).
- D. Scalmani, *Historia de Italia* (Madri, 2016).
- Ch. Duggan, *Historia de Italia* (Madri, 2017², 1996¹; antes: Cambridge, 1994, 2014). [= Christopher Duggan, *História concisa da Itália*, São Paulo: Edipro, 2016, Tradutora: Natalia Petroff, 368p.].

Sobre a Itália do *Settecento*

- M. Vaussard, *La vie quotidienne en Italie au XVIIIe. siècle* (Paris, 1959).

---

[66] *Ibid.*, 247-248.

- F. Valsecchi, *L'Italia nel Seicento e nel Settecento* (Turim, 1967).
- S. Woolf, *A History of Italy 1700-1869. The Social Constraints of Political Change* (Londres, 1979).
- D. Carpaneto - G. Ricuperati, *Italy in the Age of Reason, 1685-1789* (Londres, 1987).
- J. A. Marino, *Early Modern Italy, 1550-1796* (Oxford, 2002).
- E. di Rienzo, *Sguardi sul Settecento. Le ragioni della politica tra antico regime e rivoluzione* (Nápoles, 2007).
- D. Carpanetto - G. Ricuperati, *L'Italia del Settecento. Crisi, trasformazioni, Lumi* (Roma-Bari, 2008, 1986[1]).
- M. Rosa, *Gli italiani prima dell'Italia. Un lungo Settecento, dalla fine della Controriforma a Napoleone* (Roma, 2014).

Sobre a situação religiosa na Itália do *Settecento*

- E. Passerin d'Entrèves, *Studi e problemi politico-sociali dell'Italia del 700*: Quaderni di cultura e storia sociale 2 (1953) 22-28.
- A. Vecchi, *Correnti religiose nel Sei-Settecento veneto* (Veneza-Roma, 1962).
- A. Prandi, *Religiosità e cultura nel Settecento italiano* (Bolonha, 1966).
- E. Vilanova, *Historia de la teología cristiana*, III (Barcelona, 1992) 308-324: "El *Illuminismo* italiano".
- P. Vismara, *Settecento religioso in Lombardia* (Milão, 1994).
- Ead., *Cattolicesimi. Itinerari sei - settecenteschi* (Milão, 2002).
- G. de Rosa - T. Gregory (ed.), *Storia dell'Italia religiosa. 2. L'età moderna* (Roma, 1994).
- M. Rosa, *Settecento religioso. Politica della Ragione e religione del cuore* (Veneza, 1999).
- Id., *Le contraddizioni della modernità: apologetica cattolica e lumi nel Settecento*: Rivista di Storia e Letteratura Religiosa 44 (2008) 73-114.
- Id., *La contrastata Ragione. Riforme e religione nell'Italia del Settecento* (Roma, 2009) 73-91.
- D. Menozzi, *Antonio Baldovinette e il riformismo religioso toscano del Settecento* (Roma, 2001).

Sobre a história dos Estados da Itália Moderna

- G. Cozzi, *Repubblica di Venezia e Stati italiani. Politica e giustizia dal secolo XVI al secolo XVIII* (Turim, 1982).
- G. Greco - M. Rosa (ed.), *Storia degli antichi Stati italiani* (Bari, 1996).
- L. Mannori (ed.), *Comunità e poteri centrali negli antichi stati italiani* (Nápoles, 1997).
- G. Hanlon, *Storia dell'Italia Moderna, 1550-1800* (Bolonha, 2002).

Sobre o atrativo "turístico" da Itália no séc. XVIII (*Gran Tour*)

- A. Wilton - I. Bignamini (ed.), *Grand Tour. The Lure of Italy in Eighteenth Century* (Londres, 1996).
- E. Chaney, *The Evolution of the Grand Tour: Anglo-Italian Cultural Relations since the Renaissance* (Londres, 1998).

1.2. O REINO DE NÁPOLES EM SEU DEVIR HISTÓRICO

1.2.1. Identificação

Nápoles, além da cidade, era também o *Reino de Nápoles*, formado pelas regiões continentais do sul da península e pela ilha da Sicília e, em alguns períodos, ainda pela ilha da Sardenha.

A integração da Sicília com o sul da península itálica, para formar uma unidade política, foi diversa ao longo da história.

- Com os normandos, a Sicília foi sede do Reino. Rogério II de Hauteville conquistou Nápoles (1140) e anexou ao Reino da Sicília as terras do sul da península até as fronteiras dos Estados Pontifícios. O Reino, assim configurado, foi denominado *Regnum Siciliae.*
- Depois da revolta das *Vésperas Sicilianas* (1282), o Reino se dividiu em duas partes: a ilha siciliana ficou sob o domínio dos aragoneses e a parte continental sob o poder dos angevinos. Ambos os reis se arrogaram o título de *Rei da Sicília*, estabelecendo-se então as denominações de: *Regno di Sicilia di qua del faro* (Reino da Sicília deste lado do farol) e *Regno di Sicilia al di là del faro* (Reino da Sicília do outro lado do farol), tendo como referência o farol de Messina.

- Durante o domínio da monarquia espanhola (1516-1707), Nápoles e Sicília formavam dois reinos distintos, embora unidos sob a mesma coroa: *Reino das Duas Sicílias* (em alusão às duas Sicílias da etapa precedente).
- Na época dos Bourbon do séc. XVIII, a sede do Reino se encontrava em Nápoles. Na Sicília, vigorava um governo que, embora incorporado ao comum Reino de Nápoles, gozava de certa autonomia. Em Nápoles ficava a corte e sede do governo central, enquanto em Palermo governava um vice-rei por delegação real; por isso, o rei Carlos VII era rei das *Duas Sicílias*.
- Ao final do séc. XVIII, o conjunto político de Nápoles e Sicília voltou a ser denominado *Reino da Sicília*.
- Depois do Congresso de Viena (1815), em 8 de dezembro de 1816, Fernando IV reuniu em um só Estado os reinos de Nápoles e da Sicília, com a denominação de *Reino das Duas Sicílias*. Consequentemente, abandonou o nome de Fernando IV de Nápoles e III da Sicília, para assumir a denominação de Fernando I das Duas Sicílias. Tal unificação não foi bem vista por grande parte dos sicilianos, já que a Sicília ficava privada da Constituição que o mesmo rei Fernando havia promulgado em 1812, e perdia a independência que desfrutara por quase 600 anos.
- Mais tarde, em 1830, essa unidade política de Nápoles e Sicília se integrou na unificação italiana com o nome de *Reino das Duas Sicílias*.

Quanto à Sardenha, no séc. XVIII essa ilha não pertencia à unidade política do Reino das Duas Sicílias e girava na órbita do Reino do Piemonte, em algumas épocas também chamado de *Reino da Sardenha*.

Nota bibliográfica.

- G. De' Sivo, *Storia delle Due Sicilie dal 1847 al 1861* [1863-1867], 2 vol. (Brindisi, 2009).
- G. Giarrizzo, *Sicilia e Napoli nel '700*: M. di Pinto (ed.), *I Borbone di Napoli e i Borbone di Spagna*, I (Nápoles, 1985) 193-214.

1.2.2. *Etapas históricas do Reino de Nápoles*

As 8 estátuas, em tamanho natural, dos soberanos iniciadores das dinastias reinantes em Nápoles que, em seus respectivos nichos, decoram a fachada do Palácio Real, marcam, da esquerda para a direita, as etapas históricas do Reino de Nápoles. Usaremos esse esquema para apresentar sua história.

Essa zona urbana do Palácio Real foi utilizada, desde 1599, como local de residência dos vice-reis. Pedro Álvarez de Toledo decidiu construir um palácio (entre 1540-1584) para receber o rei da Espanha quando viesse a Nápoles. Mas só a partir 1734 se converteu em residência real, quando recebeu o rei Carlos VII de Bourbon. Foi Umberto I quem, em 1888, mandou colocar as oito estátuas dos reis fundadores das dinastias que subiram ao trono de Nápoles, desde Rogério II, o normando, até Vitório Emanuel II. O projeto desse programa iconográfico teve intenção política: em primeiro lugar, mostrar a continuidade, desde os normandos, até os Savoia; em segundo lugar, deixar claro que todas as dinastias que reinaram em Nápoles eram estrangeiras até a chegada dos Savoia. Para justificar esse caráter estrangeiro de todos os reinantes, foi modificado o número do rei Carlos de Bourbon: ao invés de levar o número VII, que indicaria a condição napolitana dos Bourbon, foi-lhe assinalado o número III para mostrá-lo como rei da Espanha e, dessa maneira, marcar os Bourbon como dinastia estrangeira. Além disso, convém notar que Vitório Emanuel II de Savoia não foi soberano de Nápoles, mas sim de toda a Itália (incluindo Nápoles).

- Reino dos Normandos

A estátua de **Rogério II, *o normando***, representa o período constitutivo do Reino da Sicília com a incorporação do sul da península itálica, quando os normandos invadiram o território. Domínio confirmado, mais tarde, ao se constituir em feudo da Sé Apostólica de Roma (1140-1189)[67].

[67] J. J. Norwick, *The Normans in Sicily* (Londres, 1992), com tradução castelhana: *Un reino al sol: Sicilia, 1130-1194* (Granada, 2008). Também: D. Matthew, *The Norman Kingdom of Sicily* (Cambridge, 1992); H. Takayama, *The administration of the Norman kingdom of Sicily* (Leiden, 1993).

Após a conquista de Salerno, Amalfi, Cápua e Nápoles (1139) por Rogério II, o sul da península foi anexado ao Estado governado pelos normandos, ou seja, ao Reino da Sicília. Para conseguir o apoio da Igreja, os normandos já tinham prestado homenagem ao Papa Nicolau II (1059), comprometendo-se ao pagamento do imposto à Santa Sé.

Rogério II assumiu o título de Rei da Sicília e Duque da Apúlia e Calábria. A Sicília se tornou o centro do reino, com capital em Palermo, cidade fundada pelos fenícios. Quando o Império Romano foi dividido, Palermo ficou com Constantinopla, formando parte do Império bizantino. Os bizantinos mantiveram o controle da cidade até que os árabes a conquistaram (831), configurando, então, uma Sicília muçulmana[68]. Das mãos dos árabes foi arrebatada pelas mãos guerreiras dos normandos em 1072. Alguns edifícios de Palermo, como o Palácio normando, ainda testemunham o fausto desse povo, enquanto outros refletem a mescla de culturas, como a igreja de São João dos Eremitas e a Capela Palatina.

> "A Sicília se converteu em um microcosmo onde conviviam distintos povos, culturas e confissões que povoavam o Mediterrâneo em clima de tolerância e respeito, como raramente se viu na história"[69].

O *Regnum Siciliae*, ao qual foi anexado o território de Nápoles, nasceu da unificação de pequenos estados promovida por Rogério II, reconhecido com frequência como "o primeiro homem do Renascimento"[70]. "O reino normando da Sicília e Itália meridional, fundado em 1130, costuma ser considerado uma das monarquias mais fortes e ricas da Europa do século XII"[71].

Esse *Regnum Siciliae* foi definido por Ernesto Pontieri com "um *capolavoro* da arte política" quando afirma, sobre essa configuração política: "Graças à bela unidade e à sabedoria de seus go-

---

[68] A. Vanoli, *La Sicilia musulmana* (Bolonha, 2012).

[69] D. Scalmani, *Historia de Italia* (Madri, 2016) 122.

[70] Sobre o Reino normando da Sicília: D. Abulafia, *La guerra de los doscientos años. Aragón, Anjou y la lucha por el Mediterráneo* (Barcelona, 2017) 31-41.

[71] *Ibid.*, 31.

vernantes, a monarquia normanda adquiriu lugar respeitado, não apenas na Itália, mas também em toda a Europa, intervindo nas contendas europeias com peso considerável: contra os dois Impérios, inicialmente em confronto, e depois, aliada com o Papado, e ao lado das comunas (*comuni*) lombardas"[72].

Embora com o nome oficial de *Regnum Siciliae*, e com a capital em Palermo, o "Reino de Nápoles" continuou existindo.

Sobre a avaliação desse período para a zona napolitana, os pareceres dos historiadores são desencontrados: alguns sustentam uma posição negativa (entre eles, B. Croce); outros, adotam atitude mais positiva (entre eles, G. Galasso). Galasso afirma que se deve aos normandos a união da Itália do sul em um só estado, razão pela qual, tal período da história napolitana deve ser considerado de grande importância para a unidade do *Mezzogiorno*[73]. Ao fim e ao cabo, os normandos aportaram o grande fato histórico de haver criado um Reino, em razão do qual, a Itália do sul, compreendida a Sicília, verá o começo de uma história própria que será, ao mesmo tempo, italiana e europeia.

Durante a etapa normanda, aprofundou-se o sistema feudal, iniciado com os lombardos. A tendência era os nobres se transformarem em soldados e suas relações com o povo adquiriram traços típicos da relação feudal: submissão do povo ao senhor, tanto na guerra, quanto na paz; proteção, por parte do senhor, para o povo; participação nos bens da terra trabalhada, na medida em que necessários para a subsistência. O sistema feudal napolitano trouxe muitos abusos, perdurando, enquanto instituição admitida social e juridicamente, até começos do séc. XIX.

> "À investidura do feudo estava ligada a propriedade do castelo, sede do senhor, ou melhor, do barão [termo proveniente da palavra *baro*, provável corruptela do termo longobardo *waro*, que significava *guerra*], na medida em que o barão não podia viver junto com seus súditos, mas habitava em lugar mais elevado e mais seguro com

---

[72] E. Pontieri, *I Normanni nell'Italia meridionale* (Nápoles, s. a.) 11 e 14. Citado por: V. Gleijeses, *La storia di Napoli dalle origini ai nostri giorni* (Nápoles, 1974) 193.

[73] Ver: V. Gleijeses, *La storia di Napoli...*, 196-197.

o pessoal armado que lhe havia jurado fidelidade: por sua vez, o senhor jurava fidelidade ao seu soberano, e essa promessa representava o caráter essencial do feudo"[74].

- Integração no Sacro Império Romano-Germânico

A estátua de **Frederico II, *o grande*,** marca a etapa de integração do Reino de Nápoles no Sacro Império Romano Germânico (1189-1263).

A dinastia normanda extinguiu-se com Guilherme II (1189), morto sem herdeiros. Então, o Imperador Henrique VI reivindicou o Reino e o incorporou ao Sacro Império Romano Germânico sob a dinastia dos Hohenstaufen[75]. Um dos representantes mais destacados dessa dinastia foi Frederico II (1194-1251), que reuniu em sua pessoa os títulos de rei da Alemanha, rei da Itália e Imperador do Sacro Império Romano[76].

Frederico II, neto de Frederico I, nasceu na Itália. Foi coroado rei da Germânia em Aachen, em 1215, e coroado imperador em Roma no ano de 1220. Em 1228 dirigiu a quinta cruzada, tomou Jerusalém e assinou a trégua de dez anos com o sultão do Egito. Conseguiu estabelecer a paz, a ordem e a prosperidade na Sicília ao promulgar, em 1231, um amplíssimo código legal, as chamadas constituições de Melfi, definido como o melhor código jamais promulgado na Europa Ocidental desde o reinado de Carlos Magno. Deve-se a ele a construção do Castelo do Monte (1240-1250), com planta octogonal e abertura central para o céu.

Como rei da Sicília, Frederico fez de Palermo, não apenas o centro político, mas também cultural, do Sacro Império Romano.

---

[74] *Ibid.*, 218.

[75] D. Abulafia, *La guerra de los doscientos años...*, 42-54.

[76] A. di Stefano, *L'idea imperiale di Federico II* (Bolonha, 1952); G. Masson, *Frédéric II de Hohenstaufen* (Paris, 1963); T. C. van Cleeve, *Frederich II of Hohenstaufen* (Oxford, 1972); E. Kantorowicz, *L'empereur Frederic II* (Paris, 1987, original alemão de 1927); J. Benoist-Méchin, *El emperador Federico II: 1194-1250* (Barcelona, 1989); M. Macconi, *Federico II, sacralità e potere* (Gênova, 1994); D. Abulafia, *Frederick II: A Medieval Emperor* (Londres, 2002^2); R. Bressler, *Frederik II the wonder of the world* (Pensilvânia, 2010).

"Na culta e refinada corte de Frederico II, que conhecia o grego, latim, árabe, siciliano vulgar e hebraico, surgiu a Escola Poética Siciliana, primeiro movimento literário da Itália. Admiradores da poesia de amor provençal, os poetas sicilianos cantaram o amor e a beleza feminina em siciliano vulgar, que souberam adaptar às suas elaboradas exigências expressivas. Recordam-se, entre outros, Jacobo de Lentini, chefe da Escola e inventor do soneto, Guido delle Colonne, Pier della Vigna, Stefano Protonotario, Re Enzo, Cielo d'Alcamo, além do próprio imperador, autor de composições poéticas e de um tratado de falcoaria, o *De arte venandi cum avibus*, que também continha reflexões filosóficas"[77].

Frederico II fundou várias instituições culturais e educativas que sobreviveram: a escola de gramática e retórica de Cápua e, em 1224, a Universidade de Nápoles. Essa universidade é considerada a primeira universidade *civil* europeia, já que não dependia da Santa Sé, nem em sua criação, nem em seus estatutos, como acontecia com quase todas as universidades europeias da época[78]. Quando foi fundada a universidade de Nápoles, já estava em pleno fulgor a Escola Médica de Salerno. Essa Escola, por sua vez, converteu-se em centro de conservação do saber médico medieval, onde eram recebidos e traduzidos os ensinamentos da tradição árabe e judaica.

Com a criação do *Centro de Estudo Geral*, o imperador queria contrapor uma instituição própria frente aos centros dominicano e franciscano, que acabavam recrutando os melhores homens. "Naturalmente, desse *Centro* o imperador esperava conseguir vantagens pessoais, na medida em que pensava recrutar daí seus funcionários, dentre os melhores estudantes"[79].

---

77 D. Scalmani, *Historia de Italia...*, 128-129.

78 E. Mitre, *La ciudad cristiana en Occidente medieval (c. 400 - c. 1500)* (Madri, 2010) 247-248: "Nápoles foi dotada de uma universidade em 1224 com a finalidade de competir com Bolonha e formar funcionários ao serviço de uma crescente centralização. Na verdade, ofereceria ensinamentos puramente jurídicos, em detrimento das artes e teologia (patrimônio de Paris) e da medicina, própria de Salerno. A operacionalização desse centro só seria alcançada com a nova dinastia: a angevina, ramo menor dos Capetos".

79 V. Gleijeses, *La storia di Napoli...*, 286.

Na Universidade de Nápoles, graduou-se Tomás de Aquino em 1250. O *Centro de Estudos* do imperador tinha sua própria cátedra de teologia, independente das existentes nos Centros dominicano e franciscano[80].

A política fiscal foi dura para os napolitanos, que deviam notar a diferença em relação à época dos normandos. A questão tributária constituiu um dos elementos negativos da política sueva, além de relembrar alguns privilégios e concessões dos soberanos precedentes. Mas, do lado positivo, é preciso reconhecer que a pressão fiscal se traduziu em fazer de Nápoles um importante centro cultural.

A personalidade de Frederico II causou grande impacto na realidade e imaginário da Idade Média, sendo considerado o *stupor mundi* (o assombro do mundo) por seu domínio de idiomas, amplidão de conhecimentos e, também, por seu caráter excêntrico, em alguns casos, heterodoxo. Ficaram famosas suas fraquezas em relação às mulheres, tendo sido pai de, pelo menos, 18 filhos, nascidos do matrimônio legítimo e relações extraconjugais.

O papado manteve atitude de enfrentamento com Frederico II. Tal postura levou o Papa Inocêncio IV a enviar uma carta ao destacamento de Nápoles (13 de dezembro de 1251), felicitando-o pela posição tomada depois da morte de Frederico.

Entre os grupos cristãos que se sentiram atacados pela política do imperador, contavam-se os franciscanos e dominicanos[81], duas Ordens que foram expulsas do Reino. Quando tiveram que deixá-lo, por decisão do imperador suevo, foram choradas; ao regressarem mais tarde, com a permissão dos reinantes angevinos[82], sentiram-se ainda mais valorizadas que antes.

---

80 *Ibid.*, 287.
81 *Ibid.*, 283ss.
82 *Ibid.*, 437-439.

- Sob o domínio dos Angevinos

A estátua de Carlos I de Anjou marca o período angevino do Reino de Nápoles, com sua dependência da casa francesa de Anjou (1263-1442)[83].

Apesar de Manfredo I, filho natural de Frederico II (morto em 1250), reclamar a soberania sobre os territórios do Reino da Sicília, o papado manobrou para acabar com a dinastia dos Hohenstaufen na Itália. Convocou em sua ajuda Carlos de Anjou, irmão do rei da França, que respondeu à frente de um exército[84].

Em agradecimento à ajuda recebida do Papa na conquista de Nápoles, o rei Carlos se comprometeu a enviar ao pontífice, todos os anos, no dia vinte e nove de junho, festa de São Pedro e São Paulo, uma mula branca, carregada com substancial soma em dinheiro. É o *tributo da hacanea*, sobre o qual voltaremos a falar no capítulo seguinte quando comentarmos a entrada de Carlos III em Nápoles.

> "O império mediterrâneo de Carlos, que se estendia, nada menos, que até o reino latino de Jerusalém, deixou evidente sua grande fragilidade quando a Sicília se rebelou desintegrando seu poder, não só na ilha, mas também no norte da Itália (...). A propensão a embarcar desvairadamente em projetos novos, antes de ter levado a bom porto os anteriores, foi um defeito nefasto de Carlos. Nunca chegou a conhecer a ilha da Sicília, nem soube interpretar adequadamente o estado de ânimo que reinava na população dominada por uma seleta minoria local emergente, de origem italiana. Pelo contrário, deixou-se cativar pela sensação de que, ter conquistado uma ilha de recursos fabulosos, rica em trigo e ouro, daria o ponto de partida para alcançar vitórias na Itália e no resto do Mediterrâneo que, por sua vez, fariam lembrar as que os livros de cavalaria atribuíam a seu homônimo, Carlos Magno (...). A reputação de Carlos de Anjou está

---

[83] G. Galasso, *Il Regno di Napoli. Il Mezzogiorno angioino e aragonese (1266-1494)* (Turim, 1992); Vários, *L'État Angevin. Culture et Société entre XIIIe. et XIVe. siècle* (Roma, 1998); A. Manna, *Gli Angiò di Napoli* (Nápoles, 2015).

[84] D. Abulafia, *La guerra de los doscientos años...* 83-105: "Auge y caída de Carlos de Anjou".
Também: P. Herde, *Karl I. von Anjou* (Stuttgart, 1979); J. Dunbabin, *Charles I of Anjou: power, kingship and state-making in thirteenth-century Europe* (Harlow, 1998).

marcada, ainda, pela mesma crueldade insensível que se manifestou da maneira mais notória na execução de seu inimigo, o jovem Conradino de Hohenstaufen, em 1268"[85].

Carlos II de Anjou escolheu Nápoles como capital do Reino[86]. Durante quase dois séculos, Nápoles se converteu na capital de um Reino independente, que também compreendia a Sicília e a Sardenha[87].

> "Além das fantásticas igrejas góticas que erigiram em Nápoles, os angevinos são lembrados na capital pelos elaborados sepulcros reais, muitos deles construídos por Tino de Camaino, o melhor escultor da época (...). Em todos esses mausoléus, as elaboradas composições se combinam para formar obras de uma só peça e complexidade deslumbrante. Os sepulcros reais, do início do século XIV, representam uma das mais importantes expressões da escultura napolitana"[88].

Os angevinos napolitanos favoreceram as Ordens religiosas. Os dominicanos, chegados a Nápoles em 1231 por ordem do Papa Gregório IX e expulsos do Reino pelo imperador Frederico, foram restabelecidos por Carlos I de Anjou. Depois da batalha de Benevento (26 de fevereiro de 1266), o rei angevino encarregou os dominicanos da organização da Universidade de Nápoles. Os franciscanos receberam a Basílica de São Lourenço, onde celebraram seu capítulo geral da Ordem (1316). Ao lado dos dominicanos e franciscanos, também foram favorecidos pelos governantes angevinos: carmelitas, celestinos, agostinianos[89].

> "Os agostinianos obtiveram de Carlos I, em 1270, um terreno para construir sua igreja. Essa Ordem, muito culta, seguidora da doutrina do grande santo confessor Agostinho, também foi protegida por Carlos II. Frei Tiago de Viterbo recebeu o encargo de dirigir o Centro de Estudos de Nápoles, junto ao convento de Santo Agostinho.

---

[85] D. Abulafia, *La guerra de los doscientos años...*, 105.

[86] A. Kiesewetter, *Die Anfänge der Regierung König Karls II. von Anjou (1278-1295)* (Husum, 1999).

[87] É. Léonard, *Gli Angioini di Napoli* (Milão, 1967; original francês de 1954).

[88] J. Lancaster, *A la sombra del Vesubio. Historia cultural de Nápoles* (Granada, 2011) 70-71.

[89] V. Gleijeses, *La storia di Napoli...*, 437-439.

Quase igualmente famoso por sua doutrina, foi outro agostiniano, Agostinho Trionfo, discípulo de Santo Tomás em Paris, que o rei Roberto quis como conselheiro e capelão da corte"[90].

Numerosas revoltas feudais e diversas intrigas palacianas levaram ao fim do domínio angevino. Isso aconteceu, em primeiro lugar, na Sicília, com o acontecimento histórico de 1282 conhecido como *Vésperas Sicilianas* (matança de franceses na Sicília: Palermo, Corleone, Messina, etc.), pondo fim ao domínio angevino na ilha, que caiu, então, sob a influência da Coroa Aragonesa (1302). Esta, teceu uma estrutura de domínio sobre todo o Mediterrâneo ocidental,[91] de tal modo que o séc. XIV foi a era dourada para o comércio aragonês-catalão-maiorquino[92].

> "O fim da guerra das Vésperas liberou a atividade mercantil no Mediterrâneo ocidental, restaurou os vínculos de união entre a Sicília e Barcelona e reduziu, em grande medida, o perigo representado pelos piratas, que infestavam os mares com licença dos reis. Continuava sem solução a questão de até quando os angevinos de Nápoles iriam tolerar a subsistência do reino insular independente da Sicília"[93].

De fato, o Reino de Nápoles continuou sob a influência dos angevinos, que propiciaram um renascimento artístico e cultural[94]. Por outro lado, estenderam sua hegemonia ao norte da Itália, onde Carlos II agiu como chefe militar dos guelfos. Em 1309, o poderio angevino chegou a se estender ao condado de Piemonte e outras possessões da Itália do norte, criando "um domínio coerente em grau razoável"[95]. O reinado de Roberto (1309-1343), rei sábio e pru-

---

90 *Ibid.*, 437.

91 J. Carbonell - F. Manconi (ed.), *I catalani in Sardegna* (Milão, 1984); F. C. Casula, *La Sardegna aragonese*, 2 vol. (Cagliari, 1990). Também: F. Fernández-Armesto, *Antes de Colón: exploración y colonización desde el Mediterráneo hacia el Atlántico, 1229-1492* (Madri, 1993).

92 D. Abulafia, *La guerra de los doscientos años...*, 131-154.

93 *Ibid.*, 152.

94 S. Kelly, *The New Salomon: Robert of Naples (1309-1343) and Fourteenth-Century Kingship* (Leiden, 2003); O. Margolis, *The politics of culture in Quattrocento Europe: René of Anjou in Italy* (Oxford, 2016).

95 D. Abulafia, *La guerra de los doscientos años...*, 153.

dente, constituiu momento de florescimento para as letras e belas artes[96].

Embora "a separação de angevinos e aragoneses tenha constituído um processo lento e difícil"[97], no final, também o Reino de Nápoles passou às mãos dos aragoneses (1442), após uma guerra que durou cinco anos.

- Integrado na Coroa de Aragão

A estátua de **Afonso V de Aragão,** ***o magnânimo***, recorda a integração do Reino de Nápoles na ampla Coroa de Aragão (1442-1501), como uma de suas joias mais preciosas e valorizadas[98].

Afonso era senhor do *Regnum Siciliae ultra Pharum* [Reino da Sicília além do farol]; mas também desejava se adonar da outra parte, *citra Pharum* [aquém do farol], e ser coroado *rex utriusque Siciliae* [rei de ambas as Sicílias]. Esta era a situação na época dos normandos, ou seja, antes da rebelião das *Vésperas Sicilianas* (1282) romper a unidade e a parte continental, com o apoio do Papa, ter ficado para o conde de Provença, Carlos de Anjou, enquanto a Sicília passava a reino independente sob Pedro de Aragão, consorte de Constância da Suávia, filha de Manfredi.

Durante décadas, os angevinos lutaram contra os aragoneses para reconquistar a Sicília. Ambos - angevinos e aragoneses - pretendiam reconstruir a unidade política do sul da Itália.

Quem finalmente o conseguiu foi Afonso V, de Aragão, quando conquistou Nápoles e passou a se chamar Afonso I, fundador da nova dinastia aragonesa napolitana, obtendo o reconhecimento do Papa Eugênio IV.

> "Em novembro de 1441, Nápoles sofreu um assalto de grande escala por obra dos aragoneses. O sítio da cidade prolongou-se até o mês

---

[96] *Ibid.*, 155-177.

[97] *Ibid.*, 152.

[98] Sobre a configuração da coroa catalã-aragonesa: D. Abulafia, *La guerra de los doscientos años...*, 55-81. Também: T. N. Bisson, *The Medieval Crown of Aragon: a short history* (Oxford, 1986).

de junho de 1442 e não terminou até que os assediadores, imitando a tática empregada por Belisário, general bizantino do séc. VI, cavaram um túnel até o interior da praça para introduzir o grupo de soldados que abriria as portas ao exército de Afonso. O magnânimo monarca de Aragão, deixou partir, sem impedimento algum, Renato [rei angevino] que, embora favorável aos franceses, navegou até Gênova e se retirou, através da Provença, para suas terras no vale do Loire"[99].

Afonso, V de Aragão, IV da Catalunha, II da Sicília e, agora, I de Nápoles, chegou a reunir sob seu domínio o sul da península italiana, Sicília, Sardenha e os territórios espanhóis da coroa de Aragão. Tomou a decisão audaciosa de implantar a corte em Nápoles e nomear vice-reis para governar suas possessões na Espanha: Aragão, Catalunha, Valença[100].

O reinado de Afonso durou dezesseis anos[101]e fez todo o possível para ser considerado um príncipe italiano. No entanto, conhecia pouco a língua italiana, coisa que o tornava estrangeiro entre os napolitanos. Além disso, rodeou-se de catalães nos postos mais importantes e bem pagos. Compreende-se porque, em seu leito de morte, tenha deixado como recomendação a seu filho herdeiro a paulatina substituição dos espanhóis (aragoneses, catalães, castelhanos) nos principais postos da administração, trocando-os por napolitanos, ou ao menos, por italianos.

"Afonso [o rei] era, tanto um erudito, quanto um homem de Estado. É conhecido como Afonso, *o magnânimo*, por seu generoso patrocínio às artes. Poetas e homens de letras frequentavam a corte. A biblioteca do rei, no Maschio Angioino, era famosa em toda a Europa (...). O humanismo floresceu plenamente na corte napolitana, mas, por outro lado, carecia daquele compromisso citadino que constituía fator-chave para o desenvolvimento do humanismo

---

99 D. Abulafia, *La guerra de los doscientos años...*, 320.

100 Sobre o reinado de Afonso, o magnânimo, em Nápoles: D. Abulafia, *La guerra de los doscientos años...*, 215-239.

101 A. Ryder, *El reino de Nápoles en la época de Alfonso el Magnánimo* (Valença, 1987); Id., *Alfonso el Magnánimo, rey de Aragón, Nápoles y Sicilia, 1396-1458* (Valença, 2008).

em Florença. Em Nápoles, todos os esforços eram dirigidos para a criação de um mundo de doçura idílica, fortemente associado à beleza da paisagem local. Os inteligentes burocratas foram a espinha dorsal de uma ilustrada corte humanista, e o rei Afonso fundou a organização cultural chamada *Accademia Napoletana*, com sede no castelo real"[102].

Em Catânia, Afonso fundou a primeira universidade da Sicília (1434). Em Nápoles, adquiriu muitas obras para aumentar a biblioteca iniciada pelos angevinos. Nesse aspecto, quis ser napolitano, adquirindo, sobretudo, livros italianos.

Sobre o renascimento napolitano propiciado por Afonso V de Aragão e I de Nápoles, ver o volume IV/1, p. 182-183, da presente História da Teologia Moral.

Em razão de seus empreendimentos bélicos, e pelo desequilíbrio em sua gestão - com razão foi chamado *magnânimo* - teve que enfrentar importantes problemas financeiros. Tratou de resolvê-los principalmente com um duro sistema de impostos (sobre possessões, cargos, consumo, etc.).

É interessante constatar o aprofundamento dos impostos sobre o gado de lã das planícies da Apúlia que os monarcas da Sicília já haviam planejado e praticado. A *Mena*, bastante parecida com a *Mesta* de Castilha, fez ingressar muito dinheiro nos cofres reais. "Na década de 1440, a *Mena* estava produzindo uns cinquenta mil ducados anuais para a coroa e, chegado 1450, o dobro. O aumento que se verificou nos ingressos reflete incremento prodigioso na população animal registrada no reino: das 424.642 ovelhas e 9.169 cabeças de gado maior, passou-se a 1.019.821 e 16.490 respectivamente entre 1444-1445 e 1449-1450"[103].

Por outro lado, "a permanência de Afonso em Nápoles obrigou-o a reconhecer a valiosa função econômica dos judeus. Na Catalunha e Aragão não parece que tenha compartilhado o entusiasmo de seu pai em tratar com mão de ferro os integrantes dessa coletividade existente no reino. Afirmar que tinha olhar especial para a economia

[102] J. Lancaster, *A la sombra del Vesubio...*, 78-79.
[103] D. Abulafia, *La guerra de los doscientos años...*, 232.

ao adotar tal atitude não é negar mais um ápice de humanidade em seu trato com os súditos judeus; fato que o distinguia de seu pai, Fernando de Antequera"[104].

Com os aragoneses, o mundo mediterrâneo alcançou função econômica de primeira ordem[105]. Desde Valença (e Barcelona) tornou-se possível um importante desenvolvimento econômico nas sociedades mediterrâneas pré-modernas: houve mobilidade social e cultura mercantil. Nesse comum mercado mediterrâneo da Coroa de Aragão, Nápoles desfrutou de lugar decisivo[106].

Afonso, *o magnânimo*, foi sucedido por seu filho, Ferrante, que, em longo reinado (1458-1494), encarnou o ideal do príncipe renascentista[107]. Afonso II, filho e sucessor de Ferrante, obcecado com os pecados cometidos no passado, abdicou da coroa em favor do filho, Ferrandino, retirando-se para um mosteiro na Sicília. Ferrandino (Ferrante II) teve que aceitar a inevitável chegada das tropas francesas a Nápoles, onde entraram em 24 de fevereiro de 1495, e se ausentar da cidade partenopeia.

Assim, de 1442 a 1494, a Sicília e o sul da península itálica voltaram a estar unidos sob o nome de Duas Sicílias, mas agora tendo Nápoles como capital. Tal etapa marca a passagem da Idade Média para o Renascimento[108].

Esse é também o primeiro grande período da Nápoles espanhola. "A corte espanhola de Afonso de Aragão iniciou, indiretamente, aquela espanholização do Reino das Duas Sicílias que prosseguirá com o vice-reinado e com a chegada dos Bourbon. Sem cair em sutilezas, como fez, em seu tempo, B. Croce, retendo o dado como afirmação "genérica e fundada simplesmente no fato de ter havido

---

[104] *Ibidem*.

[105] P. Iradiel, *El Mediterráneo medieval y Valencia. Economía, sociedad e historia* (Valença, 2017).

[106] *Ibid.*, 217-242: "Nápoles en el mercado mediterráneo de la Corona de Aragón".

[107] D. Abulafia, *La guerra de los doscientos años…*, 240-260.

[108] F. E. de Tejada, *Nápoles hispánico. La etapa aragonesa (1442-1503)* (Madri, 1958); G. Galasso, *Il Regno di Napoli. Il Mezzogiorno angioino e aragonese (1266-1494)* (Turim, 1992).

a conquista", mas, pelo contrário, sim, conhecendo o povo napolitano, é preciso reconhecer que ainda hoje a espanholização pode ser sentida em sua índole, costumes e tradições dos napolitanos"[109].

- Parte integrante da Monarquia Espanhola

A estátua de **Carlos V de Habsburgo, rei da Espanha e imperador do Sacro Império Romano Germânico**, testemunha a incorporação do Reino de Nápoles à monarquia espanhola com o título de vice-reino (1501-1707)[110]. Também sublinha espanholidade o emblema de Felipe III, colocado no centro da fachada do Palácio Real, com o elenco de todos os seus títulos reais (inclusive o de Rei de Jerusalém).

Depois do longo reinado de Fernando I de Nápoles (Ferrante, para os italianos), único filho legítimo de Afonso I de Nápoles, e dos breves reinados de outros três sucessores, o Reino de Nápoles foi cobiçado por várias potências europeias que, naquela época, guerreavam pela hegemonia sobre os territórios italianos[111].

---

[109] V. Gleijeses, *La storia di Napoli...*, 497.

[110] Estudos desse período a partir da perspectiva italiana: G. Coniglio, *I viceré spagnoli di Napoli* (Nápoles, 1967); G. Galasso, *Alla periferia dell'Impero. Il Regno di Napoli nel periodo spagnolo (secoli XVI-XVII)* (Turim, 1994); C. de Frede, *I viceré spagnoli di Napoli, 1503-1507* (Roma, 1996); M. Bosse - A. Stoll, *Napoli viceregno spagnolo. Una capitale della cultura alle origini dell'Europa moderna (sec. XVI-XVII)*, 2 vol. (Nápoles, 2001); G. Brancaccio - A. Musi (ed.), *Il Regno di Napoli nell'età di Filippo IV (1621-1665)* (Milão, 2013); A. Musi, *L'impero dei viceré* (Bolonha, 2013) [Antes: Id., *Mezzogiorno spagnolo. La via napoletana allo Stato moderno* (Nápoles, 1991); Id., *L'Italia dei Viceré. Integrazione e resistenza nel sistema imperiale spagnolo* (Cava de' Tirreni, 2000); Id., *L'Europa moderna fra imperi e stati* (Milão, 2006)].
Estudos a partir da perspectiva espanhola: C. J. Hernando Sánchez, *Los virreyes de la Monarquía Española en Italia. Evolución y práctica de un oficio de gobierno*: Studia Historica. Historia Moderna 26 (2004) 43-73.
Também: T. J. Dandelet - J. A. Martino (ed.), *Spain in Italy: Politics, Society ad Religion 1500-1700* (Boston, 2007), especialmente: F. Benigno, "Integration and Conflict in Spanish Sicily", p. 23-44; A. Musi, "The Kingdom of Naples in the Spanish Imperial System", p. 73-98; C. J. Hernando Sánchez, "Naples and Florence in Charles V's Italy: Family, Court and Government in the Toledo-Medici Alliance", p. 135-180.
Sobre as finanças do vice-reinado espanhol em Nápoles: A. Calabria, *The Cost of Empire: The Finances of the Kingdom of Naples in the Time of Spanish Rule* (Cambridge, 1991).

[111] C. Shaw (ed.), *Italy and the European powers: the impact of war 1500-1530* (Aldershot, 2006); C. Shaw - M. Mallet, *The Italian wars 1495-1559* (Harlow, 2012).

A chamada *Guerra de Nápoles* (1501-1504), entre franceses e espanhóis, deu ocasião à incorporação do Reino à Coroa de Aragão (1504-1516) e, morto Fernando, o Católico, incorporação à monarquia espanhola. Nasceu, assim, o vice-reino espanhol de Nápoles (1516-1707).

"O centro de comando tinha sido instalado na Espanha. No breve período em que Afonso, *o magnânimo,* reinou em Nápoles, as terras do sul da Itália deixaram de ser ponto de apoio do império"[112]. Contudo, o vice-reino de Nápoles, nos séculos XVI e XVII, foi a joia da coroa do Império Espanhol. Em certa medida, sobretudo para artistas e literatos, foi a capital estética da Espanha.

Em Nápoles "reinava" o rei e "mandava" o vice-rei[113]. Esse jogo de sujeitos tornava bastante fluido o exercício do poder. Como sugere G. Galasso, "o poder culminava no vice-rei, especialmente, porque o rei estava distante. Consequentemente, ao mesmo tempo, o vice-rei era, e não era, o poder. Era o *alter ego* do rei, mas também era o *alter nos* dos napolitanos". Nessa situação de equilíbrio nasceu o esplendor de Nápoles, epicentro simbólico da, ainda imperial, Espanha.

Os vice-reis napolitanos pertenceram, salvo exceções, à aristocracia castelhana[114]. Levando em conta esse dado da origem castelhana dos vice-reis napolitanos, havia chegado o momento da substituição dos funcionários catalães por funcionários castelhanos.

O precedente espaço catalão-aragonês foi o mesmo que o da Espanha Imperial, mas, enquanto no primeiro dominavam os funcionários catalães, no segundo adquiriram máximo relevo os castelhanos.

---

112 D. Abulafia, *La guerra de los doscientos años...*, 276.

113 Sobre a figura política do *vice-reino* espanhol: M. Rivero, *La edad de oro de los virreyes. El virreinato en la Monarquía Hispánica durante los siglos XVI y XVII* (Madri, 20112); Id., *De reinos a virreinatos. Apuntes para el análisis de la recuperación del espacio territorial de la Monarquía en los siglos XVI y XVII*: M. Rivero (ed.), La crisis del modelo cortesano. El nacimiento de la conciencia europea (Madri, 2017) 9-22. Sobre as *cortes do vice-reino*: F. Cantù (ed.), *Las cortes virreinales de la monarquía española: América e Italia* (Roma, 2008).

114 Uma aproximação visual do vice-reino espanhol em Nápoles: J.-Ll. Palos, *La mirada italiana. Un relato visual del imperio español en la corte de los virreyes en Nápoles (1600-1700)* (Valença, 2010).

> "Os catalães, em Nápoles, assumiram a cidadania napolitana, integraram-se cada vez mais, e não se distinguiam dos habitantes locais, nem formaram uma elite de poder como nas décadas passadas"[115]. Isso explicaria por que, por parte de mãe, Afonso teve ascendentes catalães, possivelmente bem integrados na vida napolitana?

O vice-rei mais famoso foi Dom Pedro Álvarez de Toledo, que ocupou o posto durante vinte anos (1532-1553) e "demonstrou estar plenamente à altura de seu pesado cargo"[116]. Esse vice-rei conferiu a Nápoles espanhola uma moderna e grandiosa aparência[117]. Para honrá-lo, a avenida principal recebeu seu nome e o distrito residencial adjacente, construído basicamente como alojamento dos soldados e suas famílias, ainda hoje é conhecido como bairro espanhol (*quartieri spagnoli*).

Foram espetaculares os faustos e "triunfos" erguidos em Nápoles e Sicília por motivo dos acontecimentos da família real espanhola[118]. A corte do vice-reino de Nápoles foi esplêndido cenário para "representar" o poder imperial dos Astúrias. As festas e cerimônias oficiais serviram para exaltar a função dos reis e vice-reis, constituindo também, meio de incentivo para a política cultural e estímulo para a produção artística, literária, musical e teatral[119].

> "Sob o domínio espanhol, Nápoles se converteu em autêntica metrópole. A maior parte da população continuou concentrada em uma zona restrita, que alcançou a densidade de 7.000 pessoas por quilômetro quadrado (...). Para poder fazer melhor uso do espaço

---

115 P. Iradiel, *El Mediterráneo medieval…*, 242.

116 C. J. Hernando Sánchez, *Castilla y Nápoles en el siglo XVI. El virrey Pedro de Toledo. Linaje, estado y cultura* (Salamanca, 1994). Sobre outro vice-rei, o conde de Oñate (1648-1653): A. Minguito, *Nápoles y el virrey conde de Oñate. La estrategia del poder y el resurgir del reino (1648-1653)* (Madri, 2011).

117 V. Gleijeses, *La storia di Napoli…*, 575.

118 Vários, *Triunfos barrocos. III. Las fiestas barrocas en los Reinos de Nápoles y Sicilia (1535-1713)* (Valença, 2014). Também: G. Guarino, *Representing the King's splendor. Communication and reception of symbolic forms of power in viceregal Naples* (Manchester, 2010); C. J. Hernández Sánchez, *Nation and Ceremony: Political Uses of Urban Space in Viceregal Naples*: T. Astarita (ed.), A Companion to Early Modern Naples (Leiden-Boston, 2013) 153-176.

119 G. Galasso et alii, *Fiesta y ceremonia en la corte virreinal de Nápoles (siglos XVI y XVII)* (Madri, 2013).

disponível, a maioria dos edifícios de Nápoles tinha, entre quatro e seis andares, enquanto no resto da Europa era raro passarem de três"[120].

"Em Nápoles e Palermo, os vice-reis espanhóis administravam a *pax hispanica,* cobrando tributos dos territórios italianos e regulando a vida social e econômica (...). Os espanhóis criaram uma nova estrutura administrativa que, por sua vez, respondia aos poderes locais, todavia, apresentando natureza substancialmente feudal. Vastos privilégios fiscais e territoriais foram acordados para os barões, enquanto o clero reforçava sua posição proeminente na sociedade"[121].

Houve contatos e intercâmbios benéficos entre a cultura italiana e a cultura espanhola, enriquecedores para ambas as partes. Esse fator enriqueceu a arte dos dois países. Basta notar dois nomes: os pintores **Joseph de Ribera** (1591-1625), um espanhol em Nápoles, e **Luca Giordano** (1632-1705), um italiano em Madri.

Também houve revoltas contra o domínio espanhol, como a de 1647-1648, dirigida por Masaniello[122]. Mas,

"reprimida a revolta, Madri voltou a exercer sua hegemonia, que na Itália permanecia quase intacta desde o ponto de vista político, pois, como norma geral, a legitimidade espanhola estava reconhecida na península. É preciso assinalar, contudo, que de 1630 em diante, a Espanha foi perdendo gradualmente sua força econômica, militar e política, enquanto emergiam outras novas potências, como Holanda, França e Inglaterra, destinadas a acabar com a supremacia continental da coroa espanhola"[123].

---

[120] J. Lancaster, *A la sombra del Vesubio...*, 91.

[121] S. Scalmani, *Historia de Italia...*, 190.

[122] Essa revolta foi bem estudada anos atrás por: R. Villari, *La rivolta antispagnola a Napoli. Le origini (1585-1647)* (Bari, 1957), e, mais recentemente, por outros historiadores: A. Musi, *La rivolta di Masaniello nella scena politica barocca* (Nápoles, 1989); N. Leone, *Napoli ai tempi di Masaniello* (Milão, 1994); S. d'Alessio, *Masaniello. La sua vita e il mito in Europa* (Roma, 2007); A. Hugon, *La insurrección de Nápoles (1647-1648)* (Zaragoza, 2014). Também: B. Capasso [1815-1900], *Masaniello. La sua vita, la sua rivoluzione* [1919]. A cura di Luca Torre (Nápoles, 1993); M. Shipa [1854-1939], *Masaniello* (Nápoles, 2015).

[123] S. Scalmani, *Historia de Italia...*, 193-194.

Em termos gerais, a presença da monarquia espanhola foi aceita como garantia de ordem e paz, como destacam as análises de G. Galasso[124]. Por outro lado, a interação do povo com as cerimônias políticas e religiosas vinculadas à corte do vice-reino serviu para configurar uma peculiar identidade napolitana (e siciliana)[125]. Era a identidade napolitana (e siciliana) barroca, rica em expressões vistosas, tanto de caráter civil, quanto de caráter religioso, construída, em grande parte, na interação com a *ideologia* da dominação espanhola[126].

Mas, também é preciso reconhecer que os napolitanos - como os outros grupos da geografia humana que hoje chamamos Itália - não deixaram de sonhar o "sonho da liberdade" em todos os âmbitos da vida, também no âmbito político[127].

O último vice-rei espanhol em Nápoles foi Luís de la Cerda (1660-1711), IX duque de Medinaceli[128] que, regressado à Espanha, e depois de ser primeiro ministro de Felipe V, foi encarcerado nas fortalezas de Segóvia e Pamplona, onde faleceu.

- O Reino independente sob a dinastia dos Bourbon

A estátua de **Carlos III de Bourbon (VII de Nápoles)** assinala, depois de breve período de dependência dos Habsburgo de Viena (1707-1734), a etapa mais gloriosa do Reino independente, embora ainda dentro da órbita familiar dos Bourbon (1734-1798).

Como consequência da repartição de territórios no final da Guerra da Sucessão à Coroa Espanhola, o reino voltou a ser parte

---

[124] G. Galasso, *Napoli spagnola dopo Masaniello. Politica, cultura, società* (Nápoles, 1972). Também: A. Calabria - J. Marino (ed.), *Good Government in Spanish Naples* (Nova York, 1990).

[125] L. de Nardi, *Oltre il cerimoniale dei viceré. Le dinamiche istituzionali nella Sicilia barocca* (Pádua, 2014).

[126] Ver as sugestivas reflexões de: J. A. Marino, *Becoming Neapolitan. Citizen Culture in Baroque Naples* (Baltimore, 2011).

[127] R. Villari, *Un sogno di libertà. Napoli nel declino di un impero 1585-1648* (Milão, 2012).

[128] P. Giannone, *Storia civile del regno di Napoli*, vol. 5 (Milão, 1847) 376-380: "Governo di D. Luigi della Zerda duca di Medina Coeli: sua condotta ed infelicissimo fine".

do Sacro Império Romano Germânico enquanto vice-reinado dos Habsburgo (1707-1734); durante a etapa bélica, já havia sido ocupado por tropas austríacas (1707-1713).

Em 1734, o Reino foi conquistado pela Armada Espanhola durante a Guerra de Sucessão Polonesa. Foi reconhecido como Reino independente sob um ramo menor dos Bourbon da Espanha, dando lugar à Casa Bourbônica de Nápoles, conhecida depois, como *Casa de Bourbon - Duas Sicílias*[129].

Nesse período, Nápoles se viu enriquecida com grandes projetos arquitetônicos, como o Palácio Real de Caserta, o Teatro de Ópera de São Carlos, os Palácios Reais de Capodimonte e de Portici. Com uma pitada de exagero, foi escrito que "Nápoles continuava sendo a maior capital, e com maior densidade demográfica, de toda a Europa. Em meados do século [XVIII] era possível contar na cidade quase 400.000 almas"[130].

- Rumo à Unificação

As estátuas de **Joaquim Murat** e de **Vitório Emanuel II** de Savoia testemunham a situação do Reino depois da época em que viveu Afonso de Liguori: República Partenopeia (1799), Parêntese Francês (1800-1815), restauração Bourbônica (1815-1850), Reino Unificado da Itália (1860), *Risorgimento* (1861-).

Para os interesses do presente volume, precisamos destacar o fato revolucionário que constituiu a República Napolitana, ou Partenopeia, e que encerra o séc. XVIII[131]. Foi momento de especial

---

[129] R. Romano, *Napoli dal Viceregno al Regno* (Turim, 1978).

[130] J. Lancaster, *A la sombra del Vesubio...*, 138.

[131] B. Nardini, *La rivoluzione del 1799* [1806] (Nápoles, 2017); B. Croce, *La rivoluzione napoletana del 1799* [obra publicada em 1899] (Nápoles, 1999); A. Mª. Rao, *La Repubblica Napoletana del 1799* (Roma, 1977); V. Cuoco, *Saggio storico sulla Rivoluzione di Napoli del 1799* (Nápoles, 1985); C. Petraccone, *Napoli nel 1799: Rivoluzione e proprietà* (Nápoles, 1989); A. Ricciardi, *Napoli 1799* [1926] (Nápoles, 1994); Vários, *La Rivoluzione Napoletana del 1799* (Nápoles, 1998); C. Albanese, *Cronache di una rivoluzione. Napoli 1799* (Milão, 1998); V. Sani, *1799 Napoli. Le rivoluzioni* (Venosa, Pz., 1999); A. Mª. Rao (ed.), *Napoli 1799 fra storia e storiografia* (Nápoles, 2002); C. Raia, *Napoli 1799. Un sogno di libertà* (Nápoles, 2016).

comoção para muitas pessoas e instituições, também as de caráter eclesiástico[132]. A utopia inicial terminou em catástrofe[133]. A tragédia de 1799 empobreceu a mente do Reino de Nápoles. Caíram tantos intelectuais no patíbulo, que o Czar Alexandre II chegou a escrever ao rei Fernando de Bourbon a seguinte advertência: "Desse modo estais decapitando as cabeças pensantes do Reino"[134].

1.2.3. Duas anotações complementares

A entidade do Reino de Nápoles não deve ser confundida com a realidade do *Mezzogiorno* italiano, no entanto, a primeira não pode ser entendida sem conexão com a segunda. Esta - o *Mezzogiorno* - se refere à realidade da Itália do sul continental: Abbruzzo e Molise, Campania, Puglia, Lucania e Basilicata, Calábria; não está incluída a Sicília. Embora, sem se identificar com o *Mezzogiorno*, a entidade política do Reino de Nápoles adquire seu autêntico relevo quando enquadrada nos significados dessa Itália do sul.

A segunda anotação se refere diretamente à peculiaridade significativa do Reino de Nápoles. Sua realidade pode ser entendida e expressa mediante a imagem de um *palimpsesto*, ou seja, um pergaminho várias vezes reescrito.

A imagem do *palimpsesto* também serve para entender e expressar o significado da cidade de Nápoles: cidade várias vezes reescrita.

Nápoles - reino e cidade - não é uma superposição de culturas. É, muito mais, um concentrado do grego, romano, árabe, normando, angevino, aragonês, castelhano. E todo ele, vivido e expresso com inigualável peculiaridade. O significado de Nápoles - reino e cidade - está bem formulado na expressão comumente aplicada ao barroco: *omnia ubique*.

---

[132] P. Pieri, *Il clero meridionale nella rivoluzione del 1799*: Rassegna storica del Risorgimento IV (1930) 180-186; A. Pepe, *Istituzioni ed ecclesiastici durante la Repubblica partenopea*: Raccolta Rassegna Storica dei Comuni 15 (1989) n. 49-51, 14-49.

[133] A. Ghirelli, *Storia di Napoli* (Turim, 1992²) 143-162: "L'utopia del '99".

[134] Ver: G. Fortunato [1840-1932], *I giustiziati di Napoli del 1799* (Milão, 1992).

1.2.4. Complemento bibliográfico

Sobre a história do Mezzogiorno

- R. Villari (ed.), *Il Sud nella storia d'Italia: antologia della questione meridionale* (Bari, 1961).
- Id., *Mezzogiorno e contadini nell'etá moderna* (Bari, 1977).
- G. Galasso, *Mezzogiorno medievale e moderno* (Turim, 1965).
- P. Villani, *Mezzogiorno tra riforme e rivoluzione* (Bari, 1974).
- A. Lepre - P. Villlani, *Il Mezzogiorno nell'etá moderna e contemporanea* (Nápoles, 1974).
- G. Galasso - C. Russo (ed.), *Per la storia sociale e religiosa del Mezzogiorno d'Italia*, 2 vol. (Nápoles, 1980-1982).
- G. Galasso - R. Romeo (ed.), *Storia del Mezzogiorno*, 15 vol. (Nápoles, 1986-1993).

  Sobre o significado dessa obra e, mais concretamente, sobre o tratamento dado ao fator religioso na realidade do *Mezzogiorno* italiano: C. Capizzi, *Una lussuosa Storia del Mezzogiorno d'Italia*: La Civiltà Cattolica 146 (1995) III, 363-274.
- A. Lepre, *Storia del Mezzogiorno d'Italia* (Nápoles, 1986).
- L. de Rosa, *Il Mezzogiorno spagnolo tra crescita e decadenza* (Milão, 1987).
- A. Massafra (ed.), *Il Mezzogiorno preunitario. Economia, società e istituzioni* (Bari, 1988).
- G. Brancaccio, *Geografía, Cartografía e Storia del Mezzogiorno* (Nápoles, 1991).
- J. Morris, *The New History of the Italian South: The Mezzogiorno Revisited* (Exeter, 1997).
- F. Aloi, *Mezzogiorno oggi*. (Attualitá della "Questione Meridionale") (Cosenza, 2003).
- T. Astarita, *Between Salt Water and Holy Water. A History of the Italian South* (Nova York, 2005).
- M. del Treppo, *Storiografía del Mezzogiorno* (Nápoles, 2006).

Sobre a história do Reino de Nápoles

- P. Giannone [1676-1748], *Storia civile del regno di Napoli*, 4 vol. (Nápoles, 1723): há edições posteriores.
- G. A. Summonte, *Historia della cittá e regno di Napoli*, 6 vol. (Nápoles, 1748-1751).
- B. Croce [1866-1952], *Storia del Regno di Napoli* [1911] (Roma-Bari, 1984).
- P. Colletta, *Storia del Reame di Napoli* (Nápoles, 1957).
- E. Pontieri [1896-1980] (ed.), *Storia di Napoli*, 10 vol. (Nápoles, 1971-1978).
- C. Petraccone, *Napoli dal '500 al '800. Problemi di storia demografica e sociale* (Nápoles, 1974).
- V. Gleijeses [1918-2009], *La storia di Napoli dalle origini ai nostri giorni* (Nápoles, 1974).
- A. Ghirelli, *Storia di Napoli* (Turim, 1992[2]).
- G. Galasso, *Storia del Regno di Napoli*, 6 vol. (Turim, 2006-2007).
- L. di Mauro, *Breve storia di Napoli* (Nápoles, 2006).
- G. Vitolo, *Breve storia di Napoli* (Nápoles, 2012[2]).
- L. di Mauro - G. Vitolo, *Storia illustrata di Napoli* (Nápoles, 2016).
- A. Wanderlingh, *Napoli nella storia. Duemilacinquecento anni, dalle origini al secondo millennio* (Nápoles, 2016).
- D. Abufalia, *La guerra de los doscientos años. Aragón, Anjou y la lucha por el Mediterráneo* (Barcelona, 2017).

1.3. O REINO DE NÁPOLES NA ÉPOCA DE AFONSO

(I) Mapa político

Sem pretensão de sermos exaustivos, apresentamos, neste capítulo e no seguinte, um conjunto de perspectivas a fim de obter a imagem global do Reino de Nápoles no séc. XVIII. Interessa descobrir, no *mapa político* (capítulo presente) a *situação socioeconômica* (capítulo seguinte) em que se destaca a figura de Afonso de Liguori.

A relação entre a metáfora de fundo e a *figura* não deve ser entendida em sentido estático, mas dinâmico: interação entre o fundo (a realidade política e sociocultural) e a figura (a pessoa de Afonso). Tal interação será apresentada em vários momentos do presente volume. Por enquanto, nos limitaremos a descrever o quadro político e sociocultural do Reino de Nápoles ao longo do séc. XVIII.

A descrição que oferecemos vai unida com a sensibilidade geral sobre o valor do momento histórico descrito. "Para leitura serena dessa história, o Reino de Nápoles aparece como um dos centros focais do *Settecento*, tanto do ponto de vista religioso, quanto da perspectiva cultural, certamente, o mais vivo e mais brilhante da Itália"[135].

1.3.1. *Do vice-reinado espanhol (1516-1707) ao vice-reinado austríaco (1707-1734)*

No capítulo anterior, foi apresentada a incorporação do Reino de Nápoles à monarquia espanhola ao longo de dois séculos. A situação sofrerá mudança decisiva no início do séc. XVIII: do sistema imperial espanhol, passará ao domínio do império Habsburgo de Viena[136].

- Consciência germanófila

Diante da constatação de que o rei Carlos II da Espanha deixaria a monarquia espanhola sem herdeiro direto, já desde 1693 começaram as discussões em Nápoles, como no resto dos territórios espanhóis, sobre o futuro político de tais domínios[137]. No Reino

---

135 F. Chiovaro, *Il beato Gennaro Maria Sarnelli redentorista (1702-1744)* (Materdomini, 1996) 6.

136 A. Musi, *Politica e cultura a Napoli tra il crepuscolo del sistema imperiale spagnolo e l'avvento degli Asburgo d'Austria (1698-1707)*: A. Álvarez-Ossorio - B. J. García y García - M. V. León (ed.), Pérdida de Europa. La Guerra de Sucesión por la Monarquía de España (Madri, 2007) 785-798.
Também: G. Attinà, *Napoli austriaca* (Nápoles, 2016).

137 A. Spagnoleti, *Il dibattito politico a Napoli sulla Successione di Spagna*: A. Álvarez-Ossorio (ed.), Famiglie, nazioni e Monarchie: il sistema europeo durante la Guerra di Successione Spagnola (Roma, 2004) 267-310.

de Nápoles, tornou-se cada vez mais forte a consciência, sustentada transversalmente por vários grupos sociais (tanto de aristocratas, quanto de pequenos comerciantes e artesãos), contra os privilégios e imunidades fiscais do clero e outros grupos privilegiados. Surgiu uma espécie de partido anti-espanhol que, contra a opinião bourbônica que favorecia o duque de Anjou, apoiava a pretensão do imperador da Áustria, Leopoldo I, dos Habsburgo, favorecendo seu filho, o Arquiduque Carlos[138]. Esse mal-estar se concretizou em uma espécie de conjuração (23 de setembro de 1701), sem qualquer êxito, dirigida por Jacopo Gambacorta, príncipe *della Macchia*[139].

O rei Felipe V, depois de ter se instalado em Madri como cabeça da monarquia espanhola (1701), apressou sua presença na Itália (1702) para defender as possessões espanholas (especialmente, o Ducado de Milão e o Reino de Nápoles) ameaçadas pela Áustria[140]. Desembarcou em Pozzuoli, em 16 de abril de 1702, e permaneceu em Nápoles até 2 de junho do mesmo ano. Depois de Carlos V, era o único rei espanhol a pisar no vice-reino.

Mas, como foi dito no capítulo anterior, a Guerra de Sucessão à coroa espanhola (1701-1713) supôs mudança de horizonte político no Reino de Nápoles. No desenrolar da contenda, o Reino de Nápoles foi ocupado (verão de 1707) pelas tropas leais ao Arquiduque Carlos, enviadas por Felipe Lorenzo Wrico, conde Von Daun, e caiu nas mãos da Áustria, algo que será confirmado por tratado internacional[141]. Em 7 de julho de 1707, entrava na cidade de Nápoles o novo vice-rei imperial, Jorge Adam von Martinitz. O povo, então, acolheu com aplausos ao vencedor da vez.

---

[138] G. Ricuperati, *L'immagine della Spagna a Napoli nel primo Settecento: Vico, Carafa, Doria e Giannone*: A. Musi (ed.), Alle origini di una nazione: Antispagnoli e identità italiana (Milão, 2003) 83-118.

[139] G. B. Vico, *La congiura dei principi napoletani del 1701*. Primeira tradução italiana por E. de Falco (Nápoles, 1971).

[140] F. Díaz Plaja, *Historia de España en sus documentos. Siglo XVIII* (Madri, 1986) 30.

[141] A. Granito, *Storia della congiura del Principe di Macchia e della occupazione fatta dalle armi austriache del Regno di Napoli nel 1707* (Nápoles, 1861).

- O tratado de Rastadt (1714)

O tratado de Rastadt, assinado em 6 de março de 1714, e ligeiramente modificado pelo tratado de Baden, de 7 de setembro do mesmo ano, faz parte dos tratados que concluíram a Guerra de Sucessão Espanhola: tratados de Utrecht-Rastadt.

Pelo tratado de Rastadt, passaram à posse do Império austríaco: os Países Baixos Espanhóis (aumentados com: Tournai, Ypres, Menin e Fuernes), o Reino de Nápoles, o Ducado de Milão, as Fortalezas de Toscana, e Sardenha (ilha que seria trocada pelo reino da Sicília em 1718). A própria Sicília, por sua vez, tinha passado ao Ducado de Savoia em 1713[142].

Em 1718, o rei espanhol Felipe V tentou restaurar seu domínio em Nápoles e Sicília. Mas, intervieram diretamente contra a Espanha: Grã-Bretanha, França, Áustria e Holanda, derrotando a frota espanhola no cabo Passaro. Dessa forma, ficou consolidada a situação sancionada pelo tratado de Rastadt. Houve dois aspectos concretos: por um lado, a Casa da Áustria e a Casa de Savoia trocaram, entre si, as ilhas da Sicília e da Sardenha; por outro lado, Carlos de Bourbon (o futuro Carlos VII de Nápoles e III da Espanha) foi designado herdeiro do Ducado de Parma e Piacenza.

Assim, o Reino de Nápoles e da Sicília mudou de orientação: antes voltado para Madri, agora passou a olhar para Viena. De vice-reino espanhol, passou a vice-reino dependente de Viena, ou seja, do Império austríaco[143]. Nápoles tornou-se uma das possessões ostentadas pelo imperador austríaco Carlos VI, *por clemência divina, Imperador dos Romanos, sempre Augusto, Rei da Alemanha, de Castela, de Leão, de Aragão, das Duas Sicílias, de Jerusalém, da Hungria, da Boêmia, da Dalmácia, da Croácia, de Navarra e das Índias, etc. Duque de Milão, de Parma, de Piacenza e Mântua*[144].

[142] F. Díaz-Plaja, *Historia de España...*, 91-92.
[143] A. di Vittorio, *Gli Austriaci e il Regno di Napoli, 1707-1734*, 2 vol. (Nápoles, 1969).
[144] H. Benedikt, *Das Königreich Neapel unter Kaiser Karl VI* (Viena, 1927).

- O vice-reinado austríaco

A situação no Reino de Nápoles não era fácil. A nova administração política precisou enfrentar profunda crise financeira e a tentativa de invasão de Felipe V, embora terminando em derrota para o rei espanhol, levou as contas do Reino a novo e profundo déficit. A economia napolitana permaneceria nessa situação deficitária durante todo o período de domínio austríaco.

As autoridades do vice-reinado também precisaram enfrentar profundas reformas nas altas esferas políticas do Estado que precisariam atingir as rendas dos donos dos feudos. A Igreja era um dos maiores - se não o maior - feudatários: desde o Papa, passando pelos cardeais de Roma, até chegar aos eclesiásticos residentes no Reino[145]. As medidas políticas nesse âmbito originaram autêntica crise nas relações do vice-reino com a Igreja. Há estudos que analisam, tanto as causas, quanto as consequências dessa crise político-religiosa[146]. Não é bom esquecer que o Papa se negou a conceder ao imperador Carlos VI a investidura pontifícia no Reino de Nápoles.

Com a base econômica, é preciso sublinhar também a vertente artística (teatro, música, pintura, etc.) e cultural (G. Vico, P. Giannone, etc.) do período austríaco[147]. No aspecto do pensamento, manteve-se o contínuo confronto entre a Igreja e as autoridades do vice-reino que, por sua vez, se inclinaram para os princípios proclamados pelo Iluminismo. Foram divulgados, no Reino de Nápoles, textos fundadores do movimento iluminista: as obras de Descartes, Spinoza e outros filósofos e intelectuais iluministas. Durante o vice-reinado austríaco:

---

[145] Ante a disposição do Papa em deixar passar pelos Estados Pontifícios as tropas de Carlos de Bourbon dirigidas à conquista de Nápoles, o Imperador austríaco recordou ao Pontífice que Nápoles "era um recurso para ele [Papa] e seus cardeais, pelas pensões e benefícios que dela recebiam" e o ameaçou, afirmando que "restabelecidos [os austríacos] no reino, ficariam privados de tudo" (Conde de Fernán-Núñez, *Vida de Carlos III* [Madri, 1898] I, 31).

[146] E. Papa, *Politica ecclesiastica nel Regno di Napoli tra il 1708 e il 1710*: Gregorianum 36 (1955) 626-668; 37 (1956) 55-87.

[147] Sobre a vida intelectual e artística durante o vice-reinado austríaco: R. Bouvier - A. Laffargue, *Vita napoletana nel XVIII secolo* (Nápoles, 2006) 83-118: "Vita intellectuale ed artistica a Napoli all'inizio del XVIII secolo nel Vicereame austriaco".

- Além da difusão dos textos básicos do iluminismo europeu, tornou-se forte a orientação dos juristas locais propondo a libertação do direito civil das amarras clericais: Francesco d'Andrea, Giuseppe Valleta, Costantino Grimaldi, etc.
- Foram publicadas obras de autores napolitanos que, defendendo a autonomia do direito civil ante a lei canônica, tiveram repercussão para além das fronteiras do Reino napolitano. Tal foi o caso de Pedro Giannone que, em 1721, publicou sua *História Civil do Reino de Nápoles*, texto que se tornou célebre em toda a Europa e alcançou para seu autor a excomunhão do arcebispo de Nápoles.

Pelo que se disse, é possível concluir que não foi tranquilo o período do vice-reino austríaco. As boas intenções de *reforma* se chocaram com a resistência das classes privilegiadas, entre as quais se encontrava o clero. A intenção de fazer novos recadastramentos foi obstaculizada pelos proprietários de terras e pelo clero, que não aceitavam o objetivo pretendido pelas autoridades, ou seja, taxar os bens dos proprietários e eclesiásticos.

O último vice-rei austríaco foi Júlio Borromeo Visconti (1664-1751), que assistiu a invasão dos Bourbon. No ano de 1734, o vice--reino passou para novos soberanos. O balanço geral da administração vice-real austríaca era de saldo positivo: as falhas tinham sido detectadas, as reformas iniciadas, o espírito iluminista começava sua marcha. Em termos gerais, o vice-reinado austríaco deixava para os novos soberanos uma situação social melhor que a recebida dos vice-reis espanhóis.

> "Os vice-reis austríacos trouxeram algumas melhorias para a administração pública, mas, daquela forma incisiva, destinada a sobreviver, característica da hegemonia dos Habsburgos na Lombardia e no Vêneto. A explosão dos conflitos na Europa e a evolução da política interna da Áustria, com as sucessões ao trono de José, e pouco depois, do Arquiduque Carlos, beneficiário da coroa de Nápoles, levaram a uma situação de esgotamento e pressão fiscal que quase fizeram desculpar os antigos dominadores espanhóis"[148].

[148] D. Ambrasi, *Gennaro Maria Sarnelli nella vita religiosa civile della Napoli del Settecento*: Campania Sacra 27 (1996) 13.

No ano de 1734, o vice-reino passou para outras mãos. Mesmo tendo maior ligação com o solo napolitano, os novos soberanos não deixaram de se orientar pelo absolutismo político. A república das togas continuava de lado[149].

1.3.2. A independência política na órbita dos Bourbon (1734)

Os acontecimentos da Guerra de Sucessão Polonesa (1733-1738) trouxeram nova mudança na situação política do Reino de Nápoles que, em 1734, voltou novamente a orbitar a monarquia espanhola. Contudo, agora já não como vice-reino, mas Estado independente, embora irmanado com a dinastia e nação dos Bourbon espanhóis[150].

- Conquista de Nápoles

Em 26 de outubro de 1733, Carlos, filho de Felipe V da Espanha e Isabel Farnese, duque de Parma, foi encarregado por seu pai de comandar o exército espanhol que se dirigia à Itália por terra e mar. Juntando-se ao exército em Arezzo, em 24 de fevereiro de 1734, Carlos conduziu as tropas espanholas para o sul e, atravessando os Estados Pontifícios, executou com êxito a conquista militar do Reino de Nápoles.

Carlos ingressou na cidade de Nápoles em 10 de maio de 1734, pela Porta Capuana; percorreu a *Via dei Tribunali* e se dirigiu à Catedral.

Após derrotar os austríacos em Bitonto (25 de maio de 1734), as tropas espanholas entraram em Cápua, enquanto as imperiais (austríacas) abandonavam o Reino de Nápoles embarcando nos portos de Bari e Manfredônia. Em 2 de janeiro de 1735, Carlos assumiu o título de rei de Nápoles, sem acrescentar nenhuma numeração específica. Completou a operação militar com a conquista

---

[149] R. Ajello, *Lo Stato e la società degli Austriaci e dei Borboni: La transizione dalla repubblica dei togati all'assolutismo*: L. de Rosa - L. M. Enciso (ed.), Spagna e Mezzogiorno d'Italia nell'età della transizione (1650-1760) (Nápoles, 1997) 189-237.

[150] P. Fernández Albadalejo, *Los Borbones. Dinastía y memoria de nación en la España del siglo XVIII* (Madri, 2001).

da Sicília e, em julho de 1735, foi coroado em Palermo como rei da Sicília. Desse modo, recuperou o território do Reino de Nápoles e da Sicília para os Bourbon.

> Carlos tinha 18 anos quando entrou em Nápoles, em 10 de maio de 1734 (cruzando a Porta Capuana), depois de 27 anos de domínio austríaco no Reino das Duas Sicílias. Enquanto na etapa austríaca, o poder era exercido por um vice-rei que residia em Nápoles, na nova etapa, como não era possível unir a coroa da Espanha e a coroa de Nápoles, o soberano desse reino ostentava o título de rei. A independência do reino das Duas Sicílias era real, mas girando dentro do universo de um ramo (menor) dos Bourbon: os Bourbon da Espanha[151].

Carlos, com a numeração de VII, manteve separados os Reinos de Nápoles e da Sicília. No Reino de Nápoles, governou como soberano absoluto; no Reino da Sicília, serviu-se de um regime parlamentar, já que manteve e convocou o Parlamento siciliano. Portanto, havia duas capitais do Reino (Palermo e Nápoles), com a corte situada em Nápoles.

Carlos não teve autonomia efetiva e total da Espanha até a paz de Viena, em 1738, com a qual se concluiu a Guerra de Sucessão Polonesa. Com esse acordo, a Áustria cedeu a Carlos o Estado dos Presídios, o Reino de Nápoles, bem como o da Sicília que, por sua vez, havia sido trocada pela Sardenha em 1720. Essa autonomia do Reino "encheu de alegria um dos povos mais belos e bem localizados do mundo, que tendo as melhores condições para prosperar, por duzentos e trinta anos se vira reduzido à sorte, não de uma província unida aos Estados do Soberano, mas de colônia remota, jugo que, no geral, sempre pensava em tirar enquanto duraram os soberanos e seus vice-reis e dependentes. Teve, pois, o Rei Carlos, a glória de dar novamente existência ao reino mais belo da Europa que, como dizia o grande Frederico II da Prússia, devia ser o retiro honrado do decano de seus reis. A providência quis dar esse con-

---

[151] M. di Pinto (ed.), *I Borbone di Spagna e i Borbone di Napoli*, 2 vol. (Nápoles, 1985).

solo a homem mais digno e cujo coração era mais capaz de senti-lo e fazer feliz o gênero humano"[152].

- A vassalagem pontifícia: o tributo da *hacanea*

Depois da Paz de Viena (1735), o Papa Clemente VII reconheceu a investidura do Reino de Nápoles, recebida pelo embaixador de Nápoles em Roma (1738)[153], mediante a contrapartida do costumeiro tributo, tal como vinha sucedendo desde a época normanda[154].

Desde Carlos de Anjou (1265), o tributo havia sido fixado na entrega de 7.000 ducados romanos de ouro, levados em bandeja de prata, acomodada sobre a sela de uma *hacanea* (égua de cor branca ou mula de passo tranquilo e fácil montadura) que, previamente amestrada, entrava pela nave central da Basílica de São Pedro e se ajoelhava diante do Papa, quando, então, o embaixador de Nápoles entregava o tributo do Reino de Nápoles pela investidura do Reino, pago anualmente à Santa Sé na festa dos santos apóstolos Pedro e Paulo (29 de junho).

O tributo foi apresentado, com pequenas exceções, até 1787. Em 1788, o Conselho de Estado Napolitano, por instância do ministro de Assuntos Exteriores e do primeiro ministro reformista, Bernardo Tanucci, aboliu unilateralmente o imposto.

> O leitor pode descansar um pouco, tomar o *Dom Quixote* e desfrutar da leitura do capítulo 10, parte II, onde Sancho "transforma", ante os olhos de seu amo, Dom Quixote, três burricas - brancas "como um campo de neve" - em três *hacaneas* (o bom Sancho as chama de *cananeas*) na que montam três aldeãs de Toboso e, em uma das quais, o Enamorado cavaleiro vê Dulcineia acompanhada por duas de suas damas. Frente a essas burricas brancas de Toboso, a que caminhava pela Basílica de São Pedro em cada 29 de junho para levar

[152] Conde Fernán-Núñez, *Vida de Carlos III...*, I, 32.

[153] *Ibid.*, I, 37, 46.

[154] Para a história detalhada desse tributo da *hacanea*: M. Moli Frigola, *Efímeras máquinas de fuegos artificiales napolitanos en Roma 1700-1737*: M. di Pinto (ed.), I Borbone di Napoli e i Borbone di Spagna, II (Nápoles, 1985) 459-494.

o tributo do Reino de Nápoles ao Papa era uma autêntica *hacanea*, "uma mula branca ou cavalo trotador das Astúrias"[155].

Se ainda tiver tempo e humor, o avisado leitor também pode ler a transcrição (com correspondentes comentários) do documento conservado no Arquivo Secreto do Vaticano com o juramento de fidelidade do rei espanhol Felipe II ao Papa Paulo IV pela investidura do Reino da Sicília[156]. Nesse juramento de fidelidade é possível encontrar:

> "... Nós [o Rei Felipe II], desejando demonstrar nossa boa fé em relação à Sua Santidade, o Papa, à Sé Apostólica e à Igreja Romana, pelo presente documento, validado com nosso selo de ouro, com nosso juramento público que sobre isso prestamos, declaramos e reconhecemos expressamente que o Reino da Sicília e Jerusalém, e toda terra que está aquém do Farol até os confins do território da Santa Igreja Romana, excetuada a citada cidade de Benevento com seu território, distrito e pertenças, a qual há de permanecer para a referida Igreja, foi concedido a Nós e a nossos herdeiros e sucessores por mera graça e mera liberalidade da Sé Apostólica e do citado Pontífice Júlio III, e que Nós e nossos herdeiros, assim recebemos e possuímos, o Reino da Sicília e suas terras, pelo citado beatíssimo senhor nosso, o Papa Júlio III, e pela citada Igreja de Roma, sob os pactos, modos, condições contidos na concessão, doação generosa, infeudação e investidura predi-

155 A palavra castelhana *hacanea*, e a correspondente italiana *chinea*, vêm da francesa *haquenée*, procedente, por sua vez, da inglesa *hackney* (pela localidade, próxima de Londres, Hackney, dedicada especialmente à criação de cavalos). A *hacanea* pertencia à raça de cavalos de origem astúria, conhecida pelos latinos como *asturco*, que se caracterizava pela andadura (em italiano: *all'ambio*; em francês: *aller l'amble*; em inglês: *go at an amble*) movendo simultaneamente as patas de cada lado. Esse *equus ambulator* (ou: *ambulatorus*) passou a indicar qualquer raça (*asturco, asturcones*) que tivesse tal maneira de caminhar, mesmo que não proveniente das Astúrias. Para esses detalhes de cultura equina, remetemos a: V. Ortolena, *La terminologia greco-latina per designare le andadure del cavallo (con un appendice sull'etimologia dell'italiano danzare)*: Indogermanische Forschungen 106 (2001) 126-163. Já Alberto Magno tinha distinguido as quatro formas naturais (não "aprendidas") do andar do cavalo: o passo (*cursus*), o trote (*trotatio*), o galope (*peditatio*) e a *ambulatio* que "fit, quando simul eodem latere unum anteriorem et unum posteriorem levat pedem" (*De animalibus*, 25, 54).

156 *Juramento de fidelidad del rey Felipe II al papa Paulo IV por la investidura del Reino de Sicilia*. Original conservado no Arquivo Secreto do Vaticano. Estudos: Q. Aldea, S. Andrés Ordax, Mª. Ruiz Trapero, I. Ruiz Albi (Madri, 1998).

tos, e mandamos que este presente documento, assim selado, como foi dito, seja dado e entregue ao santíssimo, em Cristo, Santo Padre Paulo IV, Pontífice Máximo da Santa Igreja Romana, na fé e testemunho do que antecede".

1.3.3. O reinado dos Bourbon na Nápoles do século XVIII

Com Carlos VII (futuro Carlos III da Espanha) começa, em 1734, a hegemonia dos Bourbon em Nápoles. Salvo o efêmero período republicano de 1799 (*República Partenopeia*), e a posterior década de domínio francês, o Reino de Nápoles foi governado pelos Bourbon até 1860.

No século XVIII, dois reis ocuparam o trono da Nápoles livre: Carlos VII e Fernando IV. Também devem ser destacados outros personagens, entre os quais, sobressai o todo-poderoso Bernardo Tanucci. A esse último personagem faremos referência no cap. 2 da seção oitava, no contexto da exposição sobre o jurisdicionalismo napolitano[157].

- Carlos VII (1745-1759)

O rei Carlos (1716-1788) é para os espanhóis e, em grande medida, para os napolitanos, o protótipo do rei iluminista. Durante seu reinado na Espanha (1759-1788), houve uma autêntica revolução social e axiológica, sobre cujo significado histórico e repercussões para as questões morais, já tratamos no volume precedente desta História da Teologia Moral (V/II, 115-124). Agora, destacaremos seu significado para a trajetória do Reino de Nápoles no séc. XVIII.

Carlos tinha nascido em Alcázar de Madri, em 20 de janeiro de 1716, sendo o primogênito de Felipe V e de Isabel Farnese, segunda esposa do rei[158]. O rei tinha outros dois filhos do primeiro matrimônio com direito a herdar seu trono. Mas esses dois filhos,

---

[157] *Ibid.*, 91-92.

[158] Sobre Isabel de Farnese: L. de Taxonera, *Isabel de Farnesio* (Barcelona, 1943); M. Mafrici, *Fascino e potere di una Regina. Elisabetta Farnese sulla scena europea (1714-1719)* (Cava de' Tirreni, 1999); T. Lavalle-Cobo, *Isabel de Farnesio, la reina coleccionista*, prólogo de G. Anes (Madri, 2002).

tornados reis da Espanha (Luís I e Fernando VI), morrerão sem descendência e a coroa da monarquia espanhola passará a Carlos, rei da Espanha com o ordinal III.

Antes de chegar a esse destino, Carlos teve que percorrer uma etapa de aprendizagem, não apenas teórica, mas também prática[159]. Com a morte de seu tio, Antônio de Parma, último Duque de Parma, em janeiro de 1731, a mãe de Carlos conseguiu fazê-lo soberano de Parma e príncipe herdeiro da Toscana[160]. Com esse propósito, Carlos chegou à Itália em 20 de outubro de 1731, contando apenas 15 anos. Depois de assumir o Principado de Parma (1732-1734), foi constituído rei das Duas Sicílias (1734). Além da língua castelhana, aprendeu ainda italiano, francês, alemão, florentino e parmesão.

O mesmo Carlos, agora com o ordinal VII para Nápoles[161] e V para a Sicília, governou de 1734 a 1759, deixando profundas marcas de seu reinado na Calábria, Apúlia, Basilicata, Sicília e, sobretudo, Nápoles. Na primeira década (1734-1745), governou sob certa tutela da monarquia espanhola[162]; mas na segunda etapa do governo (1746-1759), o rei napolitano se sentiu mais livre[163].

Carlos "tinha sido o conquistador e regenerador daquele reino e era o primeiro soberano, depois de séculos, que havia visto aqueles povos, dominados e tratados como colônia por vice-reis de seus príncipes remotos"[164]. Com Carlos, filho da princesa italiana Isabel de Far-

---

[159] G. Anes, *La formación de un rey en el siglo de las Luces: ideas y realidad:* Vários, *Carlos III y la Ilustración* (Madri, 1988) 19-36.

[160] Sobre a importância das manobras de Isabel Farnese: R. Bouvier - A. Laffargue, *Vita napoletana...*, 119ss.

[161] Discutiu-se, a respeito de seu número, se o ordinal VI ou VII. De fato, Carlos não usou nenhum dos dois durante seu reinado em Nápoles. Ver: G. Caridi, *Carlos III. Un gran reformador en Nápoles y España* (Madri, 2015) 57-58.

[162] R. Bouvier - A. Laffargue, *Vita napoletana...*, 131-145: "Napoli agli inizi del regno di Carlo di Borbone. Il decennio della tutela spagnola (1734-1745)".

[163] *Ibid.*, 147-158.: "Napoli nella maturità del regno de Carlo. Il periodo del governo personale del re (1746-1759)".

[164] Conde Fernán-Núñez, *Vida de Carlos III...*, I, 95. Esse biógrafo e panegirista do Rei Carlos o chama "restaurador de seu reino [dos napolitanos] e de sua liberdade" (*Ibid.*, I, 99).

nese, Nápoles teve um rei iluminista. "Ele fez de Nápoles a verdadeira capital de uma cultura entendida como novo conceito de vida"[165].

Na apreciação do siciliano L. Sciascia, "hoje podemos comprovar melancolicamente que o melhor momento do reino de Nápoles e Sicília - fervente de reformas, livre de influências - foi o reinado de Carlos III e o governo de Tanucci"[166].

> "O balanço das contribuições de Carlos III para Nápoles resulta fortemente positivo: o estado foi reorganizado com firmeza e autoridade, e a fazenda, saneada, triplicando os ingressos no erário público. Favoreceu o comércio marítimo, a agricultura e a indústria. As instalações portuárias foram aumentadas e modernizadas. A população passou de 270.000 habitantes para 320.000, impressionante pujança demográfica para aquela época. Mas, onde resulta extraordinária a ação do Rei, é o terreno cultural e urbanístico. Vanvitelli iniciou sua obra-prima do palácio de Caserta, cuja espetacular escadaria e átrio cenográfico à Bibiana não têm rival no mundo. Ferdinando Fuga construiu o *Albergo dei Poveri*, que serviu (como tantas realizações carolinas em Nápoles) de ensaio geral para a construção do hospital São Carlos de Madri, hoje, Centro Rainha Sofia. Fundou o teatro São Carlos, que passou a ser o anfiteatro operístico mais famoso do século XVIII. Enriqueceu o palácio de Capodimonte e criou ali a fábrica de porcelanas à imagem e semelhança da fundada em Meissen pelo Eleitor da Saxônia, seu sogro. Ao ser transferida à Espanha, a fábrica de Capodimonte foi desmontada para, com seus materiais e artistas, criar a de Bom Retiro (Madri). Finalmente, impulsionou as escavações de Pompeia e Herculano, abrindo a estrada para a revolução estética que acabou com o rococó e significou o triunfo do neoclassicismo[167].

Podemos falar de cinco grandes "revoluções bourbônicas" levadas a cabo no Reino de Nápoles: revolução cultural, revolução arquitetônica, revolução industrial, revolução alimentar e revolução higiênica[168]. Todas essas iniciativas promovidas pelo rei Carlos mereceriam

---

165 T. D'Onofrio, *Motivi arcadici in Alfonso ed in Rosmini*: P. Giannantonio (ed.), Alfonso M. de Liguori e la civiltà letteraria del Settecento (Città di Castello, 1999) 436.

166 L. Sciascia, *El perfil de Carlos III*: Diario El País (ter, 17 jan 1989) p. 11.

167 L. Sagrera, *Carlos III visto desde Nápoles*: Diario Abc (seg, 6 jun 1988) p. 30.

168 A. Forgione, *Made in Naples. Come Napoli ha civilizzato l'Europa (e continua a farlo)* (Milão, 2016[6]) 42-88.

desenvolvimento mais amplo do que permite a peculiaridade do presente volume[169]. Além de sublinhar a dimensão cultural do palácio de Caserta (uma segunda cidade real monumental)[170] e do teatro São Carlos[171], bem como a funcionalidade prática do palácio de Capodimonte, sobre a qual voltaremos mais adiante, convém destacar a função social e benéfica do Real Albergue dos Pobres. Esta última empresa pode ser definida como "*magnum opus* da beneficência napolitana que ainda permanece como recordação de uma munificência reformadora"[172].

No entanto, em panorama histórico maior, o empreendimento político-cultural mais significativo do reinado de Carlos foi a gestão cultural do descobrimento das cidades de Herculano e Pompeia[173]. Tal descobrimento *introduziu* variação cultural tão profunda, e de tão longo alcance, que seus efeitos perduram até hoje.

> Diz o primeiro biógrafo de Carlos: "Mas o que, sobretudo, merece a gratidão do mundo inteiro, a grande obra que empreendeu o Rei Carlos, foi a escavação das cidades de Herculano e Pompeia, que ilustrou a Europa e ressuscitou o gosto pelos gregos e romanos pondo à vista seus monumentos, de modo que não há artista, nem homem de luzes, que não deva ver no Rei Carlos uma divindade restauradora das artes"[174].

---

169 Para desenvolvimento um pouco mais extenso sobre a obra cultural e artística no reinado de Carlos: R. Bouvier - A. Laffargue, *Vita napoletana...*, 159-188; G. Caridi, *Carlos III...*, 135-151.

170 A. Gianfrotta, *Caserta e la sua Reggia. Il Museo dell'Opera e del Territorio* (Nápoles, 1995).

171 F. Mancini, *Il teatro di San Carlo 1737-1984. La storia, la struttura* (Nápoles, 1987).

172 I. Sgherzi, *Spunti critici intorno alla cultura e l'istruzione a Napoli nel 1700* (Nápoles, 1981) 22.

173 Sobre a atuação de Carlos em relação às escavações arqueológicas de Pompeia e Herculano: F. Fernández Murga, *El Rey y Nápoles: las excavaciones arqueológicas*: Vários, *Carlos III y la Ilustración* (Madri, 1988) 375-384; Id., *Carlos III y el descubrimiento de Herculano, Pompeya y Estabia* (Salamanca, 1989); M. Gigante, *Los papiros de Herculano*: Vários, *Carlos III y la Ilustración...*, 385-388; M. Ranieri--Panetta (ed.), *Pompei. The History, Life and Art of the buried city* (Vercelli, 2004); Vários, *Bajo la cólera del Vesubio. Testimonios de Pompeya y Herculano en la época de Carlos III* (Valença, 2004); Vários, *Pompeya y Herculano a la sombra del Vesubio* (Madri, 2007); Vários, *Corona y arqueología en el siglo de las luces* (Madri, 2010). Uma síntese: I. Gómez de Liaño, *El Reino de las Luces. Carlos III entre el viejo y el nuevo mundo* (Madri, 2015) 53-87: "Rey arqueólogo".

174 Conde Fernán-Núñez, *Vida de Carlos III...*, I, 101.

A chegada do rei Carlos de Bourbon a Nápoles significou abertura para uma nova era. Os anos de seu reinado foram tempos de "decidido progresso" (*risoluto progresso*, na expressão de Benedetto Croce). "Foram renovados e assinados novos tratados de comércio e amizade com as grandes potências marítimas e mais próximas (império otomano, regências da África)"[175].

Além das reformas externas, o reinado de Carlos também pretendeu reformar o sistema de administração pública, onde não estava ausente a corrupção e venda de cargos públicos[176]. "Foi criado um novo regime administrativo-financeiro"[177]. Embora os resultados não tenham correspondido aos seus desejos, essa intenção de reforma é digna de nota".

Quando o rei Carlos embarcou com sua família no porto de Nápoles, rumo à Barcelona, em 6 de outubro de 1759, deixava uma "era de ouro" no sul da Itália, a de maior esplendor do Reino de Nápoles (1738-1759).

Nos próximos capítulos do presente volume voltaremos a essa peculiaridade das relações entre política e religião no Reino de Nápoles. Em referência direta à atuação de Carlos VII, convém sublinhar, não apenas a sinceridade de sua atitude religiosa pessoal, mas também a correta relação com o Papado, posta às claras: na aceitação da vassalagem pontifícia, nos encontros pessoais com os Papas e no apoio sincero à Igreja. O Papa recompensou o rei outorgando-lhe a bula da Cruzada com objetivo de estimular a formação de uma marinha forte para defender o Mediterrâneo contra o perigo turco[178].

Por outro lado, tampouco convém deixar de reconhecer a inclinação do rei - e de seus ministros - para atitudes e políticas

---

[175] D. Ambrasi, *Gennaro Maria Sarnelli nella vita religiosa e civile della Napoli del Settecento*: Campania Sacra 27 (1996) 26.

[176] *Ibidem.*

[177] A. Sorge, *La venalità degli uffici nel regno di Napoli: un tentativo di riforma nel primo decennio borbonico*: M. di Pinto (ed.), I Borbone di Napoli e i Borboni di Spagna (Nápoles, 1985) I, 291-304.

[178] Conde Fernán-Núñez, *Vida de Carlos III...*, I, 47.

de orientação regalista. Algumas dessas políticas de confrontação com autoridades eclesiásticas tiveram significado iluminista. Referimo-nos à oposição do rei Carlos em aceitar o tribunal da Inquisição em seu Reino, mesmo indo contra o parecer, e até a prática, do arcebispo de Nápoles.

> "Os napolitanos foram sempre inimigos do Santo Ofício da Inquisição, e em tempos do rei D. Fernando, o católico, e de Carlos V, se rebelaram quando quiseram introduzi-lo no reino e, ainda para evitá-lo no porvir, foi estabelecida uma junta ou conselho, chamado Disputação contra o Santo Ofício, que devia vigiar e se opor ao primeiro indício de querer formar tal Tribunal"[179].

O rei Carlos manteve postura negativa diante das tentativas de introduzir em seu Reino esse tipo de tribunal anti-iluminista.

Ao retornar a Madri, o rei Carlos não cortou as relações com o Reino de Nápoles[180], preocupando-se com a atuação de seu filho e mantendo correspondência com Bernardo Tanucci[181].

Carlos chegou ao trono da monarquia espanhola com experiência de estadista como Duque de Parma (1731-1734) e, especialmente, rei de Nápoles (1734-1759). Nesse último lugar, havia promovido reformas iluministas que tendiam ao regalismo, à liberalização econômica, ao centralismo e à unificação administrativa.

Se a passagem de Carlos III por Nápoles supôs, segundo alguns, o cume da história napolitana, algo parecido poderia ser dito da Madri deixada pelo rei Bourbon. Cremos que, sobre o conjunto do reinado de Carlos III, é válida a avaliação de um especialista no séc. XVIII:

> "O balanço do reinado de Carlos III na Espanha, sobretudo no últi-

---

179 *Ibid.*, I, 75-76.

180 R. Olaechea, *Relaciones diplomáticas entre España y el reino de Nápoles a fines del '700*: M. di Pinto (ed.), I Borbone di Napoli e i Borbone di Spagna, II (Nápoles, 1985) 7-101. Também: F. Venturi, *Spanish and Italian Economist and Reformers in the Eighteenth Century*: Id., Italy and the Enlightenment. Studies in a Cosmopolitan Century (Nova York, 1972) 265-292; N. Guasti, *Claroscuros de la Fortuna de Campomanes en la Italia de la Ilustración*: M. Mateos (ed.), Campomanes. Doscientos años después (Oviedo, 2003) 691-707.

181 Carlos III, *Cartas a Tanucci (1759-1763)*. Prólogo de G. Anes. Introducción, transcripción y notas de M. Barrio (Madri, 1988).

mo período, é essencialmente positivo e as luzes prevalecem sobre as sombras. A experiência adquirida em Nápoles, onde só começou a reinar com plena independência depois da morte do pai, frutificou, primeiro no *Mezzogiorno* da Itália, e posteriormente na Espanha, pelo que, Carlos III é considerado, com toda a justiça, o melhor soberano do ramo espanhol dos Bourbon"[182].

O rei Carlos morreu na noite de 13 para 14 de dezembro de 1788. Dois dias depois, foi sepultado no mosteiro de El Escorial. Tinha 73 anos de idade, havia reinado 25 anos em Nápoles e 29 anos na Espanha.

Nota bibliográfica (sobre o governo do rei Carlos no Reino de Nápoles).

- M. Shipa, *Il Regno di Napoli al tempo di Carlo di Borbone* (Milão-Roma- Nápoles, 1923).
- R. Ajello, *La vita politica napoletana sotto Carlo di Borbone. La fondazione e il "tempo eroico" della dinastia*: L. Labruna (ed.), *Storia di Napoli*, IV (Bari, 1976) 445-726.
- V. Gleijeses, *Carlo di Borbone, re di Napoli* (Nápoles, 1976).
- F. Fernández Murga, *Carlo III a Napoli: M. di Pinto, I Borbone di Napoli e i Borbone di Spagna* (Nápoles, 1985) I, 241-249.
- J. Urrea, *Carlos III en Italia (1731-1759). Itinerario italiano de un monarca español* (Madri, 1989).
- I. Zilli, *Carlo di Borbone e la rinascita del regno di Napoli: le finanze pubbliche, 1731-1742* (Nápoles, 1990).
- A. M. Rao, *Carlos de Borbón en Nápoles: Trienio. Ilustración y Liberalismo* [Madri] 24 (1994) 5-41.
- M. Mafrici, *Il re delle speranze. Carlo di Borbone da Madrid a Napoli* (Nápoles, 1998).
- Vários, *Carlos III. Entre Nápoles y España* (Madri 2009).
- E. Papagna, *La corte di Carlo di Borbone. Il re "proprio e nazionale"* (Nápoles, 2011).
- G. Caridi, *Carlos III. Un gran reformador en Nápoles y España* (Madri,

[182] G. Caridi, *Carlos III. Un gran reformador en Nápoles y España* (Madri, 2015) 424.

2015) 57-236. Também: Id., *Essere re e non essere re. Carlo di Borbone a Napoli e le attese deluse* (1734-1738) (Soveria Mannelli, 2006).

- R. Fernández Díaz, *Carlos III. Un monarca reformista* (Madri, 2016).

- Personagens próximos ao rei Carlos VII

Na concretização de alguns dos mencionados projetos de Carlos VII é preciso levar em conta, de modo especial, o influxo de sua mulher **Maria Amália da Saxônia** (1724-1760)[183]. Carlos teve sorte com duas mulheres: com sua mãe, que lhe abriu as portas de ducados e reinos; e com sua esposa que, além de lhe dar numerosos filhos, alegrou e tornou feliz sua vida.

Também foi sua consorte quem lhe inculcou o amor pela arte, pondo-o em contato com os ceramistas de Meissen (Alemanha), descobridores da porcelana, e com o pintor boêmio **Anton Raphael Mengs** (1728-1779), estabelecido em Roma, que estava criando o neoclassicismo. Esse pintor esteve em Madri de 1761 a 1769.

Alguns de seus conselheiros napolitanos acompanharam o rei Carlos no período como monarca espanhol. Nomeamos, o napolitano **Leopoldo de Gregorio** (1700/08-1785), Marquês de Esquilache (nascido em Squillace, população marítima da província italiana de Catanzaro)[184]; e o genovês **Pablo Jerônimo de Grimaldi Pallavicini** (1720-1786), Marquês de Grimaldi[185]. Também veio a Madri com o rei Carlos, o arquiteto e urbanista palermitano **Francisco Sabatini** (1722-1797) que, junto com João de Villanueva e Ventura Rodríguez, modificou e embelezou a face urbana da capital do Reino.

- Fernando IV (1759-1825)

Antes de partir para a Espanha, o rei Carlos declarou a incapacidade para reinar de seu primeiro filho, o infante Felipe. Desti-

[183] Maria T. Oliveros de Castro, *María Amalia de Sajonia, esposa de Carlos III* (Madri, 1953).

[184] F. Strazzullo, *Il marchese di Squillace Leopoldo de Gregorio ministro di Carlo di Borbone* (Nápoles, 1997).

[185] P. García Diego, *Jano en Hispania: una aproximación a la figura y obra de Jerónimo Grimaldi (1739-1784)* (Madri, 2014).

nou seu segundo filho, o infante Carlos, a suceder-lhe no trono da Espanha (foi seu sucessor com o título de Carlos IV). Por fim, declarou seu sucessor no Reino de Nápoles o terceiro filho, o infante Fernando, apesar de ser menor de idade.

Fernando tinha nascido em 12 de janeiro de 1751, em Nápoles. Foi o terceiro filho de Carlos e de Maria Amália da Saxônia. Sucedeu seu pai no trono napolitano, com a idade de oito anos, sob a tutela de um conselho de regência, cujos representantes mais significativos foram Domenico Cattaneo della Volta, príncipe de San Nicandro, e o marquês Bernardo Tanucci[186]. De fato, quem mandava continuava sendo seu pai, Carlos III da Espanha, e quem executava as ordens era Bernardo Tanucci[187].

Fernando foi rei de Nápoles em três períodos (1759-1799, 1799-1805 e 1815-1816) e rei da Sicília (como Fernando III) de 1759 a 1816. Foi também, desde 1816 até sua morte, o primeiro Rei (com o nome de Fernando I) das Duas Sicílias, reino formado em 1816 pelos dois reinos anteriores.

Fernando tinha porte atlético e cultivava mais as diversões que a dedicação ao estudo e à cultura[188]. Casou-se com Maria Carolina, filha da imperatriz Maria Teresa da Áustria, irmã do imperador José II e Maria Antonieta, futura rainha da França. A esposa de Fernando IV exerceu grande influxo político no Reino de Nápoles, chegando praticamente a governar quando, sob sua inspiração, foi destituído o primeiro ministro Bernardo Tanucci e nomeado, em substituição, Lord John Francis Edward Acton (1736-1811)[189].

John Acton tinha nascido em Besançon (1736), de pai inglês e mãe francesa. Prosseguiu seus estudos na Toscana e se graduou na universidade de Pisa. Entrou na Marinha militar do Grão-Ducado da

[186] M. G. Maiorini, *La Reggenza borbonica (1759-1767)* (Nápoles, 1991).

[187] R. Bouvier - A. Laffargue, *Vita napoletana...*, 189-202: "Napoli sotto reggenza. La Reggenza sotto tutela di Tanuci (1759-1767)".

[188] A. Ghirelli, *Storia di Napoli* (Turim, 1992²) 113-126: "Un lazzarone sul trono".

[189] R. Bouvier - A. Laffargue, *Vita napoletana...*, 203-223: "Preludio alla commedia regale. La fine del regno personale di Fernando sotto tutela di Tanucci"; 225-247: "La regal commedia napoletana. Il regno degli amanti".

Toscana, onde se distinguiu pelo valor de seus conhecimentos e por sua coragem como militar. O rei Fernando de Nápoles pediu a seu cunhado, Pedro Leopoldo, Grão-Duque da Toscana, que lhe cedesse J. Acton para reorganizar a Marinha militar do Reino. Foi assim que J. Acton começou a entrar nas engrenagens da administração napolitana e chegou a ser um de seus principais agentes. Praticou uma política filobritânica, mas, ao mesmo tempo, atenta aos problemas econômicos do Reino. Foi acérrimo inimigo dos ideais jacobinos. Participou da dura repressão bourbônica contra os republicanos partenopeus (1799). Faleceu em Palermo, em 1811. Quando dirigida principalmente ao rei Fernando (e não tanto a seu pai, Carlos), parece válida a reprovação de G. Galasso: "Não foram os soberanos bourbônicos que fizeram grande a Nápoles do *Settecento*; pelo contrário, foi esta Nápoles que lhes deu a possibilidade de exercer, em âmbito superior, suas capacidades e alcançar fama superior a seus méritos"[190].

Como o "vassalo" (povo) era melhor que seu "senhor" (rei), houve vida intelectual e artística durante a era de Fernando IV[191].

O rei Fernando morreu em 4 de janeiro de 1825, em Nápoles, depois de haver conhecido a rápida ascensão (1789-1798) e o ainda mais rápido fim da revolução republicana (1799) e depois de haver praticado a vingança, presenciar a usurpação de seu Reino pela França Revolucionária (1806-1815), voltar a reinar com o nome de Fernando I (1815) e capitular ante os Carbonari em 1820. Foi enterrado na napolitana Basílica de Santa Clara.

Nota bibliográfica.

- M. G. Maiorini, *La Reggenza borbonica (1759-1767)* (Nápoles, 1991).
- V. Gleijeses, *Ferdinando IV, re di Napoli (Nápoles, 1991).*
- G. Campolieti, *Il re Lazzarone* (Milão, 1998).

---

190 G. Galasso, *Napoli capitale. Identità politica e identità cittadina. Studi e ricerche 1366-1860* (Nápoles, 1988) 224.

191 R. Bouvier - A. Laffargue, *Vita napoletana...*, 249-277: "La vita intellettuale ed artistica a Napoli durante 'l'era' di Ferdinando".

1.3.4. *Complemento bibliográfico*

O Reino de Nápoles na época de Afonso

- P. Colletta [1775-1841], *Storia del Reame di Napoli dal 1734 al 1825 [1834]*. A cura di Nino Cortese (Nápoles, 1957). Há outras edições.
- M. Schipa, *Il Regno di Napoli al tempo di Carlo di Borbone* (Nápoles, 1904).
- B. Croce, *Storia del Regno di Napoli [1925]* (Roma-Bari, 1984).
- A. M. Rao, *Il regno di Napoli nel Settecento* (Nápoles, 1983).
- Ead., *Il riformismo borbonico a Napoli*: Vários, Storia della società italiana, 12 (Milão, 1989) 215-290.
- M. di Pinto (ed.), *I Borbone di Napoli e i Borbone di Spagna. Un bilancio storiografico*, 2 vol. (Nápoles, 1985). Ver a síntese de: G. Giarrizzo, *Sicilia e Napoli nel '700*: Ibid., I, 193-214.
- E. Chiosi, *Il Regno dal 1734 al 1799*: G. Galasso - R. Romeo (ed.), *Storia del Mezzogiorno*, II (Roma, 1986) 371-467.
- G. Coniglio, *I Borboni di Napoli* (Nápoles, 1992).
- H. M. Acton, *The Bourbon of Naples (1734-1825)* (Londres, 1998).
- J. Chenault Porter, *Baroque Naples. A Documentary History, 1600-1800* (Nova York, 2000).
- G. Imbruglia (ed.), *Naples in the Eighteenth Century: The Birth and Death of a Nation State* (Cambridge, 2000).
- R. Bouvier - A. Laffargue, *Vita napoletana nel XVIII secolo* (Nápoles, 2006).
- C. Ramaglia, *Napoli ai tempi di Carlo di Borbone* (Benevento, 2010).
- G. Oliva, *Un Regno che é stato grande. La storia negata dei Borboni di Napoli e Sicilia* (Milão, 2012).
- T. Astarita (ed.), *A Companion to Early Modern Naples* (Leiden-Boston, 2013).

Lembramos que, sobre o rei Carlos III (VII de Nápoles), já foi oferecida uma ampla bibliografia no volume anterior da presente História da Teologia Moral (V/2, 123-124). Seria conveniente reter como importantes (pelas referências ao reinado de Nápoles) os seguintes dados bibliográficos:

- C. Gutiérrez de los Ríos, *Conde de Fernán Núñez [1742-1795], Vida de Carlos III*. Edição de A. Mürel-Fatiü y A. Paz y Mélia, prólogo de J. Valera (Madri, 1898). Edição facsimilar (Madri, 1988), com Apresentação de José Cepeda Adan.
- J. A. Vaca de Osma, *Carlos III* (Madri, 2005[2]).
- G. Caridi, Carlos III. *Um grande reformador em Nápoles e Espanha* (Madri, 2015).
- R. Fernández Díaz, *Carlos III. Um monarca reformista* (Madri, 2016).

1.4. O REINO DE NÁPOLES NA ÉPOCA DE AFONSO

(II) Situação social

Não pretendemos uma descrição detalhada da situação do Reino de Nápoles no séc. XVIII, nosso interesse é sublinhar algumas características, sobretudo de caráter social, com o objetivo de tomar consciência do marco em que deve ser situado o projeto de Afonso de Liguori.

1.4.1. Uma cabeça grande em um corpo pequeno

O Reino de Nápoles - agora entendido sem o Reino da Sicília, que era formalmente independente, embora estivesse unido a Nápoles sob o mesmo soberano - se assemelhava a uma grande cabeça unida a um pequeno corpo. A capital, a cidade de Nápoles, era uma das maiores da Europa. Até meados do séc. XVIII, contava ao redor de 400.000 habitantes, enquanto as outras cidades do sul da península não superavam os 30.000.

Calcula-se que, na metade do séc. XVIII, a população continental do Reino girava ao redor dos 4 milhões. A capital contava 400.000 habitantes. Depois de Nápoles, apenas Bari, Áquila e Reggio alcançavam entre 20.000 e 32.000 habitantes. Sessenta centros se situavam entre 7.764 e 20.000. O resto da população vivia em outros 2.900 centros habitados, evidentemente, pequeníssimos. Também se calcula que, na segunda metade do século, 43% da população vivia no raio de sessenta quilômetros ao redor da capital.

A taxa de alfabetização no Reino chegava a 5-10% (praticamente a taxa comum do resto da Europa), com variação enorme entre as classes remediadas (alfabetização de 95-100%) e as classes populares.

Sem que o centralismo da capital do Reino diminuísse em nada sua beleza e grandeza, na época de Afonso, Nápoles era o mais forte dos Estados modernos. Mantinha o poder às custas do povo do campo que vivia no esquecimento e miséria.

> "Em Nápoles viviam os barões, cuja força de oposição ao absolutismo havia sido redimensionada durante a dominação espanhola dos vice-reis, mas continuavam gozando dos mesmos privilégios feudais frente aos camponeses e ao povo"[192].

Esse dualismo também se manifestava no conjunto do território. Havia grande diversidade entre a costa, densamente povoada e com orientação agrária, e o interior, com pouca e dispersa população, comunicações difíceis e cultivos pobres.

Essa situação foi percebida por Afonso, que decidiu se afastar da cidade de Nápoles e se inserir entre o povo camponês. Ao povo do campo, dedicou seu tempo, seu sacerdócio e seu apostolado. Essa foi a razão de fundar um grupo missionário, ao qual pedia e exigia viver ao lado do povo, falar sua linguagem, compartilhar sua cultura e assumir sua pobreza para realizar, desde aí, o discernimento e leitura do Evangelho da redenção abundante.

1.4.2. Latifúndio no campo e pouca indústria na cidade

No conjunto das regiões do sul da Itália integradas ao Reino de Nápoles, sobrevivia o regime de *latifúndio*. As grandes propriedades eram cultivadas com métodos extensivos e investimentos escassos. Além do mais, a infraestrutura era pouco adaptada. "Na Sicília, por exemplo, a falta de ruas adaptadas aos carros era obstáculo para a produção, ao ponto de o trigo precisar ser transportado

---

[192] S. Scalmani, *Historia de Italia* (Madri, 2016) 236-237.

em lombo de mula até a costa e a distribuição da água, essencial para o cultivo arbóreo, como é o caso dos cítricos, ficar reduzida a uns poucos terrenos privilegiados"[193].

Por outro lado, os núcleos urbanos *não contavam com atividade industrial*. Esse dado foi constante na história do sul da Itália, com repercussões sociais e culturais na formação da Itália moderna. O desemprego constituía chaga endêmica. "Uns cem mil napolitanos estavam privados de trabalho, viviam das ajudas públicas, tinham modos de subsistência marginais ou, inclusive, se dedicavam à delinquência"[194]. As profissões que mais empregos produziam eram as relacionadas com a justiça, como advogados, magistrados, procuradores legais, notários, chanceleres, etc.

1.4.3. Um sistema preponderantemente feudal

Apesar das tentativas de reforma, tanto durante o vice-reinado austríaco, quanto na época dos Bourbon, continuou funcionando o regime econômico social de caráter feudal.

A classe nobre continuava gozando de privilégios negados ao povo simples e aos camponeses. Sobre esses dois últimos grupos pesavam impostos abusivos, dos quais estavam isentos os nobres e a Igreja.

Os barões, mosteiros e clero, tinham grandes posses territoriais, cultivadas de maneira extensiva e com escasso ou nenhum investimento. O amplo estrato de camponeses pobres, que trabalhava por dia nos campos, constituía a base da pirâmide social.

Havia pequenos proprietários de terras e gente dedicada ao pastoreio da própria propriedade. Seguindo o modelo da *Mesta* castelhana, foi estabelecido um sistema de transumância (*mena* ou *condução*) do gado entre Púlia e Abruzzos, cujo porto de aduana ficava na cidade de Foggia (*La Regia Dogana della Mena delle pecore*

---

193 *Ibid.*, 226.
194 *Ibidem.*

di Foggia)[195], dando lugar a transações econômicas de certa importância nesse povoado[196].

Mas, mesmo esses grupos de proprietários, além de serem poucos em número, não conseguiam se libertar das amarras do feudalismo.

> "O sistema feudal continuou sendo o substrato básico do reino. A Nápoles bourbônica obtinha a maior parte de sua riqueza dos benefícios agrícolas produzidos por seus vastos territórios. Os aristocratas napolitanos viviam dos ingressos proporcionados pelas ricas regiões agrícolas da Campania, Apúlia e Calábria. A chamada *nobilità generosa* era formada por famílias aparentadas, cujas raízes remontavam aos aragoneses, angevinos e normandos, enquanto a *nobilità di privilegio* havia prestado serviço aos diferentes vice-reis espanhóis. Ambas as nobrezas compartilhavam seu gosto pelo protocolo e cerimônias, bem como uma pureza de nascimento que constituía orgulhoso emblema de seu estrato social. Os nobres se dedicavam ao desfrute dos prazeres da capital e abandonavam suas terras ao controle dos *gabelotti*, camponeses que as administravam. A corte real arrecadava impostos dos preguiçosos nobres, e estes, dos *gabelotti* que, por sua vez, os arrecadavam dos agricultores pobres. O clero da cidade vivia praticamente como a aristocracia, sustentado pelo dízimo recolhido dos nobres, dos *gabelotti* e das classes trabalhadoras. Nesse clima de extorsão, a classe governante, os nobres e o clero, empregavam grande parte de suas energias em longas polêmicas e rivalidades relacionadas à atribuição de prerrogativas para a obtenção de ingressos monetários adicionais. Quando Carlos [III ou VII, segundo o cômputo espanhol ou napolitano] subiu ao trono, essas classes recebiam em seus cofres, já repletos, mais de um terço dos ingressos financeiros totais do reino"[197].

1.4.4. Complemento bibliográfico

A situação geral (sócio-econômica-cultural-política) do Reino de Nápoles no séc. XVIII está bem descrita nos seguintes estudos, ricos em informação e amplos em conteúdo.

---

[195] Para o conhecimento desse fenômeno da transumância, da *Dogana* de Foggia e da economia proveniente do pastoreio: J. A. Marino, *Pastoral Economics in the Kingdon of Naples* (Baltimore-Londres, 1988).

[196] R. Colapietra - A. Vitulli, *Foggia mercantile e la sua fiera* (Foggia, 1989).

[197] G. Caridi, *Carlos III. Un gran reformador en Nápoles y España* (Madri, 2015) 424.

- R. Colapietra, *Vita pubblica e classipolitiche del Viceregno napoletano (1656-1734)* (Roma, 1961).
- L. Bianchini, *Storia delle finanze del Regno delle Due Sicilie* (Nápoles, 1971).
- G. Aliberti, *Economia e società a Napoli dal Settecento al Novecento* (Chiaravalle, 1974).
- M. Benaiteau, *Vassalli e cittadini. La signoria rurale nel regno di Napoli* (Bari, 1977).
- A. M. Rao, *Il Regno di Napoli nel Settecento* (Nápoles, 1983).
- G. Corona, *Demani e individualismo agrario nel Regno di Napoli, 1780-1806* (Nápoles, 1995).
- G. Orlandi, *Il Regno di Napoli nel Settecento* (Roma, 1996) = O Reino de Nápoles no século XVIII: F. Chiovaro (ed.), *História da Congregação do Santíssimo Redentor*. Volume 1: As Origens (1732-1793). Aparecida: Santuário/Scala, 2019, p. 53-111.].
- G. Imbruglia (ed.), *Naples in the Eighteenth Century* (Nova York, 2000).
- R. Bouvier - A. Laffargue, *Vita napoletana nel secolo XVIII* (Nápoles, 2006).
- G. Galasso, *Il Regno di Napoli. Il Mezzogiorno borbonico e napoleonico*: G. Galasso (ed.), Storia d'Italia, XV/4 (Turim, 2007) = G. Galasso, *Storia del Regno di Napoli*, 6 vol. (Turim, 2006-2007).

Sobre as características socioeconômicas

- P. Villani, *Mezzogiorno tra riforme e rivoluzione* (Roma-Bari, 1973, 1962[1]).
- P. Chorley, *Oil, Silk, and Enlightenment. Economic Problems in Eighteenth-Century Naples* (Nápoles, 1965).
- R. Romano, *Prezzi, salari e servizi a Napoli nel secolo XVIII* (Milão, 1965).
- Id., *Dal Viceregno al Regno: Storia economica* (Turim, 1976).
- A. Grohmann, *Le fiere del regno di Napoli in eta aragonese* (Nápoles, 1969).
- P. Macry, *Mercato e società nel Regno di Napoli. Commercio del grano e politica economica del '700* (Nápoles, 1974).

- P. Frascati, *Il dibattito sul lusso nella cultura napoletana del '700*: Critica Storica 11 (1974) 45-72.
- J. A. Marino, *Pastoral Economics in the Kingdom of Naples* (Baltimore, 1988).
- M. Verga, *Le XVIIIe. siécle en Italie: le "Settecento" réformateur?*: Revue d'histoire moderne et contemporaine 45 (1998) 89-116.
- A. M. Rao, *Nel Settecento napoletano: la questione feudale*: R. Pasta (ed.), *Cultura, intellettuali e circolazione delle idee nel '700* (Milão, 1990) 51-106.
- Ead., *The Feudal Question, Judicial Systems and the Enlightenment*: G. Imbruglia (ed.), *Naples in the Eighteenth Century* (Nova York, 2000) 95-117.
- A. Spagnoletti, *Le istituzioni statali e il potere locale nel regno di Napoli (1730-1780)*: Archivio storico per le provincie napoletane 84 (1994) 7-28.
- T. Astarita, *Village Justice. Community, Family and Popular Culture in Early Modern Italy* (Baltimore, 1999).
- A. Clemente, *Il lusso "cattivo". Dinamiche del consumo nella Napoli del Settecento* (Roma, 2011).
- T. Astarita (ed.), *A Companion to Early Modern Naples* (Leiden-Boston, 2013) 89-107: "Economy and Politics"; ver, especialmente: G. Sabatini, "Economy and Finance in Early Modern Naples", p. 89-107.

Sobre a situação da mulher

- D. Dente, *Per una storia della condizione femminile nel Regno di Napoli*. Educazione e istruzione (Nápoles, 1979).
- A. Illibato, *La donna a Napoli nel Settecento. Aspetti della condizione e dell'istruzione femminile* (Nápoles, 1985).
- G. Galasso - A. Valerio (ed.), *Donne e religiose a Napoli. Secoli XVI--XVIII* (Milão 2001). Ver, entre outros estudos: L. Barletta, "Le donne nelle istituzioni di beneficenze napoletane", p. 238-265.
- E. Novi Chavarria, *The Space of Women*: T. Astarita (ed.), A Companion to Early Modern Naples (Lieden-Boston, 2013) 177-196.

SEGUNDA SEÇÃO

A cidade de Nápoles na época de Afonso de Liguori (séc. XVIII)

A presente seção pode ser considerada a segunda parte de um díptico do qual a seção precedente seria a primeira parte. Assim como a primeira seção apresentou o *Reino* de Nápoles, em sua história e na época de Afonso de Liguori, esta segunda seção pretende apresentar a *Cidade* de Nápoles.

Comecemos, então, notando o caso único na história dos reinos e cidades: a cidade de Nápoles dá nome ao reino e este, praticamente, identifica-se com ela. Tal afirmação não desconhece que, em longos momentos de sua história, o reino foi chamado *Reino das Duas Sicílias*.

Sendo assim, a seção apresenta as características mais importantes da cidade em que nasceu Afonso de Liguori e onde, em grande medida, destacou-se sua trajetória biográfica. Eis os títulos dos capítulos da segunda seção:

2.1. A Cidade de Nápoles: do mito à história.

2.2. A Cidade de Nápoles no século XVIII.

2.3. A Nápoles de Afonso de Liguori.

2.1. A CIDADE DE NÁPOLES: DO MITO À HISTÓRIA

2.1.1. *O mito*

Vem de longe, de suas origens míticas, a atração que Nápoles exerceu e continua exercendo. A cidade nasceu precisamente no ponto onde o mar deixou Partênope e de onde essa bela sereia atraía incautos marinheiros para sua ilha, na costa amalfitana. Ulisses, por exemplo, para não sucumbir à semelhante tentação, pediu para ser amarrado ao mastro de seu navio (*Odisseia*, livro XII).

A cidade de Nápoles, com inevitáveis elementos pré-helênicos[1], procede da mítica Partênope. É "símbolo da legendária combinação entre beleza e perigo, atração e repulsa, que tão bem define a essência de Nápoles. Ainda hoje os italianos se referem à Nápoles como cidade de Partênope e os adjetivos 'napolitano' e 'partenopolitano' podem ser usados sem distinção"[2].

A Nápoles histórica foi fundada por volta do ano 470 a.C., provavelmente, por habitantes da colônia grega de Cumas, iniciada em 750-730 a.C. Junto a uma povoação anterior (*paleópolis*) chamada Partênope, os colonos gregos fundaram a *nova cidade* que chamaram precisamente com esse nome, *Néa-polis*, de onde: *Neápolis*, Napoli, Nápoles[3].

A localização geográfica de Nápoles é um sonho. Poucas cidades no mundo podem igualá-la (seguramente: o Rio de Janeiro e Istambul[4]). Olhando do mirante da Cartuxa de São Martinho alguém escreveu, no séc. XVIII, que havia desfrutado uma "belíssima vista, talvez única no mundo":

---

1 V. Greijeses, *La storia di Napoli dalle origini ai nostri giorni* (Nápoles, 1974) 1-7.

2 J. Lancaster, *A la sombra del Vesubio. Historia cultural de Nápoles* (Granada, 2011) 22.

3 Ver dados (e hipóteses) que apoiam as afirmações do texto em: G. Pugliese Carratelli, *The Mediterranean World and the Origins of Naples*: F. Lucarelli - G. Marotta (ed.), Naples. The inside lights (Nápoles, 1996) 20-29. Também: B. Capasso, *Sull'antico sito di Napoli e Palepoli* (Nápoles, 1855); G. Alaimo, *Origini di Partenope. Tra mito e storia* (Nápoles, 2011).

4 A. Forgone, *Made in Naples. Come Napoli ha civilizzato l'Europa (e come continua a farlo)* (Milão, 2016[6]) 24.

"A situação física de Nápoles é a mais deliciosa e amena que se possa imaginar. Uma ampla linha de mar, de umas vinte léguas, coroada por verdes e férteis montes, dividindo a vasta extensão de água com uma ilha, amena por seu solo e memorável pela voluptuosidade de um imperador, nos apresenta Nápoles na aprazível franja daquelas montanhas banhadas pelas águas salgadas do mar e pelas doces do Sebeto, com um porto sempre cheio de navios de todas as nações, servida por outros muitos povos de um e de outro lado, e gozando de saborosos frutos e da deleitável verdura dos férteis campos que, por todas as partes, se vêem povoados de árvores e casas. Paris e Londres são cidades maiores que Nápoles, mas sua situação física supera de tal modo a daquelas duas que, de alguma forma, a coloca no mesmo nível, e sem comparação com as demais"[5].

2.1.2. *A história*

Sobre o cenário único de sua beleza geográfica, e já dentro da história, Nápoles foi sendo construída ao longo de vinte e cinco séculos. Muitos foram os afluentes de humanidade, cultura e arte que enriqueceram essa grande cidade, cujo centro histórico foi declarado patrimônio da humanidade pela UNESCO (1995)[6].

Na continuação, anotamos alguns momentos de maior enriquecimento humano e cultural da cidade partenopeia.

- Nápoles grega e romana

Em Nápoles coexistem, tanto uma Nápoles grega (*Néa-polis*), quanto uma outra, romana[7]. As difíceis (e caras) escavações fizeram (e farão) vir à luz pontos fundamentais da *colônia* grega (cujo centro estaria nas atuais vias Benedetto Croce e *San Biagio dei Librai*) e do *municipium* romano (cuja entrada estaria na

---

5 J. Andrés, *Nápoles (Cartas del Viaje a Italia)*. Edição de Pedro Aullón de Haro (Madri, 2016) 17.

6 Ver o livro comemorativo - texto e imagens - desse reconhecimento: F. Lucarelli - G. Marotta (ed.), *Naples. The inside lights* (Nápoles, 1996).

7 A. Wanderlingh, *I giorni di Napoli. Vita quotidiana e vicende storiche nella città greca e romana* (Nápoles, 2015). Também: B. Capasso, *Napoli greco-romana* (Nápoles, 1905); V. Regina, *Napoli antica* (Nápoles, 2016).

atual praça do *Gesù Nuovo*, subindo até a praça de *San Domenico Maggiore*)[8].

A fisionomia toponomástica da Nápoles grega permanece quase inalterada no atual centro histórico. A ágora, centro nevrálgico do perímetro quadrangular da cidade grega, estaria localizada na atual praça de *San Caetano*[9].

No séc. IV a.C., por ocasião das guerras sanitas (343-290 a.C.), Nápoles foi ocupada definitivamente pelos romanos (326 a.C.), que converteram o assentamento humano em local de recreação e descanso. A Nápoles romana foi cantada por Virgílio (70 a.C. - 19 a.C.), poeta que ali quis morrer, como também depois morreria o último rei romano, o jovem Rômulo Augusto (460-530).

O governo de Augusto marcou a era de ouro da romanização, durante a qual os povos campanos entraram na órbita romana, tanto no aspecto linguístico, quanto no cultural e religioso. Os romanos enriqueceram a cidade de Nápoles com obras públicas (teatros, aquedutos, rede viária, etc.). No ano 79, a erupção do Vesúvio enterrou duas cidades romanas próximas, Pompeia e Herculano.

Da Nápoles grega e romana resta o quadrículo do espaço urbano no cruzamento norte-sul (*cardo*) e, sobretudo, nas três avenidas principais (as *plateai* gregas e os *decumani* romanos) em sentido leste-oeste: o *decumanus inferior* (a atual artéria urbana conhecida como Spaccanapoli), o *decumanus maior* (a atual *Via dei Tribunali*) e o *decumanus superior* (as atuais *Via dei Santissimi Apostoli* e *Via Anticaglia*)[10].

Alguns historiadores veem, na forma grega do governo cidadão organizado em *fratrias,* o pano de fundo humano-cultural-político do governo da cidade partenopeia por *famílias,* constituídas em *sedes* (*seggi, sedili*)[11].

---

8 V. Greijeses, *La storia di Napoli...*, 9-30 (Napoli greca), 31-85 (Napoli romana).

9 *Ibid.*, 16-17.

10 B. de Vito, *I Decumani di Napoli con il Dizionario dei luoghi* (Nápoles, 2008). Sobre o *decumanus maior*: C. de Frede, *Il Decumano Maggiore da Castelcapuano a San Pietro a Maiella* (Nápoles, 2006).

11 V. Greijeses, *La storia di Napoli...*, 22-23.

A Nápoles romana foi testemunha do surgimento do cristianismo que, por sua vez, já era ativo em Pozzuoli no ano 60. "Neapolis, o centro cultural mais ativo do Mediterrâneo não poderia permanecer estranha a essa religião que, embora sendo nova, já havia feito tantos prosélitos. Talvez nossa cidade não possa contar, no século I, com provas cristãs concretas de sua cristandade como Pozzuoli, mas um afresco da Nápoles paleocristã do período de Trajano, existente nas catacumbas de São Genaro, testemunha a existência de uma *ecclesia fratrum* naquela época"[12]. Desde então, a cidade de Nápoles e o cristianismo adquiriram implicação indissolúvel.

> "Embora possa parecer estranho, também para o cristianismo de Nápoles, a língua oficial foi o grego: no fim da era apostólica, o grupo cristão napolitano já era, no sentido etimológico da palavra, uma comunidade *católica*, ou seja, organização universal, união perfeita com orientação escatológica"[13].

> "Podemos afirmar que o cristianismo se consolidou rapidamente em Nápoles sob os sucessores de Santo Aspreno, Epitumeo, Marone, Probo, Paulo, Agripino, Eustáquio e Efebo. Quase todos esses bispos foram sepultados nas catacumbas de São Genaro, até que o bispo João IV mandou transferir seus restos para a catedral Estefânia. Seguiram-no outros bispos, entre os quais emerge a figura de São Genaro, que padeceu o martírio"[14].

A sorte de São Genaro, bispo de Benevento, martirizado na perseguição de Diocleciano (305), cujo sangue se conserva em uma ampola no recinto da catedral partenopeia (*Capella del Tesoro di san Gennaro*), corre paralela com a sorte da cidade de Nápoles[15].

Dos costumes gregos e romanos, queremos ressaltar a forma de sepultamento. Eram realizados fora da cidade e, para isso, encontrou-se boa solução nas colinas terrosas que sobem ao norte. Nesse lugar, também os cristãos tiveram suas catacumbas ou lugares de enterro subterrâneo. Tais locais, que exigiam respeito e certa

---

12 *Ibid.*, 44-45.

13 *Ibid.*, 45.

14 *Ibid.*, 47.

15 M. Ponticello, *Un giorno a Napoli con san Gennaro* (Nápoles, 2016).

veneração, mais tarde dariam lugar aos bairros fora dos muros, identificados com igrejas: *Santi Apostoli, San Giovanni a Carbonara, Santa Maria ai Vergini.*

- Nápoles bizantina

Depois da queda do Império Romano (476), e da onda de invasões bárbaras (godos), a cidade de Nápoles foi conquistada pelo general Belizário (553) e caiu sob influência bizantina, vivendo novo período de esplendor. Inicialmente, o governo da cidade era controlado desde Bizâncio (*Nápoles bizantina*, 476-763), mais tarde adquirindo autonomia local (*Nápoles como ducado autônomo*, 763-1140).

A cidade, dirigida por um duque, conheceu *época de prosperidade econômica* proveniente, tanto das próprias fontes de ingresso, quanto, sobretudo, das relações comerciais[16].

A população devia ser, tanto grega, quanto romana, assim como bilingue (grego e latim) era sua expressão linguística. "A Igreja napolitana tinha um clero bilingue, parte do qual oficiava em língua grega e outra parte em língua latina; daí a hipótese da existência de duas catedrais, uma de rito grego e outra de rito latino"[17]. A unificação em uma única catedral veio com os angevinos, ficando então Santa Restituta como capela da catedral. Culminava assim o processo da latinização, cuja tendência já havia surgido na Nápoles bizantina[18].

A prolongada bizantinização (civil e) cristã (durante três séculos) deixou, além das basílicas (ainda hoje chamadas de quatro basílicas maiores: *San Giovanni Maggiore, SS. Apostoli, Santa Maria, San Giorgio Maggiore)*[19], elementos peculiares de religiosidade, mais verificáveis em determinados núcleos do Reino que na Cidade de Nápoles.

No campo da cultura, emerge a obra de Paulo Diácono (720-799) *Historia Longobardorum* (787-796) [=*História dos Lombardos*, Tek-

---

16 V. Greijeses, *La storia di Napoli...*, 91-127 ("Ducato vescovile e bizantino"), 129-181 ("Ducato napoletano autonomo").

17 *Ibid.*, 120.

18 *Ibid.*, 166.

19 *Ibid.*, 118-119.

time, 2017, Tradutora: Daniela Peruto], considerada expressão da história nacional do povo longobardo. Houve mosteiros que cultivaram as letras, como os fundados na zona de frente para o mar, entre os atuais *Castel dell'Ovo* e *Castel Nuovo*. "No antigo *Oppidum Lucullanum* surgiu verdadeiro *vivarium* de espiritualidade e cultura, como o fundado por Cassiodoro em 552 perto de Squillace".[20] Tenha-se em conta que os pontífices recorriam frequentemente a esses mosteiros para eleger os bispos.

Também houve escolas de escrita, gramática, canto. Foram feitas traduções para o latim, sobretudo de textos patrísticos gregos. Houve ainda a cópia de livros, que deu lugar às bibliotecas (arquidiocesanas ou ducais).

Sob os duques que se seguiram, Nápoles precisou defender sua (peculiar) autonomia das tentativas de conquista dos longobardos, sarracenos e francos. Para enfrentar os ataques, acolher o forte crescimento demográfico e responder ao aumento do tráfego marítimo, no séc. X, a cidade partenopeia ampliou o cinturão defensivo e se dividiu em bairros (*regiones*). *É fácil constatar a permanência dessa característica na Nápoles de hoje.*

A Nápoles *ducal* foi rica, tanto em bens materiais, quanto em bens culturais e religiosos. No âmbito cultural e religioso, tornou-se ponte entre Bizâncio e os povos da Europa pós-romana.

> "Nápoles soube sobreviver milagrosamente, apoiada em sua cultura e em sua coragem. Mesmo diante do poderio guerreiro dos normandos, que conquistaram toda a Itália do Sul, Nápoles soube conservar a independência, defendendo-a com unhas e dentes, sem qualquer ajuda externa. O ducado napolitano foi o último dos estados da Itália do sul a ser incorporado ao reino de Rogério II, e demonstrou, até sua queda, coesão e coerência, aquela mesma força coerente que, desde a guerra dos iconoclastas, a mantivera fiel à Igreja de Roma. De fato, também em questões religiosas, *Nápoles demonstrou civilização e coragem, não se deixando intimidar pela vontade de poderosos impe-*

[20] *Ibid.*, 111.

radores.[21] No campo da cultura, bem como no das artes, a cidade foi farol de vida e atividade, criadora de patrimônios e de obras".

- Nápoles normanda

A Nápoles normanda foi aquela controlada desde a corte de Palermo (Sicília) onde, a partir do séc. X, os normandos tinham construído o *Regnum Siciliae* e de onde foram estendendo seu poder pelo sul da Itália até a fronteira com os Estados Pontifícios.

Em 1139, os normandos de Rogério II anexaram Nápoles ao Reino da Sicília. A construção do Castel Capuano (1165) abriu a cidade para o interior, enquanto a transferência da corte para o Castel dell'Ovo produziu expansão urbanística em direção à zona oeste do porto, propiciando o florescimento de colônias de comerciantes estrangeiros.

> "A política dos reis normandos agilizou o tráfego mercantil, bem como tudo quanto estava ligado ao movimento e aos trabalhos do porto, que foi adquirindo sempre maior importância (...). Desenvolveu-se a ideia de que o mar não era apenas realidade geográfica, mas também capaz de propiciar vantagem aos homens que soubessem aproveitá-lo com seu trabalho"[22].

O embelezamento da cidade acompanhou a expansão e abertura para terras do interior. Sinal dessa abertura são as duas portas da cidade construídas nessa época: a porta *Carbonara* ou de *Santa Sofia*, próxima da porta Capuana; e a porta de *San Gennaro*, ainda hoje existente. Nesse período histórico, toda a Itália conheceu o despertar do espírito cívico. Nápoles não ficou à margem, sobretudo, por manter acesa a memória da liberdade desfrutada durante o período de ducado autônomo.

- Nápoles sueva

Com o casamento de Henrique V com Constança de Altavilla, a dinastia normanda foi substituída pela dos Hohenstaufen (1194). Anexada ao *Sacro Império Romano Germânico*, agora dirigida pela

---

21 *Ibid.*, 181.

22 *Ibid.*, 211.

casa dos Hohenstaufen, a cidade de Nápoles começou a brilhar no céu da cultura.

A primeira universidade de Nápoles foi instituída por autoridade civil, e não religiosa (papado). Como bom gibelino, Frederico II quis tirar a cultura universitária do controle do papado. Fundou a universidade em 1224, que continuaria ao longo da história até o presente. Nela estudou Tomás de Aquino, um de seus professores mais insignes.

Não ficou atrás da universidade partenopeia o brilho da Escola de Medicina de Salerno, esplendorosa nesse período, embora com início situado em época precedente.

A atual universidade napolitana é honrada com o nome de seu fundador, Frederico II, chamado *stupor mundi*. No frontispício do imponente edifício central da universidade atual (construído entre 1897-1908, englobando o antigo *Collegio Massimo* dos jesuítas) há um alto-relevo em bronze com a cena em que o secretário do Reino, Pier della Vigna, lê o documento fundacional aos doutores e grandes oficiais do Reino, em presença do rei Frederico II, que preside ao ato.

Pier della Vigna (c. 1190-1248), nascido em Cápua e com estudos em Bolonha, foi jurista e diplomata[23]. Atuou como chanceler e secretário do imperador Frederico II, que o enviou a Roma (1232) para negociar com o Papa; à Inglaterra (1234) para acertar seu matrimônio com Elizabeth da Inglaterra, irmã do rei Henrique III; à Pádua (1239) para convencer os cidadãos a aceitarem a proteção imperial. Além de diplomata e homem de leis, Pier della Vigna foi autor de poesias em língua vernácula, das quais chegaram até nós duas *canzoni* e um soneto. Acusado de alta traição, teve mãos e pés atados e foi feito prisioneiro em uma torre de Pisa. Dante, na *Divina Comedia* (*Inferno*, XIII, 55-105), considera-o inocente da acusação de alta traição, embora o coloque entre os suicidas: "Eu sou aquele que teve as duas chaves / do coração de Frederico e as girei / abrindo e fechando tão suavemente / que de seu segredo a todos apartei" (vv. 58-61).

[23] B. Capasso [1815-1900], *Della vita e delle opere di Pietro della Vigna* (Nápoles, 1861).

- Nápoles angevina

Sob a dinastia angevina (1266-1282, na Sicília; 1266-1442, em Nápoles) nasce a Nápoles angevina. Derrotados os Hohenstaufen em Benevento (1266), foram sucedidos pelos Anjou. Carlos I, coroado rei das Duas Sicílias, transferiu a capital de Palermo para Nápoles. O povo napolitano teve que contemplar, como terá que fazê-lo em outras ocasiões, a decapitação de Conradino de Hohenstaufen na Praça do Mercado em 1268.

Na época angevina adquiriu maior dimensão o tráfego marítimo e, consequentemente, aumentou a função econômica e estratégica do porto de Nápoles. As muralhas da parte sul foram alargadas para incluir a proteção do novo porto (1302). Construiu-se o mercado, ao redor do qual foram edificados os armazéns e pórticos das colônias de mercadores estrangeiros.

Levada por esse afã expansionista, a Nápoles angevina urbanizou zonas do oeste próximas ao mar (*la Chiaia*) e a febre urbanizadora se estendeu ao conjunto da cidade: pavimentação das ruas, saneamento do pântano noroeste, obras de esgoto. A urbanização subiu até a colina de Santo Erasmo, no alto da qual foi construído um castelo defensivo (1329-1343), o castelo de Santo Erasmo, nome que evoluiu para Santo Eramo, Santo Ermo, o terminou em Sant'Elmo. O castelo foi reconstruído pelo vice-rei Pedro de Toledo, em 1537.

Na época angevina consolidou-se a subdivisão da cidade em *sedili* (áreas administrativas), aprofundando a divisão inicial por *regiones* da época bizantina.

Os angevinos construíram numerosos edifícios em Nápoles. Sobressai, não apenas em tamanho, mas também em significação arquitetônica e defensiva, a construção do *Castel Nuovo* (1279-1284).

Na época angevina houve em Nápoles notável florescimento da pintura e escultura, sobretudo, da escultura sepulcral. Servem de testemunho: a igreja de Santa Clara (1310) e os sepulcros de Maria da Hungria (1325, em Santa Maria Donnaregina) e de Roberto de Anjou (c. 1343, em Santa Clara).

Estreitamente vinculados ao papado, os angevinos favoreceram o desenvolvimento de construções religiosas[24], a maior parte, pertencente às Ordens Religiosas fundadas na Idade Média, assim como as construções religiosas das épocas precedentes tinham relação com o monaquismo oriental (por exemplo, basiliano). Embora restauradas posteriormente, ainda hoje podem ser contempladas grandes igrejas góticas napolitanas: Santa Chiara, San Lorenzo, San Pietro a Majella, Santa Maria di Donnaregina, Sant'Eligio, basílica de San Domenico.

- Nápoles aragonesa

Os aragoneses expulsaram os angevinos da Sicília em 1282 e, de Nápoles, em 1442. Dos aragoneses provém a Nápoles aragonesa do primeiro renascimento, ao redor da corte de Afonso I, o magnífico (1442-1458), com Lorenzo Valla, João Pontano, Jacobo Sannazaro, Pedro Summonte, Pedro Beccadelli[25].

No período aragonês, a cidade partenopeia desfrutou de uma época de grande esplendor econômico, cívico e cultural[26]. Dão testemunho disso: o arco de mármore do Castel Nuovo (erigido por decisão do soberano para celebrar a conquista da cidade), as igrejas de Santa Ana dei Lombardi e de Santo Angelo al Nilo, realizadas com a contribuição de grandes artistas como Vasari e Donatello. Durante o reinado do filho de Afonso, Ferrante (Fernando I), foi edificada a majestosa Porta Capuana.

> Com o arco do triunfo do Castel Nuovo, Afonso quis imortalizar a conquista de Nápoles (julho de 1442) e sua entrada triunfal na capital em 26 de fevereiro do ano seguinte. "O arco do triunfo de Afonso de Aragão é, sem dúvida, uma das obras mais belas e interessantes do

---

[24] C. Bruzelius, *The stones of Naples: church building in Angevin Italy 1266-1343* (New Haven, 2004).

[25] J. C. Rovira, *Humanistas y poetas en la corte napolitana de Alfonso el Magnánimo* (Alicante, 1990). Sobre J. Pontano: G. Ferraù, *Pontano critico* (Messina, 1983); C. Kidwell, *Pontano: poet and Prime Minister* (Londres, 1991); G. Vitali, *Giovanni Pontano e Iacopo Sannazaro* (Milão, 1994). Sobre I. Sannazaro: C. Kidwell, *Sannazaro and Arcadia* (Londres, 1993).

[26] J. Bentley, *Politics and culture in Renaissance Naples* (Princeton, NJ, 1987).

patrimônio artístico da cidade de Nápoles"[27]. É tipicamente renascentista a parte decorativa do arco, enquanto são representadas cenas de caráter clássico, praticamente sem significado; em geral, o trabalho dos artistas demonstra a orientação dos ditames de Donatello[28].

A Porta Capuana, obra do arquiteto Giuliano da Majano, construída no reinado de Fernando I de Aragão (1484), é considerada uma das mais belas portas renascentistas, sem dúvida, a obra mais importante do Renascimento em Nápoles. Para o ingresso de Carlos V foi acrescentado o escudo imperial.

Com a reconstrução do Castel Nuovo e a edificação do cinturão defensivo na zona leste da cidade, Nápoles ficou bem protegida de possíveis ataques inimigos: o Castel dell'Ovo, pelo mar; o Castel Capuano, pelo leste; o Castel Sant'Elmo, pela colina.

O séc. XV foi para a cidade de Nápoles, como para o conjunto dos territórios italianos, uma época dourada[29].

> "Com os aragoneses, entre 1442 e 1504, Nápoles tinha se convertido em uma das cortes melhor consideradas da Europa. A cidade tinha atraído número crescente de mercadores, artesãos e camponeses, seja do território circundante, seja da própria Espanha, sobretudo judeus e muçulmanos que haviam sido expulsos. Com Afonso I de Aragão começaram os trabalhos de reconstrução do Castel Nuovo, ampliação do porto, restauração do arsenal e aquedutos e saneamento dos pântanos ao redor da cidade. O crescimento da população fez os aragoneses decidirem pela edificação de uma nova muralha, mas os novos espaços disponíveis foram rapidamente ocupados, e de modo desorganizado, criando superpopulação e congestionamento"[30].

---

[27] V. Greijeses, *La storia di Napoli…*, 506.

[28] G. L. Hersey, *The Aragonese arch at Naples, 1443-1475* (New Haven, 1973).

[29] Para o conjunto da Itália: J. M. Najemy (ed.), *Italy in the Age of the Renaissance 1300-1550* (Oxford, 2004); A. Gamberini - I. Lazzarini (ed.), *The Italian Renaissance State* (Cambridge, 2012); M. Wyatt (ed.), *The Cambridge Companion to the Italian Renaissance* (Cambridge, 2014). Para o Reino de Nápoles: G. L. Hersey, *Alfonso II and the artistic renewal of Naples, 1485-95* (New Haven, 1969); A. Atlas, *Music at the Aragonese court of Naples* (Cambridge, 1985); J. H. Bentley, *Politics and Culture in Renaissance Naples* (Princeton, 1987); D. Abulafia, *The Diffusion of the Italian Renaissance: Southern Italy and beyond*: J. Woolfson (ed.), Palgrave advances in Renaissance historiography (Basingstoke, 2005) 27-51.

[30] D. Scalmani, *Historia de Italia* (Madri, 2016) 195.

- Nápoles vice-reino

O vice-reino espanhol começou em 1503 e se prolongou até 1706. Gonzalo Fernández de Córdoba, o *Gran Capitán*, assumiu o poder em Nápoles (1503) em nome de Fernando, o católico. O Reino de Nápoles ficou integrado ao Império Espanhol. É o que destacam as grandes letras esculpidas na fachada do palácio real:

> "Inter celeberrimas orbis terrarum urbes austriorum imperio.
>
> Neapolim terra marique florentem".

Dessa integração no Império Espanhol, surge a Nápoles vice-reino, recordada por suas muitas sombras e grandes luzes[31].

Entre as primeiras estão: impostos excessivos, subdesenvolvimento econômico[32] e tentativas de introduzir o controle repressivo da Inquisição. Entre as segundas, não foi das menores a estabilidade política. A capacidade defensiva da cidade é aumentada com a reconstrução do Castel Sant'Elmo; as muralhas são ampliadas; a urbanização se estende com a abertura da artéria urbana que será chamada Via Toledo (recordação do notável vice-rei Pedro Álvarez de Toledo).

É preciso sublinhar o dado da superpopulação (em meados do séc. XVIII a população alcançou a cifra de 400.000 habitantes) com suas boas consequências, mas também com seus efeitos desestabilizadores, tanto na geografia urbana, quanto nos serviços.

Outros dois fatos notáveis foram causa e efeito de dificuldades e mal-estar:

- De um lado, a revolta de Masaniello (1647).
- De outro, a epidemia de peste (1656), que ceifou a vida de cerca da metade da população[33].

Pedimos licença para recolher, em longa citação, uma sucinta e exata descrição da Nápoles dos sécs. XVI e XVII apresentada em recente História da Itália:

---

[31] G. Galasso, *Napoli spagnola dopo Masaniello* (Nápoles, 1972); J. V. Quirantes, *Nápoles española*. Introdução de G. Galasso (Nápoles-Madri, 2009).

[32] A. Ghirelli, *Storia di Napoli* (Turim, 1992^2) 38-47: "L'inferno del sottosviluppo".

[33] *Ibid.*, 64-78: "La grande peste".

"A ocupação, por parte das tropas espanholas-imperiais de Gonzalo de Córdoba em 1503, fez Nápoles terminar sob o controle da coroa espanhola e ser estabelecido o vice-reinado. **Pedro de Toledo** (1532-1553), que ostentou esse encargo, realizou novas obras públicas e levou à concretização uma nova disposição dos castelos para a defesa da cidade. Aos arquitetos Manlio e Benincasa foi confiada a construção do palácio do vice-rei (depois demolido) onde começava uma nova rua que teria o nome do mesmo, Via Toledo, a partir da qual foi sendo construído o alojamento das tropas, os assim chamados *quartieri spagnoli* ou 'bairros espanhóis". Essa política espanhola de integração da aristocracia no sistema de poder do vice-reinado fez com que se estabelecessem na cidade grandes famílias de barões que, nos séculos anteriores, tinham sido o fundamento do sistema feudal nos campos. As grandes famílias aristocráticas construíram suntuosos edifícios, como o Palácio de Cápua (chamado depois de Marigliano) e o Palácio Gravina.

A cidade também se converteu em um dos centros propulsores da contrarreforma. Em Nápoles, entre os sécs. XVI e XVIII, surgiram numerosos mosteiros e novas igrejas das Ordens Religiosas respondendo ao espírito do Concílio de Trento, como os teatinos, jesuítas, oratorianos, esculápios, camilianos e barnabitas. Isentas dos impostos que atingiam o restante do vice-reino, as Ordens prosperaram economicamente e se converteram em focos de poder com os quais o vice-rei, frequentemente, precisava negociar para tentar mitigar as contínuas reivindicações de privilégios e imunidades.

As evidentes desigualdades sociais feriam a sensibilidade dos visitantes, que deixavam atrás de si preocupadas descrições. Entre a exígua minoria de barões e o 'povo' havia um abismo, enquanto o grupo médio ou 'civil', como então se chamava, também aspirava a formar parte da nobreza valendo-se, quase sempre, da carreira na administração da justiça e nos cargos públicos. A plebe napolitana era o estrato mais numeroso e em condições mais precárias, formada por 'lazzaroni' ou pessoas que viviam para o dia, procurando o que comer com esmolas ou retribuições de pequenos serviços realizados à numerosa criadagem das famílias aristocráticas.

Outra força, frequentemente oposta ao vice-rei, era o poder das autoridades eclesiásticas e Ordens religiosas, que buscavam estender suas isenções e privilégios para escapar da autoridade pública, leis civis e imposições fiscais (...).

Posteriormente, a política social do vice-rei fomentou a formação de uma classe social de funcionários e intelectuais, desde a qual fosse possível construir estruturas estatais mais sólidas e adequadas para impedir o movimento desagregador da aristocracia.

Nesse novo clima, surgiram as primícias culturais de renovação dos estudos e da sociedade napolitana de fins do séc. XVII, e foram lançadas as bases para o auge de Nápoles com a chegada de Carlos de Bourbon (1734), depois da Guerra da Sucessão espanhola"[34].

- Nápoles Bourbônica

O vice-reinado espanhol (1503-1706) terminou quando as tropas imperiais (austríacas) entraram em Nápoles. A cidade continuou sendo governada por vice-reis, mas agora, dependentes da Áustria.

Em 1734 começa a época dos Bourbon e a cidade adquire novas características[35]. A mais decisiva será a autonomia política, pois, embora inicialmente obedecendo aos ditames paternos (e maternos) de Madri, a autonomia do Reino consolida-se com a morte de Felipe V da Espanha.

Dedicamos o próximo capítulo à descrição da Nápoles bourbônica, ao qual remetemos para uma imagem da cidade partenopeia em momento de grande (o maior?) esplendor. Entretanto, façamos um balanço sintético.

- Síntese: a Nápoles dos muitos estratos

Os muitos e ricos afluentes que referimos fizeram da Nápoles em que nasceu Afonso de Liguori (1696) o lugar de realização dos desejos humanos: "Ver Nápoles e depois morrer" (*vedi Napoli e poi muori*). Tudo é verdade, apesar dos muitos preconceitos de que foi alvo a "gente do sul" (indolência, vagabundagem, superficialidade, etc.)[36].

---

[34] D. Scalmani, *Historia de Italia...*, 195-197.

[35] C. Ramaglia, *Napoli ai tempi di Carlo Borbone* (Benevento, 2010).

[36] A. de Francesco, *La pala al piede. Una storia del pregiudizio antimeridionale* (Milão, 2012).

Além disso, se, como dissemos, já a história do *reino* de Nápoles pode ser expressa com a imagem de um palimpsesto, a imagem se aplica ainda mais à *cidade* de Nápoles: cidade muitas vezes reedificada, como um pergaminho muitas vezes reescrito[37].

> "Submetida, sucessivamente, ao domínio grego, romano, bizantino, normando, suevo, angevino, aragonês, espanhol, nenhuma das influências que se sucediam foi capaz de suprimir a precedente (...). Nápoles conserva uma característica grega dominante, a consciência de cidade, ou seja, de cidade independente, que tem seus deuses, suas leis, seus costumes, suas prerrogativas. Tornada capital sob os angevinos, Nápoles se recusou a perder a autonomia. Cada vez que mudou de senhor, conseguiu que suas prerrogativas fossem confirmadas. Esse fato verificou-se duas vezes nas primeiras décadas do séc. XVIII; com a chegada de Felipe V e com a chegada do regime austríaco"[38].

Embora a afirmação pareça um paradoxo, Nápoles foi cidade europeia antes de ser cidade italiana, propiciadora de um fluido diálogo entre os grandes centros humanos de Madri, Paris, Londres ou Viena. Essa é uma das razões porque Nápoles continua interessando hoje, não apenas à Itália, mas também à Europa e ao mundo.

2.1.3. *Complementação temática*

A cidade de Nápoles foi, é, e será (supomos), uma realidade tão poliédrica que deu, dá, e dará motivo (supomos), a muitas e variadas aproximações sobre sua *realidade* e *mistério*. Aludimos a algumas dessas aproximações.

– A Nápoles dos "escritores" e dos "viajantes"

A cidade de Nápoles foi tema de "recreação literária" para vários escritores, muitos dos quais a conheceram, enquanto muitos a

---

[37] Ver, na referida obra de F. Lucarelli - G. Marotta (ed.), *Naples. The inside lights* (Nápoles, 1996), os dois artigos que destacam a multíplice herança histórica da cidade partenopeia: M. A. de Cunzo, "The Architectonic and Environmental Patrimony", p. 122-127; S. de Caro, "The Archeology of Naples", p. 182-185.

[38] R. Bouvier - A. Laffargue, *Vita napoletana nel XVIII secolo* (Nápoles, 2006) 21.

"recriaram" sem jamais terem visto. Há, ainda, evocações literárias de Nápoles feitas por escritores "viajantes".

A *viagem* a Nápoles[39], em geral à Itália[40], teve algo de iniciático para muitos europeus; constituiu experiência decisiva para suas vidas, sobretudo, quando se tratava de artistas e intelectuais[41]. Essa viagem formava parte do, assim chamado, *Grand Tour*[42].

> O *Grand Tour* consistia em uma viagem através da Europa a fim de "descobrir" suas cidades monumentais, especialmente, os lugares da antiguidade, cheios de mitos e história e, por isso mesmo, suscitadores de irresistível atração para os jovens estudiosos do Velho Continente. A prática do *Grand Tour* se difundiu entre as classes aristocráticas, a partir de 1600, e continuou ao longo dos séculos. Obviamente, a Itália era um dos imprescindíveis destinos dessa viagem[43].

Entre os viajantes do *Grand Tour*, destacam-se, no séc. XVIII: Montesquieu[44] e Goethe[45].

Na viagem à Itália (setembro de 1786 a maio de 1788), J. W. von Goethe (1749-1832) passou cinco semanas em Nápoles, incluindo uma excursão a Pompeia. Entre outras sensibilida-

---

39 G. Doria, *Viaggiatori stranieri a Napoli* (Nápoles, 1984).

40 A. Brilli, *Il viaggio in Italia* (Bolonha, 2006) = *El viaje a Italia. Historia de una gran tradición cultural* (Madri, 2010).

41 Mª. Belmonte, *Peregrinos de la belleza. Viajeros por Italia y Grecia* (Barcelona, 2015), onde se descreve a fascinação de muitos europeus pela Grécia e pela Itália já que, a partir do séc. XVIII (e inclusive antes), estabeleceu-se a tradição, válida especialmente para aspirantes a artista, de fazer a viagem iniciática pela Itália e pela Grécia.

42 Ver, a título de exemplo: Y. Hersant, *Italie. Anthologie des voyageurs français aux XVIIIe. et XIXe. siècles* (Paris, 1988). Uma recriação literária do que poderia ter sido - mas não foi - a viagem de Ch. Baudelaire a Nápoles: Mª. R. Perilli, *Viaggio a Napoli di Charles Baudelaire* (Nápoles, 2015).

43 Uma recriação atual do *Grand Tour*: D. Muñoz de Julián, *El Gran Tour. Guía para viajeros ilustrados* (Madri, 2017).

44 Montesquieu, *Viaggio in Italia*, edição de G. Macchia e M. Colesanti (Roma-Bari, 1990).

45 J. W. von Goethe, *Italienische Reise*. Vollständige Ausgabe beider Bände. Berliner Ausgabe (Berlim, 2016). Há muitas traduções italianas da parte referente a Nápoles. Entre as traduções castelhanas: J. W. Goethe, *Viaje a Italia* (Barcelona, 2017, 2001[1]), sobre Nápoles: p. 197-243. [Tradução brasileira: GOETHE, J. W. von. *Viagem à Itália*. São Paulo: UNESP, 2017.Tradução, apresentação e notas de Wilma Patricia Maas. 595p].

des que aparecem no escrito de viagem goethiano, destacamos duas:

Primeira: segundo Goethe, contrariamente ao *ethos* protestante, que via na pobreza uma condição moral (negativa), o *ethos* católico dos *lazzari* napolitanos considerava a pobreza apenas uma condição material, não moral, que poderia estar unida a outras expressões de bondade, beleza e até de satisfação.

Segunda: Nápoles se expressa em formas paradoxais. Assim: a vida em Nápoles é "ordem anárquica" e, ao mesmo tempo, "mito e razão", etc.[46]

Além do mais, Goethe deixou impressas algumas apreciações que serviram, e servem, de convite para visitar Nápoles:

> "Nápoles por si anuncia-se alegremente, plena de movimento e de vida; uma multidão inumerável se cruza pelas vias, o rei [Fernando IV, de Bourbon] está caçando, a rainha [Maria Carolina, irmã de José II da Áustria e mulher de Fernando IV de Bourbon, teve 17 filhos] está grávida e não se poderia desejar nada melhor"[47]. "E como se costuma falar, tal como aquele que viu um fantasma não consegue ficar tranquilo, da mesma forma se poderia dizer, ao contrário, que não será completamente infeliz quem puder retornar a Nápoles, ao menos com o pensamento"[48].

– As "admirações espanholas" por Nápoles

A admiração por Nápoles alcançou seu ápice na alma espanhola[49]. As relações – e admirações – dos espanhóis com a cidade e o reino de Nápoles foram ressaltadas com frequências pelos escritores espanhóis. Ver as anotações – de caráter ensaístico, mas nem por isso menos objetivas – oferecidas pelos seguintes escritores:

---

[46] D. M. Spampinato, *Goethe in Naples: a Morphology of Ordered Chaos*: California Italian Studies 3 (2012).

[47] Em tradução italiana do alemão: J. W. Goethe, *Viaggio a Napoli* (Napoli, 2016) 12-13.

[48] *Ibid.*, 18.

[49] Em relação ao séc. XVIII, ver a nominata de artistas espanhóis que "visitaram" a Itália: *La Italia de la Ilustración. Arqueólogos, artistas y viajeros españoles* (Madri, 2014).

- J. Marías, *Carlos III*, Jano 34 (1988), n. 807, 100, sublinha que o rei espanhol Carlos III, antes rei de Nápoles por vinte e cinco anos, "trouxe à Espanha muitas coisas de sua longa estadia em terras italianas; não apenas conselheiros, ministros, arquitetos, pintores, mas também a experiência de outra forma de vida, mais suave e flexível, talvez irresponsável, mas doce, 'a vida livre da Itália', dizia com nostalgia Cervantes".
- M. Alvar, *¿Garcilaso?:* Diario Abc (13/11/1993), diz: "Garcilaso tinha passado quatro anos em Nápoles, de 1532 a 1536: Nápoles foi sua aventura (...). Graças a Nápoles, houve um Garcilaso. Sem Nápoles, podemos apenas imaginar o que teria sido (...). Nápoles, aonde por séculos e séculos iriam curar suas nostalgias os homens e mulheres da Espanha".
- M. De Lope, *Bajo el volcán:* Diario El País (8/VII/1994) 14: "Nápoles sempre foi uma cidade com ressonâncias literárias. Por ali passou Cervantes, antes de ficar manco; por ali passou Lord Byron, quando já era manco (...). Em Nápoles morreu o pintor Ribera. A lista de aventureiros, artistas e escritores que frequentaram a cidade é interminável".
- J. M. García Escudero, *El viaje a Italia:* Diario Abc (30/X/1994) 34: "Para qual espanhol a Itália não foi uma segunda pátria, mais suave e aprazível, terna e sorridente? 'A vida livre' da Itália foi a grande saudade de Cervantes, e seu admirável biógrafo, Navarro Ledesma, incensou 'a suave, irônica, acariciadora e benevolente harmonia' de que tanta necessidade sempre tivemos nós espanhóis e que tantos de nós ali buscamos".

Entre os espanhóis dos sécs. XVI-XVII se usava esta curta estrofe, em três versos, para descrever a sequência biográfica dos que se alistavam no exército: "España, mi *natura;* / Italia, mi *ventura;* / Flandes, mi *sepultura*".

O jesuíta alicantino **João Andrés** (1740-1817), expulso da Espanha e residente em Mântua, deixou detalhada descrição da cidade de Nápoles em duas de suas Cartas Familiares, dirigidas a seu irmão Carlos (com data de publicação de janeiro de 1786). No início e no fim de suas descrições, deixa estampadas estas impressões:

"Primeiro, quero te falar da grande cidade de Nápoles. *Vedi Napoli e poi muori*, diz o italiano para manifestar que, depois de ver Nápoles, não há nada mais para ver; mas eu me alegro de tê-la visto e não ter morrido, para poder dar alguma notícia dela. Eu já vi Valença e Barcelona, já vi Gênova, Milão, Turim, Veneza e Florença, e já vi Roma, mas, ainda não sabia o que era uma grande cidade até ter visto Nápoles. Outras cidades a superam na formosura das construções e no gosto dos ornamentos, mas essa imensa multidão, esse alvoroço de pessoas, esse esplendor e ruído de carroças, essa abundância de coisas, esse alegre tumulto e aprazível confusão, deixa fora de si o ânimo de quem a vê pela primeira vez (...)"[50].

"Tudo respira grandeza, comodidade e alegria, e faz Nápoles comparável às principais cidades do resto do mundo"[51].

"Eu contemplei melhores vistas do mar, e melhores do campo, mas de nenhuma cidade como esta, vendo-se desde ali com distinção toda a vastíssima cidade de Nápoles, observando-se os traçados das ruas, conhecendo-se as construções, desfrutando-se os bosques e jardins e, em suma, vendo-se de uma só mirada, clara e distintamente, um longo espaço de cidade qual não creio se possa ver em nenhuma outra parte do mundo; e acrescentando-se à cidade os campos vizinhos, que parecem um vasto e formosíssimo jardim, com as casas e lugares adjacentes, os verdes e frondosos montes, o Vesúvio desprendendo fogo e fumaça, o mar com as muitas embarcações do porto, com os molhes, o castelo e outras construções que o coroam, as duas pontas de terra que se engolfam no mar, a ilha de Capri, e todo aquele singular complexo de formosíssimos objetos formando uma vista que não pode ser desfrutada sem que a alma fique uma espécie de suspensão e encanto"[52].

Entre todos os escritores espanhóis que expressaram amor especial por Nápoles e, em geral, pela Itália, destaca-se **Miguel de Cervantes** (1547-1616)[53]. Ele, que viveu na Itália e, mais concretamente, em Nápoles, situa seu amor por Nápoles na boca do licen-

---

[50] J. Andrés, *Nápoles...*, 16.
[51] *Ibid.*, 19.
[52] *Ibid.*, 43-44.
[53] J. Canavaggio, *Cervantes* (Madri, 1987) 64-65.

ciado Vidriera, para quem Nápoles era "a cidade, a seu parecer, e ao de todos quantos a viram, melhor da Europa e mesmo do mundo"[54].

Na obra cervantina *Viaje del Parnaso*[55] encontramos uma das descrições poéticas mais belas da cidade de Nápoles:

> "Luego se descubrió donde echó el resto / de su poder Naturaleza, amiga de formar de otros muchos un compuesto. Viose la pesadumbre sin fatiga / de la bella Parténope, sentada a la orilla del mar, que sus pies liga, de castillos y torres coronada, / por fuerte y por hermosa en igual grado tenida, conocida y estimada" (III, vv. 154-162).

Poucos passos à frente, Cervantes não deixa de pintar com verso seguro a difícil passagem do navio pelo estreito de Messina:

> "Pouco tempo passou, quando um ruído
>
> Se ouviu que aos ouvidos atormenta,
>
> E era de cães áspero o latido.
>
> Nisto descobriu-se o curto estreito
>
> Que Cila e que Caríbdis espantosa
>
> Tão temeroso com sua fúria haviam feito".
>
> (III, vv. 223-225, 229-231).

Outro poeta espanhol, mais próximo no tempo, da Geração de 27 (do séc. XX), **Adriano del Valle** (1895-1957), tem um de seus *Sonetos a Italia* dedicado *A Nápoles*, do qual apresentamos o primeiro verso e o último terceto:

> "Nápoles apareja sus jardines / (...) / con el Vesubio, allí, casi en la puerta. /
>
> Y Capri en la azulada lejanía / de un sueño organizado a pierna suelta"[56].

---

[54] M. de Cervantes, *El licenciado Vidriera*, edición, introducción y notas de Rosa Navarro Durán (Madri, 2014²) 39.

[55] M. de Cervantes, *Obra Completa*, t. III (Alcalá de Henares, 1995) 1219-1346: "Viaje del Parnaso".

[56] A. del Valle, *Arpa fiel* (Madri, 1942³) 78: "A Nápoles".

Em outro soneto, agora no *Ristorante napolitano* ("Rehoga el mar con sal napolitana"), troca a imagem da sesta pela da satisfação depois do banquete festivo, tal como aparece nos dois últimos versos do segundo terceto e, consequentemente, os últimos do soneto:

"(...) su digestión de lunas y corales / Nápoles hace así todas las noches"[57].

Se cativaram o espírito de muitos espanhóis, o Reino e a Cidade de Nápoles também deixaram muitos rastros na geografia espanhola. Tanto é verdade que é possível organizar uma viagem napolitana pelas cidades e povoados da Espanha[58].

- Os "mistérios" da cidade partenopeia (lendas, curiosidades, elementos insólitos).

Escritores estrangeiros e napolitanos tentaram expressar com palavras os *mistérios* da cidade partenopeia. Fizeram-no com variadas formas e diversos gêneros literários. Vamos nos limitar a recolher os escritos mais significativos, recomendando ao leitor desfrutar a leitura de alguns deles, leitura que lhe "recorde" ou que o "incentive" a alegria misteriosa da cidade partenopeia.

Dentre as vozes do passado, recordamos duas: a de Matilde Serao (1856-1927) e a de Benedetto Croce (1866-1952).

- M. Serao, *Il ventre di Napoli* [1905, 1906²], com muitas edições posteriores (Nápoles, 2017⁵) e tradução castelhana: *El vientre de Nápoles.* Tradução de Juan Antonio Méndez (Madri, 2016).
- B. Croce, *Storie e leggende napoletane* [1919, 1923², 1943³ revisada]. Várias edições posteriores, entre as quais: a cura de G. Galasso (Milão, 1990). Não contém nenhuma "história" ou "lenda" do séc. XVIII.

Dos escritos posteriores, mencionamos alguns dos mais significativos:

- S. di Giacomo, *I dodici Quartieri di Napoli* (Nápoles, 2009).
- A. E. Piedimonte - A. Scognamiglio, *Napoli. Uomini, luoghi e storie della città smarrita* (Nápoles, 2013).

---

57 *Ibid.*, 81: "A Zí'Teresa".

58 J. V. Quirantes, *Viaje napolitano por España* (Almería, 2014).

- P. Treccagnoli, *La pelle di Napoli. Voci di una città senza tempo* (Nápoles, 2016).
- M. Pirillo, *Misteri e segreti dei Quartieri di Napoli* (Nápoles, 2016).
- A. Strazzullo, *I tesori nascosti di Napoli* (Nápoles, 2016).
- V. C. Grimaldi - M. Franchini, *Napoli insolita e segreta* (Nápoles, 2017).

2.1.4. *Complemento bibliográfico*

Sobre a descrição histórica, geográfica e cultural da cidade de Nápoles.

- C. Celano, *Delle notizie della città di Napoli* (Nápoles, 1758).
- G. M. Galanti, *Breve descrizione della città di Napoli e del suo contorno* (Nápoles, 1792).
- A. Romano, *La Città e il Comune di Napoli. Notizie storiche 1131-1904* (Nápoles, 1909).
- G. Pardi, *Napoli attraverso i secoli* (Milão-Roma-Nápoles, 1924).
- G. Russo, *La città di Napoli dalle origini al 1860* (Nápoles, 1960).
- Id., *Napoli come città* (Nápoles, 1966).
- C. Petracone, *Napoli dal Cinquecento all'Ottocento: problemi di storia sociale e demografica* (Nápoles, 1975).
- Id., *Napoli moderna e contemporanea* (Nápoles, 1981).
- C. de Seta, *Storia della città di Napoli. Dalle origini al Settecento* (Roma-Bari, 1978).
- Id., *Napoli tra Barocco e Neoclassico* (Nápoles, 2002).
- Id., *Napoli* (Roma-Bari, 2004[4]).
- *Pintura napoletana. De Caravaggio a Giordano.* Publicações do Museu do Prado (Madri, 1985). Ver as colaborações de: G. Galasso, "Nápoles, ciudad y capital moderna", p. 13-21; R. de Maio, "Pintura y Contrarreforma", p. 23-44.
- F. Amirante (ed.), *Libri per vedere. Le guide storico-artistiche della città di Napoli: fonti, testimonianze del gusto, immagini di una città* (Nápoles, 1995).

- F. Lucarelli - G. Marotta (ed.), *Naples. The inside lights* (Nápoles, 1996). Obra publicada por ocasião da inclusão do centro histórico da cidade de Nápoles na lista do Patrimônio Mundial da UNESCO (1995).
- A. Mussi (ed.), *La città del Mezzogiorno* (Nápoles, 1998).
- G. Galasso, *Napoli capitale. Identità politica e identità cittadina. Studi e ricerche 1266-1860* (Nápoles, 1998).
- C. Knight, *Hamilton a Napoli. Cultura, svaghi, civiltà di una grande capitale europea* (Nápoles, 2003).
- G. Vitolo (ed.), *Bartolommeo Capasso. Storia, filologia, erudizione nella Napoli dell'Ottocento* (Nápoles, 2005).
- J. Lancaster, *A la sombra del Vesubio. Historia cultural de Nápoles* (Granada, 2011; original inglês de 2005).
- L. di Muro - G. Vitolo, *Breve storia di Napoli* (Nápoles, 2006).
- J.-N. Schifano, *Dictionnaire amoureux de Naples* (Paris, 2010^2).
- M. Calaresu - H. Hills (ed.), *New Approaches to Naples c. 1500 - c. 1800. The Power of Place* (Farnham, Survey, 2013).
- T. Astarita (ed.), *A Companion to Early Modern Naples* (Leiden-Boston, 2013) Part One: "The City": J. A. Marino, "Constructing the Past of Early Modern Naples: Sources and Historiography", p. 11-34; G. Muto, "Urban Structures and Population", p. 35-62; V. Valero, "Representation and Self-Perception: Plans and Views of Naples in the Early Modern Period", p. 63-87.
- A. Ghirelli, *Storia di Napoli* (Turim, 2015).
- B. Basile, *Napoli. Tre millenni di storia* (Nápoles, 2016).
- A. Wanderlingh, *Napoli nella storia. Duemilacinquecento anni, dalle origini greche al secondo millennio* (Nápoles, 2016).
- Sobre alguns aspectos concretos da cidade partenopeia. F. Strazzullo, *Edilizia e urbanistica a Napoli dal '500 al '700* (Nápoles, 1968).
- G. Labrot, *Baroni in cittá. Residenze e comportamenti dell'aristocrazia napoletana. 1530-1734* (Nápoles, 1979).

Sobre a zona suburbana de Nápoles *(i casali).*

- C. de Seta, *I casali di Napoli* (Bari-Roma, 1984).

2.2. A CIDADE DE NÁPOLES NO SÉCULO XVIII

Afonso nasceu (1696) na Nápoles do vice-reinado espanhol. Cresceu na Nápoles do vice-reinado austríaco (1707-1734). Desenvolveu seu projeto humano-religioso na Nápoles dos Bourbon (desde 1734). Nápoles foi a cidade de Afonso.

Da cidade de Nápoles oferecemos agora alguns dados, relevantes em si mesmos e, também, especialmente significativos para a biografia de Afonso.

2.2.1. *Demografia*

Na época de Afonso, Nápoles era a cidade dos contrastes: esplendor e miséria, devoção e fanatismo, centralismo e liberdade. A cidade dos privilégios, do desfrute, da nobreza e da burguesia, porque uma das três maiores da Europa.

O século XVIII proporcionou a Nápoles "dias encantadores (...). Nápoles alcançou o apogeu de seu fascínio, se não de seu desenvolvimento. Às maravilhas de seu céu, de seu golfo na *Campania feliz*, uniu os tesouros nunca vistos, oferecidos em grande quantidade por Herculano e Pompeia"[59].

"No conjunto da Cristandade não havia outra cidade equivalente a Nápoles. Sua população é o dobro de Veneza e o triplo de Roma, quatro vezes maior que Florença e nove vezes a de Marselha"[60].

---

[59] R. Bouvier - A. Laffargue, *Vita napoletana nel XVIII secolo* (Nápoles, 2006) 10.

[60] F. Braudel, *El Mediterráneo y el mundo mediterráneo en la época de Felipe II* (México, 1980) 459. [*O Mediterrâneo e o Mundo Mediterrâneo na Época de Filipe II*. São Paulo: EDUSP, 2016. Trad.: Gilson César Cardoso de Souza. 2 vol. 1644 p].

Cifras demográficas (em milhares de habitantes).			
	Ano 1700	Ano 1750	Ano 1800
Londres	575	675	865
Paris	510	576	581
Nápoles	**216**	**305**	**427**
Roma	138	156	163
Veneza	138	149	138
Lisboa	165	148	180
Madri	110	109	167

Ao número de habitantes da cidade de Nápoles é preciso acrescentar os que habitavam nas zonas adjacentes, nos denominados *casali* de Nápoles. Os que habitavam nessa área extra urbana podiam ser ao redor de 200.000 pessoas.

2.2.2. *Áreas urbanas a destacar*

No começo do séc. XVIII, a cidade de Nápoles conservava a estrutura urbana da época medieval. Aparentemente, não mantinha nenhuma característica da urbanização antiga, ou seja, os monumentos gregos e romanos dormiam sepultados sob sucessivas camadas de ruínas.

É verdade que o vice-rei espanhol, Pedro Álvarez de Toledo, tinha aberto a célebre via que leva seu nome, com dois mil e duzentos metros de extensão, "mas, ao mesmo tempo, os espanhóis renovaram a proibição de construir fora do cinturão de proteção das muralhas"[61]. Essa proibição será revogada por pressão popular em inícios do séc. XVIII, no período austríaco (1717). A cidade então se expande. "Nápoles se enriquecerá com novos bairros e se estenderá sobre a maravilhosa campina circundante. Nasce, assim, uma cidade mais arejada e luminosa, ao lado da velha cidade prisioneira (...).

[61] R. Bouvier - A. Laffargue, *Vita napoletana...*, 14.

Sem dúvida, apesar dessas ampliações e do começo de sua urbanização, a cidade ainda era um aglomerado compacto e obscuro"[62].

São muitas as áreas ou elementos urbanos de Nápoles que poderiam ser destacados[63], por isso, concentramos a atenção sobre aquelas áreas de maior significação para a biografia afonsiana.

Deixaremos de fora da presente consideração áreas, ou elementos, de caráter religioso (igrejas), pois voltaremos a elas no cap. 1 da próxima seção (3ª).

- Os grandes "sinais" do esplendor napolitano

Tais são os elementos urbanos que, por seu grande significado, se identificam com a própria cidade partenopeia:

- *Castel dell'Ovo*: local inicial do assentamento humano (colônia grega do séc. VII a.C.); residência do general romano Lúculo; âmbito monacal dos basilianos (séc. V); castelo de defesa dos normandos no séc. XII; com posteriores transformações e usos diversos.
- *Castel Nuovo*: fortaleza angevina construída durante o reinado de Carlos I de Anjou (anos finais do séc. XIII). Adquiriu espetacular poder no séc. XV com a construção de cinco torres cilíndricas. Em 1443, foi acrescentado um arco do triunfo, à maneira dos arcos romanos, em honra do rei Afonso V de Aragão. O apelativo *nuovo* lhe foi dado em relação aos dois antigos: *dell'Ovo* e *Capuano*.
- *Castel Sant'Elmo*: iniciado pelos angevinos e fortificado pelo vice-rei Pedro Álvarez de Toledo em 1538. Seu nome atual é deformação do inicial, *San Erasmo*, santo a quem era dedicado um lugar de culto (séc. X) onde foi construído o castelo.
- *Palácio Real*: área monumental iniciada no séc. XVI como expressão da glória espanhola e concluída quando Nápoles deixava de ser Reino para se unir à Itália unificada.
- *Palazzo Reale di Capodimonte*: ao mesmo tempo, museu e fábrica de porcelana, foi iniciado em 1738 por Carlos VII.

---

[62] *Ibid.*, 15-16.

[63] C. de Seta, *Cartografia della città di Napoli. Lineamenti dell'evoluzione urbana*, 3 vol. (Nápoles, 1969).

Sinais da grandeza napolitana também são os elementos que configuram o entorno da cidade:

- A *Reggia* de Caserta.
- As cidades de Pompeia e Herculano.
- O Golfo de Nápoles com as ilhas de Capri, Prócida e Íschia.
- A Costa Amalfitana.
- O Vesúvio.

Dando por supostos esses maravilhosos enquadramentos e elementos peculiares da cidade de Nápoles, faremos referência àquelas áreas urbanas mais diretamente relacionadas com a vida concreta das pessoas e que, de um modo ou de outro, guardam relação com a biografia de Afonso. Quase todas essas áreas, que apresentamos na continuação, se encontram no chamado *centro histórico* declarado patrimônio da humanidade pela UNESCO (1995)[64].

> Se a mítica (e real) Partênope se reclinava para oeste, com seus pés sobre a ilha de Castel dell'Ovo, a Neápolis posterior foi crescendo – com estrutura, primeiramente, grega e, depois, romana – subindo do porto para o norte e oeste[65].

Como confirmação de alguns dados, seguimos uma descrição da época, deixada pelo jesuíta alicantino J. Andrés, expulso da Espanha, residente em Mântua e viajante pelo sul da Itália[66].

– Os molhes

Nápoles é uma cidade que nasceu do mar e se orienta, em grande medida, para o mar. Para comprovar isso, basta pensar na zona (passeio ou trabalho) dos molhes.

> "O que dizer do passeio dos molhes, no meio de embarcações e carroças, à vista do campo, da cidade, do Vesúvio e de tantos outros objetos vistosos e grandes?"[67].

---

64 U. Carughi, *The Historical Centre of Naples*: F. Lucarelli - G. Marotta (ed.), Naples. The inside lights (Nápoles, 1996) 106-109.

65 S. de Caro, *The Archeology of Naples*: F. Lucarelli - G. Marotta (ed.), o.c., 182-183.

66 J. Andrés, *Nápoles (Cartas del Viaje a Italia)*. Edición de Pedro Aullón de Haro (Madri, 2016).

67 *Ibid.*, 38.

Também para Afonso o mar deve ter sido realidade muito próxima. É verossímil a experiência do menino Afonso imaginada por R. Tellería: "Evidentemente, Afonso passava temporadas em Marianella, onde os pátios, galerias, capela da casa e jardim anexo lhe bastavam nas férias. É presumível que algumas vezes tenha ido visitar, como marinheiro, a galera paterna ou remado em um bote à pouca distância da praia, recebendo as impressões e imagens marinhas que mais tarde virão tão espontaneamente à ponta de sua pena"[68].

Da fundação da cidade grega, vizinha ao mar, e mesmo da época de Afonso de Liguori até hoje, a relação de Nápoles com o mar mudou profundamente, ou seja, foi passando de leste para oeste. O encanto da paisagem da cidade aberta ao golfo encontra-se hoje em dia nos passeios marítimos das *vias Partenope, Santa Lucia e Caracciolo.*

– O Foro e os Tribunais de Justiça

"Uma das maravilhas de Nápoles é o foro ou, como chamam, a *Vicaria*. O foro é um grande edifício, antiga habitação dos reis, mais tarde reduzida ao uso jurídico pelo vice-rei Pedro de Toledo, reunindo então os tribunais e instalando, na parte inferior, os cárceres públicos (...). É possível observar diversas salas e nelas, um ou mais juízes, advogados e procuradores, tratando causas, perorando uns, respondendo outros, sentenciando outros e muitos mais ouvindo, por interesse na causa tratada ou por mera curiosidade. Dizem, embora eu não garanta, que aqueles corredores e salas, em dia de funcionamento normal, chegam a abrigar mais de dez mil pessoas. Só de advogados, Nápoles conta muitos milhares, e entre advogados, procuradores, juízes e todos os funcionários dos tribunais, uns trinta mil. Que barulho, que confusão, que calor! Vi o suficiente para ter uma ideia da confusão e saí o mais rápido possível para tomar um pouco de fôlego e respirar ar mais saudável e tranquilo"[69].

---

[68] Tellería, I, 16.

[69] J. Andrés, *Nápoles...*, 35-37.

O *Castel Capuano*, antiga residência real desde 1165, foi transformado, em 1537, por Pedro Álvarez de Toledo, marquês de Villafranca (*Petrus Toletus Marchio Villa Francae*, reza em latim a placa de ingresso), em sede dos tribunais de justiça. Também era denominado *La Vicaria*. Aqui foram centralizados os tribunais fiscais e judiciais: o *Sacro Regio Consiglio*, a suprema corte; a *Regia Camera della Sommaria*, o conselho supervisor do tesouro e das finanças; a *Gran Corte Civile e Criminale della Vicaria*, a corte judicial de apelações; o *Tribunale della Zecca*, com jurisdição sobre moedas, pesos e medidas; e o *Tribunale della Bagliva*, a corte para crimes menores. Dos tribunais de Nápoles, viviam 50.000 pessoas[70].

Esses *Tribunali*, ou *Vicaria*, foram o principal cenário da atividade profissional de Afonso como advogado (de 1715 a 1723)[71]. Nesse lugar houve o estopim para a mudança radical na orientação biográfica do moralista napolitano: a passagem da profissão de advogado ao ministério religioso do sacerdócio. Na Sala de Audiências de Castel Capuano há uma placa comemorativa com bela inscrição:

Alfonso Maria de Liguori / insigne giurista / nato in Napoli il 27 settembre 1696 / laureato a 16 anni / per otto anni peroró invitto in questo foro / la causa della giustizia e della libertà. / Chiamato per vie misteriose dall'alto / alla tutela dei diritti umani / nel foro della coscienza / divenne per sapienza e santità e zelo / il principe della morale cattolica ed umana. / I magistrati e gli avvocati della Regione / a ricordo del primo centenario del suo Dottorato / posero 30 ottobre 1972.

– Os centros de beneficência

A organização social da caridade foi uma das características da sociedade ilustrada europeia. Manifestou-se, entre outras expressões, na criação de centros de atenção aos grupos desfavorecidos ou marginalizados. Tais centros costumavam ser chamados *Hospicios*.

---

70 Tellería, I, 52. Ver a descrição da *Vicaria* na época de Afonso: C. Peschia, *Storia della Vicaria*, 2 vol. (Nápoles, 1777).

71 Sobre a *Vicaria*: B. Capasso, *La Vicaria Vecchia* (Nápoles, 1889).

Nápoles não ficou à margem dessa orientação ilustrada[72]. Foi uma das primeiras cidades a contar com instituições de caridade. Testemunhos do séc. XVI são, tanto o *Pio Monte della Misericordia,* quanto o *Monte de Pietá.*

A primeira instituição, iniciada em 1601 por sete jovens da nobreza napolitana, dedicava-se *às* obras de misericórdia corporais. Estava vinculada a um palácio histórico, obra do arquiteto Francisco Antônio Picchiatti, separado da rua por portais de cinco arcos que serviam de abrigo aos peregrinos. No interior, reluzia uma bela igreja barroca de planta circular que possuía, e possui ainda hoje, magnífica riqueza pictórica; entre outras telas de artistas famosos, encontra-se a das *Sete obras de misericórdia* de Caravaggio, para alguns viajantes e moradores de Nápoles, a melhor pintura da cidade[73]. Ainda hoje, o *Pio Monte della Misericordia* desenvolve atividades de apoio à população napolitana, auxiliando diretamente as pessoas necessitadas com assistência no âmbito sanitário e suporte a projetos de associações, cooperativas e entidades sem fins lucrativos que atuam no âmbito sociocultural.

A segunda instituição, o *Monte di Pietá,* estava instalada em um majestoso edifício com igreja adjacente. Havia sido fundada em 1539 para combater o fenômeno da usura dedicando-se a conceder empréstimos aos necessitados, sem fins lucrativos.

Por desejo do rei Carlos, a cidade partenopeia teve um dos *hospicios* mais importantes da Europa: o *Real Albergo dei Poveri,* cuja construção foi iniciada em 1751 por decisão do rei Carlos. Pensado para abrigar 8.000 pessoas, embora não tenha atingido as dimensões do projeto, o edifício foi uma das construções mais grandiosas do séc. XVIII europeu, obra do arquiteto florentino Fernando Fuga. Teve uma réplica muito digna no Hospital de São Carlos de Madri

---

[72] L. Valenzi, *Poveri, ospizi e potere a Napoli (XVIII-XIX secolo)* (Milão, 1995). Também: T. Filangieri Ravaschieri Fieschi, *Storia della carità napoletana* (Nápoles, 1875); C. Conte, *Gli stabilimenti di beneficenza a Napoli* (Nápoles, 1884); E. Vecchione - E. Genovese, *Le istituzioni di beneficenza nella città di Napoli* (Nápoles, 1908).

[73] *Il Pio Monte della Misericordia di Napoli* (Nápoles, 2008).

(atualmente transformado em Centro de Arte Rainha Sofia), desenhado por F. Sabatini sobre um precedente *Hospitium Pauperum*.

Assim uma testemunha do séc. XVIII viu o *Real Albergo dei Poveri*: "O edifício de caridade que existe ali, particularíssimo, é um hospício para os pobres de ambos os sexos, construído pelo nosso católico monarca. Só de ver a longuíssima fila de janelas e a interminável parede de fachadas, aturde à primeira vista, mas que pasmo ao entrar, subir aquelas grandiosas escadarias, passar por aquelas salas, pelas enfermarias, dormitórios e tantos outros lugares que ali se vêem (...). A vastidão do que foi construído é inacreditável para quem não o viu; e o que seria, como me disseram, se nosso católico monarca tivesse podido construir a obra como a tinha idealizado, com extensão um terço maior?"[74].

- Os Hospitais e as Casas de Saúde

Na Nápoles do séc. XVIII, abundavam as casas de saúde[75]. Sobressaíam, em importância de edificação e serviço, três ou quatro: São Tiago, Anunciata, Incuráveis, etc.[76].

"O dos padres (sic) de São João de Deus é notavelmente o mais asseado e mais bem servido; mas todos são inferiores ao hospital de Florença, do qual, como creio te haver escrito em outra carta, o Rei quis tomar o modelo e agora chamou um médico florentino para estabelecê-lo"[77].

O mais representativo dos hospitais napolitanos do séc. XVIII foi a *Real Santa Casa dell'Incurabili*, chamado popularmente de *Incuráveis*, fundado em 1519 pela catalã Maria Lorenza Longo, viúva do regente Giovanni Longo[78].

---

74 J. Andrés, *Nápoles...*, 34-35.

75 A. Musi, *Medici e istituzioni a Napoli nell'età moderna*: P. Frascani (ed.), Sanità e società. Abruzzi, Campania, Puglia, Basilicata, Calabria. Secoli XVII-XIX (Udine, 1990).

76 G. Boccadamo, *L'ospedalizzazione a Napoli in età moderna. Il San Giacomo, gli Incurabili e l'Annunziata ai tempi di Camillo de Lellis*: Vários, San Camillo e il suo tempo (Roma, 2000) 69-119.

77 J. Andrés, *Nápoles...*, 34.

78 F. S. Toppi, *Maria Longo, Donna della Napoli del '500* (Pompeia, 1997); G. Boccadamo, *Maria Longo, l'ospedale degli Incurabili e la sua Insula*: Campania Sacra 30 (1999) 37-170.

No séc. XVI surgiram na Itália várias confrarias dedicadas a cuidar dos doentes de sífilis. As vítimas dessa enfermidade, com frequência abandonadas por seus familiares e não aceitas nos hospitais por medo de contágio, recebiam atenção dos *Hospitais para os incuráveis* (*Ospedali degli incurabili*). Uma das confrarias mais ativas em relação a essa necessidade foi a *Compagnia del Divino Amore*[79]. Com o nome de *Incurabili*, mantinha hospitais em Gênova, Verona, Bréscia, Veneza, etc.[80].

No séc. XVIII, a *Real Casa dell'Incurabili* de Nápoles tinha adquirido as proporções atuais, de tal modo que era um dos maiores hospitais da Europa daquele tempo, com mais de 2.000 leitos.

Além de lugar de atendimento de saúde, constituiu-se em ***âmbito de pesquisa e ensino médico e farmacêutico***[81]. Como consta na lápide correspondente, em 1753, nesse *Grande Ospedale degli Incurabili*, Carlos Curzio se tornou o primeiro a descrever a esclerodermia. No mesmo local, em 1836, Caetano Conde descreveu pela primeira vez a distrofia muscular.

– Os Colégios e a Universidade

Afonso fez seus estudos primários e secundários em casa. Não frequentou nenhum dos colégios existentes em Nápoles. Havia, pelo menos, um colégio de nobres, dirigido pelos padres somascos, e vários eram os colégios de orientação geral, entre os quais, sobressaíam os dos jesuítas.

Em Nápoles também havia internatos para educação de meninas e jovens, promovidos e dirigidos por instituições religiosas femininas.

---

[79] D. Solfaroli Camillocci, *I devoti della carità. Le confraternite del Divino Amore nell'Italia del primo Cinquecento* (Nápoles, 2002); M. Fois, *La Risposta confraternale alle Emergenze sanitarie e sociali della prima metà del Cinquecento Romano. La Confraternite del Divino Amore e di S. Girolamo della Carità*: Archivum Historiae Pontificiae 41 (2003) 83-107. Dados tomados de: J. F. Keenan, *La evolución de las obras de misericordia*: Concilium n. 372 (2017) 532-533.

[80] C. da Langasco, *Gli ospedali degli Incurabili* (Gênova, 1938).

[81] A. Borrelli, *Le origini della scuola medica dell'ospedale degl' Incurabili di Napoli*: Archivio Storico per le Province Napoletane 118 (2000) 135-149; G. Botti, *Da ospedale-ricovero a ospedale clinico: il Coleggio medico-cerusico degli Incurabili di Napoli*: G. Botti - L. Guidi - L. Valenzi (ed.), Povertà e beneficenza tra Rivoluzione e Restaurazione (Nápoles, 1990) 239-257.

Voltaremos ao ambiente universitário de Nápoles no capítulo seguinte, quando falarmos da cultura da cidade partenopeia, e ainda em mais um capítulo, da terceira seção, quando falarmos da formação universitária de Afonso.

- O Teatro e os Conservatórios

"Na cultura napolitana do séc. XVIII, os teatros tiveram considerável importância: Nápoles teve muitos teatros e chegou a ser centro teatral de certo relevo (...). Com o rei Carlos de Bourbon, a vida teatral ganhou novo impulso"[82].

O *Teatro São Carlos,* mandado construir pelo rei Carlos, projetado pelos arquitetos João Antônio Medrano e Ângelo Carasale, foi inaugurado em 4 de novembro de 1737, dia do onomástico do rei. Constituiu o primeiro teatro de ópera da Europa. Propiciou e deu esplendor à tradição musical napolitana, na medida em que oferecia espaço adequado para os gênios musicais internacionais[83]. Stendhal fez um célebre elogio na reabertura do teatro em 1816, depois de terrível incêndio. Foi recentemente restaurado em 2011 e aberta a galeria que permitia ao rei Carlos passar de sua residência real para o teatro.

A música era amplamente cultivada na Nápoles do séc. XVIII[84]. Funcionavam três ou quatro conservatórios musicais, "onde acorrem de várias nações da Europa. Havia então, entre outros, um catalão, cujo talento musical prometia muito; e esses colégios [conservatórios], que se pode dizer fornecem músicos para toda a Europa, fazem singularmente florescer essa ciência em Nápoles[85].

Vários conservatórios napolitanos eram famosos em toda a Europa: o dos *Poveri di Gesù Cristo,* de *Santa Maria della Pietà dei*

---

82 V. Gleijeses, *La storia di Napoli delle origini ai nostri giorni* (Nápoles, 1974) 739-740.

83 F. Cotticelli - P. Maione (ed.), *Storia della musica e dello spettacolo a Napoli. II. Settecento* (Nápoles, 2009).

84 Uma recriação do ambiente musical de Nápoles: H. F. G. Swanston, *The voice of the poor in the writings of S. Alfonso*: SH 45 (1997) 517-618.

85 J. Andrés, *Nápoles...*, 50.

Turchini, de *Santa Maria di Loreto*, de *Sant' Onofrio a Capuana*[86]. Esses centros de educação musical confluem no magnífico *Conservatorio* que, há dois séculos, funciona no antigo mosteiro de *San Pietro a Majella* dos celestinos (entre a Praça Bellini e a *Via dei Tribunali*).

– As lojas (também de livros)

Na Nápoles do séc. XVIII, abundavam lojas de variadas mercadorias, espalhadas pelas praças e diversas ruas. O jesuíta alicantino se admirou da opulência daquelas lojas, que "dão, mais e mais, ar de grandeza e riqueza àquela cidade"[87].

> "Como é bom passar, de manhã, por aquela grande avenida de Toledo e vê-la cheia de comestíveis com imenso número de compradores, voltar ao meio dia e achá-la igualmente cheia, e sobretudo, vê-la *à* noite toda repleta de mesas e lojas, bem como de carroças, pessoas, estrépito e confusão; ver aquela fila de luzes em todas as mesinhas e lojas, e tantas outras velas ao vento, nas mãos dos lacaios por detrás das carroças, ou na frente, levadas pelos serviçais, e desfrutar continuamente dessa bela iluminação, parte fixa, parte móvel! Em outras cidades seria um espetáculo digno de se ver o que em Nápoles vemos todos os dias"[88].

A opulência também aparecia nas lojas dedicadas à venda de livros. "Terres, Percelli, Elia e outros livreiros fortes têm duas ou três lojas, e cada uma delas vale por muitas, pela quantidade e abundância de livros que contêm"[89]. Essa constatação do viajante do séc. XVIII ganha visibilidade concreta nas lojas de *livros antigos* que o viajante de hoje pode contemplar e folhear na *Via San Biagio dei Librai* e em *Port'Alba*[90].

O jesuíta do séc. XVIII não leva em conta algo que assombrava (e ainda assombra) muitos outros viajantes: os caóticos mercados,

---

[86] P. Florimo, *La scuola musicale di Napoli e i suoi conservatori*, 4 vol. (Nápoles, 1880-1883); S. di Giacomo, *I quattro antiqui conservatori di Napoli* (Palermo, 1924); Id., *Il Conservatorio di Sant'Onofrio e quello di Santa Maria della Pietà dei Turchini* (Milão, 1924); Id., *Il Conservatorio dei Poveri di Gesù Cristo e quello di Santa Maria di Loreto* (Milão, 1928).

[87] J. Andrés, *Nápoles...*, 37.

[88] *Ibid.*, 38.

[89] *Ibidem.*

[90] M. Prisco, *Port'Alba e la magia dei libri* (Nápoles, 2017).

onde são expostas (de que maneira!) e vendidos (quando é possível) todo tipo de produtos e objetos. Contudo, ainda é possível ter uma ideia da imagem e burburinho do séc. XVIII quando passamos pelo mercado de Porta Nolana, de São Gregório Armênio ou, pelo mais antigo, *La Pignasecca.*

A praça que hoje recebe o nome de *Praça do Mercado* teve outros significados mais lúgubres para os napolitanos dos séc. XVII e XVIII[91]. Nesse lugar começou a peste que, em 1656, fez estragos na população e da qual sobreviveu apenas 14% do clero. A praça também foi testemunha do justiciamento de Masaniello[92] e de muitos seguidores (cerca de 200) da República Partenopeia (1799)[93].

- Os bancos

No séc. XVIII, em Nápoles, como em outras cidades da Itália, havia bancos privados e públicos, bem como Montes Pios[94].

A atividade bancária napolitana remontava, pelo menos, ao Monte Pio de 1539, promovido por uma entidade piedosa sob inspiração de São Caetano de Tiene; segundo outros, teve início na Santa Casa dell'Annunziatta de 1463. De lugares de depósito de dinheiro, as entidades foram se transformando, entre 1584 e 1661, em âmbitos de serviço financeiro público: *Banco de Pietà, Banco dei Poveri, Banco dell'Annunziata, Banco del Popolo, Banco dello Spirito Santo, Banco di Sant'Egidio, Banco di San Giacomo, Banco del Santissimo Salvatore.*

O jesuíta João Andrés anotou a existência de oito a dez "bancos públicos de câmbio". "A multidão de mesas, de livros de contas, de variedade de moedas; a turba de pessoas que contam, que pesam, que recebem dinheiro; a limpeza, o asseio, a boa ordem e organização em tudo, formam um agradável espetáculo, que o

91 B. Capasso, *La piazza del Mercato di Napoli e la casa di Masaniello* (Nápoles, 1868).
92 B. Capasso, *Masaniello.* A cura di Luca Torre (Nápoles, 1993).
93 G. Fortunato [1840-1932], *I giustiziati di Napoli del 1799* (Milão, 1992).
94 L. de Rosa, *Banchi pubblici, banchi privati e monti di pietà a Napoli nei secc. XVI-XVIII*: Vários, Banchi pubblici, banchi privati e monti di pietà nell'Europa pre-industriale (Gênova, 1991) I, 499-512.

será muito mais, para quem há de tirar algum proveito daquele lugar, do que para os como eu, movidos por mera curiosidade"[95].

2.2.3. *A estrutura da população*

- A configuração da geografia humana

Ao longo de sua história, a geografia urbana de Nápoles se organizou de várias maneiras, ainda que todas tenham em comum a característica da ordem e, quase sempre, da hierarquização.

Carlos I de Anjou deu à cidade partenopeia a subdivisão administrativa que durou até 1800, quando o rei Fernando IV suprimiu a participação cidadã (nobreza e povo) na gestão política de Nápoles. Antes dos angevinos, a cidade já estava dividida topograficamente em *regiones*, mas foram estes que outorgaram atribuições jurídicas e administrativas a essas subdivisões urbanas. Dessa época provêm os nomes das reuniões dessas subdivisões: *sedili, piazze, platee*[96].

Em fins do séc. XVIII, Nápoles estava dividida em 12 bairros, ou distritos (*quartieri*): *Quartieri spagnoli, Mercato, Vicaria,* etc.; a maior parte desses distritos com identidade própria[97]. Compunham a população umas 80.000 famílias.

De fato e de direito, a população de Nápoles estava sob a tutela de, mais ou menos, 120 famílias nobres, chamadas *di piazza,* exclusivas detentoras de uma espécie de direito de foro e de administração da cidade[98].

Na estrutura populacional de Nápoles não havia áreas urbanas fechadas ou guetos durante o séc. XVIII. Isso indica que não havia concentrações de cidadãos napolitanos em razão de

---

95 J. Andrés, *Nápoles...*, 37.

96 V. Gleijeses, *La storia di Napoli...*, 329.

97 Ver, como exemplo: G. Botti, *Gli abitanti dei quartieri spagnoli. L'articolazione socio-professionale sul territorio nel XVIII secolo*: Campania Sacra 22 (1991) 285-306.

98 Ver o livro que recolhe os nomes e dados essenciais das grandes famílias de Nápoles: *Napoli della Memoria. Le grandi famiglie di Napoli* (Nápoles, 2016). Os dados da família Liguori nas p. 248-250.

procedência nacional: bairros de espanhóis, bairro de florentinos, etc.

Na época medieval, os estrangeiros, judeus e estudantes, não formavam parte da comunidade cidadã (*università citadina*) no sentido de elegerem seus representantes para o *sedile* do povo; porém, não estavam privados das vantagens de qualquer cidadão, tendo, além disso, alguns privilégios concedidos por Frederico II e mantidos por Carlos I de Anjou. Tanto um monarca, quanto o outro, favoreceram a incorporação de estrangeiros à cidade partenopeia, sobretudo, se fossem comerciantes e estudantes.

> "Os judeus habitavam prevalentemente a zona que ainda hoje é denominada judaica (*Giudecca*), mas também residiam em outros lugares, como recorda uma pequena via perto da *Porta S. Gennaro*, chamada *vicus iudaeorum* e outra nomeada *scannagiudei*. Os judeus, ordinariamente, se interessavam pelo comércio, os mais ricos eram banqueiros e, às vezes, tinham negócios com o governo"[99].
>
> "Merece particular atenção a colônia francesa que, sem dúvida, era a mais protegida, já que da mesma nacionalidade do rei [na época angevina]. Também os papas franceses, como Urbano IV, Clemente IV e Martinho IV (...) favoreceram a integração de seus compatriotas em Nápoles"[100].
>
> "Entre os estrangeiros, havia artesãos e artistas que espalharam suas obras de arte na nova capital, incrementando assim a cultura artística"[101].

- A nobreza e o povo na administração da Cidade

No séc. XVIII havia em Nápoles cinco *piazze* para a nobreza, ou seja, cinco grupos nobiliários que administravam a cidade: as *piazze* de Capuana, Nido, Montagna, Porto e Portanova. Essas *piazze* também eram denominadas *seggi* e *sedili*, em alusão ao fato e lugar da celebração das reuniões.

---

[99] V. Gleijeses, *La storia di Napoli*..., 316-317.
[100] *Ibid.*, 317.
[101] *Ibidem*.

Os *nobili di piazza* de Nápoles não permitiam às classes inferiores mais que uma participação muito limitada nos assuntos públicos. Ao povo baixo era dado um *seggio* que, com os cinco da nobreza, compunha o governo da cidade. O *seggio* (ou a *piazza*) seria hoje uma espécie de subprefeitura.

Os *seggi*, embora tenham sido propriamente instituídos na época angevina[102], eram reminiscência do período helênico, quando os notáveis da cidade se reuniam para deliberar em lugares reservados, próximos às portas da cidade. Permanecerão até serem supressos por Fernando IV depois da Revolução pertenopeia (1799).

Cada *piazza* dos nobres designava, todos os anos, um representante, às vezes dois, já que os representantes da nobreza eram seis. Havia apenas uma *piazza* para o povo e seu representante era eleito pelo rei a partir de uma lista tríplice, cuja configuração passava por várias instâncias eletivas.

Os seis nobres eleitos, e o eleito pelo rei a partir da lista tríplice apresentada pelo povo, formavam o Tribunal de São Lourenço, chamado com a fórmula breve de *Città*, ou seja, a comunidade (*il comune*). A *Città* era presidida pelo prefeito, nomeado pelo rei, e tratava dos impostos, ordem pública e, em geral, da observância de todas leis e usos da cidade.

Os Liguori eram uma família da nobreza inscrita no *seggio* de Portanova[103].

– Os empregados na administração do Estado

Na cidade de Nápoles pululava uma multidão ocupada com funções administrativas do Estado. No cap. 4 da seção 11 serão anotadas as principais instituições dessa administração: O *Conselho de Estado* (antes dos Bourbon: a *Colateral*), auxiliados por dois secretários de Estado (um para o Interior e a Guerra; outro para a Justiça); a *Camera della Sommaria*, para a administração financeira;

---

[102] *Ibid.*, 329-331.

[103] Ver os dados da família Liguori em: *Napoli della Memoria. Le grandi famiglie di Napoli...*, 248-250.

o *Sacro Consiglio* (tribunal de *Santa Chiara*) e a *Vicaria* para assuntos de justiça.

Estes nomes: *Sommaria, Santa Chiara, Vicaria* e *Città*, andavam continuamente na boca dos napolitanos. Tanto o *Sacro Consiglio,* quanto a *Vicaria,* tinham suas sedes no *Castel Capuano*, "verdadeiro formigueiro de homens de leis, litigantes e curiosos"[104].

Na cidade de Nápoles eram muitas as pessoas que se moviam nessa espessa rede da administração pública.

> "Se abundavam os funcionários e empregados do fisco real, comunal e privado, outro tanto acontecia nos ambientes da Justiça, porque dava a impressão de que a principal indústria de Nápoles era a da confusão (*imbroglio*). Contavam-se em Nápoles não menos que trinta e nove jurisdições diferentes, cada uma com seus próprios tribunais, sem contar as jurisdições eclesiásticas"[105].

> "Em Nápoles viviam os barões, cuja força de oposição ao absolutismo havia sido redimensionada durante a dominação espanhola dos vice-reis, mas que continuavam gozando dos mesmos privilégios feudais em relação aos camponeses e ao povo. Entre os barões, havia se formado uma nova nobreza, surgida dos encargos públicos do vice-reinado"[106].

- Os grupos sociais dominantes

A Nápoles do séc. XVIII era uma cidade muito dualizada, composta de uma minoria social dominante, possuidora de quase tudo, e de uma grande massa de povo, carente de muitos bens e de não menos serviços.

Entre os grupos dominantes, o clero era o grupo que ocupava o primeiro lugar na escala social, com 15.000 eclesiásticos, dos quais: 4.000 sacerdotes seculares e o restante dividido entre monges e religiosos (de 58 Ordens e Congregações). Nápoles tinha mais de quatrocentas igrejas e capelas. O clero não representava

---

[104] R. Bouvier - A. Laffargue, *Vita napoletana...*, 26.
[105] *Ibid.*, 25-26.
[106] D. Scalmani, *Historia de Italia* (Madri, 2016) 237.

mais que dois, a dois e meio, por cento da população, embora possuísse um terço dos ingressos totais do Estado com seus bens e ingressos[107].

O segundo grupo dominante era constituído pela nobreza. "Nápoles contava entre vinte, e vinte e cinco mil nobres, e mais de cinco mil famílias que, sem pertencer à nobreza, viviam senhorialmente, imitando-a. Multiplicavam-se os príncipes, duques, marqueses. No começo do século, foram recenseados no Reino: 119 príncipes, 156 duques, 173 marqueses, 42 condes e 445 barões"[108]. Decaía a nobreza de origem (antiga), mas nascia outra (nobreza de privilégio), que enriquecia com os despojos da primeira: magistrados, comerciantes, advogados, etc.

Entre os citados grupos dominantes - clero e nobreza - o povo ficava na classe intermediária, composta por elementos bastantes desiguais. Esse grupo pode ser denominado como *burguesia*, sem o significado preciso que o termo adquire em determinados momentos históricos.

De fato, na Nápoles do séc. XVIII, não existia a burguesia denominada *terratenente*, já que a terra passara a pertencer, por mão morta, ao clero ou aos feudos. Tampouco, existia a burguesia *comercial* ou *industrial*, proveniente do comércio ou da indústria. Os elevados direitos de aduana e a insegurança das rotas marítimas e terrestres impediam o surgimento da primeira (burguesia comercial), e a falta de capitais e matérias-primas tornava escassa a segunda (burguesia industrial).

Na Nápoles do séc. XVIII, o grupo médio, que pode ser equiparado à burguesia de outras épocas e lugares, era composto por diversos *intermediários* que adquiriam seus ganhos em todo tipo de trocas: câmbio de dinheiro, licenças de exportação, atribuição de trabalhos públicos e recolhimento de impostos. O número de arrendatários era singularmente alto.

---

[107] R. Bouvier - A. Laffargue, *Vita napoletana...*, 32-33.
[108] *Ibid.*, 34.

A todos esses parasitas que traficavam sem produzir, vinham se unir os homens de leis que constituíam, não apenas uma multidão, mas uma trama social difícil de contornar. É preciso levar em conta que o sistema jurídico napolitano era formado por um conjunto de sistemas jurídicos superpostos: grego, romano, bizantino, suevo, angevino, aragonês, espanhol; todos haviam deixado resíduos de sua própria legislação. Por outro lado, as desigualdades sociais ainda tinham gerado jurisdições diversas em razão da classe social: "O direito napolitano era uma selva impenetrável"[109].

> "Uma massa de homens rapaces de todo o gênero, que provocavam a confusão ao invés de impedi-la, pululava em Nápoles onde, como todos sabem muito bem, a justiça estava à venda. A cidade contava com um advogado ou notário para cada cento e quarenta habitantes, proporção superior ao restante das cidades da Itália (...). Todos eram doutores em leis, mas esse título, na maioria das vezes comprado a bom preço no Colégio dos Doutores e não concedido pela Universidade, jamais era garantia de competência. Além disso, estavam vinculadas ao título algumas vantagens fiscais e honoríficas: o doutorado em leis conferia uma espécie de dignidade que permitia ao beneficiário se relacionar com a nobreza"[110].

Ao lado dos homens de leis estavam os médicos, que constituíam ordem social separada. Tinham seu próprio chefe, o Protomédico, regulavam-se por regimento particular e possuíam jurisdição especial. Os diplomas de médico não eram expedidos pela Universidade, mas pelo Colégio Médico de Nápoles ou de Salerno. Tais títulos "se não eram, de fato, garantia de saber, comportavam isenções de impostos e ingresso na nobreza secundária. Por esse motivo, a medicina era tão valorizada quanto a lei"[111].

- O povo simples entre a plebe e os grupos sociais dominantes

Entre os grupos sociais dominantes e a plebe havia, na Nápoles do séc. XVIII, uma classe laboriosa constituída por pe-

[109] *Ibid.*, 39.
[110] *Ibidem.*
[111] *Ibid.*, 40.

quenos comerciantes e artesãos, cuja atividade dava cor e vida à cidade.

Por um lado, as pessoas pertencentes a esse grupo do povo simples ou pequeno (*popolo minuto*) não deixava de ostentar certo ar de dignidade, por outro lado, recorria a múltiplos procedimentos e expedientes para sobreviver. Por exemplo, "pedir um preço mais alto pela mercadoria, às vezes o dobro, será a própria essência do comércio napolitano. Cabia ao cliente, especialmente ao estrangeiro, defender-se oferecendo a metade do preço pedido"[112].

Apesar de tudo, constituíam a parte simpática da população. O verdadeiro povo napolitano era, em geral, franco, alegre, otimista, laborioso. Constrangido pela falta de espaço, tinha propensão às desavenças e, consequentemente, à defesa mediante o grito. Daí também a tendência à gesticulação e expressões exageradas. Mas a proximidade física também tinha seu lado positivo: favorecer a proximidade afetiva. "Cada um tinha diante dos olhos os sofrimentos e lutos do vizinho; os males de um eram os males de todos". Por outro lado, "a antiguidade havia deixado solidamente arraigada uma tradição: a dor precisava ser expressa dramaticamente"[113].

2.2.4. *Dois grupos humanos marginalizados*

Dada a importância para a compreensão da pastoral de Afonso e seus companheiros, queremos destacar dois grupos humanos marginalizados na grande massa da plebe da cidade de Nápoles. A esses dois grupos nos referimos nesta seção.

- Os lazzari (ou lazzaroni): a massa popular, pobre e marginalizada

Na época de Afonso, Nápoles abrigava o maior subúrbio da Europa: a mais ampla massa popular pobre e marginalizada que, por sua vez, deu lugar a uma das primeiras revoluções sociais de tipo proletário, a do vendedor de peixes chamado Masaniello, em

[112] *Ibid.*, 41.
[113] *Ibid.*, 47.

1647 (sobrenome de Tommaso Aniello d'Amalfi, 1620-1647), como já mencionamos no cap. 2 da presente seção.

O povo simples, os deserdados, a grande massa pobre, os vagabundos, se organizavam a seu modo, criando marco humano-social peculiar na configuração da cidade partenopeia. Essa ampla massa de gente era composta pelos chamados *lazzari*, termo que evoluiu para *lazzaroni*, expressões passadas aos idiomas modernos de diferentes formas pelos biógrafos de Afonso: "la golfería de la ciudad"[114], "o irmão dos Lazzaroni dos bairros miseráveis de Nápoles (uns 30.000)"[115], "uma marca única do proletariado urbano e, por isso, uma lenda em toda a Europa"[116].

Pensou-se, e foi escrito, que as expressões *lazzari* e *lazzaroni* viessem do pobre e leproso Lázaro da parábola evangélica; de fato, os locais onde os leprosos eram atendidos foram chamados *lazaretos*[117]. Contudo, Benedetto Croce demonstrou claramente, tanto pela época em que começou a ser usada, ou seja, por ocasião e motivo da revolta de Masaniello, quanto pelo futuro que teve, que a expressão *lazzari* provém do vocábulo espanhol *laceria*, termo usado na literatura espanhola[118] e ainda hoje empregado com significado de *miséria, pobreza*, denotando conjunto de pessoas que constituem um estado, situação ou classe, marcadas pela pobreza ou miséria: uns *maltrapilhos*[119].

---

[114] Tellería, I, 121-122.

[115] Rey-Mermet, 24, 43.

[116] Jones, 62-65.

[117] F. Braudel, *El Mediterráneo...*, 459-462.

[118] Sirva como exemplo o uso do termo *laçeria* feito por Juan Ruiz, Arcipreste de Hita, no *Libro del Buen Amor*, para denotar os sofrimentos que o poeta passou nos anos de encarceramento por mandado do cardeal D. Gil, arcebispo de Toledo, e das quais pede libertação a Deus: "Sácame desta laçeria, desta presión (...). / Líbrame, mi Dios, desta coita tan manna (...). / Sennor, de aquesta coita saca al tu arçipreste".

[119] B. Croce, *I lazzari*: Archivio per lo studio delle tradizioni popolari 14 (1895) 187-201. Mais detalhes sobre a interpretação crociana de *lazzaroni* (procedência espanhola, significado real): O. Gurgo, *Lazzari. Una storia napoletana* (Nápoles, 2005) 15, nota 1. O novelista italiano do séc. XIX, F. Matriani, escreveu uma novela sobre os *lazzaroni* napolitanos, relato que alguns compararam com o de Victor Hugo sobre os marginalizados dos subúrbios de Paris em *Le miserables*: F. Mastriani [1819-1891], *I lazzari* (Nápoles, 1976) [*Lazzaro. Racconto* (Nápoles, 1847)]. Também: sobre o significado e história dos *lazzaroni* napolitanos, ver a bibliografia apresentada no final da presente seção.

Concretizando um pouco mais o último significado, e fazendo depender a expressão italiana do prévio uso espanhol, o termo *lazzari* indicaria pessoas maltrapilhas ou esfarrapadas em razão de suas vestes rasgadas (*lacerati*), a quem os espanhóis denominavam *laceros* e os napolitanos traduziam por *lazzari*[120].

Para Benedetto Croce, os *lazzari* napolitanos apresentam características gerais e particulares. As gerais são praticamente as mesmas do proletariado das grandes cidades (o *Lumpemproletariat*), contraposto ao proletariado industrial. As características particulares vêm das condições climáticas, antropológicas e sociais dos habitantes da capital partenopeia[121]. Além disso, os *lazzaroni* chegaram a influenciar os acontecimentos históricos da cidade, algumas vezes com orientação revolucionária, como no apoio a Masaniello, e outras vezes com significado contra-revolucionário, como no apoio às tropas reais frente ao movimento revolucionário de 1799[122].

O termo *lazzaroni* e a realidade que denotava, peculiaridade da gente mais humilde da cidade, se tornaram distintivo da cidade de Nápoles[123].

---

120 A. Forgione, *Made in Naples. Come Napoli ha civilizzato l'Europa (e come continua a farlo)* (Milão, 2016[6]) 271: "Mendigos com roupas rasgadas que os espanhóis chamavam de *laceros* e os napolitanos *lazzari;* indivíduo que, para enfrentar as insuportáveis condições de vida, ganhava a vida roubando, enganando e mendigando, gerando novos e grandes problemas de ordem pública nas escuras ruas da cidade".

121 Diz B. Croce: "Com o termo *lazzari,* designa-se a classe mais baixa da plebe napolitana. Os *lazzari* são os proletários de Nápoles. Naturalmente, esses proletários, além das características comuns dos proletários em geral, e especialmente, das grandes cidades, possuem algumas características especiais, determinadas pelas especiais condições de nosso país. Aqui o clima é ameno, a vida mais fácil, os pobres podem dormir ao ar livre e alimentar-se com pouco, podem ser parcos e, consequentemente, mais facilmente felizes e despreocupados; as suas necessidades morais e intelectuais não são muito grandes, não os tornam ferozes, não os incitam à rebelião". Citado por: A. Manganaro, *I lazzari, Pulcinella e il "carattere del popolo meridionale", tra vecchia e nuova Italia*: C. Allasia - M. Masoero - L. Nay (ed.), Le letteratura degli Italiani. 3. Gli italiani della letteratura (Alessandria, 2013) 1220.

122 B. Croce, *I "Lazzari" negli avvenimenti del 1799*: Id., Varietà di storia letteraria e civile (Bari, 19492) 189-200; D. Scafoglio, *Lazzari e Giacobini. La letteratura per la plebe* (Nápoles, 1981).

123 G. Caridi, *Carlos III. Un gran reformador en Nápoles y España* (Madri, 2015) 55-56.

"Os *lazzaroni* constituíam o segmento mais distinto da sociedade napolitana, valorizado pela astúcia de seu gênio e pelo caráter alegre e encantador (...). Os *lazzaroni* não tinham outra opção que tentar tirar o máximo proveito para sua existência, já em si complicada. Sua vida de pobreza e dificuldades se tornava um pouco mais leve pelo clima moderado da zona, muito diferente dos cinzentos bairros marginais das cidades do norte da Europa. Os *lazzaroni* e suas famílias buscavam distrair-se de suas miseráveis vidas assistindo a todo tipo de espetáculos e festividades religiosas, especialmente à do milagre de São Genaro. Tais festas eram celebradas com enorme pompa e esplendor, regozijo público e, em algumas ocasiões, até com fogos de artifício"[124].

O biógrafo e panegirista de Carlos VII (III da Espanha) e contemporâneo do biografado, o conde de Fernán-Núñez (Carlos José Gutiérrez de los Ríos, 1742-1785) traduz o termo italiano *lazzaroni* pelo castelhano *lazarones*[125] ou, com mais proximidade do italiano, *lazaronis*[126], que define como "uns vigaristas muito originais e graciosos"[127].

R. Tellería anota que, por vários séculos, os *lazzaroni* constituíram tema obrigatório das memórias dos turistas.

"Ainda em meados do século XIX, sua cifra era avaliada em milhares [calculava-se 40.000]: pobretões situados perpetuamente no limite da vagabundagem e picaretagem, quase felizes em sua despreocupação quando o guardião do convento mais próximo lhes assegurava uma caneca de sopa ou prato de macarrão; mescla indistinta de superstições e crenças, guias espertos e aduladores ao serviço dos turistas, 'bandido' ou mendigo quando a necessidade aperta, mas corações de fundo nobre, enamorados por sua Nápoles, por seu céu, pelo golfo, por seus banquetes de luz"[128].

---

124 J. Lancaster, *A la sombra del Vesubio...*, 139.

125 Conde de Fernán-Núñez, *Vida de Carlos III*. Com uma biografia do autor, apêndice e notas de A. Morel-Fatio e A. Paz e Mélia. Prólogo de Juan Valera (Madri, 1898). Edição fac-símile (Madri, 1988) I, 36.

126 *Ibid.*, I, 42.

127 *Ibidem.*

128 Tellería, I, 121-122. Apesar desta benévola descrição do grupo social dos *lazzaroni*, Tellería continua identificando os *lazzari* napolitanos com a "a ralé da cidade" (Tellería, I, 19).

É nesse contexto que Afonso, nascido em uma família da nobreza urbana ou *de plaza*, realiza sua opção pelos pobres de sua cidade, especialmente, através da atividade social e pastoral nas Capelas Vespertinas (*Cappelle serotine*) em meio ao subúrbio. Trata-se de um aspecto carregado de chaves biográficas na vida de Afonso e com consequências pastorais que não se deve reduzir à anedota, mas saber ler como categoria básica de seu ministério humano-cristão. Voltaremos a falar dessa opção pastoral na terceira seção.

Nota bibliográfica sobre o significado e a realidade dos "lazzari", "lazzaroni".

- B. Croce, *I lazzari:* Archivio per lo studio delle tradizioni popolari 14 (1895) 187-201. Este ensaio, de 1895, foi recolhido em outras edições das obras de B. Croce; por exemplo: B. Croce, *Aneddoti di varia letteratura,* III (Bari, 1954) 198-205.
- F. Mastriani, *I Lazzari* (Nápoles, 1976).
- L. Basile - D. Morea, *Lazzari e scugnizzi* (Nápoles, 1996).
- O. Gurgo, *Lazzari. Una storia napoletana* (Nápoles, 2005).
- G. Ricci, *Lazzari. Appunti sparsi per la rivoluzione* (Milão, 2011).

- O flagelo social da prostituição

R. Tellería anota que no bairro antigo de Nápoles, "entre outras chagas visíveis", "havia mil cortesãs para cada dezesseis mil habitantes. Índice bastante representativo, pois outros bairros não ficavam atrás"[129].

Nesse sentido, um dado significativo é a decisão tomada por Carlos III, em 1738, de afastar do centro da cidade as mulheres que exerciam a prostituição. "Para afastar do corpo da cidade todas as meretrizes, as quais, com sua sujeira e vida escandalosa, não só contagiam a soldadesca, mas também a incauta juventude", foi emitido um despacho pela *Gran Corte della Vicaria* confinando essas mulheres em um bairro fora dos muros, atrás da Porta Capuana, chamado *Ponte Oscuro*. A ordem do rei foi executada "com tal rigor que, se as mulhe-

[129] Tellería, I, 281.

res resistissem em abandonar as casas, suas coisas eram jogadas pelas janelas, e então foram expulsas da cidade mais de mil meretrizes"[130].

Na atenção pastoral ao conjunto das mulheres que exerciam a prostituição, destacou-se, de modo especial, Januário Sarnelli, companheiro de Afonso de Liguori[131]. O biógrafo espanhol de Afonso, Raimundo Tellería, ressaltou o trabalho social e pastoral de J. Sarnelli no mundo da prostituição napolitana[132]. "No final de 1735, ou nos primeiros meses de 1736, começou a batalha. Impávido ante as ameaças de rufiões, puxa-sacos e proxenetas, publicou na primavera uma obra anônima ou manifesto urgente, expondo as *Razões católicas legais e políticas* (1736) destinadas a arrancar das autoridades uma intervenção radical"[133].

Januário Sarnelli, que se opôs valentemente ao exercício da prostituição e sua tolerância social (*meretriciam licentiam compescuit*), onde mostrou-se pioneiro e adiantado no âmbito sociojurídico, também providenciou a condução da população prostituída para fora da cidade *(ingentem illam meretricum multitudinem extra partenopeam sua cura perduxit)*, atitude em que, porém, não demonstrou, nem fineza evangélica, nem senso de eficácia político-social.

Nota bibliográfica sobre a prostituição na Nápoles do séc. XVIII.

- S. di Giacomo, *La prostituzione in Napoli nei secoli XV, XVI e XVII. Documenti inediti* [1899] (Nápoles, 1994, reedição).
- A. Sampaoli, *La prostituzione nel pensiero del Settecento* (Rimini, 1973).

---

[130] Ver: G. Caridi, *Carlos III. Un gran rey reformador en Nápoles y España* (Madri, 2015) 209-210.

[131] Vários, *Gennaro Sarnelli. Protagonista della vita ecclesiale e civile nella Napoli del Settecento* (Nápoles, 1996), especialmente: L. Guidi, "Un mondo trasformato in monastero. L'utopia sociale di Gennaro Maria Sarnelli e il problema delle fanciulle 'pericolanti'", p. 155-198. Também: N. Londoño, *La obra moral de Jenaro Sarnelli*: N. Londoño (ed.), La vida y la espiritualidad del beato Jenaro Sarnelli (Bogotá, 2007) 71-92. [= *Pe. Gennaro Maria Sarnelli, redentorista.* 1702-1744. Um excluído entre as excluídas. Notas sobre a obra moral de Januário Sarnelli. Rio de Janeiro: Província do Rio de Janeiro. Caderno AV - 20].

[132] Tellería, I, 280-283.

[133] *Ibid.*, I, 281. La obra de Sarnelli: G. M. Sarnelli, *Ristretto delle ragioni cattoliche, legali e politiche in difesa delle repubbliche rovinate dall' insolentito meretricio* (Nápoles, 1739).

- A. de Spirito, *La prostituzione femminile a Napoli nel Settecento:* Ricerche di Storia Sociale e Religiosa 13 (1978) 31-70.

- L. Valenzi, *Prostitute, pentite, pericolanti, oblate a Napoli tra '700 e '800:* Campania Sacra 22 (1991) 307-324.

2.2.5. *E... contudo, período de esplendor de Nápoles*

No cap. 2 da seção anterior, anotamos como a historiografia atual interpreta o reinado de Carlos de Bourbon em chave de esplendor. Falou-se na *ora più bella* do Reino de Nápoles em referência ao momento histórico desse reinado[134]. Os meados do séc. XVIII foram momento de elevação humana para todo o conjunto do Reino, mas, de modo especial, para a cidade de Nápoles.

Como destacamos, no séc. XVIII a cidade cresceu em população. Durante a dominação austríaca, Nápoles contava 270.000 habitantes; em 1742, alcançava a cifra de 305.041[135].

Novos edifícios renovaram o rosto e a vida da cidade[136]. Entre eles, o mais espetacular e duradouro foi o Palácio Real de Caserta. Entre março e outubro de 1737 foi construído o teatro São Carlos. Em 1738, inaugurada a tecelagem em São Carlos de Mortelle e, em 1743, a fábrica de porcelana em Capodimonte[137].

As artes tiveram momentos de esplendor no renascentista séc. XVI (Castel Nuovo, Gesù Nuovo, Capella Piccolomini, Porta Capuana, etc.)[138] e, sobretudo, na etapa do Barroco napolitano do séc. XVII (Cartuxa de São Martinho, igreja de São Gregório Armeno, igreja de

---

[134] G. Galasso, *Il Regno di Napoli. Il Mezzogiorno borbonico e napoleonico (1734-1815)* (Turim, 2007) 193-223.

[135] D. Ambrasi, *Gennaro Maria Sarnelli nella vita religiosa e civile della Napoli del Settecento*: Campania Sacra 27 (1996) 26.

[136] G. Cantone, *The City's Architecture*: T. Astarita (ed.), A Companion to Early Modern Naples (Leiden-Boston, 2013) 331-358.

[137] A. C. Perrotta (ed.), *Le porcellane dei Borboni di Napoli: Capodimonte e Real Fabbrica Fernandea, 1743-1806* (Nápoles, 1986). Também: S. Musella Guida, *The Business Organization of the Bourbon Factories. Mastercraftsmen, Crafts and Families in the Capodimonte Porcelain Works and the Royal Factory at San Leucio*: California Italian Studies 3 (2012) n. 1.

[138] M. Rotili, *L'arte del Cinquecento nel regno di Napoli* (Nápoles, 1972).

São Nicolau a Nilo e tantas outras igrejas napolitanas do séc. XVI)[139]. Tal esplendor artístico continuava perdurando no séc. XVIII. A glória da pintura sobrevivia na escola de Lucas **Giordano** (1632-1706), florescendo com renovado esplendor na escola de Francisco **Solimena** (1657-1747) e Francisco **Mura** (1696-1782)[140]. A pintura religiosa conheceu período glorioso no *Settecento* napolitano[141].

A música continuava sendo ouvida[142] e mantendo as alturas conquistadas em fins do séc. XVII. Era ouvida nos teatros públicos e conservatórios. Mestres insignes sustentavam esse esplendor musical: Alessandro **Scarlati** (+1745), Giovanni Battista **Pergolesi** (+1736), Nicolao Antônio **Porpora** (+1766), Nicolao **Giommelli** (+1774).

Em síntese, o *Settecento* napolitano conheceu uma época de notável esplendor[143]. "No séc. XVIII, em Nápoles, todas as artes foram cultivadas com grande êxito: a arquitetura barroca se integra com a pintura e escultura, e encontramos artistas desenvolvendo, ao mesmo tempo, essas três artes com estilo único. Exemplo típico dessa pluricapacidade artística é Francesco Solimena, iniciador das grandes eras da pintura e arquitetura napolitanas, com produção de significado nacional, ou mesmo europeu, desembocando na perfeita maturidade que abrirá as portas para manifestações neoclássicas"[144].

As explícitas alusões ao esplendor urbano e desenvolvimento das artes nobres e decorativas, cujas manifestações ainda perduram no atual centro histórico de Nápoles[145], não devem nos fazer

---

139 Vários, *Barocco napoletano* (Roma, 1992); G. Cantone, *Napoli barocca* (Nápoles, 2002).

140 J. N. Napoli, *The Visual Arts*: T. Astarita (ed.), A Companion..., 309-330.

141 Civiltà del '700 a Napoli, *Pittura sacra a Napoli nel '700*. Catalogo della Mostra [Napoli, Palazzo Reale: luglio 1980 - gennaio 1981]. A cura di Nicola Spinosa (Nápoles, 1980).

142 A. R. Del Donna, *Neapolitan Musical Culture in the Early Modern Period*: T. Astarita (ed.), A Companion..., 453-476.

143 Ver o detalhado panorama, tanto das artes maiores, quanto das menores, que oferece: V. Gleijeses, *La storia di Napoli...*, 744-758.

144 *Ibid.*, 744.

145 F. Lucarelli - G. Marotta (ed.), *Naples. The inside lights* (Nápoles, 1996) 146-157: N. Spinosa, "An Artistic Ketch of the Historical Centre of Naples"; 194-201: G. Donatone, "The Tradition and Persistence of Artistic Craftsmanship in the Historical Centre of Naples".

esquecer do cultivo das ciências[146] e literatura[147] no *Settecento* italiano.

No séc. XVIII, Nápoles tornara real o sonho há muito desejado: tornar-se a capital de um Reino. O sonho da cidade de Partênope era ser capital da Magna Grécia. Várias vezes a Idade Média negou a Nápoles ser capital, embora tenha desfrutado disso em dois momentos: com os angevinos e com os aragoneses. Depois desses 230 anos como capital, vieram outros 230 anos reduzida a vice-capital, ou seja, sede de poder estrangeiro e subalterno. Com os Bourbon, embora se tratasse de ramo monárquico inferior, tornou-se realidade o sonho de Nápoles como capital, foi sua "época mais napolitana que nunca", o século em que se saboreava "a doçura do viver", época em que a principal preocupação era "a busca da felicidade"[148].

2.2.6. *Complemento bibliográfico*

Sobre a cidade de Nápoles no séc. XVIII em seu conjunto

- R. Bouvier - A. Laffargue, *Vita napoletana nel XVIII secolo* (Nápoles, 2006; original francês de 1956). Recomendamos, nesse momento, a leitura dos três primeiros capítulos:

  "Capitolo I. La città di Napoli all'inizio del XVIII secolo", p. 13-26.

  "Capitolo II. La popolazione napoletana nel XVIII secolo", p. 27-49.

  "Capitolo III. La vita quotidiana a Napoli nel XVIII", p. 51-68.
- C. de Seta, *Cartografia della città di Napoli. Lineamenti dell'evoluzione urbana,* 3 vol. (Nápoles, 1969).
- U. Carughi, *The Historical Centre of Naples*: F. Lucarelli - G. Marotta (ed.), Naples. The inside lights (Nápoles, 1996) 106-109.
- C. Ramaglia, *Napoli ai tempi di Carlo Borbone* (Benevento, 2010).

---

[146] S. Cocco, *Locating the Natural Sciences in Early Modern Naples*: T. Astarita (ed.), A Companion..., 453-476.

[147] N. L. Canepa, *Literary Culture in Naples, 1500-1800*: T. Astarita (ed.), A Companion... 427-452.

[148] R. Bouvier - A. Laffargue, *Vita napoletana...*, 11-12.

- G. Alisio - P. A. de Rosa - P. E. Trastulli, *Napoli com'era nelle gouaches del Sette e Ottocento* (Nápoles, 2015).

Sobre as artes na cidade de Nápoles no séc. XVIII

- V. Gleijeses, *La storia di Napoli delle origini ai nostri giorni* (Nápoles, 1974) 733-758.
- H. F. G. Swanston, *The voice of the poor in the writings of S. Alfonso:* SH 45 (1997) 517-618.
- F. Cotticelli - P. Maione (ed.), *Storia della musica e dello spettacolo a Napoli. II Settecento* (Nápoles, 2009).
- G. Cantone, *The City's Architecture:* T. Astarita (ed.), A Companion to Early Modern Naples (Leiden-Boston, 2013) 331-358.
- A. R. Del Donna, *Neapolitan Musical Culture in the Early Modern Period:* T. Astarita (ed.), A Companion., 453-476.

2.3. A NÁPOLES DE AFONSO DE LIGUORI

2.3.1. Lugares de residência da família Liguori-Cavalieri na cidade de Nápoles

Embora não se tenha chegado a uma posição definitiva, há muitos estudos sobre o local (ou sobre os locais) de residência da família de Afonso na cidade de Nápoles[149]. Também há guias descritivos dos lugares afonsianos na cidade partenopeia[150].

Mantendo a casa inicial como lugar de veraneio[151], situada no subúrbio norte denominado Marianella, a família Liguori-Cavalieri logo precisou ficar mais próxima das zonas centrais da cidade de Nápoles, sobretudo por causa da educação dos filhos.

---

[149] Ver a bibliografia apresentada no final do capítulo.

[150] Ver a bibliografia apresentada no final do capítulo.

[151] Sobre a história da casa em Marianella ("uno de' Casali di Napoli": Tannoia, I, 3), herdada pelo pai de Afonso aos 15 anos e lugar de seu nascimento, ver: P. Pietrafesa, *Marianella: la casa natale di S. Alfonso M. de' Liguori* (Pompei, 1978) mimiografado. Também: R. Tellería, *Il palazzo della familia di S. Alfonso a Marianella nel Settecento*: SA 30 (1959) 125-126.

Continua aberta a possibilidade de, nos primeiros anos de sua vida familiar (1696-1706), os Liguori-Cavalieri terem habitado em um local (que hoje desconhecemos) na zona chamada *dei Vergini* ou *alli Vergini* ou *in suburbio Virginum*[152]. Muito provavelmente, próximo da igreja paroquial *Santa Maria dei Vergini,* já que Afonso e todos os seus irmãos[153] foram batizados nessa igreja.

No séc. XVIII, essa zona urbana *dei Vergini,* como as zonas de *Sanita* e *Stella,* se encontrava fora das muralhas (*extra moenia*)[154]. Os antigos habitantes de Nápoles (gregos e romanos) por ali haviam construído suas necrópoles. Os primeiros cristãos fizeram o mesmo, pois nessa zona se encontravam as sepulturas dos santos bispos napolitanos Aspreno, Agripino e Severo, e do santo bispo beneventano, Genaro. Com o decorrer do tempo, os sepulcros foram abandonados e os restos dos falecidos importantes transladados para outros lugares.

O aumento demográfico de finais do séc. XVI e começos do séc. XVII originou uma febre de construção nos bairros do norte da cidade de Nápoles. Para eles se transferiram várias famílias religiosas, criando importantes complexos religiosos: *Santa Maria della Sanita* (dominicanos), *San Severo* (franciscanos conventuais), *Santa Maria della Vita* (carmelitas), *San Carlo all'Arena* (cistercienses), *Miracoli* (conventuais reformados e, depois, franciscanas). Também diversas famílias patrícias escolheram esses lugares para construir suas próprias residências. Entre essas famílias, estavam os marqueses Sanfelice, os duques de Traetto e de Sant'Elia, o regente Diego Lopez, o presidente da *Sommaria,* Marcello Grasso e, também, os Liguori[155].

Sobre o topônimo *dei Vergini* (e não *delle Vergini*) foram propostas várias explicações. A que parece mais aceitável faz o nome depender de uma associação (ou *irmandade*) de época grega: a de uns homens chamados Eunósticos (de Eunosto: deus da temperança) que faziam voto de castidade (virgens)[156].

---

152 O. Gregorio, *La casa abitata a Napoli da Sant'Alfonso de Liguori*: SH 20 (1972) 325.

153 *Contributi*, 38-39. Sobre a história dessa igreja e seu entorno: E. Ricciardi, *La Chiesa di Santa Maria dei Vergini* (Nápoles, 1998).

154 U. Carughi, *The Historical Centre of Naples*: F. Lucarelli - G. Marotta (ed.), Naples. The inside lights (Nápoles, 1996) 108.

155 E. Ricciardi, *La Chiesa di Santa Maria...*, 15.

156 *Ibid.*, 5.

Pensando no futuro dos filhos, a família Liguori-Cavalieri precisou aproximar-se mais do centro da cidade, onde ficavam a universidade e outros serviços, tanto de caráter civil, quanto religioso. É quase segura, na espera da confirmação dos documentos, a estada da família Liguori-Cavalieri na paróquia de *Sant'Angelo a Segno,* no período de 1708 a 1730, já que a essa paróquia foi adscrito, para suas práticas pastorais, o clérigo de ordens menores Afonso de Liguori, como consta do testemunho do pároco (1723).

A casa dos Liguori se encontraria, então, junto ao *palazzo Cafaro* (*degens a S. Angelo a Segno in domibus Marci Cafari*, reza o documento do referido pároco), no lugar denominado vulgarmente *alle Anime del Purgatorio.* Partindo dali, seguindo a *via Tribunali* e a *via Nilo,* chegava-se rapidamente a S. *Domenico Maggiore,* onde ficava a universidade. Além disso, o *Palazzo Cafaro* era próximo da igreja dos filipinos e da igreja das Mercês.

Está documentada a residência da família Liguori-Cavalieri no *Supportico Lopez* a partir de 1730, na citada zona *dei Vergini,* a apenas alguns passos da paróquia *Santa Maria,* da residência dos padres vicentinos e da igreja chamada *della Misericordiella,* onde havia sido constituída a Congregação para os nobres, fundada por São Caetano e dirigida pelos teatinos, à qual pertenceram, tanto o pai de Afonso, quanto ele próprio[157].

O *palazzo* dos Liguori-Cavalieri ficava no atual n. 38 do *Supportico Lopez,* a segunda habitação do lado direito de quem entra pela *via dei Vergini.*

A aparência externa, tanto da entrada, quanto de toda a construção, não apresenta sinais, nem de riqueza, nem de beleza.

Foi nesse *palazzo* do *Supportico Lopez* que os pais de Afonso passaram seus últimos anos e onde os redentoristas tinham uma sala reservada para atender os negócios com a edição de livros e com as autoridades civis (aí residiram, entre outros: o padre Francisco Margotta e o irmão Geraldo Majella).

---

[157] Sobre a localização da igreja de Nossa Senhora das Mercês ou *Misericordiella*: H. F. G. Swanston, *Saint Alphonsus and His Brothers* (Liguori, Missouri, 2000) 74.

Não é possível precisar a data em que Hércules, irmão mais novo de Afonso, transferiu a residência do *Supportico Lopez* para um *palazzo* situado na *Via Santa Maria Antesaecula*. Afonso se hospedou nesse local quando aguardava a viagem a Roma para a consagração episcopal (1762) bem como quando retornou; também esteve dois meses no verão de 1767, tentando aplacar a tormenta bourbônica que ameaçava a Congregação. Nesse *palazzo* morreu Caetano (1784), irmão de Afonso, e já havia falecido o dono, Hércules (1780). O *palazzo* deixou de pertencer aos Liguori no final da primeira década do séc. XIX.

Quanto à presença dos redentoristas em Nápoles, dependerá de outros fatores, questão que já não pertence à história do presente volume.

2.3.2. *Afonso dentro de Nápoles: cidade e reino*

Toda a Nápoles, cidade e reino, foi campo de ação de Afonso. Com exceção de alguma viagem a Roma, Afonso passou sua vida nos limites geográficos do reino de Nápoles.

Mesmo quando Afonso, na feliz expressão de A. Tannoia, fizer "o sacrifício da cidade de Nápoles" para buscar as pessoas "abandonadas" do campo, não deixará de retornar continuamente a sua cidade. O campo é a opção pastoral, a cidade é seu ponto de partida e lugar de retorno necessário.

Enquanto os avós maternos de Afonso, os Cavalieri, moravam nas proximidades da igreja paroquial de São João *in Porta*, hoje desaparecida[158], os avós paternos tinham um *palazzo* na Nápoles extramuros da porta de São Genaro, a alguns passos da paróquia de *Santa Maria dei Vergini*. Cederam a seu filho José, pai de Afonso, a casa que possuíam em Marianella, povoado suburbano a uns oito quilômetros ao norte da cidade partenopeia[159]. Aí nasceu Afonso, embora o tenham levado para batizar na citada paróquia de *Santa Maria dei Vergini*, como já dissemos.

---

158 Tellería, I, 114.

159 *Contributi*, 33; Tellería, I, 7-8.

Na continuação, apresentaremos alguns locais da geografia urbana onde Afonso deve ter transitado com frequência e que lhe foram especialmente significativos.

- A área fora dos muros da *Via dei Vergini*

Como dissemos na seção anterior, foi nessa área que Afonso viveu seus primeiros (10) anos, até precisar se aproximar mais da área universitária do centro da cidade. Mais tarde, sua família retornou para essa zona e, consequentemente, também se converteu em âmbito urbano próprio de Afonso. Como já dissemos, os pais de Afonso viveram seus últimos dias no *palazzo* do *Supportico Lopez* e aí ele os visitou. Também no mesmo lugar, havia instalado uma espécie de *sucursal* para assuntos da Congregação e para seu negócio de livros.

Muito próximas da paróquia de *Santa Maria*, e do *palazzo* dos Liguori, ficavam instituições religiosas com as quais Afonso teve especial relação. Referimo-nos à residência e igreja dos padres vicentinos e à igreja *della Misericordia* (*Misericordiella*).

Chegando a Nápoles em 1668, e depois de terem morado em dois locais anteriores, em 1669 os vicentinos conseguiram do cardeal o convento *dei Vergini* que havia pertencido aos Crucíferos (*Crociferi*) e estava abandonado há mais de quinze anos. Transformaram o velho convento em grande residência e construíram magnífico oratório interno, já que os sacerdotes da Missão não podiam ter igrejas abertas ao público. Tanto a residência, quanto o oratório, foram cenário de importantes experiências para Afonso. Aqui fazia os exercícios espirituais com seu pai e, em um deles, tomou a grande decisão de seguir o chamado ao sacerdócio (1722). Aqui também recebeu os conselhos do padre vicentino Vicente Cuttica, superior da residência por volta de 1720.

Na segunda metade do séc. XVII, o benefício paroquial tinha sido transferido da igreja *della Misericordiella* para a igreja de *Santa Maria*. Como já dissemos, na *Misericordiella* São Caetano tinha estabelecido a confraria dos nobres, dedicada às obras de misericórdia aos pobres, especialmente, sacerdotes peregrinos e idosos. Como membro dessa confraria (1714-1726), Afonso frequentou a igreja, também denominada, *della Misericordiella*.

Além disso, na *Via dei Vergini* começa a subida (e termina a baixada) do Colégio dos Chineses, lugar importante na biografia de Afonso.

- Uma área do centro urbano

Na época dos estudos universitários de Afonso, a família Liguori-Cavalieri se transferiu do bairro *dei Vergini* para um local mais próximo dos ambientes universitários (*San Domenico Maggiore*) e jurídicos (*Via dei Tribunali*): o destino foi o lugar chamado *alle Anime*, perto da igreja de *Santa Maria delle Anime del Purgatorio ad Arco*, construída no séc. XVII para sepultamento dos pobres da cidade, contando com uma igreja inferior (*hipogeu*) onde ainda se celebra o culto às almas do purgatório.

Próximos dessa residência ficavam os filipinos, onde Afonso foi assíduo ao Oratório, e onde morava o diretor espiritual do pai (e da mãe) de Afonso, o padre Tomaso Pagano.

- A colina de Miradois

Ao norte de Nápoles se encontra a colina Miradois (com 155 metros de altura acima do nível do mar), onde foi instalado um Observatório Astronômico (1812-1819).

Nesse lugar arborizado de Capodimonte, os filipinos tinham uma propriedade para recreação dos meninos e jovens do Oratório napolitano. Afonso, enquanto membro do Oratório, frequentou esse lugar. A tradição nos transmitiu um nobre e religioso gesto de Afonso quando preferiu não ganhar no jogo de bochas devido às expressões iradas de seu companheiro que perdia o jogo.

- O molhe marítimo

Como notamos no capítulo anterior, é bem possível imaginar que o menino e adolescente Afonso não tenha deixado de frequentar a área marítima da cidade, mais acompanhado que sozinho.

As realidades marítimas aparecem com relativa frequência na pena de Afonso como metáforas para realidades anímicas ou religiosas. Frequentemente usa a figura da *tormenta* marítima para caracterizar situações de dificuldade[160].

- Os locais de estudo e da profissão jurídica

Como estudante, Afonso precisou frequentar a área urbana dos edifícios universitários, concretamente, o convento dominicano de *San Domenico Maggiore*.

Enquanto exerceu a advocacia, teve que transitar especialmente na área do foro. O edifício do *Castel Capuano* e seus agitados arredores foram, sem dúvida, lugares urbanos de contínua referência para o advogado Liguori.

- O hospital dos *Incurabili*

Junto com algumas igrejas e o foro, o hospital de *Santa Maria del Popolo degli Incurabili* constituiu um dos cenários urbanos mais significativos na biografia de Afonso. Não procurou esse lugar como profissional da medicina, mas sim, como expressão e prática de seu amor a Deus, manifestado no serviço da misericórdia aos enfermos. Isso aconteceu, principalmente, na etapa profissional de advogado e anos anteriores ao sacerdócio.

O lugar também teve significação especial para o amigo de Afonso, Januário Sarnelli, embora até hoje (abril de 2017), não tenha sido encontrada nenhuma prova de sua passagem pela instituição.

Ao complexo dos *Incurabili* pertencia a capela de *Santa Maria Sucurre Miseris* (séc. XVI), onde se reunia a *Confraria dos Brancos da Justiça* (*Bianchi*, pela cor do capuz e da túnica que os confrades vestiam para acompanhar os condenados à morte), fundada em 1430 pelo franciscano Tiago da Marca (Domenico Gangali) (1393-1476). A ela Afonso pertenceu de 15 de abril de 1725, depois de ter recebido as ordens

160 Ver a verificação, por exemplo, na correspondência epistolar: G. Orlandi, *Introduzione generale*: S. Alfonso Maria de Liguori, *Carteggio. I. 1724-1743*. A cura di G. Orlandi (Roma, 2004) 54-55.

menores, até sua morte. Esse serviço assistencial lhe proporcionou dados de experiência para seus *Avisos aos sacerdotes que assistem aos condenados à morte*, pequeno livro publicado em 1775 (Nápoles) e 1777 (Veneza), sempre acompanhando a obra *Vittorie de' Martiri*[161].

- Na colina do Colégio dos Chineses

Depois da ordenação sacerdotal, Afonso fixou sua residência no *Colégio dos Chineses* (oficialmente: *Collegio della Santa Famiglia*) durante três anos (de 1729 a 1732). O colégio ficava ao norte da cidade, saindo do perímetro urbano, nas encostas de Capodimonte. A inicial *Villa Pirozzi*, comprada por Matteo Ripa dos olivetanos, era chamada *Paradiso* em razão do esplêndido panorama que dali se descortinava. Tanto a subida, da cidade até o Colégio, quanto a descida, até o perímetro urbano, sem dúvida exigiam grande esforço. Uma das etapas do caminho coincidia com a *Via dei Vergini*, bem conhecida dos Liguori.

- Fora da cidade de Nápoles

Com a fundação da Congregação do Santíssimo Redentor (1732), a residência de Afonso ficou ligada à itinerância própria da opção de vida que assumiu.

O parêntese do episcopado ainda lhe proporcionou o âmbito geográfico de uma pequena diocese (Santa Águeda dos Godos) na província de Benevento.

2.3.3. *Complemento Bibliográfico*

Estudos sobre os lugares de residência dos Liguori na cidade de Nápoles

- D. Capone, *L'abitazione di S. Alfonso a Napoli, da giovane: Contributi*, 67-79.
- R. Tellería, *Super domibus palatiatis familiae S. Alfonsi. Adnotationes et Documenta:* SH 13 (1965) 98-147.

---

161 De Meulemeester, I, 165; Ferrero-Boland, 531. Ver a contextualização histórica apresentada por Tellería, I, 109-110; II, 544-545.

- Id., *Il palazzo della famiglia di S. Alfonso a Marianella nel Settecento:* SA 30 (1959) 125-126.

- O. Gregorio, *La casa abitata a Napoli da Sant'Alfonso de Liguori:* SH 20 (1972) 324-335.

- P. Pietrafesa, *Marianella: la casa natale di S. Alfonso M. de' Liguori* (Pompei, 1978) mimeografado.

Guias dos lugares afonsianos

- R. Tellería, *Peregrinus Alphonsianus* (Roma, 1957).

- J. J. Ruef, *Una peregrinación alfonsiana* (Salamanca, 1984; original de 1980, Roma).

- *Guía al itinerario alfonsiano. Nápoles y Provincia* (Nápoles, 1998).

TERCEIRA SEÇÃO

A Igreja na Nápoles no séc. XVIII

Embora não de forma exaustiva, nos interessa expor de modo bastante amplo a situação da Igreja no Reino de Nápoles. É nessa Igreja que ganham significado a pessoa e obra de Afonso de Liguori.

Para ressaltar esse último dado, ou seja, a inserção de Afonso no âmbito eclesial, acrescentamos à descrição de alguns aspectos da Igreja napolitana o modo de Afonso pensá-los.

Dividimos o conteúdo da seção em cinco aspectos sucessivos:

- No primeiro, nos fixamos em aspectos externos, ou seja, lugares de culto, concretamente, as igrejas. Nesse aspecto, a cidade de Nápoles do séc. XVIII possui um grande número de templos e não menor riqueza de arte.
- No segundo, consideramos aspectos preferentemente institucionais, mas também referindo explicitamente pessoas que se destacam pela santidade.
- No terceiro, o olhar se concentra no mundo clerical: sacerdotes e bispos.
- O quarto olhar é dedicado à realidade dos religiosos e leigos.
- Na última aproximação, aludimos ao fomento da vida religiosa e moral e percursos pastorais da atuação eclesial.

Portanto, estes são os temas e títulos dos cinco capítulos da presente seção:

3.1. Panorama religioso externo.

3.2. Instituições eclesiásticas e pessoas relevantes na Igreja de Nápoles.

3.3. O clero na Igreja de Nápoles (séc. XVIII).

3.4. Os religiosos e leigos em Nápoles (séc. XVIII).

3.5. Percalços da vida religiosa e moral na Nápoles do século XVIII. Orientações de Afonso de Liguori.

3.1. PANORAMA RELIGIOSO EXTERNO DA CIDADE DE NÁPOLES

A Nápoles do séc. XVIII não tinha tantas igrejas e edifícios religiosos como a Nápoles de hoje. Atualmente, a cidade partenopeia detém o recorde de maior número de igrejas em uma população (mais de 400).

Sem dúvida, já no séc. XVIII, Nápoles era denominada "a cidade das quinhentas cúpulas", muitas das quais foram derrubadas por terremotos, incêndios e bombardeios bélicos. Em 1872, a *guida sacra* do sacerdote G. A. Galante dava a cifra aproximada de 300 igrejas, a maior parte (220) de fundação antiga, 65 do séc. XVII e apenas 15 do séc. XVIII; a esse número precisamos acrescentar uma dúzia de capelas ou igrejas menores[1]. Portanto, trata-se de número elevado de edifícios religiosos que, somados aos oficiais e de caráter nobiliário, ofereciam singular imagem do panorama urbano de Nápoles no séc. XVIII.

---

[1] G. A. Galante, *Guida sacra della città di Napoli* (Nápoles, 1872).

3.1.1. Expressões arquitetônicas de arte e de fé

Sem sequer pensar em referir o nome de cada uma delas, destacamos igrejas mais importantes no panorama religioso externo de Nápoles no séc. XVIII[2]. Podemos imaginar que ao leigo, sacerdote e bispo Afonso de Liguori, esses espaços religiosos ofereceram, não apenas a possibilidade de expressar a fé e realizar seu carisma missionário de pregador e confessor, mas também configuraram, de certa maneira, sua compreensão e vivência cristã. No espaço arquitetônico da maior parte dessas igrejas, arte e fé alcançaram articulação dificilmente superável.

– O Duomo ou igreja catedral

Na época de Afonso, como ainda hoje, a catedral de Nápoles continha três igrejas: 1. Na esquerda, a basílica de **Santa Restituta**, provavelmente edificada sobre a primeira igreja construída em Nápoles, na época de Constantino. 2. No centro, a **igreja catedral**, obra do arquiteto Nicolás de Pisa, do tempo dos reis Carlos I e II de Anjou, construída sobre a antiga basílica do Salvador. 3. A terceira, do lado direito, a magnífica capela barroca (séc. XVIII) do **tesouro de São Genaro**.

A catedral possuía (e possuiu) o **batistério** mais antigo do ocidente, da época do bispo Severo, fins do séc. IV. Apresenta planta quadrada, mas, ao subir as escadas, os cantos são atenuados para formar um tambor octogonal coberto pela cúpula, onde brilham belíssimos mosaicos de fabricação artística, superior aos excelentes de Roma e Ravena. O batismo era celebrado derramando água sobre a cabeça do catecúmeno adulto imerso até os joelhos no quadrilátero da fonte batismal.

– Igrejas paleocristãs e basílicas bizantinas

Afonso pode visitar lugares religiosos, submetidos a muitas modificações, tanto na Idade Média, quanto nos sécs. XVI-XVII,

---

2 Ver a bibliografia ao final desta seção.

cujas construções refletiam, ao mesmo tempo, os inícios da fé cristã na Nápoles romana e bizantina.

A igreja de **São Pedro ad Aram** é construção do séc. XVII, mas foram descobertos restos de uma igreja antiga. A tradição sustenta que o apóstolo Pedro parou em Nápoles quando se dirigia a Roma e, junto ao porto, batizou Santa Cândida e São Aspreno.

A igreja de **San Giorgio Maggiore**, de planta basilical, foi erguida na época bizantina (séc. IV-V) e reestruturada várias vezes após diversos terremotos (1635, 1732, 1805, 1870). Nessa igreja, cuja entrada atual corresponde à ábside da primitiva basílica, encontra-se a cátedra ou sede em pedra atribuída ao bispo Severo (*sedes Beati Severi antistetis et patroni napolitani*).

A igreja de **Santa Maria Maggiore**, uma basílica paleocristã do séc. VI, adquiriu formas barrocas entre 1653 e 1667.

A capela de **Santo Aspreno al porto**, situada na atual *Piazza di Giovanni Bovio,* remonta ao séc. VIII.

A igreja dos **Santi Apostoli**, construída sobre um templo pagão e reconstruída pelos teatinos no séc. XVII, conserva a inicial "munificentia constantiniana" à qual foram acrescentadas riqueza e elegância arquitetônicas e pictóricas do séc. XVII napolitano.

– Igrejas Medievais

Da Alta e da Baixa Idade Média procedem algumas das mais belas igrejas napolitanas. Entre outras, cabe ressaltar:

A igreja basílica de **San Paolo Maggiore**, proveniente dos sécs. VIII-IX, mas reconstruída entre os sécs. XVI-XVII pelos teatinos, possuía uma fachada grandiosa, adornada com oito colunas coríntias que podem ter pertencido ao pórtico de um antigo templo dedicado a Cástor e Pólux, sobre o qual foi construída, mais tarde, a igreja medieval, da qual não sobrou quase nada.

A igreja de **San Eligio Maggiore** foi erguida pelos monarcas angevinos (Carlos I) a partir de 1270, com estilo gótico francês.

A igreja de **San Lorenzo Maggiore**, um dos edifícios medievais mais belos de Nápoles, com magníficas tumbas, foi construída por Carlos de Anjou no séc. XIII. A fachada barroca é do séc. XVIII. Nessa igreja, Boccaccio encontrou seu amor, Fiammetta; e Petrarca rezou, na noite de 4 de novembro de 1343, aterrorizado pela profecia de certo ermitão sobre uma desastrosa tormenta.

A igreja basílica de **Santa Chiara** (1310) tem impressionante extensão e altura e é circundada por grande galeria de balcões dourados (coro das monjas), por sua vez, sustentada com enormes pilastras de mármore de diferentes cores que lhe davam aparência, mais de um grande e magnífico salão, que de um devoto e recolhido espaço religioso. A igreja pertencia ao convento mandado construir no séc. XIV por Roberto de Anjou a pedido de sua esposa Sancha de Mallorca, esposa não correspondida no amor matrimonial, para mais de trezentas monjas clarissas, em cuja companhia a rainha terminou seus dias[3]. Ao convento foi acrescentado um admirável (ainda hoje) pátio-jardim projetado no séc. XVI, enriquecido com alegres histórias e motivos florais e geométricos, expressos em brilhantes azulejos (séc. XVIII).

A igreja de **Santo Domenico Maggiore** foi querida por Carlos II de Anjou e construída entre 1283 e 1329. No convento adjacente a essa igreja, frequentada pela nobreza aragonesa, encontram-se recordações de Tomás de Aquino[4]. "Na igreja dos dominicanos venerei o santíssimo Cristo que falou a Santo Tomás de Aquino dizendo-lhe: *Bene scripsisti de me Thoma;* e na chegada ao convento, tive o consolo de orar na cela que foi do santo e agora é capela"[5]. É possível que aqui Afonso tenha vindo encontrar o padre dominicano Fiorillo para consultá-lo sobre seu carisma de fundador de um novo instituto missionário.

---

[3] B. Spila, *Un monumento di Sancia in Napoli* (Nápoles, 1901).

[4] L. Salerno, *Il convento di S. Domenico Maggiore in Napoli* (Nápoles, 1997); G. Barbarulo, *Il patrimonio di S. Domenico Maggiore in Napoli*: Campania Sacra 39 (2008) 13-74; O. Floglia - I. Maietta (ed.), *La fabbrica di San Domenico Maggiore a Napoli. Storia e restauro* (Nápoles, 2016).

[5] J. Andrés, *Nápoles (Cartas del Viaje de Italia)* [1786]. Edição atual de P. Aullón de Haro (Madri, 2016) 26.

A igreja do **Carmine Maggiore** é de fundação real e possui o mais alto campanário (séc. XVIII) de Nápoles. No interior, de grande beleza e riqueza artística, encontra-se a tumba do príncipe Conradino de Hohenstaufen, decapitado por ordem de Carlos I de Anjou. Também está sepultado Masaniello, bem como vários patriotas justiciados em 1799, justiciamento que era realizado na vizinha Praça do Mercado.

A igreja de **San Martino**, cuja construção foi iniciada em 1325 pelo duque Carlos de Calábria, estava vinculada à Cartuxa de mesmo nome, um complexo artístico, museal (de presépios, entre outros objetos) e de cultura (biblioteca), que constitui um dos pontos altos do barroco napolitano[6]. Como inteligentes colecionadores, os cartuxos encarregaram grandes artistas do momento de embelezar seu impressionante espaço entre os sécs. XVI-XVII. Além disso, o edifício da Cartuxa está situado sob a proteção do *Castel Sant'Elmo*, em lugar privilegiado, desde onde se desfrutam as vistas espetaculares da cidade, baía, península sorrentina e Vesúvio.

A igreja de **San Giovanni a Carbonara** (o nome *carbonara* provinha da queima de resíduos fora das muralhas da cidade), construída pelos agostinianos em 1343, guarda o mausoléu do Rei Ladislao e o sepulcro do famoso Caracciolo, privado e amante da rainha Joana II, que interveio na conjuração e concomitante assassinato.

A igreja de **Santa Maria Maggiore**, construída entre os sécs. X e XI, foi remodelada em estilo barroco, mas conservando seu campanário, único exemplo de arquitetura medieval em Nápoles.

– Deslumbrantes igrejas renascentistas dos sécs. XVI-XVII

Os séculos XVI-XVII foram época em que a edificação dos espaços religiosos ganhou importância especial na cidade de Nápo-

---

6 J. N. Napoli, *Artist, Patrons, and Trust in Seventeenth-Century Naples: The Case of the Certosa di San Martino*: California Italian Studies 3 (2012) n. 1.

les[7]. Mencionamos algumas das igrejas construídas nesses séculos (e no século precedente).

A igreja do **Gesù Nuovo** se localiza em frente à de *Santa Chiara*. Era dos jesuítas e, depois da expulsão, passou aos franciscanos. Diz um viajante do séc. XVIII: "Pelo que ouvi dos inteligentes, e também li em alguns viajantes, é a mais bela e majestosa igreja de Nápoles e, segundo alguns, de toda a Europa, depois da de São Pedro em Roma, que lhe serviu de modelo; mas, por ter sofrido a queda, ou ameaça de queda de sua cúpula, obrigam-se a mantê-la fechada e atualmente não pode ser visitada"[8]. Com certeza, a avaliação do jesuíta do século XVIII é verdadeira também para o viajante de hoje.

A igreja de **Sant'Angelo a Nilo**, da época renascentista, foi construída na praça onde havia uma representação do rio Nilo (por isso: *ad Nilum*) que a colônia alexandrina doara aos romanos de Nápoles.

A igreja do **Gesù delle Monache** foi construída no séc. XVI e restaurada, em estilo barroco, em fins do séc. XVIII.

A igreja dedicada à **Natividade de Maria e a Todos os Santos**, sufragada pelos filipinos (Girolamini) em fins do séc. XVI, foi obra do arquiteto Antônio Dosio, inspirado nas formas do classicismo toscano. Adornam a fachada duas estátuas, de São Pedro e São Paulo. O interior está enriquecido, entre outras expressões pictóricas, por afrescos de Luca Giordano e Guido Reni.

A igreja de **Santa Maria delle anime del Purgatorio ad Arco** foi construída no ano de 1616. Enquanto o nível superior representa a dimensão terrena da vida cristã, o nível inferior, o hipogeu, é espaço desnudado simbolizando o purgatório. Apesar das repetidas proibições da Igreja, o culto às almas dos falecidos continua[9].

---

7 Uma enumeração bastante completa pode ser conferida em: Gleijeses, *La storia di Napoli dalle origini ai nostri giorni* (Nápoles, 1974) 634-635 (s. XVI), 637-638 (s. XVII).

8 J. Andrés, *Nápoles…*, 26.

9 R. Civitelli, *Il culto delle anime pezzentelle a Purgatorio al Arco nel secondo dopoguerra* (Nápoles, 2016).

- Igrejas vinculadas a grupos nacionais

A igreja de **Sant'Anna dei Lombardi** dá testemunho da relação entre os aragoneses e a dinastia florentina dos Médici. A igreja, do séc. XVI, conhecida como **Santa Maria di Monteoliveto**, mudou de nome ao ser cedida (1799) à confraria dos Lombardos.

A Igreja de **São Tiago dos espanhóis**, construída pelo vice-rei Pedro Álvarez de Toledo (1540), abriga vários túmulos e lápides sepulcrais de espanhóis ilustres. Algumas dessas lápides (na capela de Nossa Senhora de Montserrat) pertencem aos vice-reis de Mallorca e trazem inscrição em catalão. Essa igreja dos espanhóis guarda o monumental sepulcro do vice-rei fundador, obra mestra do Renascimento, do escultor João da Nola, bem como grandes tapeçarias e quadros de Luca Giordano, Marco Pino da Siena e outros pintores da época.

- Igrejas do séc. XVIII

A igreja de **San Nicola alla Carità**, obra arquitetônica do pintor Francisco Solimena, autor dos afrescos da abóboda (1701).

A igreja de **Santa Maria della Concezione a Montecalvario** (1714-1724), obra-prima de Domingos Antônio Vaccaro. Do mesmo arquiteto é a igreja de **San Michele Archangelo a Port'Alba** (1729-1735).

A igreja da **Nunziatella** foi construída em 1737 segundo projeto de Fernando Sanfelice.

A igreja dos **Padres da Missão** (vicentinos), além da bela fachada, abriga um dos complexos arquitetônicos mais interessantes do séc. XVIII, atribuído ao Padre André Gargani, sucedido por Vanvitelli.

Cabe assinalar também a artística (e, talvez, com alusões à simbologia maçônica) **Capella Sansevero**, da família de Sangro (de fins do séc. XVI), remodelada (1749-1766) por um dos descendentes, Raimundo de Sangro, grão-mestre da primeira loja maçônica de Nápoles. É impressionante a escultura do *Cristo velato*[10], bem como as que representam *Il Disinganno* e *La Pudicizia Velata*.

A igreja da **Madonna del Parto a Posilipo**, dos servitas, continha, atrás do altar-mor, o sepulcro do poeta J. Sannazaro. A igreja está construída no local ocupado pela casa de campo do poeta[11].

- Outras igrejas

Além das elencadas acima, havia (e ainda há hoje) outras muitas igrejas na Nápoles do séc. XVIII que, em alguma ocasião e por diferentes motivos, Afonso pode ter frequentado. Por exemplo: *San Gregorio Armeno; Santa Maria Incoronata; Santa Maria Donnalbina; Santa Maria della Sanità; Santa Maria di Costantinopoli; Santa Maria Regina Coeli; Santa Maria la Nova; Santa Maria del Popolo; Santa Maria Egiziaca; Santa Caterina a Formiello; San Pietro a Majella,* com a recordação de Celestino V, o Papa que renunciou. E, tantas outras.

> "Encontram-se em Nápoles mais de trezentas grandes igrejas, sem contar outros muitos oratórios e capelas que se acham por toda a parte. Só dos franciscanos, ouvi dizer, há dez ou mais conventos, dezoito dos dominicanos, além de outros nos arredores da cidade. De espanhóis, além daquele dos carmelitas, onde estive hospedado, vi outro dos mercedários e creio que há mais algum; com tudo isso, poderás formar uma ideia da população daquela cidade"[12].

Nota bibliográfica sobre as igrejas de Nápoles.

- G. A. Galante [prete napoletano], *Guida sacra della città di Napoli* (Nápoles, 1872).
- V. Gleijeses, *Chiese e palazzi della città di Napoli* (Nápoles, 1978).
- E. de Rosa, *Napoli sacra. Guida alle chiese della città* [Napoli], 15 cadernos (Nápoles, 2010).
- Vários, *Napoli sacra. Guida alle chiese della città* (Nápoles, 2013).

---

[10] O *Cristo velado* é considerado "um dos símbolos de Nápoles e até da Itália no mundo" (A. Forgione, *Made in Naples. Come Napoli ha civilizzato l'Europa (e come continua a farlo)* [Milão, 2016^6] 12).

[11] B. Croce, *Storie e leggende napoletane*. A cura di G. Galasso (Milão, 1990) 209-229: "La chieseta di Iacopo Sannazaro".

[12] J. Andrés, *Nápoles...*, 33-34.

- V. Regina, *Le chiese di Napoli. Viaggio indimenticabile attraverso la storia artística, architettonica, letteraria, civile e spirituale della Napoli sacra* (Nápoles, 2004, 2015²).

3.1.2. Igrejas com especial significado na biografia afonsiana

Tiveram especial significado na biografia de Afonso as seguintes igrejas, com seus respectivos locais de reunião e convivência:

- Na igreja de *San Giovanni "in porta"*, demolida em 1862, foi batizada a mãe de Afonso, Dona Anna Cavalieri[13].
- Na capela-paróquia de *Santa Restituta* (interior da catedral), os pais de Afonso se casaram em 15 de maio de 1695[14]. No mesmo local, Afonso recebeu a tonsura e o subdiaconato. Também aqui, Afonso pregou retiro ao clero napolitano, de 16 a 23 de outubro de 1732.
- A igreja de *Santa Maria dei Vergini* era igreja paroquial dos Liguori quando Afonso nasceu[15]. Foi construída na Idade Média, amplamente restaurada no séc. XVIII, e destruída por um bombardeio na II Guerra Mundial, do qual saiu ilesa a fonte batismal de 1600, onde Afonso foi batizado em 1696 (bem como seus irmãos)[16]. Uma das capelas laterais (lado esquerdo de quem entra) é dedicada a Santo Afonso.
- No *Duomo* (catedral), Afonso foi ordenado sacerdote em 21 de dezembro de 1726, com trinta anos de idade. Aqui, Caetano, irmão de Afonso, atuou como capelão durante 40 anos.
- No lado esquerdo da ábside da catedral encontra-se a *capela dos Ilustríssimos* (com notáveis afrescos sobre a árvore de Jessé e histórias da Paixão) que pertencia às Missões Apostólicas; nela, Afonso rezou e recebeu formação missionária

---

13 Tellería, I, 6.

14 *Ibidem.*

15 Sobre a história e significado arquitetônico dessa igreja: E. Ricciardi, *La Chiesa di Santa Maria dei Vergini* (Nápoles, 1998).

16 *Contributi*, 38-39.

como membro dessa fraternidade sacerdotal, na qual se inscreveu em 1724.

- A monumental igreja dos filipinos (*Girolamini*), com seus salões dedicados aos Oratórios, foi outro dos lugares mais frequentados pela família Liguori-Cavalieri. Era onde se reunia a Sociedade dos Jovens Nobres, à qual pertenceu Afonso e onde encontrava o Padre Tomaso Pagano, seu confessor e diretor espiritual durante 30 anos[17].
- Para a paróquia de *Santo Ângelo a Segno*, o cardeal designou o seminarista Afonso; consequentemente, foi onde ele deu catequese nessa primeira etapa de formação. Também foi nessa igreja que Afonso celebrou sua primeira missa. Era uma "pequena igreja para uma paróquia também pequena - quinhentas almas - a cinquenta passos de sua casa"[18].
- Na igreja da Misericordiella, quase em frente à igreja dos vicentinos na Via dei Vergini, Afonso colaborou por, ao menos, dois anos e meio quando se preparava para o sacerdócio (consta pelas assinaturas de assistência registradas pelo pároco), especialmente no serviço aos sacerdotes peregrinos, enfermos e encarcerados[19].
- Na igreja *Nossa Senhora das Mercês*, onde eram recolhidas as esmolas para a redenção dos cativos (capturados por piratas muçulmanos), Afonso ofereceu seu espadim de cavaleiro à Virgem.
- Afonso pregou em muitas igrejas: na do *Espírito Santo*, onde seu pai ficou gratamente impressionado ao ouvir o sermão do filho (1729); na de *San Giovanni Maggiore*, onde pregou uma novena da Assunção de Nossa Senhora que, segundo Tannoia, valeu por uma Missão[20]; na igreja *della Trinità* onde, por ocasião de um retiro para a confraria dos peregrinos

[17] Sobre a relação do adolescente e jovem Afonso com os filipinos, insiste: Tellería, I, 14-17.

[18] Rey-Mermet, 145.

[19] *Ibidem*.

[20] Tannoia, II, 197-198.

(1760), Afonso fez executar o famoso *Duetto*, oratório musical que havia composto.

Convém levar em conta que, conforme anotamos no cap. 3 da seção anterior, a primeira residência da família Liguori-Cavalieri em Nápoles ficava na zona fora dos muros da cidade, onde estavam as igrejas de *San Giovanni "in porta"*, bem como a de *Santa Maria dei Vergini*. Na época dos estudos universitários de Afonso, a família Liguori-Cavalieri se transferiu do bairro *dei Vergini* para um lugar mais próximo ao ambiente universitário (*San Domenico Maggiore*) e jurídico (*via dei Tribunali*): fixou-se, então, em *alle Anime*, perto da igreja de *Santa Maria delle Anime del Purgatorio ad Arco*, construída no séc. XVII para dar sepultura aos pobres da cidade, com uma igreja inferior (hipogeu) onde, como dissemos, ainda hoje se celebra o culto das almas do purgatório.

3.2. INSTITUIÇÕES ECLESIÁSTICAS E PESSOAS RELEVANTES NA IGREJA DE NÁPOLES

3.2.1. As instituições eclesiásticas no Reino de Nápoles

No Reino de Nápoles do séc. XVIII, a Igreja possuía, enquanto instituição social e pública, não apenas um imenso caudal ideológico-simbólico (crenças, práticas religiosas, valores, etc.), mas também grande riqueza cultural e material. Quanto às rendas, a porção da Igreja era "igual à soma das rendas feudais e créditos da Coroa, com uma base agrária pouco inferior a um milhão de hectares, ou seja, 12 ou 13 por cento de toda a superfície do Reino"[21]. Toda essa riqueza, material e ideológica, tinha sido acumulada ao longo dos séculos[22].

No Reino de Nápoles do séc. XVIII, a Igreja contava com extensa rede de instituições diocesanas e paroquiais, às quais devemos

---

21 G. Galasso, *L'Altra Europa* (Milão, 1982) 424.

22 G. Brancaccio, *La geografia ecclesiastica*: G. Galasso - R. Romeo (ed.), Storia del Mezzogiorno. IX. Aspetti e problemi del Medioevo e dell'età moderna - 2º (Nápoles, 1993) 233-276.

acrescentar outras muitas de variadas origens e diversas constituições (ordens religiosas, confrarias, etc.)[23].

- A Igreja era formada por dioceses muito pequenas e paróquias muito grandes. Em média, cada diocese contava com 34 mil habitantes, distribuídos em 28 paróquias, cada uma tendo ao redor de 1.200 pessoas.
- Excluídas as 9 da Sicília, a parte continental do Reino contava com 131 dioceses, das quais, 21 eram arquidioceses. As dioceses se diferenciavam bastante entre si, também pelo número de fiéis. Assim, a diocese de Nápoles era muito grande, contando com cerca de meio milhão de fiéis; havia aquelas de tamanho médio, como a de Bari, que contava com 71.501 fiéis; outras eram pequenas e algumas até minúsculas, como as de Ravello e de Scala que, juntas, não chegavam a 3.233 fiéis.
- Às sedes episcopais precisamos somar 300 capítulos catedralícios e colegiados. Por outro lado, convém notar que havia dioceses com direito régio à apresentação do bispo (dioceses *regias*) e dioceses que dependiam inteiramente do Papa para a nomeação do bispo (dioceses *papalinas*). O direito de apresentação vinha da concessão dada pelo Papa Clemente VII a Carlos IV, em 29 de junho de 1529 (*Concordia de Barcelona*)[24].
- As paróquias ficavam ao redor de 3.700: relativamente poucas e, certamente, mal distribuídas, mesmo contando com número impreciso de igrejas filiais. A esse número é preciso acrescentar as igrejas "recetícias" ou de participação, que ficavam entre 800 e 1.000 (igrejas fundadas por leigos sobre um capital de bens com quota destinada aos eclesiásticos, que participavam do fundo a título de "recepti" ou "ricettizi").

---

[23] Ver a detalhada descrição oferecida por G. Orlandi, *Essere vescovo nel Regno di Napoli nel Settecento*: SH 60 (2012) 116-128 (estruturas eclesiásticas: paróquias, confrarias, estruturas religiosas); 129-143 (diocese).

[24] *Ibid.*, 134-135.

- Abundavam as confrarias: no Reino havia mais de 13.000 (300 em Nápoles) lugares pios de caráter leigo ou misto e 6.000 administrados por eclesiásticos. Muitos desses locais dependiam de confrarias, como trataremos no cap. 4 da presente seção.
- As abadias *nullius* alcançavam a cifra de 52 e as abadias simples chegavam a 160.
- No conjunto do Reino, as casas religiosas ultrapassavam o número de 2.000 em 1799. No início do séc. XVIII, só a cidade de Nápoles contava com 150 casas religiosas, entre masculinas e femininas.

"Ao longo do séc. XVIII, os ambientes reformistas tinham insistido na denúncia da riqueza dos eclesiásticos e, especialmente, dos conventos, sublinhando as ruinosas consequências econômicas e absoluta necessidade de medidas radicais sobre o assunto. Galanti sustentava que os religiosos tiravam da economia do Reino 5.011.300 ducados anuais, estimativa que até mesmo Bianchi achava exagerada. Há os que afirmam que as casas religiosas que iam bem economicamente eram 'uma exígua minoria'. Além disso, não se pode esquecer que os bens de sua propriedade também tinham destinação caritativa e social"[25].

Para o conjunto do Reino, estima-se que, entre igrejas, capelas, centros de confrarias, de congregações ou de entidades similares, os locais de caráter religioso se situavam ao redor da cifra de 13.000.

3.2.2. *A santidade oficial*

Já foi dito, e escrito, que o séc. XVIII é pobre em santos, que é um "século sem santos". Tal rótulo foi aplicado ao *Settecento* napolitano.

Mas os dados não confirmam completamente essa posição[26]. Parece-nos mais objetiva a seguinte avaliação de um historiador napolitano:

---

25 *Ibid.*, 128.

26 J.-M. Sallman, *Naples et ses saints à l'âge baroque (1540-1750)* (Paris, 1994).

"O *Settecento* napolitano não é apenas o século da música dos Scarlatti, de Cimarosa e de Pergolesi, da *Storia civile del Regno di Napoli* de Pedro Giannone, da *Scienza Nuova* de João Batista Vico, da primeira cátedra de economia política de Antônio Genovesi e do tratado *Della moneta* de Fernando Galiani, das *Riflessioni politiche* de Caetano Filangieri, dos grandes jurisconsultos e dos grandes eruditos: é também o século dos santos"[27].

Dentre os santos napolitanos do séc. XVIII, anotamos os nomes dos mais relevantes:

- **José da Cruz** (Giovan Giuseppe della Croce; na vida civil: Carlo Gaetano Caloristo) (1654-1734). Foi franciscano alcantarino. Viveu no convento de *Santa Lucia al Monte*, de Nápoles. Quando houve a separação dos alcantarinos em dois ramos, espanhol e italiano, foi eleito geral dos italianos. Levava vida ascética e tinha dons de bom conselheiro espiritual que exercitou, inclusive, com Afonso (com quem foi canonizado em 1839 ao lado, ainda, de Francisco de Jerônimo).
- **Maria Francisca das Cinco Chagas** (na vida civil: Ana Maria Rosa Nicoletta Gallo) (1715-1791). Foi membro da ordem terceira regular de São Francisco. Nascida nos *Quartieri spagnoli* de Nápoles, frequentava a igreja de *Santa Lucia al Monte*, anexa ao convento dos alcantarinos, onde teve como diretor espiritual o já mencionado José da Cruz. Tinha fama de possuir o carisma da profecia e dom dos estigmas. Foi canonizada em 1867 pelo Papa Pio IX. É a única mulher (virgem) santa do Reino de Nápoles (das declaradas oficialmente)[28].
- **Geraldo Majella** (1726-1755). Foi irmão coadjutor da Congregação do Santíssimo Redentor, fundada pelo protagonista do presente volume, Afonso de Liguori.

---

27 F. Chiovaro, *Il beato Gennaro Maria Sarnelli redentorista (1702-1744)* (Materdomini, 1996) 6.

28 Vários, *La santa dei Quartieri. Aspetti della vita religiosa a Napoli nel Settecento*: Campania Sacra 22 (1991) número monográfico.

Também deve ser contado, entre os santos oficiais, o jesuíta Francisco de Jerônimo (1642-1716), de quem falaremos em seguida.

3.2.3. *Outras personalidades relevantes na Igreja Napolitana*

- Um apóstolo "carismático"

Assim foi o jesuíta **Francisco de Jerônimo (1642-1716)**, missionário do Reino e apóstolo da cidade de Nápoles, nas camadas mais baixas: empesteados, presidiários, remadores das galeras[29]. Em razão desse ministério, pode tecer relações com Dom Giuseppe Liguori, a quem veio felicitar pelo nascimento de seu primogênito, Afonso. Dessa visita, a tradição recolheu uma espécie de profecia sobre a canonização de Afonso[30]. A história confirmou a profecia: em 16 de maio de 1839, os nomes de Afonso e de Francisco foram inscritos conjuntamente no catálogo dos santos.

- Dois "agitadores sociorreligiosos"

O dominicano **Gregório Maria Rocco** (1700-1782), que Alexandre Dumas dizia ser "mais poderoso em Nápoles que o administrador, o arcebispo e, até mesmo, o rei", prodigalizou obras de assistência social e apostolado para as pessoas mais pobres e marginalizadas[31]. Influenciou o rei Carlos de Bourbon na construção do *Real Albergo dei Poveri* (1751). O padre Rocco, amigo de Afonso, disse um dia ao Padre Blasucci: "o vosso Dom Afonso, meu amigo, na juventude era tão inflamado de zelo pela salvação dos pecadores que tinha vontade de santificar o mundo inteiro de uma só vez"[32]. Ao célebre dominicano também é atribuída uma frase sobre Januário Sarnelli: "Realmente, o Padre Sarnelli quer tirar o pecado do mundo"[33].

---

[29] F. M. D'Aria, *Un restauratore sociale. Storia critica della vita di San Francesco de Geronimo da documenti inediti* (Roma, 1943).

[30] Tannoia, I, 4.

[31] A. Capecelatro, *La vita del Padre Rocco narrata particolarmente ai popolani* (Roma, 1891); E. A. Giardino, *Il predicatore delle strade di Napoli. P. Gregorio Rocco* (Nápoles, 1987).

[32] Blasucci, *Orazione panegirica*, 57. Citado por: Tellería, I, 121, nota 14.

[33] Citado por: F. Chiovaro, *Il beato Gennaro Maria Sarnelli redentorista (1702-1744)* (Materdomini, 1996) 87.

O jesuíta **Francisco Pepe** (1684-1759), missionário popular e escritor[34], manteve boa relação com a monarquia bourbônica napolitana. Teve expressões duras contra os judeus e lutou contra os maçons; com isso, contribuiu para que essas duas coletividades fossem expulsas ou proibidas no Reino de Nápoles[35]. Em 18 de maio de 1751, o Papa Bento XVI reafirmou a condenação da maçonaria através da Bula *Providas*. O Padre Pepe publicou 8 volumes de *Lezioni Sacre* sobre as *Grandezze di Gesù Cristo e della Gran Madre Maria Santissima* (1745-1748). A obra teve muita influência na composição das *Glórias de Maria* de Afonso de Liguori, com quem o Pe. Pepe manteve relação epistolar[36]. Por ocasião da morte do Pe. Pepe, houve grandes manifestações de dor, sobretudo da parte dos grupos mais humildes da cidade de Nápoles.

3.2.4. *Complemento bibliográfico*

Sobre a situação sociorreligiosa de Nápoles na época de Afonso

- B. Croce, *La vita religiosa a Napoli nel Settecento:* Id., Uomini e cose della vecchia Italia, II (Bari, 1927) 113-158.
- P. López, *Riforma cattolica e vita religiosa a Napoli dalla fine del Cinquecento ai primi Settecento* (Nápoles, 1964).
- A. Prandi, *Religiosità e cultura nel '700 italiano* (Bolonha, 1966).
- M. Rosa, *Riformatori e ribelli nel '700 religioso italiano* (Bari, 1969).
- Id., (ed.), *Cattolicesimo e Lumi nel Settecento italiano* (Roma, 1981).
- Id., *Settecento religioso. Politica della Ragione e religione del cuore* (Veneza, 1999).
- R. De Maio, *Società e vita religiosa a Napoli nell'età moderna (1656-1799)* (Nápoles, 1971).
- Id., *Napoli sacra negli anni di Pergolesi*: F. Degrada (ed.), Pergolesi Studies. Studi Pergolesiani (Scandicci, Florença, 1986) 25-32.

---

[34] P. Palmieri, *Pepe, Francesco*: Dizionario Biografico degli Italiani 82 (2015) s. v.

[35] E. Papa, *Padre Francesco Pepe S. I. e la sua attività apostolica a Napoli nel giudizio del nunzio Gualtieri*: Archivium Historicum Societatis Iesu 27 (1958) 307-326.

[36] R. Tellería, *De spirituali B. Mariae Virginis Immaculatae praesentia in familia alfonsiana*: SH 3 (1955) 135.

- G. de Rosa, *Vescovi, popolo e magia nel Sud. Ricerche di storia socio-religiosa dal XVII al XIX secolo* (Nápoles, 1971).
- Id., *Chiesa e religione popolare nel Mezzogiorno* (Bari, 1979[2]).
- Id., *La religione popolare. Storia, teologia, pastorale* (Roma, 1981).
- D. Ambrasi, *Aspetti della vita sociale e religiosa di Napoli tra il 1759 e il 1776 attraverso le lettere di Bernardo Tanucci a Carlo III:* Campania Sacra 3 (1972) 61-112.
- Id., *Riformatori e ribelli a Napoli nella seconda metà del Settecento* (Nápoles, 1979).
- G. Galasso - C. Russo (ed.), *Per la storia sociale e religiosa del Mezzogiorno d'Italia,* 2 vol. (Nápoles, 1983).
- G. Orlandi, *Società e religione nel regno di Napoli alla metà del '700:* Vários, San Gerardo tra spiritualità e storia (Materdomini, 1993) 169-245.
- Id., *Essere vescovo nel Regno di Napoli nel Settecento:* SH 60 (2012) 113-222.
- C. Russo (ed.), *Chiesa, assistenza e società nel Mezzogiorno moderno* (Galatina, 1994).
- G. Galaso, *L'altra Europa. Per un'antropologia storica del Mezzogiorno d'Italia.* Nuova edizione accresciuta (Lecce, 1997).
- T. Astarita (ed.), *A Companion to Early Modern Naples* (Leiden-Boston, 2013) 177-308: "Society and Religion", com um estudo sobre as *minorias religiosas* no Reino de Nápoles: P. A. Mazur, "A Mediterranean Port in the Confessional Age: Religious Minorities in Early Modern Naples", p. 215-234.

Sobre a situação da Igreja na Nápoles suburbana (área fora da cidade, com uns 37 *casali*)

- G. Garzya, *Reclutamento e sacerdotalizzazione del clero secolare della diocesi di Napoli. Dinamica di una nuova politica pastorale nella seconda metà del Seicento*: G. Galasso - C. Russo (ed.), Per la storia sociale e religiosa del Mezzogiorno d'Italia (Nápoles, 1982) II, 81-157.
- C. Russo, *Chiesa e comunità nella diocesi di Napoli tra Cinque e Settecento* (Nápoles, 1984).

3.3. O CLERO NA IGREJA DE NÁPOLES (SÉC. XVIII)

No Reino de Nápoles, o conjunto do pessoal eclesiástico era numericamente elevado no séc. XVIII. "Uma estimativa de 1734 revela que o número de eclesiásticos - incluídas as religiosas - chegava a 120.000, igual a 4% da população. Galanti estimava 112 mil para o ano de 1759, incluindo 51.800 religiosos e 23.600 religiosas. Em 1786, o número de padres e frades havia diminuído, chegando a 72.632 e em 1792, a 64.000. No ano de 1787, pertenciam ao clero diocesano 47.233 padres. Supunha-se que cada um tinha uma renda anual de, pelo menos, 30 ducados: 10 procedentes do patrimônio eclesiástico e 20 de espórtulas de missas adventícias"[37].

3.3.1. *Sacerdotes seculares*

- Avaliação resumida

Na cidade de Nápoles, "os sacerdotes seculares passaram de 0,98% da população em 1688, para 1,19% em 1765; para 1% em 1770; para 0,95% em 1789 e para 0,67% em 1790"[38]. Deve-se ainda levar em conta que pequena parte do clero napolitano emigrava para Roma[39].

É difícil emitir uma avaliação sumária sobre a situação do clero napolitano no séc. XVIII. Recolhemos avaliações situadas nos dois extremos, caberá ao leitor buscar o ponto de equilíbrio.

Valorização positiva foi a que emitiu o núncio de Nápoles, monsenhor José Locatelli, em seu relatório de 1763:

> "Embora haja poucos sujeitos ilustres por nascimento, não faltam, contudo, pessoas dotadas de doutrina, especialmente nas matérias eclesiásticas, de probidade de vida, de certa prática no governo das almas e, de vez em quando, é possível ver eruditos de grande prestí-

[37] G. Orlandi, *O Reino de Nápoles do século XVIII*: F. Chiovaro (ed.), *História da Congregação do Santíssimo Redentor*. Volume 1: As Origens (1732-1793). Aparecida: Santuário/Scala, 2019 p. 92.

[38] G. Orlandi, *O Reino de Nápoles do século XVIII...*, 93. Também: G. Orlandi, *Essere vescovo nel Regno di Napoli nel Settecento*: SH 60 (2012) 145-150 (sobre o clero na capital do Reino), 151-166 (sobre o clero nas províncias do Reino).

[39] G. Orlandi, *Essere vescovo...*, 166-167.

gio. Contribui para tudo isso, não apenas a rigorosa disciplina a que desde os primeiros anos estão submetidos os clérigos que começam jovens, e os exercícios de piedade aos quais ordinariamente estão dedicados, mas também os longos e bons estudos ministrados no célebre e numeroso seminário desse arcebispado"[40].

O núncio se referia ao Seminário Urbano, que também acolhia jovens provenientes de outras dioceses do sul.

A avaliação negativa foi escrita por Afonso de Liguori, em 1754, em carta dirigida ao cardeal Sersale, recém-nomeado arcebispo de Nápoles:

> "Vossa eminência não encontrará agora o clero de Nápoles como o tinha deixado: encontrará um clero arruinado e, portanto, também um povo arruinado; está especialmente decaído o espírito nos ordenandos e, o que é pior, inclusive nas três associações de sacerdotes que há muitos anos conservavam o espírito do clero napolitano, no passado, exemplar para todo o reino e, poderia dizer, para todo o mundo, mas agora teria que chorar ao ver como decaiu"[41].

Da sua parte, os arcebispos de Nápoles estavam suficientemente satisfeitos com seu clero[42]. Na diocese não faltavam figuras sacerdotais dignas da máxima consideração por sua preparação intelectual e santidade de vida. Algumas dessas figuras são referidas ao longo do presente capítulo e no cap. 2 da próxima seção.

- As confrarias sacerdotais

O clero abundante permitia que muitos sacerdotes, quase sempre do grupo dos melhores, além de realizarem o ministério ordinário, pudessem formar confrarias ou congregações diocesanas sem vida estritamente comunitária.

---

40 Citado em: G. Orlandi, *El Reino de Nápoles...*, 102-103.

41 *Lettere*, I, 253. Apostilla G. Orlandi, *El Reino de Nápoles...*, 103, nota 17: "Provavelmente o santo se referia aos aspectos negativos causados pela longa ausência do anterior arcebispo de Nápoles, cardeal Spinelli".

42 R. de Maio, *Società e vita religiosa a Napoli nell'età moderna (1656-1799)* (Nápoles, 1971) 340-346.

As principais sociedades ou congregações de sacerdotes, na Nápoles do séc. XVIII, foram as três seguintes[43]:

- Aquela fundada em 1611 pelo jesuíta napolitano **Francisco Pavone** (1569-1637) com o nome de *Congregazione dell'Assunta*, também conhecida como "Clérigos da Assunção" ou "Padres da Conferência" (ou apenas: *Conferência*). Tinha como objetivo ensinar o catecismo, pregar missões, fazer visitas aos hospitais, cadeias e assistir aos moribundos[44]. Em 1767, em virtude da supressão da Companhia de Jesus, os membros da Congregação foram recebidos pelos Padres *Girolamini* antes de serem renomeados e recolocados pelo arcebispo como "Academia e Conferência das Missões"[45].
- A congregação de *Santa Maria della Punta*, fundada em 1680 pelo mais prestigioso dos Pios Operários, o Pe. **Antônio Torres** (1637-1713)[46]. Os sacerdotes membros dessa congregação pregavam missões às próprias custas.
- A congregação de *Sancta Maria Regina Apostolorum*, ou das *Apostoliche Missioni*, também chamada "da Catedral" (em razão do local da fundação e certa vinculação institucional), ou "da Propaganda", já que seu objetivo era levar o Evangelho às terras pagãs, embora, de fato, tenha se concentrado em missões internas[47]. Essa congregação de sacerdotes havia

---

43 P. Orlando, *Congregazioni Missionarie Diocesane a Napoli*: Progresso del Mezzogiorno 11 (1987) n. 1, 42-62; n. 2, 60-74.

44 A. Barone, *Vita del p. Francesco Pavone della Compagnia di Gesù* (Nápoles, 1700); S. Santagata, *Istoria della Compagnia di Gesù* (Nápoles, 1757) IV, 432-436, 573-575; G. Baroni, *Notizie storiche delle congregazioni ecclesiastiche istituite dal ven. p. Francesco Pavone della Compagnia di Gesù* (Nápoles, 1853).

45 O. Gregorio, *Giuseppe Iorio amico e corrispondente di Sant'Alphonso*: Campania Sacra 4 (1973) 270-290.

46 L. Sabbatini, *Vita del Padre D. Antonio De Torres Preposito Generale della Congregazione de' Pii Operari* (Nápoles, 1732); G. Esposito, *Per la storia di un carisma apostolico. Dai Pii Operai ai Pii Operari Catechisti Rurali* (Reggio Calabria, 1977) 139-147.

47 J. Metzler, *Das erste Weltpriesterinstitut im Dienste der Propaganda*: Neue Zeitschrift für Missionswissenschaft 17 (1961) 161-174; G. Nardi, *Una Congregazione missionaria a Napoli*: Asprenas 8 (1961) 425-446; Id., *Una Congregazione missionaria fondata a Napoli nel sec. XVII*: Campania Sacra 2 (1971) 165-219. Também: G. Sparano, *Memorie storiche per illustrare gli atti della S. Napoletana Chiesa e gli atti della Congregazione delle Apostoliche Missioni*, 2 vol. (Nápoles, 1768).

sido fundada em 1646 por Dom **Sansão Carnevale** (1595-1656), um santo pároco da catedral[48].

Afonso fará o seguinte elogio dessas associações sacerdotais napolitanas: "Estas congregações reúnem a flor e a nata do clero napolitano; sua ciência e virtude são a admiração do mundo católico"[49].

O seleto grupo de confrarias sacerdotais dedicadas às missões populares deve ser situado dentro de outro grupo mais amplo de agrupamentos religiosos (Ordens, Congregações, etc.) dedicadas ao mesmo ministério[50].

Nota bibliográfica.

Sobre a situação do clero napolitano no Settecento.

- G. Garzya, *Formazione pastorale e istruzione. Note sul clero secolare napoletano fra il 1650 e il 1675*: G. Galasso - C. Russo (ed.), Per la storia sociale e religiosa del Mezzogiorno d'Italia (Nápoles, 1980) I, 241-306.
- M. Rosa (ed.), *Clero e società nell'Italia moderna* (Roma-Bari, 1992).

Sobre o clero da zona suburbana (cerca de 37 "casali").

- G. Garzya, *Reclutamento e sacerdotalizzazione del clero secolare della diocesi di Napoli. Dinamica di una nuova politica pastorale nella seconda metà del Seicento:* G. Galasso - C. Russo (ed.), Per la storia sociale e religiosa del Mezzogiorno d'Italia (Nápoles, 1982) II, 81-157.
- M. Campanelli, *Note sul clero del suburbio napoletano durante l'episcopato del card. Giuseppe Spinelli (1734-1754):* Campania Sacra 27 (1996) 179-206.

– Uma iniciativa missionária orientada para a China

Na Igreja napolitana do séc. XVIII surgiu uma iniciativa missionária e cultural de grande interesse. Essa instituição eclesiástica

[48] G. de Rosa, *Tempo religioso e tempo storico* (Roma, 1987) 375-376.

[49] *Expiatio [...] super maledictionem mortuorum*: *Medulla Theologiae Moralis* (Nápoles, 1748) 1030.

[50] Sobre as instituições religiosas dedicadas na época ao ministério das missões paroquiais em Nápoles: A. Meiberg, *Historiae missionis paroecialis lineamenta* ([Roma], 1953) 47-62, 234-263.

tinha o nome de *Congregazione della Sacra Famiglia di Gesù Cristo*[51]. Foi fundada por Dom **Matteo Ripa (1682-1746)**, missionário na China por 15 anos, com constituições inspiradas nas inacianas[52]. Seu objetivo principal era formar sacerdotes destinados às missões no Oriente, mais concretamente, à China. Com essa finalidade eram atraídos aspirantes da China e formados em Nápoles. A congregação teve início em 25 de abril de 1729, com reconhecimento pontifício em 7 de abril de 1732 (breve *Nuper, pro parte,* de Clemente XII). Os arcebispos de Nápoles viram com bons olhos a iniciativa missionária, entre outros motivos, porque podiam contar com a colaboração pastoral dos sacerdotes da congregação.

Vinculado à congregação fora fundado um colégio Asiático (1732) para "a instrução dos jovens chineses e indianos, a fim de que cheguem a ser hábeis missionários"[53]. A instituição havia sido autorizada pelo rei, já que tinha implicações políticas (intercâmbio entre países) e culturais (aprendizagem de línguas)[54].

O colégio estava situado em uma *villa* que Ripa comprara dos padres olivetanos; chamava-se Villa *Pirozzi,* mas também era conhecida como *Il Paradiso* pela esplêndida localização nas encostas de Capodimonte. O nome oficial do Colégio era *Collegio della Sacra Famiglia,* mas os napolitanos logo o batizaram com o nome de *Colégio* dos Chineses.

---

51 M. Ripa, *Storia della fondazione della Congregazione e del Collegio dei Cinesi*. Edição póstuma em 3 volumes (Nápoles, 1832).

52 Sobre essa instituição e sobre seu fundador, além da obra citada na nota precedente, ver: G. Nardi, *Cinesi a Napoli. Un uomo e un'opera* (Nápoles, 1976). Com posição crítica aos métodos de M. Ripa: M. Fatica, *Prolegomini ad un discorso storico su Matteo Ripa*: Vários, La conoscenza dell'Asia e dell'Africa in Italia nei secoli XVIII e XIX (Nápoles, 1984) I, 171-209. Também: M. Fatica, *Matteo Ripa, Carlo VI, la Compagnia d'Ostenda e il progetto di fondazione a Napoli d'un Collegio dei Cinesi* (Nápoles, 1997).

53 M. Fatica - F. D'Arelli (ed.), *Matteo Ripa e il Collegio dei Cinesi* (Nápoles, 1999); M. Fatica, *Matteo Ripa e il collegio del Cinesi di Napoli (1682-1869)* [Guia para a Exposição] (Nápoles, 2006).

54 Sobre o Colégio dos Chineses como primeira escola de língua chinesa na Europa: G. Nardi, *I materiali didattici del Collegio dei Cinesi di Napoli: una ricerca preliminare*: C. Bulfoni - S. Pozzi (ed.), Atti del XIII Convegno dell'Associazione italiana Studi Cinesi (Milão, 2014) 145-155.

Nos 163 anos que durou (1724-1887), a Congregação teve 191 membros. Os alunos que passaram pelo Colégio foram: na seção chinesa, 106 sacerdotes; e 67 sacerdotes na seção turca (sacerdotes destinados às nações sob o domínio turco). Por decreto-lei de 1860 foi supresso o Colégio dos Chineses e, em seu lugar, instituído o *Regio Istituto Orientale di Napoli*. Atualmente, foi de novo transformado em *Istituto Universitario Orientale* (dependente da Universidade de Nápoles)[55].

Nesse *Colégio dos Chineses* o padre Ripa abriu uma residência sacerdotal. A ela se dirigiu Afonso de Liguori em 1729, talvez por indicação de seu amigo Januário Sarnelli, que já vivia ali como residente.

Nota bibliográfica.

- M. Ripa, *Storia della fondazione della Congregazione e del Collegio de' Cinesi sotto il titolo della Sagra Famiglia di Gesù Cristo*, 3 vol. (Nápoles, 1832).

3.3.2. O Bispado

"No séc. XVIII, ainda perduravam no reino napolitano as dinastias de bispos pertencentes às famílias nobres, como prova o caso de Santo Afonso e seu entorno familiar [seu tio Emílio Cavalieri, seu primo Domingos Maria de Liguori]. Entre 1740 e 1780, os bispos chegaram a ser todos 'nacionais'. Embora possa parecer estranho, os escolhidos pelo governo, nos casos que lhe competia, eram frequentemente melhores que os nomeados pela Santa Sé"[56].

Ao longo do séc. XVIII foi aparecendo uma nova "imagem" de bispo, devido, em grande parte, à intervenção das autoridades políticas nas nomeações episcopais[57]. Nessa nova imagem episcopal destacavam-se as características de: "ilustrado", "filojansenista",

---

55 M. Fatica, *L'Istituto Orientale di Napoli come sede di scambio culturale tra Italia e Cina nei secoli XVIII-XIX*: Scritture di Storia n. 2 (2001) 83-121; Id., *La sede dell'Istituto Universitario Orientale (1729-2000)* (Nápoles, 2002).

56 G. Orlandi, *El Reino de Nápoles*..., 102. Sobre os bispos napolitanos: D. M. Zingarelli, *Biografie dei vescovi e arcivescovi della Chiesa di Napoli* (Nápoles, 1861).

57 Sobre a nomeação de bispos e sobre sua condição no Reino de Nápoles no *Settecento*: G. Orlandi, *Essere vescovo*..., 143-145, 183-214.

inclinado para a "autonomia" do poder político[58]. Alguns desses "novos" bispos acabaram aderindo à revolução de 1799.

No final do séc. XVII, de 1686 a 1691, a diocese de Nápoles foi governada pelo cardeal **Antônio Pignatelli** (1615-1700), eleito papa com o nome de Clemente XII (1691-1700). Foi sucedido na arquidiocese partenopeia, de 1691 a 1702, pelo também cardeal, **Tiago Cantelmo Stuart** (1645-1702).

De 1703 a 1775 regeram a arquidiocese de Nápoles três arcebispos, os três também cardeais. A eles nos referimos agora.

– Francisco Antônio Pignatelli (1652-1734)

Quando jovem, entrou nos clérigos regulares teatinos de Nápoles (1665), onde professou em 18 de fevereiro de 1669[59]. Foi ordenado sacerdote em 1675. Ensinou teologia em Roma e Mântua. Em 1683 iniciou a função episcopal na arquidiocese de Taranto. Em 1700 foi enviado como núncio à Polônia e, nessa missão polonesa, recebeu a nomeação para a arquidiocese de Nápoles (19 de fevereiro de 1703). Desde Varsóvia, em 19 de maio de 1703, enviou sua primeira carta pastoral, redigida por João Vicente Gravian, ao clero e ao povo de Nápoles. Foi criado cardeal *in pectore* em 17 de dezembro de 1703, recebendo publicamente o chapéu cardinalício em 10 de janeiro de 1705. Entretanto, permaneceu vários anos em Roma. Entrou em Nápoles em 15 de junho de 1707.

Suas primeiras atuações se dirigiram a apoiar a reforma dos costumes no clero e mosteiros femininos. Em 1708 iniciou a visita pastoral, que durou vários anos. Foi um pastor do estilo antigo, que governou a arquidiocese durante trinta anos "sem novidades pastorais e sendo seu governo inferior a suas qualidades morais"[60].

---

58 M. Rosa, *Tra cristianesimo e lumi. L'immagine del vescovo nel '700 italiano*: Rivista di Storia e Letteratura religiosa 23 (1987) 240-278.

59 U. Dovere, *Pignatelli, Francesco*: Dizionario Biografico degli Italiani 83 (2015) s. v. Também: G. Sparano, *Memorie storiche per illustrare gli atti della S. Napolitana Chiesa* (Nápoles, 1768) II, 262-311; R. de Maio, *Società e vita religiosa a Napoli nell'età moderna (1656-1799)* (Nápoles, 1971) 27-29.

60 D. Ambrasi, *Riformatori e ribelli a Napoli nella seconda metà del Settecento* (Nápoles, 1979) 351.

Com a idade de 75 anos, o arcebispo celebrou um *Sínodo*, o último de todo o século XVIII[61]. Orientado por sacerdotes intelectualmente valorosos, mas severos e até intransigentes nas orientações religiosas, como Júlio Torno, Pedro Guizzio e Pedro Casimiro del Duca (de Doce), o Sínodo deu normas bastante severas, que o arcebispo não foi capaz de fazer cumprir, dada sua idade avançada. Há divergências na avaliação do Sínodo. Para R. de Maio, a base teológica se inspirava em imagem anacrônica da Igreja, oferecia um código de normas severas que apenas uma parte do clero poderia assumir e implementar[62]. A avaliação de outros é menos negativa[63].

Quanto à orientação teológico-moral, os textos aprovados pelo Sínodo refletem a mentalidade orientada mais para o rigorismo que para a benignidade como, por exemplo, a seguinte recomendação:

> "Advertimos e exortamos no Senhor a todos os confessores que não se exponham a si mesmos à condenação eterna pelos pecados alheios, que perdoam com demasiada facilidade; pelo que, ou neguem ou adiem, pelo tempo que lhes parecer conveniente para o bem do penitente, a absolvição sacramental aos que se acharem ligados ao mau costume de pecar, aos que se encontrarem em ocasiões próximas de recair, a quantos se apresentem manchados com delitos cuja absolvição nos reservamos, bem como, ainda, aos que estiverem obrigados a restituir ao próximo os bens ou a fama se, tendo já confessado anteriormente sua culpa, tiverem descuidado de fazer a restituição"[64].

Coube a Spinelli a sorte de ver e participar da passagem do vice-reinado austríaco para o Reino Napolitano Independente (1734). Em 10 de maio desse ano, acolheu na catedral o rei Carlos de Bourbon, filho de Felipe V da Espanha. Talvez não tenha per-

---

61 A publicação do conteúdo do Sínodo foi rápida, no mesmo ano da celebração: *Synodus dioecesana […] celebrata anno Domini 1726* (Roma, 1726).

62 R. de Maio, *Società e vita religiosa…*, 230-231.

63 A. Caserta, *Sinodi della Chiesa di Napoli* (Nápoles, 1983) 97-114.

64 *Synodus dioecesana* [Eddito, 1721] (Roma, 1726), *De poenitentia*, n. XVIII, p. 55-62. Citado por Tellería, I, 114.

cebido o grande significado histórico dessa mudança política; em todo caso, não foi entusiasta da autonomia administrativa e política do Reino de Nápoles.

O cardeal Spinelli também precisou enfrentar as posturas do nascente anticurialismo, suscitadas e apoiadas por intelectuais do momento, entre os quais convém destacar Pedro Giannone com sua *História Civil do Reino de Nápoles* (1723). Nessa época, João Batista Vico reunia no livro *Princípios de uma Ciência Nova* (1725) suas discussões sobre a filosofia da história, publicadas em escritos anteriores.

F. A. Pignatelli morreu em Nápoles em 5 de dezembro de 1734 e foi sepultado na igreja teatina dos Santos Apóstolos.

– José Spinelli (1694-1763)

Nasceu em Nápoles. Confiado a seu tio materno, o cardeal José Renato Imperiali, entrou no Seminário Romano aos 13 anos. Doutorou-se em ambos os direitos, civil e canônico, na universidade *La Sapienza* de Roma (11 de setembro de 1717) onde teve Celestino Galiano entre seus professores. Em 17 de abril de 1724 foi ordenado sacerdote. Consagrado bispo em 5 de setembro de 1725, no dia seguinte foi nomeado núncio na Bélgica. Morto Bento XIII, foi chamado a Roma e nomeado secretário da Congregação dos bispos e religiosos por Clemente XII. Em 15 de dezembro de 1734 foi promovido à sede arquiepiscopal de Nápoles e, no consistório de 17 de janeiro de 1735, elevado à púrpura cardinalícia.

Fez o ingresso na diocese de Nápoles em 26 de junho de 1735, mas, já antes, em 20 de março desse mesmo ano, havia enviado carta pastoral à diocese apresentando um programa pastoral que entusiasmou a muitos, concretamente, a Afonso de Liguori[65].

A atividade pastoral de Spinelli ficou especialmente clara no arco temporal de 1741 a 1749. Além de algumas atuações de caráter material para melhorar as infraestruturas diocesanas, foi im-

[65] J. Spinelli, *Epistola pastoralis ad clerum populumque neapolitanum* (Roma, 1735).

portante seu compromisso com a evangelização e a catequese[66]. No primeiro aspecto, merece destaque a organização da missão geral dos 34 *casali* do entorno da cidade de Nápoles (1741-1743), missão dirigida por Afonso de Liguori e Januário Sarnelli; fez acompanhar a atuação prática com instruções de caráter pastoral: *Istruzioni per li missionari deputati a scorrere la diocesi di Napoli* (Nápoles, 1741)[67]. Na vertente da catequese, mandou compor um catecismo (*Compendio della dottrina cristiana*, 1744)[68], cuja autoria, às vezes, é indevidamente atribuída a Afonso de Liguori.

Quis implantar a Inquisição, mas chocou-se com a aversão da sociedade napolitana a esse organismo repressivo. Também teve enfrentamentos com o poder político, sustentado e dirigido por Carlos de Bourbon.

Por ocasião da Abertura do Ano Santo, dirigiu-se a Roma, onde permaneceu o resto da vida e ocupou vários postos. Em 8 de fevereiro de 1754 apresentou a demissão como arcebispo de Nápoles. Participou de dois conclaves: o de 1740, em que foi eleito Bento XIV; e o de 1758, em que foi eleito Clemente XIII. Morreu em 12 de abril de 1763, com 67 anos de idade.

A pessoa e atuação de José Spinelli estiveram condicionadas, para o bem e para o mal, pelos laços familiares. Em sua atuação pastoral na arquidiocese de Nápoles, chocou-se com as autoridades políticas do momento, coisa que o desanimou e, provavelmente, o levou a renunciar ao ministério arquiepiscopal.

Continua a discussão se José Spinelli foi *antijesuíta* ou *filojansenista*[69]. Dois detalhes dão alguma pista: entre os textos adotados

---

66 C. Sarnataro, *La Catechesi a Napoli negli anni del card. Giuseppe Spinelli (1734-1754). Contributi alfonsiani alla storia della catechesi* (Nápoles, 1989) especialmente p. 61-81: "Riorganizzazione catechistica e riforma delle strutture educative".

67 Ver o texto e um comentário a essas *Istruzioni* em: C. Sarnataro, *La Catechesi a Napoli...*, 54-57, 167-176.

68 Uma análise detalhada desse catecismo, em C. Sarnataro, *La Catechesi a Napoli...*, 83-130.

69 Ver: C. Sarnataro, *La Catechesi a Napoli...*, 40-43: "Spinelli 'antigesuita e filogiansenista'".

para o ensino no seminário, estavam as *Institutiones Christianae* de P. Danes (de orientação mais rigorista) e, entre os livros de sua biblioteca particular, que doou ao seminário, havia numerosos autores jansenistas ou simpatizantes do jansenismo[70].

- Antônio Sersale (1702-1775)

Foi o sucessor de José Spinelli, exercendo o serviço arquiepiscopal de 1754 a 1775. Nasceu em Sorrento, em 26 de junho de 1702. Fez os estudos eclesiásticos no seminário de Nápoles. Conseguiu o doutorado *in utroque* na universidade partenopeia (2 de maio de 1743). Quando era cônego (1740) da catedral de Nápoles, foi nomeado arcebispo de Brindisi (20 de setembro de 1743); depois, foi transferido ao arcebispado de Taranto (abril de 1749); e, por último, em 11 de fevereiro de 1754, passou a governar a arquidiocese de Nápoles até sua morte, em 24 de junho de 1775.

Foi criado cardeal em 1754 e, nessa qualidade, participou de três conclaves: de 1758 (eleito Clemente XIII), de 1769 (eleito Clemente XIV), e de 1774-1775 (eleito Pio VI). No conclave de 1769, foi o candidato dos Bourbon ao sólio pontifício. Não se opôs à expulsão dos jesuítas do Reino de Nápoles e manteve relações com pessoas próximas a posturas galicanas e jansenistas.

Deixou fama de pastor zeloso e amigo dos pobres. Na carestia de 1764 deu testemunho de caridade, socorrendo os necessitados com seus próprios bens.

Depois da morte de A. Sersale (1775), regeram a arquidiocese de Nápoles: o beneditino **Serafim Filangieri** (1775-1782), de orientação política regalista; e **José Capece-Zurlo** (1782-1801), fraco no governo, embora evangélico no comportamento.

Nota bibliográfica.

- D. M. Zigarelli, *Biografie dei vescovi e arcivescovi della Chiesa di Napoli* (Nápoles, 1861).

---

70 *Ibid.*, 43.

- E. Papa, *Nomine vescovili ed episcopato napoletano a metà del Settecento secondo il nunzio pontificio:* Rivista di Storia della Chiesa in Italia 12 (1958) 125-133.
- Id., *L'obbligo della residenza nell'episcopato napoletano del sec. XVIII:* Gregorianum 42 (1961) 737-749.
- L. Mezzadri, *L'ideale pastorale del vescovo nel primo Settecento:* Divus Thomas 74 (1971) 355-367.
- M. Rosa, *Tra Cristianesimo e Lumi. L'immagine del vescovo nel '700 italiano:* Rivista di Storia e Letteratura religiosa 23 (1987) 240-278. Também: Id., *Diocesi e vescovi del Mezzogiorno durante il viceregno spagnolo. Capitanata, Terra di Bari e Terra d'Otranto dal 1545 al 1714:* Vários, Studi Storici in onore di Gabriele Pepe (Bari, 1969) 531-580.
- G. Orlandi, *Essere vescovo nel Regno di Napoli nel Settecento:* SH 60 (2012) 113-222.

– Cúria diocesana

Como, de modo geral, acontecia nas dioceses da época, a função da cúria da arquidiocese napolitana era mais de caráter administrativo e jurídico que pastoral.

A instituição dos cônegos, de onde procedia a maior parte dos curiais, em nada desmerecia, nem em cultura eclesiástica, nem em testemunho religioso de vida. Muitos deles pertenciam a uma ou outra obra das confrarias sacerdotais e Afonso conheceu muitos deles na Congregação das Missões Apostólicas. De modo geral, refletiam orientação bastante rigorista nas apreciações morais.

Em razão da Concordata de 1741, a atividade processual da cúria ficou reduzida, já que muitas causas passaram ao recém-criado Tribunal misto. Por pressão dos intelectuais e intervenção real, o Tribunal do Santo Ofício da Inquisição (1746) foi supresso no Reino de Nápoles; o povo napolitano sempre foi contrário a esse tribunal. Apesar disso, a arquidiocese partenopeia continuou lançando excomunhões, tal como sucedeu nos casos de Celestino Grimaldi e Pedro Giannone.

Quanto à censura dos livros, a arquidiocese assumia o trabalho realizado pela Congregação romana do *Index*. Por sua própria conta, mantinha a necessidade da censura eclesiástica prévia. Além dessa censura eclesiástica, havia ainda a censura real prévia.

Afonso experimentou, em sua própria carne de escritor, as dificuldades da dupla censura. Basta recordar os contratempos que lhe causaram as intervenções de dois cônegos censores: José Simioli e Salvador Ruggieri. Sabendo disso, chama a atenção que Liguori tenha escrito, em 1759, uma *Dissertazione* sobre a necessidade da censura prévia dos livros.

A figura e atuação do Vigário Geral tiveram significado e importância notáveis na arquidiocese de Nápoles (em geral, em todas as dioceses da época de Afonso de Liguori)[71]. Merece recordação **Inocêncio Sanseverino** (1696-1762), nomeado Vigário por A. Sersale em 1754. Para outros dados, remetemos o leitor ao estudo de S. Loffredo (citado em seguida).

Em termos gerais, pode-se aceitar a apreciação formulada por R. de Maio: "Embora muito laboriosa, a cúria napolitana não foi um modelo de governo ilustrado no *Settecento*".

Nota bibliográfica.

Sobre a cúria em geral e sobre os Vigários Gerais em particular.

- R. de Maio, *Società e vita religiosa a Napoli nell'età moderna (1656-1799)* (Nápoles, 1971) 207-225: "La Curia".
- S. Loffredo, *I Vicari Generali della Chiesa Napoletana dal sec. XIV ad oggi* (Nápoles, 1980).

Sobre a Inquisição.

- P. A. Mazur, *Inquisition and Church in Early Modern Naples:* T. Astarita (ed.), A Companion to Early Modern Naples (Leiden-Boston, 2013) 235-256.

3.3.3. Orientações de Afonso sobre o mundo eclesiástico

Afonso escreveu sobre os *seminários*, sobre os *sacerdotes* e sobre os *bispos*. Não o fez com interesse histórico ou doutrinal, mas

[71] G. Orlandi, *Essere vescovo...*, 168-169.

com orientação prática e pastoral. Nos próximos capítulos, falaremos dos escritos afonsianos sobre os seminários e sobre os bispos. Nesse momento, indicamos as principais referências afonsianas dirigidas ao mundo sacerdotal.

- Sobre os sacerdotes em geral

A maior parte das obras de Afonso é dirigida ao clero. Obviamente, são dirigidas ao mundo clerical suas obras de temática moral. Mas também apresentam essa orientação ao uso sacerdotal muitos escritos afonsianos de conteúdo religioso.

Aqui citaremos apenas os escritos referentes mais diretamente aos sacerdotes. As orientações gerais de Afonso sobre o mundo sacerdotal estão concentradas em sua obra *Selva di materie predicabili,* onde recolhe o mais importante dos materiais que utilizava na pregação dos exercícios espirituais aos sacerdotes. Nessa obra "fundamental" (R. Tellería) "encontram-se todas as doutrinas do Santo sobre o sacerdócio e sobre a atividade sacerdotal" (A. Berthe).

Januário Sarnelli, amigo e companheiro de Afonso, havia publicado um livro sobre o mesmo tema: *Ecclesiastico santificato* (Nápoles, 1742).

Ao escrito fundamental da *Selva di materie predicabili,* agregamos outros de menor pretensão, mas diretamente relacionados ao tema sacerdotal.

Textos afonsianos

- Texto principal: *Selva di materie predicabili ed istruttive per dare gli esercizi ai preti, ed anche per uso di lezione privata a proprio profitto* (Nápoles, 1760; Veneza, 1760; também: Nápoles, 1769-1770, 1780; Bassano, 1778)[72].
- Textos menores: *Apparecchio e ringraziamento per i Sacerdoti nel celebrare la Messa,* publicado em: *Novena del S. Natale* (Nápoles, 1758)

[72] De Meulemeester, I, 108-110; Ferrero-Boland, 517-518. [= LIGÓRIO, Afonso. *A Selva.* Sobre o Sacerdócio. Campinas: Livre, 2016. Tradução: Pe. Marinho. 266 p].

493-559[73]; *La Messa e l'Officio strapazzati* (Nápoles, 1760; Bassano, 1766)[74]; *Delle Ceremonie della Messa* (Nápoles, 1769; Bassano, 1769)[75]; *Degli abusi nel prender le messe. Risposta al libro di un autore anonimo col titolo: Dissertazione sull'onorario delle Messe,* publicado em: *Degli abusi,* III, n. 76[76].

Estudos sobre o pensamento afonsiano acerca dos sacerdotes.

- T. Acconcia, *La vocazione sacerdotale secondo S. Alfonso* (Capodrise, 1955).
- L. M. Petrosino, *"La Selva di materie predicabili" de S. Alfonso M. de Liguori al servizio del sacerdozio nel '700. Ricerca Storico-Morale* (Roma, 1985) Accademia Alfonsiana.
- V. Ricci, S. *Alfonso e i sacerdoti:* V. Ricci (ed.), Alfonso M. de Liguori, maestro di vita spirituale (Milão, 1998) 48-54.
- T. Kennedy, *"Le cause dei poveri peccatori": la retorica della santità sacerdotale nella "Selva" di S. Alfonso:* P. Giannantonio (ed.) Alfonso M. De Liguori e la civiltà letteraria del Settecento (Città di Castello, 1999) 371-387. Utilizando a "retórica do contraste" (polo negativo - polo positivo), Afonso formula a imagem do sacerdote que tende à perfeição cristã (santidade).

– Necessidade de discernir a vocação sacerdotal

Da ampla temática afonsiana sobre o mundo eclesiástico, recolhemos algumas orientações sobre a necessidade de bem discernir a vocação sacerdotal.

Sabe-se que, no Antigo Regime, o estado eclesiástico era o porto onde ancoravam os segundos filhos das famílias nobres. Nesse sentido, em referência expressa ao Reino de Nápoles da época de Afonso, diz Tellería:

> "Além das paróquias, também numerosas e bem dotadas de pessoal, nos séculos de fé tinham se multiplicado os benefícios simples,

[73] De Meulemeester, I, 102-103; Ferrero-Boland, 516.
[74] De Meulemeester, I, 111-112; Ferrero-Boland, 518.
[75] De Meulemeester, I, 142-143; Ferrero-Boland, 525. Também: Tellería, II, 343.
[76] De Meulemeester, I, 143-144; Ferrero-Boland, 525. Também: Tellería, II, 343-344.

capelanias familiares, fundações de missas, legados de confrarias e, com aquelas rendas, ainda que modestas, os sacerdotes podiam viver em suas próprias casas sem grande dificuldade nem muita glória, retirados do esforço inerente à cura imediata de almas, à pregação evangélica e ao exercício - através de um tremendo exame - das confissões. O cardeal Spinelli, logo depois de assumir as rendas de sua diocese, falava do 'excessivo número de eclesiásticos no reino' e propunha a Roma um plano para reduzi-lo, evitando a ociosidade intelectual e ministerial que, por sua vez, Bento XIV iria reprovar com suas expressivas fórmulas[77].

O próprio Afonso se expressará sobre a necessidade de discernir as vocações sacerdotais, submeter à crítica as práticas existentes na eleição desse estado e orientar a vida pastoral de tantos *beneficiados*. Eis aqui suas orientações mais destacadas:

- Constata o fato de que "na realidade são poucos os que ascendem ao sacerdócio por verdadeira vocação"[78]; daí o dever dos bispos de discernir as vocações ao sacerdócio[79].
- Na origem dessas falsas vocações se encontram causas estruturais da família da época: concentração da herança no primogênito, controle consequente do pai na eleição do estado dos segundos filhos, afã de usar o poder eclesiástico em proveito da própria família. Todas essas causas ressoam na advertência afonsiana: "não é sinal (de vocação sacerdotal) a vontade dos pais, que, ao induzir os filhos a abraçar o sacerdócio, não olham o bem de suas almas, mas unicamente o próprio interesse e o bem da família"[80].
- Ante o fato do excessivo número de sacerdotes e de seu escasso rendimento pastoral, em seus escritos Afonso não deixou de pedir que tais *beneficiados* fossem reorientados para a efetiva prática pastoral[81].

---

[77] Tellería, I, 245-246.

[78] *Istruzione e Pratica*, c. VII, punto IV, n. 47: Opere di S. Alfonso Maria de Liguori, vol. IX (Turim, 1855) 150. Afirmação idêntica se encontra em: *Homo Apostolicus*, trat. VII. Cap. IV, punct. II, n. 47: Opere di S. Alfonso Maria de Liguori, vol. VII (Turim, 1848) 150.

[79] *Ibidem* (nos lugares citados).

[80] *Selva di materie predicabili ed istruttive*, parte 1ª, cap. X: Opere di S. Alfonso Maria de Liguori, vol. III (Turim, 1847) 80.

[81] Gaudé, III, 649-651; *Praxis*, n. 49.

Como se vê, Afonso não só defendeu com valentia a liberdade dos filhos para seguir a vocação *verdadeira* ao sacerdócio, mas também, com idêntica coragem, rechaçou a entrada no estado eclesiástico *sem vocação*. Em ambas as tomadas de postura, Afonso tem como pano de fundo a intromissão dos pais.

Na continuação, recolho um texto em que aparecem as duas ideias. Está na *Selva de matérias para pregação*, parte 1, cap. 10, onde o autor fala da "vocação ao sacerdócio"[82].

> "De nenhum modo deve a influência dos pais impelir os filhos para o sacerdócio, com a mira apenas nos interesses e vantagens da própria família, e não com os olhos no bem das suas almas. Esses pensam na vida presente, diz o autor da Obra imperfeita, e esquecem a eternidade que se há de seguir.
>
> Persuadamo-nos de que, no que respeita à escolha de estado, conforme a palavra de Jesus Cristo, são os próprios pais os inimigos mais temíveis: *Cada um terá por inimigos os da sua casa*. A isto ajunta: *Quem ama o seu pai ou a sua mãe mais do que a mim, não é digno de mim*. Ó! Quantos padres se verão condenados no dia do juízo por terem recebido as santas Ordens para fazerem a vontade a seus pais!
>
> Não se compreende! Se um jovem, movido por uma vocação divina, quer entrar na vida religiosa, - o que não fazem então os pais, por paixão ou por interesse da família, para o afastarem dum estado a que Deus o chama! Entenda-se bem, um tal procedimento, como ensinam em comum todos os doutores, não pode se escusar de pecado mortal; leia-se o que escrevemos na nossa *Teologia Moral* (L. 4. n. 77). Neste caso, os pais tornam-se duplamente culpados: 1º, pecam contra a caridade, pelo grande mal que causam àquele a quem Deus chama, pois comete uma falta grave qualquer pessoa, embora estranha, que afasta alguém da vocação religiosa; 2º, pecam contra o amor paternal, porque os pais que têm a seu cargo a educação de seus filhos, estão obrigados a procurar-lhes a maior vantagem espiritual. Há confessores ignorantes que, - aos seus penitentes que querem abraçar o estado religioso, - sugerem que devem nisso obe-

---

[82] O original segue a tradução de A. Goy: *Obras ascéticas de San Alfonso María de Ligorio*, vol. II (Madri, 1954) 167-169.

decer a seus pais, e renunciar à sua vocação, se eles se opuserem a ela. É seguir a doutrina de Lutero que dizia que os filhos pecam quando entram em religião sem o consentimento de seus pais. Tal doutrina é contradita por todos os Santos Padres e pelo Concílio 10 de Toledo, onde se decidiu que é permitido aos filhos, passados os catorze anos, fazerem-se religiosos, mesmo contra a vontade de seus pais. Sem dúvida, são os filhos obrigados a obedecer a seus pais em tudo quanto respeita à educação e o governo da casa; mas, quanto à escolha de estado, devem obedecer a Deus, e escolher o estado a que ele os chamar. Quando os pais quiserem se fazer obedecer também nesse ponto, devem os filhos responder-lhes o mesmo que os apóstolos responderam aos príncipes dos judeus: *Vós próprios julgai se é justo, aos olhos de Deus, obedecer antes a vós do que a Deus.*

Ensina expressamente Santo Tomás que na escolha dum estado, não estão os filhos obrigados a obedecer a seus pais e ajunta que, quando se trata da vocação religiosa, os filhos nem mesmo estão obrigados a tomar conselho com os pais, que, ao verem feridos os seus interesses, são antes inimigos do que pais. Como diz S. Bernardo, antes querem ver os filhos condenar-se com eles, do que permitir-lhes que se salvem sem eles. Pelo contrário, se vêem que um filho, fazendo-se padre, pode ser útil à família, - que esforços não fazem então para que se ordene, a torto ou a direito, embora não seja chamado por Deus! E que gritos, que ameaças se o filho, sensível aos remorsos da própria consciência, recusa receber as santas Ordens! Pais bárbaros, e antes homicidas do que pais, vos chamamos com S. Bernardo! Mais uma vez, desgraçados pais e desgraçados filhos! Quantos não havemos de ver no Vale de Josafá que serão condenados por causa da vocação, visto que a salvação de cada um, como acima demonstramos, está dependente da fidelidade em seguir a vocação divina!"

– Sobre o clérigo habituado em pecado torpe

Afonso tratou o tema em dissertação incorporada nas *Adnotationes in H. Busenbaum (tract. 1. De sacramentis in genere)*; fê-lo de forma breve e com orientação benigna. Exigia do clérigo (para continuar no estado eclesiástico) o propósito eficaz de emenda, bem como, aceitar e colocar em prática os remédios convenientes para cumprir o propósito.

A questão foi objeto de diversas conferências teológicas realizadas em Nápoles. Por outro lado, com o tempo, Afonso achou excessivamente benigna a postura que havia adotado, sendo receptivo às sugestões recebidas de seus amigos Sparano e Iorio, como anota em carta ao primeiro[83]. Por isso, escreveu outra dissertação, mais longa, que apareceu em opúsculo separado, mas do qual ainda não foi encontrado nenhum exemplar. O conteúdo foi incorporado à *Theologia Moralis* a partir de 1753 (2ª edição). No novo texto, Afonso distinguia duas situações: a da absolvição em si mesma, para a qual mantinha os critérios apresentados; e a solução para que um clérigo pudesse prosseguir na vocação ao estado eclesiástico, no que pedia o abandono eficaz do hábito sexual contraído.

O texto foi elogiado por F. A. Zaccaria como "uma pequena, mas judiciosa, dissertação". Foi bem acolhida pelos bispos do reino de Nápoles, a quem foi enviada a pequena obra. O pio operário, padre Sanseverino, escreveu a Afonso (1751) que o Papa tinha elogiado muito a dissertação. De fato, Bento XIV cita-a em sua obra *De Synodo Diocoesana* e chama o autor de "prudens auctor"[84].

> "A retratação de Afonso transcendeu ao público. Nesse mesmo ano de 1755 foi recolhida por Dom José Iorio em sua obra *O Bispo Consolado*, da qual Afonso foi censor eclesiástico. Além disso, Afonso avisou seu Instituto da mudança de opinião e declarou 'improbabilíssima' aquela que até então havia sustentado"[85].

Como expusemos no volume anterior da presente História da Teologia Moral, o moralista Paolo Rulfi (1731-1811) voltou ao tema e confrontou a postura moral de Afonso, exigindo mais sinais de mudança moral nos candidatos ao sacerdócio habituados ao vício[86]. Na passagem de confrontação, Afonso fala da possibilidade

---

83 *Lettere*, II, 11.

84 De Meulemeester, I, 77. Mais detalhes históricos sobre a dissertação em Tellería, I, 555-558. Também: *Lettere*, I, 366.

85 Tellería, I, 558.

86 P. D. Guenzi, *"Inter ipsos graviores antiprobabilistas". L'opera di Paolo Rulfi (1731ca.-1811) nello specchio delle dispute teologico-morali del secolo XVIII* (Cantalupa, Turim, 2013) 719-726.

de uma graça extraordinária de conversão, possibilidade que P. Rulfi aceita, mas submetendo sua verificação a controles mais severos[87]. Ver o volume anterior V/2, 918-919.

3.4. RELIGIOSOS E LEIGOS NA IGREJA NAPOLITANA DO SÉC. XVIII. ORIENTAÇÕES DE AFONSO DE LIGUORI

3.4.1. O mundo dos religiosos

- Notas comuns e gerais.

Em 1799 as casas religiosas ultrapassavam o número de 2.000 no conjunto do Reino de Nápoles.

> No que diz respeito ao restante da Itália, "uma estimativa esclarece que na Itália do século XVIII, numa população de 13.500.000 habitantes, os religiosos somavam cerca de 65.000 (um para cada 208 habitantes). Não se pode dizer que sua fama junto da opinião pública fosse sempre diretamente proporcional ao seu número, considerado com justiça excessivo"[88].

No séc. XVIII, a cidade de Nápoles contava com 104 conventos masculinos e uns 40 mosteiros femininos. Em 1742, eram contados na cidade de Nápoles umas trinta famílias religiosas, com cem conventos, uns vinte dos quais foram desaparecendo nas várias supressões ocorridas até 1799[89].

---

[87] *Ibid.*, 725-726. Concina exigia alguns meses de ausência do pecado e mostras de fervor especial; Tournely-Collet estendiam o tempo de comprovação dessas exigências a 18-20 meses. "O teólogo novariense, aqui parecendo advertido pela leitura de Liguori do risco de rigor excessivo, limita-se, mesmo reafirmando o vigor próprio da lei, a sugerir uma diligente investigação dos sinais requeridos, sem qualificar a extensão do período de provação" (*Ibid.*, 725-726, nota 372).

[88] G. Orlandi, *O Reino de Nápoles do século XVIII*: F. Chiovaro (ed.), *História da Congregação do Santíssimo Redentor*. Volume 1: As Origens (1732-1793). Aparecida: Santuário/Scala, 2019, 96.

[89] R. de Maio, *Società e vita religiosa a Napoli nell'età moderna (1656-1799)* (Nápoles, 1971) 348.

Um escritor de 1697 definiu Nápoles como uma "nova Ossiringo", a antiga cidade egípcia célebre pela presença de uns 10.000 monges e umas 20.000 monjas[90]. A comparação do escritor piemontês pode nos parecer forçada, não, porém, se levarmos em conta o número de edifícios sacros e Ordens religiosas presentes em Nápoles no período dos sécs. XVII e XVIII. Numérica e topograficamente, a Nápoles desses séculos era uma cidade "sacra". A essa afirmação precisamos colocar o contraponto dos efeitos devastadores (metade da população) produzidos pela peste de 1656. Na década francesa (1806-1815), as casas religiosas supressas no Reino de Nápoles foram cerca de 1.550, grande parte das quais não foram reabertas com o retorno dos Bourbon[91].

Alguns institutos foram muito apreciados no Reino de Nápoles do séc. XVIII, tanto por sua atividade, quanto pelo espírito que irradiavam. Contavam-se entre eles: franciscanos alcantarinos, capuchinhos, dominicanos, agostinianos, clérigos menores, oratorianos, pios operários, vicentinos, jesuítas. Estes últimos, junto com os teatinos, eram os que exerciam maior influência sobre as classes sociais altas. Em seus inícios, os passionistas não desceram ao Reino de Nápoles. Paulo da Cruz não conseguiu para sua Congregação a residência da *Conocchia*, deixada pelos jesuítas depois da expulsão.

Os **Pios Operários** eram congregação tipicamente napolitana. Havia sido fundada em 1602, pelo ex-jesuíta Carlos Carafa, com nome de *Congregazione della Dottrina Cristiana* mudando, em 1621, para o de *Congregazione dei Pii Operai*[92]. Tinha como finalidade a assistência e instrução das populações rurais e periferias urbanas. Em 28 de junho de 1943, restando apenas um religioso dos Pios

---

90 Ver a citação em: Civiltà del '700 a Napoli, *Pittura sacra a Napoli nel '700* (Nápoles, 1980) 3.

91 M. Miele, *Ricerche sulla soppressione dei religiosi nel Regno di Napoli (1806-1815)*: Campania Sacra 4 (1973) 77.

92 P. Gisolfi, *Vita del Ven. P. Don Carlo Carafa* (Nápoles, 1667); D. Vizzari, *Notizie storiche della vita del venerabile P. D. Carlo Carafa, fondatore dei Pii Operai* (Nápoles, 1968); G. Esposito, *Venerabile Carlo Carafa. Un carisma missionario in età moderna nel Mezzogiorno d'Italia* (Reggio Calabria, 1994).

Operários, para evitar que a congregação se extinguisse, a Santa Sé unificou-a com os Ardorini ou catequistas rurais, que tinham as mesmas finalidades e haviam sido fundados em Moltalto Uffugo por Caetano Mauro (1888-1969) em 1928[93].

Merece destaque a alta significação que teve para Afonso de Liguori essa Congregação dos Pios Operários, pela proximidade com sua finalidade apostólica e a Congregação por ele fundada e, sobretudo, porque até 1743 o diretor da congregação redentorista foi o pio operário Tomaso Falcoia, que havia sido Prepósito geral dos Pios Operários e, na época, era bispo de Castellamare. Em suas visitas a Roma, Afonso se hospedava na casa dos Pios Operários que atendiam a igreja de *Santa Maria ai Monti* (de 1712 a 1798).

Destacando a presença dos Pios Operários em Nápoles, não devemos esquecer a não menos significativa presença pastoral e cultural de outras Ordens e Congregações religiosas. Pensamos em:

Jesuítas, com sete casas, entre as quais, destacava-se o *Collegio Massimo* desde 1552 e dirigiam muitas obras educativas, assistenciais e pastorais.

Dominicanos (dezessete conventos) tinham uma tradição que remonta a Tomás de Aquino em *San Domenico Maggiore*, com sua presença na faculdade de Teologia da universidade partenopeia e outras obras de serviço teológico (como o *Collegio di S. Tommaso d'Aquino*, onde Julio Torno estudou filosofia e teologia) e pastoral (com uns 250 conventos e uns 2.800 freis no *Mezzogiorno* continental)[94].

Família franciscana (freis menores, conventuais, capuchinhos, ordem terceira) era ativa em vinte e um conventos. B. Croce faz um destaque histórico: "o franciscanismo chegou a Nápoles quase esfriado, promotor de práticas devotas e não da íntima renovação religiosa"[95].

---

93 G. Esposito, *Per la storia di un carisma apostolico. Dai Pii Operai ai Pii Operai Catechisti Rurali* (Reggio Calabria, 1977).

94 G. Cioffari - M. Miele, *Storia dei domenicani nell'Italia Meridionale*, II (Nápoles--Bari, 1993).

95 B. Croce, *Storie e leggende napoletane*. A cura di G. Galasso (Milão, 1990) 19.

Família carmelitana desenvolvia sua atividade em sete conventos.

Agostinianos fundaram um *Studium* da Ordem em 1287 no bairro de Forcella. Aí construíram, em 1300, a igreja de *Sant'Agostino alla Zecca* ou *Sant'Agostino Maggiore*, reconstruída no século XVII. Também se instalaram, em meados do séc. XIV, em *San Giovanni a Carbonara*, convento com magnífica biblioteca. O regente desse convento, o padre Ambrosio Manchi, saiu em defesa de L. A. Muratori com o pseudônimo de Lamindo Pritânio Redivivo, censurando de passagem a *Teologia Moral* de Afonso, censura que Liguori respondeu com um curto apêndice à segunda edição (1756) das *Glórias de Maria*.

Este último convento de *São João a Carbonara* era a cabeça de uma Congregação reformada, restaurada pelo padre Nicolás Sersale na metade do séc. XVIII. Em 1751, o geral da Ordem propôs ao rei a supressão desse ramo da *Carbonara*[96].

Padres do Oratório, ou **filipinos**, eram denominados, em Nápoles, *Gerolamini*. A sua comunidade na cidade de Nápoles "foi um farol de significado espiritual e cultural para a cidade e para todo o reino"[97].

Os **Teatinos** possuíam sete casas; os **Somascos** e os **Mínimos:** quatro casas; os **Servitas, Esculápios, Ministros dos Enfermos** e **Clérigos Regulares Menores**: três casas; os **Celestinos, Cônegos Regulares do Salvador, Cônegos Regulares Lateranenses, Clérigos da Mãe de Deus, Eremitas** do beato Pedro de Pisis e **Barnabitas**: duas casas; os **Mercedários** e **Olivetanos**: uma casa.

Os monges também se faziam presentes em Nápoles, com seus mosteiros cheios de arte e cultura. Sobressaíam os **Cartuxos** de São Martinho; mas também é preciso lembrar: os **Camaldulenses, Beneditinos Cassinenses** e **Beneditinos de Montevergine**.

---

96 Tellería, I, 551, nota 45.

97 A. V. Amarante, *Maria Celeste Crostarosa (1696-1755). Elementi per una biografia*: SH 65 (2017) 5.

Os **Padres da Missão** (de São Vicente, lazaristas ou vicentinos) chegaram a Nápoles em 1668, trazendo novos ares pastorais[98]. Instalaram a casa provincial, construída em 1727, na *Via dei Vergini*. Cabe ressaltar o trabalho dos vicentinos na difusão, entre o clero napolitano, de uma teologia dogmática distanciada do galicanismo e uma moral benigna através dos manuais de H. Tournely e L. Abelly[99].

Os mosteiros femininos também eram numerosos: nove de **Franciscanas**; sete de **Agostinianas** e **Beneditinas**; cinco de **Dominicanas**; três de **Carmelitas**. Além desses mosteiros pertencentes à Ordens de longa tradição, havia muitas outras instituições femininas que desenvolviam ampla atividade em todas as esferas do religioso e social.

É preciso reconhecer os valiosos exemplos de entrega a Deus e serviço aos irmãos, tanto de religiosos e religiosas individuais, quanto de comunidades. Mas também, com a mesma honestidade, aceitar o fato de, segundo dados disponíveis, a vida religiosa em geral deixar bastante a desejar na Nápoles do séc. XVIII[100].

Na vida religiosa do séc. XVIII, no Reino de Nápoles, não faltaram condutas, situações e estruturas da vida religiosa reveladoras de profundo mal-estar. "De tais episódios, que chegam até o contrabando, homicídio, etc., estão lotadas as crônicas do tempo. Não era só Tanucci que denunciava as desordens e delitos dos religiosos, mas, inclusive, as próprias autoridades eclesiásticas. O Núncio Locatelli, por exemplo, considerava que no Reino 'a disciplina dos religiosos, por muitas e diversas razões', estava 'talvez mais relaxada que em outros lugares'"[101].

---

[98] P. Silva, *La Congregazione della Missione in Italia* (1642-1925) (Piacenza, 1925) 96-114.

[99] Tellería, I, 106.

[100] Ver dados em: R. de Maio, *Società e vita religiosa...*, 346-354; G. Orlandi, *Essere vescovo nel Regno di Napoli nel Settecento*: SH 60 (2012) 172-183.

[101] G. Orlandi, *El Reino de Nápoles...*, 105.

- O mundo das religiosas

Acrescentando novos dados aos números apresentados no item anterior, é preciso lembrar que, no sul da Itália, em 1787, as religiosas (incluindo nesse grupo as oblatas, mas não as beatas ou "monjas de casa") chegavam a 26.659[102]. No séc. XVIII, na Itália, as religiosas eram aproximadamente 61.000, uma para cada 221 habitantes. As monjas em sentido restrito, ou seja, submetidas à estrita clausura papal, diminuíram durante o séc. XVIII na Itália.

Muitos mosteiros femininos mantinham um pensionato anexo para meninas, geralmente nobres, que aprendiam a ler e rudimentos da religião, além das "artes femininas". No séc. XVIII, os mosteiros napolitanos tinham a média de uma dezena de educandas.

> "Para educar as filhas de outras classes, especialmente da burguesia, havia os 'convívios', mantidos, ao menos em parte, por esmolas e fundos públicos. Era evidente que sua permanência no convívio deveria ser temporária, não definitiva. Mas, com o tempo, essas instituições mudaram de sentido, sofrendo um processo involutivo. Nelas foram admitidas 'oblatas' providas de dote com valor menor que o requerido para a entrada em um mosteiro e isso provocou a 'perpetuação da permanência'"[103].

- Orientações de Afonso de Liguori sobre as religiosas

No contexto geral das religiosas no Reino de Nápoles[104], não faltaram casos lamentáveis de ingresso na vida religiosa sem vocação. Recolhemos em seguida as orientações de Afonso de Liguori que compôs várias obras sobre a vida religiosa feminina.

- A obra fundamental é: *La Vera Sposa di Gesù Cristo, cioè la monaca santa per mezzo delle virtù proprie d'una religiosa* (Nápoles, 1760-1761, 2 vol., 1764, 1768, 1781; Veneza, 1761, 1768; Bassano, 1771, 1775, 1781). O autor considerava essa obra a mais trabalhada e

---

[102] *Ibidem.*

[103] *Ibid., 106.*

[104] R. de Maio, *Società e vita religiosa...*, 354-357.

mais bela de seus escritos espirituais. Em 1764 começou a ser traduzida para o alemão[105].

- Outros escritos: *Discorso familiare ad una fanciulla che prende l'abito di monaca*, publicado com os *Discorsi sacri* (Bassano, 1772) 296-299[106]; *Stimoli ad una Religiosa per avanzarsi nell'amore del suo Divino Sposo Gesù Cristo* (1775), folheto com oito páginas publicado como apêndice a outras obras: *Vera Sponsa* o *Vittorie dei Martiri*[107]; *Regole per il ven. Monastero si Santa Maria Coeli* (1764), das terciárias franciscanas regulares em Airola (diocese de Santa Águeda dos Godos)[108].

A atitude de Afonso foi muito crítica quanto ao costume de introduzir mulheres sem vocação no estado religioso[109]. Assumiu essa postura devido ao conhecimento normal da realidade da época, à experiência na prática pastoral e ao contato que manteve como bispo com os mosteiros de sua diocese[110]. Tampouco devemos descartar a experiência familiar com duas de suas irmãs.

Com sentido realista, Afonso constatava que "infelizmente nos nossos dias, a maioria se torna monja, mais por imposição de suas famílias ou por outros motivos, que para se entregar a Deus"[111].

Esse fato explica a situação em que se encontravam muitos mosteiros e conventos da época: "em tantos mosteiros não se vê o verda-

---

105 De Meulemeester, I, 107-108; Ferrero-Boland, 517. Contexto histórico mais amplo da obra em Tellería, I, 674-677. Edição crítica: *Opere ascetiche*. Volume XIV (Roma, 1935). Volume XV (Roma, 1935). [LIGÓRIO, Afonso. *A verdadeira esposa de Jesus Cristo ou A Religiosa santificada por meio das virtudes próprias do seu estado por Sto. Affonso Maria de Ligório. Doutor da Igreja*. Aparecida: Officinas do Santuário d'Apparecida, 1922. Tradução: Antônio Alves Ferreira dos Santos].

106 De Meulemeester, I, 151; Ferrero-Boland, 527.

107 De Meulemeester, I, 163; Ferrero-Boland, 530. Também: Tellería, II, 544.

108 De Meulemeester, I, 125; Ferrero-Boland, 521. Também: Tellería, II, 228-229.

109 Os textos principais se encontram em: *Istruzione e Pratica*, cap. VII, punto IV, n. 61: Opere di S. Alfonso Maria de Liguori, vol. IX (Turim, 1855) 157 (com sua correspondente tradução latina em: *Homo Apostolicus*, trat. VII, cap. IV, punct. II, n. 61: Opere di S. Alfonso Maria de Liguori, vol. VII [Turim, 1848] 157) e em *Riflessioni utili ai Vescovi*, c. II, VI: Opere di S. Alfonso Maria de Liguori, vol. III (Turim, 1847) 870.

110 Tellería, II, 219-237.

111 *Riflessioni ai Vescovi*: l. c., 870.

deiro espírito e avançam continuamente no relaxamento"[112]. Ao entrar sem vocação, as religiosas "vivem desassossegadas no claustro e, com prejuízo geral, introduzem os relaxamentos na comunidade"[113].

Afonso se pergunta: para que serve número tão grande de religiosas? Responde: "serve apenas para depósito de mulheres trancadas"[114]. Diante dessa expressão, R. Tellería nota que "a palavra *serraglio*, que o Santo novamente emprega aqui, não tem em italiano o sentido pejorativo do castelhano"[115].

Afonso propõe solução prática: "esforce-se o bispo, com toda a diligência, para investigar a vontade das que vão professar"[116]. Essa solução deve ser somada a outras e todas tendem a criticar a raiz desse mal na prática familiar de impor o estado religioso às filhas, devido à estrutura da família na época do Antigo Regime.

Afonso não idealiza a vida no convento. Falando, durante as Missões, às jovens que suspiram entrar no convento, diz: "Se entrassem em um convento, o que acham que encontrariam? Ficar continuamente no coro ou na cela e, além disso, ir ao refeitório e ficar sem fazer nada? (...). No convento, as religiosas precisam servir, principalmente as leigas (...). Todas suspiram: convento! convento! (...) Mas, quantas já se arrependeram de ter entrado, especialmente, se o mosteiro for numeroso, onde as pobres leigas só têm o tempo de rezar o rosário"[117].

Transcrevo o texto afonsiano onde sintetiza o que foi dito antes. Está nas Reflexões úteis aos bispos, c. 1[118].

---

112 *Ibidem*.

113 *Istruzione e Pratica*: l. c., 157.

114 *Riflessioni utili ai Vescovi*: l. c., 870.

115 Tellería, II, 223, nota 25.

116 *Istruzione e Pratica*: l. c., 157.

117 *Selva di materie predicabili ed istruttive*, parte III, cap. VIII, "Discorso alle zitelle devote": Opere di S. Alfonso Maria de Liguori (Turim, 1847) 272.

118 A edição original segue a tradução de A. Godoy: *Obras ascéticas de San Alfonso María de Ligorio*, vol. II (Madri, 1954) 29. Aqui: LIGÓRIO, Afonso Maria. *Reflexões úteis aos bispos*. Comentário histórico-teológico de Mons. Ciríaco Scanzillo. Aparecida: Santuário, 2012. Trad. Dom Fernando Guimarães. p. 37-38.

"As virgens consagradas a Deus já são a mais ilustre porção do rebanho de Jesus Cristo, mas somente se viverem como religiosas autênticas. Por isso, o bispo deve velar, antes de tudo, para que as jovens não vistam o hábito religioso se ele perceber não terem elas o verdadeiro espírito e vocação. Porque, para infelicidade de nossos dias, a maior parte se torna monja mais pela vontade dos parentes ou por outros fins do que para dar glória a Deus. Por isso, em tantos mosteiros não se vê um espírito verdadeiro e parece avançar sempre mais o relaxamento. É preciso remediar desde o início: o prelado, antes de dar-lhes o hábito, examine com diligência a vontade das virgens, interrogando-as isoladamente, não por simples formalidade, como muitas vezes se faz, mas buscando identificar a verdade, por quais razões fundamentais querem ser religiosas, se por pressão dos parentes ou das monjas, etc. E, percebendo não haver verdadeira vocação, é necessário usar de firmeza e não conceder a licença, dizendo à postulante que pense melhor. Ó! Se os bispos aplicassem essa diligência e essa força, que espírito diverso e perfeição veríamos nos mosteiros. Em que serve à Igreja de Deus admitir nos mosteiros tantas jovens sem vocação? Serve somente para erigir serralhos de mulheres encerradas, que depois vivem, como vemos, pouco exemplares, inquietas e por toda a sua vida inquietam os bispos e os mosteiros.

Seria bom também estabelecer um número fixo de monjas para cada mosteiro, certos de que, onde há multidão, dificilmente poderá haver boa observância. Em seguida, o bispo deve, nos mosteiros, levar à observância a vida comum, ou introduzi-la onde não houver, sem a qual é impossível não haver nos mosteiros desordens contínuas.

Quanto às licenças de falar com as monjas, é bom que o bispo reserve a concessão somente a si mesmo e seja difícil em concedê-la, por causa do abuso que daí pode derivar. Pois, se concede mais facilmente a alguns, não poderá depois negá-la a outros, que talvez apresentem legítimos pretextos, mas não têm finalidade reta. Porque os apegos não surgem de vez no princípio, mas com o tempo e as conversas, e um só apego desses será o suficiente para arruinar todo um mosteiro".

Nota bibliográfica sobre a situação da vida religiosa, especialmente feminina.

- C. Russo, *I monasteri femminili di clausura a Napoli nel secolo XVII* (Nápoles, 1970).

- G. Zarri, *Recinti. Donne, clausura e matrimonio nella prima età moderna* (Bolonha, 2000) 43-143.

- G. Galasso - A. Valerio (ed.), *Donne e religione a Napoli secoli XVI-XVIII* (Milão, 2001). Ver: M. Campanelli, "*Una virtù soda, maschia e robusta.* Il monachesimo femminile nel Settecento napoletano", p. 139-158.

- E. Novi Chavarria, *Nobilta di seggio, nobiltà nuova e monasteri femminili a Napoli in età moderna:* Dimensioni e problemi della ricerca storica 2 (1993) 84-111.

- Id., *Monache e gentildonne. Un labile confine. Poteri politici e identità religiose nei monasteri femminili napoletani: secoli XVI-XVII* (Milão, 2001).

- Id. (ed.), *La città e il monastero. Comunità femminili cittadine nel Mezzogiorno moderno* (Nápoles, 2005).

- M. Campanelli, *Centralismo romano e "policentrismo" periferico. Chiesa e religiosità nella Diocesi di Sant'Alfonso Maria de Liguori (secoli XVI-XVIII)* (Milão, 2003) 186-206: "Essere monaca al tempo di Alfonso Maria de Liguori".

- Complemento: o *bizzochismo* ou as religiosas em casa

Denominava-se *bizzoca* (beata) a mulher que vivia em sua casa como religiosa, quase sempre com a conotação de *terciária*, ou seja, com referência a uma ordem religiosa. Era, portanto, uma mulher secular que fazia de sua casa um convento: daí ser chamada de *monja de casa* frente às monjas que viviam em comunidade (mosteiro ou convento) e as que dirigiam um convívio ou centro de educação de meninas ou jovens.

O *bizzochismo* lançava suas raízes na Idade Média. Tanto é verdade que, na falta de conhecimento exato sobre a origem da expressão, indica-se como provável procedência o termo medieval *bizzoco* (do latim: *bizochus*) que denotava a ordem terceira franciscana. Mas foi a partir do séc. XVI que esse fenômeno sociorreligioso ganhou importância na Itália, sendo considerado a forma italiana das *beguinas* (*beguinato*) dos Países Baixos e Alemanha, tal como foi exposto no volume precedente: III, 854-861.

No Reino de Nápoles, e principalmente na capital, era elevado o número de *bizzoche*[119]. Até 1683, calcula-se que seriam ao redor de mil. Nos tempos de Afonso tiveram especial renome: **Maria Francisca das Cinco Chagas** (+1791), com hábito de terciária alcantarina desde 1731; e **Maria Rosa de Santa Teresa** (1670-1741), terciária dominicana. O mundo do *bizzochismo* foi muito variado, tendo havido chamativos casos de impostura, como o de Isabel Milone (ou: Mellone), nascida em 1724.

Em um fenômeno tão pouco controlado e tão numericamente extenso, deve ter havido, tanto o bom e nobre, quanto o mau e falso. Foi elogiado por uns, como o jesuíta Cipião Paolucci, e submetido ao discernimento por outros, como fez o arcebispo F. Pignatelli, no sínodo diocesano de 1726.

Certamente, Afonso conheceu e teve que tomar posição em relação ao fenômeno do *bizzochismo* napolitano, tanto em sua vida de missionário, quanto durante o ministério episcopal. Contudo, em seus escritos não há tratamento singular e específico dessa realidade. Mas sim, Afonso tratou da realidade das mulheres solteiras (*zitelle*), tal como vamos expor no cap. 5 da seção 18.

Nota bibliográfica sobre o "bizzochismo".

- A. De Spirito, *Maria Francesca Gallo, Alfonso de Liguori e il "gran numero" di bizzoche:* Campania Sacra 2 (1991) 395-440.
- G. Boccadamo, *Le bizzoche a Napoli tra il Seicento e il Settecento:* Campania Sacra 22 (1991) 351-394.
- Id., *Le case delle bizzoche* (Fiuggi, 1993).
- Id., *Monache di casa e monache di conservatorio:* G. Galasso - A. Valerio (ed.), Donne e religiose a Napoli. Secoli XVI-XVIII (Milão, 2011) 159-191, especialmente p. 176-191 ("Terziarie e bizzoche").

[119] Ver a nota de: D. Ambrasi, *Gennaro Maria Sarnelli nella vita religiosa e civile de la Napoli del Settecento*: Campania Sacra 27 (1996) 18-19.

3.4.2. Os leigos. Proposta cristã de Afonso para o laicato

- As confrarias leigas

Tudo o que vamos expor no próximo capítulo se aplica ao universo religioso do laicato. Neste momento, destacamos apenas um aspecto: a organização dos leigos em confrarias.

Certo autor faz referência a esse fato como "o grandioso fenômeno das confrarias"[120]. Houve-as de várias denominações e de diferentes ligações e pertenças. No ano de 1739, em 34 paróquias da cidade de Nápoles (excluída a catedral) havia ao redor de 200 confrarias (esse número é elevado a mais ou menos 300 para o ano de 1787). F. Galiani calculava o número complexivo para todo o Reino em 11.000. Não se pode conhecer, nem descrever a vida religiosa de Nápoles no séc. XVIII, sem dar importância às confrarias, sobretudo as de maior extensão e mais forte significado.

No *Settecento* napolitano tiveram particular significado as *confrarias do Rosário*, instituídas e propagadas pelo padre Timoteo Ricci e outros seus confrades da Ordem dominicana[121].

Também merecem destaque as seguintes confrarias:

- Para a *redenção dos cativos*[122].
- Para a *assistência espiritual dos condenados à morte*: os *Bianchi della Giustizia* (assim denominados pelos hábitos brancos que portavam) confraria fundada entre 1519 e 1525 por Heitor Vernazza[123].

---

[120] D. Ambrasi, *Gennaro Maria Sarnelli...*, 19.

[121] L. G. Esposito, *Le confraternite del Rosario in Campania nell'età moderna*: Campania Sacra 19 (1988) 86-122.

[122] G. Boccadamo, *Prime indagini sull'origine e l'organizzazione della confraternità napoletana della "Redenzione dei Cattivi" (1548-1588)*: Campania Sacra 8-9 (1977-1978) 121-158; Ead., *La Redenzione dei Cattivi a Napoli nel Cinquecento. Lo statuto di una Confraternità* (Nápoles, 1985).

[123] E. Pontieri, *Sulle origini della Compagnia dei Bianchi della Giustizia in Napoli e su i suoi statuti del 1526*: Campania Sacra 3 (1972) 1-60; G. Mascia, *La Confraternità dei Bianchi della Giustizia a Napoli "S. Maria Succurre miseri"* (Nápoles, 1972); F. Notari, *La Compagnia dei Bianchi della Giustizia: l'assistenza ai condannati a morte nella Napoli moderna*: C. Russo (ed.), Chiesa, assistenza e società nel Mezzogiorno moderno (Galatina, 1994) 281-371.

- Para os *sufrágios das almas dos justiciados*: a confraria de *Santa Maria Vertecoeli*[124].
- Para *assistir gratuitamente nas causas judiciais dos pobres*: a confraria de São Ivo.

As confrarias desenvolviam funções muito variadas: de assistência social, formação espiritual, prática das obras de misericórdia espirituais e corporais. Os economistas ilustrados, como F. Galiani, preocuparam-se com o montante de dinheiro que algumas confrarias dispunham. Sobre o mencionado cálculo de 11.000 confrarias em todo o Reino, Galiani calculou o montante econômico em dois milhões de ducados em fundos, mais outro milhão proveniente das contribuições dos membros. Sabendo disso, Afonso manifestou preocupação com o excessivo enriquecimento das confrarias e "por isso preferia as congregações de espírito - como havia entre os jesuítas, teatinos, oratorianos e pios operários - e aquela que ele mesmo criou: as capelas do entardecer"[125].

Nota bibliográfica sobre as confrarias.

- F. Volpe, *Confraternite e vita socio religiosa nel Settecento* (Salerno, 1988).
- Ch. F. Black, *Italian Confraternities in the Sixteenth Century* (Cambridge, 1989).
- A. De Spirito, *Confraternite sette-ottocentesche nel Mezzogiorno. Le "comuni" e le "segrete" e il pensiero di Sant'Alfonso:* Rassega Storica Salernitana 17 (1992) 147-186.
- A. Lazzarini, *Confraternite napoletane* (Nápoles, 1995).
- D. Ambrasi, *Gennaro Maria Sarnelli nella vita religiosa e civile della Napoli del Settecento:* Campania Sacra 27 (1996) 11-30, aqui: 19.
- N. Terpstra, *Cultures of Charity. Women, Politics, and the Reform of Poor Relief in Renaissance Italia* (Cambridge, 2013).

---

[124] A. d'Auria, *Il R. Stabilimento di Vertecoeli e la Chiesa napoletana dei SS. Apostoli. Carte amministrative (1826-1829)*: Campania Sacra 23 (1992) 99-116.

[125] D. Ambrasi, *Gennaro Maria Sarnelli...*, 20. Ver: A. de Spirito, *Confraternite sette-ottocentesche nel Mezzogiorno. Le "comuni" e le "segrete" e il pensiero di Sant'Alfonso*: Rassegna Storica Salernitana 17 (1992) 147-186.

- Proposta de Afonso para o laicato

Afonso pensou e formulou o cristianismo para o povo. Em outro capítulo, insistiremos sobre a onipresente orientação *popular* da proposta afonsiana. Nesse momento, recolhemos de seus escritos aqueles títulos com que pretende realizar um programa de vida cristã para o cristão leigo.

Este poderia ser um esquema para elaborar o *programa de vida de um cristão leigo*:

- Horizontes de reflexão:

1. *Massime eterne cioè Meditazione per ciascun giorno della settimana* (composto em 1728, publicado inicialmente em *Il mondo santificato* [1737] de J. Sarnelli e depois [1749] na obra afonsiana *Visitas ao Santíssimo*)[126]. De sabor inaciano é a fundamentação de todo o edifício religioso sobre a finalidade do homem, entendida como entrega a Deus[127].

   Uma edição elegante desse livrinho, feita em Einsiedeln por Bezinger (editores e tipógrafos da Santa Sé): *Máximas eternas por San Alfonso María de Ligorio y Jardín de devoción para los buenos cristianos,* obra auténtica de los RR. PP. Redentoristas (Einsiedeln, 1892).

   Também merece destaque a edição: *Massime eterne di S. Alfonso M. de Liguori* (Roma, 1947).

2. *Modo di conversare continuamente ed alla famigliare con Dio* (Nápoles, 1754), inspirado no *Méthode de converser avec Dieu* (Paris, 1750) do jesuíta Boutault (recolhido, por sua vez, pelo também jesuíta Vauber em seu livro *Saint Exercice de la Présence de Dieu,* Paris, 1750) obras que Afonso não conheceu no idioma original, mas em algumas edições anônimas que circulavam pela Itália. O escrito afonsiano foi editado em Roma (1755, 1767) e tradu-

[126] De Meulemeester, I, 47-48; Ferrero-Boland, 503.
[127] Tellería, I, 664-665.

zido ao alemão em 1766[128]. "Em algumas ocasiões desabrocha nessas páginas o napolitano que havia vivido horas felizes frente ao cenário luminoso de Amalfi e da planície nocerina"[129].

3. *Uniformità alla volontà di Dio,* publicado como apêndice nas *Visitas ao Santíssimo* (Nápoles, 1755; Veneza, 1758) e nas *Opere spirituali* (Veneza, 1761)[130]. "O assunto tinha sido exposto, a partir de diversos pontos de vista, pelos tratadistas de ascética (...). Isso não tira a originalidade e mérito do opúsculo de Afonso, começando pelo título, que traduzia exatamente seu pensamento e sintetizava, a seus olhos, o ápice da perfeição, com termo mais concreto que o de 'indiferença da vontade', usado por outras escolas"[131].

4. *Apparecchio alla morte, cioè considerazioni sulle Massime eterne* (Nápoles, 1758, 1760, 1762, 1766, 1767; Veneza, 1759; Bassano, 1767, 1782, 1787)[132]. O opúsculo contém trinta e seis meditações sobre as verdades eternas destinadas às pessoas que querem avançar na vida espiritual. O texto foi ditado ao estudante Lorenzo Nigro na primavera de 1758 e o êxito editorial (e apostólico) foi rotundo[133]. Tannoia diz que a aparição desse livro foi como uma Missão Geral para o Reino de Nápoles[134].

---

128 De Meulemeester, I, 79-80; Ferrero-Boland, 511-512. Também: Tellería, I, 222-223, 574-575. [LIGÓRIO, Afonso. Conversa com Deus. In: *De bem com Deus* – Vontade de Deus, Conversa com Deus, Amor de Deus. Aparecida: Santuário, 2001. p. 93-134. Tradução e adaptação: Pe. João Ribeiro de Carvalho, CSsR. Coleção Escritos de Santo Afonso, vol. 1. p. 93-134].

129 Tellería, I, 574.

130 De Meulemeester, I, 80-81; Ferrero-Boland, 512. Também: Tellería, I, 575-576. [LIGÓRIO, Afonso. Vontade de Deus. In: *De bem com Deus* – Vontade de Deus, Conversa com Deus, Amor de Deus. Aparecida: Santuário, 2001. Tradução e adaptação: Pe. João Ribeiro de Carvalho, CSsR. Coleção Escritos de Santo Afonso, vol. 1. p. 35-92].

131 Tellería, I, 576.

132 De Meulemeester, I, 96-97; Ferrero-Boland, 515. Ver: Tellería, I, 665-667; Rey-Mermet, 526-527. [LIGÓRIO, Afonso. *Tempo e Eternidade: vida, morte, futuro.* Orações e pensamentos para a jornada final. Aparecida: Santuário, 2002. Tradução da adaptação inglesa: Celso de Alencar. Revista e confrontada com e edição crítica por Pe. Flávio Cavalca de Castro, CSsR. Coleção Escritos de Santo Afonso, vol. 3. 144 p].

133 De Meulemeester, I, 96-97; Ferrero-Boland, 515. Também: Tellería, I, 665-667; Rey-Mermet, 526-527.

134 Tannoia, I, 285.

5. *Via della Salute, cioè Meditazioni e pratiche spirituali per acquistare la salute eterna* (Nápoles, 1766, 1767; Bassano, 1766; Veneza, 1767, 1773)[135]. Inicialmente, Afonso pensou o livro para uso dos sacerdotes de sua diocese. Mas logo a obra ultrapassou os limites daquela pequena diocese e foi procurado por todo tipo de pessoas. O próprio autor se deu conta disso e escreveu a Remondini em 14 de setembro de 1767: "Penso que seja um livro muito útil para toda classe de pessoas, sacerdotes, religiosos e seculares; e eu mesmo continuamente me sirvo dele e continuamente o tenho à mão"[136]. "Na galeria das obras afonsianas, ostenta a característica de marcada aderência ao ciclo litúrgico"[137]. Uma edição em espanhol: *Camino de Salvación compuesto de devotas meditaciones por S. Alfonso M. de Ligorio,* em edição simultânea entre México e Barcelona (1901, Barcelona: editoral Pons y Cía México: Ramón de S. N. Araluce), traduzido por um padre redentorista e edição propiciada pelo provincial da Província Redentorista da Espanha: padre Teodoro Runer.
6. *Riflessioni divote sovra diversi punti di spirito a pro delle anime che desiderano avanzarsi nel divino amore* (Nápoles, 1773, 1779; Bassano, 1774, 1786)[138]. A obra compreendia "quarenta e cinco 'pensamentos' ou meditações, preferentemente sobre a 'eternidade', envoltos, todos eles, naquela luz de sereno entardecer que iluminava a fronte do quase octogenário Prelado (...) que, ao compor aquelas páginas, havia querido proporcionar às almas fervorosas uma espécie de Kempis renovado"[139].

Aos seis livros mencionados, precisaríamos acrescentar as *Visitas ao Santíssimo*, as *Glórias de Maria* e a *Prática do amor a Jesus Cristo* e, assim, teríamos a magnífica biblioteca afonsiana para alimen-

---

135 De Meulemeester, I, 131-133; Ferrero-Boland, 522-523. Também: Tellería, II, 365-367; Rey-Mermet, 606-607.

136 *Lettere*, III, 308. Ver: Tannoia, II, 211.

137 Tellería, II, 365.

138 De Meulemeester, I, 155; Ferrero-Boland, 528. [LIGÓRIO, Afonso. *Uma estrada de salvação*. Aparecida: Santuário, 2002. Tradução: Pe. Afonso Paschotte, CSsR. Coleção Escritos de Santo Afonso, vol. 2. 176 p].

139 Tellería, II, 372.

tar a reflexão de um cristão. E a prova de que tais livros afonsianos exerceram essa função é dada pelo número de edições: 2.017 para as *Visitas*; 1.000 para as *Glórias*; 639 (em 44 línguas; 304 edições em francês) para o *Caminho da Salvação*; 355 para *Prática do amor*; e 319 para a *Preparação para a morte*[140].

- Elementos oracionais:

1. *Breve Trattato della necessità della preghiera, della sua efficacia e delle condizioni con cui deve esser fatta* (inserido em *Il Cristiano Santificato* de J. Sarnelli, 1757), antecipação da grande obra afonsiana *Gran Mezzo della Preghiera,* que será devidamente comentada nos próximos capítulos[141].
2. *Orazioni alla Divina Madre per ciascun giorno della settimana* (composto em 1734, depois unido às *Visitas ao Santíssimo*)[142].
3. *Canzone spirituali* (Veneza, 1758; Nápoles, 1769, 1774, 1781, 1785[11])[143].

- Regras de vida:

1. *Regole per ben vivere,* publicadas em 1754 como anexo às *Visitas ao Santíssimo* e, em 1761, com as *Opere spirituali.* Essas regras, desenvolvidas, se converteram no *Regolamento di vita (compendiado),* publicado como anexo ao *Gran Mezzo della Preghiera* (1759). Em 1767 se tornou o cap. 2 do *Regolamento di Vita,* acrescentado à *Via della Salute*[144].

Sobre esse *Regulamento de vida de um cristão,* Tellería diz que nele Afonso "com mão segura, fixa os meios para se conservar na graça divina, os atos cotidianos de piedade em que deverá se exercitar e o catálogo de virtudes principais que há de praticar"[145].

---

140 Rey-Mermet, 527, 606.
141 De Meulemeester, I, 93-94; Ferrero-Boland, 514. Também: Tellería, I, 655-656.
142 De Meulemeester, I, 53; Ferrero-Boland, 503.
143 De Meulemeester, I, 50-53; Ferrero-Boland, 503. Também: Tellería, I, 141-142, 768-774.
144 De Meulemeester, I, 80; Ferrero-Boland, 512.
145 Tellería, II, 366.

2. *Tratadello dell'amor divino e dei mezzi per acquistarlo*, publicado como apêndice à *Condotta ammirabile della divina Providenza* (Nápoles, 1775) t. II, 107-126 e (Veneza, 1778) t. II, 209-227[146].

"Tanto os argumentos, quanto os cinco meios propostos, correspondem a suas ideias favoritas na matéria"[147].

Esse magnífico programa religioso para o laicato será completado no próximo capítulo, quando falarmos das devoções (cristológicas, marianas, de santos) propostas e desenvolvidas por Afonso.

3.5. PERCALÇOS DA VIDA RELIGIOSA E MORAL NA NÁPOLES DO SÉCULO XVIII. ORIENTAÇÕES DE AFONSO DE LIGUORI

Completamos o tema dessa seção, dedicada a apresentar a situação da Igreja em Nápoles no séc. XVIII, com uma referência aos percalços religiosos e morais pelos quais passou a vida cristã nessa região e no momento histórico em questão.

3.5.1. Introdução

Para desenvolver adequadamente o aspecto indicado no título desse capítulo teríamos que estender muito o discurso. Salta aos olhos a notável riqueza de expressões religiosas presentes no povo cristão do séc. XVIII. Constatação que parece mais evidente, e de significado chamativamente amplo, no *Mezzogiorno* italiano, inclinado a manifestações de piedade e devocionismo[148].

---

146 De Meulemeester, I, 166-167; Ferrero-Boland, 531. [LIGÓRIO, Afonso. Amor de Deus. In: *De bem com Deus* - Vontade de Deus, Conversa com Deus, Amor de Deus. Aparecida: Santuário, 2001. Tradução e adaptação: José Dutra. Coleção Escritos de Santo Afonso, vol. 1. p. 5-36].

147 Tellería, II, 547. Ver: *Lettere*, II, 467, 477.

148 Ver descrição resumida em: R. de Maio, *Società e vita religiosa a Napoli nell'età moderna (1656-1799)* (Nápoles, 1971) 373-386. Também: G. Cardaropoli, *S. Alfonso M. de Liguori e la pietà popolare nel Mezzogiorno*: Asprenas 35 (1988) 98-117, especialmente, p. 114-117: "Spiritualità e religiosità popolare nel Mezzogiorno".

É preciso reconhecer que tal exuberância de religiosidade não deixa de estar unida ao compromisso em obras de assistência social, o que, naquela época, era denominado *beneficência*[149]. Para citar um exemplo: as numerosas confrarias ofereciam, não apenas âmbitos e formas para a expressão religiosa, mas também constituíam bases e plataformas para múltiplos serviços sociais.

Aqui indicamos apenas, de um lado, as províncias desse universo religioso do povo católico e, por outro, aqueles "percalços morais" que podem ser considerados peculiares da Nápoles do séc. XVIII. Acrescentamos uma referência aos escritos afonsianos que tiveram como objetivo orientar a vida religiosa (e moral) do povo cristão.

3.5.2. As expressões religiosas e as correspondentes orientações de Afonso

- O amplo universo das expressões religiosas

Foi amplo o universo de expressões religiosas no âmbito católico napolitano do séc. XVIII. Destacamos algumas delas:

- As grandes devoções cristológicas: Eucaristia, Sagrado Coração de Jesus, Paixão, Cinco Chagas, etc. Era recente a prática da *Via-sacra*, idealizada por Leonardo de Porto Maurício (1676-1751) que, em 1750, colocou as estações no Coliseu de Roma. Sobre a piedade dirigida à Paixão de Jesus, sentiam-se influências do fundador dos passionistas, Paulo da Cruz (1694-1775)[150].
- As *devoções marianas*, sob diversos títulos: tanto teológicos, quanto locais ou próprios das diversas famílias religiosas.
- A *devoção aos santos*: em geral; aos santos padroeiros da cidade e do povoado; aos santos das instituições particulares.
- A dimensão religiosa das *festas* de cada cidade ou de cada povoado.
- As expressões religiosas em conexão com os numerosos centros de *peregrinação*, determinados pelas devoções correspondentes.

---

149 R. de Maio, *Società e vita religiosa...*, 367-373.

150 Sobre as devoções à Paixão do Senhor: N. Londoño, *Se entregó por nosotros. Teología de la Pasión de Cristo en san Alfonso de Liguori* (Roma, 1997) 26-30.

- A resposta religiosa a situações de *calamidades públicas*: terremotos, secas, más colheitas, etc.

Dentre as peculiares manifestações religiosas do *Settecento* napolitano, uma sobressai como mais peculiar e original: os *presepi* (presépios), prática que o rei Carlos III levou, de Nápoles, para a Espanha. No fenômeno dos *presepi* incidem vários fatores que configuram a identidade sócio-cultural-religiosa de Nápoles: o fator religioso, o afã de plasticidade e visualização, a vertente estética, a nostalgia do popular, etc. É um tema suficientemente estudado, como podemos ver na sucinta bibliografia que apresentamos.

Nota bibliográfica sobre **os presépios**.

- *Testemunhos:* F. Mancini, *Il Presepe Napoletano. Scritti e testimonianze dal secolo XVIII al 1955* (Nápoles, 1983).
- *Exemplares:* M. Piccoli (ed.), *The Art of the Presepio. The Neapolitan Crib of the Banco di Napoli Collection* (Nápoles, 1987); Id., *Il presepe. Le collezioni del Museo de San Martino* (Nápoles, 2005).
- *Os presépios no séc. XVIII:* T. Fittipaldi (ed.), *Il presepe napoletano del Settecento* (Nápoles, 2001).
- *Estudos interdisciplinares sobre os significados do presépio napolitano:* S. de Caro - M. Marrelli - M. Santagata (ed.), *Patrimoni Intangibili dell'Umanità. Il Distretto Culturale del Presepe a Napoli* (Nápoles, 2008): S. de Caro, "Aspetti storici e artistici del Presepe Napoletano", p. 13-46; L. Esposito, "Arte e tradizione napoletana", p. 47-50; Bibliografia, p. 182-189.

- Orientações de Afonso sobre as práticas religiosas

Já se disse que "as práticas religiosas são inversamente proporcionais à cultura religiosa", no entanto, também é certo que o mundo da devoção popular traz consigo uma determinada *magia* que constitui âmbito de significado, onde se preserva, acrescenta e transmite o sentido religioso autêntico[151].

---

[151] G. de Rosa, *Vescovi, popolo e magia nel Sud. Ricerche di storia socio-religiosa dal XVII al XIX secolo* (Nápoles, 1981); Id., *Chiesa e religione popolare nel Mezzogiorno* (Bari, 1979²); Id., *La religione popolare. Storia, teologia, pastorale* (Roma, 1981).

"O séc. XVIII fomentou [além da do Sagrado Coração] outras devoções: a do Preciosíssimo Sangue, que se desenvolveria no século seguinte. Também o culto eucarístico adquiriu especial relevo em função de fatos milagrosos ou prodígios. A piedade mariana, em meio a múltiplas manifestações, achou na Imaculada Conceição o centro de suas expressões sinceras"[152].

Não precisamos dedicar muito espaço para provar que Afonso de Liguori foi educador do povo cristão em todo esse mundo de expressões religiosas. Escreveu obras para *promover*, para *alimentar* e para *fundamentar* a maior parte das práticas religiosas que acabamos de apresentar.

Há grandes obras de Afonso relacionadas com as várias devoções assinaladas:

- **Devoção eucarística**: *Visite al SS. Sacramento* (Nápoles, 1749)[153].
- **Devoção à Paixão do Senhor**: *Amore delle Anime cioè Riflessioni ed affetti sulla passione di Gesù Cristo* (Nápoles, 1751, 1754, 1755, 1773; Roma, 1755; Veneza, 1758)[154].
- **Devoção mariana**: *Le Glorie di Maria* (Nápoles, 1750)[155].

Sobre o conteúdo e significado dessas três obras maiores de Afonso (*Visite al SS. Sacramento, Amore delle Anime, Le Glorie di Ma-*

---

152 E. Vilanova, *Historia de la teología cristiana*, III (Barcelona, 1992) 324.

153 De Meulemeester, I, 56-61; Ferrero-Boland, 504-505. Edição crítica: *Opere ascetiche. Volume IV. Incarnazione - Eucaristia - Sacro Cuore di Gesù* (Roma, 1939) II. Eucaristia: "Visite al SS. Sacramento e a Maria SS." (p. 287-387) e outros opúsculos de tema eucarístico (p. 389-496). [LIGÓRIO, Afonso. *Visitas a Jesus sacramentado e a Nossa Senhora*. Aparecida: Santuário, 2018. 43ª Edição. 136 p].

154 De Meulemeester, I, 74-76; Ferrero-Boland, 510. Edição crítica: *Opere Ascetiche. Volume V. Passione di nostro Signore Gesù Cristo* (Roma, 1934). [LIGÓRIO, Afonso. Reflexões sobre a Paixão de Jesus Cristo, expostas às almas devotas. In: *A Paixão de Nosso Senhor Jesus Cristo*. Volume II. Petrópolis: Vozes, 1950. Tradução: Pe. José Lopes Ferreira, CSsR. p. 5-128 (Esta obra é um compêndio dos escritos de Santo Afonso de Ligório sobre a Paixão de Jesus Cristo. Os textos foram reunidos na *Opere Ascetiche di S. Alfonso Maria de Liguori*, Vol. V, Roma, 1934)].

155 De Meulemeester, I, 69-72; Ferrero-Boland, 509. Edição crítica: *Opere Ascetiche. Volume VI e VII* (Roma, 1935-1937). [LIGÓRIO, Afonso. *Glórias de Maria*. Aparecida: Santuário, 2019. 34ª edição. Tradução: Pe. Geraldo Pires de Sousa. 504 p].

ria) voltaremos nos capítulos correspondentes da seção quatorze. Nesse momento, referimos àquelas obras, menores em tamanho, mas não de menor significação, que se referem a determinadas práticas religiosas da época e ao conjunto da espiritualidade cristã.

- Novenas

1. **Novena do Natal**: *Novena del Santo Natale, colle meditazioni per tutti i giorni dell'Avvento fino all'Ottava dell'Epifania* (Nápoles, 1758, 1773, 1783; Veneza, 1760; Bassano, 1766, 1779). Em apêndice: *Novena al SS. Cuore di Gesù; Settenario in onore di S. Giuseppe*[156]. "Afonso não seria um italiano de seu tempo e - muito menos - napolitano, se não acompanhasse as correntes de piedade popular que fluíam do 'presépio' natalino"[157].
2. **Novena do Coração de Jesus**: *Novena del Cuore di Gesù* (Nápoles, 1758, 1773, 1783; Veneza, 1760; Bassano, 1766, 1779, 1783)[158]. Também há considerações valiosas sobre o Sagrado Coração: na consideração 35 da *Preparação para a Morte* e na visita número 25 das *Visitas ao Santíssimo*, texto que "bem poderia ser intitulado a 'Carta Magna' da devoção ao Coração Eucarístico de Jesus"[159].

Lembramos que, no cap. 3 da seção 14, novamente faremos referência à relação de Afonso com a devoção ao Sagrado Coração de Jesus.

- Devoções aos santos

1. **São José**: *Meditazioni in onore di S. Giuseppe, per i sette mercoledi precedenti alla sua festa* (Nápoles, 1758; Bassano, 1783); também

[156] De Meulemeester, I, 99; Ferrero-Boland, 515. Também: Tellería, I, 668-670. Edição crítica: *Opere ascetiche*. Volume IV. Incarnazione. Eucaristia. Sacro Cuore di Gesù (Roma, 1939) 9-251: "Novena del Santo Natale"; 253-286: "Otto meditazioni sopra il gran mistero dell'Incarnazione del Verbo Eterno, da farsi ne' primi otto giorni dell'Avvento, cominciando dalla prima Domenica".

[157] Tellería, I, 668.

[158] De Meulemeester, I, 100-101; Ferrero-Boland, 515. Também: Tellería, I, 670-674. Edição crítica: *Opere ascetiche*. Volume IV. Incarnazione. Eucaristia. Sacro Cuore di Gesù (Roma, 1939) 499-524: "Novena del Cuore di Gesù".

[159] Ch. Keusch, *Saint Alphonse de Liguori et le Sacré Coeur* (Paris, 1932) 26.

com o título: *Novena in onore di S. Giuseppe* (Nápoles, 1779)[160]. Também: *Sermone nella festa di S. Giuseppe,* publicado em: *Sermoni compendiati* (Nápoles, 1771).

A devoção a São José "era em Nápoles uma das mais populares e se nutria com práticas divulgadas entre os fiéis: novenas, setenários, sete quartas-feiras, sete dores e sete alegrias. Desde jovem, Afonso tinha carinho especial pelo exercício das sete quartas-feiras que precedem a festa do santo, e não apenas as introduziu nas igrejas do Instituto, mas para celebrá-las também condensou em sete meditações os mistérios principais da vida do Santo Patriarca e os motivos de seu patrocínio em favor dos fiéis. Em fervorosa oração, reunia cada dia seus três amores: Jesus, Maria e José. No final, liberou a inspiração poética em uma 'cançãozinha'"[161].

O pensamento de Afonso foi invocado para apoiar a josefologia[162] e a devoção a São José[163].

2. **Santa Tereza de Ávila**: *Considerazione sopra le virtù e pregi di S. Teresa di Gesù* (Nápoles, 1743)[164].

Afonso indica o caminho a ser percorrido na devoção aos santos: primeiro, *considerações* (sobre a vida e escritos dos santos); em segundo lugar, *frutos,* ou seja, consequências de uma imitação prática; e por fim, *oração,* "onde, presenteando Tereza com delicados elogios: 'minha serafim, minha santa, minha advogada', pedia sua intercessão junto ao Senhor"[165].

Sobre a influência de Tereza d'Ávila na formulação da espiritualidade afonsiana, voltaremos a insistir longamente na seção 21.

---

160 De Meulemeester, I, 101-102; Ferrero-Boland, 515.

161 Tellería, I, 673-674.

162 A. Luis Iglesias, *"Teología de San José" en San Alfonso Mª de Ligorio*: Id., Reina y Madre. Grandes temas marianos, II (Madri, 1988) 475-495.

163 N. N., *San Alfonso María de Ligorio y el glorioso Patriarca San José*: El Perpetuo Socorro 23 (1921) 342-345.

164 De Meulemeester, I, 53-54; Ferrero-Boland, 503-504. Também: Tellería, I, 336-338.

165 Tellería, I, 337.

- Práticas religiosas:

Por ocasião de calamidades públicas (terremotos, secas, más colheitas, peste, etc.): *Discorsi da farsi nel tempo dei flagelli*, publicados no *Apparecchio alla morte* (Nápoles, 1758) 406-552[166].

Afonso não buscava o medo, nem o desespero, mas sim a conversão. "De nada valem as devoções exteriores se não servem para arrancar da alma os pecados". "Penitências, novenas, procissões, exposições do Santíssimo Sacramento, para que servem se, ao mesmo tempo, não nos convertemos e tiramos a culpa dos corações? (...). Ouvir sermões, visitar a Virgem, participar das procissões e, contudo, não renunciar ao pecado e às ocasiões de cometê-lo é muito mais brincar com Deus e irritá-lo mais ainda". O que é necessário fazer é fechar as que Afonso chamava "quatro portas do inferno": ódio, blasfêmia, roubo e desonestidade. Lembra que, por esta última porta, se precipitam no inferno a maior parte dos condenados. Também convida a comprovar nos hospitais como Deus castiga esse tipo de excesso.

- Novena das almas:

Novena de' morti, esercizio devoto per gli nove giorni precedenti al giorno della commemorazione dei morti, publicado como apêndice às *Vittorie dei martiri* (Nápoles, 1775) 683-592[167].

Trata-se de um "exercício" simples e popular, "misturado com oração e sua correspondente cançãozinha, que lhe conferia variedade e eficácia coletiva, como tinha experienciado em sua diocese"[168].

Nota bibliográfica.

- C. Russo, *La religiosità popolare nell'età moderna. Problemi e prospettive:* Prospettive Settanta 3 (1980) 345-379.
- G. Cardaropoli, S. *Alfonso M. de Liguori e la pietà popolare nel Mezzogiorno:* Asprenas 35 (1988) 98-117, especialmente p. 114-117: "Spiritualità e religiosità popolare nel Mezzogiorno".

---

[166] De Meulemeester, I, 97-98. Também: Tellería, I, 666-668.

[167] De Meulemeester, I, 164; Ferrero-Boland, 531.

[168] Tellería, II, 545.

- E. Novi Chavarria, *Pastorale e devozioni nel XVI e XVII secolo:* G. Galasso - R. Romeo (ed.), Storia del Mezzogiorno, IX. Aspetti e problemi del Medioevo e dell'Età Moderna - 2° (Nápoles, 1993) 369-413.
- M. Campanelli, *Feste e pellegrinaggi nel XVI e XVII secolo:* Ibid., 483-507.

Lembramos que, no cap. 4 da seção 9, faremos referência ao confronto que Afonso de Liguori sustentou com L. A. Muratori sobre a *regolata devozione.*

3.5.3. Os "problemas morais" na Nápoles do séc. XVIII

A vida moral do povo cristão, em todas suas amplas manifestações pessoais e atuações sociais, foi o grande interesse do teólogo moralista Afonso de Liguori. O leitor poderá comprová-lo ao ler a última parte do presente volume. É mundo moral tão rico quanto a própria vida humana.

Os historiadores da vida religiosa-cristã-católica do *Settecento* napolitano costumam se referir à presença (e frequência) de três comportamentos morais negativos: a *prostituição*, o *jogo* e a *blasfêmia*[169].

Falamos da *prostituição* no capítulo 2 da seção 2, onde destacamos o trabalho social e pastoral de Januário Sarnelli e a repercussão da sensibilidade sarneliana nas propostas morais de Afonso.

O *jogo* constituía o passatempo preferido da aristocracia e era uma das várias formas de esperança para a classe pobre[170]. Em 1773, foi aberta em Posillipo uma casa de jogo para a "flor" da aristocracia. O jovem rei Fernando foi repreendido, tanto por seu pai, quanto por seu confessor, monsenhor Sanseverino, por se dedicar excessivamente ao jogo. Para o confessor do rei, o jogo era pecado mortal; do lado contrário, o confessor da rainha, Antônio Gürther, habituado aos usos da corte de Viena, tinha avaliação mais indulgente.

[169] D. Ambrasi, *Gennaro Maria Sarnelli nella vita religiosa e civile della Napoli del Settecento*: Campania Sacra 27 (1996) 14-19.
[170] *Ibid.*, 16-17.

Também alguns membros do clero caíam nesse vício, como sabemos pelas admoestações e proibições sobre a questão. O Sínodo de 1694, celebrado durante o mandato de Tiago Cantelmo, proibiu aos eclesiásticos o *conventiculum lusorium*, quer em sua casa, quer em outro lugar[171]. O Sínodo de 1726, celebrado na época do arcebispo Francisco Pignatelli, proibiu aos clérigos frequentar *loca nugatium* e os *jogos de noite*, ou seja, jogos que adentrassem a noite[172]. Grandes patrimônios foram perdidos nos jogos, o que resultava na necessidade de recorrer ao empréstimo usurário e outras condutas contrárias ao bem-estar social, familiar e individual.

A *blasfêmia* foi uma prática muito difundida no *Mezzogiorno* durante os séc. XVII-XVIII. Tanto é verdade que, em algumas dioceses, era considerada pecado com perdão *reservado* ao bispo. Para corrigir o vício da blasfêmia, o cardeal Pignatelli recomendava instituir as confrarias do Santíssimo Nome de Deus, iniciadas pelos dominicanos. Mais ainda, o vice-rei austríaco, cardeal d'Altham, emitiu uma *pragmática* contra a blasfêmia (4 de janeiro de 1726)[173].

Contra o vício da blasfêmia, Januário Sarnelli escreveu: *Opera contro all'abuso della bestemmia* (Nápoles, 1740), dirigida aos príncipes (1ª parte), aos bispos (2ª parte), aos párocos (3ª parte) e aos pregadores (4ª parte). Também Afonso precisou enfrentar a mal compreendida *blasfêmia dos mortos*. Como veremos, foi sua primeira incursão no campo da Teologia Moral como escritor.

3.5.4. Realidades e instituições pastorais

– Situação da vida eclesial na Nápoles do séc. XVIII

Nem sequer tentaremos fazer uma síntese da ampla e densa vida religiosa da Igreja napolitana do séc. XVIII, em suas clássicas vertentes: da *palavra* (catequese, pregação, formação teológica), da

---

171 *Synodus dioecesana* (Roma, 1694) n. 10 e 16 (p. 142).
172 *Synodus dioecesana* (Roma, 1727) n. 9, 12 e 16 (p. 153, 156).
173 D. Ambrasi, *Gennaro Maria Sarnelli*..., 17.

celebração (vida litúrgica e sacramental), do *serviço da caridade* (compromisso nos diversos âmbitos das necessidades humanas: marginalização, enfermidade, pobreza, etc.).

Só o que podemos fazer é remeter a exposições com sínteses suficientemente válidas sobre o tema indicado:

Descrições da época

- G. Sparano, *Memorie istoriche per illustrare gli Atti della Santa napoletana Chiesa* (Nápoles, 1768).
- L. Parascandolo, *Memorie storiche critiche e diplomatiche della Chiesa di Napoli* (Nápoles, 1847-1851).
- S. d'Aloe, *Storia della Chiesa di Napoli provata con monumenti* (Nápoles, 1869).

Descrições atuais

Podem ser encontradas formulações muito importantes sobre a rica vida eclesial da Nápoles do séc. XVIII nos seguintes estudos:

- G. Orlandi, *O Reino de Nápoles no século XVIII*: F. Chiovaro (ed.), *História da Congregação do Santíssimo Redentor*. Volume 1: As Origens (1732-1793). Aparecida: Santuário/Scala, 2019, p. 101-111.
- Instrução religiosa: catequese de crianças e catequese de adultos: p. 102-105.
- Conduta moral: p. 105-107.
- Prática sacramental: p. 107-110.
- Assistência pastoral: p. 110-111.
- D. Ambrasi, *Gennaro Maria Sarnelli nella vita religiosa e civile della Napoli del Settecento:* Campania Sacra 27 (1996) 11-30.

Tendo como referência o tempo e a biografia de J. Sarnelli (1702-1744), o autor do artigo oferece uma apresentação sintética dos elementos e fatores mais importantes da igreja partenopeia do séc. XVIII.

- Contexto político e social.
- Comportamentos morais.
- Confrarias, congregações espirituais e capelas do entardecer.

- Ideias e ações na política religiosa: o anticurialismo e o jurisdicionalismo.

- Sobre algumas realidades e instituições eclesiais da Nápoles do séc. XVIII

Reiteramos que, por motivo de espaço, não podemos expor, nem ao menos resumidamente, a situação de importantes realidades e instituições eclesiais da Nápoles do séc. XVIII. Limitamo-nos a destacar algumas delas, acrescentando sucinta bibliografia.

A paróquia.

- R. di Maio, *Società e vita religiosa a Napoli nell'età moderna (1656-1799)* (Nápoles, 1971) 236-244: "Le parrocchie".
- A. De Spirito, *La parrocchia nella società napoletana del Settecento:* SH 25 (1977) 73-117.
- Vários, *La parrocchia nel Mezzogiorno dal Medioevo all'Età moderna* (Nápoles, 1980).

A pastoral catequética e o ensino religioso.

- A. Pignatelli, *Il "collegio" della Compagnia di Gesù e l'educazione in esso incentrata:* P. Braido (ed.), Esperienze di pedagogia cristiana nella storia, I (sec. XVII) (Roma, 1981) 75-155.
- S. Sarnataro, *La catechesi a Napoli negli anni del Card. Giuseppe Spinelli (1734-1754)* (Nápoles, 1988).

Pastoral destinada aos escravos.

- G. Nardi, *Opere per la conversione degli schiavi* (Nápoles, 1967).
- Dois agostinianos fundaram um *Collegio degli schiavi* em 1719. R. de Maio, *Società e vita religiosa a Napoli nell'età moderna (1656-1799)* (Nápoles, 1971) considera que essa iniciativa "não é uma página irrelevante na história da catequese" (p. 270).

QUARTA SEÇÃO

A cultura no *Settecento* napolitano

Em razão do objetivo do presente volume, de caráter eminentemente intelectual, parece conveniente tomar nota da situação cultural do *Settecento* napolitano. A obra moral - e, em geral, intelectual - de Afonso de Liguori resulta incompreensível se não for inserida nos interesses e resultados culturais de seu âmbito geográfico e de seu próprio tempo.

Em Nápoles, tanto no aspecto civil, quanto no religioso, o séc. XVIII foi momento de grande destaque para a cultura, sem esquecer as expressões artísticas. O *Settecento* napolitano "foi um século rico de fermentos e contradições, já em si mesmos significativos, enquanto prenúncio de revoluções políticas e culturais"[1].

Sem querer estabelecer qualquer tipo de dicotomia entre o civil e o religioso, mas tratando de assumir as vantagens expositivas de tal distinção, dividimos o tema da presente seção em dois capítulos dedicados, cada um deles, a uma forma ou âmbito da cultura: civil e eclesiástica.

Portanto, estes são os dois capítulos da presente seção:

---

1 L. S. Persico, *Prefazione* a: I. Scherzi, *Spunti critici intorno alla cultura e l'istruzione primaria a Napoli nel 1700* (Nápoles, 1981) 7.

4.1. A efervescência cultural civil no *Settecento* napolitano.

4.2. A cultura eclesiástica no *Settecento* napolitano.

4.1. A EFERVESCÊNCIA CULTURAL CIVIL NO *SETTECENTO* NAPOLITANO. INSTITUIÇÕES E PESSOAS.

4.1.1. Introdução

Na Nápoles do séc. XVIII, ressoou a cultura europeia da época e, ao mesmo tempo, saíram de Nápoles clarões culturais próprios que iluminaram o ambiente geral europeu.

No primeiro terço do *Settecento*, período austríaco, destacaram-se os nomes de Giambattista Vico (1688-1744) e Pedro Giannone (1676-1748), dois intelectuais que abriram a cultura napolitana ao resto da Europa e impulsionaram novas correntes de pensamento, desbravando novos campos de estudo[2]. A *Ciência Nova* de Vico é pedra angular para os estudos de filosofia da história e antropologia. A *História Civil do Reino de Nápoles* e o *Triregno* de Giannone oferecem a originalidade epistemológica de argumentar, partindo da história, em favor da autonomia do poder civil frente à indevida hegemonia do poder religioso.

No segundo terço do século, período do rei Carlos, surgiram intelectuais que aplicaram à situação da Europa do sul as novas orientações da economia surgidas, sobretudo, na escola Ilustrada[3]. Antônio Genovesi fundou, em Nápoles (1754), a primeira cátedra de *economia política* do mundo ocidental. Fernando Galiani escreveu um tratado sobre a moeda (*Della moneta*, 1750), elaborando teoria inovadora sobre o valor. Caetano Filangieri foi autor da *Ciência da Legislação* (1780-1785), onde anuncia os princípios da jus-

[2] R. Bouvier - A. Laffargue, *Vita napoletana nel XVIII secolo* (Nápoles, 2006) 83-118: "Vita intellettuale ed artistica a Napoli all'inizio del XVIII secolo nel Vicereame austriaco".

[3] *Ibid.*, 159-188: "La vita spirituale ed artistica a Napoli sotto Carlo di Borbone".

tiça entendida desde posições modernas. Os três autores citados, com suas respectivas obras, suscitaram admiração no mundo dos ilustrados europeus.

A arte e a cultura não cessaram durante o reinado de Fernando IV[4]. Embora com menor ímpeto criativo, as expressões do espírito se fizeram presentes quando tensões sociais estavam surgindo com maior força e dariam lugar à convulsão revolucionária de 1799.

> "Em geral, pode-se dizer que o pensamento das Luzes teve, em Nápoles, um dos centros de difusão mais interessantes e originais, de onde surgiram ideias inovadoras cuja influência estava destinada a se estender durante o séc. XVIII, chegando, inclusive, até hoje. Particularmente significativa da situação do sul, e por certos aspectos dramáticos para os intelectuais que a representavam, era a posição de quem podia dialogar lado a lado na Europa com os *philosophes* mais célebres, mas, ao mesmo tempo, estava obrigado a assistir, em sua própria casa, ao desgaste do movimento reformador, submetido aos duros golpes de uma realidade social e política recalcitrante"[5].

Dedicaremos uma seção (nona) à exposição do significado do *Iluminismo* napolitano, com a qual precisará ser completado tudo o que dissermos nesse capítulo.

Primeiramente, será preciso destacar três âmbitos culturais que produzem, e pelos quais circulam, as ideias e cultura de caráter civil: a universidade, as academias e os livros ou bibliotecas.

Também não podemos esquecer que a cultura napolitana do *Settecento*, bem como a cultura europeia em geral do séc. XVIII, é uma cultura de erudição e promovida desde nova base literária: a *imprensa periódica*. Tal característica será tematizada na segunda parte do presente capítulo.

Na última parte, por fim, recordaremos alguns representantes do movimento cultural italiano do *Settecento*.

---

[4] *Ibid.*, 249-277: "La vita intellettuale ed artistica a Napoli durante 'l'era' di Ferdinando".

[5] S. Scalmani, *Historia de Italia* (Madri, 2016) 240.

4.1.2. As instituições

- A Universidade

Como constatamos no cap. 1 da segunda seção, a universidade partenopeia nasceu em 5 de junho de 1224 (ou 5 de julho, conforme algumas fontes) com uma carta circular (*generalis littera*) emitida desde Siracusa pelo imperador Frederico II da Suávia. Foi a primeira universidade de caráter civil (sem aprovação papal) e estatal (por decisão do poder político e não produto de corporações de estudantes e professores).

O séc. XVI foi um século de esplendor para os eruditos universitários, também para os napolitanos. Mas, como nos outros centros universitários da Europa, a universidade partenopeia sofreu notável decadência ao longo do séc. XVII. Surgiram escolas privadas e colégios eclesiásticos que retiraram o espaço cultural da universidade. Os professores universitários eram mal pagos, o que os levava ao ensino particular, deixando suas cátedras para suplentes com baixa remuneração. O vice-rei P. Fernández de Castro realizou (1614-1616) uma reforma na universidade partenopeia segundo o modelo da Universidade de Salamanca.

Mas, nem sequer essa tentativa de reforma, freou a decadência do centro de estudos, devido, sobretudo, à competência dos colégios eclesiásticos e escolas privadas. Tampouco, teve o êxito esperado a reforma universitária tentada em 1703 pelo vice-rei espanhol J. M. Fernández Pacheco, duque de Escalona e marquês de Villena.

Com o vice-reinado austríaco, ressurgiu o interesse pela reforma da universidade partenopeia. Houve diversos relatórios, começando pelo do sacerdote de Arienzo, Pedro Contegna que, como advogado da cidade, formulou as causas do mal-estar e possíveis propostas de solução. Tanto umas, quanto outras, causas e soluções, foram apoiadas por Felipe Caravita, consultor designado pelo capelão-mor Diego Vicente Vidania que, por sua vez, teve posturas predominantemente reacionárias. De tal sorte que a pretendida reforma ficou sem aceitação oficial e, muito menos, sem ser posta em prática[6].

Com a chegada dos Bourbon, a Universidade de Nápoles tendeu a melhorar em qualidade. A figura mais chamativa do momento foi o filósofo Giambattista Vico. Várias cátedras foram criadas, entre as quais, convém mencionar: a de *astronomia* (1735), confiada a Pedro di Marino e a de *economia* (1754), confiada a Antônio Genovesi.

Chama atenção a escolha do local para a universidade. No séc. XVI, sua sede eram três salas do convento de São Domingos Maior. Em começos do séc. XVII (1612), o quartel da cavalaria, projetado em 1585 pelo duque de Osuna para a cavalaria real, foi transformado em *Palazzo dei Reali Studi* (atualmente sede do Museu Arqueológico Nacional de Nápoles) e, em 1616, transformado em sede universitária. A decisão foi tomada pelo vice-rei Pedro Fernández de Castro, conde de Lemos, e o projeto arquitetônico, obra de Júlio César Fontana.

Mas, durante a primeira parte do séc. XVIII, a partir de 1701, a universidade voltou a funcionar no convento dos dominicanos de São Domingos Maior, ocupando cinco salas. Em 1777, a sede universitária foi transferida para o convento do Salvador, onde ficava o Colégio Máximo dos jesuítas, antes de serem expulsos.

Durante o séc. XVIII, o número de alunos universitários se manteve alto, já que a universidade absorvia a população estudantil de todo o Reino. Idêntica avaliação não pode ser verificada sobre a qualidade do ensino, mesmo levando em conta as tentativas de reforma ao longo de todo o séc. XVIII, como a do vice-rei J. M. Fernández Pacheco (1703), bem como a da etapa austríaca. O séc. XVIII conheceu ainda outras tentativas de reforma: a de Genovesi, nos anos setenta e, sobretudo, a de N. Valleta, em 1792[7].

---

[6] Os dados e informações apresentados se encontram em: D. Luongo (ed.), *All'alba dell'Illuminismo. Cultura e pubblico studio nella Napoli austriaca* (Nápoles, 1997).

[7] Dados e textos em: F. Cammisa, *L'Università di Napoli nella seconda metà del Settecento. Documenti e profilo delle riforme* (Nápoles, 2001).

De fato, durante a primeira metade do *Settecento,* a universidade napolitana não ultrapassou um papel secundário na produção da cultura no Reino de Nápoles. Até no âmbito acadêmico tinha que aceitar a intervenção dos três *Colégios de doutores, de médicos e de teólogos,* que concediam títulos e o faziam, às vezes, sem a esmerada verificação do cumprimento das exigências, desde que cumpridas as de caráter econômico.

Tudo isso não impede reconhecer que, em grande medida, foi no âmbito universitário onde foi deflagrado, na segunda metade do século XVIII, o movimento de intelectuais que propiciou e deu vida aos eventos revolucionários que culminaram na (breve) República Partenopeia (1799).

No mesmo nível acadêmico da universidade de Nápoles, ou semelhante, funcionavam outras instituições que merecem ser recordadas:

- A Escola Médica Salernitana (em Salerno), proveniente do primeiro centro desse tipo instituído na Europa (meados do séc. IX).
- A Escola do Régio Hospital dos Incuráveis de Nápoles, que proporcionava curso de aperfeiçoamento para o pessoal da saúde.
- Os Institutos da Fazenda de Educação, que incluíam: Alojamentos de nobres (dois em Nápoles, um em Bari e outro em Catanzaro); Alojamento das artes femininas; e Alojamento das artes marinhas.
- Os Liceus de L'Aquila, Bari, Cápua, Catanzaro, Chieti, Cosenza, Lecce, Matera e Salerno.

Nota bibliográfica.

- G. Origlia, *Istoria dello Studio di Napoli. In cui si comprendono gli avvenimenti di esso più notabili da' primi suoi principi fino a' tempi presenti, con buona parte della Storia Letteraria del Regno* (Nápoles, 1754).
- F. Amodeo, *Le riforme universitarie di Carlo III e Ferdinando IV Borbone:* Atti dell'Accademia Pontaniana 32 (1902) memoria n. 7.
- G. Beltrani, *Contributo alla storia della Università degli studi in Napoli durante la seconda metà del secolo XVIII:* Atti dell'Accademia Pontaniana 32 (1902) memoria n. 12.

- F. Torraga, *Storia dell'università di Napoli* (Nápoles, 1924).
- G. M. Monti, *Per la storia dell'Università di Napoli* (Nápoles, 1924).
- F. Scandone, *L'Università degli studi di Napoli nel Settecento* (Santamaria Capua Vetere, 1927).
- Vários, *Storia dell'Università di Napoli* (Nápoles, 1929).
- R. Trifone, *L'Università degli Studi di Napoli dalla fondazione ai giorni nostri* (Nápoles, 1954).
- I. Del Bagno, *Lo studio napoletano agli inizi del Settecento: il privilegio giurisdizionale:* Studi Veneziani 28 (1994) 91-105.
- I. Ascione, *L'Università di Napoli nei documenti del '700. 1690-1734* (Nápoles, 1997).
- D. Luongo (ed.), *All'alba dell'illuminismo. Cultura e pubblico studio nella Napoli austriaca* (Nápoles, 1997).
- F. Cammisa, *L'Università di Napoli sulla seconda metà del '700. Documenti e profilo delle riforme* (Nápoles, 2001).

- As academias

A Itália foi o berço da instituição cultural que chamamos *Academia*. Essa instituição nasceu em Florença (1583) com o nome de *Crusca* e reunia pequeno grupo de literatos com o objetivo de, segundo a orientação de Petrarca (*il più bel fior ne coglie*), recolher a expressão mais bela da língua, deixando de lado o que a torna feia, tal como se recolhe a flor da farinha do trigo, deixando para trás seu farelo (em italiano, *crusca*).

Mais tarde viriam: na França, a *Académie Française* (1634) e na Espanha a *Real Academia Española* (1714). Também são dignas de menção a *Royal Society* de Londres (1662), a *Arcadia* de Roma (1690), a *Preussische Akademie der Wissenschaften* de Berlim (1700).

No séc. XVII, proliferaram academias com orientação científica[8]. Em Roma foi fundada a primeira academia eminentemente

[8] A. Clericuzio, *Le accademie scientifiche del Settecento: Enciclopedia Italiana. Appendice. Scienze* (Roma, 2013) 38-45.

científica da Europa: a *Accademia dei Licei,* por Federico Cesi em 1603[9]. Dessa academia, criou-se também uma sede napolitana, por obra de João Batista della Porta e outros médicos e naturalistas napolitanos[10].

Em Nápoles, no final do séc. XVII e começos do séc. XVIII, as academias constituíam ambiente cultural para a circulação de novas ideias mais importantes que a própria universidade. As orientações jurisdicionalistas receberam apoio dos frequentadores das academias. Merece destaque a criação da academia de Medinacoeli (20 de março de 1690) com a presença do vice-rei[11].

Na Nápoles do séc. XVIII funcionavam, tanto academias privadas, quanto públicas. Várias formas de classificação já foram propostas para enquadrar o rico fenômeno do academicismo napolitano do *Settecento*. Estas são as principais manifestações que é preciso considerar: 1. Academias de Estado. 2. Academias da Igreja: de ciências eclesiásticas (1741-1758), academia arquiepiscopal (1783), academia de São Miguel Arcângelo (1782). 3. Academias de iniciativa privada para a formação profissional: teológica; de jurisprudência: Castagnola (1727), Pacelli (1730), Magipocca (1748), Scalfati (1750), Venettozzi (1771), Lupoli (1773), etc.; de medicina: Rossi (1730), Médica (1754).

Houve duas importantes academias reais, ou de criação estatal:

- A *Reale Accademia Ercolanense,* constituída em 1755 com a finalidade de administrar um acontecimento único na história da cultura antiga e da moderna arqueologia: as descobertas das cidades

9 G. Olmi, *"In essercitio universale di contemplatione, e pratica". Federico Cesi e i Lincei*: L. Boehm - E. Raimondi (ed.), Università, accademie e società scientifiche in Italia e in Germania dal Cinquecento al Settecento (Bolonha, 1981) 169-235. Também: G. Gabrieli, *Contributi alla storia della Accademia dei Lincei*, 2 vol. (Roma, 1989); S. Ricci, *"Una filosofica milizia". Tre studi sull'Accademia dei Lincei* (Udine, 1994). Sobre F. Cesi: L. Guerrini, *I trattati naturalistici di Federico Cesi* (Roma, 2006).

10 M. Torrini, *L'Accademia degli Investiganti. Napoli 1663-1670*: Quaderni Storici 48 (1981) 845- 883.

11 S. Suppa, *L'Accademia di Medinacoeli fra tradizione investigante e nuova scienza civile* (Nápoles, 1971).

sepultadas pela erupção do Vesúvio. Essa Academia funcionava como órgão consultivo do governo e não tinha a forma de atuação das outras academias. Foi presidida por B. Tanucci[12].

Entre os que trabalharam pelos objetivos da academia Ercolanense, cabe nomear **Miguel Arditi** (1746-1838), diretor do Real Museu e das escavações do Reino, a cuja solicitude se devem atuações importantes nas escavações de Pompeia e do anfiteatro de Cápua; **Francisco Maria Avellino** (1788-1850), secretário da citada Academia, compilador de um catálogo sobre a coleção numismática e escritor de várias obras (entre elas: *Bulletino Archeologico Napoletano,* 1843-1848); o sacerdote **Ottavio Baiardi** (1694-1764), membro da mesma Academia e autor dos *Prodromi delle antichità di Ercolano* (1758); e o também sacerdote **Francisco Maria Fratilli** (1689-1763), cônego da catedral de Cápua, arqueólogo e erudito, cujo escrito mais significativo foi *Della Via Appia* (1745), muito apreciado por uns, mas também muito criticado por outros.

- A *Reale Accademia delle Scienze e Belle Lettere,* fundada em junho de 1778 por Fernando IV, cujo objetivo era propor e coordenar investigações capazes de oferecer ao governo conhecimentos indispensáveis para promover uma política ilustrada. Os acadêmicos eram considerados, segundo os estatutos, "súditos pensadores"[13].

Junto a essas duas iniciativas reais, convém recordar outros compromissos da Monarquia no campo da ciência. Referimos alguns desses "lugares da ciência" de caráter oficial surgidos no *Settecento* napolitano:

- A Farmácia vinculada ao Hospital de Santa Maria del Popolo, chamado popularmente *dos Incuráveis*: *Farmacia Storica degli Incurabili,* sistematizada entre 1740 e 1760.

- Os inícios do *Museo de Física,* a partir de doações de Carlos de

[12] E. Chiosi, *La Reale Accademia Ercolanense. Bernardo Tanucci fra politica e antiquaria*: R. Ajello - M. d'Addio (ed.), Bernardo Tanucci statista, letterato, giurista (Nápoles, 1986) II, 493-517.

[13] G. Beltrani, *La Reale Accademia di scienze e belle lettere fondata a Napoli nel 1778*: Atti dell'Accademia Pontaniana 39 (1900) memoria n. 5; E. Chiosi, *"Humanitates" e scienze. La Reale Accademia napoletana di Ferdinando IV: storia d'un progetto*: Studi Storici 30 (1989) 435-456 = Id., *Lo spirito del secolo. Politica e religione a Napoli nell'età dell'Illuminismo* (Nápoles, 1992) 107-142.

Bourbon, trazidas de Parma e de Piacenza, e com enriquecimentos posteriores do rei Fernando.

- O *Osservatorio Astronomico di Capodimonte,* iniciado na primeira metade do séc. XVIII e com edifício próprio por decreto do rei Fernando em 1791.
- O projeto de criar um *Osservatorio Vesuviano,* motivado pela erupção de 1737.
- O *Real Orto Botanico di Napoli,* cujo primeiro núcleo data de 1682, com edificação definitiva em 1776.

Nota bibliográfica sobre as academias.

- M. Maylender, *Storia delle Accademie d'Italia* (Bolonha, 1926).
- E. Chiosi, *Le istituzioni accademiche a Napoli nel Settecento: continuità e mutamenti:* J. Boutier - B. Marin - A. Romano (ed.), Naples, Rome, Florence: une histoire comparée des milieux intellectuels italiens (XVIIe. - XVIIIe. siècles) (Roma, 2005) 105-122.
- L. Gianfrancesco, *From Propaganda to Science: Looking at the World of Academies in Early Seventeenth-Century Naples:* California Italian Studies 3 (2012) n. 1.

- As bibliotecas

Havia mais e melhores bibliotecas em Roma e Florença que em Nápoles. Mas, também na cidade partenopeia, os estudiosos dispunham de estabelecimentos valiosos para utilizar e desfrutar da produção cultural do livro[14].

Inicialmente, a *Real Biblioteca Bourbônica* foi formada com coleções bibliográficas procedentes do Palácio de Capodimonte e da Biblioteca Farnesina que Carlos, filho e herdeiro de Elizabeth Farnese, mandou transferir para Nápoles em 1734. Mais tarde, a biblioteca foi enriquecida com coleções privadas e fundos de corporações religiosas supressas. Em 1777, a biblioteca encontrou acomodação no *Palazzo dei Regi Studi* (atual sede do Museu Arqueológico Nacional), um dos principais palácios monumentais de

[14] G. Consoli Fiego, *Itinera literaria. Ricerche sulle biblioteche napoletane del secolo XVII* (Nápoles, 1927).

Nápoles, com construção iniciada em 1585, transformado em sede da universidade de Nápoles em 1615.

Em 1804, a biblioteca foi estabelecida no Palácio Real, em espaço desenhado por Fontana e Vanvitelli. Desde então, seu patrimônio foi enriquecendo notavelmente com a aquisição de importantes bibliotecas da cidade partenopeia: a *Brancacciana,* a *Provinciale,* a *Palatina,* etc. Por outro lado, em meados do séc. XVIII, foi descoberta a única biblioteca da Antiguidade que chegou até nós: a *Vila dos Papiros* (1.800 papiros) da cidade de Herculano. Também esse importante fundo passou para a Biblioteca Real, denominada hoje *Biblioteca Nazionale Vittorio Emmanuele III* que, além de possuir dois milhões de volumes e mais de 13.000 manuscritos, pode se orgulhar de guardar o documento mais antigo conservado em bibliotecas públicas estatais da Itália: uma inscrição bérbere datada do primeiro milênio antes de Cristo.

Também precisamos nomear a *Biblioteca da Universidade* napolitana, vinculada às vicissitudes dos edifícios dedicados aos usos universitários: desde o programado pelo vice-rei, conde de Lemos e projetado por Júlio César Fontana, até aquele que, dois séculos mais tarde, abriria suas portas em 1827[15].

Houve bibliotecas abertas ao público, como a do príncipe de Tarsia, Fernando Spinelli, e a de *Santo Angelo ad Nilum;* e bibliotecas privadas, como a do marquês Berrio.

No próximo capítulo apresentaremos as valiosas bibliotecas dirigidas por instituições religiosas.

Nota bibliográfica.

- G. Consoli Fiego, *Itinera literaria. Ricerche sulle biblioteche napoletane del secolo XVII* (Nápoles, 1927).
- V. Trombetta, *Viaggiatori stranieri nelle biblioteche napoletane del Settecento:* Rivista italiana di studi napoleonici 31 (1994) 143-168.

[15] V. Trombetta, *Storia della Biblioteca universitaria di Napoli dal Viceregno spagnolo all'Unità d'Italia* (Nápoles, 1995).

- Id., *Storia e cultura delle biblioteche napoletane. Librerie private, istituzioni francesi e borboniche, strutture post-unitarie* (Nápoles, 2002).

4.1.3. *Cultura de erudição divulgada através da imprensa periódica*

Como a cultura europeia do séc. XVIII em geral, a cultura napolitana desse momento histórico caracterizou-se por dois elementos que a distinguem da cultura de outras épocas. Foi, basicamente, uma cultura de *erudição*. A criatividade não foi seu traço distintivo; brilhou, sobretudo, pelo trabalho de recopilação, concretizado em obras que se estendiam em numerosos (e grossos) volumes. Por outro lado, essa produção cultural erudita utilizou como base expansiva um gênero literário novo, surgido no horizonte daqueles anos: a *imprensa periódica*.

– A erudição histórica

O séc. XVIII foi, para Nápoles, "o século da erudição". Foram traduzidos livros eruditos e produzidos livros de erudição. Foi o século das grandes enciclopédias que pretendiam condensar o saber em sua totalidade ou, ao menos, em determinada área. Essa tendência à erudição ficou manifesta na constituição e vida intelectual das academias do séc. XVIII. Já apresentamos aqui, nesse mesmo capítulo, as várias academias que floresceram no *Settecento* napolitano. Agora, destacaremos a importância da erudição histórica na cultura napolitana do séc. XVIII.

De maneira particular, "queremos recordar alguns historiadores e biógrafos que, embora não tenham tido sucesso como escritores, contribuíram para estender a crônica de fatos importantes para a história de nossa cidade: [o redentorista] Alexandre di Meo, com seu *Apparato Cronologico agli Annali del Regno di Napoli della mezzana Età*; Baldassare Papadia, com suas *Memorie Istoriche della città di Galatina nella Japigia*; Francisco Cautillo, com sua *Dissertazione storica su san Pietro*"[16].

---

[16] V. Gleijeses, *La storia di Napoli dalle origini ai nostri giorni* (Nápoles, 1974) 737.

Outros eruditos historiadores, com suas respectivas obras, são[17]:

- Pedro Colletta, *La Storia del Reame di Napoli.*
- Donato Rogadei, *Diritto Pubblico e Politico del Regno di Napoli intorno alla Sovranità, all'economia del Governo ed agli ordini civili.*
- José Secondo, *Vita di Caio Giulio Cesare.*
- Roberto Sarno, *Vita di Gioviano Pontano.*
- Tomás Fasano, *Vita di Francesco Serao.*
- Leonardo Panzini, *Vita di Pietro Giannone.*
- Salvador Blasi, *Serie dei principi Normanni e Svevi.*
- Vicente Castello, *Storia di Malta e le notizie storiche sugli ordini militari in Sicilia.*
- Francisco Antonio Soria, *Storia del Regno di Maometto* e *Memorie Storico-Critiche degli Storici Napoletani.*
- Eustaquio d'Afflitti, *Memorie degli Scrittori Napoletani.*
- Jacinto Gimma, *Storia della cultura napoletana.*
- Bernardino Tafuri, *Storia degli scrittori nati nel Regno di Napoli.*
- Felipe de Futis, *Storia dei Magistrati e degli avvocati napoletani.*
- Lorenzo Giustiniani, *Memorie storiche degli scrittori del Regno di Napoli.*
- Antonio Domingo Parrino, *Nuova Guida de' Forestieri* e *Teatro eroico e politico dei Vicerè del Regno di Napoli.*
- De Dominici, *Vite dei pittori, scultori e architetti napoletani.*

– As primeiras produções da imprensa periódica

Como em outros âmbitos culturais europeus, também no *Settecento* napolitano se consolidou o gênero literário da *imprensa pe-*

[17] *Ibidem.*

riódica. Na Nápoles do séc. XVIII, o povo já era *informado,* pois as notícias dos acontecimentos mais relevantes, tanto locais quanto externos, começaram a circular entre o povo através dos *avvisi,* que consistiam em folhas volantes escritas à mão e entregues aos assinantes pagantes. Com o tempo, os *avvisi* evoluíram e se tornaram *gazzette,* editadas com maior consistência (impressas) e capazes de ultrapassar as fronteiras do Estado Napolitano.

Em 1631 apareceu a *Gazzetta di Napoli,* subvencionada pelo governo do vice-reino. No entanto, "em Nápoles, a mais antiga gazeta digna desse nome, surgiu apenas em 1681: era publicada semanalmente e impressa em um *Palazzo* da atual *via Monteoliveto*"[18].

As notícias políticas, ou seja, relacionadas com a administração pública, eram fornecidas sob a vigilância dos poderes públicos. Em alguns casos, as próprias áreas da administração editavam suas gazetas.

Sob o reinado do rei Carlos de Bourbon, o periodismo napolitano adquiriu orientação mais literária. Essa época foi também o momento de eclosão do gênero periodístico de orientação cultural. "Todos os literatos buscavam publicar seus escritos nos periódicos, inclusive à custa de produzirem menos obras literárias (...). As gazetas napolitanas começaram a trazer notícias sobre publicações impressas"[19].

A etapa seguinte consistiu em criar espaços específicos, apresentando notícias das recentes publicações: nascem assim os *avvisi* ou *giornaletti d'informazione letteraria.* A partir de 1741, *La Gazzetta Napoletana* inseria um encarte com essa finalidade, intitulado *Novelle letterarie.* A seção adquiriu maior importância e nasceram publicações dedicadas exclusivamente às notícias literárias: *Il Giornale Letterario* de José Maria Boezio, o *Foglietto di notizie domestiche* de Pedro Ortolani e outras publicações periódicas similares[20].

É bom lembrar que Afonso de Liguori se serviu, tanto das obras de erudição, quanto da informação oferecida pelos *avvisi* e

---

18 *Ibid.*, 742.
19 *Ibid.*, 743.
20 *Ibid.*, 743-744.

gazzette de orientação literária. Enquanto autor de sínteses, mais que de análises, Afonso manejou obras de saber enciclopédico próprias do séc. XVIII. Enquanto escritor atento ao que era produzido nos campos do saber por ele cultivados, procurava a leitura dos *avvisi*, chegando, em certos períodos, a assinar alguns deles.

4.1.4. *Representantes do mundo cultural civil*

Em outros capítulos do presente volume também faremos referência aos representantes qualificados da cultura napolitana do *Settecento:*

Na seção nove, dedicada a analisar o Iluminismo napolitano, faremos a apresentação de autores tão representativos quanto: **Giambattista Vico** (1668-1744), **Celestino Galiani** (1681-1753) ao lado de **Fernando Galiani** (1728-1787), **Antônio Genovesi** (1713-1769), **José Maria Galanti** (1743-1806), **Caetano Filangieri** (1752-1788).

No cap. dois da seção onze, no contexto do jurisdicionalismo napolitano, aludiremos a outra série de intelectuais do mundo jurídico, alguns situados no final do séc. XVII: **Francisco d'Andrea** (1625-1698), **Amado Danio** (1619-1705), **Pedro Fusco** (1638-1703), **José Valletta** (1636-1714), **Serafim Biscardi** (1643-1711), **Caetano Argento** (1662-1730), **Domingos Aulisio** (1639-1717), **Nicolás Caravita** (1647-1717), **Paulo Matias Doria** (1667-1741), **Constantino Grimaldi** (1667-1750), **Biagio Garofalo** (1677-1762), **Nicolás Fraggiani** (1686-1763) e, de modo especial, **Pedro Giannone** (1676-1748).

A essa ampla e brilhante nominata de representantes do mundo da cultura do *Settecento* napolitano (com inícios nos finais do *Seicento*), acrescentamos agora mais alguns.

– João Vicente Gravina (1664-1718)

Nasceu em Roggiano Gravina, perto de Cosenza (Calábria), em uma distinta família[21]. Foi educado por seu tio materno, Gregó-

---

[21] C. San Mauro, *Gravina, Gian Vincenzo*: Dizionario Biografico degli Italiani 58 (2002) s. v.

rio Colopresе, poeta e filósofo. Estudou direito civil e canônico em Nápoles. Em 1689, se dirigiu a Roma onde, com outros literatos, fundou a Academia da Arcádia (1690). Na *La Sapienza* de Roma, foi professor de direito civil e, mais tarde, de direito canônico. Apadrinhou o poeta Metastásio, constituindo-se seu pai adotivo. Morreu em Roma, em janeiro de 1718.

Gravina foi autor de numerosas obras de erudição[22]. Sua principal contribuição é: *Originum iuris civilis libri tres* (Nápoles, 1701), obra que influenciou o pensamento político da época, entre outros, o de Montesquieu, que leu o escrito de Gravina[23].

- Francisco Rapolla (1701-1762)

Foi professor de direito eclesiástico no *Archiginnasio Regio* (1721) e de Direito Romano (1726) e Penas (1741) na universidade de Nápoles. Exerceu a magistratura régia na Grande Corte da *Vicaria* (1748), foi conselheiro régio da *Camera di S. Chiara* (1759) e presidente da *Regia Camera della Sommaria* (1761).

Seus escritos principais são: *De jurisconsulto sive de ratione discendi interpretandique iuris civilis,* 2 vol. (Nápoles, 1726); *Difesa della giurisprudenza* (Nápoles, 1744); *Commentaria de Jure Regni* [direito de Estado em cinco livros: direito público, privado, penal e feudal], 4 volumes (Nápoles, 1746).

- Raimundo di Sangro (1710-1771), VII Príncipe de Sansevero

Nasceu em Torremaggiore (Apúlia); perdeu a mãe muito cedo e o pai esteve ausente; cresceu junto aos avós paternos. Com inteligência vivaz, estudou com os jesuítas em Roma. Aprendeu oito línguas e se interessou pelas matérias científicas, frequentando o museu de ciências criado, durante o século precedente, pelo filóso-

---

[22] Edições atuais: G. Gravina, *Scritti critici e teorici* (Roma-Bari, 1973); Id., *Della Ragion poetica* (Soveria Mannelli, 2005).

[23] C. Ghisalberti, *Gianvincenzo Gravina giurista e storico* (Milão, 1962); M. Piccolomini, *Il pensiero estetico di Gianvincenzo Gravina* (Ravena, 1984); F. Lomonaco, *Filosofia, diritto e storia in Gianvincenzo Gravina* (Roma, 2006).

fo e cientista Atanásio Kircher (1602-1680). Adquiriu cultura poliédrica: homem de armas, inventor, literato, empresário, etc.

Cultivou o esoterismo e ingressou na maçonaria (1750), onde chegou a Grão-Mestre da Loja Nacional, na qual se integraram todas as lojas preexistentes. Em sua *Lettera apologetica,* servindo-se da linguagem inca dos "nós", buscou transmitir mensagens ocultas e/ou maçônicas, motivo pelo qual o livro foi colocado no *Index*. Prestou grande serviço à arte restaurando a impressionante *Capella Sansevero* com suas várias obras-primas: o *Cristo Velato* (de José Sanmartino), a *Pudicizia Velata* (de Antônio Corradini), o *Disingano* (de Francisco Queriolo) e os afrescos do teto *Glória del paradiso* (de Francisco Maria Russo)[24].

- Francisco Maria Pagano (1748-1799)

Foi uma personalidade de várias faces: jurista, filósofo, economista, dramaturgo, político. É reconhecido como iniciador da escola napolitana de história do Direito. Entrou na maçonaria e foi professor de ética (1770) e direito penal (1785) na universidade partenopeia. Em seus *Saggi politici* (1783) tomou posição contra a tortura judicial e pena de morte: *Considerazioni sul proceso criminale* (1787)[25]. Apareceram, póstumos, seus *Principi del codice penale* (1819) e sua *Logica dei probabili o teoria delle prove* (1819).

Após se refugiar em Roma e se transferir para Milão, retornou a Nápoles em 1 de fevereiro de 1799. Foi o autor da Constituição da República Partenopeia, texto que não entrou em vigor pela curta duração da instituição republicana. Com o retorno dos Bourbon, F. M. Pagano foi enforcado em 29 de outubro de 1799 na Praça do Mercado de Nápoles, junto com outros patriotas, entre eles, L. de Fonseca e D. Cirillo, que serão lembrados em seguida.

---

[24] A. E. Piedimonte, *Raimondo di Sangro, Principe di San Severo. La vita, le invenzioni, le opere, i libri, la Capella, le leggende, i misteri* (Nápoles, 2012).

[25] F. M. Pagano, *Saggi politici. De' principi, progressi e decadenza delle società [1791-1792]* (Nápoles, 1993).

- Leonor da Fonseca Pimentel (1752-1799)

Literata, nascida de nobres portugueses em Roma. Participou dos movimentos revolucionários que conduziram à República Partenopeia de 1799. Dirigiu o periódico político *Monitore Napoletano* (do qual saíram apenas 35 números). Subiu ao patíbulo, instalado na Praça do Mercado, em 20 de agosto de 1799, animando os que também iriam ser executados, com as célebres palavras da Eneida (I, 203): *Forsan et haec olim meminisse iuvabit*[26].

- Domingos Maria León Cirillo (conhecido de forma abreviada como **Domingos Cirillo**) (1739-1799)

Nasceu em Grumo Nevano (província de Nápoles). Frequentou, em Paris, vários representantes franceses do mundo da cultura e ciência: J.-A. Nollet, conde de Buffon, J. le Rond d'Alambert, D. Diderot. Também viajou a Londres, figurando como membro da Royal Society.

Ensinou botânica e medicina na Universidade de Nápoles. Mais tarde, também ensinou clínica e obstetrícia no Hospital dos Incuráveis. Foi membro da Academia de Ciências e Belas Artes de Nápoles.

Como médico, investigou e publicou sobre doenças venéreas: *De Lue venerea* (Nápoles, 1780). Como botânico, escreveu um manual sobre botânica (em duas versões: *Ad botanicas institutiones introductio,* Nápoles, 1766 e 1771; *Fundamenta botanicae seu philosophiae botanicae explicatio,* Nápoles, 1785 e 1787); publicou estudos sobre as plantas (*De essentialibus nonnullarum plantarum characteribus,* Nápoles, 1984; *Plantarum rariorum regni Neapolitani fasciculus,* Nápoles, 1788-1795); e sobre insetos (*Entomologiae neapolitanae specimen primum,* Nápoles, 1787-1792).

Filiou-se à Maçonaria, mas sem chegar a ser membro especialmente ativo. Participou do movimento revolucionário que implan-

---

[26] Além das obras de B. Croce (1887), B. Gurgo (1935), Mª. A. Macciocchi (1993) e E. Striano (1999): T. Santos (ed.), *Leonora de Fonseca Pimentel. La Portuguesa de Nápoles (1752-1799)* (Lisboa, 2001).

tou a República Partenopeia (1799), de cuja Assembleia Legislativa aceitou o cargo de presidente. Com o retorno dos Bourbon, foi condenado e justiciado em 29 de outubro de 1799, na Praça do Mercado.

Nota bibliográfica.

- F. Lombardi, *La scienza e l'arte medica di Domenico Cirillo* (Nápoles, 1964).
- S. Mastellone, *Pensiero politico e vita culturale a Napoli nella seconda metà del Seicento* (Messina-Florença, 1965).
- A. Martorelli, *Il medico Domenico Cirillo e la cultura napoletana nel '700* (Grumo Nevano, 1989).
- Vários, *Atti del Convegno Nazionale di Studi su Domenico Cirillo e la repubblica partenopea* (Grumo Nevano, 1991).
- B. d'Errico, *Domenico Cirillo: scienziato e martire della Repubblica napoletana* (Frattamaggiore, 2001).
- J. V. Quirantes, *Sombra y revolución* (Almería, 2018): reconstrução literária da vida e obra de D. Cirillo.

4.1.5. Balanço: inícios de uma "cultura civil" e influência sobre Afonso

Na opinião de G. Galasso, com os *iluministas* napolitanos, pela primeira vez na história do Reino de Nápoles, houve um "partido de intelectuais" (*cetto intellectuale*), nascido de maneira autônoma em relação aos âmbitos políticos e administrativos, embora mantendo relações de estímulo (dando e recebendo) com eles[27].

Esse grupo de intelectuais teve muita influência na renovação ilustrada da administração em geral e das instituições sociais em particular. Os intelectuais ilustrados também podem ser considerados "reformadores" sociais (F. Venturi)[28]. Essa influência foi exercida de modo especial pelos intelectuais provenientes do

---

[27] G. Galasso, *La filosofia in soccorso de' governi. La cultura napoletana del Settecento* (Nápoles, 1989) 52. Também: B. de Giovanni, *Il ceto intellettuale a Napoli fra la metà del '600 e la restaurazione del Regno* (Nápoles, 1968).

[28] V. I. Comparato, *Uffici e società a Napoli (1600-1647). Aspetti dell'ideologia del magistrato nell'età moderna* (Florença, 1974).

mundo jurídico. Não se pode esquecer o elevado número de profissionais do Direito que havia em Nápoles em comparação com outros grupos e classes sociais. Daí, também ser possível falar de uma *Respublica dei togati*[29], em correspondência ao que, em contextos similares, se denomina *République des lettres*[30].

> Segundo José María Galanti, no Reino de Nápoles havia 26.000 pessoas dedicadas ao mundo do Direito, entre juízes, advogados, procuradores, notários, empregados subalternos da justiça, todos "mantidos às custas do gênio contencioso da nação"; dessa cifra, 6.314 trabalhavam na cidade de Nápoles[31].

É nesse ambiente intelectual que deve ser considerada a figura e obra de Afonso de Liguori. Já desde seus anos de estudo na Faculdade de Direito, "ele pode se beneficiar da irradiação desses luminares jurídicos"[32]. Os nomes de Domingo Aulisio, Francisco de Andrea, Nicolás Capaso, Nicolás e Domingos Caravita, Serafim Biscardi, Amado Denio, José Valleta, Tomás Mazzacara, Caetano Argento e muitos outros juristas e intelectuais foram próximos a Afonso e a seus companheiros redentoristas da primeira hora.

4.1.6. Complemento bibliográfico

Sobre o ambiente cultural de Nápoles a partir da segunda metade do séc. XVII e durante o *Settecento*.

- P. Lopez, *Riforma cattolica e vita religiosa e culturale a Napoli dalla fine del '600 ai primi '700* (Nápoles, 1964).
- S. Mastellone, *Pensiero politico e vita culturale a Napoli nella seconda metà del '600* (Messina-Florença, 1965).
- N. Cortese, *Cultura e politica a Napoli dal Cinquecento al Settecento* (Nápoles, 1965).

---

29 P. L. Rovito, *Respublica dei togati. Giuristi e società nella Napoli del Settecento* (Nápoles, 1981). Também: F. Nicolini, *Uomini di spada, di Chiesa, di toga, di studio ai tempi di Giambattista Vico* (Milão, 1942); R. Colapietra, *Vita pubblica e classi politiche del Viceregno napoletano (1656-1734)* (Roma, 1961).

30 H. Bots - F. Waquet, *La République des Lettres* (Paris, 1997).

31 G. M. Galanti, *Della descrizione geografica e politica delle Sicilie*, edição de F. Assante D. Demarco (Nápoles, 1969) I, 275-276.

32 Tellería, I, 30.

- B. de Giovanni, *il ceto intellettuale a Napoli fra la metà del '600 e la restaurazione del Regno* (Nápoles, 1968).
- F. Venturi, *La Napoli di Antonio Genovesi:* Id., Settecento riformatore (Turim, 1969) 523-646.
- B. de Giovanni, *Vita intellettuale a Napoli fra la metà del '600 e la restaurazione del Regno* (Nápoles, 1970).
- V. Gleijeses, *La storia di Napoli dalle origini ai nostri giorni* (Nápoles, 1974) 733-758.
- V. I. Comparato, *Uffici e società a Napoli (1600-1647). Aspetti dell'ideologia del magistrato nell'età moderna* (Florença, 1974).
- V. Perrone, *Scienza, natura, religione. Mondo newtoniano e cultura italiana nel primo Settecento* (Nápoles, 1982).
- M. Torrini, *La discussione sullo statuto della scienza tra la fine del '600 e l'inizio del '700:* F. Lomonaco - M. Torrini (ed.), Galileo a Napoli (Nápoles, 1987) 357-383.
- G. Galasso, *La filosofia in soccorso de' governi. La cultura napoletana del Settecento* (Nápoles, 1989). Também: Id., *Napoli spagnola dopo Masaniello* (Florença, 1982).
- R. Pasta (ed.), *Cultura, intellettuali e circolazione delle idee nel '700* (Milão, 1990).
- A. Mª. Rao, *intellettuali e professioni a Napoli nel Settecento:* M. L. Betri - A. Pastore (ed.), Avvocati, medici, ingegneri. Alle origini delle professioni moderne (Bolonha, 1997) 41-60.
- Ead. [A. Mª. Rao], *Fra amministrazione e politica. Gli ambienti intellettuali napoletani:* J. Boutier - B. Marin - A. Romano (ed.), Naples, Rome, Florence. Une histoire comparée des milieux intellectuels italiens (XVIIe. - XVIIIe. siècles) (Roma, 2005) 35-88.
- R. Ajelo, *Cartesianesimo e cultura oltremontana al tempo dell'"Storia civile":* R. Ajelo (ed.), Pietro Giannone e il suo tempo (Nápoles, 1998) I, 3-181.
- R. Bouvier - A. Laffargue, *Vita napoletana nel XVIII secolo* (Nápoles, 2006) 83-188: "Vita intellettuale ed artistica a Napoli all'inizio del XVIII secolo nel Vicereame austriaco"; 159-188: "La vita spirituale ed artistica a Napoli sotto Carlo di Borbone"; 249-277:

"La vita intellettuale ed artistica a Napoli durante 'l'era' di Ferdinando".

- M. Mazzotti, *Pensiero conservatore e scienza moderna a Napoli (1780-1830):* R. Mazzola (ed.), Le scienze a Napoli tra Illuminismo e Restaurazione (Roma, 2011) 185-203.
- T. Astarita (ed.), *A Companion to Early Modern Naples* (Leiden-Boston, 2013) 308-476: "Culture, Art and Intellectual Life".

Sobre o grupo ou partido jurídico-forense *(cetto dei togati).*

- R. Ajello, *Arcana juris. Diritto e politica nel Settecento italiano* (Nápoles, 1976).
- Id., *Dalla repubblica dei togati alla repubblica dei nobili* (Florença, 1978).
- Id., *Cartesianismo e cultura oltremontana al tempo dell'"Storia Civile":* Id. (ed.), Pietro Giannone e il suo tempo, I (Nápoles, 1980) 4-181.
- Id., *Lo stato e la società degli austriaci e dei Borboni. La transizione dalla Repubblica dei togati all'assolutismo:* L. de Rosa - L. M. Enciso Recio (ed.), Spagna e Mezzogiorno d'Italia nell'età della transizione. Stato, finanza ed economia (1650-1760) (Nápoles, 1997).
- P. L. Rovito, *Respubica dei togati. Giuristi e società nella Napoli del Seicento* (Nápoles, 1981).
- E. Nuzzo, *Verso la "vita civile"* (Nápoles, 1984).

4.2. A CULTURA ECLESIÁSTICA NO *SETTECENTO* NAPOLITANO

O tema do presente capítulo é a segunda vertente que acompanha a primeira, desenvolvida no capítulo anterior. No capítulo precedente, expusemos a situação da cultura *civil* no *Settecento* napolitano, agora, fixamos a atenção na cultura *eclesiástica.*

Em razão da condição de Afonso de Liguori - estudioso e escritor religioso, especialmente de temática espiritual e moral - parece conveniente ressaltar a vertente de cultura religiosa da igreja napolitana em que Liguori viveu e atuou. Esse é, pois, o objetivo do atual capítulo: destacar o alto grau de cultura religiosa em que se movia o clero napolitano da época. Longe de diminuir o valor próprio de Afonso, assinalar essa altura o engrandece ainda mais.

Convém enquadrar este capítulo dentro da descrição sobre a situação cultural geral do Reino de Nápoles, tal como apresentada no capítulo anterior. Sobre essa grossa pincelada da elevação cultural em âmbito civil, detalhamos, por um lado, as *instituições* em que se manifesta a cultura religiosa eclesiástica e, por outro, as *pessoas* que a geram e veiculam por suas vidas e serviços eclesiais[33].

4.2.1. *Instituições para a cultura religiosa*

– A Faculdade de Teologia na Universidade de Nápoles

Houve Faculdade de Teologia na Universidade de Nápoles, desde que a universidade foi fundada pelo Imperador Frederico II (1224), até o ano de 1861 quando, por lei, a teologia foi eliminada da instituição universitária pública na Itália[34].

Na época angevina, o rei Carlos I de Anjou suprimiu da universidade partenopeia a cátedra de teologia, sustentando que para o estudo teológico eram suficientes os centros teológicos existentes em Nápoles: dos dominicanos em São Domingo Maior, dos franciscanos em São Lourenço e dos agostinianos em Santo Agostinho. Nesse sentido, dispôs que os três centros fossem considerados seções da universidade, para o que, lhes proporcionou certa ajuda econômica[35].

O rei Carlos II de Anjou convidou, em 1272, Tomás de Aquino para vir de Paris a Nápoles. A mudança foi sancionada pelo capítulo provincial romano da Ordem, reunido em Florença. O sobe-

---

[33] R. de Maio, *Società e vita religiosa a Napoli nell'età moderna (1656-1799)* (Nápoles, 1971) 261-331: "Capitolo III. La cultura religiosa".

[34] B. Ferrari, *La soppressione della Facoltà di Teologia nelle Università di Stato in Italia* (Bréscia, 1968).

[35] V. Gleijeses, *La storia di Napoli dalle origini ai nostri giorni* (Nápoles, 1974) 443.

rano deu carta branca ao Aquinate para organizar a Faculdade de Teologia ou, na terminologia exata, o *Studium Generale Theologiae.* Da sua parte, o teólogo dominicano escolheu o local para as aulas e seus colaboradores, decidindo também o número de estudantes que poderiam frequentar as lições. Daí que Tomás de Aquino deva ser considerado o verdadeiro fundador do *Studium Generale Theologiae* de Nápoles.

Tomás de Aquino ensinou Teologia no curso acadêmico. Mas, também ensinava, em língua vernácula, os conteúdos da fé e orações cristãs para um público amplo. Por outro lado, em sua última estadia em Nápoles, escreveu parte da *Suma Teológica,* embora não tenha chegado a concluí-la. Convém lembrar que as autoridades de Nápoles, tanto políticas, quanto acadêmicas e eclesiásticas, defenderam a doutrina tomista quando foi atacada pelo arcebispo de Paris (1277). Essas autoridades napolitanas se fizeram presentes em Avignon quando da canonização de Tomás de Aquino por João XXII (1323).

É possível afirmar que a obra de Tomás de Aquino foi o ponto alto da cultura teológica em Nápoles[36] . "Uma vez que o Estúdio Geral Napolitano de Teologia aceitou e apreciou por unanimidade as propostas e orientações de Tomás, Nápoles se converteu no centro mais importante de estudos filosóficos e teológicos, enquanto Paris permanecia como centro de disputas doutrinais"[37].

O rei Ladislau deu grande importância ao estudo da teologia criando, em 1410, um colégio de 24 mestres, divididos entre dominicanos, franciscanos, agostinianos e carmelitas. A esse colégio se uniram, no reinado de Joana II, outros seis docentes do clero secular[38].

No decorrer dos séculos, os professores da faculdade teológica da Universidade de Nápoles pertenceram, tanto ao clero secular, quanto ao religioso. Ao ser criado o seminário arquiepiscopal

---

36 *Ibid.*, 443-445.
37 *Ibid.*, 444-445.
38 *Ibid.*, 445.

por Mario Carafa, em 1568, muitos professores de teologia universitária dividiram seu compromisso acadêmico com as aulas no seminário.

Na época de Afonso, a Faculdade de Teologia tinha cinco cátedras: dogmática, tomismo, escolástica, Sagrada Escritura, moral. A cátedra de tomismo era chamada de *Cattedra di testo di S. Tommaso;* foi dirigida por freis dominicanos ao longo do séc. XVIII: **Pio Tomás Milante** (1735-1745), **Querubim Pellegrino** (1745-1758), **Alberto Sacco** (1758-1765), **Adeodato Marone** (1769-1786)[39].

Embora, desde o último terço do séc. XVII e primeira parte do séc. XVIII, se tenha tentado a reforma dos estudos de teologia, vinculando-a mais às fontes positivas (Sagrada Escritura, Santos Padres) que à especulação escolástica, o certo era que as cátedras resultavam, no conjunto, "arcaicas e estavam despovoadas"[40]. A. Genovesi chegou a pedir a mudança da teologia escolástica por uma cátedra de *Catecismo Histórico da Religião Cristã,* o que hoje denominamos *História da Salvação.*

Faltou, para a teologia acadêmica e, em geral, para a reflexão teológica do séc. XVIII, criatividade em se abrir para os novos ares da cultura ilustrada e, de modo especial, para as exigências filosóficas da época moderna"[41].

Nota bibliográfica.

- F. Scandone, *La facoltà di Teologia nella Real Università di Napoli nel Settecento* (Arezzo, 1928), separata de: Memorie Domenicane 45 (1928).

- Id., *La cattedra del testo di S. Tommaso d'Aquino nella Real Università di Napoli e i suoi insegnanti domenicani (1616-1806)* (Florença, 1929), separata de: Memorie Domenicane 43 (1926).

39 R. Trifone, *L'Università degli Studi di Napoli dalla fondazione ai giorni nostri* (Nápoles, 1954) 86. Citação tomada de: M. Miele, *Sant'Alfonso e i Domenicani*: SH 59 (2011) 210, nota 11.

40 Rey-Mermet, 144.

41 R. de Maio, *Società e vita religiosa...*, 287-302.

- O *Almo Collegio dei Teologi*

Além da Faculdade de Teologia, funcionava em Nápoles no séc. XVIII o *Almo Coleggio dei Teologi,* instituição estabelecida por Rogério II de Altavilla e privilegiada por Joana II de Anjou e Afonso de Aragão (e por vários papas), com poder para conferir graus acadêmicos em Sagrada Teologia (a única instituição com autorização para conferir o doutorado em Teologia), passando seus membros a teólogos conselheiros da Corte.

Esse colégio continua tendo faculdade para conferir graus em Teologia *iure proprio,* mesmo depois de 1861, por concessão de Pio IX (Bula *Inter gravissimas* de 27 de março de 1874). Essa concessão durou até 1938, ano em que foi instaurada a faculdade de teologia napolitana, primeiro, *ad experimentum,* conforme a constituição apostólica *Deus scienciarum Dominus* de Pio XI (rescrito de 19 de setembro de 1938), e depois, definitivamente com Pio XII (1941), com confirmação em 1967. A faculdade ficou vinculada à Arquidiocese, concretamente, ao seminário arquiepiscopal.

A atual Pontifícia Faculdade Teológica da Itália Meridional, constituída em 1969, é o resultado das duas entidades acadêmicas medievais: a faculdade teológica napolitana (proveniente da *Facultas Theologiae* da primeira universidade partenopeia, fundada por Frederico II) e da faculdade teológica de São Luís, confiada à Companhia de Jesus.

- Seminários

Funcionavam na cidade de Nápoles dois seminários:

- O *seminário urbano,* aberto em 1568, mas só a partir de 1744 com o nome de *urbano*[42]. Também acolhia jovens provenientes de outras dioceses do *Mezzogiorno,* possibilidade que continuou existindo até inícios do séc. XIX[43]. Eram admitidos alunos entre 12 e 18 anos e o seminário podia abrigar ao redor de 200 alunos, enquanto ou-

[42] R. de Maio, *Le origini del seminario di Napoli. Contributo alla storia napoletana del Cinquecento* (Nápoles, 1957).

[43] C. D. Fonseca, *La formazione del clero a Napoli tra riforme e restaurazione*: Campania Sacra 15-17 (1984-1986) 122.

tros seminários maiores de outras dioceses do Reino não superavam os 50 ou 60.

- O *seminário diocesano* (também chamado *vicano*), aberto em 1744 pelo arcebispo J. Spinelli, destinado aos clérigos da zona suburbana (*Casali*) da cidade de Nápoles. Os seminaristas recebiam o apelido de *pagani* ou *vicani*.

Ao longo do séc. XVIII, foram reitores do seminário urbano: Pedro Marco Guizzio (1701-1703, 1710-1740), João Tunica (1741-1742), Tiago Fontana (1742-1758), Marcos Celentano (1758-1764), José Simioli (1764-1779). Guizzio era primo da mãe de Afonso; Fontana e Celentano foram bons amigos seus.

Em fins do séc. XVII, o arcebispo **Tiago Cantelmo** (1640-1702), auxiliado pelo sacerdote **Carlos Maiello** (1665-1738), havia feito uma profunda reforma no ensino curricular do seminário, introduzindo novas disciplinas. Na época de Afonso, o *curriculum* do seminário era de 12 anos: seis de gramática e retórica, dois de filosofia e quatro de teologia. As matérias ensinadas eram: lógica, geometria, metafísica e física, teologia, dogmática, Sagrada Escritura, teologia moral, direito canônico e civil, história eclesiástica.

Em meados do séc. XVIII, durante o episcopado do cardeal J. Spinelli, foi redigido um conjunto de normas para a direção do seminário[44]. As regras relativas à vida dos seminaristas eram obra do cônego **Tiago Fontana**; o plano de estudos vinha de **Aleixo Símaco Mazzochi**. R. de Maio avalia de forma bastante negativa as normas que regiam o seminário napolitano, por considerá-las severas, inquisitivas, pouco pedagógicas[45]. Essa avaliação parece objetiva, embora deva ser temperada pelas condições pedagógicas e educativas daquele tempo[46].

De Roma, o arcebispo J. Spinelli trouxe consigo **Pedro Luís della Torre** (1689-1754) para a renovação dos estudos do seminá-

[44] *Regole del Seminario Napoletano compilate e pubblicate per ordine del Cardinale Giuseppe Spinelli* (Nápoles, 1744).

[45] R. de Maio, *Società e vita religiosa...*, 246.

[46] D. Ambrasi, *Seminario e clero di Napoli dalla nascita dell'istituzione alla fine del Settecento*: Campania Sacra 15-17 (1984-1986) 7-95.

rio de Nápoles, beneditino, professor de teologia e de direito em Roma, entre cujos alunos se encontrava o futuro bispo de Pistoia, Cipião de' Ricci.

A preocupação pela contínua renovação dos estudos no seminário - desde C. Maiello até P. L. de la Torre, passando por A. S. Mazzochi - assim como a atividade docente de bons professores nos diversos ramos das ciências eclesiásticas (escritura, patrística, dogmática, moral, direito canônico) e a atenção em melhorar a biblioteca, propiciaram várias gerações de sacerdotes napolitanos com preparação cultural e teológica muito acima da média geral da época[47].

Do seminário, saíram sujeitos tão bem formados que, mais adiante, se tornarão professores qualificados:

- **Ignácio della Calce** (1696-1768), docente de letras e retórica no seminário e, mais tarde, de língua hebraica na universidade partenopeia. Sobre ele, Afonso de Liguori diz que foi "insigne mestre" do padre Paulo Cafaro "e hoje", *oggidì,* quando Afonso escreve a biografia do insigne redentorista, "professor de língua hebraica nos estudos públicos", ou seja, na Universidade de Nápoles.
- **Nicolás Ignarra** (1728-1808), sucessor do precedente Ignácio della Calce na cátedra universitária, e discípulo de A. S. Mazzochi, de quem compôs uma detalhada biografia.
- **José Buonocore** (1689-1750), filósofo e teólogo.
- **Júlio Lorenzo Selvaggi** (1728-1772), estudioso de história, filosofia e línguas orientais (iniciou as *Antiquitatum Eclesiasticarum Institutiones,* que foram continuadas por Alexandre Maria Calefati: Nápoles 1772-1776, 6 vol). Foi professor de direito canônico (1764), em cuja área temática publicou: *institutionum canonicarum libri tres ad usum Seminarii Neapolitani* (Pádua, 1770).
- **Salvador Aula** (1718-1794), discípulo de Mazzochi, professor no seminário arquiepiscopal de Nápoles e membro da Academia Ercolanense.

[47] A. Illibato, *Gli studi nel seminario di Napoli nell'età di A. S. Mazzochi* (Nápoles, 1974). Sobre a biblioteca do seminário: F. Russo, *La biblioteca del seminario di Napoli*: Campania Sacra 15-17 (1984-1986) 104-117.

- **José Simioli**, de quem nos ocuparemos mais adiante, neste mesmo capítulo.

A partir de 1761, funcionou um terceiro seminário (melhor: seminário-residência), o *Convitto Ecclesiastico*, que acolhia subdiáconos e diáconos dos citados seminários e sacerdotes jovens que, durante um ano, se habilitavam para os ministérios da confissão e da pregação. Afonso de Liguori foi convidado pelo cardeal Sersale para falar nesse *convitto*[48].

Em 1745, o cardeal Spinelli criou o centro de *Studi Arcivescovili* (ou *Liceo Arcivescovile*) em substituição às *Scuole del Palazzo Arcivescovile*. Os cursos (de filosofia e teologia) que eram dados nesse centro deveriam ser frequentados por alunos dos vários seminários diocesanos.

Com as precedentes estruturas educativo-acadêmicas, pretendia-se a homogeneização da formação dos clérigos diocesanos e conseguir uma instituição formativa diocesana autônoma, independente frente ao modesto ensinamento teológico oferecido pela Universidade de Nápoles e pelo *Almo Collegio dei Teologi*.

> "Os arcebispos de Nápoles, nesse período, foram muito cumpridores de seus deveres e organizaram os estudos com constantes reformas, imbuídos do espírito da época. O arcebispo Cantelmo (1691-1702) foi autor de uma reforma em que, com Aristóteles, alternavam Descartes, Cassendi e a *Lógica* de Port-Royal; o probabilismo era suplantado pelo probabiliorismo. Essa tendência foi confirmada pela reforma e impulso dado aos estudos pelo cardeal Spinelli (decreto de 24 de outubro de 1745, onde fala de outras reformas em 1739). Sparano que (com Simioli, Genovesi e outros marcadamente agostinistas e rigoristas) interveio na reforma, diz que o *probabiliorismo* era tradição da Igreja napolitana"[49].

Afonso de Liguori emitiu juízos positivos sobre o seminário napolitano. Teve em grande estima o reitor e autor do regulamento do seminário de Nápoles, o cônego **Tiago Fontana**; tanto é assim,

[48] Tannoia, II, 267.
[49] R. Bayón, *Cómo escribió Alfonso de Ligorio* (Madri, 1940) 67-68.

que lhe enviou o manuscrito em que o próprio Afonso havia redigido um regulamento sobre a instituição do seminário.

Nota bibliográfica

- R. de Maio, *Le origini del Seminario di Napoli. Contributo alla storia napoletana del Cinquecento* (Nápoles, 1957).
- Id., *Società e vita religiosa a Napoli nell'età moderna (1656-1799)* (Nápoles, 1971) 244-252: "I Seminari".
- A. Illibato, *Gli studi nel seminario di Napoli nell'età di A. S. Mazzochi* (Nápoles, 1974).
- A. de Spirito, *La formazione del clero meridionale nelle regole dei primi seminari:* Vários, *Studi di storia sociale e religiosa* (Nápoles, 1980) 893-923. Também: Id., *Accademie e accademici a Benevento in età moderna:* Campania Sacra 18 (1987) 277-298.
- D. Ambrasi, *Seminario e clero di Napoli dalla nascita dell'istituzione alla fine del Settecento:* Campania Sacra 15-17 (1984-1986) 46-60.

- Interesse de Afonso pelos seminários

A preocupação pela instituição do seminário foi uma constante no pensamento de Afonso. Adquiriu maior intensidade em seu período de bispo, como notaremos no momento oportuno. Mas, já agora, apresentamos a obra mais significativa de Liguori sobre os seminários:

- *Regolamento per gli Seminari* (1756, s. l., s. e.)[50].

O texto, de aproximadamente 45 páginas, deve ter sido escrito por ocasião da missão de Nola (1756). A partir de 1760, aparece como anexo na maior parte das edições da *Selva* (Veneza, 1760, p. 476-492). Depois de ponderar a importância dos seminários, o autor desenvolve em quatro partes os deveres do bispo, do reitor, do prefeito e dos seminaristas. "... chocar-nos-ia atualmente por causa de seu fechamento ao mundo exterior, por certa fixação sobre a 'modéstia' e por certo abuso da vigilância e da correção,

---

[50] Sobre as vicissitudes históricas desse texto afonsiano (opúsculo de aproximadamente 45 páginas), ver: De Meulemeester, I, 88. Também: Tellería, I, 610-611.

embora esta seja 'afonsiana', isto é, oportuna, secreta e cheia de amor."[51]

No início do ministério episcopal, Afonso compôs umas *Regole per il Seminario di S. Agata dei Goti,* texto que não deve ser confundido com o *Regolamento* de 1756[52].

Nota bibliográfica.

Sobre os diversos textos afonsianos dedicados ao tema do seminário.

- A. Sampers, *Tre testi di S. Alfonso de Liguori sul buon ordinamento dei Seminari scritti negli anni 1745, 1756 e 1762:* SH 27 (1979) 14-34.

Sobre as recomendações.

- O. Gregorio, *Il "regolamento per i seminari" di sant'Alfonso:* Asprenas 10 (1963) 408-419.

- Colégios de religiosos

A formação teológica também era realizada nos colégios internos das Ordens e Congregações religiosas. No início, eram centros destinados aos membros (futuros e atuais) das próprias instituições. Contudo, de forma extraordinária, alunos do clero secular ou de outras instituições religiosas também estudavam nesses centros.

Dentre os colégios, deve-se mencionar, além do *Colégio dos Chineses,* cuja apresentação foi feita no capítulo anterior, os dois seguintes:

- O *Collegio Massimo* dos jesuítas. Criado em 1552 sobre o esquema do *Collegio Romano,* foi aberto em 1613 a alunos não jesuítas. Contava com aproximadamente 800 estudantes por ano[53]. Esse centro jesuíta, como muitos outros de igual dimensão na Companhia de Jesus, conferia os graus em teologia aos estudantes jesuítas, por força do decreto que os papas Júlio III, Pio IV e Gregório XIII (e mais tarde, Pio IX) haviam outorgado e confirmado.

---

[51] Rey-Mermet, 423.

[52] Rey-Mermet, 574.

[53] M. Errichetti, *L'antico Collegio Massimo dei Gesuiti a Napoli (1552-1806)*: Campania Sacra 7 (1976) 171-264.

- O Colégio dos dominicanos em *San Domenico Maggiore*. No Reino de Nápoles, a Ordem Dominicana tinha oito *Studia Generalia*, cinco dos quais se encontravam na cidade partenopeia: São Domingos, São Pedro Mártir, Santa Catarina em Formiello, Monte de Deus e Santo Tomás[54]. Em relação à teologia, os dois mais destacados eram o de São Domingos e o de Santo Tomás. Este último, sede de um colégio e de uma Faculdade de Teologia, tinha estatuto especial e dependia diretamente do superior geral da Ordem.

No Colégio de São Domingos haviam ensinado Tomás de Aquino e sido alunos Giordano Bruno e Tomás Campanella.

No *Collegio di S. Tommaso d'Aquino* estudou filosofia e teologia Júlio Torno, o mestre-tutor de Afonso na etapa seminarística. Nesse colégio iniciava uma (suave) corrente de renovação do tomismo. Em sua promoção, teve importância o manual de filosofia de Salvador Roselli, um dos primeiros a sentir a necessidade de confrontar o pensamento tomista com a filosofia moderna de Descartes, Malebranche, Spinoza, Hobbes, Locke, Berkeley, etc[55]. Também é de destacar a atuação do dominicano Gregorio Selleri, de cujo magistério recebeu orientação tomista o avantajado discípulo, já nomeado, Dom Júlio Torno. Através do magistério deste último no seminário de Nápoles, Afonso de Liguori foi marcado com uma impostação tomista que jamais abandonará.

Não se deve esquecer que, na época de Afonso, vários freis dominicanos foram professores na faculdade de teologia da universidade partenopeia, principalmente na cátedra de texto de Santo Tomás: os citados, Pio Tomás Milante (1735-1745), Querubim Pellegrino (1745-1758), Alberto Sacco (1758-1765), Adeodato Marone (1769-1786)[56].

---

54 M. Miele, *L'organizzazione degli studi dei domenicani di Napoli al tempo di Giordano Bruno*: E. Cannone (ed.), Giordano Bruno. Gli anni napoletani e la "peregrinatio" europea. Immagini - testi - documenti (Cassino, 1992) 32-33.

55 E. I. Narciso, *La Summa Philosophica di Salvatore Roselli e la rinascita del tomismo* (Roma, 1966). Informação tomada de: M. Miele, *Sant'Alfonso e i domenicani*: SH 59 (2011) 210, nota 10.

56 R. Trifone, *L'Università degli Studi di Napoli dalla fondazione ai giorni nostri* (Nápoles, 1954) 86.

Além disso, pode-se suspeitar que "nesses Estudos Gerais [da Ordem dominicana] se concentravam principalmente os animadores dos debates típicos do século, compreendidos, a contraposição entre jansenismo e probabilismo em que participou Santo Afonso, o valor do tomismo e sua renovação"[57].

- Academias eclesiásticas

Desde o séc. XVI, vinham sendo instituídas academias eclesiásticas voltadas para a formação continuada do clero. Essa iniciativa adquiriu significado maior no séc. XVIII, sobretudo quando o Papa Bento XIV criou quatro dessas academias em Roma[58]. Um escrito do último terço do séc. XIX dá notícia de mais de 176 academias (civis e eclesiásticas) em Nápoles, desde 1442 até 1861, a maior parte fundada nos séculos XVII e XVIII[59].

Em 15 de junho de 1741 teve início em Nápoles a *Academia de Ciências Eclesiásticas* na biblioteca do Colégio dos Padres do Oratório de São Filipe Néri. Nasceu por iniciativa de alguns oratorianos, entre eles, José Coppola e Anibal Marchese, sendo oficializada e assumida pelo arcebispo cardeal Spinelli, que se constituiu seu presidente. Era concebida e modelada conforme a figura da academia romana *Santa Maria in Vallicela* e tinha a mesma intenção apologética das quatro academias criadas por Bento XIV no início de seu pontificado. A direção da Academia foi confiada ao oratoriano Anibal Marchese e seu maior acadêmico foi Aleixo Símaco Mazzochi.

Desaparecendo o cardeal Spinelli, e falecido o diretor, padre A. Marchese (13 de janeiro de 1753), a Academia encerrou suas atividades (1758). A iniciativa foi revivida pelo cardeal Sersale, mas em tom menor; encerrando definitivamente em 1775.

---

57 M. Miele, *Sant'Alfonso e i domenicani...*, 210.

58 Ver a apresentação de: A. Alimento, *Le accademie ecclesiastiche: Roma, Napoli e Firenze*: J. Boutier - B. Marin - A. Romano (ed.), Naples, Rome, Florence. Une histoire comparée des milieux intellectuels italiens (XVII-XVIII siècles) (Roma, 2005) 599-636.

59 C. Manieri Ricci, *Cenno storico delle Accademie fiorite nella città di Napoli* (Nápoles, 1879). Dado fornecido por: R. Bayón, *Cómo escribió...*, 68, nota 31 bis.

A pretendida orientação apologética da citada Academia não impediu que circulassem entre o clero napolitano ideias e escritos de orientação iluminista. Por exemplo, no período em que Genaro Cestari (1753-1814) realizou a formação eclesiástica - foi ordenado em 1777 - circulavam "nos ambientes eclesiásticos napolitanos mais avançados e no próprio seminário, livros de filosofia e ciências, em grande parte de proveniência francesa, não obstante as proibições do governo bourbônico e das autoridades eclesiásticas; os próprios seminaristas se dedicavam à tradução desses textos e assimilavam de forma entusiástica seus conteúdos"[60].

Além da referida academia, houve em Nápoles outras experiências de academicismo eclesiástico. Algumas academias tinham caráter oficial: a academia teológica de São Miguel Arcanjo (1782) e a academia Arquiepiscopal (1783). Outras vinham da iniciativa privada e tinham como finalidade a preparação teológico-pastoral: Sagrados Cânones (1735), Reservados (1747), Teológica (1760), De Iorio (1775), Eclesiástica (1793). Como âmbito acadêmico, podem ser consideradas as reuniões, com sede desde 1728 na casa do príncipe José Ruffo di Bagnara, nas quais leigos e eclesiásticos dissertavam sobre temas de história eclesiástica, sem objetivo especificamente apologético; entre os eclesiásticos estavam: Ciro de Alteriis, depois bispo de Monopoli, Caetano Mari, Francisco Macchia; os cônegos Agnello Onorati e Domingos Scalfati; o dominicano Tomás Pio Milante.

Nota bibliográfica

- A. Alimento, *Le accademie ecclesiastiche: Roma, Napoli e Firenze:* J. Boutier - B. Marin - A. Romano (ed.), Naples, Rome, Florence. Une histoire comparée des milieux intellectuels italiens XVIIe. - XVIIIe. siècles (Roma, 2005) 599-636.
- U. Dovere, *Il buon governo del clero. Cultura e religione nella Napoli di antico regime* (Roma, 2010).

[60] M. A. Tallarico, *Cestari, Gennaro*: Dizionario Biografico degli Italiani 14 (1980) 273-274.

- Bibliotecas

Na época de Afonso, funcionavam na cidade de Nápoles muitas bibliotecas vinculadas às instituições religiosas[61]. Liguori podia escolher entre várias delas para realizar as consultas de que precisava[62]. Citemos as seguintes:

- A biblioteca dos padres filipinos (*Biblioteca dei Girolamini*), fundada em 1586, com abundância de livros e também de códices, especializada em teologia, filosofia, história da Igreja, história geral da Europa, música. Em 1722, adquiriu a biblioteca de Giuseppe Valleta (pelo preço de 14.000 escudos, quando, trinta anos antes, valia 300.000 escudos). Foi a biblioteca preferida de Giambattista Vico (e de Benedetto Croce). É uma das bibliotecas mais belas do mundo.
- A biblioteca dos padres agostinianos de São João *in Carbonara,* para a qual o cardeal Seripando tinha doado seus muitos e valiosos livros. Era rica de obras e, sobretudo, de códices, alguns dos quais foram levados para Viena na época do vice-reinado austríaco (1729).
- A biblioteca da renomada *Cartuxa de São Martinho,* com livros raros e códices preciosos. "Entre outros [códices] que me causaram novidade, tenho presente um, dos hinos gregos, com as notas musicais, que teria sido de alguma igreja grega de Nápoles e que será muito importante para a História da Música e também para a Liturgia"[63].
- A biblioteca dos dominicanos de *San Domenico Maggiore,* por muito tempo sede da universidade partenopeia, era rica em obras dos Santos Padres; também contava com abundância de livros de conteúdo científico, procedentes de doações privadas e aquisições. Foi considerada uma das principais bibliotecas de Nápoles.
- A biblioteca dos vicentinos na *Casa dei Vergini,* iniciada em 1668 com a chegada a Nápoles dos primeiros missionários de São Vicente de Paulo, sendo o primeiro superior da comunidade o padre Cosimo

[61] J. Andrés, *Nápoles (Cartas del Viaje de Italia)* [1786], edição de Pedro Aullón de Haro (Madri, 2016) 39-44; G. Consoli Fiego, *Itinera literaria. Ricerche sulle biblioteche napoletane del secolo XVII* (Nápoles, 1939); V. Trombetta, *Viaggiatori stranieri nelle biblioteche napoletane del Settecento*: Rivista italiana di studi napoleonici 31 (1994) 143-168.

[62] J. J. Fischer, *Volksnahe Verkündigung. Alfons von Liguori und sein Einfluss auf die Predigt in Österreich* (Viena, 1974) 27-28.

[63] J. Andrés, *Nápoles…*, 43.

Galilei, sobrinho de Galileo Galilei. Foi sendo enriquecida ao longo do séc. XVIII, não apenas com aquisições, mas com doações de famílias aristocráticas. Não esqueçamos que os vicentinos exerciam, além de outros ministérios, uma função de serviço (espiritual, formativo, etc.) junto ao clero. Afonso de Liguori, em sua fase de leigo e em sua etapa de sacerdote, foi um desses beneficiados.

- A biblioteca dos monges olivetanos, bem organizada em elegante edifício.
- A biblioteca de *Santo Angelo a Nilo,* instituída em fins do séc. XVII por decisão do cardeal Francisco Brancaccio, com cerca de 20.000 volumes; era aberta ao público.
- A biblioteca do seminário de Nápoles, incrementada pela doação que o cardeal Spinelli havia feito de sua própria biblioteca; nas preferências do cardeal era perceptível a influência de C. Galiani, seu mestre em Roma[64].
- Ainda: as bibliotecas do *Collegio Massimo* dos jesuítas, de São Lourenço, de Santa Maria dos Anjos, de Santa Tereza, de São Pedro Mártir, de Santo Agostinho Maior, etc.

4.2.2. *Intelectuais e eruditos do mundo eclesiástico secular*

Na época de Afonso de Liguori, ou seja, nos primeiros três quartos do séc. XVIII, houve notável número de sacerdotes cultos na Igreja napolitana. R. Tellería é parcimonioso em falar de "meia dúzia"[65]. Alguns deles foram aparecendo ao longo do presente capítulo e cap. 2 da seção anterior. Ressaltamos aqui alguns nomes:

- Júlio Nicolás Torno (1672-1756)

Júlio Nicolás Torno[66] nasceu em Nápoles, em uma família de origem florentina[67]. Entrou na carreira eclesiástica ainda muito

---

[64] F. Russo, *Storia della biblioteca teologica "San Tommaso" di Napoli* (Florença, 1981).

[65] Tellería, I, 103.

[66] Na tradição redentorista, costuma-se escrever o sobrenome como *Torni*. Contudo, a partir das pesquisas de D. Capone (*Le Citazioni nelle opere ascetiche di S. Alfonso*: *Introduzione generale*, 343, nota 1), deve ser escrito como *Torno*, tal como aparece nos documentos oficiais.

[67] O. Pacia, *Giulio Nicolò Torno. Un teologo e giurista del Settecento napoletano* (Nápoles, 1999).

jovem. Cursou filosofia e teologia no colégio napolitano de Santo Tomás, dirigido pelos dominicanos[68]. Isso lhe proporcionou a orientação geral tomista de suas reflexões teológicas.

Em seus escritos, Torno recorda um de seus mestres, o dominicano Gregorio Selleri, e afirma: "Tudo o que eu sei, ou penso saber, devo a esta escola (...). Alegro-me e me glorio de nela ter estudado a teologia dos lábios do Rvmo. Pe. Gregorio Selleri, hoje mestre do Sacro Palácio"[69].

> Sobre o dominicano G. Selleri, anota Tellería: "para desmascarar os erros de Quesnel, o Revmo. Selleri havia posto à disposição o melhor de seu engenho [*Propositiones condemnatae in bulla Unigenitus*, 8 vol. (Roma, 1718-1728)] e viu seu trabalho acompanhado por Torni, na esperança de que Bento XIII, com a autoridade suprema, limpasse o campo tomista da cizânia jansenista. Afonso recolherá essa herança e combaterá as últimas batalhas"[70].

A inicial formação aristotélico-tomista não impediu Torno de se abrir para novas impostações filosóficas vindas de Gassendi e Descartes (do primeiro Descartes *físico*). Contudo, sua estrutura mental básica continuou sendo de corte tomista.

Teólogo e canonista, Júlio Torno foi um dos sacerdotes mais apreciados na arquidiocese partenopeia de sua época. Foi professor de teologia dogmática e moral no seminário, e membro (na época de Afonso, também diretor) das Missões Apostólicas. Foi cônego e teve papel de destaque na celebração do Sínodo diocesano de 1726, participando ativamente na assembleia sinodal como "teólogo do eminentíssimo arcebispo".

> Na apreciação de D. Capone, "no clero napolitano do *Settecento*, por si mesmo tão brilhante, sua estatura [de J. Torno] é decisivamente superior. Ele era um verdadeiro Mestre, um senhor da inteligência; e suas aulas deviam ser a alegria para o espírito (...). Feliz Santo Afonso que, como testemunha Tannoia, o teve como Mestre"[71].

---

68 A. Pichler, *Der heilige Alfons von Liguori. Ein Charakterbild* (Regenburg, 1922) 61.

69 No *Praefatio* ao t. I dos *Comentarios* de G. Éstio às *Sentencias* de P. Lombardo. Citado por: Tellería, I, 103, nota 30.

70 Tellería, I, 104.

71 D. Capone, *Primi incontri di S. Alfonso con la filosofia*: *Contributi*, 169.

J. Torno foi membro e decano do *Almo Collegio di Teologi*, revisor eclesiástico, um dos juízes do Tribunal misto, cônego e, por fim, bispo titular de Arcadiópolis.

Enquanto revisor eclesiástico, deu a aprovação ao primeiro livro (e aos que se seguiram) de Giambattista Vico, ao qual expressou apreço e relação amistosa[72]. Foi correspondido pelo grande *ilustrado* napolitano, que chamava Torno de "dottissimo teologo della Chiesa napoletana". Por outro lado, Torno teve atividade beligerante com P. Giannone e com suas obras, escrevendo uma avaliação sobre a *Istoria civile del Regno di Napoli* de P. Giannone. Também manteve relação com A. Genovesi[73].

J. Torno foi o mentor principal dos estudos teológicos de Afonso[74]. "O conhecimento desse homem, verdadeiramente superior, seria necessário para ambientar melhor o devir histórico da personalidade intelectual e espiritual de Santo Afonso"[75]. Por hora, continua aberta a questão do motivo de J. Torno ser de mentalidade mais aberta em teologia dogmática, enquanto era de orientação probabiliorista, e até rigorista, em teologia moral. Além de professor, Torno foi amigo e conselheiro de Afonso. Compreende-se que, sendo diretor das Missões Apostólicas, J. Torno tenha tentado dissuadir Afonso do intento de fundar outro Instituto dedicado às missões populares.

Tellería qualifica J. Torno como "luminar teológico" e "personagem de relevo na Igreja napolitana" destacando sua "inteligência singular"[76]. D. Capone afirma que Torno foi "um dos homens

---

[72] F. Nicolini, *Vico e il suo censore ecclesiastico*: La Critica 39 (1941) 302-309.

[73] Sobre as bases *ilustradas* do pensamento de J. Torno pode-se ler o ensaio de: A. Gisondi, *Ratio e lume naturale nell'esperienza di Giulio Nicolò Torno (1672-1756), teologo e giurista, revisore di Vico e Giannone*: Id., *Verità, ragione, storicità. Forme della ragione nella Napoli di G. B. Vico* (Nápoles, 2011) 151-194.

[74] A. Pichler, *Der heilige Alfons von Liguori…*, 61-62.

[75] D. Capone, *Le citazioni nelle opere ascetiche di s. Alfonso: Introduzione generale*, 341, nota 1.

[76] Tellería, I, 103.

mais doutos e eruditos da Nápoles do Settecento"[77]. Antes, outro redentorista da primeira hora, o padre Alexandre di Meo, havia dito que Torno "nunca é suficientemente elogiado"[78]. Outro contemporâneo afirmava que "de Torno se podia dizer, como de Plotino, que era uma biblioteca viva" (Francisco Vargas Macciucca).

J. Torno publicou, com anotações próprias (*Notae critico-theologicae*), os *Comentários* de Éstio às *Sentenças* de Pedro Lombardo, em edição napolitana (Nápoles, 1720, 2 vol.) e duas venezianas (Veneza, 1748, 4 vol.)[79]. Afonso certamente leu essas *Notae critico-theologicae* de seu mestre, pois as cita em sua *Theologia Moralis* e nas *Glorie di Maria.*

De Torno, permanece em manuscrito seu comentário à *Storia civile* de P. Giannone, bem como duas *Alegações* em defesa dos cartuxos napolitanos de São Martinho. As *Propositiones perniciosae aut male sonantes et erroneae, quae notantur in primo tomo Historiae civilis Neapoli a Petro Giannone italico sermone conscriptae* se encontram, em quatro volumes, na biblioteca dos Padres Vicentinos (*Gerolamini*) de Nápoles.

– Aleixo Símmaco Mazzocchi (1684-1771)

Nasceu em Santa Maria di Capua (hoje: Santa Maria Capua Vetere) em 21 de outubro de 1684, último dos vinte e quatro filhos nascidos do mesmo pai (o farmacêutico Lorenzo) e da mesma mãe (Margarita Battaglia), falecida pouco depois dele ter nascido[80]. Após os estudos primários em casa, entrou no seminário arquie-

[77] D. Capone, *Le citazioni nelle opere ascetiche di s. Alfonso: Introduzione generale,* 340-341.

[78] Un Padre della Congregazione del Ss. Redentore [A. di Meo], *Confutazione della lettera e replica di D. Cipriano Aristasio a Monsignor de' Liguori* (Nápoles, 1964) 261.

[79] Sobre essa edição de J. Torno e sobre suas *Notae critico-theologicae*: D. Capone, *Primi incontri di s. Alfonso con la filosofia: Contributi*, 169; Id., *Le citazioni nelle opere ascetiche di s. Alfonso: Introduzione generale,* 341-343, nota 1.

[80] F. Luise, *Mazzocchi, Alessio Simmaco*: Dizionario Biografico degli Italiani 72 (2008) s. v. Também: P. Borrado (ed.), *Alessio Simmaco Mazzocchi e il Settecento meridionale* (Salerno, 1979); A. Perconte Licatese, *Alessio Simmaco Mazzocchi* (Santa Maria Capua Vetere, 2001).

piscopal de Cápua. Dado seus progressos no estudo, foi enviado a continuá-los em Nápoles.

Embora tenha continuado pertencendo à diocese de Cápua, por proposta do arcebispo J. Spinelli passou a trabalhar na arquidiocese da capital do Reino. Foi cônego da catedral partenopeia segundo consta em seu sepulcro à entrada da igreja de Santa Restituta, dentro da mesma catedral de Nápoles.

Mazzocchi tinha cultura e erudição de notável amplitude: em filologia (conhecia grego e latim), em matemáticas e em filosofia, em arqueologia, em epigrafia, etc. Dirigiu a cátedra de Sagrada Escritura na Universidade de Nápoles. Foi membro de diversas academias italianas e europeias, autor de uma vintena de livros nas citadas áreas do saber, com destaque para seus escritos bíblicos: 3 vol. de *Spicilegii Biblici* (Nápoles, 1762, 1766, 1778).

O inglês H. Acton, profundo estudioso da Nápoles bourbônica, tem Mazzocchi como "o mais douto filólogo napolitano de sua época, que recusou ser bispo para se dedicar aos estudos". O estudioso da cultura do *Settecento* napolitano, R. De Maio, considera Mazzocchi "o mais douto eclesiástico que Nápoles teve na primeira metade do séc. XVIII".

A. S. Mazzocchi teve muitos discípulos, entre os quais: **Salvador Aula** (1718-1782), professor no seminário arquiepiscopal de Nápoles. Bom literato, S. Aula foi membro da Academia Ercolanense; escreveu *Illustrazione sopra le istituzioni di retorica e poetica* (1770) e *Antiquitatum Romanarum epitome* (1778).

- José Simioli (1712-1779)

Foi um célebre cônego da Igreja napolitana, cujo sepulcro se encontra na entrada da igreja de Santa Restituta, dentro da mesma catedral partenopeia[81]. Discípulo de Mazzocchi, foi reitor do seminário (também professor de teologia dogmática) e teólogo do arcebispo Spinelli.

---

[81] G. de Crescenzo, *Simioli teologo napoletano del 1700* (Amalfi, 1946). Também: Tellería, I, 535-536; II, 330-331; Jones, 429.

J. Simioli teve ampla influência ideológica sobre o conjunto da vida eclesiástica napolitana. Quando da morte do arcebispo Sersale, foi eleito vigário capitular[82]. Foi professor de teologia na universidade partenopeia e, em 1770, o Rei Fernando IV lhe confiou a cátedra de interpretação dos concílios, que havia fundado.

J. Simioli editou uma Bíblia com notas doutas e deixou muitas obras manuscritas. Em 1790-1792 saíram póstumas, em dois volumes, suas *Institutiones theologicae.* Teve orientação teológica filojansenista e, consequentemente, rigorista[83], participando do círculo jansenista de Roma[84]. J. Simioli preferiu ser cônego da catedral e professor da universidade a ser nomeado bispo. Morreu repentinamente em 1779.

Como veremos no cap. 4 da seção oitava, J. Simioli causou dissabores a Afonso de Liguori por ocasião da publicação de algumas das obras deste. Apesar disso, houve estima pessoal de ambas as partes. Conserva-se uma carta de Afonso em resposta a uma outra de Simioli[85].

J. Simioli construiu uma *villa* na zona vesuviana de Torre del Greco, lugar de encontros intelectuais e sociais. Nessa *villa,* que passou por diversos proprietários e sofreu várias adaptações, o poeta italiano Giacomo Leopardi viveu seus últimos dias e, em razão de algumas de suas obras poéticas (*La Ginestra*), o lugar foi denominado *villa delle ginestre* (das flores giestas).

– José de Iorio (1698-1788)

Esse sacerdote napolitano foi o membro mais distinto da *Congregação da Assunção* ou *Conferência* (do Padre Pavone)[86]. Além de

---

82 Tellería, I, 596.

83 Sobre o filojansenismo de J. Simioli, embora com frequência ocultado através de posições doutrinais plenamente ortodoxas: Cacciatore, 192-197; Tellería, I, 538; Rey-Mermet, 629; Jones, 268.

84 Tellería, I, 538.

85 *Lettere,* II, 305-306.

86 O. Gregorio, *Giuseppe Iorio amico e corrispondente di Sant'Alfonso*: Campania Sacra 4 (1973) 270-290.

se dedicar, com notável êxito, ao ministério pastoral da pregação, especialmente através das Missões Populares, conseguiu tempo para escrever.

Publicou um livro de auxílio aos confessores das áreas rurais (povoados e aldeias: *terre e villaggi*), com o título: *Istruzione per gli confessori di terre e villaggi* (Nápoles, 1736). O autor conseguiu que J. Torno escrevesse o prólogo (*Prefazione*), fato que prestigiou a obra. J. Iorio também compôs um catecismo para o povo: *Il catechista di villa* (Nápoles, 1752)[87].

J. de Iorio manteve relação afetuosa e de altura intelectual com Afonso de Liguori, tal como constataremos no cap. 4 da seção oitava.

- José Sparano (1709-1776)

Foi cônego penitenciário da catedral partenopeia e membro das Missões Apostólicas (desde 1775, bispo de Acerenta e Matera). Compôs uma história sobre essa congregação sacerdotal, vinculada à catedral partenopeia, e sobre a Igreja napolitana em geral: *Memorie storiche per illustrare gli atti della S. Napoletana Chiesa e gli atti della Congregazione delle Apostoliche Missioni*, 2 vol. (Nápoles, 1768). Companheiro de Afonso nas Missões Apostólicas, J. Sparano manteve relação com Liguori, como notaremos no cap. 4 da seção oitava.

- Outros

Além dos citados, podem ser nomeados outros sacerdotes napolitanos de destacada cultura e notável preparação teológica. Assim o fazem as descrições da época[88]. Recordamos alguns deles:

Os irmãos **Carlos Maiello** (1665-1738) e **Genaro Maiello** (1673-1751) foram autores de tratados teológicos utilizados no se-

---

[87] Sobre estas e outras publicações de J. Iorio: Tellería, I, 111, 558, 567, 585, 664, 754; II, 310.

[88] P. Napoli-Signorelli, *Vicende della coltura nelle Due Sicilie. Dalla venuta delle Colonie straniere sino a' nostri giorni*, t. VI. Secolo XVIII (Nápoles, 1811) 154-174: "Capitolo III. Stato degli Studi sacri in tal periodo".

minário; sobre eles se dizia que "já seus nomes valem por um elogio".

Tomás Faenza (+1736) foi o orador oficial na abertura do Sínodo de 1726. Pertenceu às Missões Apostólicas e, ao menos por esse motivo, teve relação com Afonso.

Genaro Fortunato (1682-1751) foi professor de teologia no seminário arquiepiscopal durante vários anos; depois, bispo de Cassano (1729). Houve amizade entre ele e Afonso de Liguori.

Bartolomeu Cacace, diretor de Celeste Crostarosa (nome civil: Giulia) antes de entrar no convento[89], e **Francisco de Rosa** foram tidos os dois por "bons letrados e ativos missionários"[90].

Ciro de Alteriis, discípulo de N. Capasso, dirigiu uma academia eclesiástica (iniciada em 1723) com amplo programa de temas teológicos; também interveio para o nascimento (em 1741) da academia eclesiástica patrocinada pelo cardeal Spinelli que funcionou no claustro dos filipinos, guiada pelos padres Marchese e Pagano, amigos de Afonso de Liguori[91].

Nessa lista de honra de intelectuais eclesiásticos do *Settecento* napolitano também deverão entrar: os cônegos **Tiago Fontana, Agnello Onorati** e **Domingo Scalfati**; e os professores **Nicolás Cirillo, Tiago Salerno, Luis Sabatini d'Anfora, José Macrino, Caetano Mari, Francisco Macchia,** etc.

4.2.3. *Intelectuais entre o clero regular*

Apresentamos os nomes dos religiosos que sobressaíram, de um modo ou de outro, no mundo da cultura civil e, sobretudo, religiosa, do *Settecento* napolitano. Lembramos que foram muitas as pessoas do mundo eclesiástico regular que se destacaram nesse

---

89 A. V. Amarante, *Maria Celeste Crostarosa (1696-1755). Elementi per una biografia*: SH 65 (2017) 7. Temos poucas notícias sobre esse sacerdote; sabe-se que nasceu em 1664 e foi ordenado em 1688, mas não se sabe, por exemplo, quando faleceu.

90 Tellería, I, 103.

91 Tellería, I, 136-137.

período de esplendor. Grande parte delas aparece em outros momentos do presente volume. Aqui apenas destacaremos algumas:

- Entre os monges

O beneditino **Isidoro Sánchez de Luna** (1705-1786), professor de Ética. Descendente distante de duas grandes famílias aragonesas (os Sánchez e os Luna), entrou na ordem beneditina; foi capelão maior e prefeito de estudos da universidade partenopeia; chegou a bispo de Aviano (1748) e arcebispo de Taranto (1759).

O também beneditino, **Pedro Luís Della Torre** (1689-1754), de origem genovesa, foi professor de filosofia (em Parma) e de direito canônico (em Santo Anselmo de Roma); depois, exerceu a função de procurador geral de sua Ordem. Conforme apreciação de Bento XIV, Della Torre "deu o sistema de bons estudos em Nápoles ao seminário daquela cidade, sob a vigilância do cardeal Spinelli". No que se refere à Teologia Moral, elogiou os livros de D. Concina. Entretanto, anos mais tarde, expressou postura aberta e inovadora em matéria de usura[92].

- Da Ordem Dominicana

Pio Tomás Milante (1689-1749) obteve como propriedade a cátedra de texto de Tomás de Aquino na Universidade de Nápoles (1743). Participou nas academias eclesiásticas da cidade de Nápoles. Morreu como bispo de Castellamare (1749). Sobre sua obra moral: ver o precedente volume V/2,794-795.

Nesse capítulo nos referimos a outros três professores dominicanos que, além do citado P. T. Milante, dirigiram a cátedra de tomismo na universidade de Nápoles: **Querubim Pellegrino** (1745-1758), **Alberto Sacco** (1758-1765), **Adeodato Marone** (1769-1786).

[92] P. Vismara, *Oltre l'usura. La Chiesa moderna e il prestito a interesse* (Soveria Mannelli, 2004) 301, nota 12.

- Da Companhia de Jesus

A Companhia de Jesus teve ampla gama de atividades, tanto na capital, quanto no reino de Nápoles. Merecem destaque: a atividade educativa, a pastoral das Missões Populares[93] e a direção espiritual. Entre os jesuítas de notável influência na Nápoles do séc. XVIII, se encontram:

Domenico Manulio (1684-1742), superior provincial dos jesuítas napolitanos (de 22 de setembro de 1732 até 1 de dezembro de 1735), "conselheiro de toda a Nápoles" (também de Afonso).

Os dois professores e escritores de moral, **Domingos Viva** (1648-1726) e **Nicolás Mazzotta** (1669-1737), cujo pensamento foi exposto no volume precedente da presente História da Teologia Moral: V/2, 870-872.

- Também...

O teatino e procurador geral de sua Instituição, **Paulo Maria Paciaudi** (1710-1785), humanista, arqueólogo, teólogo de orientação filojansenista.

Nessa nominata de intelectuais do clero religioso no *Settecento* napolitano entram outros nomes provindos de instituições dedicadas à pastoral mais qualificada: agostinianos, teatinos, pios operários, filipinos, vicentinos, etc.

Afonso de Liguori pertence, sem dúvida nenhuma, a esse destacado grupo da intelectualidade (civil e) eclesiástica da Nápoles do séc. XVIII.

---

[93] Sobre as Missões Populares da Companhia de Jesus no Reino de Nápoles durante o séc. XVIII, ver o detalhado estudo de: G. Orlandi, *S. Alfonso Maria de Liguori e l'ambiente missionário napoletano nel Settecento: La Compagnia di Gesù*: SH 38 (1990) 5-195.

B

A FIGURA

Afonso de Liguori (1696-1787)
Família, formação
e trajetória biográfica

Da *paisagem,* analisada na primeira parte, passamos agora à *figura,* cuja descrição será o objeto desta segunda parte. Já advertimos que não convém separar as duas realidades: a paisagem existe em razão da figura e a figura só tem consistência real quando inserida na paisagem.

Organizamos o conteúdo desta segunda parte em dois momentos, correspondentes às três perspectivas assinaladas no subtítulo, formando o conjunto de três seções:

– Seção 5: A experiência familiar de Afonso.

– Seção 6: A formação civil e eclesiástica de Afonso.

QUINTA SEÇÃO

A experiência familiar de Afonso

Pessoalmente, dediquei uma monografia ao estudo da família na vida e pensamento de Afonso de Liguori: M. Vidal, *La familia en la vida y en el pensamiento de Alfonso de Liguori (1696-1787)* (Madri, 1995).

Dessa monografia, procedem duas sínteses do tema, uma em italiano e outra em alemão: M. Vidal, *La famiglia nella vita e nel pensiero di Alfonso de Liguori (1696-1787)*: SM 32 (1994) 341-366 = *Die Familie in Leben und Lehre des Alfons von Liguori (1696-1787)*: SH 42 (1994) 5-32.

Na presente seção, retomo o tema da família na vida de Afonso, considerando que a experiência familiar do moralista napolitano é chave de interpretação importante para seu significado histórico.

Os cinco capítulos seguintes abordam o argumento de forma interrelacionada:

- Em primeiro lugar, ofereço breve descrição da família do séc. XVIII no *Mezzogiorno* italiano (cap. 1).
- Em segundo lugar, apresento uma espécie de retrato falado da família Liguori-Cavalieri, à qual Afonso pertenceu (cap. 2).

- Em seguida, em dois capítulos sucessivos, exponho as *interpretações* existentes sobre a experiência familiar de Afonso (cap. 3), ao que acrescento minha *síntese pessoal* (cap. 4).
- A seção conclui referindo um aspecto concreto: o *uso simbólico* da família na configuração religiosa de Afonso (cap. 5).

Estes são os títulos dos cinco capítulos que compõem a seção:

5.1. A família napolitana do séc. XVIII.

5.2. A família Liguori-Cavalieri. O retrato de uma família napolitana do séc. XVIII.

5.3. As interpretações da experiência familiar de Afonso.

5.4. Os núcleos decisivos da experiência familiar de Afonso.

5.5. A família e o simbolismo religioso nos escritos e na vida de Afonso.

5.1. A FAMÍLIA NAPOLITANA DO SÉC. XVIII

Afonso de Liguori viveu em uma família napolitana do séc. XVIII e conheceu a família do sul (*mezzogiorno*) da Itália desse mesmo século. Existem características próprias da família do sul da Itália?

5.1.1. Introdução epistemológica

Evidentemente, a partir dos estudos realizados sobre as peculiares condições econômicas, políticas e culturais do Reino de Nápoles na etapa do Antigo Regime, surgem algumas características que identificam a família nesse contexto histórico e espacial[1]. Sem dúvida, para alguns historiadores, tais características não passam de variações normais dentro de um mesmo sistema, correspondentes a contextos sociais diferentes: família italiana do norte, família italiana do centro, família italiana do sul. Conforme essa maneira

---

[1] Destaco o arsenal de dados socioantropológicos oferecidos em: *O Reino de Nápoles do século XVIII*: F. Chiovaro (ed.), *História da Congregação do Santíssimo Redentor*. Volume 1: As Origens (1732-1793). Aparecida: Santuário/Scala, 2019, p. 53-111; mais diretamente sobre a família: p. 61-66.

de interpretar a história, a realidade validamente consistente seria a *família italiana do séc. XVIII*[2], por sua vez, forma concreta da *família europeia do Antigo Regime*[3].

Para outros autores, a peculiaridade da família italiana do sul precisa ser entendida em sentido mais radical. Tão radical, que chegam a afirmar que não existe a "família italiana". No máximo, poderia-se falar em "família do norte", "do centro" ou "do sul", já que não há modelo geral para todas as famílias italianas. Sem dúvida, essa apreciação destaca as diferenças, mas não dá conta das convergências na unidade de um mesmo modelo histórico. Da nossa parte, optamos por posição intermediária: podemos falar de uma família do *mezzogiorno* no séc. XVIII, desde que seja entendida e descrita em conexão com as outras formas italianas de família desse mesmo século, e sempre em dependência do modelo familiar europeu do Antigo Regime.

No entanto, ao buscar assinalar as características peculiares da família italiana do sul, deparamos com várias dificuldades de caráter epistemológico. Em primeiro lugar, há mais estudos sobre a história da família da Itália central e do norte que sobre a família do sul. Conforme Da Molin "não existem estudos sobre as estruturas familiares do sul da Itália (...). Há poucas investigações e nenhuma tentativa de síntese"[4]. Essa afirmação precisa ser moderada pela presença de estudos da própria Da Molin, de De Spirito, e de Delille, entre outros autores[5].

---

2 Ver o elenco de estudos sobre essa família em: M. Barbagli - D. I. Kertzer (ed.), *Storia della famiglia italiana, 1750-1950* (Bolonha, 1992) 9-12.

3 Entre outros estudos: J. L. Flandrin, *Orígenes de la familia moderna* (Barcelona, 1979); Ph. Ariès, *El niño y la familia en el Antiguo Régimen* (Madri, 1987; original francês de 1960); A. Rodríguez Sánchez, *La familia en la Edad Moderna* (Madri, 1996); I. Morant - M. Bolufer, *Amor, matrimonio y familia. La construcción histórica de la familia moderna* (Madri, 1998).

4 G. Da Molin, *La famiglia nel passato. Strutture familiari nel Regno di Napoli in età moderna* (Bari, 1999) 197.

5 G. Da Molin, *Struttura della famiglia e personale di servizio nell'Italia meridionale*: M. Barbagli - D. I. Kertzer (ed.), Storia della famiglia italiana…, 219-252; Id., *La famiglia nel passato…*; G. Delille, *Famiglia e proprietà nel Regno di Napoli, XV-XIX secoli* (Turim, 1985); A. De Spirito, *Antropologia della famiglia meridionale* (Roma, 1983); A. De Spirito (ed.), *Sud e famiglia* (Roma, 1993).

A segunda dificuldade epistemológica tem a ver com a complexidade da realidade a que se refere a expressão *família do sul, ou meridional*. A realidade familiar do sul da Itália é muito complexa e não menos diversificada. Pense-se no fato da estratificação social e seu influxo na configuração da família: é diferente uma família da aristocracia (onde também há variações: baixa e alta aristocracia) e uma família do povo baixo (onde também há notáveis diferenças: urbana e rural, agrícola, pastoril, empregada; pertencente à incipiente burguesia; profissional; administrativa). Essa complexidade deve ser levada em conta na hora de afirmar características peculiares na família do sul[6].

5.1.2. *Características peculiares da família italiana do sul*

Com as limitações apresentadas, podemos aceitar a existência de certas diferenças entre a família italiana centro-norte e a família do sul[7]. Mais difícil é identificar essas peculiaridades. Os próprios estudiosos do tema se movem em generalizações e na ambiguidade da afirmação e negação[8]. Colocando-me nessa inevitável ambiguidade, apresento as seguintes características.

– Forte "familiarismo"

Na Itália do sul, a família conta muito como instituição geradora de extensa e espessa rede de relações de afeto e solidariedade. Provavelmente, isso se deve à insegurança econômica e social dos indivíduos, à necessidade de migração e às instituições de transmissão de herança. Não podemos descartar, como mais uma causa, a condição afetiva das pessoas do *mezzogiorno*, afetividade que, por sua vez, depende da forma de ser da família.

O forte "familiarismo" do sul leva a considerar a família como primeiro valor, de onde brotam, e para o qual convergem, os de-

---

6 G. Galasso, *Gli studi di Storia della famiglia e il Mezzogiorno d'Italia*: Mélanges de l'École Française de Roma 95 (1983) 153 ss.

7 G. Da Molin, *La familia nel passato…*, 197.

8 Nesse sentido, ver o que é dito no livro, feito em colaboração, de: A. De Spirito (ed.), *Sud e familia* (Roma, 1993).

mais valores. Essa apreciação tem seu lado positivo: o universo axiológico recebe da família um apoio eficaz e justificação sólida. Mas também tem sua vertente negativa: em função da família são "sacrificados" outros valores que deveriam ter sua realização autônoma e a família é capaz de "distorcer" a capacidade de julgamento dos indivíduos. Falou-se de "amoralismo familiar", na medida em que são sacrificados, no altar do pretendido bem da família, os princípios morais da convivência humana e justificados assassinatos, roubos, vinganças e outras injustiças. A violência organizada teria encontrado na família a rede básica de conexões ou, ao menos, o simbolismo justificador para a criação de outras redes paralelas.

Nos escritos de Afonso aos membros de sua Congregação e em suas considerações sobre a vida religiosa, encontramos outra consequência desse forte familiarismo. O candidato à vida religiosa, e mesmo quem já optou por ela, encontra-se aprisionado na rede afetiva e relacional para a qual tende a família meridional. Afonso pede o sacrifício de cortar essa rede para poder seguir a vocação e permanecer fiel.

- A "simbiose" mãe-filho

A família do sul da Itália no séc. XVIII, é de caráter patriarcal[9], ou seja, a autoridade é controlada pelo pai/esposo. Contudo, essa estrutura patriarcal "visível" é sobreposta por outra, de caráter "invisível" mas, nem por isso, menos eficaz: o lugar relevante e função especial da mãe na família.

Podemos admitir que há muito de caricatura na crença e afirmação do *mammismo* dos napolitanos e, em geral, dos meridionais[10]. Não obstante, parece objetiva a constatação da especial relação entre mãe e filho na família do sul. O mesmo autor que critica a caricatura do *mammismo*, reconhece que a apresentação da família meridional poderia ser projetada por muitos pintores na Sagrada

---

9 A. De Spirito, *Antropologia...*, 180-181.

10 A. De Spirito: *La "sacra famiglia"*: A. De Spirito (ed.), Sud e famiglia..., 65.

Família de Nazaré: no centro está o menino, em primeiro plano, a mãe e, um pouco distante, aparece o pai[11].

Embora o pai ocupasse o centro da organização "visível" da família, ficava deslocado para a margem quando a organização "invisível" entrava em cena. Era, então, a mãe quem passava a ocupar o lugar central, controlando o novo poder, mais forte que a autoridade patriarcal, exercida pelo pai.

Essa dupla estrutura na divisão e controle do poder familiar pode ser constatada na família Liguori-Cavalieri. Dom Giuseppe, o pai de Afonso, detém o poder "visível" e decide a orientação econômica e social da família, bem como o futuro dos filhos. Mas é Dona Ana, a mãe, quem controla o poder "invisível" do afeto e da vida diária. É ela quem realmente "conhece" e "orienta" os filhos. Isso fica ainda mais evidente na família Liguori-Cavalieri devido às longas ausências do pai em razão de seu posto nas galeras reais. Em grande medida, a personalidade de Afonso depende dessa característica peculiar da família do sul, radicalizada na família Liguori-Cavalieri.

– A importância do "simbólico familiar"

No *mezzogiorno* italiano, além da família ser importante enquanto *realidade*, também o é enquanto *símbolo*. De fato, em grande medida, o simbolismo familiar estrutura a vida social e religiosa. Sobre a vida religiosa, basta recordar a transposição da realidade familiar para a compreensão e vivência do universo cristão. A devoção mariana é sinal evidente dessa transposição, em chave religiosa, do papel da mãe na família.

Em outro capítulo desta mesma seção, veremos como a compreensão afonsiana do universo cristão adquire chave explicativa na experiência familiar, vivida com a peculiaridade da família meridional. Concretamente, em parte, o universo cristão se organiza conforme o simbolismo da família do sul:

---

11 *Ibidem.*

- Deus *pai* fica um pouco à margem da cena.
- Jesus Cristo, enquanto *filho*, ocupa o lugar central.
- Maria, enquanto *mãe*, se coloca junto ao filho, como mediadora entre o espectador (crente) e o ator principal da cena (Jesus Cristo).

Desse modo, a condição peculiar da família do sul tem papel decisivo, através da forma performativa do símbolo, na estruturação do campo religioso. Algo parecido poderia ser afirmado sobre a configuração do campo social.

- Diferenças conforme as classes sociais

Costuma-se afirmar que a sociedade do Reino de Nápoles no séc. XVIII se dividia em duas classes sociais: nobreza e povo. Conforme essa classificação, existiriam dois tipos de família: nobre e plebeia.

Sem negar a divisão, precisamos levar em conta que a realidade é mais complexa. A estratificação social, tanto no campo, quanto na cidade, obedecia a critérios mais diversificados.

Na cidade, a pirâmide social apresentava muitos níveis. No nível mais alto ficavam os nobres e representantes máximos da burocracia estatal. No inferior, encontravam-se os que viviam para o dia, desenvolvendo um trabalho ou dependendo da caridade. Nos níveis intermediários ficavam os diaristas, pequenos comerciantes, artesãos, burocratas de nível elevado, médicos, advogados, notários. Além dessa divisão vertical, havia ainda a separação horizontal, estabelecida através das corporações, onde os diversos grupos se integravam e, às vezes, pessoas situadas no mesmo nível social se separavam em razão de ofício (por exemplo, alfaiates e carpinteiros)[12].

Entre o povo, a estratificação social era menos diversificada. Reduzia-se, fundamentalmente, a três grupos: os donos de terras,

[12] G. Orlandi, *El Reino de Nápoles...*, 79-80.

que possuíam grande quantidade de terra e animais de trabalho; os camponeses ou trabalhadores por conta própria, com menor número de animais e menor quantidade de terra; os braçais, que trabalhavam para os outros ou associavam ao trabalho de diarista a exploração de pequenas propriedades[13]. A esses grupos, ainda é preciso acrescentar pessoas desenraizadas, pobres, mendigos, e todos os que não conseguiam se integrar em um dos níveis socialmente reconhecidos[14].

As famílias se tipificavam conforme essa complexa estratificação social, que originava abundância notável de formas familiares. Contudo, não deixa de ser interessante a tendência à redução da diversidade em favor de uma tipologia mais limitada. Concretamente, são indicados como prevalentes: a família rural, a família das incipientes classes liberais e a família da nobreza.

Foram estudadas as diferenças entre essas formas familiares em razão de suas respectivas bases econômicas e sistemas de transmissão de herança. A conclusão foi que "a situação dos grupos sociais burgueses e camponeses é muito diferente daquela apresentada pela aristocracia"[15]. Além do fator econômico, entram no jogo diferenciador outros muitos elementos: cultura, universo valorativo, consciência de classe, estabilidade social, etc.

Em relação às famílias camponesas, convém estabelecer a distinção entre as que se dedicavam ao cultivo da terra, as que viviam preferentemente do pastoreio e as que dependiam de um ofício artesanal[16].

A família camponesa que vivia do cultivo da terra era a majoritária, sobretudo em algumas regiões, como a Apúlia[17]. Diversificava-se conforme o tipo de cultivo e se o mesmo era em regime de

---

13 *Ibid.*, 77-78.

14 *Ibid.*, 80-81.

15 G. Delille, *Famiglia e proprietà...*, 81.

16 Ver os dados sobre agricultura, pastoreio e artesanato em: G. Orlandi, *El Reino de Nápoles...*, 74-77.

17 G. Da Molin, *La familia nel passato...*, 161.

monocultura. Não faltaram projetos de reforma para a agricultura do sul no séc. XVIII[18]. Contudo, a situação geral das famílias camponesas não devia ser muito flutuante.

5.1.3. *A família meridional conhecida por Afonso*

– Enquadramento geral

Afonso conheceu muitas famílias em sua vida pastoral. Quase todas estavam enquadradas na cultura do sul da Itália, realizando o que tem de objetividade esse constructo teórico da *família meridional italiana ou família do mezzogiorno italiano.*

Todas essas famílias se situavam na circunscrição político-administrativa do Reino de Nápoles: uma Nápoles sob o domínio espanhol até 1707, depois, sob o império austríaco, de 1707 até 1734, e desde então, independente sob a dinastia dos Bourbon. Afonso nasceu súdito espanhol, estudou como súdito austríaco e exerceu seu ministério sacerdotal e episcopal como cidadão do Reino independente de Nápoles.

As famílias que Afonso conheceu viveram no séc. XVIII. Pertencem à etapa final desse período histórico, denominado, com bastante imprecisão e não menor extrapolação histórica, *Antigo Regime*. A "antiguidade" desse período é medida a partir da "novidade" da revolução burguesa iniciada na França. Afonso morre às vésperas dessa revolução (1787). Sendo assim, tanto a família de Afonso, quanto as famílias com as quais se relacionou, enquadram-se no modelo geral da família do *Antigo Regime.*

O séc. XVIII europeu é o "século da ilustração". Mas essa revolução da razão se situa preferentemente no mundo das ideias, das justificações axiológicas, das cosmovisões explicativas; não se traduz completamente em transformações sociais. Na família do séc. XVIII, há "gérmens de transformação", mas, em geral, toda ela

[18] R. Colapietra, *Il Tavoliere di Puglia banco di prova dei riformatori e degli scrittori economici nel secondo Settecento*: E. Narciso (ed.), Illuminismo meridionale e comunità locali (Nápoles, 1988) 149-186.

está aprisionada nas estruturas do Antigo Regime. Será necessário esperar o direito napoleônico, a igualdade efetiva dos cidadãos, as transformações políticas, os fenômenos de industrialização, a ascensão social da burguesia, a expansão do capitalismo e outras transformações da vida humana ocorridas no séc. XIX, para que a família do Antigo Regime se transforme em família burguesa, cujo ocaso estamos assistindo desde as últimas décadas do séc. XX.

A família que Afonso conheceu participa dessa ambivalência histórica do séc. XVIII, um século cuja mente é ilustrada, mas cujos comportamentos continuam regulados por estruturas do Antigo Regime.

- Gama variada de situações

Afonso conheceu a família da aristocracia: a sua e as outras, situadas no mesmo nível ou em estrato superior e inferior. Contudo, em sua atuação pastoral, como sacerdote e bispo, tratou muito mais com famílias do povo simples e das classes burguesas ascendentes.

Entre as famílias da nobreza e da classe baixa, tanto do campo, quanto da cidade, havia uma ampla faixa ocupada por grupos que participavam dos extremos e foram se configurando como entidade própria: eram as famílias das profissões liberais, famílias dos pequenos donos de terras, famílias das nascentes classes administrativas. Falando em termos gerais, é o tipo de família da burguesia ascendente, iniciada já na Idade Média, continuada nos séc. XVI - XVII, em fase de expansão no séc. XVIII, e consolidada no séc. XIX. Em sua ação pastoral, Afonso se relacionou com muitas famílias dessa condição.

Embora, em sua prática pastoral, Afonso tenha conhecido a família da aristocracia e tratado com família das classes médias dos centros urbanos, tal conhecimento e prática foram mais intensos com as famílias campesinas, dedicadas às tarefas agrícolas ou ao pastoreio.

Muito cedo, as famílias vinculadas ao pastoreio atraíram o interesse de Afonso quando, então, planejou a fundação da Congregação. E mesmo depois, continuou se preocupando com essas famílias, algumas delas relacionadas com a instituição da transumância[19]. Pense-se que Foggia, um dos lugares missionados por Afonso e seus companheiros, era centro aduaneiro para a transumância da Apúlia até os Abruzzos e vice-versa[20].

Afonso realizou a maior parte de seu ministério pastoral em ambientes onde viviam famílias camponesas dedicadas ao cultivo dos campos, em muitos casos, no regime de monocultura[21], ou que se dedicavam a um ofício local de caráter artesanal (ferreiros, carpinteiros, pedreiros, comerciantes). Também não convém esquecer as famílias "desenraizadas" e "marginalizadas", tanto no campo, quanto na cidade, bem como as pessoas carentes de família: *lazzaroni* da cidade de Nápoles ou *mendigos* das zonas rurais.

5.1.4. Complemento bibliográfico sobre a família moderna

- L. Flandrin, *Orígenes de la familia moderna* (Barcelona, 1979).
- A. Rodríguez Sánchez, *La familia en la Edad Moderna* (Madri, 1996).
- I. Morant - M. Bolufer, *Amor, matrimonio y familia. La construcción histórica de la familia moderna* (Madri, 1998).

Sobre a história da família moderna na Itália.

- M. Barbagli - D. I. Kertzer (ed.), *Storia della famiglia italiana, 1750-1950* (Bolonha, 1992).

Sobre a história da família moderna em Nápoles.

- A. de Spirito, *Antropologia della famiglia meridionale* (Roma, 1983).
- G. Delille, *Famiglia e proprietà nel Regno di Napoli, XV-XIX secoli* (Turim, 1985).

---

19 Sobre a transumância na zona do sul da Itália: L. Casili, *Aspetti socio-economici della transumanza nel secolo XVIII*: E. Narciso (ed.), Illuminismo meridionale..., 187-210; G. Orlandi, *El Reino de Nápoles....*, 78-79.

20 R. Colapietra, *La dogana de Foggia - Storia di un problema economico* (Bari, 1971).

21 Dados sobre a família agrícola do sul em: G. Delille, *Famiglia e proprietà...*; G. Da Molin, *La familia nel passato...*, 161-192 ("*Bracciali* e *massari* in Puglia").

- A. de Spirito (ed.), *Sud e famiglia* (Roma, 1993).
- G. Da Molin, *La famiglia nel passato. Strutture familiari nel Regno di Napoli in età moderna* (Bari, 1999).

5.2. A FAMÍLIA LIGUORI-CAVALIERI. RETRATO DE UMA FAMÍLIA NAPOLITANA DO SÉC. XVIII

Este capítulo oferece os dados mais importantes da família de Dom Giuseppe Liguori e Dona Ana Caterina Cavalieri, âmbito familiar em que nasceu e viveu Afonso de Liguori. A exposição pretende traçar uma espécie de retrato falado da família Liguori-Cavalieri.

5.2.1. O Matrimônio

Como em geral acontecia com as famílias do Antigo Regime, a família Liguori-Cavalieri foi, em sentido pleno, uma família "conjugal", ou seja, procedente *de,* e sustentada *no,* matrimônio. Dom Giuseppe e Dona Ana tinham, ambos, 25 anos de idade quando se casaram. Ela tinha nascido em 24 de novembro de 1670 e ele em 11 de fevereiro do mesmo ano. Os dois pertenciam, por parte da família, à nobreza da cidade de Nápoles, tendo maior prestígio social o sobrenome Cavalieri, embora fosse o sobrenome Liguori que outorgasse o direito de pertença à administração da cidade e, portanto, de possuir a *nobreza de praça.*

O matrimônio havia sido combinado pelos pais dos recém-casados. Na falta de provas documentais, podemos supor que a celebração e trâmites do matrimônio se desenvolveram conforme os costumes da época: contrato de esponsais diante do juiz civil e contrato matrimonial diante do juiz eclesiástico.

O marido trazia ao matrimônio a segurança econômica de uma profissão estável na Armada Real de Nápoles com o título de alferes que, mais adiante, se converterá no de comandante. A esposa que, sem dúvida, constituía um "prestigioso partido" por sua linhagem e educação, aportava como dote a quantidade de 5.000 ducados.

Os dois iniciavam o matrimônio com uma biografia pessoal em que, junto às luzes, não faltavam sombras. Dentre essas, a que mais obscurece suas psicologias e, consequentemente, mais condicionará a personalidade dos filhos, é a decorrente de sua própria experiência familiar.

Dom Giuseppe, nascido primogênito, tinha ficado órfão de mãe aos cinco anos junto com duas irmãs menores. Seu pai se casou, em segundas núpcias, no ano seguinte à morte de sua primeira esposa, com Dona Inês de Franco com quem teve outros filhos. É possível supor que a experiência familiar tenha sido muito mais negativa para Dom Giuseppe, pois logo entrou na Armada "por conta própria" (como *aventureiro*) e, anos antes de se casar, já vivia de maneira independente em uma casa de campo herdada de seu pai aos 15 anos, em Marianella, povoado periférico próximo de Capodimonte, cerca de 8 quilômetros ao norte de Nápoles.

Dona Ana também tinha sofrido a orfandade de mãe quando "ainda estava nas fraldas". Viveu com seu pai até os 14 anos e, dos 14 aos 25 anos, como "educanda" no convento das Clarissas de Nápoles (*Cappuccinelle a Pontecorvo*), onde duas de suas irmãs tinham professado como religiosas.

5.2.2. *Ciclo familiar*

O ciclo vital do matrimônio Liguori-Cavalieri teve ritmo breve e intenso na etapa procriativa (os 11 primeiros anos de matrimônio). Tiveram 8 filhos, 4 meninas (uma delas, gêmea, morreu praticamente no nascimento) e 4 meninos: Afonso (1696), Antônio (1698), Magdalena (gêmea morta) e Bárbara (1700), Caetano (1701), Ana (1702), Teresa (1704), Hércules (1706). Os nascimentos se sucederam com intervalos muito curtos.

A etapa da "colocação" dos filhos deve ter sido a de maior intensidade na vida do matrimônio Liguori-Cavalieri. Como veremos, essa etapa foi mais rápida em relação às filhas que em relação aos filhos (Antônio e Caetano); foi normal em relação ao matrimônio do mais novo, Hércules, sobre quem recairá a primogenitura; e se prolongou chamativamente no caso de Afonso. Coincidiu também com a etapa de maior preocupação econômica de Dom Giuseppe.

A família prosperou sob os Astúrias de Viena (1707-1734) e a chegada da independência bourbônica coincidiu com a aposentadoria de Dom Giuseppe.

Desde então, a vida do matrimônio entrou em ritmo lento, com seu filho sacerdote Caetano em casa, com a proximidade local do matrimônio de Hércules e Raquel, e comunicação suficientemente intensa com os demais filhos, sobretudo com Afonso.

O matrimônio se prolongou durante período notável de tempo até o final da vida dos cônjuges, sem ter sofrido qualquer ruptura especial durante os 50 anos e seis meses de convivência.

A última etapa da vida deve ter sido gratificante para Dom Giuseppe e Dona Ana, sentindo a missão cumprida e podendo se dedicar aos gostos pessoais: o marido, com suas preferências pictóricas, sem descuidar a piedade religiosa; e a esposa, com suas inclinações religiosas.

No conjunto, deviam estar satisfeitos. Deixando de lado, por enquanto, as dificuldades inerentes à vida conjugal, é possível notar algumas diretamente relacionadas à vida familiar:

- Como veremos, Afonso foi um "problema familiar", embora viesse a se tornar, mais tarde, a maior honra e satisfação de seus pais.
- O coração dos pais deve ter se comovido diante das dificuldades matrimoniais de Teresa e, em menor medida, de Hércules; também devem ter sofrido por causa da enfermidade psíquica de sua filha Anna e da loucura de sua nora, Mariana.

Olhando o matrimônio Liguori-Cavalieri com a distância de três séculos, sua maior realização foi a figura de seu filho Afonso.

No restante, não se destacou, nem positiva, nem negativamente; foi uma família média da nobreza média da cidade de Nápoles, nem pior, nem melhor que as outras.

A morte não surpreendeu os pais de Afonso. Dom Giuseppe morreu aos 75 anos e Dona Ana, dez anos mais tarde.

5.2.3. *Destino dos filhos*

Afonso foi o primogênito. Por ser primogênito e destinado à perpetuação da linhagem, recebeu formação esmerada, superior à de seus irmãos. Fez a carreira de Direito e exerceu a profissão de advogado. Também por ser primogênito, sobre ele se concentraram os interesses familiares. Previsão que não se realizou, por sua renúncia à primogenitura (1727) e posterior decisão de entrar no ministério sacerdotal. Foi missionário, bispo e fundador de uma Congregação. Tendo sido o primeiro a nascer, foi o último a morrer, com a idade de 91 anos. Do conjunto de dados disponíveis, podemos afirmar a "liderança" de Afonso entre seus irmãos; a renúncia à primogenitura não significou perda de autoridade moral; ajudou a reforçá-la sua condição de sacerdote e bispo.

Eis aqui os dados essenciais sobre o devir biográfico dos irmãos de Afonso (e a relação deste com eles)[22]:

Antônio (1698-1739), o irmão que nasceu depois de Afonso, ingressou, em plena adolescência, na Ordem Beneditina (Congregação Cassinense), professando em 21 de março de 1716 no mosteiro napolitano de San Severino e tomando o nome de Bento Maria. Apesar de ser relativamente jovem, foi mestre de noviços. Morreu na jovem idade de 41 anos (3 de agosto de 1739).

Tannoia diz que Antônio "foi um mártir com suas penitências",[23] que praticava com certa ansiosa severidade por acreditar

[22] Ver a compilação de dados em: H. F. G. Swanston, *Saint Alphonsus and His Brothers* (Liguori, Missuri, 2000) 1-49: "The blood Brother". Na base dessa recompilação estão as referências de A. Tannoia e as contribuições documentais de O. Gregorio em: *Contributi*, 36-40: "I fratelli e le sorelle di S. Alfonso".

[23] Tannoia, I, 29.

não estar realizando tudo quanto Deus lhe pedia. Nessa forma de ansiedade, assemelhava-se à sua mãe, Dona Ana. Não consta nenhuma visita de Afonso ao mosteiro de seu irmão (podemos supor que houve); tampouco, existe testemunho de correspondência epistolar, nem de Antônio a Afonso, nem deste ao primeiro[24].

As duas irmãs, **Bárbara** (1700-?) e **Ana** (1702-?) ingressaram, por volta da idade da razão, no convento napolitano de São Jerônimo, próximo ao mosteiro beneditino de São Severino[25]. Antes de começar o noviciado, era prescrito voltar à casa e passar ali um curto período de tempo. Não se conhece a data exata de suas mortes. Ana sofreu de escrúpulos no final da vida[26].

Caetano (1701-1784) foi ordenado sacerdote em 1730 a título de benefício, proporcionado pelo duque de Gravina-Orsini[27], somado a uma ajuda econômica recebida de seu pai, que dispunha de algumas rendas provenientes de certas posses na rua Toledo. Caetano viveu "em casa como um virtual recluso"[28]; no fim de sua vida participou da debilidade psicológica da família, herdada da mãe: teve escrúpulos sobre dinheiros recebidos[29]. Morreu com 80 anos (em 4 de outubro de 1784) na casa familiar do bairro *dei Vergini*.

A terceira menina, **Teresa** (1704-?), casou aos 16 anos com o duque de Presenzano, um viúvo bastante mais velho que ela; é possível supor, com fundamento, que essa condição do esposo rebaixou a quantia do dote que Dom Giuseppe precisou investir no casamento. O matrimônio gerou uma filha. Teresa viveu como viúva por cerca de uma década. Seguramente, Afonso teve conhecimento e se compadeceu das dificuldades que sua irmã passou na

---

24 H. F. G. Swanston, *Saint Alphonsus and His Brothers...*, 13-14.

25 *Ibid.*, 15-18 y 27-30. Também: R. Tellería, *De Maria Anna (Anna Maria) ac de Maria Luisa (Barbara) de Liguori, sororibus S. Alfonsi, in monasterio S. Hieronymi monialibus*: SH 4 (1956) 7-24.

26 H. F. G. Swanston, *Saint Alphonsus and His Brothers...*, 325, nota 127, remetendo a: Tannoia, II, 264.

27 R. Tellería, *Rev. D. Caietanus de Liguori, S. Alfonsi frater, eiusque nepos Alfonsinus beneficio ecclesiastico muniuntur a duce Gravina Orsini*: SH 13 (1965) 325-357.

28 Jones, 11. Também: H. F. G. Swanston, *Saint Alphonsus and His Brothers...*, 20-26.

29 H. F. G. Swanston, *Saint Alphonsus and His Brothers...*, 325, nota 128.

vida matrimonial. Esse conhecimento empático pode ter influenciado Afonso ao escrever sobre a dificultosa vida das mulheres casadas[30].

O filho menor, **Hércules** (1706-1780), assumiu a primogenitura depois da renúncia de Afonso. Passou por várias tribulações familiares: morte de sua primeira esposa, Raquel; loucura de sua segunda mulher, Mariana. Foi compensado pela presença de três filhos: dois meninos e uma menina. Morreu em 8 de setembro de 1780, de forma bastante imprevista, em Marianella[31].

Tendo diante de nós o precedente quadro do destino dos filhos da família Liguori-Cavalieri, precisamos sublinhar a importância da instituição da *primogenitura*, não só para Afonso, que renunciou a ela, e para Hércules, que a recebeu, mas também para o restante dos irmãos.[32]

A instituição da primogenitura constituiu o enquadramento histórico em que ganham significação alguns acontecimentos na família Liguori-Cavalieri:

- O número elevado de vocações ao estado sacerdotal (duas) e à vida religiosa (três).
- A permanência de Caetano na casa dos pais.
- As "disputas" econômicas havidas entre o pai e as filhas religiosas, e entre os irmãos (Afonso e Hércules).

Bárbara e Ana, religiosas, processaram o pai por problemas com o dote. Afonso recorda isso a seu irmão Hércules, ameaçando fazer o mesmo com ele[33].

---

30 *Ibid.*, 31-33.

31 *Ibid.*, 34-49.

32 Ver o desenvolvimento do tema em: M. Vidal, *La familia en la vida y en el pensamiento de Alfonso de Liguori (1686-1787)* (Madri, 1995) 103-106. Texto da *renúncia* (em favor de seu irmão menor e "de seus filhos varões primogênitos", ou seja, em estrita sucessão na linha paterna indivisível), em: *Lettere*, I, 116. Desenvolvimento documental do dado: R. Tellería, *Documenta tria circa res D. Joseph de Liguori et eius filii S. Alfonsi*: SH 5 (1957) 237-275. Também: R. Tellería, *La rinuncia alla primogenitura fata da S. Alfonso il 7 febbraio 1727*: SA 28 (1957) 97-99.

33 *Lettere*, I, 113.

Foram muitas as discussões entre esses dois irmãos por motivos econômicos e como os dois tinham o sangue dos Liguori, nenhum se deixou vencer pelo outro[34].

Não convém esquecer que as preocupações com a economia familiar ocuparam lugar de destaque na família Liguori-Cavalieri[35].

5.2.4. *Os descendentes diretos e a parentela*

- Descendentes diretos

Os descendentes diretos da família Liguori-Cavalieri nascem de dois irmãos de Afonso: dois meninos (de Hércules) e uma menina (de Teresa). Do carinho desses sobrinhos, desfrutaram Afonso e Caetano no fim de seus dias. Caetano nomeou um deles, José, herdeiro de sua modesta fortuna. Afonso teve a satisfação de relação bastante intensa com seus sobrinhos, filhos de Hércules. Conservam-se muitas cartas dirigidas a eles: duas a Peppo, em que recomenda o estudo e dá conselhos espirituais; uma comum, endereçada a Peppo e a Afonso, onde se interessa por seus estudos; e mais de vinte a Teresa, acompanhando o discernimento vocacional e primeiros passos na vida religiosa dessa sua sobrinha.

Peppo se casou com Dona Maria de Guzmán Sambiasi. Tiveram uma filha, de nome Carmela ou Carmen, último rebento direto da família Liguori-Cavalieri. Professou como monja em um mosteiro de Sorrento, onde viveu para conhecer a proclamação de Afonso como Doutor da Igreja (1871).

- Os parentes

A parentela teve alto significado na família do Antigo Regime e, mais concretamente, na família europeia meridional. Através de alianças matrimoniais, buscava-se estender o "clã" familiar e fortalecer a linhagem. Não em vão se pensava que o melhor matrimônio era o estabelecido entre indivíduos pertencentes à mesma

[34] *Lettere*, I, 113, 116, 457, 478, 510-511, 569, 576. Ver: Tellería, I, 394-395.
[35] Ver o amplo desenvolvimento em: M. Vidal, *La familia…*, 212-218.

classe social. Além de fortalecer a própria linhagem, mantendo sua pureza e impedindo a entrada de estranhos, a parentela também servia para estabelecer extensas e intensas redes de solidariedade voltadas para a ajuda e promoção dos interligados.

A família Liguori-Cavalieri não usou, nem construiu, redes especiais de parentesco. Não faltaram relações com os parentes, sobretudo, com os da linha materna, devido ao fato de a família Cavalieri gozar de melhor situação social, bem como a condição de "meios-irmãos" dos familiares mais próximos da linha paterna. Dom Giuseppe teve duas irmãs (do primeiro matrimônio de seu pai), as duas casadas, e outra meia-irmã (filha do avô de Afonso e sua segunda esposa) que, provavelmente, permaneceu solteira em casa ou em mosteiro.

A parentela da linha materna, de maior prestígio social que a da linha masculina, ganhou maior importância. Dona Ana teve duas irmãs que se tornaram monjas clarissas, e três irmãos, dos quais um morreu ao nascer e levou consigo a mãe, outro (Emílio) entrou nos Pios Operários e chegou a bispo de Troya, e outro (José) seguiu a carreira das leis (chegou a juiz) e se casou. Os biógrafos de Afonso anotam os repetidos encontros com o tio Emílio e com o tio José, bem como, com os primos.

Além desses parentes próximos, é bom lembrar a existência de outros, um pouco mais distantes, tanto da linha materna, quanto, mais abundantes, da linha paterna. Dom Giuseppe exerceu o sentido de "clã" casando sua filha Teresa com o duque de Presenzano, da linhagem dos Liguori, e tentou ainda estreitar esses laços com o desejo, frustrado, de casar Afonso com a irmã do mesmo duque.

5.2.5. Comparação com outras famílias da época

A família de Afonso tinha estrutura de família nuclear, composta pelos pais e filhos. Essa estrutura nuclear se orientava um pouco para a família extensa, pois o palácio era compartilhado por dois núcleos familiares, ou seja, Hércules, o filho casado, e Caetano, que morava com os pais. A estrutura nuclear deve ainda ser entendida no contexto da classe aristocrática, onde, juntamente com os pais e filhos, vivia o pessoal de serviço. A família Liguori-Cavalieri, mais inclinada à austeridade que às aparências, não tinha escassez de pessoal de serviço, devido à facilidade de obter escravos a baixo custo com o posto de comando de Dom Giuseppe nas galeras reais.

Os demais fatores da estrutura familiar de Afonso correspondiam aos da família de sua época e classe, mas distinguia-se no fato de os Liguori-Cavalieri superarem um pouco a média geral:

Idade de matrimônio: Dom Giuseppe e Dona Ana se casaram com a mesma idade, 25 anos. A média da época era de 20 a 25 anos e, nas classes altas, havia a tendência de o marido ser vários anos mais velho que a mulher[36].

Em sua *Theologia Moralis,* Afonso exigirá duas condições sobre a idade adequada para o casamento: capacidade para procriação e "capacidade para entender o significado do consentimento matrimonial"[37]. Sobre a correlação de idade entre marido e mulher, Afonso se mostrou contrário aos matrimônios de conveniência, contraídos com excessiva diferença de idade[38].

Fecundidade e tamanho da família: oito filhos nasceram na família Liguori-Cavalieri, embora uma menina (gêmea) tenha morrido praticamente ao nascer. A média da época era de 4 a 5 filhos[39]. Na família de Afonso, a proporção foi de 4 meninas e 4 meninos.

Para a época de Afonso, os historiadores da família europeia destacam o fato do controle de nascimentos. "Os cônjuges nascidos depois de 1750 começavam a controlar a fecundidade. O número médio de filhos por família diminuía, passando a 3,3 e a cifra de ca-

---

[36] Sobre as ideias e práticas acerca da idade conveniente para formar família e a correlação de idade entre os contraentes na época de Afonso: M. Vidal, *La familia...*, 136-142.

[37] Gaudé, IV, 204-205.

[38] *Lettere*, I, 477.

[39] Sobre a natalidade na família do Antigo Regime e na família de Afonso: M. Vidal, *La familia...*, 143-147.

sais com, ao menos, 10 filhos, descia a 5 por cento"[40]. O controle de nascimentos fica claro no aumento do intervalo entre o casamento e o primeiro filho e no distanciamento entre os sucessivos partos. O método ordinário não era outro que o mais eficaz para aquela época, dependente do marido: o *coitus interruptus*.

Dona Ana teve sete partos no espaço de 10 anos (de 1696 a 1706). Concluiu seu período fértil com a idade de 37 anos. No caso de Dona Ana, nem o aleitamento prolongado - se é que ela mesma amamentava os filhos - funcionou como método, usado pela família tradicional, para espaçar os nascimentos[41].

Como se verá na exposição de seu pensamento moral, Afonso não teve orientação exageradamente procriativista na compreensão moral do matrimônio. Segundo ele, não se requer a intenção procriativa em toda relação conjugal; mais ainda, admite que, às vezes, é lícito desejar não ter filhos.

Mortalidade: como acabamos de notar, apenas uma menina gêmea morreu, logo após o nascimento. A família Liguori-Cavalieri tinha tendência à longevidade. Dom Giuseppe morre aos 75 anos; Dona Ana, aos 85. Afonso ganha de todos, pois alcançou os 91 anos. A família não conhece enfermidades somáticas notáveis, exceto as de Afonso. A mãe, e alguns filhos (Ana e Afonso), padecem de certas debilidades psíquicas traduzidas em manifestações neuróticas (escrúpulos).

A expectativa de vida no séc. XVIII não era muito elevada[42]. Mesmo entrando no séc. XIX, a média de vida na Apúlia era de apenas 30 anos, alcançando cifras mais elevadas entre as mulheres[43].

---

40 M. Barbagli, *Sotto lo stesso tetto. Mutamenti della famiglia in Italia dal XV al XX secolo* (Bolonha, 1988²) 358.

41 Ante a afirmação de Busenbaum de que a mãe tem obrigação (*sub veniali tantum*) de amamentar seu filho, a não ser que seja escusada por uma causa justa, Afonso anota que tal causa pode ser a saúde frágil da mãe ou, conforme o costume, a condição nobre (*nobili sob consuetudinem*): Gaudé, I, 604.

42 Ver dados e bibliografia em: M. Vidal, *La familia...*, 147-149.

43 G. Da Molin, *La mortalità in Puglia dal secolo XVII al XIX secolo* (Bari, 1984).

Proporção entre *casamento* e *celibato* nos filhos: neste fator, a família de Afonso regulou com a típica tendência de baixo índice de casamentos entre membros da aristocracia[44]: dois casados (Teresa e Hércules) e cinco celibatários (duas religiosas, dois sacerdotes e um religioso). A família Liguori-Cavalieri fica na faixa mínima de porcentagem de casamentos: de sete irmãos vivos, apenas dois (um homem e uma mulher) optam pelo matrimônio, embora Hércules tenha se casado duas vezes.

Não se pode duvidar da sinceridade da vocação dos irmãos de Afonso, Antônio e Caetano. Mas, tampouco, deixar de reconhecer a influência da circunstância de não serem filhos primogênitos. A interferência do pai não deve ter ficado ausente em tais decisões.

Essa interferência se mostrou mais clara e eficaz na "escolha de estado" das filhas. Para Teresa, a quem o pai buscou um "bom partido" econômico, a vida matrimonial não foi excessivamente agradável. As outras duas irmãs, Bárbara (1700) e Ana (1702), foram encaminhadas pelo pai para a vida monacal. Ana ingressou assim que atingiu o uso da razão, uma razão que foi se debilitando por sua condição psíquica enfermiça, com repercussões no âmbito somático. Bárbara, mais velha, seguiu Ana no ingresso no mosteiro. Apenas desfrutaram da casa paterna no breve período de tempo prescrito antes da tomada do hábito. Chama a atenção essa forma de "discernir" uma vocação religiosa.

Afonso escreverá sobre a moral da "eleição de estado"[45]. A liberdade do sujeito é critério básico que configura seu pensamento e repete em muitas passagens quando trata do tema: "Na questão da escolha do estado de vida, os filhos não estão obrigados a obedecer a seus pais"[46]. Quando escreveu isso, tinha presente seu próprio dado biográfico? Pensava também na escolha de estado de seus três irmãos e três irmãs? Afonso escreveu ainda sobre as con-

---

44 Ver o desenvolvimento do tema em: M. Vidal, *La familia...*, 220-231.

45 M. Vidal, *La familia...*, 209-211.

46 Gaudé, II, 445.

sequências negativas do celibato "imposto" pelos pais: eclesiásticos e religiosos sem vocação[47].

Modo de transmitir a herança: a primogenitura era a maneira típica nas famílias da aristocracia da época. Já anotamos como esse fato teve notáveis repercussões na vida de Afonso e, em geral, no conjunto de sua família.

Ciclo vital da família: os Liguori-Cavalieri viveram todas as fases do ciclo vital familiar. A fase da procriação foi intensa, mas não extensa. Vários filhos saíram logo de casa (as três filhas e Antônio). Afonso prolongou a estadia. Caetano permaneceu no lar, com a independência própria de um "beneficiado". Frente ao estreitamento da fase da procriação e educação, há um alargamento na fase do "ninho vazio" ou de pais sem filhos.

Parentela: a família Liguori-Cavalieri não se destacou pela função mediadora na sociedade, nem pelas redes de parentesco. A pouca relevância da parentela se deveu, entre outras coisas, ao fato de a família Liguori-Cavalieri não precisar das redes de solidariedade natural, razão fundamental da parentela.

O retrato falado da família Liguori-Cavalieri, que foi apresentado nas páginas deste capítulo, reflete uma família da nobreza da cidade de Nápoles na época do Antigo Regime.

5.3. AS INTERPRETAÇÕES DA EXPERIÊNCIA FAMILIAR DE AFONSO

Como foi analisada e interpretada a experiência e compreensão de Afonso na relação com sua família? Pode parecer estranho, mas ao revisar os elencos bibliográficos de estudos afonsianos[48],

---

47 M. Vidal, *La familia...*, 225-231.

48 A. Sampers, *Bibliographia alfonsiana* (para o período de 1938-1974): SH 1 (1953) 248-271; 19 (1971) 410-454; 20 (1972) 302-330; 22 (1974) 437-443; O. Weiss - F. Ferrero, *Bibliografia alfonsiana (1978-1988)*: SH 36/37 (1988-1989) 565-612.

não encontrei nenhum estudo científico ou qualquer exposição divulgativa sobre o conjunto da experiência familiar de Afonso, seu pensamento e atuação pastoral em relação à família. O que existe sobre o tema precisa ser procurado nas biografias ou estudos relacionados a interesses biográficos, científicos ou divulgativos.

Contudo, não precisamos analisar todas as biografias para conhecermos com exatidão os dados e intepretações da relação de Afonso com a realidade familiar. Basta buscar o primeiro biógrafo e memorialista, A. Tannoia, fonte em que confluem, tanto os dados provenientes da própria tradição familiar[49], quanto os testemunhos recolhidos nos processos de beatificação, e onde, então, virão beber todos os biógrafos posteriores.

Para encontrar algo novo será preciso esperar os primeiros estudos de caráter crítico, surgidos em 1940, com a obra coletiva *Contributi bio-bibliografici*. Logo depois (1950-1951), virá a monumental obra de R. Tellería, com suas pesquisas posteriores, publicadas no *Spicilegium Historicum CSsR*. As duas últimas biografias, de T. Rey-Mermet e de F. M. Jones, dependem da obra de Tellería (biografia e estudos), bem como de outros pesquisadores, especialmente, O. Gregorio.

No presente capítulo, vou apresentar esse grupo de estudos e interpretações, mas não é meu objetivo avaliar o conjunto da obra dos autores, e sim, recolher e ponderar suas contribuições sobre a experiência familiar de Afonso.

5.3.1. Antônio Tannoia: entre a objetividade dos "dados" e a interpretação pessoal de seu "significado"

Quase todos os dados disponíveis sobre os períodos da infância, adolescência e juventude de Afonso precisam ser buscados na biografia escrita por Tannoia. E, sem dúvida, continua de pé a afirmação e admoestação de O. Gregorio: "o primeiro livro (de Tannoia), em vinte e um capítulos, se apresenta fraco na constru-

---

49 Tannoia, I, p. VII, cita, entre suas fontes, a mãe de Afonso e seus irmãos, Caetano e Hércules.

ção histórica"[50]. Acredito que a "debilidade histórica" de Tannoia se concretize na série de fatores que passo a examinar.

- O gênero hagiográfico e a finalidade apologética

Tannoia tem um *objetivo*: demonstrar a santidade de vida de Afonso para apoiar sua causa de beatificação. E faz retroagir essa demonstração hagiográfica até a família de Afonso. Ao narrar a vida familiar do biografado, sua grande preocupação é envolvê-la em um ambiente de religiosidade e mesmo de santidade. Já no título do primeiro capítulo do Livro I, afirma que os pais eram "*piissimi parenti* - piíssimos pais"[51].

Sobre o pai, dirá que unia à "*nobiltà de' natali* - nobreza das origens" o "*viver esemplare* - viver exemplar", acrescentando que era "*tutto Cristiano* - inteiramente cristão", para fazer a descrição culminar com expressão de sabor erasmiano *(miles christianus)*: "*Cavalier Cristiano* - Cavaleiro Cristão"[52]. Tannoia sublinha que Dom Giuseppe, vendo a devoção de Afonso, colocava particular interesse "*in fomentarcela, e rendercela radicata* - fomentá-la e torná-la enraizada", para o que "*ogni anno, volevalo con se nel ritiro de' santi Esercizi* - todos os anos, queria-o consigo no retiro dos Santos Exercícios"[53]. No entanto, parece também descarregar sobre a responsabilidade do pai o passageiro esfriamento do fervor religioso do filho, devido às "*le continue conversazioni, nelle quali da suo Padre veniva introdotto* - contínuas conversações nas quais era introduzido por seu pai"[54].

Ressaltar a religiosidade de Dona Ana, mãe de Afonso, parece ser uma fraqueza de Tannoia: "*troppo cara a Dio, e di un merito assai singolare* - muito cara a Deus e de um mérito muito singular"[55].

Dentre as muitas passagens onde o biógrafo ressalta características de religiosidade da mãe, basta citar esta descrição sumária:

---

50 *Contributi*, 18.
51 Tannoia, I, 1.
52 *Ibid.*, I, 2.
53 *Ibid.*, I, 13.
54 *Ibid.*, I, 16.
55 *Ibid.*, I, 12.

"*affliggevasi di continuo con frequenti digiuni, con cilizi, e flagellazioni, e conmezzi di eroica penitenza. Non fu mai a teatri, ne fu amante di conversazioni; ma attendeva in casa a Dio, ed a se stessa. Soprattutto vedevasi sollecita per la cura de' figli, e nel soddisfare i doveri di sposa* - afligia-se continuamente com frequentes jejuns, cilícios, fragelações e práticas de heroica penitência. Jamais foi aos teatros, nem foi amante de conversações; mas se ocupava em casa com Deus e consigo mesma. Sobretudo, mostrava-se solícita no cuidado dos filhos e no cumprimento dos deveres de esposa"[56].

Tannoia conclui a descrição da religiosidade do pai e da mãe com afirmação de cunho claramente hagiográfico: "*tali furono in santità segnalati gli antenati di Alfonso* - assim foram caracterizados pela santidade os pais de Afonso"[57].

A orientação hagiográfica alcança todos os irmãos: "*tutti furono idea della virtù, e del vivere Cristiano* - todos foram ideais de virtude e de vida cristã"[58]. Benedetto: "*martire della Penitenza, e dell'annegazione di se medesimo* - mártir da penitência e abnegação própria"; Gaetano: "*menò in casa una vita quasi eremitica* - levou em casa uma vida quase eremítica"; Ercole: "*visse santamente nello stato conjugale* - viveu santamente no estado conjugal"; irmãs (2 religiosas e uma casada, outra tinha morrido recém-nascida): "*le femmine anch'esse ebbero il medesimo istinto per la pietà, ed il medesimo abborrimento al secolo, ch'ebbero i fratelli* - também as irmãs demonstraram a mesma inclinação para a piedade e o mesmo desprezo pelo mundo que tiveram os irmãos"[59].

Quem não deixará de reconhecer nessas descrições os tópicos e convencionalismos do gênero hagiográfico da época? Sem negar um fundo de verdade, não se pode descartar, tampouco, o interesse apologético de Tannoia: convencer os leitores (oxalá entre eles se encontrassem os que decidiriam sobre a santidade oficial de

56 *Ibid.*, I, 3.
57 *Ibidem.*
58 *Ibidem.*
59 *Ibidem.*

Afonso!) de que seu biografado viveu em ambiente muito religioso, onde a santidade era compartilhada por toda a família.

Ninguém põe em dúvida a religiosidade da mãe. O que ainda precisa ser analisado e confirmado é o tipo dessa religiosidade que ela apresentava e transmitiu aos filhos. Descartando o quietismo em sua manifestação extrema[60], reconhecendo a marca franciscana de suas devoções devida à formação como educanda das *Cappuccinelle*[61], e admitida a influência de uma piedade normal e positiva no contato com os filipinos, de modo especial, com o padre T. Pagano, permanecem:

- O "rigorismo" de suas práticas penitenciais, tal como Tannoia refere no texto citado.
- Sua ênfase no lado "pessimista" e "pecaminoso" da vida cristã[62].
- Seus escrúpulos, que deviam ser contínuos, mas de cuja presença no final da vida temos testemunhos comovedores[63].

Para dizer a verdade, o lugar adequado para a espiritualidade de Dona Ana seria um convento de grande observância[64] e não uma família, cuja configuração espiritual tem outras exigências.

---

[60] O. Gregorio, *Ci fu quietismo in Anna Caterina Cavalieri, madre di S. Alfonso?*: SH 23 (1975) 284-292.

[61] R. Tellería, *De Annae Catharinae, matris S. Alfonsi, ac de eius sororum commoratione in monasterio "delle Cappuccinelle"*: SH 2 (1954) 283-294.

[62] Tannoia, I, 6, faz este "sumário" sobre o conteúdo religioso que a mãe transmitia a Afonso (itálicos meus): "Mettevagli in orrore il gran male, che in se è *il peccato, l'Inferno* che si merita, e di quale disgusto sia al cuore di Gesù Cristo, qualunque *colpa* ancorchè leggiera. Tutto faceva impressione in Alfonso - Incutia-lhe horror ao grande mal que é *o pecado, o inferno* merecido e o desgosto que causa ao coração de Jesus Cristo qualquer *culpa*, ainda que seja leve. Tudo isso impressionava Afonso".

[63] Tannoia, I, 264, diz (itálicos meus) que Afonso, ao visitar a mãe antes de morrer, se alegrou "vedendola non agitata dai *soliti suoi scrupoli* - notando que não estava agitada pelos *seus costumeiros escrúpulos*". Em carta a seu irmão Hércules, poucos dias antes da morte da mãe, Afonso expressa esse sentimento de satisfação e alude ao mesmo fato dos escrúpulos (itálicos meus): "Quanto mi consolo che sta quieta da *scrupoli* - Quanto me consolo que esteja tranquila quanto *aos escrúpulos*" (*Lettere*, I, 312). Ver: Tellería, I, 590-591; Jones, 13, 242.

[64] Jones, 11-12.

A religiosidade de Dom Giuseppe deve ter sido sincera nas convicções, pragmática nas aplicações, pouco desenvolvida nos conteúdos teológicos e relativamente parca nas manifestações de piedade[65]. Na etapa da aposentadoria, suas práticas religiosas aumentaram, como consequência normal da idade e, talvez, do influxo direto e indireto de seus filhos dedicados ao estado eclesiástico e à vida religiosa[66].

Além das afirmações já citadas de Tannoia, não temos nada mais sobre a religiosidade das irmãs de Afonso. As duas religiosas, Ana Maria e Bárbara, viveram no mosteiro de São Jerônimo de Nápoles, onde a primeira sofreu notáveis escrúpulos de consciência que, muito provavelmente, somatizava[67]. Teresa, a irmã casada, teve muitas dificuldades no matrimônio[68]. Não é possível duvidar da piedade de seu irmão, Caetano. No entanto, do ambiente monacal em que viveu o outro irmão, Antônio (Benedetto), existem dados menos positivos[69], embora Tannoia afirme não terem afetado sua vida espiritual. Sem negar a religiosidade de Hércules, presumivelmente bastante semelhante à do pai, talvez tenhamos que interpretar benevolamente a afirmação de Tannoia de que "visse santamente nello stato conjugale - viveu santamente no estado conjugal".

– Preocupação por apresentar Afonso como "modelo" de filho obediente

Já em seu prólogo, Tannoia apresenta a orientação que o guiará no relato sobre a relação de Afonso com a família: "*Egli* (Alfon-

65 Tellería, I, 49-50.

66 *Lettere*, I, 66, 86. Tannoia, 145 bis, ressalta a vida de piedade de Dom Giuseppe em sua etapa de aposentadoria; também recorda seu desejo de entrar, como irmão, na Congregação fundada por seu filho, decisão que Afonso não aprovou.

67 Dados sobre essas duas irmãs em: R. Tellería, *De Maria Anna (Anna Maria) ac de Maria Luisa (Barbara) de Liguori, sororibus S. Alfonsi, in monasterio S. Hieronymi monialibus*: SH 4 (1956) 7-24.

68 Jones, 11.

69 Rey-Mermet, 36: "Mas a história diz que esse convento [o esplêndido mosteiro dos Santos Severino e Sósio, da Congregação beneditina de Montecassino] nadava então na preguiça e no relaxamento".

so) *è modello alla Gioventù, di rispetto a propri parenti* - Ele (Afonso) é modelo para a juventude de respeito aos pais"[70].

Não deixará de recordar os muitos conflitos de Afonso com o pai: pouca disponibilidade do filho em colaborar com os projetos matrimoniais que o pai preparava[71]; decisão de abandonar a advocacia, abandono que o pai considerava negativo para Afonso e também ruinoso "*alla fortuna di tutta la casa* - para a sorte de toda a casa"[72]; ingresso no estado clerical, mesmo às custas da incompreensão, sobretudo, de seu pai, que era "*di altra virtù* - de virtude diferente" da mãe[73].

Contudo, quando descreve essas situações, a pena de Tannoia se contém de todo para não deixar escapar qualquer palavra que dê a entender a "rebeldia" do filho diante do pai. No máximo, se atreve a dizer em linguagem religiosa, valorizando a provação definitiva do enfrentamento entre pai e filho: "*trionfò del sangue* - triunfou sobre o sangue"[74].

Contra ao que parece evidente, Tannoia insiste especialmente na "submissão" do filho em relação ao pai. É o que afirma quando relata o episódio em que o pai, "*trovandosi di cattivo umore* - estando de mau humor" desferiu em Afonso "*uno schiaffo* - uma bofetada" por lhe ter chamado a atenção sobre sua atitude pouco correta com os servos: "*con questo si rileva con quale sommissione egli viveva a suo Padre, e come D. Giuseppe lo manteneva a se soggetto* - com isso se mostra como ele vivia submisso ao seu pai, e como Dom Giuseppe o mantinha sujeito a si"[75]. Realmente, é possível concluir a segunda (*o mantinha sujeito a si*), mas não exatamente a primeira (*submisso*).

Essa preocupação de Tannoia em apresentar Afonso como "filho obediente" desvia os dados históricos e nos impede de conhe-

---

70 Tannoia, I, p. IX.
71 *Ibid.*, I, 24.
72 *Ibidem.*
73 *Ibid.*, I, 30.
74 *Ibid.*, I, 29.
75 *Ibid.*, I, 15-16.

cer a verdadeira relação familiar de Afonso. Podemos afirmar, com linguagem de hoje, que Afonso foi um "filho crítico" às indevidas intromissões do pai em sua vida e "jovem rebelde" às desumanas práticas familiares da época. De fato, na vida familiar de Afonso encontramos as seguintes "rupturas" frente aos usos familiares de então:

- Renuncia pessoalmente à primogenitura, ainda que não conste tê-la criticado radicalmente enquanto sistema contrário à igualdade entre irmãos e democratização da sociedade; nisto, seguia certa tradição familiar: seu tio Emílio Cavalieri, que o defendeu[76], tinha feito o mesmo.
- Não atende as exigências e interesses de seu pai, ao menos na segunda proposta de matrimônio, no que toca a esse costume da época; embora não se encontre em Afonso uma crítica radical ao sistema, temos suas anotações críticas sobre a questão, como indicarei em outro capítulo.
- A liberdade na escolha da vocação (sacerdotal e religiosa) era algo aceito na mentalidade teológica da época, mas a prática causava dificuldades; Afonso a realiza em sua vida e defende em seus escritos. A intenção inicial de Afonso era entrar nos filipinos[77], mas por conselhos dos diretores e amigos, chegou ao "acordo" de se tornar "apenas" sacerdote[78].

Diante de tais evidências, chama a atenção que a única característica anotada por Tannoia seja a "obediência ao pai". Examinando a realidade biográfica de Afonso, deveria ter orientado a exposição para o polo contrário: *rebeldia*.

Afonso foi, em certa medida, um rompedor e inovador em relação aos usos familiares da época; sua experiência familiar e pensamento sobre a família precisam ser lidos com orientação avançada, para uma sociedade mais livre e igualitária, e não com o

---

76 *Ibid.*, I, 29.
77 *Ibid.*, I, 26.
78 *Ibid.*, I, 29.

esquema conservador, voltado para a sociedade hierarquizada do passado, tal como Tannoia parece querer fazer.

Para interpretar essa característica da figura de Afonso, precisamos estudar a função que nele desempenhou a "introjeção do simbolismo do pai", entendidos, não apenas o pai biológico, mas também o pai estruturante de sua vida (diretor de consciência, confessor, diretor da obra de fundação: nesse caso, Falcoia). Suspeito que, em grande medida, a personalidade básica de Afonso se estruture psicologicamente nessa contínua luta com o "simbolismo do pai".

Seus escrúpulos podem ter nascido da peculiar condição psicossomática aliada à influência da educação materna, mas em sua configuração entra de cheio a função estruturante do "simbolismo do pai". A obrigação (pai) o constrange e angustia. E é também a obediência (pai) que o liberta. Em sua base psicológica, a vida religiosa de Afonso foi essa luta titânica para introjetar a força estruturante do "pai". Em outro capítulo, desta mesma seção, voltarei a esse aspecto decisivo da biografia e personalidade de Afonso.

As duas referências, "rebeldia" frente aos usos familiares da cultura dominante e "crítica" frente à intromissão do pai em sua vida, escapam à leitura de Tannoia sobre a vida familiar de Afonso. Sua interpretação é exageradamente simplista e conservadora, e por isso, não parece muito objetiva.

– A interpretação "matricêntrica"

Devemos a A. Tannoia a interpretação "matricêntrica" da vida familiar de Afonso, interpretação que prevaleceu desde então e que, até o momento, não sofreu qualquer contestação. O primeiro biógrafo e memorialista, não identifica nenhuma sombra no retrato da mãe de Afonso. Por outro lado, a apresentação do pai, por mais que pretenda ressaltar suas virtudes, deixa no ar alguns indícios de suspeita: por seu serviço nas Galeras do Reino (como alferes, no começo do matrimônio e, mais tarde, como capitão), "*non poteva attendere, come voleva, all'educazione de' figli* – não podia se dedicar, como queria, à educação dos filhos"[79]; embora, pretendendo o bem do filho, busca, por duas vezes um partido matrimonial com motivações não muito espirituais: um "*matrimonio vantaggioso* - matrimônio vantajoso"[80]; o mesmo motivo material aparece quando reprova Afonso pelo abandono de sua brilhante e produtiva carreira de advogado, causando assim dano "*alla fortuna di tuta la casa* - à sorte de toda a família"[81].

Em nenhuma dessas situações, de tonalidade negativa, aparece implicada a responsabilidade da mãe. Pelo contrário, nas seis situações de conflito familiar em que Tannoia faz os três intervirem - pai, mãe, filho -, em todas elas, a figura da mãe aparece com total bondade e promovendo a solução do conflito. Essas seis situações, dignas de serem propostas como casos tipológicos de dinâmica terapêutica em conflito familiar, são as seguintes:

a) No final de uma festa, celebrada na casa dos Liguori, um servo se perdeu e não compareceu a tempo "*a farsi avanti col torchio* - de ir à frente com a tocha". Dom Giuseppe, irado, "*non finiva de riprenderlo* - não parava de repreendê-lo". Afonso, justificando a "*l'inarvertenza del servidore* - descuido do servo" e, talvez, recordando outras situações parecidas de seu pai, lhe disse: "*Signor Padre, quando cominciate non la finite* - Senhor Pai, quando o senhor começa não termina mais". Diante dessas palavras do filho, o pai "*gli tirò uno schiaffo* - lhe deu uma bofetada". Tannoia anota que Afonso já tinha idade avançada ("*età avanzata*") e era "*uno de' primi Avvocati ne' Tribunali di Napoli* - um dos principais Advogados dos Tribunais de Nápoles". Compreende-se que se tenha retirado "*nella propia stanza* - para o seu quarto" e que não tenha descido para o jantar. Nesse momento, aparece em cena a mãe: vai buscá-lo e, trazendo-o até o pai, soluciona o conflito[82].

---

79 *Ibid.*, I, 7.
80 *Ibid.*, I, 15-21.
81 *Ibid.*, I, 24.
82 *Ibid.*, I, 15-16.

b) Ante a segunda tentativa de casar o filho, o pai se depara com uma negativa exposta de forma pouco clara e com razões ainda menos convincentes: "*scusavasi Alfonso, e replicava sempre, che non aveva salute per un tale stato* - Afonso sempre se desculpava e respondia que não tinha saúde para um tal estado". Será então à mãe que explicará claramente a situação ("*si dichiara con sua madre* - se abre com sua mãe") e a razão da negativa: "*che a niun patto era per ligarsi col Mondo* - que não queria se ligar ao mundo de nenhuma forma"[83].

c) Depois de perder a causa nos Tribunais, Afonso se tranca no quarto e ali permanece dois dias, sem atender aos repetidos pedidos, nem de sua mãe, nem de seu pai. Dona Ana "*diceva piangendo: Alfonso se muore* - dizia chorando: Afonso está morrendo", ao que "*sdegnato* - indignado" replicava Dom Giuseppe: "*Che muoja* - que morra". Só no terceiro dia Afonso abriu a porta: "*lo fece; ma fu, com' ei disse, perchè commosso dal pianto di sua madre* - abriu; mas como ele disse, porque comovido pelo pranto de sua mãe". No entanto, não queria comer. Apenas "*dopo tante preghiere della madre, s'indusse a prendere una fetta di mellone, che come ei diceva, gli sembrò più amaro, che il fiele* - depois de tantos pedidos da mãe, aceitou comer uma fatia de melão que, como disse, lhe pareceu mais amargo que o fel"[84].

d) Essa tormenta foi o anúncio de outra ainda mais forte. Afonso tomou a decisão de abandonar os Tribunais. No começo, não comunicou o propósito abertamente, mas seu comportamento era tal que causou suspeitas a seu pai: "*Diceva D. Giuseppe a D. Anna, e dicevalo con pena sensibile: 'Qualche risoluzione sta facendo Alfonso* - Dom Giuseppe dizia a Dona Ana, e falava com notável sofrimento: 'Afonso está tomando alguma decisão'". A comunicação direta do filho "*fu un fulmine per D. Giuseppe* - foi um raio para Dom Giuseppe". Então intervém a mãe e esposa:

[83] *Ibid.*, I, 20-21.
[84] *Ibid.*, I, 23.

"*D. Anna per consolare il marito, diceva, che, passato quel disturbo, Alfonso ripigliato avrebbe i Tribunali. Nò, rispondeva piangendo D. Giuseppe, Alfonso è duro, e non è per mutar sistema* - Dona Ana, para consolar o marido, dizia que, passada aquela crise, Afonso haveria de retornar aos Tribunais. Não, dizia chorando Dom Giuseppe, Afonso é duro, e não é de mudar de decisão"[85]. Nesse aspecto, o pai conhecia muito bem o filho[86].

e) Afonso realizou a decisão de ingressar no estado eclesiástico. A satisfação de ter conseguido realizar sua decisão foi acompanhada pelo sofrimento de um novo conflito com o pai que, "*per un anno iscanzò l'incontro* - adiou o encontro por um ano". Uma situação de longa duração e não menor intensidade conflitiva: "*Così per un pezzo passarono le cose tra Alfonso, e suo padre* - Assim, as coisas entre Afonso e seu pai passaram por um momento difícil". Tannoia novamente faz aflorar aqui seu "matricentrismo": "*Non così colla madre. Questa, perchè Dama di altra virtù, persuasa del volere di Dio, mitigava per quanto poteva la pena del marito, e coadjuvava il figlio in tutte le occasioni* - Mas não foi assim com a mãe. Ela, por ser dama de outra têmpera, fazia todo o possível para mitigar a dor do marido e ajudava o filho em todas as ocasiões"[87].

f) A última situação em que Tannoia apresenta a relação triangular de pai-mãe-filho é quando temem pela saúde de Afonso, já ordenado sacerdote, devido ao seu excessivo zelo pastoral. O biógrafo anota o sofrimento do pai, mas sublinha com maior ênfase o sofrimento da mãe: "*Viepiù era in pena sua madre, perchè avevalo sempre presente* - Ainda mais contínuo era o sofrimento de sua mãe, porque o tinha sempre presente"[88].

---

85 *Ibid.*, I, 24.

86 Afonso escreverá mais tarde a seu irmão Hércules: "Già sapete che io, quando do qualche risoluzione dopo averla considerata, non mi rinmuovo più - Você sabe que eu, quando tomo alguma decisão depois de tê-la refletido, não volto mais atrás" (*Lettere*, I, 510).

87 Tannoia, I, 30.

88 *Ibid.*, I, 34.

Levando em conta essas seis situações, dramatizadas por Tannoia no melhor estilo de libretto de ópera, não podemos deixar de reconhecer sua marcada interpretação "matricêntrica" da experiência familiar de Afonso. Tal interpretação aparece com toda a clareza quando transmite as duas afirmações clássicas de Afonso sobre sua mãe[89]:

- "Soleva dire: '*Quanto di bene riconosco in me nella mia fanciullezza, e se non ho fatto del male, di tutto son tenuto alla sollecitudine di mia madre* - Costumava dizer: 'Quanto reconheço de bem que houve na minha infância, e se não fiz o mal, tudo devo à solicitude de minha mãe'"[90].
- "*Disse ancora un giorno: 'Se in morte di mio padre ho ricusato di portarmi in Napoli, facendo a Dio un sacrificio di quel debito, che per natura era tenuto, nella morte di mia madre, se sono in tempo opportuno, non avrò cuore di non essere a consolarla* - Disse, ainda, um dia: 'Se, quando da morte do meu pai, me recusei a ir a Nápoles, fazendo a Deus o sacrifício daquele dever ao qual estava obrigado pela natureza, na morte de minha mãe, se tiver a oportunidade, não terei coração de não estar presente e consolá-la.'"[91]

A especial vinculação de Afonso com sua mãe parece ser um dado objetivo fora de qualquer discussão. Nesse aspecto, Tannoia

---

89 *Ibid.*, I, 7.

90 Essa afirmação de Afonso é transmitida também pelo P. João Batista Costanzo no *Processo Apostólico de Nocera*, f. 935: "Fin'anche fu giovineto, ni diceva il Servo di Dio, che molto era tenuto alla sua Madre, che lo seppe tanto bene custodire. - "Mesmo quando já era um jovenzinho, dizia o Servo de Deus, era muito dirigido por sua mãe, que sempre o soube proteger bem".

91 Sobre a reação de Afonso ante a morte do pai, anota Tannoia, I, 174: "ritrovandose impiegato per Dio e per le Anime, fece a Dio un'olocausto della carne e dell' sangue - encontrando-se no serviço a Deus e às almas, fez a Deus um holocausto da carne e do sangue". Por outro lado, o mesmo Tannoia, I, 264-265, destaca a presença de Afonso junto à sua mãe antes dela morrer. Não assistiu à morte (nem ao enterro), "non potendo differire la Missione - não podendo adiar a Missão" (de Benevento). Tannoia não deixa de destacar a generosidade da mãe: "considerando non esser lasciata dal Figlio, che per guadagnare Anime a Gesù Cristo - considerando não ter sido deixada pelo Filho, que estava ganhando almas".

é fiel transmissor da realidade histórica, embora o cuidado em transmiti-la exerceu papel decisivo em sua justificação e consolidação. Mais adiante, tentarei analisar o significado tão importante que essa relação com a mãe teve na configuração da personalidade de Afonso. Apenas quero anotar em relação ao que Tannoia apresenta:

- Talvez seja exagerado o tom maximalista que utiliza para falar das virtudes e qualidades de Dona Ana; nesse caso, como em outros, é traído por: sua condição de napolitano, propensa ao matricentrismo; seu afeto quase de filho (ou quase de neto) para com Dona Ana; e, sobretudo, sua admiração pelo filho, que projeta, retrospectivamente, sobre a mãe.
- Também se pode culpar a apresentação tannoiana por haver introduzido uma estrutura antagônica nas relações triangulares pai-mãe-filho: o pai será o "malvado", a mãe será sempre a "bondosa" e o "filho" sairá da situação sem comprometer seu destino de santidade. Nesse sentido, Dom Giuseppe não deve nada a Tannoia pela apresentação que, de sua figura, transmitiu à história; pelo contrário, poderia fazer alguns protestos por apresentá-lo várias vezes como o "malvado" das situações familiares conflitivas.

Acredito que o "matricentismo" na experiência familiar de Afonso, iniciado por Tannoia e transmitido com chamativa benevolência por todos os biógrafos e tratadistas posteriores, precise ser submetido à avaliação. Não no sentido de negar o influxo da mãe, mas no sentido de avaliar seu significado (o motivo e a função que teve). Quanto à causa da prevalência da mãe na tarefa formativa do filho, é fácil imaginá-la pela ausência forçada do pai, por motivo de serviço nas Galeras. A partir desse dado, é possível suspeitar que a mãe tenha assumido o papel do pai, sendo então ela quem, na verdade, governava a casa e "entendia" dos filhos. Dessa maneira, não parece ser muito objetiva a interpretação da influência da mãe em chave de doçura e contrapeso ao autoritarismo do pai. Pode-se, pois, suspeitar que quem "conhecia" os filhos e "governava" a casa era a mãe.

- Uma leitura edificante

Outra preocupação de Tannoia ao relatar a relação de Afonso com sua família é apoiar e justificar a forma de relação pedida aos membros da Congregação do Santíssimo Redentor com suas respectivas famílias.

O próprio Afonso já tinha formulado critérios correspondentes. Em uma carta aos congregados (20 de junho de 1767) dizia: "*Vi raccomando ancora di fuggire al sommo le case de' parenti. Avete veduti tanti esempi freschi di quei soggetti che, per andare in casa de' parenti, hanno perduta già la vocazione, e Dio sa dove andranno a parare* - Recomendo que fujais absolutamente da casa dos parentes. Tendes visto tantos exemplos recentes de confrades que, indo à casa dos parentes, perderam a vocação, e só Deus sabe onde irão parar"[92]. Em carta dirigida a um superior (26 de dezembro de 1748), em que o admoestava por haver deixado, ou feito sair, os missionários em tempo de chuva ("*voglio che non mai alcuno de' Coristi si parta colla pioggia, anorchè si avesse da fare la missione a Parigi* - não quero jamais que algum dos coristas parta com chuva, mesmo que houvesse de fazer a Missão em Paris"), concretiza as diretrizes sobre as relações familiares: "*l'altra cosa, a cui non intendo mai consentire, è che si dia licenza a' Padri o Fratelli di andare a casa de' parenti, a cagione che qualche parente stia infermo o moribondo, eccetto se fosse padre o madre: nel quel caso maggiormente mi consolerebbe chi tralasciasse d'andarvi; ed ecetto qualche caso anche estraordinarissimo, che io rimetto a' Superiori per giudicare se sia estraordinarissimo* - outra coisa que não penso jamais em consentir é que seja dada licença aos padres ou irmãos para irem à casa dos parentes, por motivo de algum parente estar enfermo ou moribundo, a não ser que seja pai ou mãe: ainda nessa situação, ficaria mais consolado se deixasse de ir; exceto algum

[92] *Lettere*, I, 19-20. [= *Cartas Circulares de Nosso Pai Santo Afonso aos seus congregados*. Aparecida: Oficinas Gráficas, 1964. p. 69].

caso muito extraordinário, que confio aos superiores julgarem se é extraordinaríssimo"[93]. Diante do pedido de ingresso na Congregação, feita por dois jovens de Turim, Afonso reflete em carta ao Pe. Villani (15 de março de 1766): "*Danno buon segno questi che vorrebbero darsi a Dio con andare così lontano, con pensiero di non vedere più né patria, né parenti: oh! volesse Dio ed avessimo tutti i soggetti che stessero cosi lontani da' parenti, che ci han tolti tanti soggetti!* – Dão bom sinal estes que querem se dar a Deus vindo de tão longe, com intenção de não rever mais a pátria, nem os parentes: oh! quisesse Deus que tivéssemos todos os candidatos assim distantes desses parentes que nos tiraram tantos candidatos"[94].

Conhecedor desses critérios que pretendiam orientar a vida dos Congregados em suas relações com a família, Tannoia faz uma leitura "edificante" da prática familiar de Afonso, descrevendo-a como realização e modelo das mesmas exigências. Tal realização é interpretada pelo biógrafo como síntese perfeita entre "amor" e "desprendimento" (*distacco*).

- O *amor* sintetiza a prática dos deveres familiares, sobretudo na ordem espiritual: "*ebbe in mira la salvezza del padre* – tinha como objetivo a salvação do pai"; "*coi santi consigli assisteva alla madre* – assistia à mãe com santos conselhos"[95]; a seu irmão Hércules "*iluminollo per lo benne dell'Anima* – esclareço-o para o bem da alma"; "*maggiormente fu sollecito per lo bene spirituale de' suoi Nipoti* – principalmente foi solícito pelo bem espiritual de seus sobrinhos"[96].
- O *distacco* é sublinhado fortemente por Tannoia: "*troppo noto fu il distacco che egli ebbe dai suoi per quello importa interesse della carne, e del sangue (...). Portandosi in Napoli, in trenta anni che visse tra di noi, non vide che una sola volta la casa paterna, e nell' ocasione di visitare inferma a morte la sua madre (...). A tanto*

93 *Lettere*, I, 160.
94 *Lettere*, I, 601.
95 Tannoia, II, 78.
96 *Ibid.*, II, 244.

giungeva il distacco che Alfonso aveva dai suoi. - muito conhecido foi o desprendimento que ele teve dos seus parentes no que toca aos assuntos da carne e do sangue (...) Sempre que foi a Nápoles, nos trinta anos em que viveu entre nós, não viu senão uma única vez a casa paterna, e foi por ocasião de visitar sua mãe enferma que estava à morte (...). Chegava a tanto o desprendimento de Afonso em relação aos seus"[97].

- A síntese entre *amore* e *distacco* é formulada assim por Tannoia: "*il distacco faceva contrapeso all" amore, che non eccedesse, e l'amore faceva bilancio col distacco, che non mancasse ne' propri doveri.* - O desprendimento era contrapeso ao amor, para que não fosse excessivo, e o amor era contrapeso ao desprendimento, para que não faltasse aos seus deveres"[98]. Para realizar essa síntese, o biógrafo destaca a importância do zelo missionário. Tannoia o enfatiza, por exemplo, para justificar o comportamento de Afonso diante da morte de seus pais[99].

Ninguém poderá deixar de reconhecer que essa chave de leitura "edificante" da experiência familiar de Afonso tem pouco a ver com o estudo crítico da realidade objetiva. Pelo contrário, precisa ser "desmascarada", colocando em relevo os traços ideológicos que, através da tradição veiculada por Tannoia, foram introduzidos na imagem de Afonso e, nesse caso, na imagem de sua experiência familiar.

- Anotações valorativas

Está ainda por ser feita uma revisão crítica da tradição que Tannoia nos transmitiu sobre Afonso e as origens da Congregação. No que se refere à experiência familiar de Afonso, contida nessa tradição, acredito que, no momento, podemos ficar com duas afirmações.

---

97 *Ibid.*, II, 77-78.
98 *Ibid.*, II, 78.
99 *Ibid.*, I, 174, 264-265.

Por um lado, Tannoia continuará sendo a fonte onde encontramos os dados para reconstruir a trama da biografia afonsiana na etapa familiar; não há outra fonte tão completa. Essa fonte, em princípio, não carece de credibilidade, já que Tannoia teve acesso a testemunhos e documentos cuja objetividade não pode ser negada.

Por outro lado, quanto ao uso desses dados para reconstruir a trama familiar da biografia afonsiana, acredito que a tradição tannoiana deva ser submetida a uma permanente "suspeita". Concretamente:

- Tannoia faz uma leitura "interessada" dos dados: para ressaltar a *santidade* de Afonso e, consequentemente, a *religiosidade* de sua família, e então, tudo o que possa ter uma interpretação menos "edificante" recebe leitura um pouco enviesada. Nesse aspecto, como em outros da vida de Afonso, sua preocupação era não projetar no biografado nenhuma sombra que pudesse ser negativa no processo de beatificação.
- Por outro lado, há que se descobrir e ler os dados históricos através da exposição "hagiográfica", "modelo" e "edificante" feita por Tannoia, conforme o significado que dei a essas expressões. Tannoia constrói uma "superestrutura" ideológica que encobre a experiência familiar de Afonso, não deixando ver a "infraestrutura", ou seja, as condições reais em que se deu essa experiência familiar: condições econômicas, sociais, culturais, relacionais, psicológicas, etc.
- Como acontece nas hagiografias, a vida familiar de Afonso transmitida por Tannoia é contada "a partir do final", ou seja, conhecendo o resultado último do biografado (fundador, bispo, santo, escritor); seria outra a leitura da experiência familiar de Afonso se fosse contada "tal qual foi acontecendo": tatear contínuo, busca inquietante, conquista da liberdade às custas de crise e conflito, luta do "eu" em confronto de afeto e repulsa com o entorno social e familiar.

- Sem pretender negar a importância da mãe na vida de Afonso, acredito que é obra de Tannoia o exagerado matricentrismo com que foi transmitida a imagem de Afonso, um matricentrismo em que tudo parece positivo. Também é necessário destacar os custos muito negativos de sua estreita relação com a mãe: transmissão de uma espiritualidade de cores mórbidas, distorção de algumas afirmações mariológicas, inclinação para uma consciência escrupulosa. Voltarei a esses aspectos mais adiante.
- Na apresentação feita por Tannoia, não se compreende completamente o papel do pai na vida de Afonso. Já referi a dificuldade que Afonso deve ter passado para integrar o "simbolismo do pai" em sua vida.

Tannoia insiste muito na presença ativa do pai durante a etapa dos estudos e advocacia de Afonso. Comprova essa presença com fatos que acentuariam a força do pai diante do filho, como quando o reprova pelo excessivo amor ao jogo, mediante uma teatralização, entre burlesca e agressiva: "*toglie dal tavolino tutt'i libri, e ricoperselo tutto di tanti mazzetti di carte da giuoco. Resta sorpreso Alfonso da tal novità; ed il Padre, che passeggiando, ed impaziente lo stava attendendo, vendolo attonito, gli disse: 'Questo è il tuo studio; e questi sono gli autori, che ti fo ritrovare* – tira da escrivaninha todos os livros e espalha sobre ela maços de cartas de baralho. Afonso fica surpreso com essa novidade; e o pai, que caminhava e o observava com impaciência, vendo-o atônito, lhe disse: 'Este é o teu estudo; e estes são os autores que trouxe para ti'"[100].

Contudo, o que Tannoia sugere, mas não desenvolve, é a ausência do pai. A "queixa" é posta nos lábios de Afonso: "*Diceva dippiù, che suo Padre per lo più andando in corso colle Galere, non poteva attendere come voleva, all'educazione de' figli, e che tutto il pensiero avevasi dalla propria Madre* – "Dizia ainda que seu pai, na maioria das vezes saindo em missão com as galeras, não podia dar atenção,

[100] *Ibid.*, I, 10.

como queria, à educação dos filhos, e que toda a direção ficava com sua mãe"[101]. Nessas palavras é possível ouvir a "acusação" do filho pela "ausência" do pai e a "compensação" vicária mediante a "presença" da mãe. Afonso teve "carência" de pai e, quem sabe, "excesso" de mãe. Em razão dessa carência de pai, não foi capaz de estruturar completamente o "simbolismo paterno" em sua psicologia. As palavras que Tannoia põe na boca do pai podem muito bem formular a incapacidade de Afonso em "introjetar" a imagem paterna: "*Prego Dio o che tolga me, o tolga voi del mondo, che non ho cuore di più vedervi* - Peço a Deus que, ou me tire do mundo, ou te tire a ti, porque não tenho condições de te ver mais"[102].

De tudo o que foi dito se conclui que a obra de A. Tannoia é fonte imprescindível para conhecer e expor a experiência familiar de Afonso. Mas essa fonte deve ser avaliada no que diz e também no que não diz. Se, em outros aspectos, a tradição tannoiana foi, e continua sendo submetida à revisão, acredito que a mesma atitude de suspeita deva ser projetada sobre os capítulos dedicados à experiência familiar de Afonso.

Creio que Tannoia criou uma forte "superestrutura de significado" na apresentação da vida familiar de Afonso, da qual muito dificilmente será possível prescindir. Contudo, essa interpretação não parece ser, nem inteiramente objetiva, nem a mais benéfica para a compreensão da imagem de Afonso.

Por outro lado, não devemos esquecer que, além da "debilidade histórica", assinalada por O. Gregorio, na exposição de Tannoia sobre as primeiras etapas da vida de Afonso precisamos constatar sua brevidade e caráter de síntese, quando comparada com o desenvolvimento dado a outras etapas da vida do biografado[103].

---

[101] *Ibid.*, I, 7.

[102] *Ibid.*, I, 28.

[103] Th. Rey-Mermet na *Apresentação* da edição anastática de A. Tannoia. Também: O. Weiss, *Alfons von Liguori und seine Biographen. Ein Heiliger zwischen hagiographischer Verklärung und historischer Wirklichkeit*: SH 36/37 (1988/1999) 168-173.

5.3.2. "*Contributi*": *o começo dos estudos críticos*

Os estudos críticos sobre Afonso de Liguori começam com a obra coletiva de O. Gregorio, D. Capone, A. Fredda e V. Toglia, intitulada *Sant'Alfonso de Liguori. Contributi bio-bibliografici*[104], Morcelliana (Bréscia, 1940). As referências à família de Afonso estão contidas nas contribuições de autoria de O. Gregorio[105].

O primeiro estudo anota as origens e diversas formas de escrever o sobrenome Liguoro[106]. Nos escritos da juventude, Afonso utiliza a forma *di Liguori* ou simplesmente *Liguori;* na maturidade, prefere escrever *de Liguori* ou *de' Liguori*; nas assinaturas da velhice, usa *Liguori*; a partícula *de* ou *di* indicava título de nobreza[107].

O segundo estudo se refere aos pais de Afonso: *I Genitori di S. Alfonso*[108]. As provas documentais apresentadas oferecem dados que seriam incorporados nas biografias posteriores: nascimento de Dom Giuseppe, não em Nápoles, mas sim em S. Paolo (Nola); a mesma idade de Dom Giuseppe e de Dona Ana ao se casarem (25 anos); a economia da família (em 7 de janeiro de 1730), consistente em 40.000 ducados, entre bens móveis e imóveis: "era per quei tempi un patrimonio vistoso - para aqueles tempos, era um patrimônio chamativo"[109]. Tendo Afonso renunciado à primogenitura, Dom Giuseppe fez a *doação* irrevogável de seus bens ao filho Hércules, reservando para si o soldo que recebia "*come capitano comandante della Galera capitana della Regia Squadra della città e del Regno di Napoli* - como capitão comandante da Galera Capitana da Real Esquadra da Cidade e do Reino de Nápoles". Para Afonso e Caetano, constituiu uma pensão vitalícia de 150 ducados para cada um. Sobre o pagamento dessas quantias e outras questões econômicas, Afonso terá dificuldades com seu irmão Hércules. De Dom Giuseppe, anota Gregorio que "*il contatto assiduo coi galeotti lo*

[104] Essa também é a avaliação de: O. Weiss, *Alfons von Liguori...*, 259.
[105] *Contributti*, 17-66.
[106] *Ibid.*, 19-22.
[107] *Ibid.*, 20, nota 6.
[108] *Ibid.*, 23-30.
[109] *Ibid.*, 27.

rese esigente e rude - o contato frequente com os galerianos tornou-o exigente e rude"[110]; mas também que "*visse piamente* - viveu piedosamente" e que "*passò gli ultimi giorni nella lettura delle vite dei santi e nella lettura delle massime eterne* - passou os últimos dias na leitura das vidas dos santos e na leitura das máximas eternas"[111]. Sobre a mãe, fala de "*virtuosissima moglie de D. Giuseppe* - virtuosíssima esposa de Dom Giuseppe"[112].

No estudo sobre os irmãos de Afonso - *I fratelli e le sorelle di S. Alfonso* -[113], Gregorio fez notável aporte: corrigiu o erro de Tannoia que falava de 7 filhos (em lugar de 8) da família Liguori-Cavalieri[114], esquecendo-se da breve vida de Magdalena (gêmea de Bárbara): "*inclino a credere che quella ebbe corta vita: forse fu recata al fonte battesimale moribonda* - inclino-me a acreditar que ela teve vida curta: talvez tenha sido levada à fonte batismal já moribunda"[115].

Outro estudo é dedicado à atividade de Afonso na sede de Portanova: *Tra i cavalieri di Portanova*[116]. Não carecem de interesse esses dados, que os biógrafos posteriores corrigiram, completaram e, sobretudo, utilizaram para descrever uma característica importante na biografia juvenil de Afonso. Depois de 1732, as presenças de Afonso na sede são muito raras. Refere-se a uma delas o que se converteu em episódio chocante, contado por Tannoia[117]. Vindo de Ciorani, apresentou-se na sede "*cavalcando alla peggio un somaro: (...), cencioso, con barba irsuta, e con capelli mal conci* - cavalgando, na melhor das hipóteses, um burro (...), esfarrapado, barba comprida, e com cabelos mal cortados"; tomaram-no por "*vagabondo, ch'entrar volesse per limosna* - vagabundo que queria entrar para pedir esmola". O embaraço da situação foi resolvido ao ser reconhecido "*come Cavaliere* - como cavaleiro" que era.

---

110 *Ibid.*, 23.
111 *Ibid.*, 28.
112 *Ibidem.*
113 *Ibid.*, 36-40.
114 Tannoia, I, 3.
115 *Contributi*, 40.
116 *Ibid.*, 41-48.
117 Tannoia, I, 146-145 bis (as p. 145 e 146 são repetidas).

O estudo dedicado à relação entre Afonso e Teresita de Liguori[118], a religiosa biografada por Afonso que, quando menina, Dom Giuseppe pensou como possível esposa para seu filho, desfaz parte da trama romântica fabulada por Tannoia.

Outros dois estudos completam as contribuições de Gregorio à biografia de Afonso: um, dedicado à Marianella, lugar onde Afonso nasceu[119], e outro, à nobre Congregação da "Misericordiella", à qual pertenceu o jovem Afonso[120].

Além desses artigos de primeira hora na etapa crítica dos estudos afonsianos, também devemos a O. Gregorio outros posteriores: alguns, de caráter científico, sobre a espiritualidade da mãe de Afonso[121] e sobre os sobrinhos[122]; e outros, de caráter de divulgação[123].

5.3.3. *Raimundo Tellería: uma interpretação documentada que não deixa de ser "calorosa"*

A monumental biografia de Afonso escrita por Tellería é a primeira a trazer nova documentação sobre a família do santo napolitano. Essa *Vida* de Afonso desenvolve bastante o período da infância e juventude, dando importância para a formação. Desse modo, procura preencher uma lacuna existente na biografia de Tannoia. Contudo, o próprio Tellería reconhece que, na biografia que compôs, ainda permaneceram zonas inexploradas em relação à etapa familiar de Afonso. Daí que, desde 1954, foi publicando uma série de artigos em *Spicilegium Historicum CSsR*, fruto de suas

---

118 *Contributi*, 48-58.

119 *Ibid.*, 30-36. Ver também: O. Gregorio: *La casa abitata a Napoli da S. Alfonso*: SH 20 (1972) 324-335.

120 *Contributi*, 58-64.

121 O artigo foi citado na nota 13 do presente capítulo.

122 Sobre o sobrinho Afonsinho: O. Gregorio, *Alfonsino de Liguoro, chierico beneficiato*: SH 20 (1972) 24-44. Sobre a sobrinha, Teresinha: O. Gregorio, *Manuscritti inediti di S. Alfonso*: SH 6 (1958) 339-340 (Afonso fala de sua sobrinha em carta à Ir. Antônia de Liguoro).

123 O. Gregorio, *Lo zio di S. Alfonso (Mons. Emilio Giacomo Cavalieri)*: SA 11 (1940) 32; Id., *Abdalà, valleto di S. Alfonso*: SA 12 (941) 164-167.

permanentes investigações, onde ofereceu novas luzes para o conhecimento da realidade familiar de Afonso.

Juntando a *Vida* (1950-1951) com as pesquisas posteriores, pode-se dizer que Tellería foi quem mais iluminou, até o presente, a vertente familiar da vida de Afonso. Tellería apresenta provas documentais ao que foi dito e sugerido por Tannoia, ampliando enormemente o horizonte de investigação e oferecendo novos documentos para identificar e compreender melhor a realidade afonsiana. Em Tellería é mais abundante a *documentação* que a *interpretação*. Esta, quando existe, aparece sem subterfúgios, revelando, à primeira vista, a mentalidade tradicional do autor em favor da família, revestida, por sua vez, de uma prosa exuberante e com sabor de barroquismo eclesiástico.

– Ampla documentação sobre os personagens que compõem a família de Afonso

A maior contribuição de Tellería ao estudo da família afonsiana é ter dado, mediante provas documentais, relevo histórico e biográfico aos personagens que a compõem. Ao longo da biografia, bem como das investigações posteriores, vai desfilando tal quantidade de pessoas relacionadas a Afonso com vínculos de sangue ou afinidade que seria possível compor um amplo retábulo, como fizeram alguns escultores flamengos quando representaram a árvore genealógica de Jesus em madeira ou alabastro.

Não seria um trabalho menor compor a lista de personagens com as referências de Tellería sobre cada um deles, provando sua ingente contribuição documental ao campo e, ao mesmo tempo, primeira reconstrução da parentela de Afonso. Nesse sentido, um bom início de investigação poderia ser a análise do índice onomástico da *Vida,* acompanhado da leitura das páginas indicadas.

Tellería amplia para cima, e alarga para os lados, o conhecimento da família de Afonso. Na *Vida,* investiga a ascendência da família Liguori e, sobretudo, da família Cavalieri, pela qual parece nutrir maior simpatia, não só pela vinculação à Espanha, mas também por se dedicarem preferentemente ao mundo das letras e leis (quando a dedicação preferencial dos Liguori eram as armas). Depois, nos estudos posteriores, a investigação recai mais sobre a família Liguori[124]. Também a parentela *colateral* faz sua aparição com bastante frequência nos escritos de Tellería: tios, primos e demais parentes que, por sua vez, pertencem mais ao ramo dos Cavalieri.

As figuras de Dom Giuseppe e de Dona Anna, pai e mãe de Afonso, adquirem relevo especial na primeira parte da biografia de Afonso escrita por Tellería. Na exposição, além de assumir os dados já comprovados, apresenta provas novas e dados inéditos. Sem dúvida, foram os estudos posteriores à biografia que trouxeram suas novas contribuições.

Em relação ao *pai* de Afonso, Tellería fixa-se especialmente em sua condição de marinheiro. Através de exposições divulgativas, expõe as etapas de Dom Giuseppe na Marinha; de *aventureiro* (ou seja, por conta própria) até chegar a *Tenente Colonnello delle Regie Galere di Napoli,* passando por *Capitano di Fanteria*[125]. Tellería também não deixa de descrever as fases pelas quais passou a armada napolitana: dependência da Espanha (os Astúrias e, em fase muita curta, os Bourbons), da Áustria (os Astúrias outra vez), e a independência napolitana (Bourbons). A etapa em que Dom Giuseppe obedece às ordens da Áustria foi estudada por Tellería nos arquivos de Estado de Viena[126]. É sobretudo nessa época de dependência da Áustria que os pais e a família de Afonso prosperam.

Sobre a *mãe* de Afonso, Tellería acrescenta dados e, sobretudo, contextualizações novas na *Vida*. Essas contextualizações se referem, sobretudo, ao ambiente social das damas de Nápoles. Preci-

---

[124] R. Tellería, *Duo nova documenta super familiam de Liguori*: SH 7 (1959) 205-224; Id., *D. Josephus de Liguoro, S. Alfonsi pater, adit hereditatem patris sui D. Dominici de Liguoro mortui ab intestato an. 1728*: SH 9 (1961) 83-114.

[125] R. Tellería, *D. Giuseppe de Liguori, Padre di S. Alfonso, Capitano di Fanteria Spagnola*: SA 30 (1959) 28-29; Id., *D. Giuseppe de Liguori, padre di S. Alfonso, Tenente Colonnello delle Regie Galere di Napoli*: SA 30 (1959) 54-56.

[126] R. Tellería, *Archivi Status Vindobonensis relatio et decreta*: SH 7 (1959) 225-259.

samos dizer que, nesse caso, o biógrafo espanhol se fixa excessivamente no lado bom da situação, sendo que também existe a zona mais escura da frivolidade, imoralidade e injustiça sofrida pelo sexo feminino. Em exposições de divulgação, Tellería fez formosos elogios, um em italiano, outro em espanhol, à mãe de Afonso[127]. Uma investigação séria o levou ao mosteiro "delle Cappuccinelle" onde Dona Anna esteve como educanda; em sua exposição há dados abundantes sobre a vida da mãe de Afonso[128].

Ainda na *Vida,* adquirem relevo importante os *irmãos* de Afonso. Sem dúvida, a maior parte das páginas é dedicada ao irmão Hércules, dada sua importância na segunda parte da vida de Afonso. Mas Tellería parece sentir afeto especial por Caetano, acreditando, não sem razão, que a permanência desse irmão sacerdote na família permitiu a Afonso "liberar-se" para um serviço mais pleno à causa do Evangelho. Dedicou a Caetano um estudo especial, onde, concentrando a atenção ao fato particular do "benefício eclesiástico", expõe dados mais relevantes da vida desse irmão de Afonso[129]. A irmã casada, Teresita, aparece várias vezes na *Vida* suportando a cruz de sua infelicidade matrimonial. Também temos dados sobre ela quando Tellería escreve sobre a filha[130]. Ofereceu, ainda, nova luz para o conhecimento da vida das duas irmãs religiosas, Ana e Bárbara[131]. Deve ter sido mínima a relação entre elas e Afonso, como também escassa a mantida com seu outro irmão, Antônio.

Na *Vida,* Tellería deu especial relevo à relação de Afonso com seus sobrinhos, dedicando-lhe praticamente um capítulo (o ca-

---

[127] R. Tellería, *D. Anna Cavalieri, madre di S. Alfonso (1670-1755)*: SA 26 (1955) n. 11, 1-13; Id., *La madre de un Santo*: El Perpetuo Socorro (Madri) 57 (1956) 44-46.

[128] R. Tellería, *De Annae Catharinae, matris S. Alfonsi, ac de eius sororum commoratione in monasterio "delle Cappuccinelle"*: SH 2 (1954) 283-294.

[129] R. Tellería, *Rev. D. Caietanus de Liguoro, S. Alfonsi frater eiusque nepos Alfonsinus beneficio ecclesiastico muniuntur a duce Gravina Orsini*: SH 13 (1965) 325-357.

[130] R. Tellería, *Una nipote sconosciuta di S. Alfonso, Suor Maria del Balzo de Liguori*: SA 29 (1958) 102-104.

[131] R. Tellería, *De Maria Anna (Anna Maria) ac de Maria Luisa (Barbara) de Liguori, sororibus S. Alfonsi, in monasterio S. Hieronymi monialibus*: SH 4 (1956) 7-24.

pítulo XI da 2ª parte) e outras alusões dispersas. O motivo pode ser os dados oferecidos pelo epistolário afonsiano, sem descartar a importância afetiva da relação com os sobrinhos na velhice de Afonso. Voltará a dedicar ainda outras investigações específicas aos sobrinhos, sobretudo, aos filhos de Hércules[132]. Por fim, preocupou-se também em seguir o rastro de uma outra sobrinha, filha de Teresita, da qual se pensava não houvesse tido descendência[133].

Além de se preocupar com os personagens, Tellería procurou investigar mais detidamente alguns aspectos relacionados com a vida familiar de Afonso. Um deles é a renúncia à *primogenitura,* ocorrida em 1727, no contexto do matrimônio de Hércules e ordenação sacerdotal de Afonso[134]. Aspectos econômicos da família Liguori também atraíram a atenção de Tellería[135]. Dom Giuseppe soube aumentar o, inicialmente, não muito grande capital, com seu crescente salário, habilidade em gerir recursos, vida familiar sem desperdícios e benefícios econômicos de seu direito de intervenção nos assuntos da cidade. Também Hércules, seu filho, teve semelhantes preocupações. A ruína econômica da família virá na geração dos netos de Dom Giuseppe, com seu neto Pepporello. No próximo capítulo desta mesma seção veremos as complicações de Afonso com assuntos financeiros. A família Liguori era bastante

---

[132] R. Tellería, *Due nepoti di S. Alfonso, allievi nel Collegio della Nunziatella*: SA 27 (1956) 17-19; Id., *Maria Theresia de Ligorio, Herculis de Ligorio filia atque ex eodem nepos S. Alfonsi, in monasterio SS. Marcellini et Festi sanctimonialis*: SH 5 (1957) 44-56. Ver, também, o artigo citado acima, na nota 82.

[133] Ver o artigo citado acima, na nota 83.

[134] R. Tellería, *Documenta tria circa res D. Iosephi de Liguori et eius filii S. Alfonsi*: SH 5 (1957) 237-275 (sobre a renúncia à primogenitura: 237-250); Id., *Rinuncia alla primogenitura fatta da S. Alfonso il 7 febbraio 1727*: SA 23 (1957) 97-99.

[135] Sobre a herança recebida: (o artigo já citado) R. Tellería, *D. Iosephus de Liguoro, S. Alfonsi Pater, adit hereditatem patris sui D. Dominici de Liguoro mortui ab intestato an. 1728*: SH 9 (1961) 83-114. Sobre a abdicação, doação e testamento: (o artigo já citado) R. Tellería, *Documenta tria circa res D. Iosephi de Liguori et eius filii S. Alfonsi*: SH 5 (1957) 237-275 (abdicação: 250-267; testamento: 267-275); Id., *Donationes bonorum praetestamentariae a D. Iosepho de Liguoro an. 1730 peractae in beneficium filii sui D. Herculi*: SH 6 (1958) 253-263; Id., *Il testamento di D. Giuseppe de' Liguori, padre di S. Alfonso*: SA 29 (1958) 19-21. Sobre a situação econômica: R. Tellería, *Familiae S. Alfonsi status oeconomicus qualis erat anno 1780*: Analecta 33 (1961) 242-246.

propensa a pleitear em questões econômicas e, nesse sentido, até as filhas religiosas processaram Dom Giuseppe por motivo econômico relacionado ao dote.

Para completar a recensão de todos os estudos de Tellería sobre aspectos relacionados à família de Afonso, não convém esquecer aquele dedicado ao serviço doméstico, concretizado no jovem Abdala, servidor de Afonso e convertido à fé cristã pelo exemplo de seu amo[136]. Também é bom lembrar os estudos dedicados à casa, enquanto âmbito da vida familiar[137]. O historiador espanhol não deixa, então, de anotar a relação entre a família de Afonso e São Paulo da Cruz[138].

- Interpretação da experiência familiar de Afonso

Tellería resume a experiência familiar de Afonso, antes da partida para Scala (1732), da seguinte maneira: "Trinta e seis anos de vida familiar salpicada de luzes e sombras"[139]. É esta a perspectiva em que se situa o biógrafo, embora devamos reconhecer que em certos momentos entende as "sombras" como "luzes" ou, ao menos, não apresenta a mesma sensibilidade em descobrir o lado negativo quanto a demonstrada em assinalar o positivo.

Como não poderia deixar de ser, Tellería se situa na tradição tannoiana, da qual recolhe todos os dados e anedotas relacionadas à experiência familiar de Afonso. Mantém a divisão de funções entre pai e mãe na relação com Afonso: a mãe educa o filho na infância[140]; o pai cuida dele na adolescência e juventude (estudos, profissão de advogado)[141]. Essa divisão de funções foi um tópico

---

136 R. Tellería, *Abdalà, il "moretto" di S. Alfonso*: SA 31 (1960) n. 4, 53-54.

137 R. Tellería, *La casa palazzo di S. Alfonso al supportico López*: SA 27 (1956) 83-85; Id., *Il Palazzo della famiglia di S. Alfonso a Marianella nel Settecento*: SA 30 (1959) 125-126; Id., *Super domibus palatiatis familiae S. Alfonsi adnotationes et documenta*: SH 13 (1965) 98-147.

138 R. Tellería, *San Pablo de la Cruz y la familia Liguori-Cavalieri en el quinquenio 1721-1726*: SH 15 (1966) 374-401.

139 Tellería, I, 188.

140 *Ibid.*, I, 14.

141 *Ibid.*, I, 13.

lançado por Tannoia e aceito até as biografias mais recentes. Tellería afirma muito claramente: "Dom Giuseppe e Dona Ana se completavam mutuamente em suas funções caseiras"[142]. A realidade não deve ter sido assim tão simples e esquemática. Muito mais podemos pressupor que, ordinariamente, o pai estivesse ausente, ainda que tenha sido o maior responsável pelas decisões quanto aos estudos e carreira do filho. Igualmente, podemos suspeitar que quem mandava em casa era a mãe.

Tellería apoia a tal ponto o matricentrismo de Tannoia que lhe poderia ser aplicada a fórmula de muito hagiógrafos: "No princípio, era a mãe"[143]. Nesse sentido, com confessada simpatia, recolhe todas as anedotas recordadas pelas testemunhas nos processos de beatificação[144]. Segundo Tellería, a mãe deixa no filho uma marca de cunho religioso, onde se destaca a devoção a Maria. Vê essa educação religiosa, transmitida pela mãe, em perspectiva positiva, sem avaliar as consequências menos benéficas que possam ter tido na vida de Afonso.

Quanto à figura do pai, a atitude de Tellería é mais compreensiva que a de Tannoia, chamando a atenção o desenvolvimento dedicado à relação entre pai e filho. Dom Giuseppe, além de decidir os estudos e carreira do filho, também prepara o filho para as realidades da vida, religiosa e civil. Tellería gosta de apresentar Afonso acompanhando seu pai nos compromissos civis, concretamente, na sede de Portanova[145] e nos exercícios religiosos[146]. Quanto à educação oferecida pelo pai, o biógrafo destaca as características de austeridade e dureza. Além de recordar o episódio das cartas de baralho, transmitido por Tannoia, recolhe outros: fechar com a chave professor e aluno (Afonso) para que não abreviassem o tem-

---

142 *Ibid.*, I, 24.
143 *Ibid.*, I, 10-11.
144 Até muito idoso, Afonso conservou o caderninho de orações que sua mãe lhe havia feito aprender de memória: Tellería, I, 14, nota 53.
145 Tellería, I, 43-47.
146 *Ibid.*, I, 62, 81.

po da aula[147]; fazer o filho dormir no chão uma vez por semana[148].

Em conexão com a educação recebida em casa, Tellería destaca a presença ativa de Afonso no Oratório dos Filipinos[149]. A família de Liguori (sobretudo, a mãe de Afonso) recorre ao conselho dos filipinos, especialmente ao Pe. T. Pagano, para encontrar luz e consolo em situações de dificuldade.

Tellería não esconde essas dificuldades e descreve em traços fortes o que chama de "drama familiar"[150], nada mais que a falta de compreensão entre pai e filho. Tellería recolhe as anedotas tannoianas (bofetada do pai no filho, etc.) e outras, tomadas dos processos (atraso do filho em acompanhar o pai a um ato oficial), nas quais se percebe tensão entre pai e filho. A interpretação de Tellería não é *edificante* como a de Tannoia que, apesar da evidência, destacava a obediência do filho; tampouco é uma interpretação *psicológica*, como agradaria hoje. Sua compreensão é mais de senso comum e conhecimento do caráter napolitano: são explosões de duas personalidades fortes, a do pai e a do filho, que mutuamente se compreendem: "Que morra"; "Afonso é cabeça dura e não vai mudar". Tellería, não sendo italiano, é o biógrafo moderno que melhor compreendeu o caráter napolitano e usou essa chave de leitura para entender a relação de Afonso com seu pai.

Mas Tellería não resolve o nó da incompreensão entre pai e filho. O biógrafo situa a questão e a resposta nos desígnios de Deus. Nesse ponto, faltou-lhe a coragem de propor uma chave interpretativa que, sem negar a dimensão de fé, fosse de caráter mais racional.

A interpretação em chave psicológica da relação entre pai e filho é sugerida por Tellería em estudo posterior à *Vida*. Reconhece, no caráter de Dom Giuseppe, uma carência afetiva (órfão de mãe) e exagerado sentido de autoridade (provindo de seu ofício mili-

[147] *Ibid.*, I, 13.
[148] Ver p. 240 do artigo citado acima, na nota 79.
[149] Tellería, I, 14-15.
[150] *Ibid.*, I, 95-97.

tar). Esse caráter explicaria, segundo Tellería, a tensão nas relações entre pai e filho[151].

A partir dessa indicação psicológica, Tellería pergunta sobre a influência do pai na formação de Afonso. Inclina-se a pensar que a "influência do pai foi menor que a da mãe"[152]e apresenta como motivo a necessária ausência do pai na vida do lar. Mas Tellería não desenvolve a reflexão, nem deduz as conclusões que parecem bastante coerentes com os dados apresentados: o lar Liguori-Cavalieri teve uma "carência" do pai, ou seja, no lar Liguori-Cavalieri quem "mandava" era a mãe. Daí que se deva retirar essa imagem de pai excessivamente autoritário e duro, bem como a imagem de mãe sumamente branda e complacente. Já indiquei que a estruturação psicológica de Afonso pode ser interpretada desde o seguinte esquema familiar: não introjeta suficientemente o "simbólico do pai" e introjeta excessivamente o "simbólico da mãe". Aí poderia estar a fonte dos escrúpulos e outras manifestações da psicologia de Afonso.

– Anotações valorativas

Tellería é o investigador moderno que mais contribuiu para o conhecimento da família e experiência familiar de Afonso. Seu trabalho de arquivo, e análise dos testemunhos recolhidos nos *Processos,* forneceram uma documentação ingente que não pode ser ignorada pelos biógrafos posteriores. De fato, quanto aos dados que se referem à família, as biografias mais recentes dependem inteiramente de Tannoia e Tellería, sem esquecer os aportes dos *Contributi.*

Quanto à interpretação da experiência familiar de Afonso, referimos que Tellería se insere, basicamente, na tradição tannoiana. São tipicamente tannoianas as seguintes orientações: divisão de funções entre o pai e a mãe, matricentrismo e interpretação do

---

151 R. Tellería, *Archivi Vindobonensis relatio et decreta*: SH 7 (1959) 225-259, aqui: 239-242.

152 *Ibid.*, 240.

conflito entre pai e filho em chave religiosa. Mas se afasta de Tannoia em outras orientações:

- A figura do pai adquire maior relevo, especialmente no que poderíamos chamar de *socialização* do filho, ou seja, na aprendizagem das relações sociais, sobretudo civis, mas também religiosas.
- Na apresentação do conflito familiar, Tellería se distancia da dramatização triangular de Tannoia: pai (o "malvado"), mãe (a "bondosa"), filho (objeto de incompreensão paterna e compreensão materna). O conflito é interpretado muito mais em chave dupla: pai-filho. Por outro lado, Tellería introduz uma nova chave na interpretação do conflito: a idiossincrasia napolitana. As frases dos personagens de Tannoia, um tanto "operísticas", na exposição de Tellería se transformam em modos "peculiares" de comunicação, próprias do caráter napolitano. Lidas tais frases em chave de frieza acadêmica ou interpretação freudiana ("que morra", "peço a Deus que tire a mim ou a ti do mundo") dariam lugar a uma interpretação extrema de "assassinato do pai" ou "supressão do filho". Tellería, bastante inculturado no ambiente napolitano, soube usar a chave cultural onde gestos e palavras dos personagens biografados adquirem significado. Anota o biógrafo espanhol: "O sangue dos Liguori era propenso aos arrebatamentos"[153]. Por outro lado, não convém esquecer que foi Tellería quem ressaltou o tronco espanhol da família de Afonso[154].
- Tellería também se distancia da interpretação "edificante" de Tannoia que, por sua vez, se preocupa em "admoestar" os Congregados sobre as relações com a família, propondo Afonso como modelo. Para alcançar esse objetivo, precisou

[153] Tellería, I, 90.

[154] Diz Tellería, I, 5, que Afonso de Liguori "*por sua família* (sublinhado meu) e com sua vida é um claro expoente da intimidade entre as duas penínsulas" (Espanha e Itália).

rebaixar ao máximo possível a relação afetiva de Afonso com sua família, mesmo contra a objetividade histórica. Tellería, pelo contrário, dá rédeas soltas a seu amor pela família e o projeta sobre o biografado, sendo, por outro lado, mais objetivo com os dados reais. Nas páginas e no significado, a família ocupa lugar destacado na biografia de Afonso reconstruída por Tellería. Basta recordar a importância dada à etapa de infância-adolescência-juventude de Afonso e às relações com seu irmão Hércules e, na segunda etapa da vida, com seus sobrinhos.

Sem dúvida, o modo como Tellería interpreta a experiência familiar de Afonso tem limitações e lacunas. A principal delas é a ausência da chave psicológica quando interpreta a relação de Afonso com seu pai[155] e também com sua mãe. Essa carência interpretativa arrasta outra consigo: a falta de análise da estrutura psicológica da personalidade de Afonso, e mais concretamente, sua condição de "escrupuloso"[156]. Tellería se instalou no "senso comum" e, desde esse ponto, interpretou a experiência familiar de Afonso.

Na análise da realidade, sobretudo quando se apresenta conflitiva como a de Afonso, além do senso comum é preciso uma dose de "suspeita".

A segunda lacuna que apresenta a interpretação de Tellería é a falta do contexto social, ou seja, ausência de dados da sociologia familiar da época. Esse contexto é imprescindível para conhecer o significado de uma família concreta. Em favor de Tellería, convém lembrar duas coisas: em primeiro lugar, estudos sobre a história da família são de época recente, a maior parte deles posteriores à morte do historiador; em segundo lugar, Tellería apresenta dados de sociologia histórica da família tomados dos arquivos e leitura de livros da época, embora não os utilize com a metodologia atual.

Com suas luzes e sombras, a apresentação da experiência fa-

---

155 Ver, em sentido análogo: O. Weiss, *Alfons von Liguori*..., 263.
156 *Ibid.*, 266.

miliar de Afonso feita por Tellería é a melhor de que dispomos atualmente: muito rica em *dados*, fruto de sua longa e meticulosa investigação, embora não tão valiosa na *interpretação* desses mesmos dados.

5.3.4. Théodule Rey-Mermet e Frederik M. Jones: duas interpretações "contrapostas" ou "complementares"?

As duas últimas biografias importantes de Afonso são a do francês Théodule Rey-Mermet e a do irlandês Frederick M. Jones. Não é minha intenção avaliar globalmente cada uma delas ou as duas em conjunto[157]. Apenas pretendo recolher e avaliar suas interpretações sobre a experiência familiar de Afonso.

- Perspectivas gerais

Como apreciação comum às duas biografias, é preciso reconhecer que nenhuma delas apresenta dados históricos novos, nem novas provas documentais. As duas se servem de Tannoia, Tellería e outros estudos publicados no *Spicilegium Historicum CSsR*.

Rey-Mermet se serviu em profusão e com inteligência desses estudos, fazendo reconstrução literária de grande originalidade, grande beleza e não menor impacto ante um público amplo, não circunscrito aos limites da Congregação fundada por Afonso.

É preciso reconhecer que, nesse objetivo, Rey-Mermet triunfou plenamente, pois, graças à sua biografia, a figura de Afonso se tornou presente na cultura religiosa atual. Também graças a ela, apareceram na Congregação novas inflexões na avaliação da imagem do Fundador: mais otimismo e melhor apreço por Afonso, bem como maior sintonia do carisma afonsiano com as atuais sensibilidades pastorais (opção pelos pobres, moral da benignidade, espiritualidade próxima ao povo).

[157] Sobre a biografia de Th. Rey-Mermet, ver as anotações avaliativas de: O. Weiss, *Alfons von Liguori...*, 275-283 (com as referências bibliográficas das recensões de L. Vereecke e G. Orlandi). Sobre a biografia de F. M. Jones: L. Vereecke, *Publications récentes sur la vie et la pensée de S. Alphonse de' Liguori*: Studia Moralia 32 (1994) 439-445.

Por sua vez, Jones preferiu utilizar expressão sóbria, manter certa distância afetiva do biografado e chamar a atenção de um público crítico, culto e não encerrado nos limites da Congregação do Santíssimo Redentor. Em certos aspectos, Jones utiliza a bibliografia mais recente, sobretudo em temas relacionados ao pensamento afonsiano (moral, espiritualidade) e estruturas pastorais (missões, exercícios). Contudo, ainda não foi possível mapear o influxo que sua apresentação suscitou dentro e fora da Congregação.

Há algo que parece diferenciar, e até contrapor, as duas biografias. Esse "algo" é difícil de concretizar em detalhes biográficos ou opções concretas, refere-se mais ao "espírito" com que cada uma delas se apresenta. Creio que esse diferente espírito é perceptível nas seguintes sensibilidades:

- Rey-Mermet opta por "inserir-se" dentro do biografado: entusiasma-se com seu personagem, "simpatiza" com ele, e esses sentimentos constituem a trama profunda do relato. Por sua vez, Jones prefere "ficar de fora" do personagem: prefere o "distanciamento" da objetividade e o "não se deixar afetar", para ser livre quanto à crítica do mesmo biografado.
- A imagem de Afonso que surge do relato de Rey-Mermet é luminosa e límpida como o *bel cielo* de Nápoles ou as águas de seu mar. Nesse sentido, também Rey-Mermet é tannoiano, pois aprecia o biografado como o memorialista da primeira hora. A dúvida é saber se essa seria a única imagem de Afonso, ou seja, a necessidade de considerar se, além do símbolo do céu e do mar de Nápoles, não se deveria também utilizar o símbolo do Vesúvio para captar a imagem ambivalente do santo napolitano[158]. Por sua vez, Jones opta por imagem de Afonso em que aparecem, em contínuo balanço, qualidades e defeitos. É sintomático Jones colocar entre os textos de capa de seu livro um trecho das cartas de Afonso: "Ognuno tiene i suoi difetti. Io ne ho più degli altri" – "Cada

[158] O. Weiss, *Alfons von Liguori...*, 282.

um tem os seus defeitos. Eu os tenho mais que os outros". Evidentemente, há mais luzes que sombras na imagem de Afonso traçada por Jones, mas o fato de haver indicado essas sombras e, além disso, em momento de certa "euforia afonsiana", não deixa de causar algum impacto no leitor.

- A diferença de espírito em cada uma das duas biografias pode ser vista e assinalada na apresentação dos acontecimentos e situações mais importantes da vida e personalidade de Afonso. Basta citar um: o tratamento dado à condição escrupulosa da personalidade afonsiana.

Rey-Mermet a reconhece[159]; mas não dá a importância que talvez mereça para uma imagem objetiva da personalidade de Afonso[160]; além disso, facilmente coloca a culpa dessa sombra afonsiana na formação moral recebida no seminário. Jones, por sua vez, põe ênfase especial na descrição da condição escrupulosa de Afonso[161], condição que, além de repercutir no mundo psicológico, também afeta a saúde somática. Nessa explicação psicossomática dos escrúpulos de Afonso, creio que se deva reconhecer uma contribuição original de Jones, bem como uma chave para entender a imagem de Afonso que pretende transmitir.

- As interpretações da experiência familiar de Afonso

Levando em conta esse diferente "espírito" das duas biografias, vejamos a interpretação que oferecem para a experiência familiar de Afonso.

Quanto à *quantidade* de dados apresentados em relação à família de Afonso, é possível afirmar que as duas biografias recolhem os atualmente disponíveis. Fazendo a sinopse dos dados familiares presentes em Tannoia, Tellería, Rey-Mermet e Jones, cheguei à conclusão de que praticamente todos os dados de Tannoia estão presentes nas outras três biografias, bem como as novas contribui-

---

159 Rey-Mermet, 114, 182, 209-214, 635-636, 713-714.

160 O. Weiss, *Alfons von Liguori...*, 282.

161 Jones, 46, 48, 54, 69-74, 243, 481, 483.

ções de Tellería na *Vida* e em seus estudos posteriores também estão presentes nas biografias de Rey-Mermet e Jones. Por sua vez, as duas últimas não apresentam dados novos que já não estivessem presentes em Tellería ou nos estudos do *Spicilegium Historicum CSsR*. Mas há uma diferença na maneira de recolher tais dados: Rey-Mermet costuma inseri-los na construção de um "relato vivo", enquanto Jones os transmite como elementos de apresentação assepticamente histórica e biográfica.

Em relação à *família de procedência* de Dom Giuseppe e de Dona Anna, os dois biógrafos assumem os conhecimentos existentes. Sem dúvida, é Jones quem melhor ressalta as peculiaridades das duas famílias: os Liguori se dedicam às *armas*, os Cavalieri às *letras* (direito); a diferença social está a favor dos Cavalieri. Por isso, pode-se pensar que Dona Ana foi um "bom partido" para Dom Giuseppe, que vai querer repetir a mesma jogada com seu filho.

A descrição do *pai* na biografia de Rey-Mermet não deixa de aludir à sua infância triste (órfão de mãe aos cinco anos), condição de marinheiro, ausência do lar familiar e religiosidade sincera. Entretanto, o que mais chama a atenção nessa descrição é o interesse de Dom Giuseppe pelo futuro brilhante de Afonso (brilhante para o filho e para a linhagem) e sua preocupação com o dinheiro. É nessa característica que Rey-Mermet carrega as tintas. Tampouco deixa de reconhecer seu caráter autoritário. A descrição sumária da imagem do pai de Afonso feita por Rey-Mermet é muito mais de cunho negativo: "... era homem de ação e de habilidade, rico e avarento. Enérgico em casa, terror dos piratas no mar."[162]

A descrição de Jones também recolhe as características convencionais da imagem de Dom Giuseppe. Dois aspectos adquirem especial relevo na pena de Jones: o primeiro é o caráter autoritário,

---

[162] Th. Rey-Mermet, O fundador (1696-1732): F. Chiovaro (ed.), *História da Congregação do Santíssimo Redentor*. Volume 1: As Origens (1732-1793). Aparecida: Santuário/Scala, 2019, p. 115.

proveniente de sua condição de oficial da Marinha[163]; o segundo se concretiza na característica de autêntico "paterfamilias", que distribui as "orientações vocacionais" de cada um de seus filhos[164].

Tanto Rey-Mermet quanto Jones não realizaram trabalho de interpretação da imagem de Dom Giuseppe. No máximo, enfatizam algumas características implícitas em Tannoia e já explicitadas por Tellería: interesse pelo futuro brilhante do filho e da linhagem (não sublinham suficientemente o último aspecto), habilidade no incremento do patrimônio (mas sem analisar as causas: o que dizer de sua pertença à direção da cidade em aspectos relacionados ao abastecimento?), caráter autoritário e função patriarcal na distribuição dos "destinos" dos filhos.

Sem dúvida, ainda está por fazer a revisão de sua condição psicológica e relação efetiva e afetiva com a família. Sobretudo, continua sem resolução o nó do conflito entre pai e filho[165].

A apresentação da imagem da *mãe* segue, tanto em uma quanto em outra biografia, os cânones tannoianos e orientação de Tellería. De Rey-Mermet basta recolher este elogio: "Um ramo de espinhos eram esses Cavalieri, mas entre eles Ana era a rosa"[166]. Também destaca a influência da mãe sobre Afonso[167]. Jones desenha a imagem de Dona Ana em contraposição à de seu marido: "oposta em quase tudo ao seu marido"[168]. A contribuição peculiar de Jones está

---

[163] *O exercício da autoridade na Marinha "mark upon his character, making him harsh in manner, intolerant, a martinet at home and altogether unaccustomed to the experience of having his decision questioned, as Alphonsus was to learn to his cost* – marca seu caráter, tornando-o severo, intolerante, um disciplinador em casa e totalmente desacostumado à experiência de ter sua decisão questionada, como Afonso aprenderia às duras penas". (Jones, 10).

[164] Jones, 23-24, 29.

[165] Ver, a esse respeito, a anotação crítica de: O. Weiss, *Alfons von Liguori...*, 282, à biografia de Th. Rey-Mermet. Embora, a partir de outros pressupostos, creio que a biografia de Jones também tenha a mesma lacuna.

[166] Th. Rey-Mermet, *O fundador...*, 115. Também: Rey Mermet, 31-37, 45-49.

[167] Th. Rey-Mermet, *A moral de Santo Afonso*. Aparecida: Santuário, 1991, p. 28-29.

[168] Jones, 11: "*The direct opposite of her husband in almost everything, gentle, cultured, refined, devout with a cloistral piety* - O oposto direto do marido em quase tudo, gentil, culta, refinada, devota, com uma piedade monacal".

em destacar: sua espiritualidade, mais de convento que de casa familiar[169] e sua condição escrupulosa que, em certa medida, Afonso herdará[170]. Nem Rey-Mermet nem Jones enfatizam o lugar da mãe no conflito entre Afonso e seu pai. Como se vê, os dois se situam no "matricentrismo" tannoiano, sem ousar analisar em profundidade o papel efetivo de Dona Ana no lar (era ela quem realmente mandava?), nem avaliar a função da mãe sobre Afonso (positiva ou negativa?).

– Anotações avaliativas

Das aproximações à interpretação feita pelas duas biografias sobre a experiência familiar de Afonso, gostaria de sublinhar três anotações valorativas:

- Em primeiro lugar, quanto à questão sobre o diferente *espírito* das duas biografias, creio que não tenha grandes consequências na descrição da vida familiar de Afonso. Não são duas intepretações opostas, mas complementares. As ênfases apresentadas por cada uma delas se situam na comum aceitação da tradição tannoiana.
- A segunda anotação se refere à carência nas duas biografias da apresentação do fundo social em que será apresentada a "micro-história" da família de Afonso. É certo que Rey-Mermet se serve dos dados oferecidos pela "história das mentalidades"[171], bem como é certo que Jones pretende situar a família Liguori-Cavalieri na sociedade patriarcal da época[172]. Sem dúvida, deveriam ter contado com os resultados dos estudos sobre a história da família no *Settecento napoletano*. Tais estudos, como já anotei no cap. 1 desta seção, agora existem, coisa que não havia quando Tellería redigiu sua biografia.

---

[169] Jones, 10 -13.
[170] Jones, 24, 30.
[171] O. Weiss, *Alfons von Liguori…*, 281-282.
[172] Jones, 15.

- Por último, nenhuma das duas biografias analisa em profundidade, nem resolve, satisfatoriamente, o nó do conflito entre Afonso e seu pai. Talvez fossem necessários estudos prévios sobre a psicologia de Afonso, atualmente inexistentes. Ou ainda, quem sabe, seja uma das questões insolúveis da biografia de Afonso.

5.4. OS NÚCLEOS DECISIVOS DA EXPERIÊNCIA FAMILIAR DE AFONSO

Depois de haver traçado, no capítulo anterior, a história das *interpretações* sobre a experiência familiar de Afonso, no presente capítulo me proponho a fazer uma síntese pessoal do tema, aludindo aos núcleos decisivos que compõem essa experiência.

Remetendo a um estudo mais amplo[173], limito a presente exposição a sublinhar o conteúdo básico dessa experiência familiar de Afonso. Exponho esse conteúdo com a categoria de relação: a trama relacional tecida por Afonso constitui o significado de sua experiência familiar. A relação com seus pais é decisiva e deverá ser integrada com a relação com seus irmãos, da qual, por sua vez, depende a relação com os sobrinhos. Por fim, a relação com os outros parentes completará a descrição de toda a trama relacional.

5.4.1. *O "ciclo familiar" de Afonso*

Dos seus 91 anos de vida, Afonso passou os primeiros 36 anos no lar familiar. Na família, recebeu a primeira impressão (marca) humana e cristã durante a infância, sobretudo, de sua mãe.

Recluso em casa, realizou os primeiros estudos, organizados expressamente para ele e de forma qualificada por seu pai, com vantagens (sobretudo, de preparação intelectual e artística) e in-

---

173 M. Vidal, *La familia en la vida y en el pensamiento de Alfonso de Liguori (1696-1787)* (Madri, 1995) 79-106.

convenientes (de caráter preferentemente psicológico): não terá a experiência do contato com companheiros em um colégio, mas no Oratório dos Padres Filipinos da cidade de Nápoles.

Em estreita conexão com a vida familiar, Afonso realizou o denso e complexo itinerário de seu "ser no mundo" ou, dito com formulação religiosa, sua "busca vocacional": fez a carreira de Direito, então como qualquer outro jovem adolescente da classe média, na Universidade de Nápoles; exerceu brilhantemente a advocacia após dois anos de prática em escritório alheio; abandonou a profissão em estado anímico tão atormentado como quando o vizinho Vesúvio se põe em erupção; ingressou no estado eclesiástico, realizando os estudos teológicos no Seminário de Nápoles e exercendo o ministério pastoral durante os primeiros anos de sacerdócio.

Aos 33 anos (em 1729) começou a se dividir entre o domicílio familiar e uma residência sacerdotal chamada "dos Chineses", em razão de sua orientação missionária para o Extremo Oriente.

Foi em 1732 (aos 36 anos) que se tornou independente do lar familiar para fundar uma Congregação de missionários em Scala. No entanto, mesmo com essa "ruptura" ou "independência", a relação de Afonso com a família não desapareceu, embora tenha diminuído nas três décadas seguintes, anos em que sobrevêm a velhice e morte de seus pais (o pai em 1745, aos 75 anos; a mãe em 1755, aos 85 anos). Afonso viveu esses acontecimentos, respectivamente, na idade de 49 e 59 anos. A conexão com a família, nunca interrompida, aumentou no período que vai de sua eleição ao episcopado (1762) até a morte (1787), quando passou a se relacionar principalmente com a família de seu irmão menor, Dom Hércules e, falecido este, com seus sobrinhos.

Qualquer observador imparcial reconhecerá que a família foi um dos âmbitos decisivos, cujos dinamismos configuraram a personalidade de Afonso. O estudo dessas interrelações é imprescindível para conhecer o significado histórico e biográfico do Santo napolitano, Doutor da Igreja, Padroeiro dos Confessores e Moralistas, e Fundador de uma Congregação Missionária.

A experiência familiar de Afonso se concretiza na trama de relações geradas, ao mesmo tempo em que as relações intrafamiliares constituem o conteúdo básico da vida familiar, sobretudo no que esta possui de dimensão interna. De forma breve, mas creio, suficiente, tratarei de analisar o significado dessa trama familiar, tecida pela experiência de Afonso. Detenho-me na relação com os pais, com os irmãos e sobrinhos, bem como com o restante da parentela.

5.4.2. *Relação com os pais*

– Tensão entre "patriarcalismo" e "matricentrismo"

Os biógrafos costumam colocar a mãe no centro da infância de Afonso, enquanto o mesmo lugar fica reservado para o pai na etapa da adolescência[174]. Segundo essa divisão de etapas e funções, Dona Ana seria quem coordena e controla o afeto e Dom Giuseppe quem controla e organiza os estudos, escolha da profissão e estado.

Creio que o esquema não foge da realidade que, porém, não tem a condição estática que o esquema parece indicar, mas apresenta-se como estrutura dinâmica e tensional. Na família Liguori-Cavalieri, como em geral nas famílias do sul da Itália do séc. XVIII, não havia apenas um centro, mas dois. A relação de Afonso como filho se estruturou com base nesse duplo centro:

– O "patriarcalismo" como forma organizativa "visível"

Na família Liguori-Cavalieri, a organização visível tinha um centro de controle: a autoridade do pai. Verificava-se uma das características típicas da família do Antigo Regime e, mais concretamente, da família italiana do sul onde "domina de forma incontrastável a figura do marido-pai, cuja vontade é absoluta, indiscutível e, enquanto tal, sem apelação"[175].

---

[174] Tellería, I, 13-14; Jones, 23.

[175] L. M. Lombardi Satriano, *Più padre, meno padrone*: A. De Spirito (ed.), Sud e famiglia (Roma, 1993) 95.

Dom Giuseppe é *a autoridade* do lar que, por sua vez, se manifesta nas três dimensões mais importantes da família aristocrática da época: é ele quem *representa* a linhagem, com todos os significados e funções características, frente à parentela e sociedade; é ele quem *dirige* a economia da casa, enquanto elemento decisivo de prestígio externo e forma de vida interna; é ele quem *distribui* as orientações profissionais e lugar social de seus filhos. A partir dos dados históricos, essa é a imagem de Dom Giuseppe que sobressai e se impõe.

A relação de Afonso com seu pai tem aqui a chave fundamental de interpretação. O filho *se choca* frontalmente com essa imagem. Aí está "o nó do conflito" entre Afonso e Dom Giuseppe. É, portanto, um conflito nascido da situação cultural (o patriarcalismo da família do Antigo Regime), embora também apresente, como veremos, implicações psicológicas, devidas à estrutura psíquica dos sujeitos em tensão.

- O "matricentrismo" como forma organizativa "invisível"

Na família do Antigo Regime e, quem sabe, na instituição familiar enquanto tal, funcionam dois sistemas organizativos superpostos: o *visível* e o *invisível*. Este último, refere-se às relações primárias de afeto e comunicação pessoal. Enquanto o esquema visível organiza a autoridade formal, o esquema invisível controla as relações pessoais no que têm de maior densidade humana, ou seja, onde se dá o *conhecimento* mais profundo e o *encontro* (ou desencontro) mais constitutivo.

No capítulo primeiro da presente seção, ao expormos as características da família meridional italiana, constatamos a particular presença da mãe. No imaginário simbólico do sul da Itália, desempenha papel importante o símbolo da mulher-mãe, tanto na estrutura simbólica do religioso, quanto na superestrutura simbólica do social[176]. Essa importância simbólica do maternal se con-

[176] A. M. Di Nola, *Identificazione d'una mamma, anzi almeno due*: A. De Spirito (ed.), Sud e famiglia..., 87-91.

cretiza na família em uma espécie de "simbiose entre mãe e filho". De Spirito explica essa característica da seguinte maneira: "Uma especial fusão corporal e efetiva entre a mãe e o filho, que não lhes permite distinguir uma pessoa da outra e que, consequentemente, determina forte dependência do indivíduo frente ao grupo e prevalente importância do grupo sobre a vida do indivíduo"[177]. Para alguns, essa "maior simbiose entre mãe e filho" é um diferencial da família do sul da Itália[178].

Na família de Afonso se constata o *matricentrismo* na medida em que é a mãe quem organiza as relações de afeto. Mais ainda, dada a normal ausência do pai, o controle da mãe passa, da organização invisível, à organização visível. Podemos suspeitar que Dona Ana controlou as relações familiares no que tinham de dinâmica familiar.

– Carência da "imagem do pai"

Não foi fácil para Afonso viver a tensão entre o *patriarcalismo* e o *matricentrismo*. Em sua família, os dois esquemas, visível e invisível, não funcionaram harmonicamente como dois mundos superpostos e integrados, mas lutaram entre si. A personalidade de Afonso não integrou corretamente, nem a imagem paterna, nem a imagem materna.

Tratemos primeiramente da imagem paterna. É evidente que a liberdade de Afonso se chocou com a autoridade patriarcal em dois aspectos fundamentais: na continuação da carreira para a qual o pai o encaminhara e na aceitação da primogenitura para a qual o preparara. Situando-nos no contexto da família aristocrática do Antigo Regime, não podemos pensar em maior conflito entre a liberdade do filho e a autoridade patriarcal do pai.

Outra evidência se impõe: nesse confronto, venceu Afonso e perdeu Dom Giuseppe, que custou a aceitar a derrota. Um detalhe

---

177 A. De Spirito, *Antropologia della famiglia meridionale* (Roma, 1983) 10-11.
178 A. Ardigo, *Sotto uno stesso cielo*: A De Spirito (ed.), Sud e famiglia..., 21.

significativo: o pai não assiste à cerimônia de tonsura de Afonso[179]. Estará presente, passados alguns anos, na cerimônia da ordenação, mas talvez, ainda pensando na dignidade episcopal para seu filho[180].

A vitória deixou o caminho livre para Afonso realizar sua vocação. A liberdade pessoal, direito sagrado do ser humano e valor que começava a ser respeitado no séc. XVIII, se sobrepôs ao autoritarismo, nascido dos convencionalismos sociais e tendente a manter uma ordem social injusta.

Mas essa vitória também deixou profunda ferida em Afonso. Ao vencer seu pai, realizou o simbolismo de "matar a imagem paterna". Depois, como não foi capaz de integrá-la, a carência da imagem paterna, enquanto elemento estruturante de sua personalidade, levou à necessidade constante de buscar "um pai": um diretor, um guia moral. Afonso conhecia bem as soluções morais, mas não conseguia fazer tal conhecimento teórico se concretizar em segurança prática porque, em sua personalidade, carecia do filtro da imagem paterna. Por isso, precisava de uma imagem paterna "ortopédica" (diretor, conselheiro) para a função da segurança prática.

Essa carência da imagem paterna funciona no âmbito profundo. Na superfície da vida, as relações de Afonso com seu pai, a partir da "crise vocacional", foram corretas e até cordiais. Do momento em que se retira para Scala (1732), o pai não interfere mais na vida de Afonso[181], embora, mais tarde, tentará influenciar para que lhe seja oferecida a mitra, ao que o filho se opõe[182].

Nas quatro cartas de Afonso a seu pai,[183] aflora uma relação muito positiva. O filho dá conselhos espirituais[184], pede uma ajuda

---

179 Jones, 49. Apresentou-se ao Cardeal no início da carreira sacerdotal: Tannoia, I, 29.

180 Jones, 54, 186.

181 *Ibid.*, 186.

182 *Lettere*, I, 55.

183 Não se conhece nenhuma carta do pai ao filho. Talvez seja de Dom Giuseppe o *post-scriptum* em uma carta que a mãe dirige a Afonso (1737): H. Arboleda, *Lettere di S. Alfonso*: SH 40 (1992) 143 (n. 148).

184 *Lettere*, I, 66, 86.

para o trabalho pastoral do P. Sarnelli com as prostitutas de Nápoles[185], agradece o envio de chocolates[186]. Há também uma carta duríssima em que repreende o pai pelo comportamento com Hércules, que se queixara a Afonso[187].

É certo que Afonso não acompanhou Dom Giuseppe na hora da morte[188]. No entanto, nesse momento de tanta densidade humana, é perfeitamente possível que tenha feito o balanço da função do pai em sua vida. Se houve enfrentamento, doloroso para os dois, também houve muitos dados positivos: ao pai devia sua educação tão esmerada, o pai o iniciara na vida social, no pai tinha visto e sentido um cristianismo profundo e sincero, seu pai havia criado uma infraestrutura econômica familiar, da qual ele e sua Congregação se serviram em parte, o sobrenome Liguori de seu pai não tinha sido problema, mas sim vantagem em seus empenhos pastorais e fundacionais. No fundo, ficava a ferida que referimos, a carência da imagem do pai como fator estruturante da personalidade. Mas Afonso realmente sentiu isso? Ou é uma interpretação para satisfazer nossa incapacidade de conhecer o mistério entre um filho e seu pai?

– Excesso de "mammismo" em Afonso?

Sobre a influência materna na personalidade de Afonso já se insistiu tanto, desde Tannoia até os últimos biógrafos, que não parece necessário, nem tecer panegíricos sobre a bondade da mãe, nem recordar o estreito afeto de Afonso em relação a ela[189]: "eu devo tudo à minha mãe". Tannoia e os biógrafos posteriores se comprazem em sublinhar o papel da mãe na educação religiosa de seus filhos, bem realizada por ela mesma ao transmitir a piedade de sabor franciscano aprendida no convento das Clarissas e encaminhá-los ao oratório dos Filipinos[190].

---

185 *Ibid.*, I, 54-55.
186 *Ibid.*, I, 86.
187 *Ibid.*, I, 66.
188 Tellería, I, 382.
189 *Ibid.*, I, 10.
190 *Ibid.*, I, 13-14, 34.

Os biógrafos também destacam a função mediadora de Dona Ana no conflito entre Afonso e Dom Giuseppe[191]. Como resposta de afeto do filho, recordam detalhes em que associa a recordação de sua mãe com práticas de piedade mariana[192] e, sobretudo, a proximidade no leito de morte, quando assiste à moribunda, embora não a veja falecer e ser sepultada[193]. Da mãe, que esteve presente junto ao pai na ordenação do filho[194] e seguiu com carinho e complacência sua entrega sacerdotal, temos uma carta dirigida a Afonso onde transparece o fresco afeto materno, bem como a normal autoridade sobre o filho[195].

Quanto à trama desses dados transmitidos pela tradição, é preciso recompor a figura real de Dona Ana, seu papel na família e a mútua relação estabelecida entre ela e Afonso. Sem diminuir a importância de sua personalidade, nem tampouco rebaixar seu papel decisivo na família, creio necessário introduzir novas chaves de leitura para revisar a influência materna na vida de Afonso. Enumero alguns aspectos dessa conveniente revisão que já foram acenados nas páginas precedentes:

- A experiência de orfandade da mãe e a proximidade estreita com o pai deixaram profunda marca na psicologia de Dona Ana: carência afetiva materna que se traduzirá no afã possessivo em relação aos filhos, bem como o excesso de proteção paterna que dificultará sua autoafirmação e segurança básicas.
- Pelas causas assinaladas, e por outras razões de constituição psicossomática e educação, a psicologia de Dona Ana foi frágil, com traços neurotizantes, que a levaram à manifes-

[191] *Ibid.*, I, 88, 90-91.
[192] *Ibid.*, I, 14; II, 592.
[193] *Ibid.*, I, 590-591.
[194] *Ibid.*, I, 116.
[195] J. Arboleda, *Lettere di S. Alfonso*..., 143 (n. 148). Recolhi essa carta em: M. Vidal, *La familia*..., 255-264. A mãe termina sua carta a Afonso "abraçando-o e abençoando-o". No *post-scriptum*, provavelmente do pai, a fórmula é "te abraço de coração".

tação religiosa dos escrúpulos. Tal sofrimento deve ter sido muito grande e a perseguiu até o momento da morte[196].

- A formação religiosa de Dona Ana foi boa, provavelmente superando a média das mulheres de sua classe e condição; sua vivência religiosa foi intensa; tanto na formação, quanto na vivência, há traços muito positivos: a tonalidade geral franciscana e, mais concretamente, a devoção mariana. Essa visão otimista, incentivada no contato com os Filipinos de Nápoles, fica bastante contrastada com o ascetismo exagerado, a angústia diante do pecado e do inferno, e certo exagero religioso projetado no Cristo da Paixão. Em sua vivência, a religiosidade de Dona Ana é intensa e profunda; mas em seu conteúdo, não reflete suficientemente o humanismo evangélico, nem a confiança dos filhos de Deus.

Foi esta a mãe que influenciou Afonso com especial continuidade e intensidade. A condição da época, a peculiaridade do sul da Itália, as ausências do pai e o jeito de ser de Dona Ana, fizeram com que fosse a mãe a comandar o lar Liguori-Cavalieri. Afonso sofreu excesso de figura materna e o *mammismo* parece ser um dos traços de sua personalidade humana e cristã. Até agora as interpretações da influência materna sobre Afonso deram resultados positivos, mas, sem negá-los em absoluto, creio que deveriam ser matizados desde as anotações que acabo de propor.

5.4.3. *Relação com os irmãos*

Afonso, que em casa era chamado com o diminutivo de Fonzo (Afonsinho)[197], foi o mais velho de 8 irmãos[198]: 4 meninos e 4 meni-

---

[196] Sobre a condição escrupulosa da consciência de Dona Ana, insiste: Jones, 13, 242. Ver: *Lettere*, I, 312-313.

[197] Tannoia, na declaração por ocasião do processo de beatificação, coloca esse diminutivo nos lábios da mãe dirigindo-se ao pai: "Non la vinci con Fonzo; quando si ha posto uma cosa in testa è duro più che pietra": *Copia publica processus dioecesani S. Agathae Gotthorum beatificationis et canonizationis Servi Dei Alphonsi Mariae de Ligorio*, p. 1053v.

[198] Dados sobre os irmãos e irmãs de Afonso se encontram em: O. Gregorio, *I fratelli e le sorelle di S. Alfonso*: *Contributi*, 36-40.

nas. Uma das irmãs, Magdalena, gêmea de Bárbara, morreu praticamente ao nascer. A sequência de nascimentos foi: Afonso (1696), Antônio (1698), Magdalena e Bárbara (1700), Caetano (1701), Ana (1702), Teresa (1704), Hércules (1706). A diferença de idades foi a mais adequada para manter relações fraternas, pois há apenas 10 anos de diferença entre o mais velho e o mais novo. Também é equilibrada a proporção entre irmãos e irmãs que, além disso, estão distribuídos de forma harmônica: 2 irmãos - 1 irmã - 1 irmão - 2 irmãs - 1 irmão.

Mas, além desses fatores - sequência de idades e distribuição de gênero - é preciso levar em conta ainda outros elementos. A situação do Antigo Regime era diferente da atual, por isso precisamos concretizar mais a relação de Afonso com cada um dos irmãos.

Não há dados sobre a relação que tenha havido entre Afonso e o irmão que o seguiu, **Antônio** (1698-1739), beneditino em plena adolescência (profissão em 21 de março de 1716). Deve ter sido a relação normal na infância e adolescência, mas, por outro lado, tornou-se escassa depois de Antônio ingressar no mosteiro; entre outras razões, porque esse irmão de Afonso morreu na jovem idade de 40 anos (3 de agosto de 1739)[199].

Muito escassa foi a relação de Afonso com suas irmãs **Bárbara** e **Ana** no lar comum, já que as duas ingressaram no convento napolitano de São Jerônimo, próximo ao mosteiro beneditino de São Severino e Sósio, por volta da idade da razão[200]. Antes do início do noviciado era prescrito voltar ao lar e passar ali um curto período de tempo. Que relação pode ter tido Afonso com elas durante a rápida visita? Tellería diz que essa pergunta só pode ser respondida

---

[199] Sobre Antônio, ver os dados em: Tellería, I, 70-71; H. F. G. Swanston, *Saint Alphonsus and His Brothers. A Study of the Lives and Works of Seven Redemptorists* (Liguori, Missouri, 2000) 13-14.

[200] Bárbara, nascida em 1700, ingressou em 1709 (aos 9 anos); Ana, nascida em 1702, ingressou em 1707 (aos 5 anos). Ver: R. Tellería, *De Maria Anna (Anna Maria) ac de Maria Luisa (Barbara) de Liguori, sororibus S. Alfonsi, in monasterio D. Hieronymi monialibus*: SH 4 (1956) 7-24. Também: H. F. G. Swanston, *Saint Alphonsus and His Brothers*..., 15-18 (Bárbara), 26-30 (Ana).

com a imaginação[201]. É possível Afonso ter tomado conhecimento do processo que as duas moveram contra o pai por motivos de dote e da enfermidade psicossomática de Ana[202], de cujas manifestações escrupulosas há testemunhos extrafamiliares[203]. Também podemos supor que Afonso as tenha visitado mais de uma vez. Não conhecemos a data exata de suas mortes.

De **Teresa**, Jones diz que era "a irmã preferida de Afonso"[204]. Ele pode conviver com ela em casa até que, aos 16 anos, casou com o duque de Presenzano, um viúvo bastante mais velho que ela. Seguramente, Afonso teve conhecimento e se compadeceu das dificuldades de sua irmã na vida matrimonial. Esse conhecimento empático pode ter influenciado Afonso ao escrever sobre a dificultosa vida das casadas[205].

Em comparação com os irmãos até agora mencionados, "mais estreitos foram os contatos de Afonso com seu irmão Dom Caetano, cuja atividade sacerdotal e cujo benéfico influxo no seio da família serviram sempre de consolo para nosso Santo"[206]. Sem dispormos de cartas[207], nem de outros documentos que o confirmem, podemos estar seguros da estreita relação fraternal entre Afonso e Caetano durante a longa vida que ambos tiveram. Caetano morreu depois dos 80 anos (em 4 de outubro de 1784) na casa paterna do bairro *dei Vergini* (no *Supportico Lopez*). No final de seus dias ambos desfrutaram do carinho de seus sobrinhos; um destes, José, foi nomeado por Caetano herdeiro de sua modesta fortuna[208].

---

201 R. Tellería, *De Maria Anna...*, 8.

202 Jones, 24.

203 Tellería, I, 71.

204 Jones, 11. Tellería, II, 699, diz: "das relações que manteve [Afonso] com sua irmã mais jovem, apenas restaram memórias". Também: H. F. G. Swanston, *Saint Alphonsus and His Brothers...*, 31-33.

205 M. Vidal, *La familia...*, 182-188.

206 Tellería, II, 700.

207 Conserva-se uma carta de Caetano dirigida a Afonso (1736-1737) sobre uma capelania, publicada em: SH 13 (1965) 334. Ver: H. Arboleda, *Lettere a S. Alfonso*: SH 40 (1992) 143 (n. 144).

208 Tellería, II, 714. Sobre a relação de Caetano com seu sobrinho Afonso, ver: O. Gregorio, *Alfonsino de Liguoro, chierico beneficiato*: SH 20 (1972) 24-44.

A relação de Afonso com seu irmão **Hércules** é suficientemente conhecida. Conservam-se umas 20 cartas que Afonso lhe dirigiu[209]e, através delas e pelos testemunhos que nos transmitiu Tannoia, temos conhecimento preciso da estreita relação entre ambos. Tellería é o biógrafo que dedica maior atenção a essa relação[210].

A comunicação com Hércules se torna mais intensa depois de Afonso ser nomeado bispo. Hércules se alegra ao receber a notícia da nomeação episcopal e se entristece com a renúncia[211]; ajuda Afonso nos preparativos e o acompanha na entrada oficial na diocese[212]; serve a seu irmão em assuntos econômicos, emprestando-lhe dinheiro, fazendo a intermediação na venda das carruagens episcopais e assessorando em questões financeiras[213]. Por outro lado, Afonso consola Hércules nas tribulações familiares[214]: morte de sua primeira mulher, Raquel[215], e loucura de sua segunda mulher, Mariana[216]; dá conselhos espirituais para escolher sua segunda esposa[217]; acompanha-o no batismo e casamento dos filhos[218].

Há um assunto que continuamente se interpõe entre os dois irmãos: a questão financeira. Nisto, os dois irmãos se parecem com Dom Giuseppe. É fácil perceber em Hércules a intenção de ficar com a pensão vitalícia correspondente a Afonso e lembrar o fato de ter ficado com metade das rendas dessa pensão[219]; mas também é preciso reconhecer que Afonso não deixou que tirasse sua pensão[220] e, se cedeu na questão das rendas, foi às custas de Hércules

[209] Conservam-se duas cartas de Hércules a Afonso (sobre o ingresso de uma jovem no mosteiro de São Caetano e sobre a venda da carroça e das mulas): H. Arboleda, *Lettere...*, 146 (n. 184), 163 (n. 440).

[210] Tellería, *passim*, mas sobretudo: I, 699-715. Também: H. F. G. Swanston, *Saint Alphonsus and His Brothers...*, 34-41.

[211] *Lettere*, II, 351.

[212] Tellería, II, 17, 42, 48.

[213] *Lettere*, I, 469-470, 510-511, 526-527.

[214] Jones, 190, acredita que Hércules não foi feliz em seus matrimônios.

[215] *Lettere*, I, 476-477.

[216] *Ibid.*, II, 68.

[217] *Ibid.*, I, 115, 477-479; II, 158.

[218] *Ibid.*, II, 504-505. Ver: Tellería, II, 154.

[219] Tellería, I, 394-395.

[220] *Lettere*, I, 113-114.

comprometer-se a prestar à Congregação algum serviço quando fosse necessário em Nápoles[221]. Por outro lado, se Hércules emprestou dinheiro a Afonso por ocasião do episcopado[222], não se deve ver nesse ato um gesto de total servilidade, já que Afonso bem sabia que precisaria "restituir integralmente"[223].

Por outro lado, os presentes de Afonso não pareciam a Hércules coisas de outro mundo[224], ainda que o bispo tenha deixado para seu irmão toda a herança que os dois receberam de um primo por linha materna[225], ao mesmo tempo, assegurava que viveria da pensão de bispo emérito sem pedir a pensão vitalícia ou qualquer ajuda econômica[226].

O assunto do dinheiro pôs um pouco de pimenta nas relações entre os dois irmãos[227]. Era próprio dos Liguori a preocupação com essas questões. Além do mais, ambos estavam seguros do mútuo afeto. Afonso o expressa com clareza: "io sto sicuro del vostro affetto"[228]. Esse afeto durou até a morte de Hércules, ocorrida em 1780. Jones interpreta a relação de Afonso com Hércules como relação de pai e filho, mas creio que se trata de uma relação genuinamente fraternal, já que a diferença entre eles não era superior a 10 anos.

O balanço da relação de Afonso com seus irmãos, sem ser chamativamente intensa, resulta com saldo positivo. Não houve dificuldades sérias, nem enfrentamentos pessoais. Tudo correu pelos caminhos normais da relação fraterna, com doses elevadas de apreço e simpatia para Caetano, e de afeto, que temperava as relações de ordem mais prática, com Hércules.

Comparando Afonso com seus irmãos, sobressaem alguns dados e podem ser projetadas algumas interpretações:

---

221 *Ibid.*, I, 114.
222 *Ibid.*, I, 469-470.
223 *Ibid.*, I, 576.
224 Tellería, II, 152.
225 *Ibid.*, II, 700.
226 *Lettere*, II, 351.
227 Jones insiste sobre essas discrepâncias: 188-190.
228 *Lettere*, II, 351.

- Sendo o *primeiro* a nascer, Afonso foi o último a morrer[229].
- Do conjunto de dados disponíveis, pode-se afirmar a *liderança* de Afonso entre seus irmãos; a renúncia à primogenitura não significou perda de autoridade moral e, para apoiar essa autoridade, foi útil sua condição de sacerdote e bispo.
- Por ser o primogênito e destinado a perpetuar a linhagem, Afonso recebeu uma *formação* esmerada, superior à de seus irmãos.
- Os admiradores de Afonso não duvidam em sublinhar algo que parece objetivo: o *destaque superior* de Afonso no conjunto dos irmãos. O P. Blasucci testemunhou no processo de beatificação: "Distinguia-se entre seus irmãos como o sol entre as estrelas"[230].

5.4.4. Relação com os sobrinhos e conexões com a parentela

- Relação com os sobrinhos

Na última etapa da vida, Afonso teve a satisfação de uma relação bastante intensa com seus sobrinhos, filhos de Hércules[231]. Conservam-se muitas cartas dirigidas a eles: duas a Peppo, em que recomenda o estudo e dá conselhos espirituais[232]; um conjunto de cartas a Peppo e a Afonso, onde se interessa por seus estudos[233].

Nessa carta, de 4 de abril de 1780, dirigida conjuntamente aos sobrinhos, Afonso "verteu ondas de afeto profundíssimo, natural e sobrenatural, voz do sangue e exigência da graça divina"[234].

---

229 Em uma carta à sua sobrinha Teresa (1781), Afonso pode dizer: "tutti i parenti miei, morti in tempo mio, han fatto una buona morte" (*Lettere*, II, 605). Todavia, Caetano ainda não tinha morrido.

230 Ver: Tellería, I, 10, nota 35.

231 Não se sabe se Afonso teve contato com a filha de sua irmã Teresa. Ver: R. Tellería, *Una nipote sconosciuta di S. Alfonso, Suor Maria del Balzo de Liguori*: SA 29 (1958) 102-104. Em seu retorno de Roma, recém-consagrado bispo, Afonso tentou se encontrar com dois filhos de sua cunhada Raquel, mas diversas circunstâncias o impediram: Tannoia, II, 22.

232 *Lettere*, II, 580-581, 606.

233 *Ibid.*, II, 530-533.

234 Tellería, II, 704.

Também se conservam mais de vinte cartas dirigidas a Teresa, nas quais é possível seguir o discernimento vocacional e primeiros passos na vida religiosa dessa sobrinha, que professou em 1783[235].

A relação de Afonso com seus sobrinhos foi estudada detidamente, sobretudo por Tellería. Na *Vida*, dedica muitas páginas ao tema, convertendo Afonso em "protetor e guardião" de seus sobrinhos[236]. Em estudos posteriores, como assinalamos no capítulo precedente, Tellería trouxe novos dados e aprofundou o significado dessa relação de Afonso com os sobrinhos.

Por ser suficientemente conhecido, não julgo necessário me deter nesse aspecto da experiência familiar de Afonso. Fique apenas anotado como um elemento positivo e gratificante dessa experiência.

– As conexões com a parentela

A parentela teve um alto significado na família do Antigo Regime e, mais concretamente, na família do sul da Itália[237]. Através de alianças matrimoniais, buscava-se estender o "clã" familiar fortalecendo a linhagem[238]. Não em vão, pensava-se que o melhor matrimônio era aquele entre indivíduos da mesma classe social[239]. Além da parentela fortalecer a linhagem, mantendo a pureza e impedindo a entrada de estranhos, também servia para estabelecer extensas e intensas redes de solidariedade, voltadas para ajuda e promoção dos membros.

Como referimos no segundo capítulo desta seção, as relações de parentela tiveram pouca importância na experiência familiar de

---

[235] *Lettere*, II, 567, 568, etc.

[236] Tellería, II, 699-715.

[237] R. Merzaro, *Terra, parentela e matrimoni consanguinei*: M. Barbagli - D. I. Ketzer (ed.), Storia della famiglia italiana, 1700-1950 (Bolonha, 1992) 253-272; G. Levi, *Famiglia e parentela: qualche tema di riflessione*: Ibid., 307-321.

[238] G. Delille, *Famiglia e proprietà nel Regno di Napoli, XV-XIX secolo* (Turim, 1988) 199-201.

[239] M. Barbagli, *Sotto lo stesso tetto. Mutamenti della famiglia in Italia del XV al XX secolo* (Bolonha, 1988²) 353.

Afonso. No entanto, convém anotar as referências existentes, para completar a trama de relações familiares[240].

A parentela da linha paterna aparece apenas de passagem na vida de Afonso. Seu pai teve duas irmãs (do primeiro matrimônio do avô), as duas casadas, e mais uma meia-irmã que provavelmente permaneceu solteira em casa ou em um mosteiro (filha do avô e de sua esposa em segundas núpcias).

A parentela da linha materna, de maior prestígio social que a paterna e pertencente à linha masculina, aparece mais vezes na vida de Afonso. Dona Ana teve duas irmãs que se tornam monjas clarissas e três irmãos, dos quais: um morreu ao nascer, arrastando também a mãe; outro (Emílio) entrou nos Pios Operários e chegou a bispo de Troya[241]; e o outro (José) seguiu a carreira das leis (chegou a juiz) e casou. Os biógrafos anotam repetidos encontros de Afonso com o Tio Emílio[242] e com o Tio José[243], bem como com os primos[244].

Além desses parentes mais próximos, não convém esquecer a existência de outros um pouco mais distantes, tanto da linha materna, quanto, nesse caso mais abundantes, da linha paterna[245]. O sentido de clã foi exercido por Dom Giuseppe casando sua filha Teresa com o duque de Presenzano, da linhagem dos Liguori, e buscando estreitar ainda mais esses laços na tentativa frustrada de matrimônio de Afonso com uma irmã do referido duque.

Os biógrafos anotam duas coisas em relação à parentela de Afonso. Em primeiro lugar, sublinham que os Cavalieri procediam do mundo das letras e do direito e que os Liguori estavam mais

---

240 Sobre a árvore genealógica de Afonso, ver: F. Pasini-Frassoni, *Gli antenati di Sant'Alfonso de' Liguori*: Nel secondo centenario della nascita di Sant'Alfonso Maria de Liguori (Roma, 1896) 56-61; O. Gregorio, *I genitori di S. Alfonso*: *Contributi*, 23-30.

241 D. e G. Campanario, *Emilio Giacomo Cavalieri: un vescovo a piedi scalzi* (Foggia, 2004).

242 Tellería, I, 5, 96, 114, 151, 378, 381, 409; II, 40, 61.

243 *Ibid.*, I, 20, 54.

244 *Ibid.*, I, 25, 27-28, 36-37; II, 39, 70, 121.

245 *Ibid.*, I, 19-20.

vinculados ao mundo das armas. Por outro lado, destacam a antiguidade dos Cavalieri, e reconhecem o papel aristocrático médio-baixo de ambos, com pequena vantagem para os Cavalieri.

Quem sabe seja uma simplificação afirmar que, na personalidade de Afonso, se mesclam características dos Liguori e dos Cavalieri. Dos primeiros, viria sua propensão para o arrebatamento[246], reação forte, seriedade na tomada de decisões, bem como constância em mantê-las. Dos segundos, teria recebido a sensibilidade, clareza e agudeza de mente, bem como a fragilidade psíquica com tendência neurotizante. Se essa apreciação for procedente, que bela mistura!

5.5. A FAMÍLIA E O SIMBOLISMO RELIGIOSO NOS ESCRITOS E NA VIDA DE AFONSO

A família é um espaço real, mas, por sua capacidade simbólica, também constitui espaços imaginários. O imaginário social e religioso se apoia sobre a família como um de seus fatores estruturantes mais decisivos.

Não me refiro à função simbolizadora da família na construção do espaço imaginário da sociedade, pense-se, por exemplo, na carga simbólica que vê a humanidade como "grande família humana", limito-me ao simbolismo religioso e à força estruturante nele exercido pela família. E, no mesmo âmbito restrito, analiso exclusivamente o simbolismo religioso da família no pensamento de Afonso.

De duas maneiras é possível analisar a relação entre família e simbolismo religioso no pensamento de Afonso:

1) percebendo como existem, no simbolismo religioso, referências ao mundo real da família;

[246] Lemos em Tellería, I, 90: "la sangre de los Ligorio propendía a los arrebatos".

2) descobrindo como a experiência familiar real, mediante uma transposição simbólica, organiza o universo religioso.

Não pretendo dar tratamento completo do tema, limitando-me a sugerir orientações de caráter geral.

5.5.1. *A família como símbolo no pensamento espiritual de Afonso*

Para expor sua visão religiosa e espiritual, Afonso se serve preferentemente de imagens tomadas da vida cotidiana. Sua síntese espiritual não se apoia em categorias ontológicas ou conceitos antropológicos profundos, como acontece, por exemplo, nas espiritualidades renano-flamengas. Tampouco se serve de uma imagem prevalente, como faz a mística castelhana ao utilizar a relação do casal como símbolo primário.

O pensamento espiritual de Afonso é menos simbólico e mais realista e, além disso, quando usa imagens, usa realidades mais comuns e normais da vida. Entre essas realidades que adquirem valor de símbolo, é necessário situar a vida familiar.

Ao referir a família como imagem para um conteúdo teológico ou espiritual, Afonso apresenta indiretamente sua própria visão sobre a família real. Isso é especialmente claro quando ressalta um aspecto da família para servir de imagem. Tal aspecto, que adquire maior força simbólica, indica o modelo de vida familiar que Afonso aceita ou justifica na realidade.

São muitos os usos simbólicos da família no pensamento teológico e espiritual de Afonso. Apresentarei os princípios, organizando-os em séries temáticas correspondentes a outros tantos ciclos simbólicos.

– Ciclo do amor

O amor, que conduz a uma prática de vida cristã, é o centro do projeto espiritual afonsiano, como será exposto mais detidamente na quarta parte (D) do presente volume. Para animar essa forma de amar, Afonso coloca em jogo todos os seus dotes descritivos e parenéticos: descreve a beleza do amor divino servindo-se da beleza do amor humano e anima o amor espiritual recorrendo às imagens do amor humano. Eis algumas referências:

- *Amigos e amantes*. Nas *Visitas ao Santíssimo*, recorre à prática de amigos e amantes para exortar à visita de Jesus sacramentado: "os amigos do mundo encontram prazer em estar juntos" (4ª visita); "as almas que amam não têm maior alegria que se encontrar" (17ª visita); "é doce se encontrar em companhia de um amigo" (19ª visita)[247].
- *Esposo/esposa*. O amor da esposa é o símbolo mais usado por Afonso para expressar o amor do crente por Jesus Cristo. Nas *Aspirações amorosas a Jesus Sacramentado* deixa-se conduzir pelos sentimentos da esposa do *Cântico dos Cânticos* em páginas cheias de simbolismo conjugal. Podemos pensar que Afonso se serve aqui mais da "literatura" que da "vida real" dos cônjuges de seu tempo.

  O amor da esposa tem uma função prática na *Verdadeira Esposa de Jesus Cristo*; Afonso recorre com frequência à condição de "esposa do Senhor" para exigir das religiosas um amor total, exclusivo e definitivo[248]. Sublinha essas qualida-

[247] *Visite al SS. Sacramento ed a Maria SS.ma*: Opere Ascetiche, vol. IV (Roma, 1939) 314, 345, 351. Ver também o que diz Afonso na *Introdução* às "Glórias de Maria": *Le Glorie di Maria*, primeira parte: Opere Ascetiche, vol. VI (Roma, 1935) 16: "no mundo, os que amam costumam falar e louvar com frequência as pessoas amadas para, dessa maneira, ver como os outros também as louvam e as aplaudem". [LIGÓRIO, Afonso. *Visitas a Jesus sacramentado e a Nossa Senhora*. Aparecida: Santuário, 2018. 43ª edição. 136 p].

[248] *La vera Sposa di Gesù Cristo cioè La monaca santa*, t. I: Opere Ascetiche, vol. XIV (Roma, 1935) 12-16, 25-27, 62-65. O t. II se encontra em: Opere Ascetiche, vol. XV (Roma, 1935). Na continuação, citarei por tomo e por página do vol. XIV (tomo I) ou do vol. XV (tomo II). [LIGÓRIO, Afonso. *A verdadeira esposa de Jesus Cristo ou A Religiosa santificada por meio das virtudes próprias do seu estado, por Sto. Affonso Maria de Ligório. Doutor da Igreja*. Aparecida: Officinas do Santuário d'Apparecida, 1922. Tradução: Antônio Alves Ferreira dos Santos].

des do amor esponsalício no amor divino de todo cristão[249]. Nas *meditações sobre o Coração de Jesus* retornam as imagens do amor conjugal[250].

- *Qualidades do amor*. Ao expor as qualidades do amor religioso, Afonso recorre às imagens do amor humano. Ver, por exemplo, a exposição das qualidades do amor a Jesus Cristo na *Prática de amar*[251]. Além das qualidades positivas do amor humano, Afonso também assinala práticas existentes entre os "amigos do mundo": aparecem apenas em tempos de prosperidade[252], por isso, os verdadeiros amigos só são conhecidos em tempos de desgraça[253].

- Ciclo dos "personagens" e dos "papéis" familiares

O dinamismo da vida espiritual é entendido por Afonso como relação entre pessoas: relação do crente com Deus, com Jesus Cristo, com Maria, etc. Para explicar essa dinâmica relacional, serve-se das interações entre os *personagens* e dos papéis existentes na família real.

- ***Pai***. É um personagem que adquire relevo apenas de passagem na simbologia espiritual de Afonso. A imagem do pai não suscita emoções especiais quando comenta "o amor das três divinas pessoas para com o homem". Referências ao papel paterno ficam reduzidas às reflexões sobre a função de São José na família de Nazaré[254].

  O nome de *pai* é honroso para São José[255], que foi constituído como "senhor daquela reduzida família, reduzida em

[249] Opúsculo *Dell'amore divino e de' mezzi per acquistarlo*: Opere Ascetiche, vol. I (Roma, 1933) 273-274.
[250] *Novena al Cuore di Gesù*: Opere Ascetiche, vol. IV (Roma, 1939) 499-524.
[251] *Pratica di amar Gesù Cristo*: Opere Ascetiche, vol. I (Roma, 1933) 54 ss.
[252] *Le Glorie di Maria, I: l. c.*, 93.
[253] *Ibidem.*
[254] *Sermón de la festividad del glorioso patriarca San José*: Sermones abreviados para todos los domingos del año (Madri, 1897) 566-576. [= Sermão para a festividade do glorioso Patriarca São José. In: *Sermões Abbreviados para todas as domingas do anno*. Vizeu: Revista Catholica, 1907. Trad. Miguel Ferreira de Almeida. Volume 2. p. 349-362].
[255] *Ibid.*, 567.

número, mas grande nos eminentes personagens que a integram"[256]. A São José corresponde "o ofício de governar" como cabeça da família que é, enquanto a Jesus, corresponde obedecer[257].

- ***Mãe***. A imagem da *mãe* é a mais querida e mais utilizada por Afonso. O papel da mãe é onipresente no livro das *Glórias de Maria*. A mãe: ama os filhos com um "amor necessário", sem necessitar de nenhuma obrigação[258]; inspira confiança[259]; tem autoridade sobre os filhos[260]; sente como próprias as dores dos filhos[261] e os ama ainda mais quando os vê em perigo[262]; quem honra a mãe, honra o filho[263].

- ***Filhos***. Enquanto o amor dos pais para com os filhos é algo natural, o amor dos filhos para com os pais precisa estar apoiado pelo preceito[264]. A relação do filho com o pai é, sobretudo, de respeito[265]. Por outro lado, com a mãe é relação de confiança e de amor[266]. Os filhos desejariam nascer de pais nobres[267] mas, de fato, não têm possibilidade de escolher seus pais[268].

- ***Esposo/esposa***. Referindo-se a Deus, fala em "soberano" que exige temor, como "pai" que exige respeito, e como "esposo" que exige amor[269]. No discurso sobre a Imaculada, fala de Maria como "filha", como "mãe" e como "esposa"[270].

---

[256] *Ibidem*.
[257] *Ibid*., 568.
[258] *Le Glorie*..., I, 44-45.
[259] Ibid., I, 34-44.
[260] *Ibid*., I, 202.
[261] *Ibid*., II, 226, 246, 254.
[262] *Ibid*., II, 134.
[263] *Ibid*., I, 157-158.
[264] *Ibid*., I, 44-45.
[265] *La vera Sposa*..., I, 62.
[266] *Le Glorie*..., I, 34-44, 44-45.
[267] *Ibid*., II, 14.
[268] *Ibid*., II, 17.
[269] *La vera Sposa*..., I, 62.
[270] Ver o discurso sobre a Imaculada: *Le Glorie*..., II, 9-43.

- Ciclo da vida familiar

Ao comentar a vida e os mistérios de Jesus, bem como as festas de Maria, Afonso alude ao pano de fundo antropológico-familiar implicados nas afirmações religiosas. Basta recordar, por exemplo, as referências ao nascimento e primeiros cuidados recebidos pela criança. Na *Novena de Natal* descreve o nascimento de uma criança e a alegria que o acontecimento supõe[271]; alude à forma de enfaixá-la[272], ao fato de amamentá-la[273], ao lugar onde repousa[274], etc.

5.5.2. *A experiência familiar: fator estruturante do universo religioso*

No capítulo anterior, analisamos e interpretamos a experiência familiar de Afonso. Descobrimos duas características peculiares relacionadas entre si: carência de "imagem paterna" e excesso de "imagem materna".

Atrevo-me a sugerir que essa peculiaridade da experiência familiar tem seu correlato na estruturação do universo religioso de Afonso. Também nesse nível, percebe-se uma descompensação: aumento do "maternal" e decréscimo do "paternal".

Apresento alguns dados para justificar a hipótese de que a experiência familiar é fator estruturante do universo religioso afonsiano.

- Importância do "maternal"

Ninguém poderá negar a importância de Maria, enquanto *Mãe* de Jesus e mãe nossa, no universo espiritual afonsiano. O livro *Glórias de Maria* constitui, na letra e no espírito, a expressão mais acabada dessa característica. Já desde o primeiro capítulo, o tom mariano da espiritualidade se fundamenta sobre a afirmação

---

271 *Novena del Santo Natale*: Opere Ascetiche, vol. IV (Roma, 1939) 202-204. Sobre as alegrias por ocasião do nascimento, ver: *Le Glorie...*, II, 44.

272 *Novena del Santo Natale*: *l. c.*, 207-209.

273 *Ibid.*, 209-212 ("dal petto di Maria": 209).

274 *Ibid.*, 212-214 ("nè lana, nè piume per farne un letto; Gesù sulla paglia").

de que Maria "é verdadeiramente nossa mãe, não carnal, mas sim espiritual de nossas almas e de nossa salvação"[275]. Dessa afirmação básica, Afonso deduz a função imprescindível de Maria na vida cristã, bem como a necessária relação do crente com ela através do amor, da invocação e das diversas formas de piedade mariana.

O lugar e a função de Maria na síntese espiritual afonsiana devem ser explicados pelas razões que o próprio Afonso apresenta. Mas, como diz Tellería, não se pode esquecer "o clima geográfico, histórico e religioso em que escreveu a obra" (refere-se às *Glórias de Maria*)[276]. Entre esses condicionantes, é preciso situar, sem dúvida, a experiência familiar.

Como foi anotado no capítulo primeiro desta seção, muitos estudiosos reconhecem a estreita relação existente entre mãe e filho na cultura do sul da Itália. Reconhece-se como diferencial da família meridional uma maior simbiose entre mãe e filho, chegando a se falar de certo *mammismo*. Daí provém, em parte, a importância do feminino/maternal no imaginário religioso da piedade do *mezzogiorno*.

Afonso é representante qualificado dessa importância do maternal em sua própria experiência familiar e na configuração de seu universo religioso. Insistiu-se na função da mãe na configuração da personalidade moral de Afonso, contudo, é preciso sublinhar seu papel na "maternalização" da síntese espiritual afonsiana.

- Decréscimo do "símbolo paterno"

No universo religioso de Afonso, o símbolo paterno ocupa lugar de pouco destaque. Ofereço duas anotações para apoiar essa afirmação.

Por um lado, a síntese espiritual afonsiana não é "teocêntrica", mas "cristocêntrica". Em linguagem simbólica, diríamos que

---

[275] *Le Glorie...*, I, 34 (ver p. 34-44). Afonso insiste sobre o amor de Maria em relação a nós, seus filhos (p. 44-63) embora, na situação de "pecadores arrependidos" (p. 63-73).

[276] Tellería, I, 548.

não é "patricêntrica", mas "filiocêntrica". Há um texto afonsiano chave que deixa clara essa orientação.

Refiro-me à primeira frase da *Prática do Amor a Jesus Cristo,* apresentando-se quase como o tema de uma sinfonia que, por sua vez, será desenvolvido ao longo dessa obra máxima da espiritualidade afonsiana. "Toda a santidade e perfeição de uma alma consiste em amar Jesus Cristo, nosso Deus, nosso sumo bem e nosso salvador"[277]. Nessa afirmação pode-se observar como *Deus* fica em segundo lugar, enquanto *Cristo* ocupa o primeiro posto e, além disso, revestido com notas típicas de Deus ("nosso sumo bem").

Por outro lado, na pena de Afonso, a referência a *Deus* costuma ter conotações "paternais". Obviamente, quando o exige a ortodoxia teológica, fala de "Eterno Pai"[278]; mas quando não há essa exigência, a referência é feita através do termo mais abstrato e psicologicamente menos implicativo: *Dio* (Deus). Nessa constante linguística de Afonso fica claro, a meu ver, a pouca importância do paternal na síntese espiritual, fiel reflexo das dificuldades enfrentadas na experiência familiar para introjetar corretamente a imagem do pai[279].

Faço essa afirmação como hipótese de trabalho, sabendo da necessidade de análises mais detalhadas e investigações mais contrastadas. Entre os dados que precisam ser situados como contraste, assinalo os dois seguintes. Na *Praxis,* Afonso coloca, como primeiro ofício do confessor, o ofício de *pai,* entendendo essa função em chave de "bondade"[280]. Em uma carta dirigida a seus sobrinhos, há um hino muito belo à paternidade de Deus, paternidade que lhes recorda na ausência do pai falecido, paternidade a que

---

[277] *Pratica de amar Gesù Cristo*: Opere Ascetiche, vol. I (Roma, 1933) 1.

[278] *Le Glorie...*, II, 11, 28.

[279] Parece ter *ressonâncias autobiográficas* a súplica que Afonso dirige a Maria na 23ª visita: "eu perdi o pai, mas vós sois a minha mãe que me fareis recuperá-lo" ("io ho perduto il padre, ma voi siete la madre mia che me l'avete da far ricuperare"): *Visite al SS. Sacramento ed a Maria SS.ma*: Opere Ascetiche, vol. IV (Roma, 1939) 364.

[280] *Praxis*, n. 1-5.

ele - Afonso - se associa ao querê-los "com carinho de pai". Quero terminar minhas reflexões com esse louvor ao simbolismo paternal, para que não seja a quebra psicológica, mas sim a mensagem cristã libertadora, a permanecer vitoriosa e radiante na experiência familiar e religiosa de Afonso:

> "Assente-se no coração o temor de Deus como Senhor vosso que é; entretanto, mais ainda, esforçai-vos para amá-lo como Pai: Pai, nome dulcíssimo para nós. Sim, realmente é nosso Pai: amai-o, portanto, com ternura. É Pai bondoso, doce, amoroso, terno, benéfico, misericordioso; outros tantos títulos pelos quais deveis amá-lo com afeto cordial, terno e agradecido. Felizes de vós se já desde a adolescência o amardes com sinceridade de alma! O jugo do Senhor se vos converterá em suave, sua lei santíssima se vos tornará amável e tereis força para enfrentar as paixões desregradas e vencer os inimigos de vossa alma. Pouco a pouco se tornará natural para vós o hábito de agir bem, de sorte que se vos tornará fácil e agradável o que para outros vai contra a vontade, parece descabido e custa muito. Amai a Deus, meus filhos. Eu vos chamo de filhos, já porque os quero com carinho de pai, já porque desejo formar em vossas almas a santa caridade. Meus filhos: amai o vosso Deus e Senhor Jesus Cristo e guardai em vosso coração esse amor com suma vigilância, temerosos de perdê-lo. Grande desgraça é perder o amor de Deus, sua graça e amizade, e atrair sua indignação e seus castigos"[281].

[281] *Lettere*, II, 531.

SEXTA SEÇÃO

A formação civil
e eclesiástica de Afonso

Depois de haver analisado, na seção precedente, a experiência familiar na vida de Afonso, continuamos agora, nesta seção, tratando de sua *formação*. A ela dedicaremos três capítulos, abordando separadamente, nos dois primeiros, formação *civil* e formação *religiosa*, conscientes de que as duas estão necessariamente entrelaçadas. No terceiro capítulo constataremos a ampla cultura de Afonso.

6.1. A FORMAÇÃO CIVIL DE AFONSO

É óbvio que o conhecimento sobre a formação de Afonso oferece dados importantes para a compreensão exata de sua obra, concretamente, de sua obra escrita no campo da Teologia Moral. No presente capítulo, tomamos nota da ampla formação civil de Afonso, percorrendo as etapas principais de sua configuração e tratando de captar, nos últimos números do capítulo, sua estrutura mental, principalmente, a filosófica.

6.1.1. *Estudos primários e médios*

- O ensino primário e médio em Nápoles (séc. XVIII)

No séc. XVIII, o ensino primário ainda constituía privilégio de poucos. "Na metade do século XVIII, de 5 a 10% da população do Reino estava alfabetizada (em Nápoles 40%). A diferença entre a classe rica alfabetizada, de 95 a 100%, e a popular era, pois, enorme"[1]. Essa situação não surpreende se levarmos em conta que, até as primeiras décadas do séc. XIX, não se incluía entre as tarefas do Estado a instrução pública e, muito menos, a primária.

A precedente afirmação não nos deve impedir de denunciar o fato de, no Reino de Nápoles, que possuía na própria capital um dos maiores centros intelectuais da Europa no séc. XVIII, ao menos no que toca aos estudos de história, filosofia e direito (como testemunham os nomes de P. Giannone, F. Galiani, A. Genovesi, G. Galanti, M. Pagano e, sobretudo, G. B. Vico), fosse chamativamente grande a falta de preocupação pelo ensino do povo por parte dos dirigentes políticos. A juízo de alguns, aí se encontra uma das causas na origem da chamada questão meridional (*questione meridionale*)[2].

---

1 G. Orlandi, *O Reino de Nápoles do século XVIII:* F. Chiovaro (ed.), *História da Congregação do Santíssimo Redentor.* Volume 1: As Origens (1732-1793). Aparecida: Santuário/Scala, 2019, p. 86.

2 M. Vigna, *Il sistema scolastico borbonico alle origini della "questione meridionale"*: Nuovo Monitore Napoletano, 8 ottobre 2016.

A consciência da obrigação e direito à instrução começou a tomar as mentes mais atualizadas do séc. XVIII[3]. Porta-voz desse direito-dever foi, entre outras pessoas ilustradas, Antônio Genovesi, que sublinhou a importância das escolas de ler e escrever e da aritmética para o desenvolvimento humano e social.

> "Em 1778 foi decidido que em todos os conventos fosse instituída uma escola pública aberta a todos, mas especialmente 'aos da mais baixa plebe', onde os meninos deviam ser instruídos na leitura, escrita, aritmética, primeiros rudimentos da gramática e catecismo. Mas a iniciativa não produziu resultados significativos"[4].

Em 1770, havia em Nápoles uns 40 estabelecimentos beneficentes para meninas pobres, onde eram acolhidas e recebiam certa educação[5]. Em 1860, havia apenas 47 escolas primárias em Nápoles, confiadas às paróquias ou instituições religiosas[6].

> "Em 1733, chegaram a Nápoles as Mestras Pias Romanas que abriram na cidade três escolas gratuitas para as meninas do povo. Sua obra foi muito proveitosa, embora não se pudesse esperar que resolvesse o grave problema da carência de escolas femininas"[7].

Os estudos prévios à universidade (primários e médios) podiam ser realizados em casa ou em um colégio[8]. Em Nápoles havia, ao menos, dois colégios de nobres, dirigidos, um pelos padres somascos, e outro, pelos jesuítas[9]. Também havia colégios de orientação geral. Os jesuítas, já durante a vida de Inácio, tinham fundado

---

3 I. Sgherzi, *Spunti critici intorno alla cultura e l'istruzione primaria a Napoli nel 1700* (Nápoles, 1981).

4 G. Orlandi, *El Reino de Nápoles...*, 94.

5 L. Barletta, *Le donne nelle istituzioni di beneficenza napoletane*: G. Galasso - A. Valerio (ed.), Donne e religiose a Napoli. Secoli XVI-XVIII (Milão, 2001) 238-265.

6 I. Sgherzi, *Spunti critici...*, 77-79. Também: A. Zazzo, *L'istituzione pubblica e privata nel Napoletano (1767-1860)* (Città di Castello, 1927).

7 G. Orlandi, *El Reino de Nápoles...*, 95.

8 G. Boccadamo, *Istruzione ed educazione a Napoli tra il Concilio di Trento e l'espulsione dei Gesuiti*: Annali di storia dell'educazione e delle istituzioni scolastiche 3 (1996) 25-52 = 15 (2009) 291-300.

9 J. Andrés, *Nápoles (Cartas del Viaje de Italia)*, edição de P. Aullón de Haro (Madri, 2016) 49. Também: C. Belli, *La fondazione del collegio dei nobili di Napoli*: C. Russo (ed.), Chiesa, asistenza e società nel Mezzogiorno moderno (Galatina, 1994).

os colégios de Messina (1548), Palermo (1559) e Nápoles (1552); no séc. XVIII, antes da expulsão, a Companhia de Jesus dirigia o colégio Máximo del Gesù Vecchio[10]; ainda mantinham outros três centros: o colégio de Santo Inácio, o colégio de São José em Chiaia para pescadores e artesãos, e o colégio São Francisco Xavier para alunos de língua espanhola. Também tinham aberto colégios para os meninos os barnabitas, somascos e, sobretudo, os esculápios.

Por outro lado, no *Settecento* napolitano não faltaram teóricos da educação. Escreveram sobre ela, além do citado Antônio Genovesi: Paulo Matias Doria (1667-1746), José Palmieri (1721-1793), Fernando Galiani (1728-1787), Francisco Longano (1729-1796), Domingos Grimaldi (1734-1805), Domingos Cirillo (1739-1799), José Maria Galanti (1743-1806), Mário Pagano (1748-1799), Michelângelo Spada (1749-1803), Caetano Filangieri (1752-1783), Leonor Pimentel da Fonseca (1752-1799), Francisco Pablo de Blasi (1753-1795), João Cirillo (1769-1834), Vicente Russo (1770-1799)[11].

Nota bibliográfica.

Sobre as possibilidades de instrução em Nápoles, no séc. XVIII.

- A. Zazzo, *L'istituzione pubblica e privata nel Napoletano (1767-1860)* (Città di Castello, 1927).
- G. Acone - C. Piscopo - D. Dente, *Educazione e società nel 700 napoletano* (Roma, 1977).
- I. Sgherzi, *Spunti critici intorno alla cultura e l'istruzione primaria a Napoli nel 1700.* Prefazione di L. S. Persico (Nápoles, 1981).
- E. Chiosi, *Intellettuali e plebe. Il problema dell'istruzione elementare nel Settecento napoletano:* Rivista Storica Italiana 100 (1988) 155-175.
- G. Boccadamo, *Istruzione ed educazione a Napoli tra il Concilio di Trento e l'espulsione dei Gesuiti:* Annali di storia dell'educazione e delle istituzioni scolastiche 3 (1996) 25-52.

---

[10] M. Errichetti, *L'antico Collegio Massimo dei Gesuiti a Napoli (1552-1806)*: Campania Sacra 7 (1976) 171-264.

[11] Ver apontamentos e ideias educativas e pedagógicas de cada um desses autores em: I. Sgherzi, *Spunti critici...*, 31-76.

Sobre as teorias (e práticas) educativas e pedagógicas na Itália no Settecento.

- G. B. Gerini, *Gli scrittori pedagogici italiani del secolo XVIII* (Turim, 1901).
- B. Peroni, *La politica scolastica dei principi riformatori in Italia:* Nuova Rivista Storica 3 (1928) 265-295.
- E. Bosna, *Alle origini della scuola statale. Progetti e riforme scolastiche in Italia nella seconda metà del XVIII secolo* (Bari, 1976).
- E. de Fort, *Storia della scuola elementare in Italia* (Milão, 1979).
- G. Stiffoni, *Educación e Ilustración en Italia:* Revista de Educación [número monográfico sobre "La Educación en la Ilustración española"] (1988) 99-117.
- A. Bianchi, *Scuola e lumi in Italia nell'età delle riforme (1750-1780)* (Bréscia, 1996).
- G. Genovesi, *Storia della Scuola in Italia dal Settecento a oggi* (Roma-Bari, 2001).

- Estudos primários e médios de Afonso

Dada a posição social de sua família e levando em conta sua condição de primogênito, Afonso teve formação esmerada. Por decisão de seu pai, fez os estudos iniciais e médios em casa, opção que supunha maior custo econômico, mas, em princípio, também era sinal de maior prestígio social e garantia de melhor formação. Mais tarde, como resposta aos que lhe acusavam de inclinação intelectual para o probabilismo jesuítico, Afonso dirá que "não havia estudado em nenhum colégio de jesuítas" *(io non sono stato scolare dei Gesuiti)*[12]. Nesta afirmação, além da ênfase em sua independência quanto à orientação moral, não se deve descartar certo tom de prestígio social: "eu não estudei em um colégio; fiz os estudos em casa".

Afonso fez os estudos primários e secundários sob a direção do "douto" sacerdote calabrês Domingos Buonaccia[13], de quem co-

[12] *Lettere*, III, 487.
[13] Tannoia, I, 2.

nhecemos apenas o local de nascimento[14]. Afonso "cursou as disciplinas de primeira e segunda etapas e aprendeu os princípios morais com os quais mais tarde deveria ajustar sua vida de cavaleiro (...). O programa compreendia as matemáticas e história, ciências físicas e astronômicas, cursos de língua francesa e - provavelmente - espanhola; mas, sobretudo, formação clássica greco-latina e exercício de poesia italiana. Esse bacharelado precoce foi completado por outros mestres com lições de desenho e pintura, música e canto e, mais tarde, esgrima e arte militar, na época, imprescindíveis para adolescentes de sua classe"[15].

Para a configuração intelectual de Afonso, e consideração de seu futuro trabalho no mundo da palavra (pregação) e da pena (escritos), devem ser destacados os seguintes aspectos.

O conhecimento e uso da cultura clássica em geral e, mais particularmente, da língua latina, foram satisfatórios. Houve confrades na Congregação que escreviam melhor o latim do que ele, como demonstraram na tradução para o latim de escritos de Afonso; mas ele também utilizava a língua latina de forma suficientemente correta[16].

> Os escritos afonsianos estão cheios de citações bíblicas, na tradução latina da Vulgata; de citações da patrística latina, nesse idioma; de citações de autores latinos como Cícero, Lucrécio, Ovídio, Virgílio, etc., transcritas em latim. Afonso também *cita Platão e outros autores gregos; mas, ainda que Liguori pudesse ler em grego, esses autores são citados em latim.*

A formação clássica deixou em Afonso "tendência a preferir a frase limpa e castiça", bem como a propensão a usar "ensinamen-

---

14 R. Tellería, *Sacerdos D. Dominicus Buonaccia, S. Alfonsi pueruli primus in litteras humanas magister*: SH 12 (1964) 205-208.

15 Tellería, I, 13.

16 E. Marcelli - S. Raponi, *Un umanista del '700 italiano. Alfonso M. de Liguori* (Verona, 1992) 170-179: "Il latinista". Na afirmação de Rey-Mermet, 57: a TM foi redigida "em um latim vivo, ágil e não desprovido de elegância". Por sua vez, M. Cordovani rebaixa um pouco a afirmação precedente dizendo que a TM está escrita em um "latim discreto" de escola (ver a citação em: Tellería, I, 565).

tos morais [contidos nos escritos] enquanto aproveitáveis para o serviço da fé"[17].

A retórica, concretizada especialmente na elocução literária e elegância latina, deve ter sido especialmente cultivada, já que era o conteúdo principal do exame de ingresso na universidade.

Nos estudos médios, o aluno era iniciado na filosofia que, no séc. XVIII, consistia basicamente na metodologia ou lógica para pensar e se expressar (aspecto vinculado à retórica) e em alguns conhecimentos muito gerais sobre os dados da experiência física e cosmológica. Na última parte do presente capítulo, nos fixaremos mais expressamente na preocupação de Afonso com as questões filosóficas.

A formação em retórica e orientação filosófica cartesiana geram em Afonso "esta clareza, esta simplicidade, este poder de convicção que fará dele, sem comparação, o escritor mais lido de seu tempo"[18].

Afonso, além do italiano (e das formas dialetais usadas em seu ambiente), também podia se servir do francês e espanhol[19].

> Tellería diz que, do uso do francês, "há provas mais que suficientes nos escritos do Santo, onde os autores franceses são citados em suas edições originais. O castelhano era língua oficial sob os Astúrias, e continuou sendo usado sob os Bourbons por muito tempo no reinado de Fernando IV. Algumas vezes em seus escritos Afonso argumenta insistindo em expressões castelhanas *(Prática do Confessor,* II, n. 27)"[20]. Parece mais exata esta outra afirmação: "Lia em francês e espanhol, mas citava Rousseau e Santa Teresa de Ávila em italiano. Não lia em inglês, por isso precisou usar traduções para suas citações de Tindal, Hobbes e Locke"[21].

Pensando na formação dos membros de seu Instituto, compôs uma gramática do toscano culto: *Alcuni brevi avvertimenti per la lin-*

---

17 Tellería, I, 18.

18 Rey-Mermet, 61.

19 A. Pichler, *Der heilige Alfons von Liguori. Ein Charakterbild* (Regensburg, 1922) 13.

20 Tellería, I, 13, nota 50.

21 H. F. G. Swanston, *Celebrating Eternity Now. A Study in the Theology of St Alphonsus de Liguori* (Chawton, Hampshire, UK, 1995) 7.

gua toscana (com a segunda parte: *Delle quattro regole principali dell' aritmetica)*, opúsculo de 47 páginas (publicado *s. a.* e *s. l.*, provavelmente, em 1750)[22].

Entre as artes, foi a música a mais cultivada por Afonso. "Para a música, havia herdado de seu pai o amor e qualidades naturais de todo bom napolitano, e para obedecer-lhe, teve que cultivá-la com intensidade excepcional e aulas de até três horas diárias"[23].

Não há documentos comprovando que Afonso frequentou, como aluno, algum dos quatro conservatórios então existentes em Nápoles (do conservatório de Santo Onofre saíram grandes cantores, como Farinelli), nem as aulas particulares dos Scarlatti, tanto Domênico, quanto Antônio. Uma testemunha anônima afirma, nos Processos, que Afonso recebeu aulas de contraponto do célebre Gaetano Greco, mestre de capela[24].

Já nessa primeira etapa de formação, verificou-se em Afonso "uma memória fácil e tenaz, curiosidade reflexiva, aplicação extraordinária e espírito de ordem e de trabalho"[25].

Nota bibliográfica.

- R. Sarabia, *El estudiante prodigioso:* El Perpetuo Socorro 14 (1912) 346-350.
- R. Tellería, *Sacerdos D. Dominicus Buonaccia, S. Alfonsi pueruli primus in litteras humanas magister:* SH 12 (1964) 205-208.
- E. Marcelli - S. Raponi, *Un umanista del '700 italiano. Alfonso M. de Liguori* (Verona, 1992) 170-179: "Il latinista".

- Formação religiosa e primeira "socialização" (no âmbito religioso e sociedade civil)

Com a preocupação pelos estudos, os pais de Afonso também demonstraram interesse na formação religiosa do menino e adoles-

---

22 De Meulemeester, I, 74. Edição atual feita por R. Librandi: S. Alfonso M. de Liguori, *Brevi avvertimenti di Grammatica e Aritmetica* (Nápoles, 1984).

23 Tellería, I, 13.

24 R. Tellería, *Archivi Status Vindobonensis relatio et decreta*: SH 7 (1959) 241, nota 44.

25 Tellería, I, 13.

cente, aspecto que os biógrafos destacam suficientemente. A mãe encaminhou Afonso aos filipinos, entre os quais lhe indicou seu próprio diretor: o Pe. Tomás Pagano. O pai levou consigo o jovem filho aos exercícios espirituais, dirigidos pelos vicentinos ou jesuítas.

Nessa interação religiosa, destacamos apenas um dado: a incorporação de Afonso ao Oratório dos Jovens Nobres, confraria instituída pelos filipinos em 1676 e colocada sob o patrocínio de São José[26]. Foi onde Afonso realizou sua primeira *socialização*, superando dificuldades e, sobretudo, encontrando as bases para a prática de suas muitas qualidades (relação interpessoal e grupal, expressão artística, início de liderança, etc.)[27].

Com essa socialização no ambiente religioso, temos que situar outro processo socializador de Afonso no ambiente civil. Trata-se de sua presença, juntamente com seu pai, na sede de Portanova. Depois de O. Gregorio[28], foi o biógrafo R. Tellería quem enfatizou especialmente essa aprendizagem civil de Afonso no governo da cidade[29]. A socialização civil continuou (ou começou) na etapa juvenil (universitária) de Afonso.

Nota bibliográfica.

- R. Tellería, S. *Alfonsus adolescens Oratorio Philippensi S. Joseph adscriptus:* Analecta CSSR 31 (1959) 307-312.
- H. F. G. Swanston, *Saint Alphonsus and His Brothers. A Study of the Lives and Works of Seven Redemptorists* (Liguori, Missouri, 2000) 57-63.

---

26 Ver a exposição que, a esse respeito, oferece: H. F. G. Swanston, *Saint Alphonsus and His Brothers. A Study of the Lives and Works of Seven Redemptorists* (Liguori, Missouri, 2000) 57-63.

27 R. Tellería, *S. Alfonsus adolescens Oratorio Philippensi S. Joseph adscriptus*: Analecta CSSR 31 (1959) 307-312.

28 *Contributi*, 41-48: "Tra i cavalieri di Portanova".

29 Tellería, 41-50: "En el sejo de Portanova (1713-1723)".

6.1.2. *Estudos universitários. Doutorado em Direito*

- Estudos de Direito

Ao memorialista A. Tannoia não interessa ressaltar a importância da etapa universitária de Afonso. Passa por esse período quase sem nomear a universidade, como se Afonso tivesse continuado seus estudos em casa. Teria feito isso pensando em convencer os leitores de que o biografado não "se contaminou" com os males da universidade - professores, colegas, ambiente - e, consequentemente, poderia "ser declarado" santo? De fato, os estudos universitários podiam ser realizados privadamente, embora o título, sendo monopólio público, devesse ser obtido no Colégio dos Doutores.

Frente a esse quase silêncio de A. Tannoia - e dos biógrafos posteriores até a primeira metade do séc. XX[30] - biógrafos recentes dedicam grande espaço e sublinham a importância da etapa universitária na biografia de Afonso. É o que faz Tellería, explicando em detalhes, e até com expressões técnicas, os possíveis conteúdos das matérias jurídicas estudadas por Afonso[31]. Foi seguido por T. Rey-Mermet, que abrilhanta essa etapa de aprendizagem afonsiana avaliando como muito positiva, talvez com algum exagero, o contexto universitário do *Settecento* napolitano[32]. Tampouco F. Jones deixou passar a etapa universitária de Afonso, sublinhando a vinculação de Liguori com as "inteligências" do momento: G. Vico, D. Aulísio, P. Giannone (ainda que a relação tenha sido *a contrariis)*, e com outros mestres do Direito: J. Cusano (direito canônico), D. Aulísio (direito romano), N. Caravita (direito feudal), N. Capasso (eloquência), J. A. Chianese (instituições civis)[33].

Entretanto, os três biógrafos citados dependem, em grande medida, das investigações realizadas por A. Freda sobre documentos

---

[30] Como diz O. Gregorio, *Contributi biografici*: *Contributi*, 17, até os mais recentes biógrafos (Dilgskron, 1887; Capecelatro, 1893; Berthe, 1896; Pichler, 1922) todos repetem ao pé da letra o texto tannoiano, "poucas vezes melhorado".

[31] Tellería, 23-40: "Por los claustros de la universidad, 1707-1713".

[32] Rey-Mermet, 71-81: "Rua dos Tribunais (1708-1713)".

[33] Jones, 15-22.

remanescentes dos estudos universitários de Afonso: matrícula, juramento de frequência escolar, etc[34]. Também devem ser avaliadas positivamente as considerações de R. Bayón sobre a situação dos estudos de Direito na universidade de Nápoles na época de Afonso[35].

Não é demais repetir o que expusemos no cap. 1 da quarta seção sobre a situação da universidade napolitana na época de Afonso. Destacamos alguns dados que se referem diretamente a este último.

De início, é preciso dizer que Afonso ingressou na faculdade de maior prestígio da universidade napolitana daquele tempo. A "intelectualidade" napolitana de então era patrimônio dos profissionais do Direito. Da faculdade de Direito saía a maior parte dos ocupantes dos principais postos da administração pública e da própria Igreja. Em resumo, Nápoles era "a terra clássica da jurisprudência forense"[36].

A disciplina do Direito "sempre foi cultivada com esmero e êxito entre os italianos, até alguns chamá-la de ciência preferentemente italiana. Esse atavismo racial, aptidão de mentalidade, pode ser fruto da necessidade criada pelo temperamento litigante ou pela ineficácia da legislação. No início do séc. XVIII, onze legislações eram incapazes de dar razão ao cidadão: a dos reis e vice-reis espanhóis; as usuais, tão arraigadas na terra, a saber: romana antiga, lombarda, normanda, saxônica, angiovina, dos Astúrias da Espanha, aragonesa, austríaca, alemã, feudal e eclesiástica"[37].

Embora a faculdade de Direito fosse a de maior prestígio na universidade partenopeia, não vivia os melhores momentos de

[34] A. Freda, *De Institutione et Eruditione Juridica S. Alphonsi M. de Ligorio* (Roma, 1939) Pontificium Institutum Utriusque Juris, recolhido em: *S. Alfonso universitario: Contributi*, 81-110.

[35] R. Bayón, *Cómo escribió Alfonso de Ligorio* (Madri, 1940) 55-58.

[36] A. Freda, *S. Alfonso universitario: Contributi*, 97.

[37] R. Bayón, *Cómo escribió...*, 55-56.

sua história. Nos anos seguintes tentou-se uma reforma que, no entanto, não passou de conjunto de boas intenções[38].

Afonso começou a etapa universitária através de uma prova de ingresso, consistente basicamente em exame de *retórica* que, ao dar *Fede di Rettorica,* possibilitava o ingresso na universidade. Na época de Afonso, esse tribunal de ingresso era presidido por João Batista Vico, professor de retórica. Foi o mesmo Vico que, no início do mesmo curso (setembro de 1708), pronunciou o famoso discurso inaugural (pela sétima ou oitava vez) com o tema *De nostri temporis studiorum ratione*[39].

Seguramente, esses dois máximos representantes da cultura napolitana da época voltaram a se encontrar em outras ocasiões: na cultura civil, João Batista Vico; e na cultura religiosa, Afonso de Liguori. Entretanto, sempre chama a atenção o nome de Vico não aparecer nos escritos de Afonso.

A formação universitária transcorreu - hoje nos parece excessivamente breve - durante os anos prescritos para o curso (1708-1712); para a Medicina eram obrigatórios sete anos; para a Teologia, oito anos. Afonso teve como mestres os célebres juristas já citados (acrescentamos: José Perrone, Andrés Oivine, etc.). Também frequentou diversas academias, sobretudo a mais prestigiosa da época, dirigida por Domingos Caravita, presidente do Conselho Supremo. A essa academia "acudia então Afonso, e o veremos acudir mais assiduamente com o doutorado. Afonso podia acessá-la a alguns passos de sua casa, no *Largo Donnaregina,* onde morava seu condiscípulo e amigo, Conrado Capece"[40].

As aulas da faculdade ocorriam nas salas da planta baixa do convento dominicano de *San Domenico Maggiore,* então sede dos *Studi pubblici.* Instalada a família Liguori-Cavalieri no *Palazzo Ca-*

---

38 Sobre a reforma, no ano de 1736, a *Università degli Studi,* então chamada *Pubblico Studio*: G. Caridi, *Carlos III. Un gran reformador en Nápoles y España* (Madri, 2015) 76-78.

39 G. Vico, *Opere,* edição de A. Battistini (Milão, 1990) I, 104ss.

40 Tellería, I, 31.

faro, junto às *Anime del purgatorio,* o neouniversitário de doze anos percorria a *via Tribunali,* seguia pela *via Nilo* e assim chegava a *San Domenico Maggiore.* Foi, provavelmente, pensando nos estudos universitários de Afonso que seus pais transferiram o domicílio da zona mais distante, *ai Vergini,* para esta, do *Palazzo Cafaro,* mais próxima da universidade[41].

A presença nas aulas era obrigatória e devia ser garantida com juramento de uma testemunha, antes da obtenção do título do doutorado. Como na maioria das vezes esse juramento era falso, a pergunta sobre sua moralidade passou aos manuais de Teologia Moral. O moralista dominicano P. T. Milante considerava perjúrio um juramento falso desse tipo[42]. Afonso, pelo contrário, escusa de perjúrio, referindo expressamente a situação da universidade napolitana[43]. Sobre a questão, diz Tellería: "Se nisso não há algo de caráter autobiográfico no sentido de convalidar uma conduta pessoal, apresenta-se certamente como reflexo das ideias por ele vividas no ambiente universitário"[44].

– Doutorado no Colégio dos Doutores

No *Palazzo* do príncipe Avellino (hoje no *Largo Proprio d'Avellino),* então residência do chanceler do Reino, Afonso recebeu o título de doutor *in utroque iure* (civil e canônico), depois do exame diante do Colégio dos Doutores, no seu caso, de Jurisprudência (20 de janeiro de 1713). Foram seus padrinhos os professores José Valletta e José Porpora. Os temas de exame foram: para o direito canônico, transferência dos clérigos e doações; para o direito civil, contratos e prioridade da justiça e equidade sobre a letra da lei. A

---

41 D. Capone, *L'abitazione di S. Alfonso a Napoli da giovane: Contributi*, 67-79.

42 P. T. Milante, *Exercitationes dogmatico-morales* (Nápoles, 1739) 305.

43 Gaudé, I, 474-475: "Probabile magis mihi videtur non perjurare doctorandos Neapoli, qui more solito scribunt manu propria in suscipiendo matriculas: *Dico con giuramento, essere il primo anno istitutista,* etc., cum revera id non sit. Ratio quia verbum illud *giuro* (...) de se non est juramentum, nisi praecedat interrogatio de juramento. Sed haec interrogatio Neapoli vel omnino non fit, vel non fit de vero juramento".

44 Tellería, I, 27, nota 30.

qualificação, por unanimidade do tribunal, foi *summo cum honore maximisque laudibus et admiratione*[45].

A cerimônia oficial teve lugar em 26 de janeiro desse mesmo ano de 1713, quando não faltou o juramento de defender a doutrina da Imaculada Conceição *usque ad effusionem sanguinis*.

A esse juramento (*Votum de tuenda immunitate Deiparae Virginis Mariae ab originali peccato usque ad effusionem sanguinis*, segundo reza um texto de 1617 da universidade de Granada, Espanha) se opôs L. A. Muratori por considerá-lo "imprudente" e "inspirado em falsa piedade", já que não seria lícito expor a própria vida por uma opinião não aprovada pelo Magistério. Afonso terá ocasião de contradizer o parecer do ilustrado milanês e defender o juramento[46]. Clemente XI, em 1708, estendeu a festa da Imaculada à Igreja Universal e Pio IX proclamou o dogma mariano correspondente (8 de dezembro de 1854), deixando sem função - por superação - o juramento da Imaculada.

A partir do doutorado, Afonso podia vestir a toga de advogado. Tinha dezesseis anos, três meses e vinte e cinco dias. Havia recebido a dispensa dos três anos que faltavam para completar a idade exigida para a obtenção do doutorado.

Afonso se inscreveu no Colégio dos Doutores, ao qual pertenceu por toda a vida[47]. "Sua correspondência demonstra que, até seus últimos anos, cobrava a pensão do Colégio dos Doutores"[48].

Pertencer ao grupo social dos doutores comportava privilégios invejados pelos outros cidadãos: o doutor estava livre das taxas provinciais, não podia ser encarcerado por causa de dívidas, não podia ser submetido à tortura policial sem a presença de um

[45] O documento autêntico do doutorado é conservado no Arquivo do Vaticano, entre as atas dos processos episcopais da Dataria (vol. 139, f. 67-71). Cf. P. Bernards, *Diploma originale doctoratus S. Alfonsi in Archivio Vaticano inventum*: SH 1 (1953) 61-66.

[46] A. Santonicola, *Il "voto del sangue" per l'Immacolata e S. Alfonso de Liguori*: SH 3 (1955) 199-215.

[47] H. F. G. Swanston, *Saint Alphonsus and His Brothers...*, 64-66.

[48] R. Bayón, *Cómo escribió...*, 50.

magistrado da cidade. Além disso, o possuidor do título de doutor tornava-se membro da nobreza de "segundo grau"[49].

> "Falou-se que o sacerdote Afonso pertenceu ao Colégio dos Teólogos da capital. Inclino-me a pensar que não, depois de ter visto o catálogo dos graduados: *Statuta Regii Theologorum Collegii* (Neapoli, 1749), p. 66, 68 ss. Existem as listas de 1702. Entre os amigos de Afonso estão os reverendíssimos Gaeta, Nicolai, Galiani, De Rosa, Lucci, Volpi, Torni"[50].

- Vinculação às Confrarias

O Colégio dos Doutores não era propriamente uma confraria. Os Doutores podiam se inscrever em alguma (ou em algumas) das várias existentes para eles[51]: dirigidas pelos jesuítas, supervisionadas pelos Pios Operários (a uma delas se filiou C. Sportelli); dos *Bianchi dell'Oratorio di S. M. dell'Avvocata* na igreja de San Giovanni a Mare; da Imaculada Conceição dos Nobres em Montecalvano; etc.

Recebido seu diploma de doutor, assinado pelo oficial escrivão em 19 de março de 1713, Afonso se inscreveu na *Congregação da Visitação,* vinculada aos Oratorianos ou Filipinos[52]. Foi como membro dessa confraria que exerceu o voluntariado caritativo no hospital de *Santa Maria del Popolo,* chamado popularmente de *Casa degli Incurabili.* Voltaremos a tratar do serviço social e religioso de Afonso no cap. 2 da próxima seção.

Nota bibliográfica.

- A. Freda, *De Institutione et Eruditione Juridica S. Alphonsi M. de Ligorio.* Pontificium Institutum Utriusque Juris (Roma, 1939), recolhido em: S. *Alfonso universitario: Contributi,* 81-110.
- R. Bayón, *Cómo escribió Alfonso de Ligorio* (Madri, 1940) 55-58.

---

[49] H. F. G. Swanston, *Saint Alphonsus and His Brothers...*, 64. Também: M. G. Coletta, *Il Collegio dei Dottori dal 1722 al 1744 attraverso le carte dell'Archivio di Stato di Napoli*: Archivio Storico per le Provincie Napoletane 3 series, 18 (1979) 217-241.

[50] Tellería, I, 138, nota 20.

[51] H. F. G. Swanston, *Saint Alphonsus and His Brothers...*, 336, nota 54.

[52] *Ibid.*, 67-73.

- P. Bernards, *Diploma originale doctoratus S. Alfonsi in Archivio Vaticano inventum:* SH 1 (1953) 61-66.

6.1.3. *A "forma mentis" jurídica e o trabalho teológico-moral*

Além de permitir que exercesse a profissão de advogado por alguns anos, a formação jurídica também dará a Afonso a condição de pessoa culta e intelectualmente preparada. Ele mesmo evocará tal condição de prestígio e usará a condição de advogado para se defender. Mas, sobretudo, em muitos aspectos a formação de advogado será decisiva para sua condição de teólogo moralista, como destacaram L. Vereecke, B. Häring e F. Chiovaro, entre outros.

Anos atrás, M. de Meulemeester ressaltou a conexão entre a preparação jurídica e o trabalho teológico-moral de Afonso: "A calma do jurista, a exatidão do homem de leis, o bom odor do magistrado, se desenvolverão mais tarde na ponderação, precisão e sentido prático de seus escritos teológicos"[53].

Voltaremos a insistir sobre esse aspecto no cap. 2 da próxima seção, quando comentarmos a profissão de advogado de Afonso. Mas, já desde agora, queremos deixar clara a importância do tema, apresentando bibliografia específica sobre a formação jurídica de Afonso e a importância para seu exercício de moralista.

Sobre a formação jurídica de Afonso.

- A. Fredda, *De institutione et eruditione iuridica S. Alfonsi* (Roma, 1939). Id., S. *Alfonso universitario:* Vários, Alfonso de Liguori. Contributi bio-bibliografici (Bréscia, 1940) 109-110.
- F. Chiovaro, *Alfonso de Liguori avvocato e magistrato:* Segno n. 142-143 (1993) 51-54. Id., S. *Alfonso de Liguori avvocato* (Palermo, 1999).
- P. Perlingieri, *Alfonso de Liguori giurista* (Roma, 1988).

Sobre a influência dessa formação jurídica na configuração do pensamento moral afonsiano.

- L. Vereecke, *Sant'Alfonso giurista. La formazione giuridica e l'influsso sulla morale:* Studia Moralia 31 (1993) 265-282.

---

[53] M. de Meulemeester, *Bibliographie générale des écrivains rédemptoristes, I. Bibliographie de S. Alphonse M. de Liguori* (La Haya-Lovaina, 1933) 22.

- M. L. S. Ceschini, *Santo Afonso Maria de Ligório, jurista e teólogo da Moral:* Vários, Ética e Direito: Um Diálogo (Aparecida, 1996) 33-63.
- F. Chiovaro, S. *Alfonso Maria de Liguori. Ritratto di un moralista:* SH 45 (1997) 121-153, especialmente, p. 137-152.
- T. Kennedy, *Alfonso de Liguori, una morale da avvocato del peccatore:* Segno 38 (2012) n. 332, 65-79.

6.1.4. *Configuração filosófica*

Devemos especialmente a D. Capone o interesse e primeiros estudos documentados sobre a formação filosófica de Afonso[54].

– Primeiro encontro com a filosofia

Como sabemos, Afonso teve a primeira iniciação ao saber filosófico durante os estudos médios, realizados em casa, sob a direção de seu mestre nessa área, Pe. Carminiello Rocco "sacerdote muito douto"[55]. Este, "era cartesiano, como 'toda Nápoles' esclarecida de então: universidade, tribunal, academias privadas, salões e círculos literários"[56]. L. Vereecke se atreve a fazer a pergunta: C. Rocco teria iniciado Afonso na "moral provisória" do grande R. Descartes? E responde: não sabemos[57].

Afonso entrou nesse peculiar campo da mente por duas portas: a lógica e a filosofia experimental. O biógrafo Tellería descreve os dois campos do mundo filosófico pelos quais adentrou o adolescente Afonso:

- ***Campo da lógica:*** "Além da retórica, principalmente cuidadosa da elocução literária e da elegância latina, os mestres repartiam algumas doses de lastro filosófico com a *Lógica*

[54] D. Capone, *Primi incontri di S. Alfonso con la filosofia*: *Contributi*, 111-181.
[55] Dado de uma testemunha anônima nos *Processos*, tal como recolhe: R. Tellería, *Archivi Status Vindobonensis relatio et decreta*: SH 7 (1959) 241, nota 44. Às vezes, é identificado - parece que sem exatidão - com o mestre de filosofia Afonso a Biagio Troise; assim o faz: A. Pichler, *Der heilige Alfons von Liguori. Ein Charakterbild* (Regensburg, 1922) 12-14.
[56] Rey-Mermet, 60.
[57] L. Vereecke, *Sant'Alfonso de Liguori moralista ieri e oggi*: La Civiltà Cattolica 139 (1988) III, 367.

maior e menor, nervo da oratória e, mesmo, de todo raciocínio humano"[58]. É possível que, para esse aprendizado, Afonso tenha usado a *Lógica ou Arte de pensar*, escrita em francês em Port-Royal, por A. Arnauld e P. Nicole e, depois, traduzida para as outras línguas europeias. J. B. Vico fala da difusão dessa obra em sua *Autobiografia.*

- ***Campo da filosofia experimental:*** Estudo bastante rudimentar da *realidade física e cosmológica.* Como diz Tellería, "a fachada de crítica e dialética era balizada com tons de filosofia experimental, destilados em alambiques cartesianos e gassendistas"[59]. Naturalmente, tais conteúdos precisavam ser adaptados à capacidade própria do pensamento e correspondente idade cronológica dos adolescentes e jovens.

- Orientação cartesiana

A orientação cartesiana da filosofia, com sua dupla preferência pela lógica (*Regulae ad directionem ingenii*) e pelo dado científico (filosofia *experimental*), fica demonstrada quando Afonso escolhe o manual de estudo de filosofia a ser usado pelos candidatos de sua Congregação.

A escolha de Afonso foi clara: o manual, em quatro volumes, do professor da universidade parisiense (durante 26 anos, a partir de 1677) e cartesiano, **Edmundo Pourchot** (1651-1734), com o título *Institutio philosophica ad faciliorem veterum et recentiorum philosophorum lectionem comparata,* editado em Paris, em 1695 (Paris, 1700, 1711, 1733; Lyon, 1711, 1716-1717, 1730; Veneza, 1715, 1730, 1755; Pádua, 1733)[60]. Como voltaremos a destacar, pode muito bem se tratar do mesmo manual usado pelo Pe. C. Rocco para iniciar Afonso no estudo da filosofia.

Não faltaram críticas no Estudantado de sua Congregação devido ao fato de Afonso ter escolhido o manual de E. Pourchot. Mas ele argumentou com a "aprovação universal" recebida pelo

---

[58] Tellería, I, 18.
[59] *Ibidem.*
[60] Tellería, I, 483-484.

manual[61]. De fato, era o texto de maior aceitação no sul da Europa daquela época[62], principalmente, por sua orientação eclética e por ter se libertado das amarras do "aristotelismo" de escola[63].

No entanto, como anotará mais tarde, para o seminário de sua diocese Afonso preferiu o manual do capuchinho Fortunato de Bréscia[64]. A mudança do aristotelismo para o cartesianismo, ocorrido inicialmente na universidade de Paris, na última década do séc. XVII, foi importante para o desenvolvimento histórico da filosofia na França e, em geral, na Europa. No séc. XVIII, passa-se de um modo estático e abstrato da verdade para sua análise científica, consequentemente, mutável e submetida à ação humana.

Ao falar do *cartesianismo* como forma mental de Afonso é preciso levar em conta que se trata de uma categorização em sentido muito aberto. Não deve ser entendida com o significado preciso da filosofia de Descartes, atitude que levaria ao contrário, ou seja, a duvidar de tudo. O ponto de partida é a quebra dos grandes sistemas filosóficos e, nessa situação de dúvida, buscar ideias claras e distintas - aqui está a contribuição do cartesianismo - para considerá-las na ordem do pensar e do agir. Descartes oferece um caminho filosófico para chegar à verdade. É o novo Sócrates da maiêutica moderna. Nesse sentido, é possível afirmar que Afonso foi iniciado no cartesianismo e se tornou cartesiano[65].

- Encontros posteriores com a filosofia

O segundo encontro de Afonso com a filosofia ocorreu durante os estudos eclesiásticos preparatórios para o sacerdócio. Também nesse momento de aprendizagem teórica, a orientação foi cartesia-

---

61 *Lettere*, III, 377-378.

62 R. Bayón, *Cómo escribió...*, 53.

63 A. Pichler, *Der heilige Alfons von Liguoiri...*, 15.

64 Tellería, II, 71.

65 Ver as explicações de: G. de Rosa, *S. Alfonso e il secolo dei lumi*: Rassegna di Teologia 28 (1987) 13 ss. Essas explicações também são assumidas por: G. Lissa, *Tra innovazione e tradizione: S. Alfonso M. de Liguori nel dibattito sull'utilizzazione dei testi biblici*: P. Giannantonio (ed.), Alfonso M. de Liguori e la società civile del suo tempo (Florença, 1990) I, 191.

na. Naquele momento da cultura napolitana (em geral, italiana), Descartes era o rei da filosofia. Já afirmamos que tal Descartes era mais o sustentador de um método de "ideias claras e distintas" que o iniciador do novo caminho filosófico da subjetividade.

O terceiro encontro com a filosofia, Afonso teve quando da composição de suas obras. Para refutar as propostas dos materialistas, ateístas e deístas, precisou trabalhar com os filósofos iniciadores dessas mesmas correntes. Foi quando, então, Afonso entrou em contato com o pensamento de filósofos tão distantes de seu ambiente cultural como Berkeley ou Toland.

> "Esta formação descontínua foi, na verdade, uma autoformação, estando ordenada ao estabelecimento das bases e soluções às várias questões que afrontava na composição de suas obras"[66].

Como resultado desses encontros de Afonso com a filosofia, podemos deduzir, segundo as fundadas avaliações de D. Capone, as seguintes constatações:

- A primeira formação filosófica de Afonso se deu à sombra do cartesianismo, naturalmente, do cartesianismo próprio do *Settecento* napolitano: muito mais uma lógica para raciocinar, que análise da realidade; mais um conjunto de dados científicos (físicos) próprios da época, que metafísica. "No *Settecento* o cartesianismo consistia no abandono do aristotelismo. E o Aristóteles da época era uma espécie de arca de Noé: ser averroísta, escotista, suareziano, tomista... era um simples detalhe: no fundo todos eram *aristotélicos* (...). Cartesianismo era limitar a filosofia à física: filosofia experimental subordinando a metafísica; os físicos são filósofos"[67].
- A formação filosófica no seminário continuou pelas coordenadas anti-aristotélicas (anti-metafísicas?). Assim como a teologia dogmática (e, em parte, a teologia moral de corte ri-

[66] D. Capone, *Primi incontri di S. Alfonso con la filosofia*: *Contributi*, 116.
[67] *Ibid.*, 118. Recomendamos continuar a leitura da exposição de D. Capone sobre a compreensão do cartesianismo no *Settecento* napolitano: *Ibid.*, 118-123.

gorista) se converteu ao positivismo patrístico e magisterial (concílios), a filosofia buscou a via das deduções claras e distintas[68]. "Os seminaristas faziam bem em olhar com desgosto os escolásticos e buscar a *boa filosofia* nos restauradores, nas *lumina philosophiae:* Bacon, Galileu, Descartes, Gassendi, Leibniz, Wolff"[69].

- Balanço

Como balanço do que foi exposto, podemos ficar com a seguinte orientação geral: "Afonso não explicitou a base metafísica de sua doutrina, como o faziam seus contemporâneos Concina e Patuzzi; argumentou, como jurisconsulto e prático, com os princípios do direito e da filosofia que recebeu. No entanto, moveu-se com segurança entre os problemas metafísicos, de que trata muitas vezes, demonstrando, porém, mais lógica e dialética que invenção: sua argumentação é mais socrática que aristotélica"[70].

No cap. 3 da seção 10 vamos expor a compreensão de Afonso sobre as propostas da filosofia moderna ilustrada e como reagiu a elas.

Sobre o predomínio de Descartes no mundo cultural do Settecento napolitano.

- Biblioteca Nazionale (Napoli), *Dalla scienza mirabile alla scienza nuova. Cartesio e Napoli* (Nápoles, 1997). Catálogo da mostra bibliográfica e iconográfica.
- G. Belgioioso, *La variata immagine di Descartes. Gli itinerari della metafisica tra Parigi e Napoli (1690-1733)* (Lecce, 1999).
- E. Lojacono, *Immagini di Descartes a Napoli: da Valetta a Costantino Grimaldi:* Nouvelles de la République des Lettres n. 2 (2000) 45-65.

Sobre a mentalidade filosófica de Afonso.

- D. Capone, *Primi incontri di S. Alfonso con la filosofia:* Contributi, 111-181.

---

68 *Ibid.*, 123-130.
69 *Ibid.*, 129-130.
70 R. Bayón, *Cómo escribió…*, 55.

- A. Cervone, *Una modernità ambigua e conciliante:* Rivista Storica del Sannio 22 (2004) 289-324.

6.2. A FORMAÇÃO ECLESIÁSTICA DE AFONSO DE LIGUORI

O presente capítulo continua o tema do capítulo anterior, no entanto, enquanto no anterior expusemos as etapas e conteúdos da formação civil de Afonso, neste capítulo ofereceremos a consideração sobre sua formação eclesiástica. Tanto uma, a formação civil, quanto outra, a formação eclesiástica, se unificam e potenciam mutuamente, configurando um mesmo e único sujeito.

6.2.1. A formação no seminário

- Aluno externo no seminário

Afonso vestiu a batina clerical em 27 de outubro de 1723. Na etapa de formação não viveu no seminário, mas em casa. Os alunos externos deviam se reunir todos os domingos, nos vicentinos, para partilhar a oração, leitura da Palavra de Deus, sacramentos e, nas tardes, dar catequese. No outono de 1724, Afonso se tornou clérigo tonsurado.

> "Como clérigo, ficou incorporado à paróquia de *Sant'Angelo a Segno* e nela fará sua prática pastoral dando catequese aos domingos para as crianças e ajudando em todas as funções da Igreja"[71].

Entre 1723 e 1726, Afonso cursou as disciplinas do currículo sacerdotal no seminário episcopal napolitano[72]. Na universidade também havia os mesmos estudos, em geral, para clérigos externos de famílias nobres e bem colocadas.

Como aluno externo, Afonso selecionou do programa do seminário as partes que mais lhe interessavam, cursando as demais

---

[71] E. Lage, *San Alfonso y María Celeste* (Madri, 1988) 8.

[72] Tellería, I, 99-116. Também: D. Capone, *Lo Studente di Teologia: Contributi*, 167-175.

sob a direção de um mestre. "Da determinação sinodal [1726] depreende-se a existência de catedráticos com aulas particulares. Somente uma década depois, o Eminentíssimo Spinelli impôs a todo o clero a participação nas aulas do palácio arquiepiscopal"[73].

"No Studium episcopal, o estudo das disciplinas teológicas estende-se por quatro anos. Muito elástico, o regime engloba cursos públicos e aulas particulares. O corpo de professores é de alta qualidade, tanto intelectual quanto pastoral: Januário Maiello, que será o vigário-geral mais notável do século; Januário Fortunato, em breve bispo de Cassano (1729); Tomás Faenza, Bartolomeu Cacace e Francisco de Rosa, 'irmãos' das Missões Apostólicas; Tiago Martorelli, reputado helenista; finalmente e acima de todos, aquela coluna da Igreja metropolitana e das Missões Apostólicas, Júlio Niccolò Torno (1672-1756), amigo e ardoroso partidário de Vico, que o chamava de sapientíssimo, e de quem será o censor oficial caloroso da *Nova Ciência*. Em suas obras, Afonso de Ligório escreverá sempre com o mais terno respeito: 'meu célebre e sapientíssimo mestre Pe. Júlio Torno.'"[74].

Foram convalidadas as disciplinas que Afonso tinha cursado na carreira de Direito. As disciplinas básicas - Sagrada Escritura, Dogmática, Moral - poderiam ser estudadas sem frequência às aulas, sob a direção de um mestre escolhido pelo aluno. Parece que foi esse o sistema escolhido por Afonso, elegendo como mestre tutor Júlio Torno, cuja personalidade intelectual foi exposta no cap. 2 da seção 4ª, e a vinculação com Afonso será ressaltada novamente na seção 8ª.

- Orientação nos estudos de Teologia Dogmática

J. Torno pôs nas mãos de Afonso: para a teologia dogmática, o manual do vicentino francês Luís Abelly (1604-1691), *Medulla Theologica,* de tendência anti-galicana; e para a teologia moral, o manual do sacerdote avinhonês, Francisco Genet (1640-1703), *Théologie Morale,* de orientação rigorista. Fizemos referência aos dois autores no volume anterior desta História da Teologia Moral (V/1, 777-779, 952-953).

---

[73] Tellería, I, 102.

[74] Rey-Mermet, 146.

Durante sua vida, Afonso sempre avaliará muito positivamente o manual de teologia dogmática de L. Abelly, não só pela orientação do conteúdo - sempre favorável aos direitos da Santa Sé frente às tendências galicanas -, mas também pelas qualidades formais, concretamente, clareza e capacidade de síntese.

L. Abelly pretende apoiar sua doutrina teológica, como reza o título da *Medula teológica,* 2 vol. (Paris, 1650-1651) na "Sagrada Escritura, nos concílios, nos decretos dos papas, nos Santos Padres e em eminentes autores". Escreveu a favor do *Poder do papa* (1654), e em *Honra da Santa Mãe de Deus* (1666). Afonso usou os dois *Enchiridions* de L. Abelly: o primeiro, sobre os bispos: *Episcopalis sollicitudinis enchiridion* (1672); e o segundo, sobre os sacerdotes: *Sacerdos christianus* (1656). Este último livro, Liguori teve em mãos até o final de sua vida[75].

Portanto, em teologia dogmática, eram seguidas as diversas opções da chamada *Escola.* Em geral, a estrutura mental do pensamento teológico era de corte tomista, ou melhor, escolástico. Em temas relacionados com a graça, prevaleciam orientações de agustinismo teológico.

- Orientação nos estudos de teologia moral

"É difícil precisar sob que mestre cursou [Afonso] essa disciplina, por mais que, também nela, se lhe dê tradicionalmente por guia a Dom Júlio Torno"[76].

Frente à aceitação do manual teológico de L. Abelly, Afonso renegará a orientação rigorista de F. Genet, o manual que Júlio Torno colocou em suas mãos para iniciá-lo na temática moral. A prática pastoral, sempre a favor do "cliente", obrigará Afonso a mudar de orientação: do rigorismo moral aprendido no seminário, "se converterá", motivado pela experiência sacerdotal (missões, confessionário), à benignidade moral, indispensável na pastoral.

Talvez jamais chegaremos a saber o motivo de o mestre de Afonso não ter escolhido, para a teologia moral, o correspondente

---

[75] H. F. G. Swanston, *Celebrating Eternity Now. A Study in the Theology of St. Alphonsus de Liguori* (Chawton, UK, 1995) 232, nota 41.

[76] Tellería, I, 110.

manual do mesmo L. Abelly, de tendência benigna, optando pelo de F. Genet, com marcada orientação rigorista.

Compreender a opção de Torno fica ainda mais complicado com um texto posterior de Afonso, onde confessa:

> "Confesso que, no começo, também eu militei do lado dos probabilioristas e batalhei não pouco em favor da sentença rígida. Mas, tão logo me dediquei ao exercício das missões e percebi que a opinião benigna era comumente defendida por muitíssimos homens de grande probidade e ciência, principalmente por meu distinto e doutíssimo mestre Dom Júlio Torno, pesei cuidadosamente as razões da mesma e me dei conta de que, além da sentença rígida contar com poucos defensores, e estes, homens mais teóricos que experimentados e ensinados no confessionário, também no campo dos princípios tal sentença se mostrava pouco provável e, na prática, sujeita a dificuldades, inquietudes e inconvenientes; por tudo isso, mudei minha primeira maneira de pensar"[77].

Torno mudou seu parecer moral? Ou, já sustentava a opinião benigna na época em que foi mestre de Afonso? Tellería, levado por seu grande apreço ao mestre de Afonso (e, muito mais, ao discípulo), aborda a questão da seguinte maneira:

> "Supor que Torno tenha mudado de opinião em breve tempo ou que o discípulo não houvesse entendido antes o pensamento do mestre, são hipóteses gratuitas. Se Torni parecia se aproximar teoricamente do probabiliorismo (*In G. Estii Commentaria,* II [Nápoles, 1720] 281), não negava na prática - como Genet - a licitude dos princípios reflexos para formar a consciência. Guiado por seu temperamento equilibrado e pela experiência do ministério, matizava suas soluções com suficiente elasticidade para centralizá-las no justo meio"[78].

---

[77] D49, 45.

[78] Tellería, I, 111. Tellería apoia sua interpretação nas palavras do próprio Torno no *prólogo*, assinado por ele, ao livro *Instrução para os confessores dos povoados e aldeias* de José Iorio: "os doutores da Igreja buscaram o caminho do meio entre o relaxamento condenável e o rigor soberbo, mantendo o respeito e a obediência à lei de Deus, mas sem acrescentar, por motivos levianos, travas ou cargas desnecessárias aos cristãos que, a preço de mil riscos, tentações e angústias, levam vida atormentada nesse vale de lágrimas".

Essa interpretação gera em Tellería a necessidade de *adoçar* o ambiente rigorista da Igreja de Nápoles, em geral, e da *Propaganda*, em particular, atribuindo a Sparano, probabiliorista confesso, visões tendenciosas em sua descrição do ambiente teológico-moral da Igreja napolitana daquele momento[79].

Contudo, a boa intenção do grande biógrafo espanhol de Afonso parece entrar em contradição com os dados, numerosos e fundamentados, sobre a orientação muito mais rigorista (ao menos, probabiliorista) do pensamento teológico-moral nos ambientes eclesiásticos de Nápoles durante o séc. XVIII (e, mesmo, antes).

No ambiente teológico do seminário - e, em geral, na diocese de Nápoles - respiravam-se ares de rigorismo em Teologia Moral. "A doutrina imposta no seminário, a que reinava nas Missões Apostólicas (ao menos teoricamente), a que era sustentada por 'uma infinidade de padres' napolitanos era o probabiliorismo. Afinal de contas, Torno era o 'teólogo oficial de Sua Eminência': como não teria ele partilhado da pastoral e da teologia de seus arcebispos que, de Cantelmo a Spinelli (1691-1754), foram rigoristas militantes?"[80] A não ser que a experiência pastoral tenha levado o mestre Torno a posturas mais benignas na prática, como sugere o texto de Afonso presente em três *Dissertações* (1749, 1755 e 1772), onde coloca o "ilustre e muito douto Dom Júlio Torno, meu mestre" entre os "muitos homens de grande sabedoria e probidade que seguiam a doutrina benigna".

Além dessa, não comprovada, mudança de opinião de seu mestre J. Torno, outros vários fatores influenciaram para que Afonso mudasse sua orientação no campo da moral. "Quais foram esses fatores? Primeiro, reflexão e exame rigoroso dos argumentos, como ele [Afonso] diz em uma passagem da TM [Lib. I, tract. I de conscientia, n. 83] (...). Outra causa foi a obediência aos seus diretores, que atuou como princípio reflexo (...). Outra causa ainda que,

[79] Tellería, I, 112.

[80] Rey-Mermet, 151.

sem dúvida, influiu na mudança de opinião, foi a grande amizade de Afonso com os padres jesuítas de Nápoles"[81].

- Orientação em outras áreas do saber teológico

Naquela época, no estudo da Bíblia predominava a leitura literal, apoiada em interpretações patrísticas, conjugada com referências históricas. Os guias desse método interpretativo eram: João Maldonado (+ 1583), Willen Hessel van Est (latinizado: Estius) (+ 1613), Roberto Bellarmino (+ 1621), Jacques Tirin (+ 1636), Cornélio a Lapide (+ 1637), Tiago Estevão Menocchio (+ 1655), e Bernard Lamy (1640-1715) com seu *Apparatus biblicus*[82].

> "Afonso, como se deduz das abundantes citações em suas obras, estudou com escrúpulo esses autores e os utilizou em seus escritos muito oportuna e inteligentemente. Suas obras dogmáticas atestam o amplo conhecimento dos livros bíblicos e também dos problemas relacionados com sua inspiração, autores e língua, com claras implicações históricas"[83].

Seguindo o concílio de Trento, Afonso utilizou como texto bíblico a tradução latina da Vulgata. Chegará também a fazer uma tradução dos Salmos.

No que se refere à patrística e história da Igreja, convém levar em conta que "nem a patrística, nem a história da Igreja eram disciplinas no programa dos seminários. A história estava até sujeita a uma aura de injusto desprezo que soprava de Além-Alpes. 'Que há de mais inútil do que alguém se deter naquilo que já não existe?'" escrevera Bossuet; e os cartesianos aborreciam as narrativas e testemunhas do passado, porque não eram deduzíveis do "penso, logo existo"[84].

Afonso fará incursões na história da Igreja e dos concílios. Fará comentários ao Concílio de Trento. Escreverá uma *História*

---

[81] R. Bayón, *Cómo escribió Alfonso de Ligorio* (Madri, 1940) 72-73.

[82] Sobre o (provável) estudo da Sagrada Escritura no seminário de Nápoles na época de Afonso: Rey-Mermet, 153-155.

[83] P. Giannantonio, *Alfonso M. de Liguori e la cultura del suo tempo*: P. Giannantonio (ed.), Alfonso M. de Liguori e la società civile del suo tempo (Florença, 1990) I, 18.

[84] Rey-Mermet, 155.

das Heresias (1772) e também sobre as *Vitórias dos mártires* (1775). Levará em conta os estudos de seu coetâneo, Luís Antônio Muratori, e se servirá dos grandes estudiosos e compiladores daquele momento:

- Os 12 volumes dos *Anais Eclesiásticos* (1588-1607) do cardeal oratoriano **César Barônio** (1538-1697).
- Os 6 volumes das *Atas dos Sagrados Concílios* (1748-1752) do infatigável **João Domingo Mansi** (1692-1769), arcebispo de Lucca desde 1765.
- Os 3 volumes da *História do Concílio de Trento* (1656-1657) do jesuíta **Pedro Sforza Pallavicino** (1697-1667), escrita a pedido do Papa como resposta àquela de Paulo Sarpi (pseudônimo de Pedro Soave Polano) (1552-1623).

6.2.2. *A formação em outros âmbitos do saber teológico*

- Academias teológicas

Além do seminário, Afonso recebeu formação eclesiástica em outras duas instituições da Igreja de Nápoles, conforme anotamos abaixo.

Enquanto estudava no Seminário, também "assistiu às academias privadas de teologia e casos, como já antes havia assistido às de direito; eram numerosas em Nápoles, cidade que florescia em razão dos estudos sagrados e profanos"[85]. Uma dessas academias tinha lugar na casa de Nicolau Guerriero, futuro bispo de Scala, e dela participava o mais graduado clero napolitano. Também funcionavam academias para clérigos na residência dos vicentinos e em outras instituições eclesiásticas de Nápoles.

Afonso foi ordenado diácono em 6 de abril de 1726, véspera do domingo da Paixão daquele ano. Recebeu a ordenação das mãos do mons. Domingos Inviti, delegado do cardeal. Possuía o crédito de uma vida entregue ao estudo e ao serviço pastoral, tal

[85] R. Bayón, *Cómo escribió...*, 68.

como testemunham os bons informes do pároco de São Miguel, do secretário das Missões Apostólicas e do vicentino P. Cuttica[86].

De sua época de diácono se conserva, no Arquivo Geral da Congregação (Roma), o esquema, bastante desenvolvido, de um sermão que pronunciou entre abril e dezembro de 1726[87].

Em 21 de dezembro de 1726, com a idade de 30 anos, Afonso foi ordenado sacerdote na catedral de Nápoles, em celebração presidida pelo citado mons. D. Inviti. A partir desse momento, lançou-se ao apostolado, tanto das missões populares quanto internamente, das igrejas napolitanas.

– Residente no Colégio dos Chineses

Como foi dito no cap. 3 da seção terceira, a Congregação missionária da *Sagrada Família de Jesus Cristo,* fundada pelo Pe. Matteo Ripa, tinha aberto em Nápoles (1724) um Colégio popularmente chamado *dos Chineses,* por estar destinado à preparação missionária de clérigos chineses.

Enquanto a obra se consolidava, Ripa abriu a casa para residência de sacerdotes ou clérigos diocesanos, que pagavam pensão e realizavam alguns serviços pastorais. Quando Afonso foi viver ali (junho de 1729), o colégio funcionava há apenas dois meses. Nele se encontrava, também como residente, Januário Sarnelli.

Afonso deixou a residência em 1732 para a fundação em Scala. Sarnelli a deixou porque teve uma discussão com Ripa (este, esperava que Sarnelli entrasse em sua Congregação)[88].

No Colégio dos Chineses, mais que formação propriamente dita, Afonso teve a oportunidade de abrir sua mente apostólica para horizontes mais amplos. Além disso, exercia o trabalho pasto-

---

[86] Tellería, I, 114.

[87] Archivo General (Roma), S. A. M. 05, f. 317. É possível encontrar a transcrição do texto em: J. J. Ferrero de Paz, *La presencia de Santa Teresa de Jesús en el núcleo de la teología espiritual de San Alfonso Mª de Ligorio*. Tesina de Licenciatura apresentada e defendida na U. P. Comillas (Madri, 2004) 189-190, com apresentação nas p. 16-21.

[88] O. Gregorio, *Il ven. Sarnelli e l'abate Ripa*: SH 11 (1963) 245-251.

ral na igreja anexa ao Colégio e continuava suas tarefas apostólicas de missões, confissões e pregações.

Ainda que Afonso não tenha se tornado membro da Congregação do Pe. Ripa, "depois de sair do Colégio, para seguir seu caminho de fundador, Santo Afonso não se esqueceu do período passado entre os 'Chineses'. Naquele ambiente tinha alimentado o desejo, destinado a permanecer sempre vivo nele, de empenhar-se na difusão da fé em países longínquos"[89].

Além do mais, no Colégio dos Chineses, Afonso travou laços de amizade com sacerdotes de notável importância eclesial. Dois deles pertenciam, como membros efetivos, à Congregação da Sagrada Família, chegando a ocupar cargos de responsabilidade. Eram: Vicente Mannarini e Genaro Fatigati.

O Colégio dos Chineses, depois da supressão (1863), passou para a universidade pública, enquanto instituição educativo-cultural, com o nome de *L'Orientale,* dedicado às culturas e idiomas do Oriente. Teve sua primeira localização no Palácio Giusso, no Largo San Giovanni Maggiore, ostentando o título de *Istituto Universitario Orientale* esculpido com grandes letras na parte superior da fachada do edifício. Atualmente, encontra-se no Palácio Mediterraneo, no n. 59 da Via Nova Marina, vinculado à *Università degli Studi di Napoli,* com o mesmo título de *L'Orientale.*

O edifício dos Chineses passou ao serviço de saúde do Estado italiano, com diversas finalidades: ambulatório, hospital de reclusos, hospital geral. Desde 1918, é o hospital geral Elena de Aosta. Atualmente (2017), está fechado para reformas, com finalidade hospitalária. A habitação que Afonso ocupou abriga hoje o depósito farmacêutico.

- Membro das "Missões Apostólicas"

Por decreto do cardeal F. Pignatelli (1721), os candidatos ao sacerdócio precisavam se incorporar a uma das três confrarias de sacerdotes: a Confraria da Assunção, fundada por J. Pavone (1569-

[89] G. Orlandi, *A missão:* F. Chiovaro (ed.), *História da Congregação do Santíssimo Redentor*. Volume 1: As Origens (1732-1793). Aparecida: Santuário/Scala, 2019, p. 375.

1637) e, por isso, também chamada *del Padre Pavone,* dirigida pelos jesuítas; a dirigida pelos Pios Operários e com sua sede em São Jorge Maior, na rua da catedral; a Congregação das Missões Apostólicas, vinculada à catedral.

Ainda seminarista, Afonso se inscreveu na instituição diocesana das *Missões Apostólicas*[90]. Foi recebido como noviço em 13 de novembro de 1724 e, como irmão, em 1 de outubro de 1725. Continuará pertencendo a essa instituição como sacerdote até a emissão dos votos na Congregação do Santíssimo Redentor. Na época em que Afonso se ocupava com a fundação de um novo instituto missionário, os superiores das Missões Apostólicas tentaram apagar seu nome da instituição, algo compreensível se pensarmos que Afonso procurava constituir um grupo com a mesma finalidade geral da referida instituição. No entanto, o arcebispo de Nápoles, superior dessa instituição diocesana, impediu que seu nome fosse retirado. Não devemos esquecer que Afonso foi súdito do arcebispo de Nápoles até 1749 (e Sarnelli até a morte). Por isso, pode continuar (Afonso até 1749 e Sarnelli até a morte), cada um deles, - *aliter* e *aliter* - membro da Congregação do Santíssimo Redentor e das Missões Apostólicas[91].

As fraternidades sacerdotais, como anotamos no cap. 2 da quarta seção, além de trampolim para o ministério sacerdotal, era também âmbito de formação. Nelas, os ordenandos acompanhavam cursos com reuniões semanais onde aprendiam catequese, pastoral e oração mental.

> "A finalidade dessas congregações era tríplice: criar homens de Deus e sustentar seu fervor; assegurar sua formação permanente por meio de conferências, exercícios de pregação e catequese, debates apologéticos e estudos dos problemas de moral; pregar conjuntamente missões paroquiais. Cada associação realizava uma assembléia semanal. A das Missões Apostólicas, pela qual Afonso optou, se reunia nas segundas-feiras à tarde."[92]

---

90 H. F. G. Swanston, *Saint Alphonsus and His Brothers. A Study of the Lives and Works of Seven Redemptorists* (Liguori, Missouri, 2000) 86-97.

91 D. Capone, *Sarnelli e i Redentoristi*: Campania Sacra 27 (1996) 107-108.

92 Rey-Mermet, 145.

Assim, a formação pastoral de Afonso "foi reforçada tornando-se membro da sociedade das Missões Apostólicas: reuniões de estudo, exercícios de composição e declamação de sermões e experiências práticas de missões populares. Sendo ainda seminarista, participará, como catequista, das missões do porto de Nápoles e da ilha de Prócida."[93]

Em apreciação de D. Capone,

> "se a Igreja de Nápoles, desde 1650, e ao longo de todo o séc. XVIII, se cobriu de glória, isso se deve a esta Congregação. E a glória não foi pouca. Falar sem responsabilidade do clero ignorante e mundano no *Settecento* é fácil e lugar comum; e, entre parênteses, é também ofensivo para Afonso, que é a flor do clero napolitano do *Settecento.* Já que a fundação [da Congregação, em 1646, por obra do sacerdote Sansão Carnevale] coincidia com o começo da renovação filosófica em Nápoles, obra de Cornélio e de Leonardo de Cápua, também Carnevale quis dar à sua Congregação esse impulso de renovação na teologia e na filosofia"[94].

Na instituição das Missões Apostólicas se encontravam Júlio Torno, mestre de Afonso, e Pedro Marcos Gizzio, reitor do seminário, a quem Afonso tinham por tio, embora, na realidade, fosse primo por parte de sua avó materna. Nessa instituição, Afonso passou por todos os ofícios dos missionários e nela se tornou, também ele, um experiente missionário.[95]

Precisamos levar em conta que, naquela época, quase todas as instituições religiosas se dedicavam às missões populares: franciscanos, capuchinhos, dominicanos, jesuítas, vicentinos, etc. Também cultivavam esse ministério pastoral os Pios Operários, congregação fundada em Nápoles (1602) por Carlos Carafa (1561-1633), à qual pertenciam Emílio Tiago Cavalieri (1663-1726), primo da mãe de Afonso, e Tomás Falcoia (1663-1743), que será o diretor espiritual, tanto de Afonso, quando de sua Congregação.

---

[93] E. Lage, *San Alfonso y María Celeste...*, 8.

[94] D. Capone, *Primi incontri di S. Alfonso con la filosofia*: *Contributi*, 123.

[95] R. Tellería, *Prima S. Alfonsi palaestra missionaria: sodalitium napolitanum Missionum Apostolicarum*: SH 8 (1960) 393-452.

6.2.3. *Configuração teológica de Afonso*

– Fontes positivas do discurso teológico

No volume anterior, descrevemos o horizonte teológico do séc. XVIII (V/2, 81-89) como situação pouco criativa e dominada pelo que se costuma chamar de "epígonos" da teologia precedente. Se em alguma característica o discurso teológico do séc. XVIII sobressai, é pelo interesse quanto às fontes positivas da teologia, sobretudo patrísticas, e pela orientação geral de caráter agostiniano.

Dada sua formação universitária de conteúdo jurídico, é normal que o discurso teológico de Afonso se adaptasse ao uso preferencial das fontes positivas da teologia. O discurso afonsiano se moverá com maior facilidade no uso de *dados* dos Santos Padres e dos concílios que em *especulações* escolásticas. Sem ser especialista em metodologia histórica, Liguori recorre aos dados dos concílios e escritos patrísticos para justificar suas afirmações. De fato, os escritos que, na ampla bibliografia afonsiana são tidos como *escritos dogmáticos*, constituem comentários de textos conciliares e afirmações patrísticas.

– Sob o predomínio do agustinismo teológico

Anotamos em vários momentos do presente volume que o ambiente intelectual civil e, sobretudo, eclesiástico do *Settecento* napolitano era marcado por três características fundamentais: o *regalismo* em direito; o *agustinismo* em teologia; o *rigorismo* em moral[96].

Sabemos que Afonso, por convicção teológica e motivado pela eficácia pastoral, atua *contra* duas destas três frentes teóricas: o regalismo e o rigorismo (*probabiliorismo*). Quanto à aceitação afonsiana da preponderante orientação agostiniana da teologia no séc. XVIII, os biógrafos de Afonso adotam posição mais matizada.

[96] R. Bayón, *Cómo escribió...*, 67: "Este conjunto de circunstâncias em Nápoles enchia o Direito de *regalismo*, a Teologia de *agustinismo* e a Moral de *rigorismo* confundido, na linguagem corrente, com o *probabiliorismo*, tanto na Universidade, quanto no Seminário, além das Academias".

Por um lado, assinalam a prevalência da orientação agostiniana no ensinamento teológico do seminário napolitano, onde Afonso foi formado. Mas, por outro lado, também anotam fatos concretos em que Afonso sustentou posturas contrárias frente ao ambiente de predomínio do agustinismo radical.

Afonso soube conservar Santo Agostinho em seu devido lugar utilizando seus escritos, tanto no discurso teológico quanto, sobretudo, em seus escritos de caráter espiritual. Também conheceu e apreciou a ciência e erudição dos grandes agostinianos italianos da época imediatamente precedente à sua. Entretanto, não se sentiu cômodo com determinadas radicalizações do agustinismo de seu tempo: tanto em questões da graça quanto, sobretudo, em apreciações rigoristas no campo moral. Teremos ocasião para comprovar o segundo aspecto quando analisarmos o pensamento moral afonsiano. No que diz respeito à oposição afonsiana a certos exageros teológicos do agustinismo: serão anotados ao constatar algumas "dificuldades" da censura para aprovar a publicação de certas obras afonsianas.

- Sob a contínua direção de Tomás de Aquino

Antes que fervoroso do agustininismo teológico de sua época, Afonso foi, teologicamente falando, muito mais de orientação *tomista.* Tal opção deve muito a seu mestre, Júlio Torno, iniciado por seus professores do colégio dominicano de Santo Tomás de Aquino de Nápoles, de modo especial, por seu professor, o dominicano Gregório Selleri, mais tarde, mestre do Sagrado Palácio de Roma.

Embora continue faltando um estudo definitivo sobre a orientação tomista de Afonso[97], não se pode deixar de reconhecer uma *forma mentis* teológica formatada no tomismo, tanto nos posicionamentos teológicos gerais[98] quanto no pensamento moral[99].

---

97 H. Manders, *O amor na espiritualidade de santo Afonso* [1947] (Aparecida, 1990) 3, nota 13: "falta um estudo sobre o tomismo de Afonso".

98 A. M. Parent, *Le thomisme de saint Alphonse*: Revue d'Université d'Ottawa 1 (1931) 342-363.

99 J. L. Jansen, *S. Alphonsus in systemate morali cum S. Thoma concors*: Xenia Thomistica, III (Roma, 1925) 441-448.

Ao afirmar a *orientação tomista* na formação teológica de Afonso, não pensamos no tomismo de *escola fechada,* nem no tomismo como forma teológica aplicável e a aplicar a *todos* os temas teológicos. O tomismo afonsiano não é de escola, nem opção única e fechada. Muito menos, se trata de tomismo com corte filosófico. A esse respeito, a afirmação de D. Capone é contundente: "Com o amor a Santo Tomás, Torno fez de Santo Afonso um filósofo tomista? Torno o era; mas Santo Afonso, ao menos em filosofia, não o foi, pela simples razão de que nunca foi um puro filósofo"[100].

O tomismo afonsiano comporta estrutura teológica aberta - não dependente de família religiosa particular - e um esquema de temas bem trabalhados e organizados com clareza.

> "Como seguiu Lugo em Moral, seguiu Santo Tomás em Dogmática (...). Esses são os dois mestres que Afonso estudou com assiduidade e seguiu com independência. De seu fervor tomista são clara mostra estes dados: 1°. Um estatuto da Congregação Geral de 7 de outubro de 1746, onde lega seu tomismo à Congregação: *VIII. Que se deve seguir o Angélico quanto à Teologia Escolástica ut plurimum.* 2°. Um retrato de Afonso, ao natural em sua velhice, pintado por Tomás Crosta sem que ele soubesse, caracterizado com os símbolos de seus três grandes amores: um crucifixo, um quadro da Virgem e um volume na mão esquerda, cuja inscrição na lombada o santo indica apontando com o indicador direito: *Opera Divi Thomae* - Obras de Santo Tomás[101].

As orientações do capítulo geral de 1746, de que a teologia dogmática devia se inspirar (*ut plurimum*) nos ensinamentos de Tomás de Aquino, foram confirmadas pelo capítulo geral de 1749, de tal modo que o tomismo se converteu em horizonte teológico da nova Congregação.

Formado na ciência e técnica jurídicas, com a sensibilidade da época para as ciências experimentais, com orientação filosófica (de lógica e de filosofia natural) de corte cartesiano, Afonso compreen-

---

[100] D. Capone, *Primi incontri di S. Alfonso con la filosofia: Contributi,* 174.
[101] R. Bayón, *Cómo escribió...,* 72-73.

derá a vida cristã com estrutura teológica tomista. "Afonso de Ligório, 'filósofo experimental', morrerá cartesiano impenitente. Teólogo e moralista cristão, será fervoroso discípulo de Tomás de Aquino. E assim se sentirá confortável, tanto como crente, quanto como filósofo"[102].

6.3. AFONSO: PESSOA DE AMPLA CULTURA

Afonso foi participante e artífice da cultura do séc. XVIII, o século do esplendor napolitano. Só partindo dessa afirmação, podemos nos aproximar de sua formação humanista, literária, artística, religiosa e profissional, e da peculiaridade de sua proposta espiritual e pastoral, onde faz uso inteligente e eficaz de suas habilidades e saberes, sempre dentro, porém, da cultura de seu momento sócio-histórico.

Afonso era meridional. A agilidade mental, o sentimento, a concepção otimista da vida, a valoração positiva da liberdade e da própria consciência são valores internos de sua estrutura humana. Além disso, influenciam, de forma decisiva, em suas perspectivas vocacionais, fundacionais, pastorais e morais.

Sempre foi ressaltada na figura de Afonso a esmerada formação, cuidadosamente programada por seu pai, e devida à sua condição de primogênito de uma família da aristocracia média napolitana. Convém também insistir em sua condição de humanista, com amplas repercussões no mundo cultural do sul da Itália, sobretudo, no campo literário e artístico.

A proposta espiritual e pastoral de Afonso não pode ser inteiramente compreendida se não for vista desde suas qualidades e preparação como homem de cultura. A esmerada formação e os dotes artísticos estiveram a serviço de seu projeto humano-cristão. Muitos de seus enfoques pastorais foram enriquecidos com con-

---

102 Rey-Mermet, 63.

tribuições provenientes de sua formação humanista, basta pensar no uso pastoral que Afonso faz da arte figurativa (imagens) e da música.

A elevação cristã não vai contra a cultura, pelo contrário, a boa evangelização implica, necessariamente, em elevação social e cultural.

> "Certamente, Santo Afonso não queria ser filósofo, poeta, escritor, teólogo, músico..., entretanto, ao mesmo tempo, não quis ser apóstolo e pastor sem aquelas expressões emergentes da cultura e da vida social de seu tempo"[103].

A proposta de Afonso não foi apenas de caráter religioso. Embora fundamentalmente identificada pelo aspecto religioso, a tarefa biográfica de Liguori tinha compromisso cívico, um dos seus objetivos foi a elevação da condição humana, sobretudo, das pessoas mais humildes. Para isso, Afonso sentiu a necessidade de transmitir a mensagem cristã servindo-se de meios culturais elevados. Ao receber a mensagem cristã, o povo também cultivava seus gostos estéticos e universos culturais.

> "Folheando os dados biográficos da *Bibliotheca Sanctorum,* dificilmente se encontrará uma pessoa que, como Afonso, tenha sabido empregar, com eficácia e equilíbrio, a cultura e experiência civil na promoção cristã das sociedades mais esquecidas"[104].

Nesse aspecto, a pastoral afonsiana herda a pastoral preconizada pelo Concílio de Trento, onde se insistia que a cristianização do povo precisava levar em conta o uso correto, e até elevado, da oratória, música, arquitetura, arte figurativa (escultura, pintura), etc.

Segundo B. Croce, o *Settecento* cultural italiano se desenvolve no arco de tempo iniciado com a fundação da Academia *Arcadia* (1690) e concluído com a supressão da Academia da *Crusca* (1789). Na realidade, são os 90 anos em que transcorre a vida de Afonso.

---

[103] A. Napoletano, *S. Alfonso e la società civile del suo tempo*: P. Giannantonio (ed.), Alfonso M. de Liguori e la società civile del suo tempo (Florença, 1990) II, 663-664.
[104] A. Marrazzo, *Alfonso Maria de Liguori. Incisioni* (Materdomini, 1997) 1.

Por razões óbvias - o espaço é uma das principais - não podemos entrar no desenvolvimento das vertentes artísticas e culturais da biografia afonsiana. Limitamo-nos a indicar áreas em que se manifesta a ampla cultura de Afonso, somando a cada uma os dados bibliográficos mais pertinentes. Embora Afonso permaneça como um campo de insuspeitas possibilidades de investigação, hoje em dia possuímos livros coletivos e monografias de autor onde é possível boa iniciação à dimensão cultural e artística da poliédrica figura de Afonso. Destacamos três obras coletivas, das quais anotaremos os principais estudos particulares:

- P. Giannantonio (ed.), *Alfonso M. de Liguori e la società civile del suo tempo,* 2 vol. (com paginação contínua) (Florença, 1990).
- E. Marcelli - S. Raponi (ed.), *Un umanista del '700 italiano. Alfonso M. de Liguori* (Verona, 1992).
- P. Giannantonio (ed.), *Alfonso M. de Liguori e la civiltà letteraria del Settecento* (Cittá di Castello, 1999).

Além disso, recomendamos a leitura da "recriação" do dado cultural na biografia de Afonso, tal como oferecida em:

- H. F. G. Swanston, *Celebrating Eternity Now. A Study in the Theology of St Alphonsus de Liguori (1696-1787)* (Chawton, Hampshire, UK, 1995) 50-96.

6.3.1. *Âmbito geral*

- Afonso: humanista

- P. Giannantonio (ed.), *Alfonso M. de Liguori e la società civile del suo tempo,* (Florença, 1990): lingua e oratoria (p. 473-491); grammatico e retore (p. 493-504); architettura sacra (p. 623-639).
- E. Marcelli - S. Raponi (ed.), *Un umanista del '700 italiano. Alfonso M. de Liguori* (Verona, 1992): pittore (p. 37-65); anche architetto? (p. 69-73); poeta (p. 77-105); musicista (p. 111-135); grammatico (p. 139-153); aritmetico (p. 157-167); latinista (p. 171-179); retore (p. 183-197); scrittore (p. 201-244).
- P. Giannantonio (ed.), *Alfonso M. de Liguori e la civiltà letteraria del Settecento* (Città di Castello, 1999).

6.3.2. *Vertente literária*

- Sobre o lugar de Afonso na literatura italiana

Sobre a condição de Afonso enquanto escritor da língua italiana há belas páginas em: G. Getto, *Sant'Alfonso de Liguori* (Milão, 1945) 157-175. "Il Liguori stende la sua prosa limpida e spontanea e avvivata spesso dal napoletano, lasciando alcune pagine di particolare intensità che completano la sua figura di scrittore - Ligório desenvolve uma prosa límpida e espontânea, com frequência avivada pelo dialeto napolitano, deixando algumas páginas de particular intensidade que completam sua figura de escritor".

Com certeza, Afonso teve conhecimento da literatura italiana, mas foi econômico em sua utilização. Além da preferência por Metastásio, a quem conheceu pessoalmente, não há citações da literatura italiana nas obras de Afonso. Para enriquecer as *Glórias de Maria,* teria à mão os formosos poemas à Virgem de Dante e Petrarca, mas não os utilizou.

Ver, sobre isso, os comentários de:

- V. Branca, *Alfonso Maria de' Liguori, Santo (1696-1787):* V. Branca (ed.), Dizionario Critico della Letteratura Italiana, I (Turim, 1986) 28-30.

Também:

- P. Giannantonio, *Religiosità, letteratura e Alfonso nel '700:* P. Giannantonio (ed.), Alfonso M. de Liguori e la civiltà letteraria del Settecento (Città di Castello, 1999) p. VII-XIX.

- Sobre a contribuição de Afonso para a língua italiana

Foi uma decisão importante de Afonso (e da Congregação por ele fundada) "a escolha linguística", ou seja, optar pelo italiano como língua veicular na pastoral. Naturalmente, Afonso conhecia o dialeto napolitano e não tinha dificuldade em utilizá-lo (sobretudo, em suas expressões poéticas). Em termos gerais, Afonso e os primeiros redentoristas souberam encontrar as bases adequadas para os três usos do idioma: linguagem literária, língua veicular e cotidianidade dialetal.

- R. Librandi, *Il contributo di S. Alfonso alla diffusione della lingua e della cultura:* Asprenas 35 (1988) 140-156.
- P. M. Sipala - M. Montanile, *Alfonso e la questione della lingua nel Settecento:* P. Giannantonio (ed.), Alfonso M. de Liguori e la civiltà letteraria del Settecento (Città di Castello, 1999) 3-18.
- P. Bertini Malgarini - U. Vignuzzi, *La scelta linguistica di Alfonso M. de Liguori. Tra lingua e dialetto:* P. Giannantonio (ed.), Alfonso M. de Liguori e la civiltà letteraria..., 141-193.

- Contribuições afonsianas à gramática

Edição:

- O texto de Afonso sobre a gramática (e sobre a aritmética): *Brevi avvertimenti di grammatica e aritmetica.* Edição de R. Librandi (Nápoles, 1984).

Estudos:

- O. Gregorio, S. *Alfonso grammatico* (Materdomini, 1938).
- R. Librandi, *La grammatica di Alfonso de Liguori e il contributo dei Liguorini alla diffusione della lingua e della cultura nel secolo XVIII:* M. R. Pelizzari (ed.), Sulle vie della scrittura. Alfabetizzazione, cultura scritta e istituzioni in età moderna (Nápoles, 1989) 391-421.
- Ead., S. *Alfonso grammatico e retore:* P. Giannantonio (ed.), Alfonso M. de Liguori e la società civile del suo tempo (Florença, 1990) II, 493-504 (síntese do estudo anteriormente citado da mesma autora).

- Sobre a condição de poeta

As poesias afonsianas - 50 composições poéticas e todas com argumento religioso - são reconhecidas como expressão da cultura napolitana do séc. XVIII[105]. Afonso conheceu Pedro Metastásio e nele encontrou elementos inspiradores, embora tenha criticado duramente a frivolidade temática do poeta. "Melhor que nenhum outro, P. Metastásio foi interpretado por Afonso M. de Liguori, que nele foi capaz de encontrar instâncias inovadoras e sociais"[106].

---

105 V. Gleijeses, *La storia di Napoli dalle origini ai nostri giorni* (Nápoles, 1974) 738.

106 R. D'Onofrio, *Motivi arcadici in Alfonso ed in Rosmini*: P. Giannantonio (ed.), Alfonso M. de Liguori e la civiltà letteraria del Settecento (Città di Castello, 1999) 439.

As poesias são o mais apreciado da expressão propriamente literária de Afonso[107], constituem base expressiva para a vivência religiosa do autor (e do possível leitor), vivência que, com frequência, adquire dimensão mística nessa formulação expressiva. "O grande poeta Salvatore di Giácomo (1860-1934) dizia sobre essas *canzoncine* com as que Afonso, mais que ensinar, vivia e fazia viver: 'Elas são meus livros de oração'"[108].

Afonso não compôs suas poesias "pelo prazer ou necessidade de fazer versos. Caíram-lhe, como diz Fr. Luís a respeito das suas, das mãos, sem se dar conta disso, em circunstâncias quase sempre propícias à inspiração. Entre elas há também as que foram compostas, não sob o influxo estético, mas com finalidade de utilidade prática, vertendo aqueles conceitos da vida cristã, tema favorito de sua oratória de apóstolo, que com o ritmo da melodia e do verso queria deixar impressos na alma dos fiéis"[109].

Os temas das *canzoncine* se referem a vários aspectos da piedade cristã. Por exemplo:

- *A Paixão.*

  "Sono stata io l'ingrata / ah, mio Dio, perdon, pietà".

- *A Eucaristia.*

  "Fiori felici voi, che notte e giorno vicini al mio Gèsù sempre ne state; (...).

  Faci beate voi, che così ardete in onore del vostro e mio Signore; (...).

  Sacro Vasello, tu più fortunato, in te nascondi e chiudi il mio Diletto. (...)

  Ahi che fiori! che faci! Ahi che vasello! Quanto di voi felice più son io, quando l'Amato mio sen vien da Agnello, (...)".

- *Maria.*

  "O bella mia Speranza, / dolce Amor mio, Maria. / Tu sei la vita mia, / la pace mia sei tu".

---

[107] A. Pichler, *Der heilige Alfons von Liguori. Ein Charakterbild* (Regensburg, 1922) 302-303.

[108] Rey-Mermet, 714.

[109] R. Bayón, *San Alfonso, poeta*: El Perpetuo Socorro 18 (1916) 485.

- *A relação espiritual.*

"La sposa non vive che sol per amare; / non serve all'Amato che sol per amor; / non teme l'Amato, se non per timore / di non contentare appieno il suo cor".

Na apreciação de Rodrigo Bayón, bom conhecedor da obra escrita de Afonso e não desprovido de fino gosto literário, "duas grandes virtudes da arte afonsiana são: a elegância e a simplicidade. Estas duas qualidades em Afonso não se confundem: é elegante porque é espontâneo; sua elegância não é posição de quem quer aparecer, mas sim naturalidade de quem é assim mesmo. Aí está o segredo do êxito"[110]. Por outro lado, "Santo Afonso é poeta lírico, mas lírico de verdade. O lirismo de boa procedência que circula em seus versos consiste em canto espontâneo, sem maneirismos, sem outra ambição que a de ser poesia, isto é, transmissor de afetos, sentimentos, impressões sinceras, íntimas, vibrantes através das cordas de versos bem temperados: tensos sem aspereza, brandos sem frouxidão, sem que a forma seja o principal. Por isso, Santo Afonso é poeta popular"[111].

No cap. 1 da seção 15 vamos nos referir à produção poética afonsiana de conteúdo místico.

Nota bibliográfica.

Textos.

a) Edições afonsianas.

- *Canzoncine divote* (Nápoles, 1737).
- *Canzoncine spirituali* (Veneza, 1758).

b) Edições atuais.

- O. Gregorio, *Canzoniere alfonsiano. Studio critico estetico col testo* (Angri, 1933).
- S. Brugnano, *Le canzoncine spirituali di S. Alfonso* (Materdomini, 1982).
- A. Amarante, *Canzoncine spirituali di S. Alfonso, musica e testo* (Materdomini, 1988).
- João José Ferreira (org.), *Santo, poeta e músico* (Aparecida: Santuário, 2014. 160 p).

---

[110] *Ibid.*, 489.
[111] *Ibidem.*

c) Tradução espanhola.

- J. Á. Sánchez Gamarra, *San Alfonso, poeta. Colección de poesías de san Alfonso María de Ligorio* (México, 1949).

Estudos.

- R. Bayón, *San Alfonso, poeta:* El Perpetuo Socorro 17 (1916) 482-494.
- M. Palladino, *Sant'Alfonso poeta* (Roma, 1917[3]).
- D. D'Episcopo, *Sant'Alfonso poeta: problemi di metodo critico:* F. D'Episcopo (ed.), S. Alfonso Maria de Liguori e la cultura meridionale (Cosenza, 1985) 39-51.
- Id., *Teologia e poesia dell'amore divino nell'opera di sant'Alfonso Maria de Liguori:* P. Giannantonio (ed.), Alfonso M. de Liguori e la società civile del suo tempo (Florença, 1990) I, 369-387.
- G. Barberi squarotti, S. *Alfonso poeta:* Ibid., II, 369-387.
- L. Reina, *Per una tipologia della poesia alfonsiana:* Ibid., I, 389-397.
- V. Giannantonio, *La poesia alfonsiana tra Marinismo e Arcadia:* Ibid., I, 399-416.
- E. Marcelli, S. *Alfonso poeta:* V. Ricci (ed.), Alfonso M. de Liguori, maestro di vita spirituale (Milão, 1998) 87-93.
- L. Reina, *Poesia edificante nel Settecento:* P. Ginanntonio (ed.), Alfonso M. De Liguori e la civiltà letteraria del Settecento (Città di Castello, 1999) 311-331.

  Valioso estudo sobre a poesia religiosa do *Settecento,* onde se enquadra a contribuição peculiar de Afonso. Essa poesia é *edificante,* não só pelo conteúdo (de orientação religiosa), mas também porque utiliza "um modo de expressão (*eloquenza*) que serve (*edifica*) a todos, literatos e gente não instruída".

- Uso do latim por parte de Afonso nas obras escritas na língua do Lácio

Afonso é um "escritor latino de altíssimo nível, certamente superior a Busenbaum" (p. 537). O texto latino da dedicatória ao Papa Bento XIV da *Theologia Moralis* "é a obra-prima estilística de Afonso M. de Liguori" (p. 526) [as páginas das citações remetem ao seguinte estudo]:

- R. Avallone, *Alfonso M. de Liguori latinista:* P. Giannantonio (ed.), Alfonso M. de Liguori e la società civile del suo tempo (Florença, 1990) II, 503-537.

6.3.3. *O cultivo da música*

Durante três anos, Afonso seguiu as lições de contraponto ditadas pelo célebre Gaetano Grecco (1657-1728). Essas lições lhe permitiram produzir, durante sua época de missionário, mais de 20 composições musicais destinadas à oração do povo. Na produção musical de Afonso sobressaem duas músicas de Natal e um oratório:

- A música de Natal, em dialeto napolitano, *Quanno nascette Ninno a Bettaleme* reflete a alegria mística e devota contemplação da espiritualidade napolitana no máximo esplendor a que chegou a piedade em torno ao presépio. Por sua vez, a música de Natal *Tu scendi dalle stelle* é, por certo, a máxima expressão da sensibilidade natalina italiana.
- Notável mérito musical é atribuído indiscutivelmente ao *Duetto tra l'anima e Gesù Cristo* (1760), melodrama sério, representado e executado na grande igreja da Santíssima Trindade, anexa ao *Ospedale dei Pellegrini,* durante o intervalo entre o catecismo do meio-dia e a pregação da noite, por ocasião de alguns Exercícios Espirituais pregados por Afonso (1760)[112].

"O estilo do *Duetto* é, ao mesmo tempo, doce e severo, e tão semelhante ao estilo de Scarlatti que, às vezes, se confunde com as cantorias do célebre compositor. O movimento do *Baso continuo,* o contraponto do *violino obbligato,* a forma ariosa do *Recitativo* e, muito mais, da *Aria* que aparece inteira com *Ritornello,* revelam o valente discípulo do valente Maestro"[113].

"O *Duetto* está dividido em duas partes, à maneira de *Trio:* a primeira em tom principal, sol menor, com seu *finale*; e a segunda, na dominante ré, para voltar ao *Da capo* até seu final em sol menor (...). A entrada das vozes é preparada com uma introdução de 9 compassos pintando o ambiente e a cor em que o *Duetto* vai se desenvolver e, por sua vez, nos são dadas as linhas melódicas da trama. É formada por um arco perfeito: os três primeiros compassos pedem um início *pianíssimo,* com ligeiro

[112] Tannoia, III, 9. Ver: W. Lueger, *Il duetto di S. Alfonso nella revisione di Max Dietz*: SH 1 (1953) 229-245.

[113] P. G. Amurrio, *San Alfonso María de Ligorio, músico*: El Perpetuo Socorro 18 (1916) 476.

crescendo no segundo, que descerá, então, no terceiro. Os compassos 4-7 são o desenvolvimento e exigem relativo crescendo de volume; por fim, o arco encerra no *diminuendo* com os 105 últimos compassos que, por sua vez, voltarão ao *piano* para dar entrada às vozes. O conjunto é um prelúdio trêmulo e angustioso que anuncia o diálogo - *Duetto* - da alma com Jesus. Esse diálogo vai se desenvolver rápido e cordial, em ascensão crescente de drama e paixão (...). [Segue uma descrição técnica musical da parte central do *Duetto*, com a volta ao *Da Capo*]. O *Duetto* foi julgado, por quantos o estudaram ou escutaram, uma obra-prima no gênero. Nela, Santo Afonso revela todo seu valor de compositor, na medida em que coloca ante nossos olhos a vitalidade e expressão musical da escola de Nápoles, a que pertencia e na qual tanta importância teve Alessandro Scarlatti e seu filho Domênico"[114].

A cópia manuscrita do original do *Duetto* encontra-se no Museu Britânico de Londres.

Nota bibliográfica.

- A. Tonizzo, *Il Duetto di S. Alfonso* (Roma, 1896).
- J. Bogaerts, *Saint Alphonse musicien et la réforme du chant sacré* (Paris, 1899).
- Anônimo, *San Alfonso, músico:* El Perpetuo Socorro 7 (1905) 282-286.
- C. M. Petrone, S. *Alfonso M. de Liguori. Luce di un bel cantico* (Nápoles, 1910).
- P. G. Amurrio, *San Alfonso María de Ligorio, músico:* El Perpetuo Socorro 18 (1916) 475-481.
- S. Di Giacomo, *Canzoni e Ariette* (Nápoles, 1916).
- A. di Coste, *Le melodie di S. Alfonso Maria de' Liguori in alcuni suoi canti popolari e Duetto tra l'Anima e Gesù Cristo* (Roma, 1932). Tradução castelhana de A. Sánchez de Gamarra, *Melodías de san Alfonso M. de Ligorio en algunos de sus Cánticos populares y Duetto entre el Alma y Jesucristo* (Madri, 1933).
- W. Lueger, *Das Duetto des hl. Alfons in der Ausgabe von Max Dietz:* SH 1 (1953) 229-245.
- P. Pietrafesa, *Celebri melodie di S. Alfonso* (Pompeia, 1963).

[114] J. González Ferrero, *El "Duetto" de san Alfonso*: El Perpetuo Socorro n. 1.277 (julio-agosto, 1997) 28-29 (220-221).

- P. Saturno, *Un musicista sconosciuto del '700 napoletano.* Mimeografado (Nápoles, 1977).
- Id., *La tradizione musicale alfonsiana:* P. Giannantonio (ed.), Alfonso M. de Liguori e la società civile del suo tempo (Florença, 1990) II, 577-598.
- M. Marx-Weber, *Alfonso Maria de' Liguori compositore: il ruolo della musica nella sua attività pastorale:* F. D'Episcopo (ed.), S. Alfonso Maria de Liguori e la cultura meridionale (Cosenza, 1985) 53-70. Também: Id., *Note sulla canzoncina sacra nel XVIII secolo:* P. Giannantonio (ed.), Alfonso M. de Liguori e la società civile del suo tempo (Florença, 1990) II, 572-576.
- R. de Simone, S. *Alfonso, poeta, musicista e missionario:* E. Masone - A. Amarante (ed.), Sant'Alfonso de Liguori e la sua opera. Testimonianze bibliografiche (Nápoles, 1987) 282-288.
- M. Maryrhofer, *Devozione e teatro nelle melodie alfonsiana:* P. Giannantonio (ed.), Alfonso M. de Liguori e la società civile del suo tempo (Florença, 1990) II, 541-562.
- A. Napoletano, *La musica: una scelta pastorale di S. Alfonso:* SH 45 (1997) 113-121.
- J. González Ferrerò, *El "Duetto" de san Alfonso:* El Perpetuo Socorro n. 1.277 (julho-agosto, 1997) 2-29 (220-221).
- E. Marcelli, S. *Alfonso musicista:* V. Ricci (ed.), Alfonso M. de Liguori, maestro di vita spirituale (Milão, 1998) 94-102.
- A. Vitale - P. Saturno, *Cantata della Passione secondo S. Alfonso M. de Liguori* (Materdomini, 2000).
- A. Amarante (ed.), *La poesia e la musica di Alfonso de Liguori e la tradizione missionaria redentorista* (Materdomini, 2006).
- S. Nanni - P. Saturno, *La musica dei poveri:* S. Nani (ed.), La musica dei semplici. L'altra Controriforma (Roma, 2012) 175-261.
- S. Nanni, *The spiritual song of saint Alphonsus M. de Liguori:* SH 61 (2013) 407-423.
- Juvenal Lobo, *A música afonsiana.* Revista Música Sacra. Petrópolis: Vozes, Ano 2, n. 2, fev. (1942), p. 34-35.
- João José Ferreira (org.). *Santo, poeta e músico.* Aparecida: Santuário, 2014. 160p.

- *Brasil cantando Afonso de Ligório*. Aparecida: Santuário Áudio. CD. Coletânia de 12 cantos afonsianos cantados em português.

6.3.4. *A arte figurativa*

- Pintura

Afonso frequentou a escola de pintura do grande Francisco Solimena (1657-1747), onde teve como colegas Paulo de Maio (1703-1784) e Francisco de Maura (1696-1782) com os quais manteve relação ao longo da vida. Da produção pictórica afonsiana se conservam duas pinturas juvenis: um *Crocifisso* e uma *Madonna.* Foram perdidos os originais de duas pinturas marianas: a *Divina pastora* e a *Madonna* do Espírito Santo.

- Desenho

Dos desenhos de Afonso se conservam: uma esfera armilar e uma meditação sobre a morte (cadáver).

- Gravado

Através do memorialista A. Tannoia e dos testemunhos recolhidos nos *Processos* para a canonização, sabemos que Afonso mandava gravar e imprimir seus desenhos para serem distribuídos aos fiéis durante as missões populares. Chegaram até nós apenas 13 gravados, presentes na contra-página dos livros de Afonso, ou seja, na página anterior ao frontispício, já que nos livros do séc. XVIII era costume colocar nessa página uma pintura ou gravado. Nenhum dos 13 gravados leva o nome do desenhista, mas em 6 deles aparece a assinatura dos gravadores: Antônio Baldi, Francisco Cepparoli e Cimarelli. Disso se deduz que, muito provavelmente, os desenhos são de Afonso, pois "bastava a indicação de autoria do livro para que fosse considerado autor de tudo o que o livro continha"[115].

Os temas dos 13 desenhos são: Encarnação, Paixão, Eucaristia, Virgem, novíssimos, fé, oração, Igreja, zelo apostólico, vida consa-

---

[115] D. Capone, *Il Volto di Sant'Alfonso - nei ritratti e nella iconografia* (Roma, 1954). Citado por: A. Marrazzo, *Alfonso Maria...*, 2.

grada e práticas de piedade. Encontram-se nas seguintes obras de Afonso: *Riflessioni utili ai vescovi* (1745); *Visite al SS. Sacramento ed a Maria* (1749); *Le glorie di Maria* (1750); *Novena del santo Natale* (1758); *Apparecchio alla morte* (1758); *Del gran mezzo della preghiera* (1759); *Selva di materie predicabili* (1760); *La vera sposa di Gesù Cristo* (1760); *Verità della Fede* (1776); *Trionfo della Chiesa* (1772); *Riflessioni sovra diversi suggetti spirituali* (1773).

Bibliografia sobre a arte figurativa de Afonso.

- M. A. Pavone, *Il momento figurativo nel messagio alfonsiano:* F. D'Episcopo (ed.), S. Alfonso Maria de Liguori e la cultura meridionale, 71-90.
- A. Marrazzo, *Alfonso Maria de Liguori. Incisioni* (Materdomini, 1997).
- L. G. Kalby, *La pittura sacra di S. Alfonso:* P. Giannantonio (ed.), Alfonso M. de Liguori e la società civile., II, 613-622.
- E. Marcelli, S. *Alfonso pittore:* V. Ricci (ed.), Alfonso M. de Liguori, maestro di vita spirituale (Milão, 1998) 79-86.

6.3.5. *Arquitetura*

Afonso trabalhou diretamente na configuração e adaptação de algumas das primeiras residências dos redentoristas. Chegou até nós o desenho da planta da casa redentorista de Deliceto. Possivelmente, também interveio, de alguma maneira, nos desenhos arquitetônicos das residências de Ciorani e Pagani.

- A. Litta, *L'architettura sacra di S. Alfonso Maria de Liguori:* P. Giannantonio (ed.), Alfonso M. de Liguori e la società civile del suo tempo (Florença, 1990) 623-639.

6.3.6. *Balanço*

– Arte e pastoral no projeto de Afonso

- P. Giannantonio, *Arte e pastorale in Sant'Alfonso:* Asprenas 35 (1988) 118-139.

SÉTIMA SEÇÃO

A trajetória biográfica de Afonso

7.1. INTRODUÇÃO

7.1.1. Abordagem

O objetivo da presente seção está integrado no horizonte temático da segunda parte deste volume - *O Personagem* - que, por sua vez, procura expor o significado histórico da *pessoa* de Afonso, depois de termos analisado, na primeira parte, *A Paisagem* sócio-histórica onde o personagem adquire relevo.

No que diz respeito à pessoa de Afonso, já expusemos sua *experiência familiar* (seção cinco) e sua *etapa formativa* (seção seis). Agora abordaremos (seção sete) a densidade significativa de sua *trajetória biográfica*.

Desde o início, deve-se notar que Afonso de Liguori é uma figura poliédrica, ou seja, com muitos lados. Não apresenta uma face ou dimensão única, mas várias vertentes. Todas juntas, compõem a rica evolução biográfica do mesmo Afonso.

A biografia de Afonso de Liguori é extensa em termos cronológicos (desde o seu nascimento, 27 de setembro de 1696, até sua morte, 1 de agosto de 1787, transcorrem noventa anos) e densa em termos de atividade desenvolvida. Está situada na área social do

Reino de Nápoles e no ambiente ideológico do séc. XVIII, período de esplendor artístico-cultural e fermentação das grandes revoluções socioculturais posteriores.

Deixando de lado sua inicial atuação como advogado (1713-1723), e os anos de formação sacerdotal (1723-1726), bem como seus últimos anos, quando sua atividade diminui ao extremo (1777-1787), a vida plenamente ativa de Afonso se desenvolve em quatro décadas. Longo período para o que foi, e continua sendo, a vida média do ser humano.

Característica da vida de Afonso é sua intensa atividade. Por temperamento e compromisso de seu zelo apostólico transbordante, entregou-se de tal maneira ao trabalho que parecia não ter tempo suficiente para realizar todas as tarefas empreendidas. Expressão dessa característica de Liguori é seu voto de não perder um minuto de tempo, voto que adquire especial importância quando contextualizado no ideal da vida napolitana, para o qual *il dolce far niente* é um dos traços típicos (ou tópicos?).

7.1.2. Conteúdo da seção

Dividimos a densidade significativa da biografia afonsiana destacando sete dimensões fundamentais. Vamos expô-las cada uma em seu capítulo próprio, sabendo que algumas dessas dimensões estão indissoluvelmente ligadas, por exemplo: sacerdote e missionário, pregador e missionário, etc. Em conexão com a faceta de escritor, reunimos a produção literária de Afonso em uma lista cronológica. O último capítulo inclui o estágio final de sua trajetória de vida.

Esta é a sequência dos capítulos que compõem a presente seção, tentando expressar as dimensões mais marcantes da trajetória da poliédrica vida de Liguori:

7.2. Afonso: advogado

7.3. Afonso: sacerdote

7.4. Afonso: missionário

7.5. Afonso: pregador

7.6. **Afonso: bispo**

7.7. **Afonso: fundador**

7.8. **Afonso: escritor**

7.9. **Lista cronológica dos escritos de Afonso**

7.10. **O estágio final da trajetória de vida de Afonso**

7.2. AFONSO: ADVOGADO. MENTALIDADE MORAL DO ADVOGADO. OBRIGAÇÃO DE SEGUIR A PRÓPRIA VOCAÇÃO

7.2.1. *Profissão de prestígio*

Em Nápoles, no tempo de Afonso, as profissões relacionadas com a lei estavam bem situadas do ponto de vista numérico. "Ouvi dizer que cerca de trinta mil são juízes, advogados, notários e procuradores"[1]. O jesuíta alicantino não parece ter sido mal informado.

> "Os escritores da época, especialmente os turistas, avaliam em milhares os profissionais do direito. Em 1729, Montesquieu refere, como ouvido dos lábios do vice-rei, que viviam em Nápoles 50.000 pessoas em torno aos Tribunais e dos Tribunais. O viajante romano, outras vezes citado, aponta em 1726: 'O corpo de curiais, ditos vulgarmente Palhetas (*Paglieti*), pelo chapéu de palha que usam, ultrapassa 15.000 pessoas: notários, copistas, procuradores, advogados, juízes e magistrados togados. Todos são muito apreciados'"[2].

Mas não era apenas a quantidade a sublinhar a importância dos profissionais do direito. Como acabamos de dizer, também eram tidos em grande apreço. No cap. 1 da quarta seção destacamos que, no *Settecento* napolitano, quem se destacava no campo da ciência jurídica era, fundamentalmente, o intelectual. A república das letras concretizava-se na *república das togas*.

---

1 ANDRÉS, J. *Nápoles (Cartas del Viaje a Italia)*. Edição de Pedro Aullón de Haro (Madri, 2016) 16.

2 Tellería, I, 52.

Um desses intelectuais do direito, Francisco de Andrea, dizia aos seus sobrinhos: "A advocacia sempre gozou da maior reputação, talvez superior a que teve na República Romana quando Cícero afirmava ser a casa de um advogado o oráculo de toda a cidade". Em linhas anteriores, justifiquei esta conclusão: "Depois de ter corrido muitas regiões da Itália, atrevo-me a afirmar que não há cidade no mundo onde, como na nossa, o mérito seja louvado, e onde qualquer pessoa, sem qualquer outra recomendação que seu próprio valor, possa chegar até as posições mais cobiçadas, ao ápice da riqueza, às magistraturas supremas e ao governo do Estado"[3].

Além disso, era fácil saltar do mundo do direito para posições na administração pública. A família de Afonso tinha exemplo próximo no pai de Dona Ana e avô de Afonso, Dom Emílio Cavalieri que, dos tribunais, tinha passado aos escritórios da Secretaria Real e aos do presidente da *Regia Camera della Sommaria*. Podemos imaginar que o pai de Afonso nutria expectativas semelhantes para o filho.

7.2.2. *Afonso no mundo do direito*

Desde a segunda metade do séc. XX, vem se tornando importante, na evolução biográfica de Afonso, e configuração de sua personalidade total, a etapa que viveu diretamente envolvido com o direito, como estudante e como profissional. O estudo de A. Fredda deve ser considerado pioneiro nesse sentido. Também os últimos biógrafos não deixaram de sublinhar a importância desse período na biografia afonsiana[4].

Os dados essenciais do *curriculum vitae* de Afonso como pessoa ligada ao direito são os seguintes:

- Exame de admissão e inscrição na faculdade de direito da Universidade de Nápoles: 1708.
- Estudos de direito na referida faculdade da universidade partenopeia: 1708-1713.
- Doutorado *in utroque iure*: 1713.

---

[3] Citado por: Tellería, I, 52.

[4] Tellería, I, 51-60; Rey-Mermet, 97-108; Jones, 23-40.

- Etapa de treinamento e estágio em advocacia: 1713-1715.
- Exercício da profissão de advogado: 1715-1723.
- Renúncia ao exercício da advocacia como consequência de uma causa perdida: julho de 1723.

Afonso se preparou para exercer a profissão de advogado. Depois de conseguir o doutorado, apresentou-se como assistente do gabinete de Luis Perrone e, falecido este, seguiu na assessoria de Andrés Lovene, profissional bem visto, primeiro, pelos representantes da monarquia espanhola, e depois, pelos representantes do poder imperial de Viena.

Com o mesmo propósito de se preparar para o exercício da profissão, Afonso participou da academia dos Caravita, "uma das muitas que se aglomeraram na cidade, cobrindo todos os tipos de disciplinas: literárias, jurídicas, eclesiásticas, ciências naturais, história, quando não surgiam, dentro das mesmas, brotos de várias matérias, ou mesmo, opostas"[5]. Domingos Caravita tinha sido professor de Afonso e, certamente, era um dos mais respeitados da faculdade de direito. Seu prestígio também era grande no fórum. O *palazzo* de D. Caravita, no *largo di donna Regina*, não ficava longe de onde Afonso morava, *alle Anime*.

Na academia de D. Caravita, Afonso pode entrar em contato com a intelectualidade napolitana do momento: filósofos do direito, historiadores, juristas. Basta pensar nos nomes de J. B. Vico, C. Grimaldi, C. Argento e P. Giannone para perceber que nesse ambiente era defendido o jurisdicionalismo estatal, embora desde a confessada condição de cristãos.

> "Em um mundo sacralizado, baseado na primazia da Igreja e da lei canônica sobre o Estado e sobre o direito civil, a participação na Academia regalista dos Caravita vacinou Afonso, tanto em relação às formas do intolerável regalismo, quanto em relação às sucessivas e antitéticas formas do intolerável anticlericalismo"[6].

---

[5] Tellería, I, 53.

[6] PERLINGIERI, P. *Alfonso de Liguori giurista. La priorità della giustizia e dell'equità sulla lettera della legge*: GIANNANTONIO, P. (ed.). Alfonso M. de Liguori e la società civile del suo tempo (Florença, 1990) I, 275-276.

Certamente, Afonso também recebia conselhos e ajuda de pessoas jurídicas relacionadas à família de sua mãe, os Cavalieri. Entre outros, podemos pensar em seus tios por parte de mãe: um, de sangue: José Cavalieri; outro, político, Santiago Salerno; os dois já nomeados juízes da Vicaria.

Contando os três anos de aprendizado, Afonso passou no foro de 1713 a 1723. Não é possível determinar com precisão, nem o número de causas que ele defendeu perante os tribunais, nem o tipo de clientela com a qual se relacionou. Tannoia afirma pomposamente: "A apreciação do público foi conquistada de tal maneira que, em pouco tempo, com espanto de toda Nápoles, causas de grande importância lhe foram confiadas"[7]. Mais tarde, o próprio Afonso abriria uma janela sobre os cinco anos e meio em que atuou como advogado: "Como advogado e bispo, dei mil conselhos"[8].

7.2.3. Ética profissional conjugada com práticas de piedade e de caridade

Sem pretender diminuir a importância técnica de sua vida profissional como advogado, destacamos nesta etapa biográfica de Afonso dois aspectos de importância global: sua seriedade *ética* e seu *compromisso religioso.*

– Código de ética da profissão

Em relação ao primeiro aspecto, bastar recolher uma espécie de *código de ética* (Decálogo ou Dodecálogo) da profissão de advogado, cuja redação é atribuída a Afonso com a ajuda do Padre T. Pagano, seu diretor espiritual. O primeiro a transmitir o texto foi o Pe. L. Rispoli, que afirma tê-lo obtido dos processos de canonização[9]. Apesar das obscuridades quanto à procedência do texto[10], é de destacar que os últimos três principais biógrafos afonsianos

---

[7] Tannoia, I, c. IV.

[8] Lettere, II, 495.

[9] RISPOLI, P. L. *Vita del B. Alfonso Mª de Liguori* (Nápoles, 1834) 16.

[10] Tellería, I, 57, nota 32, diz que leu os processos de canonização e escapou de sua diligência o texto em questão.

(R. Tellería, Th. Rey-Mermet, F. Jones) não duvidam em recolhê-lo e transmiti-lo. Aqui está o conteúdo[11]:

"I. Não aceitar causas injustas, pois são perigosas para a consciência e para a dignidade próprias.

II. Não defender nenhuma causa com meios ilícitos.

III. Não cobrar do cliente despesas desnecessárias; caso contrário, deverás reembolsá-lo.

IV. Defende a causa do teu cliente com o mesmo calor que defenderias a tua própria causa.

V. Estuda cuidadosamente as peças a fim de obter argumentos úteis para a defesa da causa.

VI. O atraso ou negligência pode comprometer os interesses do cliente: portanto, deve ser compensado pelos danos resultantes, se não quiser contrariar a justiça.

VII. O advogado deve implorar a ajuda divina para defender as causas, pois Deus é o primeiro amparo da justiça.

VIII. Não é digno de elogio o advogado que se empenha em defender causas superiores ao seu talento, suas forças e tempo disponível para se preparar para defendê-las apropriadamente.

IX. O advogado deve sempre manter a justiça e a honradez em mente e conservá-las como as pupilas de seus olhos.

X. O advogado que por sua própria negligência perde a causa, fica em dívida com seu cliente e deve compensá-lo por todos os danos causados.

XI. No relato, o advogado deve ser verdadeiro, sincero, respeitoso e razoável.

XII. Finalmente, as qualidades de um advogado devem ser a competência, o estudo, a verdade, a fidelidade e a justiça".

Esta suma de ética profissional da advocacia tem um eixo organizador: o *cliente*[12]. A razão de ser do advogado é seu cliente; fala explicitamente dele nos números 3, 4, 6 e 10, e está implícito no restante.

---

[11] Tomado de: Tellería, I, 57-58.

[12] CHIOVARO, F. S. *Alfonso Maria de Liguori. Ritrato di un moralista*: SH 45 (1997) 143.

- Expressões religiosas e caritativas

Juntamente com a seriedade ética em seu trabalho profissional, os biógrafos destacam, neste período da vida de Afonso, seu compromisso religioso, concretizado em práticas de piedade e obras de caridade[13]. Entre as primeiras, recebem especial destaque: os *exercícios espirituais* e as *visitas ao Santíssimo Sacramento.*

Enfatizamos o segundo aspecto de seu compromisso religioso: as obras de caridade, diríamos hoje, de voluntariado[14].

Como pertencente ao ilustre colégio dos doutores, Afonso exerceu a visita aos doentes, praticada de maneira especial no Hospital de *Santa Maria del Popolo,* conhecido "com o nome terrível"[15] de *Incuráveis* (*Incurabili*). Hospitais semelhantes eram identificados com o mesmo nome em outras cidades da Itália. Por exemplo, Veneza também tinha seus *Incuráveis,* onde colaboraram Inácio de Loyola e Francisco Xavier.

Devemos ter em mente que "os napolitanos fizeram da assistência aos pacientes dos *Incuráveis* um ponto de honra. O cuidado dos doentes era assegurado diariamente por damas e cavalheiros (...). Damas e cavalheiros, por sua vez, se associavam aos membros de numerosas confrarias napolitanas que prestavam serviços se revezando em turnos por semanas: filipinos, franciscanos, jesuítas, vicentinos, esculápios, pios operários, camilianos"[16]:

> Muito provavelmente, quando Afonso escreve o compêndio biográfico de J. Sarnelli em 1744[17], também está descrevendo sua própria

---

[13] Este aspecto está amplamente desenvolvido nas biografias de Afonso. Ver, por exemplo, os dois longos capítulos que Tellería dedica ao tema: I, 61-73, 75-85.

[14] RICCI, V. *S. Alfonso e il volontariato*: RICCI, V. (ed.). Alfonso M. de Liguori, maestro di vita spirituale (Milão, 1998) 15-19.

[15] CHIOVARO, F. *Il beato Gennaro Maria Sarnelli Redentorista (1702-1744)* (Materdomini, 1996) 36.

[16] *Ibidem.*

[17] *Compendio della vita del Servo di Dio D. Gennaro Maria Sarnelli* (Nápoles, 1744), edição da qual não chegou nenhum exemplar até nós. A primeira edição é a que se encontra na 4ª edição da obra de G. Sarnelli, *Mondo Santificato* (Nápoles, 1752) 158-288. [LIGÓRIO, Afonso. *Bem-aventurado Januário Maria Sarnelli (1702-1744)*. Missionário das mais abandonadas. Goiânia: Gráfica e Editora Redentorista, 1996. Tradução: Marcos Piatek].

atuação no relato da atividade de seu amigo nos *Incuráveis:* "arrumava a cama para eles, lavava seus pés e não deixava de fazer nenhum serviço de caridade que pudesse confortar os enfermos" *(rifaceva loro i letti, lavava loro i piedi, e non lasciava officio alcuno di carità, che potesse esser loro di ristoro).* Nos Incuráveis "foi onde Afonso experimentou, pela primeira vez, a verdadeira felicidade de estar a serviço de Deus e onde, com certeza, Deus finalmente o chamou para o sacerdócio"[18]. Na noite de 29 de agosto de 1723, Afonso ouviu Deus chamando por duas vezes: "Deixa o mundo e entrega-te a mim".

Além de comprometer-se com o cuidado aos doentes desde a plataforma da Congregação dos Doutores, vinculada aos filipinos, Afonso também estava envolvido em outras obras de misericórdia por sua vinculação à *Confraria de Santa Maria da Misericórdia*, popularmente chamada *Misericordiella.* Estes confrades se ocupavam de enterrar os indigentes do bairro e providenciar acomodação gratuita (três dias) para sacerdotes peregrinos ou estrangeiros. Um dia por semana, de quatro em quatro membros, percorriam a cidade pedindo esmolas para custear tais serviços.

7.2.4. Perda de um pleito famoso e abandono dos tribunais

Entre as muitas atuações que Afonso precisou realizar no foro napolitano, destaca-se o famoso pleito que perdeu (julho de 1723) e foi, se não o motivo, ao menos a ocasião, para abandonar a profissão de advogado e seguir a vocação sacerdotal[19].

Debatia-se nos tribunais napolitanos a "causa do século": o napolitano Felipe Orsini, duque de Gravina, contra o grão-duque da Toscana, Cósimo III Médici, pela posse do feudo de Amatrice (Rieti), concedido por Carlos V ao capitão Alessandro Vitelli, em

---

[18] Jones, 25.

[19] GREGORIO, O. *Ricerche intorno alla causa feudale perduta nel 1723 da Alfonso de Liguori*: Archivio storico per le Provincie napoletane (nuova serie) 34 (1953-1954) 181-203; GREGORIO, O. *L'ultima causa difesa da S. Alfonso*: Asprenas 7 (1960) 117-121. Uma recriação do fato: SWANSTON, H. F. G. *Celebrating Eternity Now. A Study in the Theology of Alphonsus de Liguori (1696-1787)* (Chawton, Hampshire, UK, 1995) 97-106.

1538, como prêmio por seu valor na guerra, e transmissível a seus legítimos herdeiros. O Fisco tinha confiscado o feudo de Alessandro Orsini por motivo de dívidas econômicas do proprietário e vendido como propriedade inteiramente nova - *in feudum novum* - a uma descendente da grã-duquesa da Toscana. A descendente morreu e a grã-duquesa recuperou o feudo, passando, depois de sua morte, a seu filho, o citado Cósimo III, Médici.

Afonso assumiu a defesa dos Orsini, amigos de sua família, que pretendiam recuperar o feudo (pelo valor de, mais ou menos, 15 milhões de euros atuais). Além de outros fatores dignos de consideração, Afonso não levou em conta os jogos políticos do imperador da Áustria, que favorecia o grão-duque Cósimo III Médici, nem os presentes que o grão-duque enviara ao vice-rei (então dependente de Viena) para influenciar nas decisões do tribunal. O resultado foi: uma causa, que parecia ganha já antes do debate, transformou-se em causa perdida. O jovem e prestigioso advogado, ferido em seu orgulho pessoal e reputação profissional, sentiu o mundo desabar sobre sua cabeça. Não aceitou explicações. Apenas proferiu a frase que se tornou clássica sentença afonsiana: "Mondo ti ho conosciuto. Addio, tribunali! - Mundo, agora te conheci! Tribunais, adeus!" (7 de julho de 1723).

A sequência de eventos continuou com a entrega de seu espadim de cavaleiro aos pés da Virgem, na Igreja das Mercês (29 de agosto de 1723), com a proposta de se tornar filipino e, mais tarde, com a decisão final - combinada entre o Pe. Pagano, filipino, e o pai de Afonso - de se tornar apenas sacerdote secular[20].

> "Dom Giuseppe só aceita que seu filho se torne sacerdote se Afonso renunciar a ser religioso. É o conselho do tio, Mons. Cavalieri, bispo de Troia e Pio Operário, do Pe. Cuttica dos vicentinos, do Pe. Pagano do oratório filipino, do cônego Pedro Marco Gizzio, primo de Dona Ana"[21].

---

[20] ARBOLEDA, H. *S. Alfonso Maria de Liguori racconta la storia della sua vocazione*: SH 39 (1992) 259-267.

[21] LAGE, E. *San Alfonso y María Celeste* (Madri, 1988) 10.

Como notaremos mais adiante, ao redor do falido advogado se reuniram outros seminaristas (e sacerdotes jovens) que mutuamente se apoiavam na vida espiritual e apostolado.

7.2.5. *Autoestima profissional e estrutura mental de advogado*

O abandono da profissão de advogado e a "conversão" ao sacerdócio não tiraram de Afonso, nem a autoestima profissional de advogado, nem a estrutura mental jurídica. "Hoje em dia sabemos que nenhuma 'conversão', por mais profunda e radical que seja, destrói, nem pode destruir, a orientação global de uma vida já determinada nos anos de infância e juventude. E a formação de Afonso havia sido a de um advogado"[22].

A autoestima de sua condição ficou manifesta em Afonso quando o Pe. De Paola o colocou a par dos assuntos da Congregação nos Estados Pontifícios. Então saltou novamente em Afonso a veia de advogado: "Ainda não estou morto, nem perdi o meu cérebro; pelo contrário, fui advogado *(sono stato avvocato)*, fui bispo *(sono stato vescovo)*; e tive que tratar desses assuntos muitas vezes"[23]. A autoestima de sua condição de advogado caminhava ao lado da autoestima de sua condição de bispo.

R. Tellería não deixou de ressaltar a influência positiva do exercício profissional da advocacia para a posterior prática missionária de Afonso no púlpito: "Mente lúcida e cultivada, facilidade de palavra, argumentação sólida (...), sensibilidade diante das fraquezas humanas, predispunham a seu favor"[24].

De maior interesse é o destaque positivo que os intérpretes atuais do pensamento moral afonsiano dão à formação de advogado para o trabalho moral de Afonso.

Conforme a avaliação de F. Chiovaro, "o primeiro que se colocou o problema da formação jurídica do Santo, situando-a na re-

---

[22] CHIOVARO, F. *S. Alfonso Maria de Liguori...*, 143.
[23] Lettere, II, 495.
[24] Tellería, I, 57.

lação com sua futura atividade de moralista, foi o padre Ambrósio Freda, em estudo publicado em 1940 (...). Sucessivamente, fizeram referência a essa formação: D. Capone, D. Th. Rey-Mermet e M. Vidal"[25]. Aos já nomeados, convém acrescentar também L. Vereecke (ver a referência bibliográfica no final deste item).

A importância da formação jurídica para o posterior trabalho de Afonso como moralista transparece, pelo menos, nos seguintes aspectos gerais[26]:

- O amplo, atento e cuidadoso uso das fontes jurídicas na Teologia Moral. Nesse sentido, ver tais fontes jurídicas na obra de F. Chiovaro, citada na bibliografia do final deste item.
- O esmero de Afonso na redação dos tratados da Teologia Moral que guardam relação mais próxima com o direito: *De conscientia, De lege, De justitia et jure.* A preparação jurídica serviu para Afonso propor uma moral dos contratos baseada sobre teoria jurídica moderna[27].
- Na forma de argumentar em questões morais. É preciso reconhecer que Afonso não entra no campo da reflexão teológico-moral com pressupostos mentais de caráter filosófico ou socioantropológico, mas com mentalidade claramente jurídica. Sua preocupação não é tanto definir o bem e o mal *em si mesmos,* mas conhecer a *imputabilidade ou não das ações humanas* em relação ao bem estabelecido pela norma.
- Na aceitação e no uso de alguns princípios gerais: 1. Primazia da consciência na tensão entre lei e liberdade[28]. 2. Distinção entre "dúvidas de fato" e "dúvidas de direito"[29]. 3. Afirmação de que uma lei que é duvidosa em sua promulgação não obriga.

B. Häring lembrou a conexão entre a profissão de advogado e o ministério de orientação moral em Afonso (pastoral e escritos)

---

[25] CHIOVARO, F. *S. Alfonso Maria de Liguori...*, 138. Com as referências bibliográficas pertinentes na nota 53 da p. 138.
[26] CHIOVARO, F. *S. Alfonso Maria de Liguori...*, 144-152.
[27] PERLINGIERI, P. *Alfonso de Liguori giurista...*, 283-284.
[28] *Ibid.*, 281-282.
[29] *Ibid.*, 282-283.

para destacar a defesa da consciência do cristão por parte de Liguori, a quem caracterizou como *advogado da consciência*[30].

Continua sendo válida a afirmação de A. Freda, formulada em 1939:

> "A preparação jurídica de Afonso foi providencial para sua atividade científica de moralista (...), porque lhe forneceu ampla e profunda erudição jurídica que corroborou suas construções morais, e o educou naquela escola da prática que permitiu olhar a realidade e concretude dos atos morais, penetrar no interior desses atos e julgá-los à luz da prudência cristã"[31].

N. Fasullo concorda com a afirmação nas seguintes palavras:

> "A cultura de Afonso, ou seja, sua estrutura mental, seu modo de considerar a vida e de se relacionar com Deus e com os homens, segue sendo a do advogado, do defensor. Enfim, a atitude de quem defende uma causa dá a orientação de toda a obra e constitui a chave de sua *Theologia Moralis*"[32].

O mesmo N. Fasullo ressaltou a importância do pano de fundo profissional de Afonso como advogado na intepretação do conteúdo do importante capítulo VI da primeira parte das *Glórias de Maria*, onde Liguori desenvolve a afirmação: *Maria, advogada nossa*[33]:

- Maria é uma advogada que está disposta a defender a causa dos mais pobres: *Maria è un'avvocata pietosa que non ricusa difendere le cause de' più miserabili* – Maria é uma advogada piedosa que não recusa a defender as causas dos mais miseráveis.
- Maria é uma advogada que ganha todas as causas: *Io so - così mi dicono tutti - che ogni causa, per disperata che fosse stata, da voi difesa non mai s'è perduta.* – Sei, e assim me dizem todos, que qualquer causa, por mais desesperada que fosse, nunca foi perdida quando defendida por vós.

---

30 HÄRING, B. *San Alfonso de Liguori: Abogado de la Conciencia*: LAGE, E. (ed.). La intuición y la espiritualidad de San Alfonso (Roma, 1993) 251-263.

31 FREDA, A. *S. Alfonso universitario: Contributi bio-bibliografici*, 109-110.

32 FASULLO, N. *Presentazione*: CHIOVARO, F. Alfonso de Liguori avvocato (Palermo, 1999) 8.

33 LIGUORI, A. de. *Maria nostra avvocata*. A cura di N. Fasullo con una nota di G. Corso (Palermo, 2000).

Nos dias 18 e 19 de janeiro de 2001, celebrou-se em Pagani (Nápoles) um encontro sobre *S. Alfonso e le ragioni degli ultimi: Diritto e morale del '700 europeo.* As intervenções foram publicadas na Rivista Storica del Sannio 22 (2004) 1-336, com o título *Il Dottor Causidico. Diritto, Politica, Fede in Alfonso M. de' Liguori.* Sobre a primeira parte do título, convém recordar que a expressão *Doutor Casuístico (Dottor Causidico)* designava os juristas do Antigo Regime. Ao aplicá-la a Afonso, pretende-se sublinhar sua condição de jurista e vinculação com a cultura civil de seu momento histórico, com a *scientia iuris.* Essa ciência e sabedoria do direito estão na base da mentalidade moral e escritos teológico-morais de Liguori. A integração entre direito e moral transparece:

- Na proposta de uma "ética civil" para a vida social e política: RUGGIERO, G. *Da Alfonso Maria de Liguori a Gaetano Filangieri: verso la nascita de un'etica civile,* p. 169-181.
- No tema da usura: TRIFONE, G. P. *Tra morale e ragion pratica: il dilemma delle "usurae" in Alfonso M. de' Liguori,* p. 55-96.
- Na relação entre religião e política: MAIORINI, M. G. *Alfonso de Liguori, Tanucci e la "religione" della sovranità,* p. 183-238.
- Nas questões relacionadas com o gênero e com o sexo: GERMINO, M. A. *Stupro e comportamenti sessuali nei "tribunali della coscienza",* p. 97-120; ZITO, P. *Un "serraglio di femmine mondane". I pericoli del sesso debole secondo Sant'Alfonso M. de' Liguori,* p. 121-132.

Nota bibliográfica sobre a condição de advogado em Afonso.

- RAMOS, T. *El abogado intachable:* El Perpetuo Socorro 14 (1912) 352-356.
- FREDA, A. *De Institutione et Eruditione Juridica S. Alphonsi M. de Ligorio* (Roma, 1939).
- ORLANDI, G. *Il chiaro messaggio spirituale di un "Dottore zelantissimo". S. Alfonso Maria de' Liguori: dalla tribuna forense al pulpito in un dinamico itinerario di santità:* L'Osservatore Romano (7/novembre/1986) 4.
- FERRERO, F. *Génesis y condicionamientos de la actividad literaria de San Alfonso como moralista:* Moralia 10 (1988) 125-156, especialmente, p. 138-145: "Mentalidad jurídica y moral alfonsiana".

- PERLINGIERI, P. *Alfonso de Liguori giurista* (Roma, 1988).
- PERLINGIERI, P. *Alfonso de Liguori giurista:* GIANNANTONIO, P. (ed.). Alfonso M. de Liguori e la società civile del suo tempo (Florença, 1990) I, 271-285.
- VEREECKE, L. *Sant'Alfonso giurista. La formazione giuridica e l'influsso sulla morale:* SM 31 (1993) 265-282.
- SCHWAB CESCHINI, M. L. *Santo Afonso de Ligório, Jurista e Teólogo da Moral:* VÁRIOS. Ética e Direito. Um diálogo (Aparecida, 1996) 33-63.
- CHIOVARO, F. S. *Alfonso Maria de Liguori. Ritratto di un moralista:* SH 45 (1997) 121-153 = *Alfonso de Liguori avvocato* (Palermo, 1999), com apêndice novo: "Fonti giuridiche e letteratura giuridica nella *Theologia Moralis* di Alfonso de Liguori", p. 43-63.
- ROVITO, P. L. *Nel ginepraio di un giurista "filosofante" e devoto. Prolegomeni al giuridicismo alfonsiano:* Rivista Storica del Sannio 22 (2004) 23-54.
- CIAMPA, O. *Alfonso da giurista a moralista:* VICIDOMINI, G. (ed.). Alfonso M. de Liguori. Un santo per il terzo millennio (Materdomini, s. a. [= 2010]) 369-376.
- KENNEDY, T. *Alfonso de Liguori, una morale da avvocato del peccatore:* Segno 38 (2012) n. 332, 65-79.

7.2.6. Complemento: o direito e o dever de seguir a própria vocação

São conhecidas as dificuldades que Afonso enfrentou para seguir sua vocação. Essas dificuldades vieram principalmente do ambiente familiar, mais concretamente, de seu pai que, sem dúvida, tinha outras esperanças e ilusões para o futuro do jovem advogado.

Também é conhecido o relato do próprio Afonso sobre o *chamado* que sentiu no hospital dos *Incuráveis* para abandonar o mundo e optar pela vocação sacerdotal, no dia 29 (alguns historiadores situam em 28) de agosto de 1723[34].

---

[34] Tannoia, I, 26. Ver: ARBOLEDA, H. *S. Alfonso Maria de Liguori racconta la storia della sua vocazione*: SH 39 (1992) 259-267.

Provavelmente com essas recordações pessoais, Afonso tratou o tema da obrigação de seguir o chamado vocacional em vários escritos que, por sua vez, formam o conjunto literário conhecido como *escritos sobre a vocação*. O principal deles é:

- *Avvisi spettanti alla vocazione religiosa* (1750).

O livro apareceu sem indicação de data e lugar; tampouco, levava o título. Em 1772, foi publicado como anexo da segunda edição dos *Sermoni compendiati* (Nápoles, 1772)[35].

A obra surgiu no âmbito das preocupações com o noviciado de sua Congregação[36].

Compõe-se de três pequenos tratados ou considerações: 1. Excelência do estado religioso e obrigação de corresponder ao chamado de Deus apesar da oposição familiar. 2. Vantagens da vida religiosa (15 considerações). 3. Como combater as tentações de não seguir a vocação.

O escrito contém formulação um tanto estreita, e talvez excessivamente exigente, da obrigação de seguir a vocação: "A vocação segue a justificação e a justificação segue a glorificação, ou seja, a vida eterna. Quem rompe esta ordem e cadeia de salvação, não se salvará".

O autor presenteou todos os noviciados de Nápoles com cópias da obra.

Além do referido texto, há outros com orientação temática de caráter vocacional que podem ser consultados nas duas antologias seguintes: uma, em italiano; outra, em tradução espanhola:

- Edição em italiano: LIGUORI, A. de. *Opuscoli sulla vocazione*, edição de O. Gregorio (Alba, 1965).
- Tradução espanhola: LIGUORI, A. M. de. *La vocación religiosa*. Tradução do italiano por T. Ramos (Madri, 1962). Contém os seguintes textos:
- Avisos sobre la vocación religiosa, p. 9-70.

---

[35] De Meulemeester, I, 73-74; Ferrero-Boland, 509. [LIGÓRIO, Afonso. *Avisos sobre a Vocação Religiosa*. São Paulo: Ave Maria, 1935. Tradução da edição espanhola: Pe. Clemente Serrat, CMF. 160 p]. [LIGÓRIO, Afonso. *Sermões Abbreviados para todas as domingas do anno*. Vizeu: Revista Catholica, 1907. Trad. Miguel Ferreira de Almeida. 2 v.].

[36] Tellería, I, 485-488.

- Respuesta a un joven que pide el consejo acerca del estado de vida que debe elegir, p. 71-83.
- Avisos a una joven que vacila acerca del estado que ha de elegir, p. 83-93.
- Consideraciones a las personas que son llamadas al estado religioso, p. 95-177 (quince consideraciones).
- Conferencia familiar predicada en la toma de hábito de una doncella, p. 179-219.
- Aviso a los novicios para alentarlos a perseverar en su vocación, p. 221-259.
- Carta de Alfonso a los novicios de su Congregación, en la cual les habla del aprecio que deben hacer de su vocación y de los medios que deben emplear para conservarla, p. 261-262.

Nota bibliográfica.

Sobre a vocação de Afonso.

- ARBOLEDA, H. S. *Alfonso Maria de Liguori racconta la storia della sua vocazione:* SH 39 (1992) 259-267.

Sobre a doutrina de Afonso sobre a vocação.

- RAUS, J. B. *La doctrine de St. Alphonse sur la vocation et la gràce en regard de l'Enseignement de S. Thomas et des Prescriptions du Code* (Lyon-Paris, 1926) "Première partie: La vocation considérée dans s. Thomas, s. Alphonse et le Code de Droit canonique": p. 9-60 (sobre o pensamento de Afonso: p. 29-45).
- PETROSINO, L. *Fedeltà alla vocazione sacerdotale secondo S. Alfonso:* Rivista di Ascetica e Mistica 48 (1979) 219-244.

7.3. AFONSO: SACERDOTE. AS CAPELLE SEROTINE

Uma das dimensões essenciais da personalidade de Afonso é sua condição e atuação como *sacerdote* e, dentro dessa dimensão sacerdotal, a vertente pastoral de *missionário.* No presente capítulo, analisamos a dimensão de *sacerdote,* deixando para o capítulo seguinte a dimensão de *missionário.*

7.3.1. Forte identidade sacerdotal

O Afonso eclesiástico não foi formado em ambientes monacais, nem com esquemas vinculados às Ordens religiosas ou Instituições de clérigos regulares. Tanto é assim que, na hora de fundar um novo Instituto missionário, precisou recorrer à direção de pessoa experimentada nesses âmbitos, o pio operário Tomás Falcoia. Mais ainda, Afonso nem sequer quis ser superior da primeira comunidade redentorista, deixando esse serviço a alguém conhecedor dos costumes de uma comunidade religiosa. Afonso era, e seguirá sendo toda a sua vida, um *sacerdote;* em certo momento, elevado à condição de bispo.

Ordenado sacerdote, Afonso não ocupou nenhum cargo pastoral definido, como costuma acontecer hoje em dia. Foi atuando sacerdotalmente em diversas igrejas, principalmente através do serviço da pregação e ministério do confessionário. Fez isso no âmbito de duas instituições sacerdotais de grande importância na Nápoles de então:

- Residindo no chamado *Colégio dos Chineses,* fundado pelo jesuíta Matteo Ripa, outro grande napolitano daquele tempo, que lhe confiou o serviço pastoral da igreja aberta ao povo[37]. Seguramente, nessa residência, além de atender à pastoral, no espírito de Afonso - e no de seu amigo J. Sarnelli, que havia chegado um pouco antes - surgiram sonhos de apostolado nas missões do exterior.
- Inscrevendo-se, como membro efetivo, nas *Missões Apostólicas,* uma instituição sacerdotal dependente do arcebispo, cuja finalidade consistia em unir sacerdotes com obetivo de pregar missões paroquiais.

Sobre o significado histórico das duas instituições, ver o cap. 2 da terceira seção; e sobre a presença de Afonso nelas, ver o cap. 2 da sexta seção.

---

[37] Tellería, I, 117-134: "Primeras armas" (1726-1730).

A partir destas duas instituições sacerdotais, Afonso participou nas Academias sacerdotais promovidas pela diocese para sacerdotes novos, em cujas reuniões era incentivado o zelo pastoral e adquiriam as necessárias habilidades para o ministério sacerdotal (pregação, confissão)[38].

Nota bibliográfica.

- TURISO, P. B. *San Alfonso ideal del sacerdote:* El Perpetuo Socorro 14 (1912) 357-365.

7.3.2. *Participação nas confrarias sacerdotais*

Na etapa pré-sacerdotal (desde as ordens menores) e sacerdotal, antes da fundação da Congregação do Santíssimo Redentor (1732), Afonso pertenceu a várias Confrarias de condição sacerdotal. Sobressaem estas duas pertenças:

- A *Congregação de Nobres de Nossa Senhora das Mercês,* popularmente conhecida por *Misericordiella,* fundada por Caetano de Thiene em 1533, recém-chegado a Nápoles e, consequentemente, vinculada a uma capela que os teatinos dirigiam dentro dos limites da paróquia à qual pertencia a família Liguori *in suburbio Virginum*[39]. Tinha como missão, além de dar enterro digno aos indigentes, ajudar os sacerdotes em dificuldades (encarcerados, recém-chegados à cidade, etc.). Afonso já pertencia a essa confraria antes de iniciar a preparação para o sacerdócio[40].
- A confraria *Compagnia di Santa Maria sucurre miseris,* chamada *Bianchi della Giustizia,* para o atendimento aos condenados à mor-

[38] Tellería, I, 135.

[39] SWANSTON, H. F. G. *Saint Alphonsus and His Brothers. A Study of the Lives and Works of Seven Redemptorists* (Liguori, Missouri, 2000) 74-80.

[40] Ver os dados apresentados por O. Gregorio em: Contributi, 58-64. "Probabilmente il Santo fu ammesso alla Misericordiella verso il 1715, e la frequentò per un decennio" (*Ibid.*, 63).

te, fundada em 1473 por Tiago da Marca[41]. Os membros da confraria recebiam o nome de *Bianchi della Giustizia* "porque usavam hábito e capuz de cor branca"[42]. A esta confraria, composta, tanto por clérigos, quanto por leigos, Afonso pertenceu desde as ordens menores. A partir da experiência nessa confraria[43], Afonso escreveu sobre a importância de tal compromisso humano e religioso na *Pratica del confessore* e no *Homo apostolicus: Il sacerdote proveduto per l'assistenza ai moribondi* (Nápoles, 1757: como apêndice à *Istruzione e pratica per un confessore;* Nápoles, 1760 e Veneza, 1771: como apêndice à *Pratica del confessore;* em edição independente: Veneza, 1760 e Bassano, 1773)[44].

Este texto afonsiano sobre a *Assistência aos moribundos* "encerra grande caudal de experiências, sem omitir nada de quanto possa preparar o sacerdote para tão delicado ministério: avisos, remédio contra as tentações, sugestões de jaculatórias, advertências para os últimos momentos, sinais da proximidade da morte"[45].

Mais ainda, dessa experiência na assistência aos condenados à forca na *Piazza del Mercato,* e em algumas encruzilhadas de caminhos próximos à cidade de Nápoles, procede o pequeno tratado afonsiano com conselhos para realizar o ministério sacerdotal da atenção pastoral aos condenados à morte:

Avvertimenti a' Sacerdoti che assistono ai Condannati a morte (Nápoles, 1775): unido à *Vittorie de' Martiri* (Nápoles, 1775), p. 576-582. Também apareceu como escrito independente (Veneza, 1777)[46].

A substância desse escrito já havia sido recolhida na *Praxis confessarii,* c. VII, par. VI, n. 108 e na *Istruzione e Pratica,* cap. último, par. 8. Agora,

---

41 MASCIA, G. *La Confraternità dei Bianchi della Giustizia a Napoli* (Nápoles, 1972); PONTIERI, E. *Sulle origini della Compagnia dei Bianchi della Giustizia in Napoli*: Campania Sacra 3 (1972) 1-16. Sobre os arquivos dessa irmandade como fonte documental para a história de Nápoles: SALADINO, A. *Una fonte di Storia Napoletana: l'Archivio dei Bianchi della Giustizia*: Atti della Accademia Pontaniana, VII (nuova serie) (Nápoles, 1959) 226 ss.

42 RICCI, V. *S. Alfonso e il volontariato*: RICCI, V. (ed.). Alfonso M. de Liguori, maestro di vita Cristiana (Milão, 1998) 18.

43 SWANSTON, H. F. G. *Saint Alphonsus and His Brothers…*, 81-85.

44 De Meulemeester, I, 92.

45 Tellería, I, 653, nota 25.

46 De Meulemeester, I, 165; Ferrero-Boland, 531.

dá uma forma nova e definitiva. Quem sabe, Afonso nessa obra "não pensava mais que nas vítimas que, por delitos comuns ou por arrebatamentos de paixão, costumavam cair sob o machado do verdugo na praça do Mercado; outras muitas também iriam logo subir os degraus do cadafalso por razões de Estado e vinganças políticas"[47].

7.3.3. *Um apostolado nos inícios sacerdotais: as "cappelle serotine"*

Na primeira etapa sacerdotal de Afonso há algo original que precisa ser destacado: a atuação pastoral nas *capelas do entardecer* (*cappelle serotine*).

O memorialista A. Tannoia tem particular interesse em sublinhar que a pastoral das *cappelle serotine* (capelas do entardecer) foi iniciativa própria de Afonso e não de outros[48]. Os biógrafos modernos também dedicam grande espaço a esse apostolado ao qual Afonso se dedicou de 1727 a 1732[49].

T. Rey-Mermet se situa no influxo de Tannoia e afirma: "Não é um galho proveniente de associações ou confrarias existentes, mas uma criação original, nascida de Afonso e de sua fé nos humildes"[50]. Também foi esta a perspectiva adotada por R. Tellería ao afirmar que "nascida a obra em 1727, na pequena praça de Santa Teresa, ganhou tal pujança e manifestaram os associados tanto empenho proselitista que, sessenta anos depois, quando Afonso passou à eternidade, funcionava uma rede de setenta e cinco centros nos diversos bairros da capital, sob a presidência de um dirigente local e de um sacerdote conselheiro"[51].

Trata-se de uma iniciativa pastoral que fascinou historiadores, pastoralistas e sociólogos[52]. No entanto, é preciso reconhecer que

---

47 Tellería, II, 545.
48 Tannoia, I, 43-50.
49 Tellería, I, 117, 123-126; Rey-Mermet, 187-198; Jones, 62-65. Também: PICHLER, A. *Alfons von Liguori. Ein Charakterbild* (Regensburg, 1922) 70-97.
50 Rey-Mermet, 188.
51 Tellería, I, 123.
52 Jones, 63.

essa realidade pastoral "não foi ainda completamente investigada"[53]. Também parece conveniente aceitar que tal prática pastoral teve existência prévia à chegada de Afonso, e que foi atendida, não apenas por ele, mas também por um grupo de sacerdotes afins à sua maneira de pensar e atuar.

Os oratorianos de Nápoles tiveram interesse especial em reivindicar como própria de sua instituição religiosa a iniciativa pastoral das *cappelle serotine*, tal como consta nos escritos do séc. XIX[54]. Contudo, para a opinião geral do mesmo século XIX, "as *cappelle serotine* eram 'invenção' de Santo Afonso Maria de Liguori, em cuja morte, ultrapassavam o número de setenta, apenas na cidade de Nápoles"[55].

A iniciativa consistia, fundamentalmente, em propiciar ambiente de formação religiosa e prática de piedade para os leigos reunidos em associações ou confrarias. Muitos deles pertenciam a ofícios de pouca relevância (carpinteiros, alfaiates, barbeiros, pedreiros, etc.), outros, se situavam na ampla faixa da marginalização econômica e social, e também os que viviam nos níveis mais baixos da vida social. A muitos desses, que participavam dos encontros, se aplicava perfeitamente o significado da expressão, tipicamente napolitana, de *lazzari* ou *lazzaroni*.

Nessa iniciativa, que como seu nome indica, tinha lugar nas horas finais do dia ou nas primeiras da noite, são de ressaltar os seguintes aspectos de originalidade pastoral:

- Propiciava o *encontro* das pessoas e grupos que viviam na marginalização e não estavam *integrados* nas associações e confrarias normais da cidade.
- Os mesmos *leigos* eram participantes da própria catequese; naturalmente, contavam com a assessoria e ajuda dos sacerdotes.

---

53 Rey-Mermet, 188.

54 MANDARINI, E. *Dell'istruzione religiosa del popolo napoletano per opera dei Padri dell'Oratorio*: Annali Cattolici III (1866) 292-303, 335-349, 560-566, 625-630.

55 DOVERE, U. *"Né bigotti, né increduli". Prime indagini sulle scuole di religione a Napoli tra l'unità e il fascismo*: Annali di Storia dell'educazione 18 (2011) 139.

Estes, preparavam catequistas leigos para dirigirem as reuniões quando não houvesse clérigos disponíveis[56].

- Apesar de serem uma realidade fundamentalmente religiosa, os encontros comportavam *força integradora* de caráter social: além de favorecerem a formação e expressão em âmbito religioso, também conseguiam a integração social. De fato, em diversos momentos, as autoridades da cidade chegaram a considerar os participantes como pessoas subversivas; outras vezes, foram considerados grupos religiosos heterodoxos e até "luteranos"[57]. As *cappelle serotine*, "para além da função específica de ensinamento catequético, oração, sobretudo mental, e anúncio do amor de Cristo, constituíram ainda um meio eficaz de educação social, melhoria das relações humanas e transformação da moralidade pública e privada"[58].

O âmbito urbano em que as *cappelle serotine* chegaram a atuar foi amplo. Assim o descreve R. Tellería:

> "Começou, extramuros da cidade, ao redor da porta de San Genaro ou 'dei Vergini' e pelas ruelas que convergem em Santa Maria 'alla Sanità', e as que descem - em rampas e escadarias - de Capodimonte e de Miradois. Logo passou ao extremo oposto da cidade, ao longo dos molhes, entre os abrigos sombreados e caracteres bruscos do 'Mercado' e do 'Lavinaro', cujas práticas de corta e rasga perpetuam a recordação de Masaniello, filho do bairro, de suas façanhas tempestuosas e seu final desastroso nos vizinhos claustros e praça do Carmelo. Corria, por fim, em direção ao poente, aos setores de Monte Calvário, Montesanto e 'Pigna Secca', preferidos pela colônia espanhola para habitar ao amparo de San Telmo e Castel Nuovo, e na vizinhança de suas igrejas nacionais, de São Tiago e da Trindade"[59].

Correspondendo a essa descrição de R. Tellería, originalmente feita na linguagem castiça de Castela, surge o desejo da descrição

---

56 FERRERO, F. *El seglar y la evangelización misionera en tiempo de S. Alfonso*: SH 35 (1987) 361-392.

57 Tellería, I, 125.

58 MARCELLI, E.; RAPONE, S. *Un umanista del '700 italiano. Alfonso M. de Liguori* (Verona, 1992) 21.

59 Tellería, I, 122.

da mesma obra, originalmente na bela sonoridade do italiano, devida à pluma de B. Croce:

"Também ele [Afonso] começou, por volta de 1728, com pregações a céu aberto, na Praça de Sant'Agnello, perto de Santa Teresa dos Descalços, diante da Igreja della Stella ou daquela dos padres de Francisco de Paola. O auditório era composto por *lazzari*, pedreiros, barbeiros, marceneiros, 'saponari', ou seja, lavadores, e outros da mesma condição, provindos do Mercado, da Conceria, do Lavinaro e de outros lugares populares. E como a mística fórmula que sempre voltava àquelas pregações era o refúgio 'no lado aberto de Nosso Senhor Jesus Cristo', aqueles ouvintes receberam o nome de 'assemblisti delle costatelle' (...). Destas assembleias a céu aberto, nasceu uma instituição que se espalhou e ainda existe, assim chamadas, 'cappelle serotine', nas quais, no final do dia, depois das vinte e quatro horas, se reuniam os jovens e a gente do povo para o rosário, para o catecismo, para a oração mental, para a confissão nos sábados, e nos domingos, para incentivo da adoração ao sacramento e transcorrer a tarde em algum lugar do campo no verão, em algum claustro no inverno, em 'divertimentos saudáveis e santos discursos' (...). No curso do século, as capelas subiram ao número de setenta e cinco, e cada uma com a frequência de cem a cento e cinquenta devotos. Afonso M. de Liguori, enquanto esteve em Nápoles, as visitava e dirigia; e mesmo em seus últimos anos, retirado em Nocera, queria saber sobre elas"[60].

Tendo exercido como jovem sacerdote durante mais de cinco anos (1727-1732) um papel importante nessa iniciativa pastoral, Afonso não a esqueceu. Quando vinha a Nápoles, participava, sempre que possível, desses encontros vespertinos de leigos comprometidos em sua formação religiosa e expressão de fé. Aos noventa anos, Afonso ainda pergunta a um visitante: *e le cappelle si frequentano?* Ao ouvir que "até os cocheiros se santificam", repetiu três vezes admirado: *cochieri santi e Gloria Patri*[61]. Não devemos esquecer que, naquela época, os cocheiros tinham fama de viciosos e blasfemos.

---

60 CROCE, B. *Uomini e cose della vecchia Italia* (Bari, 1927) II, 122-124.
61 Tannoia, II, 168.

Quando da morte de Afonso, as *capelas* constituíam uma rede de mais ou menos 75 centros, localizados em oratórios e igrejas. Tannoia diz que "esta obra é a joia mais querida dos arcebispos de Nápoles"[62]. Consta que os arcebispos visitavam as *capelas*, chegando a apoiar economicamente algumas delas. "Em 1871, o arcebispo apoiou economicamente a construção de uma *cappella serotina* da Imaculada, perto da Igreja de *Santa Maria in Portico* na Chiaia"[63].

Ainda que a prática concreta tenha desaparecido[64], permanece, no entanto, o correspondente ideal afonsiano de uma pastoral (da palavra e das expressões religiosas) integrada com a elevação social e de estratégia missionária, na qual os leigos recebam o protagonismo que lhes compete[65]. É normal que algum autor tenha querido ver nessa experiência pastoral das *cappelle serotine* uma antecipação do que chegou a ser, no segundo terço do séc. XX, a *ação católica*[66]. De fato, as *cappelle serotine* "funcionaram de maneira eficaz e capilar até os inícios do século XX, quando, devido ao desenvolvimento da Ação Católica e organizações paroquiais, começaram a ter menor incidência pastoral e ficou mais difícil proporcionar o pessoal eclesiástico necessário"[67].

Nota bibliográfica sobre as "cappelle serotine".

- Tannoia, I, 43-50.

- ZITO, R. M. *Intorno la origine e la utilità delle cappelle serotine: schiarimenti* (Nápoles, 1852).

---

62 Tannoia, I, 49.

63 DOVERE, U. *"Né bigotti, né increduli"*..., 140.

64 Em meados do séc. XX, constatava Tellería, I, 123, nota 23, que "hoy existen algunos locales primitivos. Periodicamente, hasta los tiempos actuales, se ha tratado de resucitar - modernizándola - la Institución, creada por Alfonso. Cf. *Atti del Congresso in omaggio al S. Cuore di Gesù* (Nápoles, 1902), p. 350".

65 Ver, nesse sentido, as várias colaborações apresentadas em Pagani, em 26 de maio de 2009: VÁRIOS. *S. Alfonso e l'apostolato dei laici*: VICIDOMINI, G. (ed.). Alfonso M. de Liguori. Un santo per il terzo millennio (Materdomini, s. a. [= 2010]) 421-488.

66 SANTONICOLA, A. M. *Sant'Alfonso e l'azione cattolica* (Pompei, 1939). Também: FERRANDINA, A. *Le capelle serotine e l'azione cattolica sociale* (Nápoles, 1896).

67 DOVERE, U. *"Né bigotti, né increduli"*..., 139.

- CAMMAROTA, F. *Regole per le cappelle serotine ad uso della sua archidiocesi* (Nápoles, 1856).

- ROMANO, A. *La cappella serotina sul'arco del vico dei Barrettari al Mercato. Memorie storiche* (Nápoles, 1887).

- FERRANDINA, A. *Le cappelle serotine e l'azione cattolica sociale* (Nápoles, 1896).

- PICA, R. *Le cappelle serali in Napoli, descritte, commentate e difese* (Nápoles, 1911).

- BELLUCCI, A. *Le Cappelle serotine a Napoli* (Nápoles, 1925).

- BENEDUCCI, G. *Cenni storici delle cappelle serali in Napoli e della cappella serotina di Santa Maria delle Grazie dei Majello incoronata al Borgo Sant'Antonio abate* (Nápoles, 1947).

- ORLANDI, G. S. *Alfonso Maria de Liguori e i laici. La fondazione delle "cappelle serotine" a Napoli:* SH 35 (1987) 393-414.

7.4. AFONSO: MISSIONÁRIO. MISSÕES POPULARES, CATEQUESE, EXERCÍCIOS ESPIRITUAIS, CONFISSÃO, DIREÇÃO ESPIRITUAL

Na trajetória biográfica de Afonso, a condição de sacerdote, exposta no capítulo anterior, vai unida à condição de missionário, a que faremos expressa referência no presente capítulo.

Além disso, a essa dupla condição de sacerdote e missionário, vão vinculadas tarefas concretas, às quais se pode conceder destacado relevo e, consequentemente, certa autonomia: *missionário popular, catequista, diretor/pregador de exercícios espirituais, confessor, diretor espiritual.*

7.4.1. O "primeiro missionário do Reino"

A partir da fundação da Congregação (1732), a atividade pastoral de Afonso se converteu no complexo exercício pastoral das *Missões Populares,* em cuja realização adquirem força especial a pregação e o ministério da confissão. Na etapa de bispo (1762-1755), são as funções pastorais do episcopado que ocupam seu interesse e atividade.

Os biógrafos de Afonso costumam atribuir 36 anos do biografado ao ministério das Missões, ou seja, de 1726 (ano em que foi ordenado sacerdote) até 1762 (ano em que foi consagrado bispo). Essa cifra deve ser interpretada com altos e baixos, como notaremos mais adiante neste mesmo capítulo. De 1733 a 1743, Afonso pregou em 123 lugares diferentes, cifra que há de ser completada com um número não pequeno de *casali,* na missão geral de 1741-1742, na zona suburbana de Nápoles[68].

As Missões Populares, cuja descrição e significado histórico foram expostos em volume precedente da presente História da Teologia Moral (V/1, 117-123), continuavam constituindo, no séc. XVIII, concretamente no *Settecento* napolitano, importante meio de cristianização, tanto no mundo urbano, quanto, sobretudo, nas zonas rurais[69].

Liguori foi destacado *missionário* no Reino de Nápoles durante o segundo terço do séc. XVIII[70]. Com certo tom de complacência institucional, A. Tannoia diz que "a opinião pública considerava Afonso como o primeiro missionário do Reino"[71]. Assim o considerava também o prestigioso sacerdote José Iorio: "É o primeiro missionário que o Reino possui"[72].

Afonso e seus companheiros propiciaram a proximidade do Evangelho às pessoas e grupos humanos menos atendidos, social e eclesial-

---

[68] CAPONE, D. *Sant'Alfonso Missionario con i suoi Redentoristi nel Mezzogiorno d'Italia dal 1732 al 1962* (Materdomini, 1987) 70. A. Picher apresenta a cifra de 134 Missões pregadas por Afonso (mais: 10 renovações de Missão, 11 novenas e 28 exercícios espirituais), dado recolhido de: Tellería, I, 694, nota 7, que assinala uma centena e meia de lugares missionados por Afonso.

[69] RIENZO, M. G. *Il processo di cristianizzazione e le missioni popolari nel Mezzogiorno. Aspetti istituzionali e socio-religiosi*: GALASSO, G.; RUSSO, C. (ed.). Per la storia sociale e religiosa del Mezzogiorno d'Italia (Nápoles, 1980) I, 441-481.

[70] Tellería, I, 693-707: "Misionero del pueblo".

[71] Tannoia, I, 305. Dom José Iorio, prefeito das Missões na associação do Pe. Pavone, expressou semelhante avaliação ao dizer que Afonso "es el primer misionero que posee el Reino" (Tellería, I, 694, nota 8).

[72] Em: Tellería, I, 694, nota 8.

mente: a gente dos bairros urbanos e da zona campesina. Afonso e seus companheiros fizeram com que "Cristo não parasse em Éboli".

Esse objetivo missionário não foi realizado só através das *Missões Populares.* Afonso também o buscou através da *catequese,* pensada em função do povo simples.

Entre as campanhas missionárias de Afonso, merece destaque a Missão da zona suburbana de Nápoles (*Casali di Napoli*) nos anos de 1741 a 1743[73]. Os 34 *Casali* (31 da diocese de Nápoles, três de Aversa e um de Nola) superavam a cifra de 100.000 habitantes. A Missão foi idealizada por J. Sarnelli, promovida pelo arcebispo de Nápoles, cardeal José Spinelli, e dirigida por Afonso de março de 1741 a julho de 1742 (combinou com o arcebispo que seria continuada sob a direção do Pe. Matteo Testa, depois arcebispo de Reggio Calabria e capelão-mor, até seu encerramento, em 1743)[74]. Além de quatro redentoristas (Liguori, Sarnelli, Villani e Cáfaro), participaram na Missão 13 missionários diocesanos.

Sobre o evento, Tannoia emitiu aquele juízo laudatório sobre Afonso que já referimos: "A opinião pública considerava Afonso o primeiro missionário do Reino. Para confessar e para pregar, tinha um dom de Deus completamente particular. Todos os bispos e arcebispos, bem como os próprios missionários, tanto de Nápoles, quanto das províncias, pensavam o mesmo"[75].

Fruto dessa Missão foi a carta *Gravissimum supremi apostolatus,* de 8 de setembro de 1745, que o Papa Bento XIV dirigiu a todos os bispos do Reino de Nápoles, sugerindo-lhes o incremento das Missões Populares como instrumento de renovação religiosa.

Sem dúvida alguma, existem *peculiaridades* na forma de Afonso entender e realizar as Missões Populares: rechaço da Missão

---

[73] Entre as muitas descrições dessa experiência missionária, ver a detalhada apresentação de: ORLANDI, G. *"Io voglio predicare fino al giorno del giudizio"*: MARRAZZO, A. (ed.). Gennaro Maria Sarnelli. Il Cristo dato agli ultimi. Cronaca e documenti della Beatificazione (Materdomini, 1997) 177-180.

[74] CHIOVARO, F. *Il beato Gennaro Maria Sarnelli redentorista (1702-1744)* (Materdomini, 1966) 11-124.

[75] Tannoia, II, 305.

"central", importância do conteúdo catequético ou *formativo*, ênfase, não no temor, mas sim no *amor* enquanto motivo e ponto de partida para a conversão, insistência na preparação da Missão e, sobretudo, na continuação, mediante os exercícios de *vida devota*[76]. Contudo, não se pode falar propriamente de um *método missionário próprio* ou exclusivo de Afonso[77].

Afonso foi iniciado nos métodos missionários enquanto membro ativo das *Missões Apostólicas*. Tomou elementos da tradição comum dos demais missionários. E, sobretudo, soube adaptar os métodos à diversidade de situações. Só assim pode ser entendida a afirmação, escrita por Afonso em 1741: "Foram realizadas muitas missões e com frutos admiráveis porque nós as fazemos de modo diferente das outras Congregações"[78].

Outros elementos devem ser destacados:

- Durante a etapa de bispo, preocupou-se em promover uma *Missão Geral* em sua diocese. Fazemos referência a isso no cap. 6 da presente seção.
- Em suas obras de caráter pastoral, há muitas referências às Missões Populares, para suscitar apreço por elas e promover sua realização. Sobressaem estes dois escritos:
- *Reflexões úteis aos bispos para a prática de bem governar as suas igrejas* (1745). É um dos primeiros escritos de Afonso. Apareceu em Nápoles, 1745. Foi enviado pelo autor a todos os bispos italianos[79].

---

[76] CARDAROPOLI, G. *S. Alfonso M. de Liguori e la pietà popolare nel Mezzogiorno*: Asprenas 35 (1988) 98-117, especialmente p. 102-107: "Le missioni e la 'vita devota'".

[77] ORLANDI, G. *La missione popolare redentorista in Italia dal Settecento ai nostri giorni*: SH 33 (1985) 94-97: "Peculiarità della missione redentorista".

[78] ORLANDI, G. *A missão:* CHIOVARO, F. (ed.). *História da Congregação do Santíssimo Redentor*. Volume 1: As Origens (1732-1793). Aparecida: Santuário/Scala, 2019, p. 353.

[79] De Meulemeester, I, 55-56; Ferrero-Boland, 504. Ver o comentário de: AMARANTE, A. V. *Un vescovo missionario. Nel 250º anniversario dell'ordinazione vescovile di s. Alfonso de Liguori*: SH 60 (2012) 10-14. [LIGÓRIO, Afonso Maria. *Reflexões úteis aos bispos*. Comentário histórico-teológico de Mons. Ciríaco Scanzillo. Aparecida: Santuário, 2012. Trad. Dom Fernando Guimarães].

- *Carta a um novo bispo, em que se trata da grande utilidade espiritual que produzem nos povoados as Santas Missões.* Apareceu em Nápoles (1771), como apêndice aos *Sermoni Compendiati*[80].

É evidente a conexão entre as preocupações missionárias de Afonso e a Teologia Moral. Como veremos nos próximos capítulos, sua reflexão e escritos sobre questões morais tiveram o ponto de partida na pastoral evangelizadora. O discurso teológico-moral afonsiano apresenta inegável impostação missionária. Contudo, é ainda mais evidente a relação do pensamento moral afonsiano com a prática pastoral no sacramento da Penitência.

Nota bibliográfica sobre Afonso e as missões populares.

- TELLERÍA, R. *San Alfonso María de Ligorio. Fundador, Obispo y Doctor* (Madri, 1950) I, 693-707: "Misionero del pueblo"; I, 709-726: "Legislador de las misiones".
- MAZZONI, L. *Le missioni popolari nel pensiero di Sant'Alfonso Maria de Liguori* (Pádua, 1961).
- AMARANTE, A. V. *Dinamica pastorale di S. Alfonso nelle missioni popolari del '700:* Asprenas 19 (1972) 219-235 = MASONE, E.; AMARANTE, A. V. (ed.). S. Alfonso de Liguori e la sua opera. Testimonianze bibliografiche (Nápoles, 1987) 219-236.
- CONTI, B. *La missione popolare alfonsiana:* ALUNNO, L. (ed.). La missione popolare passionista (Pescara, 1981) 210-222.
- FERRERO, F. *Le missioni popolari nella Congregazione del SS. Redentore:* SH 33 (1985) 25-49.
- ORLANDI, G. *La missione popolare redentorista in Italia dal Settecento ai giorni nostri:* SH 33 (1985) 51-141.
- ORLANDI, G. *La mission rédemptoriste au XVIIIe. siècle:* VÁRIOS. Alphonse de Liguori. Pasteur et Docteur (Paris, 1987) 65-92.
- ORLANDI, G. S. *Alfonso Maria de Liguori e l'ambiente missionario napoletano nel Settecento: La Compagnia di Gesù:* SH 38 (1990) 5-195.

[80] De Meulemeester, I, 149; Ferrero-Boland, 526-527. Ver o comentário de: AMARANTE, A. V. *Um vescovo missionario...*, 14-19. [LIGÓRIO, Afonso Maria. Sobre a utilidade das Santas Missões. In: *Sermões Abbreviados para todas as domingas do anno*. Vizeu: Revista Catholica, 1907. Trad. Miguel Ferreira de Almeida. p. 203-224].

- ORLANDI, G. *A Missão:* CHIOVARO, F. (ed.). *História da Congregação do Santíssimo Redentor.* Volume 1: As Origens (1732-1793). Aparecida: Santuário/Scala, 2019, p. 317-389.
- ORLANDI, G. *I missionari redentoristi italiani nel Settecento: reclutamento, formazione e attività:* VÁRIOS. Les missions intérieurs en France et en Italie du XVIe. siècle au XXe. siècle (Università de Savoie, 2001) 103-116.
- CAPONE, D. *Sant'Alfonso Missionario con i suoi Redentoristi nel Mezzogiorno d'Italia dal 1732 al 1962* (Nápoles, 1987).
- PASCUAL EZQUERRA, E. *San Alfonso y las misiones parroquiales* (Madri, 1987).
- CARDAROPOLI, G. *La missione dei redentoristi nella fase alfonsiana e il cristianesimo popolare in Campania:* GIANNANTONIO, P. (ed.). Alfonso M. de Liguori e la società civile del suo tempo (Florença, 1990) I, 307-322.
- SARNATARO, C. *Le missioni al popolo nel Settecento e l'opera de Alfonso de Liguori. Una rilettura nella Chiesa nocerino-sarnese per rinnovare l'impegno sul territorio:* TORIELLO, F. (ed.). In stato di missione. Riproporre i valori in contesto di trasformazione (Nápoles, 1997) 37-54.
- SARNATARO, C. *Le missioni alfonsiane. Proposta di un cammino di santità:* VICIDOMINI, G. (ed.). Alfonso M. de Liguori. Un santo per il terzo millennio (Materdomini, s. a. [= 2010]) 99-120.
- AMARANTE, A. V. *Evoluzione e definizione del metodo missionario Redentorista (1732-1762)* (Materdomini, 2003).
- DI NARDO, F. *Apostolato missionario di S. Alfonso:* VICIDOMINI, G. (ed.). Alfonso M. de Liguori. Un santo per il terzo millennio (Materdomini, s. a. [= 2010]) 143-156.

7.4.2. Amplo desenvolvimento da atividade sacerdotal e missionária

Para apresentar o denso significado do ministério sacerdotal e missionário de Afonso, seria preciso ressaltar várias vertentes. Algumas são de caráter geral:

- A *pregação*.
- A pastoral do *confessionário*.

Outras vertentes constituem, por si mesmas, formas concretas e autônomas de atividade pastoral:

- A *catequese*.

- Os *exercícios espirituais*.

- A *direção espiritual*.

Afonso desenvolveu sua atividade sacerdotal e missionária através das vertentes indicadas, alcançando, em quase todas, alto grau de perfeição e eficácia.

O leitor pode entender como é impossível para o autor do presente volume apresentar desenvolvimento suficientemente amplo de toda a temática apresentada. Pensando na maior ou menor transcendência destes temas na biografia afonsiana, limito-me a assinalar algumas aproximações gerais das formas pastorais vinculadas à atividade de missionário, tão fundamental na trajetória vital de Afonso.

- Catequese

Com bastante segurança, Afonso precisou intervir na catequese de crianças e adolescentes em seus anos prévios ao sacerdócio e nos imediatamente posteriores. A prática pastoral da catequese era prescrita para ascender às ordens maiores e há comprovação documental de que assim aconteceu no caso de Afonso.

Também está documentada sua participação nas catequeses de crianças e adultos durante as Missões. Contudo, não chegaram até nós dados especiais sobre o trabalho catequético afonsiano, da forma como chegaram, por exemplo, sobre a pastoral catequética de seu companheiro e amigo, J. Sarnelli[81]. Pelo que se refere a Afonso enquanto catequista, merecem destaque alguns escritos seus sobre a catequese, ou melhor, sobre os conteúdos da catequese.

O final do escrito afonsiano *Apparecchio alla morte* (1758) traz o anúncio, entre as obras publicadas por Afonso, do *Breve compendio*

[81] SARNATARO, C. *Gennaro Maria Sarnelli catechista e autore di scritti catechistici. Motivi ispiratori e scelte di fondo*: Campania Sacra 27 (1996) 127-156.

della dottrina cristiana. R. Tellería descobriu um texto, na Biblioteca Lucchesiana de Agrigento, com o título de *Breve compendio della Dottrina cristiana* (com ano de publicação 1744) identificando-o com a anunciada obra de Afonso[82]. Estudos posteriores descobriram outra *Dottrina* e indicaram como data de publicação o ano de 1741, identificando-a com a *Dottrina* cristã mandada publicar, nesse mesmo ano de 1741, pelo arcebispo de Nápoles, cardeal Giuseppe Spinelli[83]. Tal *Dottrina* dependeria, não tanto de Afonso, mas de J. Sarnelli, que por esses anos, era inspirador e artífice de muitas iniciativas pastorais do arcebispo napolitano[84].

> Esta *Dottrina,* conhecida como o "Catecismo de Spinelli"[85], não agradou muito ao Papa Bento XIV. Tanto é assim, que o Papa, "com boas maneiras", pediu ao cardeal que a substituísse pelo catecismo de Roberto Bellarmino, até então usado em Nápoles[86].

Não é tão importante identificar a autoria da *Dottrina* como de Afonso[87] ou de Sarnelli, já que é um fato a comunhão de interesses entre os dois, manifestada em outras obras de Afonso que coincidem na temática e orientação com obras semelhantes de Sarnelli[88]. Essa comunhão de interesses entre Afonso de Liguori e Januário Sarnelli também explica a existência de um texto cuja autoria é referida, ora a um, ora a outro.

De autoria claramente afonsiana é outro escrito, publicado primeiramente em italiano, em Nápoles (e Veneza) e, depois, em tradução latina em Veneza (e Viena):

- *Istruzione al popolo sovra i Precetti del Decalogo per bene osservarli e sovra i Sagramenti per ben riceverli* (Nápoles, 1767, 1773, 1777; Bas-

---

82 TELLERÍA, R. *De "Compendio Doctrinae christiana" a S. Alfonso exarato atque olim bis in lucem edito*: SH 4 (1956) 259-279. [LIGÓRIO, Afonso Maria. *Breve Compêndio da Doutrina Cristã.* Aparecida: Oficinas Gráficas, 1952].

83 SARNATARO, C. *Gennaro Maria Sarnelli catechista...*, 130-141.

84 *Ibid.*, 135-136.

85 DE MAIO, R. *Società e vita religiosa a Napoli nell'età moderna* (Nápoles, 1971) 267.

86 ORLANDI, G. *Benedetto XIV, S. Alfonso Maria de Liguori e i Redentoristi*: SH 27 (1979) 291.

87 Ver as indicações de: De Meulemeester, I, 55.

88 SARNATARO, C. *Gennaro Maria Sarnelli catechista...*, 136-138.

sano, 1768, 1775) = *Institutio catechistica ad populum in Praecepta Decalogi et Sacramenta* (Bassano, 1768; Viena, 1770)[89].

Nesta obra, para uso dos párocos, missionários e catequistas, aparece o "típico de Afonso: condensado, simples, preciso, substancial. Uma introdução pedagógica transmite-nos a experiência do grande missionário. Remondini entusiasmou-se tanto que exigiu uma tradução latina para exportação. Ela aparecerá em 1768 em Bassano, e dois anos depois, em Viena"[90]. A tradução latina foi feita ou, ao menos, completada, por um douto cônego da catedral partenopeia[91].

Na época de Afonso, o tema da catequese estava condicionado pelos confrontos em torno ao chamado *Catecismo* de François Philippe Mésenguy (1677-1763), ao qual aludiremos na seção dedicada ao jansenismo. Por isso, compreende-se que um filojansenista, como J. A. Serrao, depois bispo de Potenza, em sua obra *De claris catechistis ad Ferdinandum IV,* o tenha desprezado e carimbado - junto a outros autores - de acólitos de Bellarmino e "divulgadores de trivialidades e criancices"[92].

Nota bibliográfica sobre a catequese na vida e no pensamento de Afonso.

- PALOMBO, G. *La catechesi cristologica di S. Alfonso M. de Liguori* (Milão, 1939).

- HENZE, C. *De S. P. N. Alfonsi catechismo parvo:* Analecta Congregationis Ss. Redemptoris 22 (1950) 14-19.

- CAMINADA, C. *Il "Catechismo" di S. Alfonso:* Rivista del Catechismo 3 (1954) 261-265.

- SARNATARO, C. *La catechesi a Napoli negli anni del Card. Giuseppe Spinelli (1734-1754). Contributi alfonsiani alla Storia della Catechesi* (Materdomini, 1989).

- AMARANTE, A. V. *Dottrina cristiana alfonsiana:* Studia Moralia 46 (2008) 469-484.

---

89 De Melemeester, I, 136-137; Tellería, II, 319-320.
90 Rey-Mermet, 607.
91 Lettere, III, 339.
92 Citado por: Tellería, II, 321, nota 83.

- DONATO, A. *La proposta morale e il contributo alfonsiano alla storia della catechesi (1732-1742):* VICIDOMINI, G. (ed.). Alfonso M. de Liguori. Un santo per il terzo millennio (Materdomini, s. a. [= 2010]) 401-419.

- Exercícios espirituais

Afonso praticou os exercícios espirituais. Quando adolescente, os fez com os jesuítas na *Conocchia* napolitana. Em um dos exercícios espirituais, feitos com os vicentinos, descobriu sua vocação definitiva.

Além de praticá-los, Afonso também dirigiu exercícios espirituais. Contabilizam-se ao menos 28 retiros em seu trabalho de pregador. Abriu as portas das residências da Congregação (especialmente, as de Ciorani, Deliceto, Caposele, Pagani) para a realização dessa atividade pastoral a sacerdotes e seculares.

Afonso também escreveu a favor da prática dos exercícios espirituais através de uma carta a um jovem (real? fictícia?):

- *Lettera ad un giovane sul profitto degli esercizi* (Nápoles, 1771). Encontra-se como apêndice aos *Sermoni compendiati*, p. 259-267[93].

Esta carta foi chamada por Pio XI, em documento memorável (*Mens Nostra,* de 20 de dezembro de 1929), de "belíssima epístola" *(in pulcherrima epistola*).

Nos *Sermões Compendiados* (1771), Afonso indica quais sermões servem para as Missões e quais podem ser usados para os exercícios espirituais. Também compôs, pensando nas religiosas, uma série de *Meditações para oito dias de exercícios espirituais em privado*[94]. Pensando no clero, publicou: *Selva de matérias predicáveis e de instruções para dar exercícios aos sacerdotes e também para a leitura dos mesmos.*

---

[93] De Meulemeester, I, 149-150. [LIGÓRIO, Afonso Maria. Sobre a utilidade de praticar os exercícios espirituais no recolhimento. In: *Sermões Abbreviados para todas as domingas do anno*. Vizeu: Revista Catholica, 1907. Trad. Miguel Ferreira de Almeida. p. 225-241].

[94] Lettere, II, 71. Ver: De Meulemeester, I, 113; Tellería, I, 676, 751.

"Mesclando influências externas com impulsos de seu próprio temperamento, Afonso plasmou sua livre interpretação dos exercícios. Provavelmente conheceu, embora não conste com certeza, o inspirado livrinho de Santo Inácio, seja em seu idioma original, seja em sua versão italiana ou traduções latinas, então mais comuns, substituídas, mais tarde, pelo Ven. Pe. Rootham com a sua própria. Mas o gênio intuitivo e prático de Afonso dava mais valor à substância das coisas que às fórmulas e etiquetas; e por substância entendia, nos exercícios e na Missão, aquela série de verdades sobrenaturais que, arrancando das, assim chamadas, verdades eternas, e do estágio de vida purgativa, eleva a alma a um plano superior de perfeição cristã e de união com Jesus Cristo"[95].

Nota bibliográfica.

- TELLERÍA, R. *San Alfonso María de Ligorio. Fundador, obispo, doctor* (Madri, 1950) I, 739-755: "Los Ejercicios Espirituales".

- Confissão

Em 21 de dezembro de 1726, Afonso foi ordenado sacerdote. Além de catequista, assumiu a função de pregador. Em dezembro do ano seguinte (1727), apresentou-se à comissão sinodal para o *exame de jurisdição.* "O arcebispo se apressou em dar-lhe a faculdade de ouvir confissões de qualquer categoria de penitentes em toda a diocese"[96]. O memorialista A. Tannoia ressalta a atuação do sacerdote Afonso enquanto confessor[97].

Para a pastoral do sacramento da Penitência, Afonso pedia um clima de confiança, atitudes de respeito para com a pessoa do penitente, relação libertadora e proposta de transformação moral para o futuro.

Retornaremos ao tema na quarta parte do presente volume, quando analisarmos o pensamento de Afonso sobre o sacramento

---

95 Tellería, I, 747.

96 REY-MERMET, T. *La riconciliazione in s. Alfonso e nel suo tempo*: ÁLVAREZ VERDES, L.; MAJORANO, S. (ed.). Morale e Redenzione (Roma, 1983) 230.

97 Ver os textos tannoianos em: REY-MERMET, T. *La riconciliazione*..., 231-233.

da confissão, exposto de forma ampla na obra (em italiano) *Pratica della confessione* ou (em latim) *Praxis confessarii.*

Também apresentam orientação dirigida para a confissão (e direção espiritual) duas obras afonsianas:

- *Quiete per le anime scrupulose nell'ubbidire al lor direttore* (Nápoles, 1751). É "um opúsculo de doze páginas para inculcar nas almas atormentadas pelo escrúpulo a utilidade, necessidade, dever, eficácia, da obediência total a seu diretor"[98]. Romano diz, sobre o escrito, que é um "verdadeiro pequeno tesouro"[99]. Trata-se de "um opúsculo denso, coalhado de citações e observações concretas, em que, como diretor espiritual e moralista, determina a natureza e causas do mal e lhe aplica o específico resolutivo da obediência, sem que, por isso, rechace a terapêutica natural, nem desconheça os fins providenciais das penas interiores"[100]. Esta pequena obra foi louvada em um congresso de psiquiatria celebrado em Lausana em 1900[101].
- *Consigli di sollievo e di confidenza per un'anima desolata* (Nápoles, 1775). O pequeno tratado, onde se reafirma como solução dos escrúpulos a obediência ao confessor, apareceu como apêndice à *Condotta ammirabile,* t. II, 127-151 (Nápoles, 1775) e t. II, 228-252 (Veneza, 1778)[102]. Também foi elogiado no citado congresso de Lausana em 1900. "O tom de maior intimidade e vivência que caracteriza estes 'colóquios' nos revela como destinado a uma irmã [Briana Caraffa?] ou a várias pessoas, provavelmente daquelas que vimos integrar o cenáculo de seus penitentes"[103].

- Direção espiritual

Em conexão com a confissão, Afonso trata o tema da direção espiritual. Assim aparece na *Pratica del confessore per ben esercitare il*

---

[98] De Meulemeester, I, 76.
[99] ROMANO, C. M. *Saggio storico delle opere di S. Alfonso Maria de' Liguori ricavato specialmente dalla corrispondenza del santo* (Roma, 1896) 99.
[100] Tellería, I, 571.
[101] De Meulemeester, I, 76.
[102] De Meulemeester, I, 167.
[103] Tellería, II, 547-548.

suo ministero (em versão latina: *Praxis confessarii ad bene excipiendas confessiones).*

A pastoral da direção espiritual era concebida por Afonso como parte integrante do sacramento da confissão[104]. Nisto, por um lado, se distanciava da interpretação dos séculos precedentes, sobretudo do séc. XVII, idade de ouro da direção espiritual entendida como discernimento e acompanhamento das almas que chegaram aos chamados estados místicos[105]. Por outro lado, se unia ao proceder da maior parte dos escritores espirituais e moralistas de sua época, em cujos escritos (e manuais) eram entendidas em estreita conexão as práticas da confissão e da direção espiritual[106].

Entre esses escritores espirituais e moralistas, convém destacar:

- O jesuíta, Paulo Segneri (1624-1694), de quem consta Afonso ter usado uma das obras, devido às notas pessoais em um exemplar conservado.
- O capuchinho navarro, Tiago de Corella (1657-1699).
- O anônimo da *Istruzione per li novelli confessori* (Roma, 1726; Nápoles, 1737).
- O capuchinho italiano, Caetano Maria Migliorini de Bérgamo (1672-1753).

---

[104] Dentre os muitos estudos sobre a direção espiritual: a) *História*: FIROLAMO, G. (ed.). *Storia della direzione spirituale. I. L'età antica. II. L'età medievale. III. L'età moderna* (Bréscia, 2006, 2008, 2010). b) *Teoria e prática*: MENDIZÁBAL, L. M. *Dirección spiritual. Teoría y práctica* (Madri, 1982); PIGNA, A. *La direzione spirituale come scuola di verità, di bontà e di bellezza*: Rivista di Vita Spirituale 6 (2005) 600-620; GOYA, B. *Aiuto spirituale. La pratica della direzione spirituale* (Bolonha, 2006); BARRY, W. A.; CONNOLLY, W. J. *La práctica de la dirección espiritual* (Santander, 2011) (=BARRY, W. A.; CONNOLLY, W. J. *A prática da direção espiritual*. São Paulo: Loyola, 1987). c) Transformação atual em *acompanhamento espiritual*: GARCÍA MÍNGUEZ, L. M. *Qué es y qué no es acompañamiento espiritual*: Sal Terrae 105 (2017) 865-877.

[105] Ver a apresentação sintética apresentada em: ZARRI, G. *Introduzione*: FILORAMO, G. (ed.). Storia della Direzione spirituale, III. L'età moderna. A cura di Gabriella Zarri (Bréscia, 2008) 5-53.

[106] SARACO, A. *Direzione spirituale*: Penitenzieria Apostolica, Peccato, Misericordia, Riconciliazione. Dizionario Teologico-Pastorale. A cura de M. Sodi, K. Nykiel, N. Reali (Cidade do Vaticano, 2016) 136-138.

- O sacerdote napolitano, amigo de Afonso, José Iorio (Veneza, 1745).
- O arcebispo de Gênova, José Maria Saporiti (1743-1767).
- O também capuchinho, Bernardo de Castelvetere (1708-1756), cuja obra foi usada por Afonso na exposição da mística.
- O jesuíta, João Batista Scaramelli (1687-1753), autor dos muito conhecidos *Directorios* (místico e ascético).

Assim pois, "segundo Santo Afonso, todos os confessores devem dirigir as almas à santidade, já que todos os fiéis são chamados à perfeição da vida cristã, e esta, não pressupõe necessariamente o dom da contemplação. Na prática, todo confessor também deve ser diretor"[107].

Essa peculiar interpretação de Afonso acerca da direção espiritual é expressa por outro estudioso do tema, quando afirma que o objetivo da direção espiritual, segundo Liguori, não é outro que o perseguido pela prática da oração mental, ou seja, ajudar o crente a ter uma relação mais estreita com Deus[108].

> Tal orientação "oferece um traço peculiar para este importante ministério que é, ao mesmo tempo, muito criativo e profundamente enraizado na tradição afonsiana. A correlação entre a dinâmica da oração mental e a direção espiritual oferece grande carga de sentido"[109]. Por outro lado, "cada uma destas duas práticas reflete diferentes (ainda que relacionadas) esferas da vida espiritual: uma se destina especificamente à conversa com o Senhor; a outra, examina a relação de alguém com o Senhor dentro de uma forma de oração. Em razão desta íntima semelhança estrutural, uma prática se reforça com a outra, e vice-versa"[110].

Para Afonso de Liguori, o diretor espiritual não é o "teólogo douto" de Gerson, nem, tampouco, o "diretor dos Exercícios Espirituais" de Inácio de Loyola. É o confessor bem instruído, cuja

---

[107] LAGE, E. *S. Alfonso e la direzione spirituale*: SH 48 (2000) 23.
[108] BILLY, D. J. *An Alphonsian Model of Spiritual Direction*: SM 41 (2003) 47-72.
[109] *Ibid.*, 71.
[110] *Ibidem.*

função qualificada há de ser assegurada mediante uma boa preparação[111].

Afonso concebe a prática do confessionário, não apenas como a celebração da conversão ou perdão dos pecados, mas sim, também, como meio para iniciar e consolidar o caminho da perfeição cristã. O confessionário é "o lugar físico e teológico no qual se joga, por via ordinária, a salvação pessoal, em termos, não apenas de distanciamento do pecado, mas também, de disposição efetiva para fazer-se santo"[112].

A vinculação da direção espiritual com a confissão confirma outro traço importante na concepção afonsiana da moral: a vinculação com a espiritualidade. A relação estreita entre moral e espiritualidade constitui a base da concepção afonsiana de direção espiritual.

A compreensão da direção espiritual vinculada à confissão, com o objetivo de conduzir o crente a uma relação mais estreita com o Senhor, explica a composição do escrito *Pratica del Confessore,* que vai sempre unido, por desejo expresso de Afonso, com sua *Theologia Moralis* desde a 2a edição desta.

Na *Pratica,* estão contidas as normas propostas por Afonso para a direção das almas. Aí também se encontram as explicações "sobre a oração infusa de contemplação, seus graus e também outros dons sobrenaturais"[113]. Sobre esses aspectos, relacionados ao pensamento místico de Afonso, voltaremos na quinta parte do presente volume, dedicada a analisar a espiritualidade afonsiana (relacionada com a Moral). No momento, o que gostaríamos de assinalar é a implicação de Afonso, tanto em sua prática, quanto em seu pensamento, com a direção espiritual.

Tendo insistido na relação estreita entre a prática do confessionário e a direção espiritual, não queremos deixar ainda de reco-

---

111 BERTINI MALGARINI, P.; TURRINI, M. *Il confessore come direttore d'anime in Alfonso Maria de Liguori*: CATTO, M. (ed.). La direzione spirituale tra Medioevo ed Età Moderna (Bolonha, 2004) 205-287.

112 *Ibid.*, 205.

113 Ver o desenvolvimento em: LAGE, E. S. *Alfonso e la direzione spirituale...*, 37-41.

nhecer um fato evidente na biografia pastoral de Afonso: a prática da direção espiritual por correspondência, aspecto que foi, e é, suficientemente ressaltado na historiografia afonsiana[114].

Nota bibliográfica.

- BERRUTI, C. *Lo spirito di S. Alfonso M. de Liguori* (Prato, 1896) 213-226: "Sua abilità e saviezza nella direzione delle anime".
- SUTTON, W. A. *An Exposition of St. Alphonsus Liguori's Doctrine on Spiritual Direction* (Roma, 1978).
- WALES, S. *The Ministry of Spiritual Direction: Saint Alphonsus, the Spiritual Director as Seen through His Letters:* O'SHEA, M. (ed.). Reflections on the Spirit of Saint Alphonsus (Monroe, Michigan, 1987) 93-107.
- PELLEGRINO, V. *La direzione spirituale di Sant'Alfonso:* GIANNANTONIO, P. (ed.). Alfonso M. de Liguori e la società civile del suo tempo (Florença, 1990) II, 643-651.
- LAGE, E. S. *Alfonso e la direzione spirituale:* SH 48 (2000) 9-48.
- LAGE, E. S. *Alfonso Maria de Liguori e la direzione spirituale:* G. ZARRI (ed.). Storia della direzione spirituale, III. L'età moderna (Bréscia, 2008) 527-541.
- BILLY, D. J. *Saint Alphonsus and Today's Spiritual Direction:* Review for Religious 61 (2002) 242-251.
- BILLY, D. J. *An Alphonsian Model of Spiritual Direction:* Studia Moralia 41 (2003) 47-72.
- BILLY, D. J. *With Open Heart. Spiritual Direction in the Alphonsian Tradition* (Liguori, Missouri, 2003).

7.4.3. Anotação complementar

No presente capítulo, e no anterior, destacamos a figura de Afonso na dupla vertente de *sacerdote* (com a plenitude de bispo,

---

114 WALES, S. *The Ministry of Spiritual Direction: Saint Alphonsus, the Spiritual Director as Seen through His Letters*: O'SHEA, M. (ed.). Reflections on the Spirit of Saint Alphonsus (Monroe, Michigan, 1987) 93-107.

em determinado período da vida) e de *missionário.* As duas vertentes podem ser unificadas na condição de *sacerdote missionário,* destacando, nesta função superior, as concretudes de *pregador* e *confessor* (em geral, *diretor de consciência*).

Pois bem, o restante das atividades de Afonso está em função de sua condição de *sacerdote missionário.* Sua obra de *fundador* pretende introduzir uma variação necessária na pastoral missionária de sua época (variação válida para épocas posteriores). Seu intenso e fecundo trabalho de *escritor* nasce do zelo missionário e se dirige à promoção da evangelização missionária.

A teologia de Afonso é uma teologia nascida das preocupações missionárias e dirigida para a promoção e continuidade da evangelização missionária[115]. Esta afirmação é válida, de forma eminente, para o trabalho teológico-moral de Afonso. Um dos fatores decisivos na gênese do interesse afonsiano pelos temas morais foi, sem dúvida, a necessidade de atender às questões nascidas no decorrer da prática pastoral missionária (confissões, pregação).

Nota bibliográfica.

- MAJORANO, S. *La teologia morale e il ministero sacerdotale nella visione alfonsiana:* SM 34 (1996) 433-459.
- AMARANTE, A. V. *Pastoralità come criterio morale:* Studia Moralia 53 (2015) 61-82.

7.5. AFONSO: PREGADOR. RENOVAÇÃO DA ORATÓRIA SAGRADA

Como notamos, a dimensão de pregador vai indissoluvelmente unida com a de missionário e sacerdote (e, obviamente, de bispo) no percurso biográfico de Afonso. Contudo, preferimos tratar de maneira autônoma a condição de pregador em Afonso para,

[115] CAPONE, D. *Sant'Alfonso Missionario con i suoi Redentoristi nel Mezzogiorno d'Italia dal 1732 al 1962* (Materdomini, 1987) 32-34.

não apenas reconhecê-la, mas também, e sobretudo, sublinhar sua contribuição ao esforço de renovação da oratória sacra. Nesse aspecto, Afonso foi um autêntico *illustrato* (*illuminista*), seguindo de perto as orientações do grande *iluminista* toscano L. A. Muratori.

Advertimos que a exposição será breve, mas sem querer passar a impressão de que a contribuição histórica de Afonso tenha pouca importância. A brevidade da exposição não depende da pouca importância do tema, mas sim, da economia do espaço para o conjunto do volume.

7.5.1. A pregação na vida e no pensamento de Afonso

A pregação foi uma atividade indissoluvelmente unida à condição sacerdotal (também episcopal) e missionária de Afonso. Púlpito e confessionário constituem dois âmbitos - reais e simbólicos - essenciais da personalidade afonsiana.

- Técnicas de comunicação

Afonso foi um bom comunicador. Tinhas dotes para isso e soube cultivá-los, sobretudo, mediante o exercício profissional vinculado ao foro.

O *Settecento* napolitano foi rico em oratória, tanto civil, quanto forense[116]. Afonso cultivou e se aperfeiçoou na oratória forense, o que facilitou a passagem para a oratória sacra. Não parece casualidade a maior parte dos grandes missionários redentoristas das origens terem tido prévia formação jurídica e, alguns deles, prática forense.

Afonso usou, no serviço pastoral, todos os procedimentos que estavam em suas mãos para a comunicação. "É bem conhecido o expresso compromisso de Afonso M. de Liguori no terreno da teoria da pregação em geral, da eloquência sagrada"[117].

---

[116] BALDASSARRI, G. *Oratoria civile e forense nel Settecento*: GIANNANTONIO, P. (ed.). Alfonso M. de Liguori e la civiltà letteraria del Settecento (Città di Castello, 1999) 123-137.

[117] *Ibid.*, 123.

Nota bibliográfica.

- D'EPISCOPO, F. (ed.). S. *Alfonso Maria de Liguori. Le forme di comunicazione* (Cosenza, 1986). Ver aí: BORRELLI, A. "Le forme di persuasione degli 'Esercizi di missione'", p. 19-40.
- BALDASSARRI, G. *Oratoria civile e forense nel Settecento:* GIANNANTONIO, P. (ed.). Alfonso M. de Liguori e la civiltà letteraria del Settecento (Città di Castello, 1999) 123-137.

- Pregação oral e escrita

Afonso compôs e pronunciou muitos sermões ao longo de sua intensa vida sacerdotal e missionária. Segundo o levantamento – chamativamente baixo – do biógrafo austríaco A. Pichler (1869-1942), Afonso pregou 134 missões, 10 renovações de missão, 28 exercícios espirituais, 11 novenas[118].

Afonso "pregou pelo período de sessenta anos. Sessenta anos lutando sem trégua nem descanso contra o mal; sessenta anos alcançando grandes vitórias sobre erros e vícios; sessenta anos de quase diárias pregações nos povoados, aldeias e cidades de toda a Itália meridional"[119].

Na pregação, insistiu nas qualidades que tinha desenvolvido no foro: profundidade de ideias, clareza no discurso, precisão de linguagem. Por outro lado, "Afonso não negava seus talentos a ninguém, a todos se estendia seu zelo. Pregava às damas e aos cavalheiros, pregava aos sábios, letrados, advogados, mas seu coração de apóstolo procurava o povo, os humildes artesãos, a gente simples"[120].

O memorialista A. Tannoia se compraz em transmitir as impressões dos ouvintes sobre as pregações de Afonso. Sublinha que "tanto no confessar, quanto no pregar", Afonso "tinha um dom muito peculiar". Os argumentos de seus sermões eram

---

118 PICHLER, A. *Der heilige Alfons von Liguori. Ein Charakterbild* (Regensburg, 1922) 297. O dado também é recolhido por: Tellería, I, 694, nota 7.

119 RAMOS, T. *[San Alfonso] El Apóstol*: El Perpetuo Socorro 10 (1908) 358.

120 *Ibid.*, 353.

"claros, para a capacidade de todos, breves e sucintos". Afonso "não buscava no povo o terror, mas sim a compunção". "Não era breve, nem longo, nas pregações; era tal, que não gerava tédio, mas sim, pelo contrário, fome de ouvi-lo e desejo de não sair da igreja"[121].

A maior parte dos sermões de Afonso - melhor dito: quase todos - passaram do púlpito para a correspondente publicação.

Merece destaque sua obra principal a esse respeito:

- *Sermoni compendiati per tutte le Domeniche dell'anno* (Nápoles, 1771, 1772, 1774, 1782; Bassano, 1772, 1780)[122].

A obra foi publicada em italiano, primeiro em Nápoles e, no ano seguinte, em Bassano[123]. Surgida a edição napolitana, Afonso teve dificuldades com a censura régia, o que aumentou o interesse do público e, por conseguinte, o interesse da parte dos impressores. Essa circunstância levou Afonso a garantir o privilégio real por dois anos, coisa que não costumava fazer. Além de publicar o original italiano, Remondini pediu a tradução para o latim e o aumento da edição italiana com panegíricos sobre os santos. A proposta deve ter agradado Afonso, mas teve de reconhecer em carta ao editor veneziano:

> "Lembre que tenho setenta e seis anos e não posso embarcar em trabalhos como fiz até o presente"[124].

Como contrapartida, o escrito teve traduções em idiomas modernos: alemão (1775), polonês (1789)[125]. O cardeal J. H. Newman recebeu "em fins de 1842" uma tradução inglesa dos *Sermones* afonsianos. Mais tarde, constatou em sua *Apologia "pro vita sua"*

---

[121] Tannoia, I, 305-306.

[122] De Meulemeester, I, 147-149; Ferrero-Boland, 526-527.

[123] Tellería, II, 429-431.

[124] Lettere, III, 395.

[125] Uma tradução castelhana foi publicada por Pons y Compañía, aumentando os *Sermones abreviados* com os *Sermones acerca de diversas materias*; houve várias edições; utilizo a de Barcelona, 1897. [= *Sermões Abbreviados para todas as domingas do anno*. Vizeu: Revista Catholica, 1907. Trad. Miguel Ferreira de Almeida. 2 v].

(Londres, 1864) a boa impressão que lhe causou a leitura do livro, apesar das prevenções que tinha em relação ao autor.

"Os escritos de Santo Afonso, tal como eu os conhecia pelas seleções comumente feitas deles, me indispunham contra a Igreja Romana, mais que qualquer outra coisa, pelo que chamam sua 'mariolatria'; mas nada disso havia no livro em questão (...). Nestes sermões (ou, melhor dizendo, resumos de sermões, como parecem ser, tomados por algum ouvinte) [!] há muito do que podemos chamar ilustrações lendárias; mas sua substância é prática, pregação severa sobre as grandes verdades da salvação"[126].

Como matérias de pregação, devem ser considerados também os conteúdos do escrito:

- *Selva di materie predicabili ed istruttive* (Nápoles, 1760), obra já comentada, em razão de seu conteúdo, no cap. 3 da seção terceira na exposição sobre a situação do clero napolitano na época de Afonso. Em razão de sua forma, essa *Selva* também deve ser considerada expressão da concepção afonsiana acerca da retórica[127].

Há pequenos tratados (teológico-) espirituais afonsianos que, na publicação, adotaram a forma literária de pregação. Assim devem ser considerados os escritos:

- *Novena del Santo Natale* (Nápoles, 1758, 1773, 1783; Veneza, 1760; Bassano, 1766, 1779)[128].
- *Novena del Cuore di Gesù* (Nápoles, 1758, 1773, 1783; Veneza, 1760; Bassano, 1766, 1779, 1783)[129].
- A segunda parte de *Le Glorie di Maria* (Nápoles, 1750).

---

[126] NEWMAN, J. H. *Apología "pro vita sua". Historia de mis ideas religiosa.* Tradução de Ruiz Bueno (Madri, 1977) 154-155. [= NEWMAN, J. H. *Apologia Pro Vita Sua, ou história das minhas opiniões religiosas.* Edições Paulinas, Rio de Janeiro 1963. Trad. F. Machado da Fonseca].

[127] KENNEDY, T. *St. Alphonsus' "Selva". Should it be understood as Rhetoric?*: SM 37 (1999) 295-320.

[128] De Meulemeester, I, 99.

[129] De Meulemeester, I, 100-101.

7.5.2. *Renovador da oratória sacra*

Afonso prestou muita atenção aos conteúdos da pregação. Escreveu muito *em forma* de pregação. De tal modo que "podemos perguntar se é um artifício literário ou pretexto para redigir um pequeno tratado de espiritualidade"[130]. Mas também escreveu sobre *a forma* de pregar.

- No contexto da época

Já referimos que o *Settecento* (com início no século precedente) foi rico em oratória, civil e forense. Também o foi em oratória religiosa. O séc. XVIII conheceu "o grande trio missionário italiano do *Settecento*"[131]: São Leonardo de Porto Maurício (1676-1751), São Paulo da Cruz (1674-1775), Santo Afonso de Liguori (1696-1787).

O séc. XVIII italiano conheceu, ainda, as tentativas de renovação da oratória sacra, buscando fazê-la passar da forma *barroca* à expressão simples e popular. "De Paulo Segneri (1673-1713) [júnior, sobrinho do outro jesuíta com o mesmo nome] a São Leonardo de Porto Maurício, a oratória se renova"[132]. Além dos dois pregadores citados, também são dignos de lembrança outros renovadores da oratória sagrada: G. P. Pinamonti (1623-1703), mais escritor místico que orador; F. Sotana (1648-1732), pregador durante 30 anos pela Itália, Suíça e Tirol; N. M. Giacco (1672-1744), capuchinho napolitano.

É nesse contexto que Afonso dá importância à *oratória,* mais concretamente, à *oratória sagrada.* Sobre a retórica, compartilhou os interesses intelectuais de Giambattista Vico, grande teórico do assunto em sua época[133]. Por sua parte, Afonso também teve formação retórica[134]. Se o primeiro - G. Vico - empregou a retórica para a

---

130 CHIOVARO, F. *Sincronia e diacronia della tradizione in S. Alfonso M. de Liguori*: GIANNANTONIO, P. (ed.). Alfonso M. de Liguori e la società civile del suo tempo (Florença, 1990) I, 141.

131 VILLA, E. *L'eloquenza sacra fra Barroco e Arcadia*: GIANNANTONIO, P. Alfonso M. de Liguori e la civiltà letteraria del Settecento (Città di Castello, 1999) 63.

132 *Ibid.*, 46.

133 BATTISTINI, A. *La sapienza retorica di Giambattista Vico* (Milão, 1995).

134 KENNEDY, T. *St. Alphonsus' "Selva"...*, 298-300.

prática de sua *scienza nuova,* o segundo - A. de Liguori - se serviu dela para exortar à prática do amor a Jesus Cristo[135].

No campo da aplicação concreta das leis da retórica, duas preocupações sobressaem nos interesses de Afonso. Vamos assinalá-las e comentá-las na continuação.

- Preocupação de Afonso pela autenticidade da expressão comunicativa

No cap. 3 da seção precedente, anotamos o interesse de Afonso em proporcionar aos pregadores orientações eficazes para o uso adequado da palavra falada: mediante o manejo correto da *gramática* (ver bibliografia no capítulo indicado) e o uso de uma *língua culta,* sem ceder ao "cultismo", nem fazer resistência à fina condimentação dos vocábulos e giros "dialetais" (ver bibliografia no capítulo indicado).

- Interesse afonsiano por uma oratória "simples" e "popular"

Afonso se uniu aos renovadores da oratória barroca na tarefa de libertá-la das erudições complicadas e nada práticas, e em sua adaptação à compreensão do povo. É algo que, mesmo os historiadores da eloquência, reconhecem em Afonso[136].

Há uma expressão que define a orientação renovadora de Afonso para a oratória sagrada: pregar *all'apostolica.* Nessa formulação, não apenas estava no fundo o *gênio comunicativo* do advogado que Afonso havia sido, mas também - e, sobretudo - o *zelo do evangelizador* que busca transmitir a palavra de salvação que, por sua vez, precisa ser entendida no conteúdo e, ao mesmo tempo, assumida nas implicações para a vida do ouvinte.

---

135 BATTISTINI, A. *Convergenze e divergenze culturali tra Vico e de Liguori*: GIANNANTONIO, P. (ed.). Alfonso M. de Liguori. La civiltà letteraria del Settecento (Florença, 1999) 269-295.

136 MADIA, T. *Storia dell'eloquenza* (Milão, 1959) 436. Citado por: DE MATTEIS, G. *Il tema della "morte" in Daniello Bártoli e in S. Alfonso M. De Liguori*: GIANNANTONIO, P. (ed.). Alfonso M. de Liguori e la civiltà letteraria del Settecento (Città di Castello, 1999) 431.

A fim de alcançar esse objetivo determinado ("entender" e "ser convencido"), segundo Afonso, a oratória deveria ter a *clareza da simplicidade* e a *eficácia de falar para todos* (caráter popular). Utilizando, obviamente, *artifícios* (de tom, gestos, composição literária, etc.), a oratória não há de ser pretendida e buscada como mero artifício, vistoso para os olhos e agradável para os ouvidos. Na época de Afonso, dois eram os maiores perigos que ameaçavam a genuína arte da oratória: o *conceptismo* nas ideias (levando até o extremo as possibilidades expressivas do símbolo, imagem, símil, alegoria, etc., para produzir conceitos "elevados") e o *cultismo* (uso de vocábulos menos comuns e mais sofisticados).

Nesta preocupação por purificar e renovar a oratória, tanto a sagrada quanto a profana, é possível encontrar convergência entre Afonso e Luís Antônio Muratori, de quem Liguori diz ser "grande por sua ciência e sua piedade". Além da convergência, cremos que se deva falar de dependência, ao menos em certos aspectos técnicos de linguística e oratória[137]. O afonsiano pregar *all'apostolica* pode ser entendido muito bem como concretização do ideal muratoriano da *regolata predicazione.*

De fato, Afonso viu realizado seu projeto de pregar *all'apostolica* nas orientações de Muratori sobre a oratória popular. Com efeito, "na carta sobre a pregação *all'apostolica,* Afonso expõe, em compêndio, as ideias apresentadas por Muratori na *Eloquenza popolare*"[138].

> "Houve um giro na história da eloquência sagrada, quando o histrionismo barroco foi substituído pela simplicidade da pregação *all'apostolica.* Os heróis dessa revolução, ocorrida na vida eclesial da metade do *Settecento,* foram Luís Muratori e Afonso de Liguori"[139].

---

[137] LIGUORI, G. de. *La metamorfosi del linguaggio nella controversistica e nella pratica missionaria di Alfonso de' Liguori*: BORGHERO, C.; LORETELLI, R. (ed.). Le metamorfosi dei linguaggi nel Settecento (Roma, 2011) 203-209.

[138] GREGORIO, O. *La "predica della chiamata" di S. Alfonso*: SH 10 (1962) 40, nota 16.

[139] KENNEDY, T. *"Le cause dei poveri peccatori": la retorica della santità sacerdotale nella "Selva" di S. Alfonso*: GIANNANTONIO, P. (ed.). Alfonso M. de Liguori e la civiltà letteraria del Settecento (Città del Castello, 1999) 372.

A obra de L. A. Muratori era intitulada *De' pregi dell'eloquenza popolare.* Veio a público (Veneza, 1750), poucos meses antes do autor falecer.

Acabamos de destacar o texto mais importante de Afonso sobre a renovação da oratória sagrada:

- *Lettera ad un Religioso amico, ove si tratta del modo di predicare all'apostolica con semplicità evitando lo stile alto e fiorito* (Nápoles, 1761; Veneza, 1771)[140].

O conteúdo do texto havia sido adiantado na *Selva di materie predicabili ed istruttive* (1760), parte III, cap. VIII: *Della predica.* Foi resumido em: *Avvertimenti ai predicatori* (Nápoles, 1778)[141]. Um folheto deste último, Afonso diz haver composto para "os irmãos de minha Congregação do Santíssimo Redentor" e fez chegar às associações de sacerdotes que se dedicavam à pregação (vicentinos, pios operários, dominicanos, congregação *della Purità,* etc.)[142].

A *Lettera* é um verdadeiro tratado sobre a pregação (64 páginas), utilizando a fórmula literária de uma carta. Nela, Afonso faz clara opção pela pregação popular, válida para toda classe de auditório, composto, tanto por sábios, quanto por gente simples. Apoia a opção na autoridade do sábio ilustrado L. A. Muratori e toma como modelos de oratória sacra os grandes pregadores João de Ávila, Francisco de Sales, Vicente de Paulo, Francisco Régis, etc.[143]

> "A tese central [do escrito afonsiano] é clara e terminante: sendo a pregação o veículo normal para converter as almas, quando estas formam um auditório comum de cristãos cultos e ignorantes, o

---

140 De Meulemeester, I, 116-117.

141 De Meulemeester, I, 171.

142 *Ibidem.*

143 Sobre as "autoridades" consultadas por Afonso no tema da pregação: FISCHER, J. M. *Volksnahe Verkündigung. Alfons von Liguori und sein Einfluss auf die Predigt in Österreich* (Viena, 1974) 36. Afonso consultou prontuários de pregação: Mansi, Lohner, Spander, Houdry, etc.; dos grandes pregadores franceses do séc. XVII, frequentou Bossuet, conheceu alguma coisa de Fénelon e apenas teve contato com Bourdaloue e Massillon; teve como mestres: o Concílio de Trento, Carlos Borromeu, Francisco de Sales, P. Segneri *senior,* seu mestre J. Torno e, no sentido apresentado no texto, L. A. Muratori.

orador sagrado deve adotar um estilo baixo e popular, de sorte que todos, sem exceção, compreendam claramente o discurso e se movam a colocar em prática seus ensinamentos. Em lugar de confirmar sua proposição com longos trechos de Muratori e separar a retórica autêntica da falsa, Afonso assinala os dois perigos que o pregador da verdade evangélica deve evitar: os conceitos elevados e a forma rebuscada"[144].

Afonso não era contra a elegância do discurso, muito menos, contra a precisão no conceito. Em sua época, insistia-se na necessidade do *deleite oratório* que deveria acompanhar a pregação sagrada, teoria defendida, entre outros, pelo servita, antes jesuíta, Alexandre Maria Bandiera (1699-1779)[145]. Para Liguori, seguindo Francisco de Sales, "o deleite autêntico, substancial, que proporciona o orador, deve ser percebido no fundo da alma, fluir de alegria pela verdade possuída, saciar as aspirações do cristão para o bem. Sem dúvida, também a desenvoltura literária deverá ser adequada e digna, ampla e atraente (...). Mas, nunca o ministro de Jesus Cristo deve se transformar em especialista de academia, mais atento à harmonia ciceroniana que à unção do Espírito Santo"[146].

Afonso enviou seu tratado, com uma carta anexa, para grande número de bispos, pedindo que fosse comunicado aos sacerdotes e superiores religiosos de suas respectivas dioceses.

A *Lettera,* ainda que tenha tido vida independente, também foi publicada como anexo aos *Sermoni compendiati* (1771) e a outros escritos afonsianos. Já em 1776, houve uma tradução alemã. Em 1892, uma tradução francesa do texto afonsiano encabeçou o volume *Tables générales de la collection intégrale des Orateurs sacrés* das edições Migne (Paris, 1892)[147].

---

[144] Tellería, I, 731.
[145] *Ibidem.*
[146] *Ibid.*, I, 736.
[147] Para os aspectos editoriais do texto afonsiano: De Meulemeester, I, 116-117; Ferrero-Boland, 519.

7.5.3. *Complemento bibliográfico*

Teoria e prática da pregação em Afonso

- BERRUTI, C. *Lo spirito di S. Alfonso Ma. de Liguori* (Prato, 1896) 190-200: "Sua predicazione".
- BRAECKAMN, B. *Étude sur l'éloquence apostolique de s. Alphonse de Liguori* (Roulers, Bélgica, 1912).
- COS MARÍN, A. *San Alfonso y la predicación:* El Perpetuo Socorro 18 (1916) 465-470.
- MÉNDEZ, J. *San Alfonso y la predicación:* El Perpetuo Socorro 23 (1921) 356-359.
- TELLERÍA, I, 727-737: "Renovador de la elocuencia sagrada".
- FISCHER, J. M. *Volksnahe Verkündigung. Alfonso von Liguori und seine Einfluss auf die Predigt in Osterreich* (Viena, 1974):
- Uma boa apresentação da teoria e prática afonsianas acerca da pregação, a partir dos mesmos escritos de Afonso, p. 23-96.
- Veiculação dessa teoria e prática afonsianas através de Clemente Maria Hofbauer, p. 97-108.
- Influência das orientações afonsianas nos pregadores do "Círculo de Hofbauer" *(Hofbauerkreis)*, p. 108-126.
- SWANSTON, H. F. G. *Celebrating Eternity Now. A Study in the Theology of St. Alphonsus de Liguori (1696-1787)* (Chawton, Hampshire, UK, 1995) 171-195.

Reforma da oratória sagrada segundo Afonso

- RICCI, V. *Per una lettura degli interventi di S. Alfonso sulla predicazione apostolica. Il concetto di "Predicatore Apostolico" tra i Cappuccini, dalle loro ordini al Settecento:* SH 20 (1972) 54-70. O artigo trata o tema de seu subtítulo, com uma breve alusão ao tema do título.
- GIANNANTONIO, P. *L'oratoria popolare di S. Alfonso:* L'Osservatore Romano, 1/8/1985 e 1°/8/1986 = MASONE, E.; AMARANTE, A. (ed.). S. Alfonso e la sua opera. Testimonianze bibliografiche (Nápoles, 1987) 270-276.

- MASTRELLI, C. A. *La lingua e l'oratoria di Alfonso M. de Liguori:* GIANNANTONIO, P. (ed.). Alfonso M. de Liguori e la società civile del suo tempo (Florença, 1990) II, 473-495.
- DE SPIRITO, A. *Alfonso de Liguori e l'eloquenza popolare. La familiarità del linguaggio:* Studium n. 6 (1997) 827-844.
- KENNEDY, T. *St. Alphonsus' "Selva". Should it be understood as Rhetoric?* Studia Moralia 37 (1999) 295-320.

A pregação afonsiana no contexto da oratória de sua época

- GIORGIO, D. S. *Alfonso M. de Liguori e Ludovico A. Muratori:* GIANNANTONIO, P. (ed.). Alfonso M. de Liguori e la società del suo tempo (Florença, 1990) I, 460-470.
- VILLA, E. *L'eloquenza sacra fra Barroco e Arcadia:* GIANNANTONIO, P. (ed.). Alfonso M. de Liguori e la civiltà letteraria del Settecento (Città di Castello, 1999) 41-64.
- BALDASSARRI, G. *Oratoria civile e forense nel Settecento:* GIANNANTONIO, P. (ed.). Alfonso M. de Liguori..., 123-137.
- LIGUORI, G. de. *L'ateo smascherato. Immagini dell'ateismo e del materialismo nell'apologetica cattolica da Cartesio a Kant* (Milão, 2009) 126-150: "Alfonso, Muratori e Vico: pietà religiosa e filosofia moderna".
- LIGUORI, G. de. *La metamorfosi del linguaggio nella controversistica e nella pratica missionaria di Alfonso de' Liguori:* BORGHERO, C.; LORETELLI, R. (ed.). Le metamorfosi dei linguaggi nel Settecento (Roma, 2011) 189-209, especialmente p. 203-209.

7.6. AFONSO: BISPO. UM *INTERMEZZO* PASTORAL FRUTÍFERO (1762-1775).

Depois de rejeitar outras propostas[148], Afonso foi obrigado a aceitar a nomeação para bispo de Santa Águeda dos Godos, pequena diocese rural (ao redor de 27.500 pessoas) na província de

[148] ORLANDI, G. *S. Alfonso candidato agli arcivescovati di Otranto e di Salerno ma non a quello de Palermo. A proposito di un falso di A. M. Tannoia*: SH 47 (1999) 185-237.

Benevento, Campania[149]. Era um típico lugar feudal do *Antigo Regime.* Nessa diocese, havia sido bispo o Papa Sixto V, antes de ascender ao sólio pontifício.

A. Tannoia diz que, "quando Afonso pensava que, devido aos seus males, se encontrava perto da morte, Deus, com um traço de providência, o chamou para nova vida e encheu de novo zelo para realizar outras obras para sua maior glória"[150].

A nomeação episcopal dependia exclusivamente da Santa Sé, já que a diocese de Santa Águeda dos Godos era uma das poucas do Reino de Nápoles (denominadas *papalinas,* frente às *régias,* que eram de designação real) cuja nomeação episcopal não era controlada pela corte bourbônica[151]. Muito provavelmente, o nome de Afonso foi inicialmente proposto pelo arcebispo de Nápoles.

A ascensão de Afonso à honra do episcopado deve ter sido um dos desejos muitas vezes acariciados por seu pai. Ele não pode ser privado, bem como a parentela, do direito de haver manobrado, na medida de suas possibilidades, para que um Liguori de tanto valor eclesiástico como Afonso fosse elevado à dignidade, primeiro de bispo, depois, de outros postos eclesiásticos maiores que pudessem advir.

Mas a administração bourbônica não parece ter manifestado muito interesse em incluir o nome de Afonso nas listas de episcopáveis (provavelmente, esteve nas listas de candidatos para as dioceses de Otranto e de Salerno). Da sua parte, a Cúria Romana pensou eficazmente na designação episcopal de Afonso quando se encontrava em idade bastante avançada para o cargo - 66 anos. Entre outros motivos, Roma pode apoiar a promoção para recompensar Afonso "por sua atividade missionária realizada até

---

[149] Dados sobre esta diocese: ORLANDI, G. *Le relazioni "ad limina" della diocesi di Sant'Agata de' Goti nel secolo XVIII*: SH 17 (1969) 3-82; 189-214; DELILLE, G. *La diocèse de Saint Alphonse*: VÁRIOS. Alphonse de Liguori, Pasteur et Docteur (Paris, 1987) 49-63.

[150] Tannoia, III, 1.

[151] Jones, 357-358.

o momento e pelos méritos adquiridos em matéria de elaboração doutrinal, unanimemente reconhecidos"[152].

Corria o ano de 1762 quando Afonso recebeu a nomeação episcopal[153]. Além das preocupações de missionário e fundador, estava sobrecarregado com a edição dos três volumes do *Homo Apostolicus,* tinha em sua mesa de trabalho a *Theologia Moralis* para uma nova edição e ainda trabalhava no projeto do editor veneziano G. Remondini: a edição de suas *Obras Completas* com as publicações no campo da espiritualidade. Embora este último projeto não tenha sido realizado, os outros prosseguiram e, talvez, com ritmo mais intenso do que teriam se o autor não fosse bispo. O ministério episcopal de Afonso se estendeu ao longo de treze anos (1762-1775).

7.6.1. Pensamento afonsiano sobre o bispo ideal

Afonso havia refletido e amadurecido seu próprio pensamento a respeito do ministério episcopal ideal. Em 1745, havia dado à imprensa um opúsculo com o título:

- *Riflessioni utili a' Vescovi per la pratica di ben governare le loro Chiese* (Nápoles, 1745)[154].

Embora seja um dos primeiros escritos de Afonso, não teve reedição independente durante sua vida, e não sabemos se ele teve intenção de revisar o texto para uma nova impressão. A partir de 1762, aparece anexado no final da obra *Selva di materie predicabili.*

Essas *reflexões* nasceram de seu conhecimento da realidade por ocasião e motivo da atividade como missionário. Tannoia ano-

[152] SPEDICATO, M. *Alfonso de Liguori tra pastoralità e politica*: Segno 29 (2003) n. 242, 60.

[153] Sobre os dados da nomeação para bispo: AMARANTE, A. V. *Un vescovo missionario*: Istituto Storico redentorista, 250º dell'ordinazione vescovile di S. Alfonso M. de Liguori (1762-2012) 3-32. Também: SAMPERS, A.; TELLERÍA, R. *Documenta circa electionem et consecrationem Sancti Alfonsi in episcopum*: SH 9 (1961) 269-295.

[154] De Meulemeester, I, 55-56; Ferrero-Boland, 504. [LIGÓRIO, Afonso Maria. *Reflexões úteis aos bispos.* Comentário histórico-teológico de Mons. Ciríaco Scanzillo. Aparecida: Santuário, 2012. Tradução: Dom Fernando Guimarães].

ta: "Girando as províncias, Afonso deplorou a indolência de tantos bispos que, gozando dos bens das igrejas, não se preocupavam com os próprios deveres. Querendo ajudar e reacender em todos o zelo pela própria função, compendiou em um pequeno livro suas precisas obrigações. Essa pequena obra, embora pequena em tamanho, é carregada de conteúdos"[155].

O mesmo Tannoia informa que Afonso enviou o opúsculo a todos os bispos da Itália, muitos dos quais, em resposta, expressaram seu agradecimento[156]. "Provavelmente o opúsculo contribuiu para aumentar a reputação de especialista na matéria, da qual, de resto, o autor já gozava no passado"[157].

Entre as propostas de Afonso, destacava-se, além de um programa de renovação da vida cristã e da atenção às necessidades espirituais do povo[158], a necessidade de atender ao seminário e formação dos sacerdotes. Insistia na importância do estudo da Teologia Moral, "a ciência mais necessária para ajudar as almas a se salvarem". Recomendava, para o estudo da moral, o manual de Busenbaum, bem como o primeiro tomo de L. Abelly (parte dedicada à teologia dogmática).

Por ocasião do conclave em que foi eleito Pio VI (22 de fevereiro de 1775), Afonso foi consultado sobre as necessidades da Igreja naquele momento. Em resposta a Dom Traiano Trabisonda, que o consultou em nome do cardeal Castelli, Afonso voltou a insistir sobre as qualidades a observar ou prever nos candidatos ao episcopado[159].

---

155 Tannoia, II, 185.

156 *Ibidem.*

157 ORLANDI, G. *Essere vescovo nel Regno di Napoli nel Settecento*: SH 60 (2012) 209.

158 DOVERE, U. *Il "buon vescovo" secondo Sant'Alfonso Maria de Liguori*: AUTIERO, A.; CARENA, D. (ed.). Pastor bonus in populo. Figura, ruolo e funzione del vescovo nella Chiesa (Roma, 1990) 115-149; COLAVITA, M. *S. Alfonso vescovo ai confratelli vescovi*: Settimana 32 (20 settembre 2015) 10.

159 Lettere, II, 306-310.

Nota bibliográfica.

Texto de Afonso:

Entre as muitas edições modernas, sobressaem estas duas:

- LIGUORI, S. Alfonso Maria de'. *La pratica di ben governare. Riflessioni utili ai vescovi*, con *Presentazione* de C. F. Ruppi, obispo de Termoli-Larino (Roma, 1988).
- LIGUORI, S. Alfonso Maria de'. *Riflessioni utili ai vescovi*, edição de M. Colavita (Perugia, 2015).
- [LIGÓRIO, Afonso Maria. *Reflexões úteis aos bispos*. Comentário histórico-teológico de Mons. Ciríaco Scanzillo. Aparecida: Santuário, 2012. Tradução: Dom Fernando Guimarães].

Estudos:

- DOVERE, U. *Il "Buon Vescovo" secondo sant'Alfonso de Liguori:* AUTIERO, A.; CARENA, O. Pastor bonus in populo. Figura, ruolo e funzioni del vescovo nella Chiesa, Roma 1990, 115-149.
- AUTIERO, A.; CARENA, O. Pastor bonus in populo. Figura, ruolo e funzioni del vescovo nella Chiesa, Roma 1990.
- COLAVITA, M. S. *Alfonso vescovo ai vescovi:* Settimana 32 (20 settembre 2015) 10.

7.6.2. *Atuação episcopal de Afonso*

Não está entre os objetivos da presente obra expor detalhadamente a atuação de Afonso como bispo. Nas biografias disponíveis é fácil encontrar apresentações suficientemente desenvolvidas[160]. A comemoração dos 250 anos da nomeação episcopal de Afonso produziu valioso conjunto de estudos sobre essa vertente da biografia afonsiana[161]. Aqui, nos limitamos a assinalar alguns aspectos

[160] Ver a longa exposição que apresentam os três últimos grandes biógrafos de Afonso: Tellería, II, 5-504; Rey-Mermet, 533-658; Jones, 357-440. Também: PICHLER, A. *Der heilige Alfons von Liguori. Ein Charakterbild* (Regensburg, 1922) 255-295; GETTO, G. *Sant'Alfonso de Liguori* (Milão, 1945) 217-264.

[161] Istituto Storico Redentorista, *250º dell'ordinazione vescovile di S. Alfonso M. de Liguori (1762-2012)*: SH 60 (2012) fasc. 1-2.

mais diretamente relacionados com o interesse temático da presente obra.

- Consagração episcopal

Antes de sua consagração episcopal, Afonso teve em Roma uma longa conversa com Clemente XIII (fala-se em três horas), Papa que havia condenado a *Encyclopédie* inscrevendo-a no *Index* dos livros proibidos (1759). Também havia condenado o *De l'Esprit* de Helvetius.

Diante de um tribunal de monsenhores, presidido pelo Papa, rodeado de cardeais, o candidato a bispo precisava se submeter ao exame prescrito. Os temas (pressupõe-se que tenham sido previamente combinados) versavam sobre matérias relacionadas aos interesses intelectuais de Afonso: o contrato de câmbio (*de mutuo*) e a lei (*de legibus*). Além disso, o candidato a bispo teve que comentar o artigo da questão 185 da II-II da Suma Teológica de Tomás de Aquino que reza assim: *Utrum liceat episcopatum appetere* [Se é lícito aspirar ao episcopado].

Afonso foi consagrado bispo em Santa Maria *sopra Minerva,* em 20 de junho de 1762, pelas mãos do cardeal Fernando Rossi. O confessor de Afonso, Ângelo Caione, anota: "Afonso teve dois grandes momentos difíceis em sua vida: o primeiro, quando, ao deixar o mundo, se viu abraçado estreitamente por seu pai; o segundo, quando, em Roma, foi consagrado bispo contra sua vontade".

As preocupações oficiais não devem ter sido esgotantes, já que ainda teve tempo de escrever e lançar, desde Roma, uma *Resposta Apologética* (com o gênero literário de carta a um prelado amigo) contra Cipriano Aristásio (pseudônimo de Januário Andolfi), que havia criticado as ideias de Afonso sobre a comunhão frequente, tal como as expressara na *Istruzione e Pratica* e na *Pratica del confessore.*

Em Roma, Afonso também teve tempo para visitar diversas igrejas, entre as quais se contaram as basílicas maiores e a igreja de *Santa Maria dei Martiri* onde estava enterrado o grande missionário Leonardo de Porto Maurício. Por três vezes visitou o Padre Ricci, geral dos jesuítas e é normal que tenham falado sobre as dificuldades que passava a Companhia de Jesus na Europa.

Chegou Afonso a ter conhecimento da fama de uma imagem venerada na igreja de São Mateus, próxima da basílica de Santa Maria Maior, em direção a São João de Latrão? Chegou a visitá-la? Pensamos no ícone que, anos depois, será venerado com o título de Perpétuo Socorro na igreja que levará o nome do canonizado Afonso de Liguori. Há quem considere provável. "Sendo tão célebre em Roma por aquele tempo nossa querida imagem (...) e tendo o Santo por prática tão recomendável por ele mesmo a de visitar as imagens mais veneráveis da Rainha dos céus, como não considerarmos provável que (...) tenha ido venerar a do Perpétuo Socorro, atraído pela formosura de seu título e o admirável de sua história e seus prodígios?"[162]

– Atuação na diocese

O bispado de Afonso não foi de cunho *político*. Tampouco, foi um episcopado que tenha produzido determinada *marca eclesial* de bispo, como aconteceu com a marca pós-tridentina impressa por Carlos Barromeo. O de Afonso foi, em sua significação plena, um episcopado *missionário*. Toda a atividade pastoral de Afonso enquanto bispo foi dirigida para a revitalização cristã da diocese através de intervenções extraordinárias, de cunho missionário.

Segundo alguns historiadores, o ideal tridentino de bispo tinha recebido algumas variações a partir dos ideais da ilustração católica[163]. As normas tridentinas foram reinterpretadas com orientação "mística" e "ilustrada". "O processo, iniciado com Inocêncio XI e Bento XIII

---

[162] ESPRIT, J. *Nuestra Sra. Del Perpetuo Socorro y San Alfonso*: El Perpetuo Socorro 26 (1924) 432, continua nas p. 432-435.

[163] Ver, entre outras referências bibliográficas: MEZZADRI, L. *L'ideale pastorale del vescovo del primo Settecento*: Divus Thomas 75 (1971) 355-367; ROSA, M. *Tra cristianesimo e Lumi. L'immagine del vescovo nel '700 italiano*: Rivista di Storia e Letteratura Religiosa 23 (1987) 240-278; DONATI, C. *Vescovi e diocesi dall'età post-tridentina alla caduta dell'antico regime*: ROSA, M. (ed.). Clero e società nell'Italia moderna (Roma-Bari, 1992) 321-389; MARRANZINI, A. *Un vescovo nel secolo dei Lumi*: DE SPIRITO, A. (ed.). La figura e l'opera di Alfonso di Liguori nel Sannio (Milão, 1999) 73-92.

(...), chegara ao cume durante o pontificado de Bento XIV que, com suas iniciativas, havia plasmado a figura do bispo 'pastor-administrador'"[164]. Por outro lado, essa postura moderada, propiciada pelo pontificado de Bento XIV, tendeu a endurecer com o novo Papa, Clemente XIII: à imagem de bispo como "bom pastor" foi acrescentado a de bispo como "campeão da fé", ou seja, inclinado a enfrentar os ataques da cultura baseada no pensamento dos *philosophes* ateus.

O episcopado de Afonso se situa nessa conjuntura em que o modelo tridentino de bispo sofre o influxo da ilustração católica, em sua dupla vertente: de dulcificação pastoral interna (bispo-pastor ilustrado) e de duro confronto externo (bispo-defensor da fé). As duas tonalidades indicadas, de um papa *político* (Bento XIV) e de outro *zeloso* (Clemente XIII) abrem o caminho para uma pastoral episcopal mais ilustrada internamente e mais intransigente externamente[165].

Na atuação pastoral *revitalizadora* ou *missionária* do bispo Afonso, merecem ser destacadas algumas preocupações preferenciais[166]. Anoto-as na continuação.

Merece destaque a preocupação de Afonso com pobres em situação especial de carestia e de fome (1764), provocadas pelas periódicas crises econômicas, das quais nosso tempo também tem experiência.[167]

---

[164] CAMPANELLI, M. *L'episcopato di s. Alfonso de Liguori a Sant'Agata dei Goti (1762-1775)*: SH 60 (2012) 69.

[165] Sobre o significado e uso (um pouco posterior à época de Afonso) dos termos *político* e *zeloso*: REGOLI, R. *Ercole Consalvi. Le scelte per la Chiesa* (Roma, 2006) 157-162.

[166] Ver a detalhada exposição de: CAMPANELLI, M. *L'esperienza episcopale*: DE SPIRITO, A. (ed.). La figura e l'opera di Alfonso de Liguori nel Sannio (Milão, 1999) 93-128; CAMPANELLI, M. *L'episcopato di S. Alfonso Maria de Liguori a Sant'Agata dei Goti (1762-1775)*: SH 60 (2012) 67-112; CAMPANELLI, M. *Le strategie pastorali del vescovo de Liguori*: VICIDOMINI, G. (ed.). Alfonso M. de Liguori. Un santo per il terzo millennio (Materdomini, s. a. [= 2010]) 211-249.

[167] COLAVITA, M. *Avevo fame... Sant'Alfonso Maria de Liguori. La carestia del 1764* (Marigliano, NA, 2005). Também: PAPA, E. *Carestia ed epidemia nel regno di Napoli durante il 1763-64 nella corrispondenza tra nunziatura e la segretaria di Stato*: Rivista di Storia della Chiesa in Italia 28 (1974) 191-208; DEL GROSSO, M. A. *Virtù evangeliche e saggezza illuministica nella carestia del 1764*: Rivista Storica del Sannio 22 (2004) 133-160.

No âmbito social, Afonso, como outros bispos do Reino de Nápoles, precisou manter justa e equilibrada relação com os feudatários controladores da vida socioeconômica da maior parte da população de sua diocese (os Carafa di Maddaloni, o príncipe della Riccia, a família Spinelli, etc.)[168].

Afonso prestou particular atenção ao seminário, tanto em seus aspectos materiais (edifício, alimentação, equipamentos, etc.) quanto nos aspectos organizativos (de caráter disciplinar, intelectual e espiritual)[169]. Como assinalamos no cap. 2 da sexta seção, no começo de seu ministério episcopal, Afonso compôs umas *Regole per il Seminario di S. Agata dei Goti,* texto que não deve ser confundido com o *Regolamento* de 1756[170].

Precavido contra o sistema de mandar fazer anotações e favorecedor de seguir um livro texto nas aulas, Afonso impôs em seu seminário:

- Para a filosofia: o manual *Philosophia mentis methodice tractata* do capuchinho Fortunato de Bréscia, de orientação escolástica. Um aluno de então declarou no processo de beatificação de Afonso que este "quis que, no seminário, fosse lida a filosofia escolástica, dizendo que, sem conhecê-la a fundo, não poderiam dominar depois a teologia"[171]. No *Regolamento* havia recomendado, para a *Lógica,* a obra do português Luís Antônio Verney, domiciliado em Roma: *De Re Logica* (Roma, 1751).
- Em teologia dogmática, Afonso fez prevalecer "suas inclinações para os paladinos antijansenistas da Sorbone. O *Compendium* de Tournely, que havia recomendado no *Regulamento* e implantado nas aulas do Instituto, entrou nas de Santa Águeda, tanto por seus ensinamentos sólidos e práticos, quanto porque, com sua ajuda, queria desterrar das aulas o ditado, que estimava danoso e antipedagógico"[172].

---

[168] CAMPANELLI, M. *L'episcopato di s. Alfonso de Liguori...*, 73-76.
[169] *Ibid.*, 81-85.
[170] Rey-Mermet, 574.
[171] Ver em: Tellería, II, 71.
[172] *Ibidem.*

No programa pastoral de Afonso enquanto bispo, um dos máximos objetivos foi a revitalização do clero[173]. Sua atuação episcopal se dirigiu, tanto aos aspectos espirituais e intelectuais, quanto às questões organizativas e econômicas. O instrumento utilizado por Afonso não foi o das disposições sinodais, mas sim, o das muitas e valiosas *notificações* dirigidas ao clero[174]. No aspecto formativo do clero e do povo cristão em geral, sobressai, na etapa de bispo, a preocupação de Afonso com as questões de moral, tanto em sua dimensão teórica, quanto em seus desdobramentos práticos:

- Para a formação moral dos seminaristas de sua diocese, adotou como livro-texto no seminário o *Homo Apostolicus,* obra sua que considerava bom manual de Teologia Moral[175].
- A atualização teológico-moral do clero de sua diocese foi favorecida mediante a vigilância do bispo sobre as academias de moral, organizadas para a formação contínua dos sacerdotes[176].
- Muito provavelmente, pensou em seus sacerdotes ao publicar *Il confessore diretto per la gente di campagna* (Veneza, 1764), resumo de 400 páginas in 8° da *Istruzione e Pratica del confessore* (1757); na intenção do autor, os destinatários da obra eram os sacerdotes das pequenas aldeias[177].

Se teve que se preocupar com o clero, não foi menor a preocupação pastoral de Afonso pela vida dos religiosos e religiosas[178]. Havia na diocese treze conventos masculinos, dois mosteiros femininos e dois convívios. Entre os conventos masculinos, se contava o grupo de quatro carmelitas que, em razão do pequeno número de membros, dependia diretamente do bispo; teve uma relação

173 CAMPANELLI, M. *L'episcopato di s. Alfonso de Liguori...*, 76-81.

174 Ver o detalhado e bem documentado estudo de: IADANZA, M. *Le "notificazioni" al clero*: DE SPIRITO, A. (ed.). La figura e l'opera do Alfonso de Liguori nel Sannio (Milão, 1999) 129-165.

175 Lettere, III, 82, 92, 93, 194-195, 236.

176 Tellería, II, 110, 148, 194-195. Também: IADANZA, M. *Le "notificazioni" al clero...*, 142-145.

177 Lettere, III, 179.

178 ORLANDI, G. *Relaciones de S. Alfonso obispo con los religiosos*: Confer (1988) 497-509; ORLANDI, G. *S. Alfonso vescovo e i religiosi*: SH 47 (1999) 243-278. Também: CAMPANELLI, M. *L'episcopato di s. Alfonso de Liguori...*, 90-98.

especial com os capuchinhos de Arienzo, bem como com algum frei dominicano, com o padre Tomás Maria Caputo. Em um dos convívios, o de São Filipe Néri, fundado em 1725, se observava a regra dos padres servitas. O outro, fundado em 1741, seguia a regra carmelita reformada da venerável Ir. Serafina de Capri. Em 1766, o bispo promoveu a fundação, em Santa Águeda dos Godos, de um novo mosteiro sob a regra do Santíssimo Redentor de Scala.

Na atuação pastoral enquanto bispo, Afonso precisou enfrentar problemas relacionados à "moralidade pública": prostituição, concubinato, adultério, coabitação dos noivos antes do casamento. Os biógrafos não deixam de aludir a essas situações e notar a "forma pastoralis" como foram abordadas por Afonso[179]. Eu mesmo dediquei atenção direta à atuação pastoral e ao pensamento de Afonso em relação à coabitação antes do matrimônio[180].

Não descuidou, enquanto bispo, da preocupação que o missionário e fundador Afonso levava muito a sério: as *Missões Populares.* A pregação em geral, e a catequese em particular, foram também realidades atendidas de modo particular. Se qualificamos o de Afonso como um episcopado *missionário,* é normal que os aspectos propriamente missionários ganhem especial relevo entre suas preocupações pastorais[181].

Pode chamar a atenção o fato de Afonso não convocar nenhum sínodo diocesano, prescrição fortemente incentivada pelo Concílio de Trento. Fez consultas sobre isso (entre outros, a seus amigos e sacerdotes de prestígio, J. Iorio e J. Fatigati). Os conselhos recebidos e o discernimento pessoal indicaram ser mais vantajoso não realizar o sínodo. Não convém esquecer que a normativa dos sínodos estava bastante condicionada pelo poder político devido às dominantes correntes jurisdicionalistas.

---

179 Tellería, II, 208-209; Rey-Mermet, 598; Jones, 371-375.

180 VIDAL, M. *La coabitazione prima delle nozze*: DE SPIRITO, A. (ed.). La figura e l'opera..., 227- 239.

181 Ver o destaque missionário na pastoral episcopal de Afonso em: AMARANTE, A. V. *Un vescovo missionario...*, 19-30; CAMPANELLI, M. *L'episcopato di s. Alfonso de Liguori...*, 85-90.

O sínodo era visto pelas autoridades políticas do séc. XVIII como instrumento do poder papal e intromissão da cúria romana em assuntos do Estado. Concedida a autorização política para realizá-lo, não cessavam as dificuldades por parte das autoridades civis: no sínodo se fazia presente um delegado do governo, as atas do sínodo eram submetidas à revisão da autoridade civil que, por sua vez, podia vetar a publicação[182]. Era normal então que, diante dessas dificuldades, a celebração do sínodo fosse colocada fora de questão. Assim, o bispo Afonso, mais que aos decretos sinodais, preferiu recorrer aos *editos* e as *notificações*[183].

- Balanço

Comparando os resultados do ministério episcopal afonsiano com as expectativas que se poderia ter e que o mesmo Afonso havia plasmado em seus escritos, "o balanço, em conjunto, resulta inferior às expectativas"[184].

Na diocese governada por Afonso não houve reforma religiosa profunda, de acordo com as necessidades culturais do momento. Afonso não pode ser considerado um Carlos Borromeo da época ilustrada. No ministério episcopal de Afonso não é possível identificar crítica radical aos males estruturais que aquela sociedade sofria, predominantemente rural, ainda muito *feudalizada.* Sendo assim, o serviço episcopal de Afonso encerrará sem a presença de mudanças significativas na vida religiosa (e social) da diocese.

Há motivos para compreender essas limitações: idade avançada e saúde precária do bispo (três vezes pede o sacramento da Unção dos Enfermos); escassa concentração urbana; precariedade da residência episcopal, sem capacidade administrativa e sem força de atração e expansão; resistências das forças sociais vinculadas ao Antigo Regime.

---

182 DE ROSA, G. *La figura e l'opera di sant'Alfonso nelle'evoluzione storica*: SH 45 (1997) 208-209.

183 CAMPANELLI, M. *L'episcopato di s. Alfonso...*, 70.

184 SPEDICATO, M. *Alfonso de Liguori tra pastoralità e politica*: Segno 29 (2003) n. 242, 63.

Estes, e outros fatores, podem explicar o fato do ministério episcopal de Afonso não ultrapassar os limites da administração ordinária de uma diocese, com algumas das obrigações realizadas por delegação (visita *ad limina* e algumas visitas pastorais). Se houve algum destaque no serviço episcopal de Afonso, foi a preocupação com a evangelização do povo em geral, através das Missões Populares. Ainda, como ação pontual do bispo, deve ser destacada a citada atenção socioeconômica durante a carestia de 1764.

Mas há outras avaliações mais positivas que a que o leitor acaba de acompanhar. Para G. Orlandi "pode-se dizer que, em Santo Afonso, fundem-se dois modelos de bispo tridentino, personalizados por São Carlos Borromeu e por São Francisco de Sales: do primeiro, Afonso recebeu o zelo ardente e a tenacidade inflexível de condutor de almas (*condottiero d'anime*), enquanto do segundo, recebeu a unção do escritor e a benignidade do pastor"[185].

Há quem ofereça avaliação ainda mais positiva do ministério episcopal de Afonso na diocese de Santa Águeda dos Godos. Marcella Campanelli apresenta a obra do bispo Afonso como expressão qualificada de bispo nascido da espiritualidade e pastoral ilustradas do *Settecento* napolitano[186]:

- "Tinha levado à prática episcopal sua experiência de intelectual leigo, proveniente da escola reformista napolitana".
- Acompanhara-o uma mística "nutrida com a literatura ascético--devocional própria de finais do *Seicento* e inícios do *Settecento*".
- Tinha escolhido as Missões como "o instrumento principal de seu empenho pastoral", ao mesmo tempo em que havia posto "a formação do sacerdote entre as primeiras tarefas episcopais".
- Havia tomado "distância de uma Igreja que, unindo sua sorte com o feudalismo, havia acabado por defender os próprios direitos e privilégios".
- Tinha se sentido impulsionado a aproximar o Evangelho das pessoas concretas "de tal sorte que todo dogma e toda doutrina lhes resultasse dirigida".

---

185 ORLANDI, G. *S. Alfonso vescovo e i religiosi...*, 275.
186 CAMPANELLI, M. *L'episcopato di s. Alfonso...*, 106-110.

Estes haviam sido os traços característicos de uma ação episcopal entroncada no movimento popular já iniciado pelo sacerdote e missionário Afonso de Liguori. De tal sorte que "os meios, os sistemas pastorais e pedagógicos, os módulos organizativos sobre os quais havia baseado a força de sua Congregação, são os mesmos que emergem das normas e editos emanados no curso de seu episcopado"[187].

Conforme tais chaves de interpretação, "a presença e atuação do bispo Liguori em uma diocese da periferia campana podem ser lidas, sem dúvida nenhuma, como a última grande experiência de evangelização e apostolado realizada por Afonso antes de se retirar à casa redentorista de Pagani"[188].

7.6.3. Trabalho de escritor na etapa episcopal

O período episcopal é o de maior fecundidade para Afonso como escritor[189]. Dos 111 escritos recenseados na bibliografia afonsiana, 56 deles foram publicados durante o período episcopal. Entre as obras de maior importância publicadas por Afonso em sua etapa episcopal, e mesmo em toda a sua vida, precisamos nomear a *Pratica di amar Gesù Cristo* (1768).

Evidentemente, nem todos esses escritos se referem à moral. No entanto, há alguns que têm incidência direta no campo da Teologia Moral:

- Já referi que, pensando nos sacerdotes das aldeias (também nos de sua diocese), Afonso compôs um breve resumo da Teologia Moral em italiano, com o título *Il Confessore diretto per la gente di campagna,* publicado em Veneza, em 1764.
- Durante a etapa de bispo apareceram três importantes edições de sua *Theologia Moralis:* as edições 5a, 6a e 7a.
- Pertencem à época do episcopado três *dissertações* (1762, 1765 e 1774) e três *apologias* (1764, 1764, 1769), dois grupos de escritos enquadrados no gênero polêmico (sobretudo, com V. Patuzzi).

---

187 *Ibid.*, 107.
188 *Ibidem.*
189 Jones, 423.

7.6.4. *Renúncia*

A saúde de Afonso se deteriorou significativamente durante a etapa do episcopado. Sofreu de asma, bronquite e artrose. Ele mesmo reconheceu ter sido eleito bispo em idade bastante avançada. Depois de várias tentativas, conseguiu que o recém-nomeado Papa Pio VI aceitasse sua renúncia ao episcopado, em 9 de maio de 1775.

Afonso, com a idade de 79 anos, deixou sua diocese e se retirou a Pagani, onde chegou em 27 de julho desse ano de 1775[190]. Na residência da Congregação, viveu como bispo emérito[191]. Continuou pensando em seus livros que, por sua vez, continuaram aparecendo, conforme anotaremos em próximo capítulo desta mesma seção.

7.6.5. *Complemento bibliográfico*

Sobre a diocese de Santa Águeda dos Godos

- ORLANDI, G. *Le relazioni "ad limina" della diocesi di Sant'Agata de' Gotti nel secolo XVIII:* SH 17 (1969) 3-82, 189-214; 18 (1970) 3-30, 31-39.
- DELILLE, G. *La diocèse de Saint Alphonse:* VÁRIOS. Alphonse de Liguori, Pasteur et Docteur (Paris, 1987) 49-63.
- CAMPANELLI, M. *Centralismo e "policentrismo" periferico. Chiesa e religiosità nella Diocesi di Sant'Alfonso Maria de Liguori* (Milão, 2003).

Sobre o ministério episcopal de Afonso

- GIL, M. *San Alfonso, obispo:* El Perpetuo Socorro 14 (1912) 366-373.
- P.[ÉREZ] DE GAMARRA, V. *El padre del clero:* El Perpetuo Socorro 14 (1912), 374-378.
- GREGORIO, O. *Monsignore si diverte* [1962] (Materdomini, 1987).
- ORLANDI, G. *Le relazioni "ad limina" della diocesi di Sant'Agata de' Gotti nel secolo XVIII. Parte II. S. Alfonso M. de Liguori (1762-1775):* SH 17 (1969) 189-214.

---

[190] Tellería, II, 505-788: "Del palacio a la celda".

[191] ILLIANO, G. *Sant'Alfonso, vescovo emerito in Pagani*: VICIDOMINI, G. (ed.). Alfonso M. de Liguori. Un santo per il terzo millennio (Materdomini, s. a. [= 2010]) 251-268.

- ORLANDI, G. *Un vescovo sotto inchiesta. S. Alfonso Maria e Liguori "denunciato" alla Santa Sede da un suo diocesano*: SH 52 (2004) 437-496.
- ORLANDI, G. *Essere vescovo nel Regno di Napoli nel Settecento:* SH 60 (2012) 113-222.
- DE SPIRITO, A. (ed.). *La figura e l'opera di Alfonso de Liguori nel Sannio* (Milão, 1999):
- DE SPIRITO, A. "Antropologia di una presenza", p. 15-71.
- MARRANZINI, A. "Un vescovo nel secolo dei Lumi", p. 73-92.
- CAMPANELLI, M. "L'esperienza episcopale", p. 93-128.
- LADANZA, M. "Le 'notificazioni' al clero", p. 129-165.
- SPEDICATO, M. S. *Alfonso Maria de Liguori di fronte al processo di statalizzazione della Chiesa meridionale:* Itinerari di Ricerca Storia 15 (2001) 87-102.
- SPEDICATO, M. *Tra il Papa e il Re. Le diocesi meridionali alla fine dell'antico regime* (Galatina, 2003) 75-99: "Un vescovo di fronte al riformismo borbonico. Alfonso Maria de Liguori tra pastoralità e politica".
- SPEDICATO, M. *Alfonso de Liguori tra pastoralità e politica:* Segno n. 242 (2003) 59-68.
- SPEDICATO, M. *L'episcopato alfonsiano tra Chiesa "papalina" e Chiesa nazionale:* Rivista Storica del Sannio 22 (2004) 279-288.
- CAMPANELLI, M. *Centralismo romano e "policentrismo" periferico. Chiesa e religiosità nella Diocesi di Sant'Alfonso Maria de Liguori (secoli XVI-XVIII)* (Milão, 2003) 84-116.
- CAMPANELLI, M. *L'episcopato di S. Alfonso Maria de Liguori a Sant'Agata dei Goti (1762-1775):* SH 60 (2012) 67-112.
- VICIDOMINI, G. (ed.). *Alfonso M. de Liguori. Un santo per il terzo millennio* (Materdomini, s. a. [= 2010]):
- DE ROSA, M. "Sant'Alfonso Maria de Liguori vescovo e pastore", p. 197-209.
- CAMPANELLI, M. "Le strategie pastorali del vescovo de Liguori", p. 211-249.

- ILLIANO, G. "Sant'Alfonso, vescovo emerito in Pagani", p. 251-260.
- AMARANTE, A. V. "Alfonso vescovo, scrittore, 'voce stessa della Chiesa'", p. 269-281.
- ISTITUTO STORICO REDENTORISTA. *250° dell'ordinazione vescovile di S. Alfonso M. de Liguori (1762-2012)* (Roma, 2012) = SH 60 (2012) n.1-2. A destacar:
- AMARANTE, A. V. "Un vescovo missionario. Nel 250° anniversario dell'ordinazione vescovile di s. Alfonso de Liguori", p. 3-12.
- CAMPANELLI, M. "L'episcopato di s. Alfonso Maria de Liguori a Sant'Agata dei Goti (1762-1775)", p. 67-112.
- DE SPIRITO, A. *Alfonso de Liguori vescovo a forza e moralista geniale* (Roma, 2015).

7.7. AFONSO: FUNDADOR. ENTRE A ANIQUILAÇÃO E A GLÓRIA

Nos três créditos que, necessariamente, precisam acompanhar a apresentação oficial de Afonso de Liguori, com certeza constará o de *fundador* da Congregação do Santíssimo Redentor.

> "Fundar uma Ordem é, sem dúvida, depois do estabelecimento do Cristianismo, a maior obra, divina e humanamente considerada, que o homem pode fazer na terra. Supõe, em quem o faz, uma santidade eminente, prudência consumada e fortaleza a toda prova. Por isso, mesmo que Santo Afonso não tivesse outros inumeráveis títulos, apenas este, de Fundador, teria sido suficiente para merecer-lhe nossa admiração e a imortalidade através dos séculos"[192].

Quanto a Afonso, "não se pode duvidar que viveu para a Congregação, e com ela se identificou, até o ponto de os dois formarem uma só página gloriosa na história da Igreja"[193].

---

192 RODRÍGUEZ, G. *[San Alfonso] Fundador*: El Perpetuo Socorro 10 (1908) 344.

193 RODRÍGUEZ, G. *La obra maestra de san Alfonso: la Congregación del Santísimo Redentor*: El Perpetuo Socorro 12 (1910) 368.

A fundação da Congregação teve lugar em Scala (perto de Amalfi) em 9 de novembro de 1732. A Santa Sé, ao aprovar a Regra em 1749, mudará o nome de *Santíssimo Salvador* para o de *Santíssimo Redentor*[194], de onde vem o apelativo *redentoristas,* algumas vezes também chamados *ligorianos* ou *ligorinos* (liguorini).

Como acontece com toda paternidade-maternidade, a fundação de um Instituto destinado à evangelização do povo deu a Afonso as mais profundas satisfações. Contudo, não vieram sozinhas. Como disse um redentorista anônimo, houve "tempestades que, desde o berço, agitaram continuamente a pequena barca de nossa Congregação"[195].

Afonso discutiu com vários diretores espirituais a autenticidade de sua decisão de constituir um novo grupo missionário. Sabemos que o fez com o filipino Pe. Pagano, com o dominicano Pe. Fiorillo, com o jesuíta Pe. Manulio, com o vicentino Pe. Cuttica e, naturalmente, com mons. Falcoia. É difícil duvidar que Afonso não tivesse certeza suficiente do que hoje chamaríamos seu *carisma fundacional.* Mas essa certeza não impediu que lhe sobreviessem muitas dificuldades.

Convém assinalar as *condições históricas* desse traço da personalidade de Afonso - *Fundador* - para tomar nota, tanto das dificuldades, quanto das satisfações, depois de superadas as primeiras. Limitamos nossa consideração a quatro condições históricas, com suas dificuldades e satisfações. A estes quatro aspectos, acrescentamos alguns complementos interessantes.

7.7.1. Raízes comuns com a ordem feminina do Santíssimo Redentor

Não foi fácil para Afonso a vinculação de sua pessoa e a do Instituto por ele fundado com o nascimento da Ordem do Santíssimo Redentor e com sua fundadora, a beata Maria Celeste (Júlia) Crosta-

---

194 Tannoia, II, 81-83.

195 *Notizie del servo di Dio P. D. Cesare Sportelli sacerdote professo della Congregazione del SS. Redentore* (Roma, 1893) 11.

rosa (1696-1755). Basta recordar as "intrigas" de algumas personalidades napolitanas que "se admiravam" de o renomeado Dom Afonso de Liguori se deixar influenciar por "revelações" de uma monja.

Júlia Crostarosa tinha nascido em Nápoles, de família nobre, sendo seu pai advogado[196]. Depois de passar (1718) por um convento carmelita em Marigliano (pertencente ao ramo da Ir. Serafina de Capri), ingressou, com duas irmãs de sangue, no mosteiro de Scala (1724), dirigido espiritualmente por Tomás Falcoia. Maria Celeste provocou uma autêntica "revolução" espiritual no mosteiro, do qual foi expulsa em 1733, devido, principalmente, às incompreensões do diretor espiritual. Mas já antes, em 1731, havia surgido ali em Scala a Ordem do Santíssimo Redentor. Em 1738, Maria Celeste fundou em Foggia o mosteiro-convívio do Santíssimo Salvador, onde faleceu em 1755.

Por sua experiência religiosa, relatada na *Autobiografia*[197] e outros seus escritos, Maria Celeste é tida por grande mística napolitana do séc. XVIII[198]. Tannoia chama Maria Celeste "grande mulher e grande serva de Deus"[199].

---

196 Dados biográficos essenciais sobre C. Crostarosa: AMARANTE, A. V. *Maria Celeste Crostarosa (1696-1755). Elementi per una biografia*: SH 65 (2017) 3-32. Há biografias de Crostarosa, com maior ou menor valor historiográfico, como as de: J. Favre (19362), B. d'Orazio (1965), G. Desrochers (1996), M. Gieben (1996), B. Weibel (19962), J. W. Oppitz (2003).

197 CROSTAROSA, M. C. *Autobiografia*. Edição de S. Majorano e A. Simeoni (Materdomini, 1998). Ver: LA MENDOLA, V. *L'autobiografia della beata Maria Celeste Crostarosa: considerazioni su alcuni aspetti formali e contenutistici dell'opera, a partire dal concetto di misericordia*: SH 65 (2017) 33-57. [- Obras de C. Crostarosa, traduzidas ao português por João Batista Boaventura Leite: *Essa desconhecida (e esquecida) Venerável Maria Celeste Crostarosa: mãe espiritual das (dos) redentoristas*. Trilogia: Autobiografia, Diálogos da Alma, Graus de Oração. Juiz de Fora: Edição do Autor, 2000?]. [- *Obras Seletas da Venerável Madre Maria Celeste*: Autobiografia, Diálogos da Alma e Graus de Oração. Rio de Janeiro: Centro Dom Bosco, 2019. 320 p. Tradução: Pe. João Batista Boaventura Leite].

198 AMARANTE, A. V. *Crostarosa, Maria Celeste*: BORRIELLO, L.; CARUANA, E.; DEL GENIO, M. R.; DI MURO, R. (ed.). Nuovo Dizionario di Mistica (Cidade do Vaticano, 2016) 602-604. Cf. OPPITZ, J. *The Mystic Who Remenbered: The Life and Message of Sister Maria Celeste Crostarosa, O. Ss. R.* (Esopus, NY, 2003); BORRIELLO, L. *L'esperienza mistica di Maria Celeste Crostarosa. L'ambiente storico-spirituale del Settecento: brevi cenni*: SH 65 (2017) 59-89; ASTI, F. *La vita mistica di Maria Celeste Crostarosa*: SH 65 (2017) 91-115. Também: ver a bibliografía consignada no final desta parte.

199 Tannoia, I, 65.

A pessoa de Afonso, e seu projeto fundacional, se viram "implicados" no assunto espiritual do mosteiro de Scala. Isso acarretou dificuldades, não tanto ao projeto fundacional, mas à pessoa do fundador. Sem dúvida, a vinculação com Maria Celeste e com a nova Ordem contemplativa fundada por ela, significou para Afonso e para seu Instituto um notável enriquecimento:

- Merece destaque a enriquecedora amizade de Afonso com C. Crostarosa, a quem visitou no mosteiro de Foggia (1745) por ocasião de uma Missão na cidade. Houve outros redentoristas que também se enriqueceram com o intercâmbio, sobretudo epistolar, com as monjas do Santíssimo Redentor; sobressai, entre eles, o irmão Geraldo Majella (1726-1755)[200].
- A riqueza contemplativa da Ordem das redentoristas foi integrada com a ação missionária dos redentoristas, dando lugar a um carisma duplamente potencializado.

Como bispo, Afonso levou à sua diocese as monjas de Scala para fundar um mosteiro. A este mosteiro, e aos de Scala e Foggia, frequentemente fazia chegar seus livros.

Em 1778, três anos depois de ter renunciado ao episcopado, enviou às monjas de Scala e de Santa Águeda um impresso em que recolhia 44 pensamentos espirituais que constituem o resumo de tantos retiros e práticas que lhes dirigiu ao longo de muitos anos:

- *Ricordi diretti alle Religiose del SS. Redentore dimoranti ne' Monasteri di Sant' Agata e di Scala* (edição: SH 29 [1981] 243-256). É a última obra de Afonso (a 111) pelo elenco de M. de Meulemeester[201].

Nota bibliográfica.

- *Sobre as raízes históricas comuns das duas instituições* (Ordem e Congregação do Santíssimo Redentor): CAPONE, D.; MAJORANO, S. *I redentoristi e le redentoriste. Le radici. Contributi alla Storia religiosa del Settecento napoletano* (Materdomini, 1985).

---

[200] AMARANTE, A. V. *Maria Celeste Crostarosa...*, 31.

[201] De Meulemeester, I, 271-172. Ver: SAMPERS, A. *Due "Ricordi" di S. Alfonso diretti alle monache del SS. Redentore*: SH 29 (1981) 243-256. Também: ANÔNIMO. *San Alfonso y las Religiosas del Santísimo Redentor*: El Perpetuo Socorro 8 (1906) 52-55; Tellería, II, 612-613; Rey-Mermet, 680.

- *Sobre a articulação das duas dimensões do carisma redentorista* (contemplação e evangelização): VÁRIOS. *Contemplación y evangelización misionera. En el III Centenario del nacimiento de S. Alfonso M. de Liguori y de la M. Celeste Crostarosa (1696-1996)* (Madri, 1997).
- *Sobre a pessoa, obra e pensamento de C. Crostarosa em seu conjunto:* SANNELLA, T. (ed.). *Atti del Primo Convegno di Studi Crostarosiani* (Foggia, 1991); SANNELLA, T.; MAJORANO, S. (ed.). *Atti del Secondo Convegno di Studi Crostarosiani* (Materdomini, 1998); SWANSTON, H. F. G. *Singing a New Song: A Study of the Life and Works of Maria Celeste Crostarosa* (Liguori, Missouri, 1999; VÁRIOS. *La vita e la spiritualità di Maria Celeste Crostarosa, O. Ss. R. (1696-1755). In occasione della Beatificazione, Foggia, 18 giugno 2016:* SH 65 (2007) fasc. 1. Com bibliografia sobre Crostarosa: MAJORANO, S. *Bibliografia crostarosiana. Bibliografia integrativa:* SH 65 (2017) 237-266.
- *Sobre a espiritualidade (vida e pensamento) de C. Crostarosa:* MAJORANO, S. *L'imitazione per la memoria del Salvatore. Il messaggio spirituale di Suor Maria Celeste Crostarosa (1696-1755)* (Roma, 1978); MAJORANO, S. *Experiencia trinitaria y cristocéntrica en la contemplación de M. Celeste Crostarosa:* VÁRIOS. Contemplación y evangelización misionera. En el III Centenario del nacimiento de S. Alfonso Ma. de Liguori y de la V. Ma Celeste Crostarosa (1696-1996) (Madri, 1997) 249-283; VÁRIOS. *La espiritualidad de María Celeste Crostarosa* (Roma, 1996), especialmente, p. 33-50: LAGE, E. "Ideas fundamentales de la espiritualidad de sor María Celeste Crostarosa"; CAPONE, D.; LAGE, E.; MAJORANO, S. *La spiritualità di Maria Celeste Crostarosa* (Materdomini, 1997) [= *Maria Celeste Crostarosa e sua espiritualidade*. Aparecida: Santuário, 1999. Tradução: Ivo Montanhese]; LAGE, E. *Il cammino spirituale di Maria Celeste Crostarosa:* SANNELLA, T.; MAJORANO, S. (ed.). *Atti del Secondo Convegno di Studi Crostarosiani* (Materdomini, 1999, 16-32; LAGE, E. *Entrar en las humillaciones del Verbo. El "Jardín interior del amor de Dios" de la Beata Maria Celeste Crostarosa:* SH 65 (2017) 117-138.
- *Sobre a relação entre Afonso e Crostarosa:* CAPONE, D. *Suor Maria Celeste Crostarosa e Sant'Alfonso de Liguori. Incontri e spiritualità* (Materdomini, 1991); LAGE, E. *San Alfonso y María Celeste. La fundación de la Orden y de la Congregación del Santísimo Redentor* (Madri, 1988) [= *Afonso e Celeste*: 1696-1996. Juiz de Fora: Mecanografia do Pro-

vincialado, 1997. Tradução: João B. Boaventura Leite]; MAJORANO, S. *Maria Celeste Crostarosa e Alfonso de Liguori:* SANNELLA, T.; MAJORANO, S. (ed.). Atti del Secondo convegno di studi crostarosiani (Foggia 30 maggio - 1 giugno 1987). (Materdomini, 1998) 33-60; CENERI, A. *Alfonso Maria de Liguori e Maria Celeste Crostarosa un'amicizia profonda e sincera:* VICIDOMINI, G. (ed.). Alfonso M. de Liguori. Un santo per il terzo millennio (Materdomini, s. a. [=2010]) 65-74.

- *Obras* de C. Crostarosa, traduzidas ao castelhano e introduzidas por E. Lage: *Autobiografía* (Caracas, 1988); *Diálogos del alma* (Madri, 1990); *Grados de Oración* (Madri, 1991); *Meditaciones de Adviento, Navidad y Cuaresma* (Madri, 1992). Há uma edição crítica, dirigida por S. Majorano de *Testi e Studi Crostarosiani* (apareceram 7 vols.).

[- Obras de C. Crostarosa, traduzidas ao português por João Batista Boaventura Leite: *Essa desconhecida (e esquecida) Venerável Maria Celeste Crostarosa: mãe espiritual das (dos) redentoristas.* Trilogia: Autobiografia, Diálogos da Alma, Graus de Oração. Juiz de Fora: Edição do Autor, 200?].

[- *Obras Seletas da Venerável Madre Maria Celeste*: Autobiografia, Diálogos da Alma e Graus de Oração. Rio de Janeiro: Centro Dom Bosco, 2019. 320 p. Tradução: Pe. João Batista Boaventura Leite].

7.7.2. A dependência de Tomás Falcoia enquanto "diretor"

Afonso de Liguori não tomou a decisão de constituir um grupo de missionários sem submeter essa opção à deliberação pessoal e consulta com outras pessoas. A maneira de ser de Afonso era propensa a estas duas formas de atuação: *deliberar* e *consultar* (deliberar consultando e consultar deliberando).

Na *deliberação*, devem ter pesado vários dados: sua capacidade pessoal, da qual Afonso, enquanto sujeito respeitado, provavelmente não duvidou; a existência de seguidores, em cuja avaliação provavelmente se equivocou, sobretudo, na questão do número; a necessidade de uma nova instituição, existindo já outra praticamente igual: as Missões Apostólicas, da qual o próprio Afonso era membro ativo. Na ponderação deste último dado, estava em jogo o ser ou não ser de uma possível nova instituição missionária. Afonso deve ter visto claramente essa necessidade, pois foi onde sempre colocou a peculiaridade do carisma fundacional: propiciar, mediante as Missões, a salvação para o povo abandonado ou privado de atenção pastoral.

Quanto ao *conselho,* Afonso se dirigiu a eclesiásticos de prestígio. Dois deles, o diretor das Missões Apostólicas (naquela época: J. Torno) e o fundador da Congregação da Sagrada Família (M. Ripa), disseram "não". Do lado contrário, apoiaram com conselho positivo: o filipino Pe. Tomás Pagano, conhecido confessor e diretor de Afonso; o dominicano Pe. Luís Fiorillo, pregador com reconhecido prestígio; o vicentino Pe. Vicente Cutica, superior da comunidade vicentina do bairro *dei Vergini;* o jesuíta Pe. Manulio, superior provincial dos jesuítas napolitanos. Mas, tanto o Pe. Pagano, quanto o Pe. Fiorillo, remeteram Afonso a outro conselheiro: Tomás Falcoia, amigo e diretor espiritual de Matteo Ripa, que Afonso havia conhecido no Colégio dos Chineses.

Tomás Antônio José Falcoia nasceu em Nápoles, em 13 de março de 1663. Foi batizado no mesmo batistério, da mesma igreja, *Santa Maria dei Vergini* em que, 33 anos mais tarde, Afonso seria batizado. Falcoia entrou para os Pios Operários, onde foi reitor, mestre de noviços e superior geral. A partir de 1719, foi diretor espiritual do mosteiro-convívio de Scala, onde entraram, em 1724, as três irmãs Crostarosa e onde, em 1731, surgiu uma nova instituição: a Ordem do Santíssimo Salvador, inspirada por Celeste Crostarosa. Em 1730, foi nomeado bispo de Castellamare di Stabia, distante de Scala uma jornada a cavalo.

Quando foi consultar Falcoia, Afonso já conhecia de primeira mão todos os fatos relacionados ao mosteiro de Scala. Desse encontro saiu algo que será de grande importância - positivo e negativo - para o trabalho fundacional de Afonso. Comprometeu-se, com juramento, a aceitar como *diretor* de consciência (ao Pe. Pagano se referia como *padre* espiritual)[202] e *obedecer* em tudo a Falcoia. Em razão desse

[202] Sobre o significado da distinção entre "*pai* espiritual" (Pagano) e "*diretor* espiritual" (Falcoia): CAPONE, D.; MAJORANO, S. *Le radici. I redentoristi e le redentoriste. Contributi alla storia religiosa del Settecento napoletano* (Materdomini, 1985) 74.

pacto, Falcoia se erigiu como *diretor*, não apenas da consciência de Afonso, mas também da obra fundada por ele. Aqui está, tanto o lado positivo, quanto o lado negativo, que acabamos de referir:

- *Vertente positiva:* a obra fundacional terá o apoio de um bispo e, além disso, de um bispo reconhecido por sua experiência em questões de instituições religiosas. Afonso "tinha necessidade, sim, de um diretor do Instituto para salvaguardar a coesão interna desde o início - e foi um fracasso - e de um bispo para não ser absorvido por uma diocese. Faltava-lhe, especialmente, um perito em vida comunitária. Ora, graças a Falcoia, ele se tornara também, havia três anos, um perito. Suas casas - sem Regras escritas - viviam como mosteiros da velha tradição"[203].
- *Vertente negativa:* os âmbitos de atuação de Afonso ficaram bastante reduzidos. "De fato, o diretor interferia não só em todos os pontos do regulamento interno, mas também na aceitação de trabalhos apostólicos e na espiritualidade que queria impor à Congregação. Chegou a tratar Afonso como seu 'figlio mio caro', como uma criança. Manifestava assim, além de seu natural autoritarismo, os reflexos adquiridos durante o exercício de mestre de noviços e de superior-geral dos pios operários"[204]. Era conhecido "o temperamento autoritário de Falcoia, não aberto ao diálogo"[205], algo que ele mesmo reconhecia: "Tenho muita dificuldade de parar para ouvir diferentes opiniões"[206].

  "A colaboração entre essas duas personalidades tão fortes e tão diversas não foi das melhores. Choques latentes de uma parte e de outra"[207].

Até sua morte (20 de abril de 1743), Falcoia exerceu a direção suprema do novo Instituto na qualidade de *Diretor da Obra:* admi-

---

203 REY-MERMET, T. *Da fundação à aprovação pontifícia (1732-1749)*: CHIOVARO, F. (ed.). *História da Congregação do Santíssimo Redentor*. Volume 1: As Origens (1732-1793). Aparecida: Santuário/Scala, 2019, p. 202.

204 *Ibid.*, 201.

205 CAPONE, D.; MAJORANO, S. *Le radici* ... 99.

206 FALCOIA, T. Lettere, 177.

207 REY-MERMET, T. *Da fundação à aprovação pontifícia (1732-1749)*: CHIOVARO, F. (ed.). *História da Congregação do Santíssimo Redentor*. Volume 1: As Origens (1732-1793). Aparecida: Santuário/Scala, 2019, p. 202.

tia os novos membros, designava os superiores, regulava a atividade apostólica e tinha a última palavra quando se tratava de aceitar ou suprimir uma fundação[208]. Essa intervenção de Falcoia, como diretor, não impediu que Afonso fosse reconhecido como fundador. Assim formulou, de maneira certeira, D. Capone: embora Falcoia se colocasse como diretor do Instituto nascente, "o fundador em sentido verdadeiramente teológico e comunitário-religioso foi sempre Afonso de Liguori"[209].

Afonso se sentirá "liberado" com a morte de Falcoia (1743) que, depois da reunião de Scala em novembro de 1732, não havia convocado nenhum outro encontro na década que lhe restava de vida. "Falcoia partiu [15 de novembro de 1732] para Castellamare e nos 11 anos seguintes, até sua morte em 20 de abril de 1743, não houve nenhuma outra reunião comunitária em função da Regra ou estrutura da Congregação"[210].

Em 9 de maio de 1743, Afonso foi eleito superior geral por unanimidade na quarta votação (descontando seu próprio voto); participaram os seis padres (faltaram J. Sarnelli e o P. Genovese), ficando fora da capacidade eletiva os seis irmãos. Pode-se pensar que o "competidor" de Afonso para superior geral tenha sido C. Sportelli, a quem T. Falcoia dera mostras de grande confiança. Durante essa assembleia, todos os padres e irmãos emitiram os quatro votos de obediência, pobreza, castidade e perseverança.

Na mesma assembleia, foi disposto "que se encarregue a um Padre reunir as Regras e constituições que nosso fundador (!) deixou dispersas". Portanto, só depois da morte de T. Falcoia se escreve a *Regra* e obtém a aprovação da Santa Sé, tanto para a Regra, quanto para o Instituto (1749).

---

[208] DE MEULEMEESTER, M. *Origines de la Congrégation du Très Saint Rédempteur*, I (Lovaina, 1953) 71-76.

[209] CAPONE, D.; MAJORANO, S. *Le radici* ... 9.

[210] *Ibid.*, 98-99. O mesmo em: CAPONE, D. *Sarnelli e i Redentoristi*: Campania Sacra 27 (1996) 88: "Há o fato de que havia passado sete anos, três meses e duas semanas, desde o 15 de novembro de 1732 e Falcoia nunca tinha convocado uma reunião comunitária para discutir sobre a organização e a vida comunitária".

A Congregação se consolida e expande. "Eleito Superior-Mor em 9 de maio de 1743, Afonso dará grande impulso à Congregação missionária que, quando da morte de Falcoia, só contava 9 padres e 6 irmãos. Havia apenas uma fundação, Ciorani, e iniciava a fundação de Pagani. A primeira residência, Scala, havia sido abandonada em 1738; no ano anterior, havia sido abandonada a segunda fundação, Villa Liberi, que durara apenas três anos"[211].

Nota bibliográfica sobre Tomás Falcoia.

- GREGORIO, O. *Mons. Tommaso Falcoia (1663-1743)* (Roma, 1955).
- FALCOIA, T. *Lettere a S. Alfonso de Liguori, Ripa, Sportelli, Crostarosa*, edição de O. Gregorio (Roma, 1963).

7.7.3. Da "debandada" inicial ao "florescimento" vocacional posterior

Nenhum dos quatro companheiros que acompanharam Afonso em Scala, em 9 de novembro de 1732, permaneceu no projeto fundacional. Eram: Pedro Romano, João Batista di Donato, Vicente Mannarini e Silvestre Tosquez.

- Este último, gentil homem e leigo sem ordens, seguiu caminhos especiais; foi muito apreciado por Maria Celeste Crostarosa (chama-o "gentil-homem devoto"), frente à atitude, muito mais reticente, (e até suspeitosa) de Afonso[212].
- J. B. di Donato e V. Mannarini fundaram uma congregação de clérigos regulares com o título de "Santíssimo Sacramento", em cujo âmbito de atuação promoveram diversos colégios[213]. Várias vezes tentaram a integração com a Congregação do Santíssimo Redentor, mas, nem Falcoia, nem Afonso, aceitaram a proposta. A congregação de Di Donato e Mannarini foi aprovada pelo Papa

[211] LAGE, E. *San Alfonso y María Celeste* (Madri, 1988) 127-128.

[212] ORLANDI, G. *Silvestre Tosquez (ca. 1690-1773). Contributo biografico*: SH 48 (2000) 137-327.

[213] Sobre J. B. di Donato e V. Mannarini e sobre sua obra: TELLERÍA, R. *Relatio Theanensis an. 1753 super primordiis Congregationis SS. Sacramenti ac Instituti alfonsiani*: SH 12 (1964) 321-355 (sobre Di Donato: 325-327; sobre Mannarini: 330-332).

Gregório XVI em 1840, mas se extinguiu por ocasião da revolução garibaldina[214].

- Pedro Romano, excelente sacerdote e cônego de Scala, continuou unido ao grupo por algum tempo, mas tendia a viver em sua casa e, por fim, decidiu trabalhar pastoralmente na diocese de Scala, à qual pertencia.

Na terça-feira, 18 de novembro (do mesmo ano de 1732), chegou a Scala, e aderiu ao projeto, Vito Curzio[215], irmão coadjutor. "Digamos simplesmente que, com sua chegada, a Congregação ficou realmente fundada: agora havia, junto com Afonso, uma coluna que não poderá ser derrubada. Acrescentemos que, ao mesmo tempo, Curzio é o porta-estandarte de um esquadrão de irmãos coadjutores, Joaquim Gaudiello, Genaro Rendina, Francisco Tartaglione, Geraldo Majella, que estão entre as grandes figuras missionárias das origens da Congregação[216].

No ano seguinte (1733), chegaram os bons amigos de Afonso: César Sportelli e Januário Sarnelli; aos quais é preciso acrescentar Xavier Rossi, que se empenhou na instalação da primeira casa da Congregação na atual *Villa Liberi*, então chamada *Villa degli Schiavi* (1734-1735). Na primeira quinzena de outubro de 1734, João Mazzini uniu-se ao grupo e, um pouco depois, Miguel de Alteriis que, por pressões familiares, precisou abandonar a comunidade, embora tenha continuado a pregar em companhia de Afonso. Em 1737, chegou ao grupo André Villani, que havia pregado a Missão de Cava com Afonso.

Em 21 de julho de 1740, todos os congregados (com a ausência de J. Sarnelli, em razão de seus compromissos pastorais em Nápoles) emitiram o voto de perseverança na Congregação do Santíssimo Redentor: "No interior do Instituto, este contrato era público e firmado diante de Deus e dos irmãos; no foro de consciência obrigava tão firmemente como um voto solene nas mãos do Papa,

---

214 Tellería, I, 221, nota 42.
215 Tannoia, I, 78-79.
216 REY-MERMET, T. *De la fundación hasta la aprobación...*, 178.

que era o único que o podia dispensar; contudo, o 'Superior-Mor' continuava uma autoridade inexistente. Era, pois, uma cláusula muito pensada que o colocava fora do alcance de qualquer dispensa de bispo ou confessor"[217]. Do fato também se deduz que T. Falcoia, embora tenha sido considerado como *diretor* do novo Instituto (sendo *diretor espiritual* de quase todos seus componentes - não consta que tenha sido de A. Villani), nunca foi considerado com autoridade de *Reitor-Mor*.

Considerado esse voto de perseverança desde a perspectiva da história da vida religiosa, é digna de ser levada em conta a anotação de R. Tellería: "Naquela época, estavam surgindo na Igreja as congregações modernas, de votos simples, que abriam caminho através de fórmulas canônicas, todavia, em período de gestação. Pelo mesmo motivo, enquanto uns não atribuem ao voto de perseverança maior alcance que o de um voto de devoção particular, semelhante ao de alguns pios operários, outros o revestem de categoria jurídica, e reconhecem nele virtualidade para transformar o Instituto em corporação eclesiástica"[218].

Sobre o *voto* e *juramento de perseverança* dos redentoristas (e, também, dos vicentinos) Afonso se ocupou em sua *Theologia Moralis*[219]. Afirma que tal juramento (e tal voto) não pode ser rescindido senão pela mesma Congregação ou pelo Sumo Pontífice[220].

Já referimos que a Congregação recebeu grande impulso após a morte de T. Falcoia (1743). Vieram novas fundações: Deliceto (1745), Materdomini (1746), Sant'Angelo a Cupolo (1755), etc. E também vieram novas vocações. A assembleia de maio de 1743 tinha pedido a abertura das portas para os jovens. A execução dessa decisão acrescentou à obra fundacional nova realidade: organiza-

---

[217] *Ibid.*, 220-221.

[218] Tellería, I, 294.

[219] Gaudé, I, 537-538.

[220] *Ibid.*, 537: "nequit juramentum ab alio remitti, quam ab ipsa Congregatione vel a Summo Pontifice, prout supremo bonorum ecclesiasticorum domino".

ção dos *estudos* dentro do Instituto[221]. Isso propiciará o nascimento da grande obra de Teologia Moral do séc. XVIII: surgiu em Deliceto, como apontamentos do professor Afonso de Liguori destinados aos teólogos de seu Instituto: são as *Adnotationes in Busenbaum*, publicadas em Nápoles, em 1748.

7.7.4. *A tempestade do "Regulamento"*

– Negativa do "exequatur" régio

A Congregação do Santíssimo Redentor começou sua caminhada (1732) no último período do vice-reinado austríaco. Segundo opinião de G. Orlandi, corroborada por G. De Rosa, foi uma sorte que "tal fundação tivesse acontecido antes da instauração do Reino bourbônico [10 de maio de 1734], ou seja, antes de se tornar impossível, em razão da política jurisdicionalista da nova dinastia"[222].

Aprovada a Congregação pelo Papa Bento XIV (25 de fevereiro de 1749), Afonso dirigiu súplica ao rei Carlos para conseguir o *exequatur* do Breve pontifício[223]. Um decreto da Real Câmara rejeitou a concessão em 9 de dezembro de 1752. Contudo, outorgava sobrevivência precária às quatro casas existentes (Ciorani, Caposele, Deliceto e Pagani) ao preço de despojá-las de tudo o que possuíam, já que exigia que os bens "sejam entregues para serem administrados pelos bispos dos lugares onde os citados bens estão localizados, de acordo com o governador e o prefeito do lugar".

A única maneira de se assegurar contra um possível desastre era estabelecer-se fora do Reino. Veio então a fundação de Sant'Angelo a Cupolo (1755) que, com Benevento, pertencia aos Estados

221 FERRERO, F. *A formação dos congregados*: CHIOVARO, F. (ed.). *História da Congregação do Santíssimo Redentor*. Volume 1: As Origens (1732-1793). Aparecida: Santuário/Scala, 2019, p. 503-595.

222 DE ROSA, G. *La figura e l'opera dei sant'Alfonso nell'evoluzione storica*: SH 45 (1997) 208.

223 Lettere, I, 205-206.

Pontifícios[224]. Também se dirigiram à Sicília, reino separado do reino de Nápoles, com coroa própria, ainda que sobre a mesma cabeça real (*Rei das Duas Sicílias*). Na Sicília, foi fundada a casa de Agrigento em fins 1761, sob o comando de Pedro Paulo Blasucci, com apenas 32 anos.

- Tormentas no Reino de Nápoles e na Sicília

No ano seguinte (1762), Afonso iniciou seu ministério episcopal em Santa Águeda dos Godos. O Pe. André Villani ficou como vigário do Reitor-mor. Por volta do ano de 1766, surgiu uma primeira tormenta contra o Instituto, suscitada pelos herdeiros dos doadores para a construção da casa de Deliceto (herdeiro Francisco Antônio Maffei) e de Ciorani (herdeiro Nicolás Sarnelli). "Em 1759, iniciou-se uma guerra até a última gota de sangue, que duraria 20 anos, pelas investidas conjuntas dos Sarnelli e Maffei. Unindo a maldade às calúnias, sustentavam, sobretudo, a ilegalidade do Instituto; argumento inexpugnável enquanto duraria a recusa real ao Breve Pontifício da aprovação da regra"[225].

Por outro lado, também em Agrigento se levantavam ameaças contra a Congregação. "Eram acusados diante do vice-rei, Marquês de Fogliani, de constituir uma corporação ilegal e de seguir a moral dos jesuítas expulsos". A tormenta se aplacou em fins de 1769, mas repetiu-se dois anos mais tarde, e com tal violência, que o Reitor-mor precisou chamar de volta todo o pessoal da Sicília. Puderam retornar mais tarde, em 1775, solicitados por todas as classes sociais.

Como acabamos de indicar, tanto as tormentas do Reino, quanto as de Agrigento, traziam implicações negativas para a *moral* escrita e sustentada por Afonso. Vamos expô-las em detalhes nos próximos capítulos do presente volume.

---

[224] GREGORIO, O. *S. Angelo a Cupolo prima fondazione estera redentorista*: SH 3 (1955) 385-411.

[225] REY-MERMET, T. *Da aprovação pontifícia até a questão do "regulamento" (1749-1779)*: CHIOVARO, F. (ed.). *História da Congregação do Santíssimo Redentor*. Volume 1: As Origens (1732-1793). Aparecida: Santuário/Scala, 2019, p. 261.

- O problema do "Regulamento"

A fim de solucionar o problema na raiz, pensou-se em tentar, mais uma vez, a aprovação régia da Congregação. Esta tramitação é conhecida na historiografia da Congregação como o *problema do "Regolamento"*. Não é necessário ocupar tempo e espaço para desenrolar novamente esse complicado novelo. Basta reter os seguintes dados essenciais[226]:

- Os redentoristas foram chamados a pregar a Bula da Cruzada, concedida pelo Papa Pio IV ao rei Fernando (1778) com a finalidade de sustentar uma Armada de Guerra em defesa da Cristandade[227]. "Embora as relações entre o Estado e a Igreja, nesse período, fossem muito tensas, Afonso julgou que, finalmente, chegara a ocasião favorável, esperada por cerca de 30 anos, para obter a aprovação do rei para a Congregação"[228].
- Da parte da Congregação, o assunto foi dirigido pelos padres Angelo Maione e Fabrício Cimino. Teriam ultrapassado os limites de suas atribuições? O que dificilmente se pode aceitar é que tenham tentado "enganar" o fundador. Muito mais é possível pensar que este, dadas as dificuldades da idade, delegou a outros a tarefa da análise minuciosa de questões tão delicadas. Algo parecido também pode ter acontecido com o Pe. André Villani, vigário de Afonso.
- Em lugar da Regra de 1749, foi redigido um *Regulamento:* "Os quatro votos foram substituídos por um juramento de castidade e obediência; foi eliminada qualquer referência à pobreza e à vida de comunidade. Em lugar do voto e do juramento de perseverança ficou acertado que, em qualquer momento, era lícito aos confrades deixar o Instituto. A direção externa da Congregação passou para os bispos, deixando ao reitor-mor somente o governo *ad intra* (interno), mas com poderes drasticamente reduzidos e, pior ainda, transferidos em grande parte para os conselheiros-gerais.

---

226 ORLANDI, G. *Do "regulamento" à reunificação*: CHIOVARO, F. (ed.). *História da Congregação do Santíssimo Redentor*. Volume 1: As Origens (1732-1793). Aparecida: Santuário/Scala, 2019, p. 265-313.

227 Tellería, II, 596-598.

228 ORLANDI, G. *Do "regulamento"*..., 269.

O Capítulo Geral, que devia ser realizado a cada nove anos, foi supresso, e não constavam mais as numerosas prescrições de menor importância. Para completar essa figura civil do Regulamento, foi afirmado que a Congregação devia sua existência aos decretos reais de 1752 e 1779, inseridos no texto, para que fossem inviolavelmente observados por todos"[229].

Dessa maneira, a *Regra Pontifícia* de Bento XIV (1749) foi substituída pela ordenança régia de 1779, ou seja, o *Regolamento della Congregazione intitolata del SS. Redentore.*

O efeito de maior relevância nesse assunto do *Regulamento* foi que o Papa, indignado pela intromissão da autoridade política em assuntos da Igreja, reconheceu apenas as casas dos Estados Pontifícios, onde a Congregação fora implantada com vigor graças, em grande medida, ao entusiasmo do Pe. Francisco De Paola. Em 1783 foi aberta uma casa em Roma, aprovada pelo Papa como "cabeça de toda a Congregação"; nela encontraram assento a Cúria Geral da Congregação e o noviciado. Foi a casa e igreja de São Giuliano, edifício comprado aos carmelitas descalços, confiscado em 1789 pelas tropas napoleônicas e demolido em 1873 para construção da Piazza Vittorio Emanuele. Também as casas da Sicília ficavam a salvo dos anátemas causados pelo *Regulamento.*

Este foi o maior problema que Afonso enfrentou em sua condição de fundador: contemplar a divisão da Congregação, decretada pelo Papa, e terminar sua vida na parte da Congregação não reconhecida pelo pontífice. Veio a Reunificação (capítulo de Pagani, março-abril de 1793), mas chegou quando Afonso já tinha falecido (1 de agosto de 1787). Nesse momento, eram 183 os membros que integravam a Congregação: 98 no Reino das Duas Sicílias e 85 nos Estados Pontifícios (quase todos napolitanos).

Também tinha falecido André Villani (11 de abril de 1792). Dos negociadores do *Regulamento*: um, Ângelo Maione, havia morrido em Serino (Avelino) em 1787, tendo antes saído da Congregação (26 de junho de 1780); e outro, Fabrício Cimino, tinha sido expulso em

[229] *Ibid.*, 274-275.

1780, o que não o impediu de ser nomeado bispo de Oria (1798), de onde se retirou a Pagani, com os redentoristas, morrendo ali como oblato, em 22 de março de 1818.

A Congregação fundada por Afonso tirou vantagens dos contratempos que padeceu, mesmo deste último, o maior de todos. Se Afonso faleceu "fora" da Congregação "reconhecida" pela Santa Sé, do ramo "reconhecido" sairá o broto com o qual o projeto fundacional afonsiano vai crescer na Europa e, desde ali, se estenderá até alcançar hoje (2017) mais de 70 países do mundo, com uma cifra situada em torno dos 5.000 membros. Toda essa expansão teve seus inícios quando Clemente Hofbauer e Tadeu Hübl entraram na casa-noviciado de São Giuliano de Roma, nas primeiras horas de uma manhã de 1784.

Nenhuma das instituições religiosas napolitanas contemporâneas à fundada por Afonso teve futuro, ao menos numérico, tão grande quanto a Congregação do Santíssimo Redentor. Se cabe falar de "méritos" neste contexto, o maior, sem dúvida, corresponde ao fundador, Afonso de Liguori.

Da decisão do fundador, permanece na Congregação por ele fundada o carisma da dedicação à *evangelização missionária* com opção preferencial pelas situações de *abandono* ou *marginalização,* tanto social, quanto eclesial e, dentro destas, com nova preferência pelos *pobres,* no sentido material da pobreza. Os textos normativos fundacionais são claros a este respeito; também o é a trajetória missionária da Congregação desde seus inícios. Sobre os dois aspectos, remetemos a uma sucinta, mas qualificada, bibliografia.

Sobre os textos normativos fundacionais da Congregação.

- GREGORIO, O.; SAMPERS, A. *Documenti intorno alla Regola della Congregazione del SS. Redentore* (Roma, 1969).

- HOEGERL, C. *Founding texts of Redemptorists. Early Rules and allied Documents* (Roma, 1986).

- MAJORANO, S.; FERRERO, F. *Regras e Constituições* (Textos das Regras Anteriores a 1749. A Regra Pontifícia de 1749. Constituições, Estatutos Capitulares e Estruturas, 1749-1785): CHIOVARO, F. (ed.). *História da Congregação do Santíssimo Redentor*. Volume 1: As Origens (1732-1793). Aparecida: Santuário/Scala, 2019, p. 421-501.

- RAPONI, S. *Il Carisma dei Redentoristi nella Chiesa. Commento alle Costituzioni* (Roma, 1993). Também: RAPONI, S. *Formazione storica delle costituzioni rinnovate della Congregazione del Santissimo Redentore (1967-1982):* SH 32 (1984) 354-400; RAPONI, S. *Direttorio, scuola di spiritualità e spiritualità redentorista:* SH 39 (1992) 187-245. [= Artigos de Sante Raponi traduzidos em: VÁRIOS. Espiritualidade Redentorista 3. Aparecida: Santuário, 1992: RAPONI, S. Categorias-chaves nas Constituições Renovadas da CSSR. p. 65-104; RAPONI, S. A obra missionária da Congregação do Santíssimo Redentor nas Constituições renovadas. p. 105-138; RAPONI, S. A comunidade apostólica redentorista nas Constituições renovadas. p. 139-156; RAPONI, S. A comunidade apostólica (redentorista) dedicada a Cristo Redentor nas Constituições renovadas. p. 157-173. VÁRIOS. Espiritualidade Redentorista 4. Aparecida: Santuário, 1992: RAPONI, S. A formação dos congregados. vol. 4, p. 185-196].

7.7.5. Originalidade ou cópia?

Em relação à fundação de um novo Instituto, Afonso teve que responder, senão de forma explícita, ao menos de modo implícito, à pergunta: por que criar uma instituição missionária, quando já existiam várias em Nápoles, concretamente, a instituição das Missões Apostólicas, à qual pertencia o próprio Liguori?

Era evidente que o novo Instituto missionário se situava em continuidade com outras instituições missionárias da época e *copiava* elementos importantes delas, concretamente:

- Dos *Pios Operários*, através da presença e da atuação de T. Falcoia.
- Das *Missões Apostólicas*, mediante a experiência de Afonso nessa instituição.

Mas, considerada a questão desde outra perspectiva, não se poderá deixar de reconhecer elementos de novidade e originalidade no Instituto missionário fundado por Afonso[230]. Se não era original seu ponto de partida, o novo Instituto era inovador no ponto de chegada ou destino. Entre os traços de novidade é preciso destacar os seguintes:

- Aproximar a evangelização ao povo: passar o ministério da Palavra, da cidade para o campo.

"A *casa religiosa,* idealizada por Santo Afonso, deve corresponder à finalidade da evangelização aos pobres. A localização não será na cidade, nem tampouco nos povoados, mas sim em pequenos centros, na periferia do povoado, para favorecer a vida de recolhimento e estudos (...). Além disso, as casas deviam ser bastante grandes para poder acolher sacerdotes e leigos do campo e quaisquer outras pessoas, mesmo analfabetas, que quisessem se aproximar para fazer os exercícios espirituais"[231].

- Fazer da evangelização a tarefa primordial e única. Daí que o novo Instituto se organize, enquanto corpo único e unitário, com fundação de comunidades a modo de multiplicação da mesma realidade e com idêntica função.

Nas confrarias sacerdotais, concretamente nas Missões Apostólicas, havia dedicação às Missões, mas eram mantidos os cargos na diocese: na catedral, no seminário, nas paróquias. Não se identificava a pessoa com a Missão. Esta identificação é uma das novidades trazidas pelo Instituto missionário fundado por Afonso.

Nota bibliográfica sobre a dimensão missionária da Congregação.

- MAJORANO, S. *"Idea" dell'Istituto:* CAPONE, D.; MAJORANO, S. *Le radici. I redentoristi e le redentoriste* (Materdomini, 1985) 349-424.
- ORLANDI, G. S. *Alfonso Maria de Liguori e l'ambiente missionario napoletano:* SH 38 (1990) 5-195, hic: 68-80.
- RICCI, V. S. *Alfonso fondatore:* RICCI, V. (ed.). Alfonso M. de Liguori, maestro di vita spirituale (Milão, 1998) 33-40.

---

230 Ver as considerações de: SWANSTON, H. F. G. *Celebrating Eternity Now. A Study in the Theology of St Alphonsus de Liguori* (Chawton, Hampshire, UK, 1995) 94-97.

231 RICCI, V. *S. Alfonso fondatore*: RICCI, V. (ed.). Alfonso M. de Liguori, maestro di vita spirituale (Milão, 1998) 37-38.

7.7.6. Complemento temático: algumas figuras entre os primeiros redentoristas

Não é possível entender um fundador, muito menos uma obra fundacional, como entidade individual. Tanto o fundador, quanto a obra, constituem uma sociedade de pessoas e de projeto.

No capítulo seguinte, anotaremos os auxílios que Afonso recebeu enquanto escritor. Digamos agora, e de forma geral, que o projeto fundacional de Afonso é obra de muitos. Daí consignarmos, na continuação, um conjunto de nomes que se integram no que podemos denominar de assinatura de Afonso.

Teríamos que nomear todos os que fizeram parte da primeira geração dos redentoristas até, ao menos, a maior parte dos confrades da segunda geração. Limitamo-nos a consignar aqueles da primeira geração mais próximos aos interesses da presente obra. Vamos recordá-los por grupos, sem nos ater à ordem cronológica, e procedendo da menor para a maior extensão das linhas que lhes dedicamos.

– André Villani (1706-1792)

Sendo já sacerdote secular, ao serviço dos marqueses da Apúlia, conheceu Afonso em uma Missão que os dois pregavam como companheiros. A. Villani era doutor em ambos os direitos. Entrou na Congregação em 1737. Foi diretor espiritual de Afonso a partir de 1753, consultor geral (1743), vigário geral (1762-1775) até a morte de Afonso e seu primeiro sucessor como Reitor-mor (1787-1792). Nenhum redentorista esteve mais próximo do fundador durante os últimos quarenta anos de sua vida. André Villani foi "na opinião de todos, um religioso excepcional"[232].

Francisco Margotta (1699-1764), doutor em ambos os direitos; depois de exercer um cargo municipal, escolheu o sacerdócio. Foi procurador geral da Congregação. Sua morte (1764) causou grande dor a Afonso, pois perdia um de seus amigos mais fiéis[233].

232 Tellería, II, 695.
233 Rey-Mermet, 443.

João Mazzini (1704-1792), amigo da juventude e companheiro da primeira hora de Afonso (1723)[234]. Nasceu em Nápoles e foi ordenado sacerdote em 1728. Esteve vinculado à Associação missionária do Pe. José Pavone[235]. O diretor Falcoia retardou o ingresso na Congregação a Mazzini e Sportelli (princípios de 1734). Tellería considera Mazzini "protótipo do sacerdote jovem, culto e fervoroso, de costumes irreprováveis e de zelo bem provado"[236]. Fez os 40 dias de exercícios espirituais (1739), seguindo o exemplo de Sportelli (1737) e de Sarnelli (1735). Teve ofício de consultor geral "perpétuo" desde 1745. Foi vigário geral da Congregação de 11 de abril de 1792 a 3 de dezembro de 1792. Junto com A. Villani, J. Mazzini atendeu Afonso com grande solicitude em sua etapa final.

- Paulo Cáfaro (1707-1753)

Já era sacerdote quando ingressou na Congregação do Santíssimo Redentor. Foi diretor espiritual de Afonso durante dez anos. Sobre Cáfaro - bem como sobre J. Sarnelli e sobre V. Curzio - Afonso escreveu uma biografia. Além de sua dedicação à pregação e direção espiritual[237], P. Cáfaro foi professor de teologia dos candidatos redentoristas[238].

Também foi professor, em seu caso, de direito, **Gaspar Caione (1722-1809)**, "advogado, humanista consumado, doutor em ambos os direitos e professor de leis"[239]. Doutor em ambos os direitos também foi **Celestino de Robertis** (1719-1807). Os dois podem representar a forma de ser do primeiro grupo da Congregação: *doutores* (em ambos os direitos) e *amigos* (entre si e, os dois, de Afonso).

De sua parte, **Domingos Corsano** (1716-1801), foi confessor ordinário de Afonso durante 25 anos.

---

[234] Jones, 45.
[235] Tellería, I, 335, nota 40.
[236] Tellería, I, 248.
[237] *Epistolae ven. servi Dei Pauli Cafaro CSsR* (Roma, 1934).
[238] CAPONE, S. *S. Alfonso e Paolo Cafaro primi lettori di teologia nello studentato redentorista nel 1743-1749*: SH 29 (1981) 73-107.
[239] Tellería, I, 561.

- Alexandre di Meo (1726-1786)

O Pe. A. di Meo foi um preclaro historiador, tal como se reconhece na história cultural de Nápoles[240]. "Ele foi indiscutivelmente um dos grandes medievalistas do século XVIII"[241]. Suas obras principais são: *Apparato cronologico degli Annali del Regno di Napoli della Mezzana Età* (Nápoles, 1785); *Annali critico-diplomatici del Regno di Napoli della Mezzana Età*, 12 vol. (Nápoles, 1775-1819). Esta última é uma publicação póstuma a cargo dos sobrinhos do autor: G. e P. di Meo.

Foi o mais brilhante dos professores da Congregação do Santíssimo Redentor. Dizia-se sobre ele que era uma "biblioteca ambulante". Chegaram a afirmar que, se o demônio escutasse os sermões do padre A. di Meo, teria que se converter[242]. Afonso disse em certa ocasião: "O talento do padre di Meo me dá uma ideia da própria ciência de Deus"[243]. Faleceu precocemente, com a idade de 60 anos, pregando.

Como A. di Meo, também foram historiadores: **Antônio Maria Tannoia** (1727-1808) e **José Landi** (1725-1797). O primeiro, sem muita força de caráter e com personalidade fraca, foi "entusiasta" de Afonso e o supremo memorialista da vida da Congregação em seus primeiros passos. Também foi aficcionado por abelhas, sobre as quais escreveu a obra: *Le api, la loro utilità e il modo di ben governarle* (Nápoles, 1818).[244]

- César Sportelli (1702-1750)

Colega de Afonso no foro, César Sportelli foi o primeiro "seguidor" de Liguori no projeto fundacional[245]. Sportelli foi muito

---

[240] GLEIJESES, V. *La storia di Napoli dalle origini ai nostri giorni* (Nápoles, 1974) 737.

[241] CHIOVARO, F. (ed.). *Introdução*: CHIOVARO, F. (ed.). *História da Congregação do Santíssimo Redentor*. Volume 1: As Origens (1732-1793). Aparecida: Santuário/Scala, 2019, p. 13, nota 7.

[242] Tellería, II, 749.

[243] Ver: Tellería, I, 497.

[244] MICHELE, A. *Le api e la penna. Antonio Maria Tannoia entomologo e agiografo del Settecento* (Roma, 2012).

[245] LANDI, G. *Notizie del servo di Dio p. Cesare Sportelli sacerdote professo della Congregazione del SS. Redentore* (Roma, 1893); MICCOLIS, G. *Il venerabile Cesare Sportelli ed il suo mondo* (Mola di Bari, 2008). Também: Tellería, I, 217-218.

apreciado por Falcoia, que deu sinais de preferi-lo a Afonso para a direção do recém-fundado Instituto. Mesmo sabendo disso, Afonso tomou César como diretor espiritual suplente. "César Sportelli era como um irmão para Afonso"[246].

César nasceu na cidade de Mola (província de Bari), seu pai era médico[247]. Com 15 anos de idade foi a Nápoles para completar os estudos literários e filosóficos e fazer carreira de direito, conseguindo o doutorado aos 24 anos. Escolheu como diretor espiritual Tomás Falcoia, dos Pios Operários, mais tarde bispo de Castellamare, que iria liderar institucionalmente a futura Congregação do Santíssimo Redentor, fundada por Afonso. Unido a este pela mesma profissão de advogado e pela amizade, C. Sportelli seguiu Afonso no projeto fundacional (1733) quando o fundador estava sozinho com V. Curzio. Contudo, Sportelli era secular; tinha 32 anos. Falcoia influenciou em Roma para que César fosse ordenado sacerdote a título de um patrimônio familiar.

Sportelli destacou-se, entre outras qualidades, por ser grande pregador. Percorreu todo o Reino de Nápoles como missionário. Também era um especialista e dedicado diretor espiritual[248]. Foi um dos pilares do novo Instituto. Tomás Falcoia confiava nele e lhe dava todos os "oráculos" para serem transmitidos aos demais congregados[249]. Sportelli foi, por eleição, presidente do capítulo geral de 1743 (e de 1749); fundou as comunidades de Pagani (1746) e Materdomini (1746).

Depois de um ataque de apoplexia invasiva, C. Sportelli morreu precocemente em Pagani, em 19 de abril de 1750, com a idade de 48 anos. Foi tido em veneração como um dos "primeiros padres da Congregação" e como "o filho primogênito de nossa Congre-

---

[246] REY-MERMET, T. *Da fundação à aprovação pontifícia...*, 208.

[247] *Compendio della vita del servo di Dio P. D. Cesare Sportelli della Congregazione del Ss. Redentore* per un Padre della medesima Congregazione (Avellino, 1895).

[248] Cartas de direção espiritual: *Epistolae ven. servi Dei Caesaris Sportelli C.SS.R.* (Roma, 1937). Estudo: AMARANTE, A. V. *La direzione spirituale nell'epistolario di Cesare Sportelli*: SH 59 (2011) 157-179.

[249] CAPONE, D. *Sarnelli e i Redentoristi*: Campania Sacra 27 (1996) 88.

gação, já que quando Afonso foi abandonado por seus primeiros companheiros, era confortado com a companhia do padre Sportelli e de Vito Curzio"[250].

- Januário Sarnelli (1702-1744)

Filho do Barão de Ciorani, nasceu em Nápoles, em 12 de setembro de 1702. Estudou direito na universidade de Nápoles, finalizando os estudos com o doutorado em ambos os direitos: canônico e civil (1722). Foi companheiro e amigo de Afonso nos estudos e serviços apostólicos. Ordenado sacerdote (8 de julho de 1732), transferiu sua residência ao Colégio dos Chineses, para onde convidou Afonso. Sem deixar de pertencer às Missões Apostólicas, Sarnelli decidiu unir-se ao projeto fundacional de Afonso. Fez isso em 1733, ano seguinte à primeira constituição do grupo, quando Afonso tinha ficado sozinho com o irmão V. Curzio. Em 1736, Sarnelli retornou a Nápoles. Sem comprovação de que tenha emitido os votos com o restante dos congregados (1743), Sarnelli foi redentorista, ainda que de uma forma particular, que não agradou a T. Falcoia, mas foi reconhecida por Afonso[251].

Viveu em Nápoles, dedicado ao apostolado em situações de marginalização, de modo especial, em relação às mulheres prostituídas[252]. Nesta questão, sobre a qual escreveu a obra *Ristretto delle ragioni cattoliche, legali e politiche in difesa delle repubbliche rovinate dall' insolentito meretricio* (Nápoles, 1739), influiu de forma decisiva na afirmação de Afonso, contida na *Theologia Moralis,* sobre a negativa moral de *tolerar* social e juridicamente a prostituição. Sarnelli não se conformou com o pensar comum sobre a inevitabilidade do fenômeno social da prostituição.

> "Sarnelli foi o primeiro em não aceitar a fatalidade dessa praga social. Santo Afonso de Liguori, em sua *Theologia Moralis*, vai segui-lo

---

250 *Notizie del servo di Dio P. D. Cesare Sportelli sacerdote professo della Congregazione del SS. Redentore* (Roma, 1893) 13.

251 CAPONE, D. *Sarnelli e i Redentoristi*: Campania Sacra 27 (1996) 73-108.

252 GUIDI, L. *Un mondo trasformato in monastero. L'utopia sociale di Gennaro Maria Sarnelli e il problema delle fanciulle "pericolanti"*: Campania Sacra 27 (1996) 255-278; VALENZI, L. *Sarnelli e le prammatiche "De meretricibus"*: Ibid., 279-298.

nesse caminho, instaurando no mundo católico uma nova maneira de pensar [a respeito da tolerância social da prostituição]"[253].

Sarnelli pregou missões populares, especialmente nos povoados próximos (*casali*) da cidade de Nápoles (junto com Afonso e por indicação do arcebispo de Nápoles, cardeal Spinelli)[254], e se preocupou com o ensinamento e a catequese para adolescentes e jovens[255].

Foi o primeiro publicador da Congregação do Santíssimo Redentor. Entre seus muitos escritos, convém destacar: *Il Mondo santificato* (1738), *Il Mondo riformato* (1739), *Il Cristiano santificato* (1739), *Il Cristiano illuminato, ammaestrato e diretto* (1743), *L'Ecclesiastico santificato* (1742). Além de propor um *caminho de perfeição* para todos os estados de vida (leiga, sacerdotal, monacal, etc.), também se preocupou em desenraizar vícios inveterados na cultura popular, como a *blasfêmia,* sobre a qual compôs uma obra específica: *Opera contro all'abuso della bestemmia* (Nápoles, 1740), dirigida aos príncipes (1ª parte), aos bispos (2ª parte), aos párocos (3ª parte) e aos pregadores (4ª parte)[256]. De suas mais de 30 obras, foram feitas ao redor de 150 edições.

Sarnelli morreu em Nápoles, prematuramente, em 30 de junho de 1744, com a idade de 42 anos. Afonso escreveu uma biografia de seu amigo quando de sua morte[257]. "Na tradição redentoris-

---

[253] CHIOVARO, F. *Lasciò l'avvocatura per farsi missionario e apostolo tra gli 'Incurabili' di Napoli*: MARRAZZO, A. (ed.). Gennaro Maria Sarnelli. Il Cristo dato agli ultimi. Cronaca e documento della Beatificazione (Materdomini, 1997) 165.

[254] NOVI CHAVARRIA, E. *Gennaro Maria Sarnelli, le missioni popolari e la predicazione*: Campania Sacra 27 (1996) 109-126.

[255] SARNATARO, C. *Gennnaro Maria Sarnelli catechista e autore di scritti catechistici. Motivi ispiratori e scelte di fondo*: Campania Sacra 27 (1996) 127-156; BOCCADAMO, G. *Gennaro Maria Sarnelli e l'educazione dei ragazzi*: Ibid., 229-254

[256] Sobre a atuação de J. Sarnelli contra a blasfêmia, "praga do reino napolitano": Tellería, I, 298-299.

[257] Tradução castelhana em: LIGUORI, San Alfonso de. *Compendio de la vida del siervo de Dios Jenaro María Sarnelli de la Congregación del Santísimo Redentor*: LONDOÑO, N. (ed.). La vida y la espiritualidad del beato Jenaro Sarnelli (Bogotá, 2007) 9-24. [LIGÓRIO, Afonso. *Bem-aventurado Januário Maria Sarnelli (1702-1744)*. Missionário das mais abandonadas. Goiânia: Gráfica e Editora Redentorista, 1996. Tradução: Pe. Marcos Piatek. CSsR].

ta, o beato Januário Maria Sarnelli sempre foi considerado o irmão gêmeo do Fundador, Santo Afonso Maria de Liguori. Ambos napolitanos da cidade de Nápoles, seguiram, todos os dois, a mesma trajetória inicial: estudos de jurisprudência e doutorado em direito canônico e civil na universidade napolitana, exercício da advocacia, abandono dos tribunais para entrar no estado eclesiástico, dedicação aos pobres abandonados da Capital. Quase naturalmente, foram redentoristas e missionários populares todos os dois"[258]. Como disse Tannoia, Sarnelli foi, em relação a Afonso, "amigo de coração, além da conformidade no espírito".

Notas bibliográficas sobre a vida e obra de J. Sarnelli.

- MARRAZZO, A. *Documentazione bio-bibliografica su Gennaro Maria Sarnelli* (Roma, 1995) = Campania Sacra 27 (1996) 31-72.
- FERRERO, F. *El beato Jenaro María Sarnelli. Misionero redentorista apóstol de Nápoles (1702-1744)* (Madri, 1996).
- CHIOVARO, F. *Il beato Gennaro Maria Sarnelli Redentorista (1702-1744)* (Materdomini, 1996).
- VÁRIOS. *Gennaro Sarnelli. Protagonista della vita ecclesiale e civile nella Napoli del Settecento* (Nápoles, 1996). Este conjunto de artigos corresponde ao número monográfico da revista Campania Sacra 27 (1996). A destacar:
- AMBRASI, D. "Gennaro Maria Sarnelli nella vita religiosa e civile della Napoli del Settecento", p. 11-30.
- RUSSO, R. "Il sacerdote ministro di santificazione secondo Gennaro Maria Sarnelli", p. 157-178.
- MAJORANO, S. "La verità dell'uomo nelle opere di Gennaro Maria Sarnelli", p. 207-228: o tema moral da *blasfêmia* (p. 208-216); o tema da perfeição comum a todo cristão (virtudes teologais e morais) (p. 216-227).
- MARRAZZO, A. (ed.). *Gennaro Maria Sarnelli. Il Cristo dato agli ultimi. Cronaca e documenti della Beatificazione* (Materdomini, 1997).

---

[258] CHIOVARO, F. *Il beato Gennaro Maria Sarnelli Redentorista (1702-1744)* (Materdomini, 1996) 5.

- LONDOÑO, N. (ed.). *La vida y la espiritualidad del beato Jenaro Sarnelli* (Bogotá, 2007).

- Uma anotação

Os primeiros companheiros de Afonso vieram da sociedade civil. Sete doutores em ambos os direitos formaram parte da Congregação do Santíssimo Redentor em seus inícios: Januário Sarnelli, César Sportelli, Xavier Rossi, Francisco Margotta, Carmo Fiocchi, Celestino de Robertis e Gaspar Caione. Sem esquecer o historiador Alexandre di Meo, de reputação europeia, e o latinista Jerônimo Ferrara que, com G. Caione, tão bons serviços prestaram a Afonso para traduzir algumas de suas obras para o latim.

É de interesse histórico geral - e não apenas da Congregação - a constatação deste fato: a reunião de um grupo de intelectuais pertencentes à chamada *Repubblica dei togati* que configuraram um projeto de vida com tarefa pastoral concreta, para cuja realização, abandonam a cidade e se dirigem ao campo, onde se estabelecem como grupo humano e religioso. A tarefa da pregação é conatural a esse grupo, cujos muitos membros se exercitaram previamente na retórica forense. Também é normal que a excelência, embora vivida com simplicidade e autenticidade, constitua característica de tal grupo. No capítulo seguinte, anotaremos que tal tom de excelência se fará visível na aplicação ao estudo, na configuração de bibliotecas, na dedicação a escrever.

- Abrindo a porta para a segunda geração de redentoristas

Assinalamos apenas dois nomes, Pedro Paulo e Francisco, que têm a ver mais expressamente com o desenvolvimento da Congregação na última fase da vida de Afonso (e que são, entre si, primos de sangue, suas mães eram irmãs).

Pedro Paulo Blasucci (1729-1817), teve um outro irmão, mais novo que ele, também redentorista: **Domingos** (1732-1752), morto precocemente com fama de santidade[259]. Pedro Paulo foi o porta-

[259] Tellería, I, 516.

-estandarte da presença redentorista na Sicília. Consultor geral em 1780, foi eleito Reitor-mor (12 de março de 1793) no capítulo geral de Pagani (março-abril de 1793), no qual foi selada a reunificação da Congregação. Pe. P. Blasucci "fino diplomata que era"[260], possuía "as não comuns qualidades de inteligência e coração"[261]. Nele se harmonizam essas altas qualidades "com a adesão incondicional ao Fundador"[262]. A "ponderação" era habitual em sua forma de atuar, não só ao redigir as atas dos capítulos[263]. Pe. P. Blasucci foi "um daqueles jovens formados por Afonso, antes de se tornar uma das personalidades mais eminentes, quem sabe, a mais eminente, da segunda geração de redentoristas"[264].

Francisco Antônio de Paola (1736-1814), grande promotor e superior maior das casas dos Estados Pontifícios. Em 1788, nomeou Clemente Maria Hofbauer, que havia partido de Roma em 1785, vigário das casas redentoristas transalpinas. "O sucesso dessa missão - mais temerária do que audaz - é para De Paola, que a promoveu, uma coroa imperecível"[265].

- Irmãos coadjutores

A Congregação fundada por Afonso abriu suas portas a pessoas não ordenadas. Denominou-as irmãos coadjutores. Não é o momento para entrar no significado histórico e atual dessa figura de religioso leigo, não ordenado, dentro de uma congregação clerical como é a Congregação do Santíssimo Redentor[266].

Unicamente interessa registrar dois fatos: em primeiro lugar, que à convocatória de Afonso não deixaram de responder pessoas não ordenadas e, em segundo lugar, houve em seus inícios notá-

---

260 Rey-Mermet, 716.
261 Tellería, II, 815.
262 *Ibid.*, II, 643.
263 *Ibid.*, II, 694.
264 CHIOVARO, F. S. *Alfonso Maria de Liguori. Ritrato di un moralista*: SH 45 (1997) 137.
265 ORLANDI, G. *Do "Regulamento" à Reunificação (1779-1793)*: CHIOVARO, F. (ed.). *História da Congregação do Santíssimo Redentor*, p. 311.
266 RAPONI, S. *Il fratello laico redentorista* (Roma, 1993).

veis personalidades dentro desse grupo. Há quem tenha feito o elogio a sete irmãos dos começos da Congregação[267]:

- **Vito Curzio** (1707-1745), o primeiro e que marcou caminhos para a figura do irmão leigo na Congregação[268].
- **Januário Rendina** (1708-1789), de muitas e valiosas habilidades práticas[269].
- **Francisco Tartaglione** (1713-1774), que foi uma espécie de agente das publicações de Afonso na cidade de Nápoles, onde morreu[270]. Tendo falecido, Afonso colocou outro irmão no mesmo cargo e para a mesma função.
- **Joaquim Gaudiello** (1719-1741), sobrinho de Dom Ângelo Gaudiello, pároco de Ciorani, de curta, mas entusiasta e santa vida[271].
- **Geraldo Majella** (1726-1755), o místico que "brincava" com Deus[272].
- **Francisco Antônio Romito** (1722-1807), filho de um livreiro de Nápoles, acompanhante de Afonso na etapa episcopal[273].
- **Aleixo Pollio** (1738-1790), sapateiro de ofício, esteve ao serviço de Afonso em sua etapa de bispo e de retiro em Pagani; depois de colocar sua filha no mosteiro das redentoristas de Santa Águeda (1780), vestiu o hábito da Congregação[274].

7.7.7. Complemento bibliográfico

Sobre as origens históricas da Congregação do Santíssimo Redentor

- DE MEULEMEESTER, M. *Origines de la Congrégation du Très Saint Rédempteur. Études et documents*, 2 vol. (Lovaina, 1953-1957).

---

[267] SWANSTON, H. F. G. *Saint Alphonsus and His Brothers. A Study of the Lives and Works of Seven Redemptorist* (Liguori, Missouri, 2000) especialmente, p. 99-310.
[268] *Ibid.*, 116-139.
[269] *Ibid.*, 140-161.
[270] *Ibid.*, 162-184.
[271] *Ibid.*, 185-202.
[272] *Ibid.*, 203-245.
[273] *Ibid.*, 246-260.
[274] *Ibid.*, 261-297.

- DE MEULEMEESTER, M. *Histoire sommaire de la Congrégation du T. S. Rédempteur* (Lovaina, 1958).
- TELLERÍA, R. *Un Instituto Misionero. La Congregación del Santísimo Redentor en el segundo centenario de su fundación (1732-1932)* (Madri, 1932).
- ORLANDI, G. *Do "Regulamento" à Reunificação (1779-1793)*: CHIOVARO, F. (ed.). *História da Congregação do Santíssimo Redentor*. Volume 1: As Origens (1732-1793). Aparecida: Santuário/Scala, 2019, p. 265-313.

Sobre Afonso enquanto fundador

- RODRÍGUEZ, G. *[San Alfonso] El Fundador:* El Perpetuo Socorro 10 (1908) 344-352.
- PÉREZ DE GAMARRA, V. *La obra maestra de san Alfonso: la Congregación del Santísimo Redentor:* El Perpetuo Socorro 12 (1910) 368-384.
- REY-MERMET, T. O Fundador (1696-1732), p. 113-158; Da Fundação à Aprovação Pontifícia (1732-1749), p. 159-232; Da Aprovação Pontifícia até a Questão do "Regulamento" (1749-1779), p. 233-264: CHIOVARO, F. (ed.). *História da Congregação do Santíssimo Redentor*. Volume 1: As Origens (1732-1793). Aparecida: Santuário/Scala, 2019.
- REY-MERMET, T. *Alphonse M. de Liguori et les Rédemptoristes:* GIANNANTONIO, P. (ed.). Alfonso M. de Liguori e la società civile del suo tempo (Florença, 1990) I, 41-55.
- ORLANDI, G. *La fondazione della Congregazione del SS. Redentore nell'itinerario spirituale del suo principale protagonista*: SH 56 (2008) 335-384.

Sobre os primeiros redentoristas

- SWANSTON, H. *Saint Alphonsus and his brothers (A Study of the Lives and Works of Seven Redemptorists)* (Liguori, Missouri, 2000).

7.8. AFONSO: ESCRITOR. TAREFA CONTÍNUA E ÊXITO EDITORIAL

Junto ao seu trabalho de missionário, Afonso realizou uma ingente obra de *escritor*: "Um dos aspectos que caracterizam a vida de Afonso é a atividade literária, à qual se dedicou com extraordinário empenho"[275]. "A esse prodigioso labor, Afonso de Liguori consagrou quarenta e cinco anos de trabalho árduo, consciente e, com frequência, minucioso"[276]. A pena e o livro (juntos ou separados) constituem elementos que não podem faltar em uma representação significativa da imagem de Afonso de Liguori.

7.8.1. Interesse de Afonso (e dos redentoristas) pelo estudo e pelos livros

Na abertura deste capítulo, dedicado a apresentar uma das dimensões mais importantes da biografia afonsiana - a dimensão de *escritor* - convém insistir no interesse de Afonso, e dos membros da Congregação por ele fundada (redentoristas), pelo estudo e pelos livros.

Nem Afonso, nem a Congregação por ele fundada, se dedicaram à docência. Mais ainda, desde os inícios, e rejeitando ofertas de uma possível vinculação com associações dedicadas ao ensino (como a de V. Mannarini), houve na Congregação uma proibição explícita de assumir o serviço do ensino. Naturalmente, não por motivo de pouco apreço, mas sim para dedicar todas as forças à tarefa da evangelização explícita, mediante a palavra missionária.

Contudo, desde seus inícios, a Congregação manifestou atenção especial ao estudo. Isso ficou manifesto em duas vertentes complementárias: na organização do programa de estudos para os novos candidatos e no interesse em adquirir livros e constituir

---

[275] ORLANDI, G. *Introduzione generale*: S. Alfonso Maria de Liguori, *Carteggio. I. 1724-1743*. A cura di G. Orlandi (Roma, 2004) 14.

[276] De Meulemeester, I, 24.

bibliotecas em cada uma das novas comunidades. Não convém esquecer que, tanto o fundador, quanto os primeiros membros da Congregação, vinham de ambientes intelectuais, muitos com doutorado acadêmico em leis.

Para a sobrevivência da Congregação foi importante, e até decisiva, a organização dos estudos para novos candidatos[277]. Afonso dedicou especial interesse a isso[278].

> "Dizem [nossos inimigos] que entre nós não se estuda. Mas é falso. Quisera Deus que todas as Ordens religiosas tivessem os estudos tão bem encaminhados como nossos jovens. Com efeito, os nossos, terminados os cursos de latim e de retórica, estudam dois anos de filosofia, seguidos por dois anos de teologia escolástica e, finalmente, dois anos de teologia moral". "Temos até 100 jovens que fizeram os cursos de teologia dogmática e, caso se apresentassem na Sorbone ou em Lovaina, saberiam se defender muito bem"[279].

Além da formação inicial, também era importante oferecer possibilidades para continuar a formação. Isto era facultado pela realização de *academias* internas de formação permanente e favorecendo a leitura pessoal mediante a organização de boas *bibliotecas*[280].

> "Afonso quer que à biblioteca seja dado o mesmo cuidado e esplendor da igreja. Ela está provida de bons, recentes e numerosos livros"[281]. É preciso que em cada casa estejam completas as obras de Santo Tomás[282].

A leitura espiritual foi uma obrigação no Instituto fundado por Afonso. Ele mesmo animou tal prática, recordando que "o li-

---

277 FERRERO, F. *A formação dos congregados. O estudantado e os estudos. Tempos de preparação sacerdotal e apostólica. A formação dos irmãos coadjutores:* CHIOVARO, F. (ed.). *História da Congregação do Santíssimo Redentor.* Volume 1: As Origens (1732-1793). Aparecida: Santuário/Scala, 2019, p. 503-595.

278 Tellería, I, 483-488.

279 Lettere, II, 538.

280 Ver os dados essenciais, aos que remetem os estudiosos, em Tellería, I, 775-779.

281 BAYÓN, R. *Cómo escribió Alfonso de Liguori* (Madri, 1940) 87-88.

282 Lettere, III, 221.

vro é boa ajuda para os que vivem na solidão"[283] e, só o fato de passar as páginas, já deixa algo no espírito, pois "mesmo quando não faz mais nada que passar, a água sempre deixa um rastro de umidade"[284].

"O livro era, para Afonso, a arma de virtude mais provada para penetrar no mundo do espírito e realizar ali as mais admiráveis conquistas e transformações, ora destruindo, ora edificando, ora impedindo. Era apaixonado pelo livro"[285]. Aos 35 anos escreveu a algumas religiosas: "Nada de correntes e cilícios! Estou lhes enviando uma boa quantidade de livros que, melhor que correntinhas, podem ajudá-las a serem santas"[286].

Mas Afonso não foi um bibliófilo, como muitos prelados e monsenhores de sua época, "que acumulavam em suas estantes, códices e livros raros, sem outra intenção que elogiá-los pela capa quando mostrados aos hóspedes e amigos"[287]. O interesse de Afonso pelos livros e pelas bibliotecas estava em função de seu ministério como missionário e escritor. Sua biblioteca tinha uma função pastoral[288].

> "Causa admiração o amor que Afonso e as primeiras gerações de Redentoristas tiveram pelos livros, apesar das dificuldades econômicas em que, com frequência, se encontravam. Prova disso é o que sobreviveu de suas bibliotecas, apesar de supressões e calamidades naturais"[289].
>
> "O interesse dos redentoristas pelos livros e [pela biblioteca das comunidades] é algo exemplar. Em cada residência, por pequena que fosse, devia existir uma biblioteca espaçosa e estar situada num lugar arejado e seco (...). A biblioteca devia ser acessível a todos (...). A tendência era acentuar a disponibilidade comunitária desse bem

[283] Lettere, II, 51.
[284] Lettere, II, 148.
[285] BAYÓN, R. *Cómo escribió...*, 24.
[286] Lettere, I, 8.
[287] Tellería, I, 775.
[288] GREGORIO, O. *La biblioteca teologica di S. Alfonso* (Pagani, 1941).
[289] ORLANDI, G. *Introduzione generale...*, 21. Ver: ORLANDI, G. *Per la storia delle antiche biblioteche dei Redentoristi. La biblioteca di Pagani*: SH 40 (1992) 5-26.

comum em função da formação preparatória e permanente dos congregados. A importância do livro na atividade e na formação dos redentoristas é reforçada pelo testemunho dos livros por eles publicados neste período e pelas bibliotecas redentoristas do século XVIII que chegaram até nós quase intactas: Ciorani, Pagani, Materdomini, Agrigento, Scifelli e algumas outras"[290].

Além do fato em si, da estima para com o estudo e, mais concretamente, para com os livros, convém destacar uma peculiaridade: a vinculação dessa orientação intelectual, não com a tarefa do ensino, mas com a melhor capacitação para a tarefa pastoral missionária. Trata-se, pois, de uma nova compreensão do *estudo* e dos *livros*: não uma compreensão com a imagem de *acumulação*, ou seja, do estudo voltado sobre si mesmo, mas organização do estudo mediante a imagem, já empregada por Bernardo de Claraval, de uma *concha* que se enche para si e transborda para os outros.

Esta compreensão e prática dos inícios da Congregação teve digna continuidade ao longo de sua, todavia, não tão extensa história. Basta recordar alguns dos centros internos de estudo, com seus correspondentes programas acadêmicos e valiosas bibliotecas: Cortona (Itália), Wittem (Holanda), Echternach (Luxemburgo), Dreux (França), Esopus (Estados Unidos), Astorga-Valladolid (Espanha), Gars e Geistingen (Alemanha). Da biblioteca deste último centro de estudos na Alemanha, se beneficiou, como declarou, o teólogo J. Ratzinger, quando exerceu o magistério na vizinha universidade de Bonn[291].

Podemos concluir esta nota inicial ao presente capítulo afirmando que pertence ao carisma afonsiano-redentorista o interesse pelo estudo e pelos livros. E, além disso, sublinhando a afirmação

---

290 FERRERO, F. *A formação dos congregados. O estudantado e os estudos. Tempos de preparação sacerdotal e apostólica. A formação dos irmãos coadjutores:* CHIOVARO, F. (ed.). *História da Congregação do Santíssimo Redentor.* Volume 1: As Origens (1732-1793), p. 580-581. A expressão entre colchetes não consta na tradução brasileira.

291 BENEDICTO XVI. *Últimas conversaciones con Peter Seewald* (Bilbao, 2016) 150. [= Bento XVI. *O último Testamento.* Uma conversa com Peter Seewald. São Paulo: Planeta 2017].

com uma particularidade: trata-se de um estudo e de uma biblioteca destinada à preparação pastoral para a evangelização.

Além disso, a coexistência do apostolado da pena e do apostolado da palavra foi uma constante desde os inícios da Congregação. Essa lei fundacional perdurou ao longo da história da Instituição. Um pequeno detalhe ainda o corrobora: nas imagens oficiais, quase todos os superiores gerais são representados com um livro na mão.

Em todo caso, falta algo importante na representação de Afonso quando não é representado com uma pena e, na medida do possível, no ato de escrever (como acontece no artístico retrato realizado pelo pintor espanhol Sotomayor, que o leitor pode admirar na capa dos tomos do presente volume).

Nota bibliográfica.

- TELLERÍA, R. *San Alfonso María de Ligorio. Fundador, obispo, doctor* (Madri, 1950) I, 775-779 (libros y bibliotecas), 821-835 (organización de los estudios).
- ORLANDI, G. S. *Alfonso Maria de Liguori e l'ambiente missionario napoletano nel Settecento: La Compagnia di Gesù:* SH 38 (1990) 5-195, especialmente, 87-91: "Studieranno con impegno e si logoreranno sui libri".
- FERRERO, F. *A formação dos congregados. O estudantado e os estudos. Tempos de preparação sacerdotal e apostólica. A formação dos irmãos coadjutores:* CHIOVARO, F. (ed.). *História da Congregação do Santíssimo Redentor*. Volume 1: As Origens (1732-1793). Aparecida: Santuário/Scala, 2019, p. 503-595.

7.8.2. Trajetória da atividade literária de Afonso

– Ponto de partida e inícios

O ponto de partida da vocação de escritor de Afonso tem motivo claro: ampliar as possibilidades de influência de sua palavra evangelizadora. A palavra *escrita* forma unidade de sentido e projeto com a palavra *falada*. Em sua época, o escrito publicado era um meio de grande importância. Por outro lado, se Afonso compõe peças para a pregação, é normal que trate de publicá-las; se dá aulas de Teologia Moral, é normal que busque tornar públicas as reflexões; se intervém em questões práticas, é normal que as divulgue; se suas ideias são criticadas, também é compreensível que responda com escritos de defesa.

A produção literária de Afonso está em conexão com seu objetivo geral evangelizador. Não escreve para acrescentar à verdade teológica. Seu interesse como escritor está em comover o leitor e levá-lo à prática da verdade[292].

Foi proposto, como explicação do ponto de partida literário de Afonso, o desejo de continuar a obra de Sarnelli. Ainda que não seja este o motivo, com certeza é possível admitir uma *continuidade* entre a produção literária de Sarnelli e a de Afonso. Em alguns casos, há autêntica "comunhão de interesses" (literários) entre um e outro.

> "A morte de Falcoia, em 1743, e o fim prematuro de Sarnelli, em 1744, fizeram que Santo Afonso se visse obrigado a carregar toda a herança dessas figuras tão significativas nas origens do Instituto. O santo Fundador assumirá, de uma maneira paradigmática, o apostolado das missões e da pena, que Sarnelli havia iniciado[293].

Nesse contexto, também convém recordar a existência de uma atividade literária nos inícios da Congregação fundada por Afonso. Ele foi, sem dúvida nenhuma, o escritor por antonomásia. Mas também houve outros congregados que utilizaram a escrita como base expressiva[294]. Já destacamos os nomes de Alexandre di Meo (1726-1786) e de Antônio Maria Tannoia (1727-1808).

---

[292] MANDERS, H. *O amor na espiritualidade de santo Afonso* [1947] (Aparecida, 1990) 1-15.

[293] FERRERO, F. *El Beato Jenaro Mª. Sarnelli. Misionero redentorista y apóstol de Nápoles (1702-1744)* (Madri, 1996) 13-14.

[294] FERRERO, F. *A atividade literária:* CHIOVARO, F. (ed.). *História da Congregação do Santíssimo Redentor*. Volume 1: As Origens (1732-1793). Aparecida: Santuário/Scala, 2019, p. 412-419.

- A atividade literária na vida de Afonso

Afonso não foi autor precoce. Iniciou a atividade de escritor em idade madura. Embora costumem ser resenhados alguns pequenos escritos anteriores (*Massime eterne*, 1728; *Canzoncine spirituali*, 1732; *Dissertazione sulla povertà*, 1733; *Orazioni alla Divina Madre*, 1734)[295], sua primeira obra publicada é de 1743: *Considerazioni sopra le virtù e pregi di S. Teresa* (Nápoles, 1743)[296]. O autor tinha 47 anos.

No decorrer da vida de Afonso há duas atividades que se sucedem: a atividade de missionário deu lugar à atividade de escritor. A última missão de Afonso foi pregada em Nola, em 1759. Tannoia constata que, nessa ocasião, começou a ficar sem voz: "Ao não corresponder sua voz ao tamanho da catedral, se vê obrigado a ser substituído alguns poucos dias pelo padre Amarante"[297]. Desde então, sua atividade prioritária será a de escritor, ofício que já havia iniciado há alguns anos.

Assim, a atividade publicadora de Afonso começa quando chega ao clímax seu trabalho missionário. Desde então, este irá decrescendo e aquela irá aumentado.

Como Afonso parou de publicar dez anos antes de falecer, entre 1743 e 1777 decorrem 34 anos em que é patente a dedicação de Afonso à composição e publicação de livros.

- Periodização da atividade literária de Afonso

É difícil estabelecer uma periodização na vida literária dos escritores, devido ao caráter mutável e incontrolável da criação literária. No caso de Afonso, a dificuldade aumenta por sua simultânea dedicação ao ministério episcopal e constante preocupação como fundador. Não obstante, podemos constatar alguns períodos de maior intensidade em seu trabalho publicador.

[295] De Meulemeester, I, 47-53; Ferrero-Boland, 503.
[296] De Meulemeester, I, 53-54; Ferrero-Boland, 503-504.
[297] Tannoia, I, 292.

D. Capone organiza em três períodos a atividade de Afonso como escritor[298]:

Primeiro período: de 1732 a 1751. Nessa etapa inicial, Afonso exerce a atividade literária juntamente com a atividade missionária, prevalecendo a última. Os escritos são, em geral, opúsculos que não requerem muita documentação: vão desde as *Canzoncine spirituali* (1732) até *Le Glorie di Maria* (1750) e *L'amore dell'anime* (1751), sem esquecer, no centro: as *Visite al SS. Sacramento ed a Maria SS.* (1745), as *Adnotationes ad Busenbaum* (1748) e a *Dissertatio scholastico-moralis pro usu opinionis probabilis* (1749). É nesse primeiro período que se define em Afonso a concepção da devoção a Jesus e a Maria, e também, sua mentalidade como moralista.

Segundo período: de 1751 a 1769. Nesse período, Afonso fixa residência em Pagani (1752-1762), de onde se dedica à organização interna da Congregação. A década de 1750 é o período áureo para o estudantado redentorista (presença de Alexandre di Meo e Antônio Tannoia). Afonso reduz a atividade missionária e tem mais tempo para o estudo e para escrever. Além disso, ensina Teologia Moral no estudantado interno da Congregação.

A partir de 1762, começa sua atividade episcopal, que não o impede, nem de estudar, nem de ler. Além de sua biblioteca pessoal, dispõe, em empréstimo, dos livros das bibliotecas de Nápoles e das casas redentoristas.

Nesse período sobressai a dedicação aos temas morais: *Theologia Moralis* e *Pratica del confessore* (1753-1755); *Istruzione e Pratica* (1757) com tradução latina como *Homo apostolicus* (1759); tratado *De conscientia* (1763); e *Dell'uso moderato dell'opinione probabile* (1765).

Continua o interesse afonsiano pela temática espiritual: *Uniformità alla volontà di Dio* (1755); *Apparecchio alla morte* e *Novena del santo Natale* (1758); *La vera sposa di Gesù Cristo* (1760); *La via della salute* (1766); e, particularmente, a *Pratica di amar Gesù Cristo* (1768).

---

[298] CAPONE, D. *Le citazioni nelle opere ascetiche di S. Alfonso: Introduzione generale*, 302-307.

Em 1759 Afonso publicou um livro cujo conteúdo é básico para sua compreensão antijansenista da graça e orientação benigna da moral cristã: *Del gran mezzo della preghiera.*

Dá a impressão que a condição de bispo empurrava a pena de Afonso para temas de caráter apologético e dogmático. Essa orientação apologética tem o escrito *Verità della Fede* (1767), onde o autor retoma o tema iniciado 1756. A orientação dogmática se encontra na *Opera dommatica contra gli eretici pretesi riformati* (1769).

Desde o início de sua residência em Pagani (1752), até o final do ministério episcopal (1769), Afonso realiza a atividade intelectual intensa e continuada. É a etapa da maturidade intelectual, em que dá à luz as obras mais importantes de sua produção, tanto espiritual, quanto pastoral e moral.

Terceiro período: de 1769 a 1776. Uma grave enfermidade (1768-1769) retém Afonso quase permanentemente sentado, impossibilitado de viajar e manter contato com o povo. A atividade pastoral praticamente desaparece. Aumenta o tempo para a leitura.

Nessa etapa, em que diminui (e, no fim, desaparece) a atividade pastoral, a enfermidade está presente de modo contínuo e é possível sentir o peso da velhice, os temas dos escritos não têm a garra pastoral das etapas anteriores; pelo contrário, concentram-se em uma interpretação da história com tom bastante pessimista.

Em 1772 publica uma história das heresias com o título *Il trionfo della Chiesa.*

Em 1773 volta sobre a defesa apologética da revelação: *Riflessioni sulla divina Rivelazione contro i deisti che la negano*; esta defesa é a terceira parte de um escrito intitulado *Riflessioni sovra diversi suggetti spirituali esposti all'anime divote* (Nápoles, 1773), cujas duas primeiras partes versam sobre: a paixão e a morte do Senhor; pensamentos de eternidade *(pensieri di eternità).*

Em 1775 dá à luz duas obras: as *Vittorie de' Martiri;* e a *Condotta ammirabile della divina Provvidenza in salvar l'uomo per mezzo di Gesù Cristo.*

Em 1776 aparece sua última obra de amplo significado: as *Dissertazioni teologiche-morali appartenenti alla vita eterna.*

Como o leitor pode facilmente constatar, há alguns momentos da vida de Afonso em que o ritmo das publicações acelera. Um desses períodos de publicação frenética é a etapa do episcopado: 1762-1775.

Afonso não tinha programa editorial preciso. Estimulado pelas circunstâncias, seus escritos foram brotando de forma espontânea. Contudo, constata-se nele o contínuo interesse por alguns temas: para acrescentá-los, para atualizá-los e, em algum caso, para corrigi-los. Isso aconteceu com seus escritos de conteúdo moral. Também houve alguma tentativa de fazer a edição das *obras completas,* ao menos, das pertencentes à espiritualidade. Mas esse plano não chegou a ser posto em prática.

- Vinculação com a atividade missionária

Terminaremos essa seção por onde havíamos iniciado: se dissemos que o *ponto de partida* da atividade literária de Afonso foi prolongar a palavra falada através da palavra escrita, agora concluímos afirmando que a *finalidade* desta mesma palavra escrita era continuar ou suscitar uma ação evangelizadora.

> "A atividade literária de Afonso, especialmente a do primeiro período, de 1732 a 1751, nasce como continuação de sua ação missionária. Mesmo as *Adnotationes* (a Moral) nascem em âmbito missionário; é o que diz Tannoia: 'eram estes os casos que se discutiam no decurso das missões' (Tannoia, I, 245)"[299].

O zelo apostólico impeliu Afonso à utilização desse grande meio de evangelização. O séc. XVIII foi o século da ilustração e foi também - e, por isso - o *século do livro.* As ideias, as "novas luzes", se difundiam através de livros, livretos, panfletos, folhas volantes, etc. Afonso se propôs a realizar uma "ilustração cristã" no povo, no clero e nos religiosos. Para isso, não achou meio melhor que o livro.

---

[299] *Ibid.,* 306.

Como disse BAYÓN, R.

"Afonso, que conheceu o dano dos folhetos inimigos, utilizou, em grande escala, armas idênticas. O libelismo [o *libelo*] foi, no século XVIII, o grande propagador da impiedade que lutava para arrebatar de Cristo povos de profundíssima raiz cristã. Voltaire, mestre insuperável do libelo, (...) dizia que tais escritos deviam ser breves, simples e atrativos, de sorte que qualquer sapateiro os pudesse entender (...). A *Enciclopedia* foi uma coleção de libelos: não podendo passar em tomos (por estar proibida em algumas nações), dissimuladamente passava as fronteiras em cadernos. Afonso seguiu a mesma tática ponto por ponto. Mesmo aos 82 anos, quando, atormentado por agudas dores encefálicas, teve que renunciar a toda atividade, se dedicou, para descanso seu, dizia ele (descanso de sua alma zelosíssima), a escrever folhas soltas que eram distribuídas nas Missões"[300].

7.8.3. Afonso e o mundo do livro

Afonso de Liguori viveu *no mundo do livro*. Já foi suficientemente estudada a relação de Afonso com o mundo do livro nos momentos mais significativos dessa relação:

1. Preparação do original:
   a) trabalho de documentação;
   b) formulação de esboços e esquemas;
   c) redação definitiva;
   d) retoques de última hora.
2. Permissões para publicação: a dupla censura:
   a) a censura civil;
   b) a censura eclesiástica.
3. Comunicação com as casas editoriais:
   a) em Nápoles;
   b) em Veneza, especialmente, com a editora Remondini.

---

300 BAYÓN, R. *Cómo escribió…*, 28-29.

4. Difusão (com propaganda prévia) e venda do produto.
5. Reedições.

Para conhecimento de todo o longo e complexo processo literário de Afonso, foi pioneira a excelente - e ainda válida - monografia do redentorista espanhol Rodrigo Bayón, escrita em plena guerra civil (1936-1939) e publicada em 1940: *Cómo escribió Alfonso de Liguori* (Madri, 1940).

> "É uma obra original e preciosa. Trata-se de uma contribuição válida para penetrar na alma de Afonso, não tanto através dos conteúdos, quanto através das sugestões sobre a qualidade editorial de seus escritos. São importantes as ideias, mas também a maneira e o instrumento para comunicá-las. Esse livro, além disso, analisa a delicada relação com a censura civil e eclesiástica (...). Bayón examina as edições, correções, propaganda nos *Avvisi* e nos *Archivi* (além disso, diz Afonso: 'na última página da obra, coloco a lista de todas as minhas outras obras') o Correio Real ('hoje, 20.01.1757, recebi uma carta sua de 09.09. Quanta paciência com esses benditos correios'), os correios ('trinta anos de inquietudes'), os agentes de comércio e, por último, a relação com os leitores: muitos, admiradores e amigos; mas também algum crítico"[301].

Muito próxima da obra de R. Bayón se encontra a síntese de Raimundo Tellería que, com a maestria que o caracterizava, resumiu os dados e traçou um quadro ameno e brilhante da atividade literária de Afonso: *San Alfonso María de Ligorio. Fundador, obispo, doctor* (Madri, 1959) I, 775-793: "Escritor".

A essas duas sínteses iniciais, seguiram outros estudos, entre os quais sobressaem:

- PIRES DE SOUSA, G. *Um santo às voltas com os livros, censores, editores, tipógrafos, correios e leitores:* Revista Eclesiástica Brasileira 11 (1951) 389-410, 596-614; 12 (1952) 125-140.
- VÁRIOS. *Introduzione Generale: Opere ascetiche* (Roma, 1960).

[301] AMARANTE, A. V. *Dio sulle tracce di un uomo. Alfonso de Liguori una vita per l'abbondante redenzione di Cristo* (Materdomini, 2009) 11-112.

Mais recentemente, voltou-se sobre o tema:

- ORLANDI, G. *Alfonso de Liguori scrittore:* Segno 24 (1998) 103-114, artigo editado também como folheto (Palermo, 1998), com *Apresentação* de N. Fasullo (p. 7-8), com o *Catálogo* das obras de Afonso (p. 31-43) e *dados biográficos* essenciais do santo napolitano (p. 45-47).
- Também: ver a bibliografia consignada no final do presente capítulo.

Do amplo conjunto de dados disponíveis, recolhemos alguns mais significativos a fim de proporcionar o marco adequado para compreender melhor a produção literária de Afonso sobre os variados temas religiosos que cultivou e, mais concretamente, sobre a temática moral, objetivo principal do presente volume de nossa História da Teologia Moral.

7.8.4. Preparação do original e estilo

– A preparação do original

O tema das *fontes* e do processo de *documentação* é questão suficientemente estudada em relação aos escritos afonsianos de espiritualidade[302]. Também foi analisada a *maneira de citar* de Afonso (especialmente, em referência às obras de espiritualidade)[303].

Da nossa parte, nos próximos capítulos do presente volume, faremos uma análise semelhante no que toca às obras de conteúdo moral. A preparação do original da *Theologia Moralis* exigiu de Afonso enorme esforço. Mais que em qualquer outro escrito, teve que se submeter à rígida disciplina do trabalho científico. Recordamos os passos iniciais que Afonso precisou percorrer no objetivo de preparar seus originais:

- *Esforço de documentação,* realizada na biblioteca própria (e das comunidades redentoristas do momento) e visitando bibliotecas de Nápoles. Como expusemos no cap. 2 da precedente quarta seção, eram muitas e valiosas as bibliotecas de caráter religioso em Ná-

[302] CACCIATORE, G. *Le fonti e modi di documentazione*: *Introduzione generale*, 117-290.

[303] CAPONE, D. *Le citazioni*: *Introduzione generale*, 291-388.

poles. Afonso pode frequentar as dos jesuítas, dos vicentinos, dos filipinos e outras.

Também convém recordar que Afonso tinha amigos e livreiros em Nápoles, Veneza, Benevento, Lucca, Bolonha e Pádua, os quais proporcionavam notícias de livros (às vezes, os próprios livros)[304]. Por outro lado, podia obter notícias de novos livros ao ler os *Avvisi di Napoli* ou a *Gazetta di Firenze.* Seu editor, Remondini, de Veneza, também lhe proporcionava dados sobre as novidades editoriais, não só da Itália, mas também de outros mercados europeus[305].

- *Cópia de materiais:* é comum afirmar que Afonso tinha costume de ler com a pena na mão, a fim de tomar as notas necessárias[306]. Ele mesmo declara: "sempre leio e sempre encontro coisas novas. Certas coisas eu passo, mas as coisas mais importantes, sempre as anoto"[307].
- *Formulação de esboços ou esquemas:* Afonso costumava traçar um projeto ou esquema da obra que queria compor. Depois, procurava as fontes de documentação (enciclopédias, prontuários, monografias, etc.) de onde tomava o essencial do conteúdo particular da obra projetada.
- *Redação definitiva:* era o momento de composição, onde entravam em funcionamento os dotes de síntese, organização de ideias, clareza expressiva.
- *Retoques de última hora*: sobre as provas de imprenta (quando existiam) ou sobre os próprios livros impressos, quando, em edição napolitana, eram considerados provas ou antecipação da edição veneziana.

---

[304] Ver os dados em: BAYÓN, R. *Cómo escribió...*, 89-93. "Seria muito interessante, mas muito longo, fazer a lista dos livros, geralmente os mais modernos, que Afonso pede, recebe, avalia ou menciona em suas cartas. Pela breve demonstração que daremos em seguida, pode-se ver que Afonso estava documentado com tudo o que havia de mais recente e que uma de suas grandes obsessões foi a Igreja e o livro ímpio" (*Ibid.*, 89).

[305] FISHER, J. M. *Volksnahe Verkündigung. Alfons von Liguori und sein Einfluss auf die Predigt in Österreich* (Viena, 1974) 27-28.

[306] BAYÓN, R. *Cómo escribió...*, 98: "Sempre tomava notas do que lia".

[307] Lettere, III, 144.

- As fontes, citações, livros de referência

Na quarta parte do presente volume (tomo 2), analisaremos detidamente as fontes de sua *Theologia Moralis*. Nesse momento, oferecemos algumas anotações de caráter geral, relativas ao restante de seus escritos.

Dois autores básicos de referência para Afonso eram: Bellarmino e Barônio, as duas colunas intelectuais da contrarreforma. Também foi autor de referência: Pallavicino para a história do Concílio de Trento. Não se deve esquecer de outros, como Claude Fleury e Noel Alexandre[308].

A forma de argumentação afonsiana é a que estava em voga em seu tempo. Os lugares teológicos eram os clássicos: Sagrada Escritura, Santos Padres, Concílios, teólogos medievais e pós-tridentinos. As obras afonsianas obedecem aos cânones das "auctoritates" assim consideradas em sua época[309]. Realmente, quando tomadas em consideração todas as obras de Afonso, é vastíssima a série de *auctoritates* utilizada[310]. O universo cultural cristão clássico e contemporâneo, não apenas em Teologia Moral, mas também em teologia dogmática e espiritualidade, "não lhe era estranho"[311].

> "Afonso não lia os livros que a Igreja colocava no *Index*. Mas há um caso particular, o de Helvétius; Afonso pediu e obteve permissão especial de Clemente XIII para poder lê-lo. De fato, tem um conhecimento de primeira mão sobre Helvétius, coisa que não encontramos quando combate Spinoza ou Voltaire, que conhece através de Nonnotte. Essa maneira de proceder era lançada na face de Afonso quando ainda vivia, mas ele se defendia declarando seus objetivos e dizendo que tinha confiança nas citações apresentadas pelos outros"[312].

---

308 DE MAIO, R. *La cultura religiosa dell'illuminismo*: GIANNANTONIO, P. (ed.). Alfonso M. de Liguori e la società civile del suo tempo (Florença, 1990) I, 101.
309 MARTINELLI, B. *Gli "auctores" e Alfonso*: GIANNATONIO, P. (ed.). Alfonso M. de Liguori e la civiltà letteraria del Settecento (Cittá di Castello, 1999) 65-122.
310 *Ibid.*, 86.
311 *Ibid.*, 122.
312 DE MAIO, R. *La cultura religiosa dell'illuminismo...*, I, 101.

Muito já se escreveu sobre a objetividade das citações afonsianas. Há uma norma geral a ser levada em conta: o gênero literário da obra afonsiana em questão. Não é a mesma coisa um escrito de piedade popular ou uma publicação que recolhe temas de pregação e uma obra com pretensão de assentar doutrina no campo dogmático (poucas vezes isso acontece nos escritos afonsianos, excetuados aqueles que versam sobre a obtenção da graça mediante a oração ou que incidem em afirmações mariológicas) ou, de modo geral, no terreno da Teologia Moral.

Entre esses extremos, situam-se outros dois grupos, cuja exigência crítica no uso das fontes deve ser considerada levando em conta sua peculiaridade. São, de um lado, os escritos de erudição histórica e, de outro, os escritos de apologética.

Somente observando a peculiaridade de cada obra, na ampla produção afonsiana, é possível chegar a afirmações válidas sobre a *objetividade* das citações afonsianas e o grau de *criticidade* das fontes dos escritos afonsianos. Se esse critério de interpretação não for observado, corre-se o risco de conclusões carentes de objetividade, como, em grande medida, aconteceu com L. von Dollinger e Fr. H. Reusch[313].

- O estilo

Os escritos de Afonso são reconhecidos pelas qualidades de simplicidade, clareza, precisão, densidade e concisão[314]. Um bom conhecedor das obras de Afonso e, além disso, professor de questões literárias, anota:

> "Seu estilo é pessoal, inconfundível, sempre atento, gramatical e sintaticamente correto, adaptado ao argumento e ao público a que se dirige o escrito. Conteúdo, pureza e dignidade da língua, são as características dos escritos de Afonso"[315].

---

313 Ver a resposta de: CAPONE, D. *Le citazioni nelle opere di S. Alfonso: Introduzione generale*, 297-299.

314 BAYÓN, R. *Cómo escribió...*, 131-139.

315 AMARANTE, A. V. *Alfonso vescovo, scrittore, "voce stessa della Chiesa"*: VICIDOMINI, G. (ed.). Alfonso M. de Liguori. Un santo per il terzo millennio (Materdomini, s. a. [=2010]) 279. Antes: AMARANTE, A. V. *Dio sulle tracce di un uomo...*, 113.

O próprio Afonso se autoavalia: "Sintetizo muitas ideias em pouco espaço, já que sou amigo de conteúdos e não de palavras"[316]; "todos me dizem que sou claro em minhas explicações"[317]; "todos elogiam meus livros por sua clareza"[318]. Liguori tinha um "gênio" de jurista que o levava à precisão nas formulações; além disso, foi formado na filosofia cartesiana, que configurou sua maneira de raciocinar através de ideias claras e distintas[319].

A conformação jurídica e cartesiana de seu pensamento fica manifesta de modo especial na TM. O estilo da obra é seco, conciso, corrente, mas ao mesmo tempo, preciso, claro e substancioso. O próprio Afonso declarou no prólogo da 1ª edição da TM que dava preferência à clareza sobre a elegância[320]. No que se refere à língua, as páginas da TM "estão escritas em um latim vivo, acessível e não desprovido de elegância"[321].

Para descrever o estilo das obras espirituais de Afonso, o escritor espanhol Azorín utilizou o epíteto de *ungidas.* Constata que, entre os numerosos livros "eclesiásticos" que possuía Ortuño, "o clérigo jovem, fervoroso, verecundo, ingênuo", se encontravam - junto aos moralistas Lárraga e Sala, o filósofo Liberatore, Nonnote o impugnador de Voltaire, o *Sermonario* de Troncoso - "as obras ungidas de Santo Afonso Maria de Liguori"[322].

> "Azorín tem, em um de seus livros, epíteto expressivo para as obras de Santo Afonso. Digo, as ascéticas, que chama de *ungidas*. E é um acerto, um muito bem colocado acerto. Estão todas elas impregnadas de castos óleos de suavidade. Ele as escreveu em uma atitude

---

[316] Lettere, III, 98. Cf. A64b, 139; Lettere, III, 59, 477, 484.

[317] A64b, 202. Cf. Lettere, III, 281, 477.

[318] Lettere, III, 476-477.

[319] Rey-Mermet, 61.

[320] Fala do "estilo fácil, em que foi escrita a minha Moral" (Lettere, III, 38). E, no prólogo da primeira edição, afirmou que tinha posto o interesse "ut potius in claritate quam in sermonis elegantia abundarem" [que fosse mais rico na clareza que na elegância do discurso].

[321] Rey-Mermet, 57. Tellería, I, 565, citando Cordovani, fala de um "latim discreto de escola".

[322] AZORÍN, [José Martínez Ruiz]. *La voluntad* [1902]. Prólogo de G. Carnero (Madri, 2001) 93.

de introspecção, voltado para seu interior, escutando sua alma e deixando-se dominar por sua ternura inata e sua infinita compaixão para com as almas descentradas de Deus. Ao traçá-las sua pena, veio a beijá-las, ungindo-as de perfumes santos, a divina caridade. Ah, a unção suavíssima de seu espírito, por nenhum asceta igualada!"[323]

- Sobre a originalidade afonsiana

Rodrigo Bayón se pergunta: Afonso foi original? Depois de pensar sobre o significado do que é, ou não é, "originalidade", e depois de aportar dados da obra literária afonsiana[324], chega à seguinte conclusão:

> "Os contemporâneos de Afonso concordam em louvar seu raciocínio sólido, sua ampla compreensão, clareza de ideias e admirável facilidade para explicar as questões mais intrincadas. Se maneja a autoridade, é como crítico e jurisconsulto, não porque careça de pensamentos próprios; sua independência se confunde aqui com sua originalidade"[325].

São objetivas e, consequentemente, certas, estas duas constatações:

- Para organizar algumas de suas obras, Afonso se serviu do esquema de escritos precedentes similares. Não apenas utilizou o livro de H. Busenbaum para expor seu pensamento moral, mas também os esquemas de obras espirituais tão emblemáticas quanto a *Pratica di amar Gesù Cristo* e a *Monaca santa* que se baseiam naquele utilizado em obras precedentes de J. Duguet e de G. Scaramelli.
- Contudo, é mais evidente o abundante uso de citações (bíblicas, patrísticas, teólogos, escritores espirituais, etc.) da parte de Afonso para expressar e desenvolver seu pensamento.

Dado o emprego de esquemas prévios e o uso de citações pontuais nas obras de Afonso, pode surgir no leitor e analista dos escritos afonsianos, a impressão de que o escritor Liguori é um "sábio compilador", sem esquemas pessoais de pensamento. No

323 SORDO, V. M. *Al margen de un epistolario*: El Perpetuo Socorro 18 (1916) 437.
324 BAYÓN, R. *Cómo escribió...*, 101-107.
325 *Ibid.*, 104.

entanto, essa possível impressão, se é que existe, carece de base objetiva. "Afonso jamais é um seguidor servil de suas fontes; ele as coloca a serviço de sua ideia e imprime, em todo o material utilizado, o selo de sua própria convicção"[326]. Afonso não é apenas um inteligente compilador, nem uma mera testemunha da tradição. Possui sua própria visão do cristianismo, coisa constatável, mais evidentemente, em algumas vertentes do cristão, ou seja, concretamente: na doutrina moral e na concepção espiritual.

7.8.5. Os colaboradores

Afonso contou com a colaboração desinteressada e plena de carinho filial de alguns padres, sobretudo, os jovens, de sua Congregação. Pensando na ajuda recebida por Afonso na confecção de suas obras de moral, destacamos estes sete colaboradores: Ângelo Roscigno (1723-1755), Pascoal Amendolara (1723-1747), Alexandre di Meo (1726-1786), Jerônimo Ferrara (1715-1767), L. Negri (1736-1799), Gaspar Caione (1722-1809), Pedro Paulo Blasucci (1729-1817).

O jovem **Ângelo Roscigno** foi o grande colaborador na preparação da 2ª edição de TM (1751-1755); "vai, literalmente, se matar lendo as fontes, buscando as referências, formando o índice, corrigindo as provas"[327]. Estava especialmente preparado para isso, já que "havia ampliado seus estudos de moral junto ao abade De Marco, geral dos basilianos"[328]. Morreu aos 32 anos, em 7 de maio de 1755, por causa de uma hemoptise, hemorragia pulmonar[329].

O também jovem, **Pascoal João Amendolara,** morreu de tuberculose aos vinte e cinco anos de idade (1 de maio de 1758), depois de ter trabalhado intensamente na preparação da 3ª e 4ª edições da TM. Foi, pois, "amanuense e conselheiro de Afonso na terceira e quarta edições da TM"[330].

---

[326] MANDERS, H. *O amor na espiritualidade de santo Afonso* [1947] (Aparecida, 1990) 15.

[327] Rey Mermet, 507.

[328] Tellería, I, 781.

[329] Sobre A. Roscigno: GREGORIO, O. *Il Padre A. Roscigno (m. 1755) collaboratore di S. Alfonso moralista*: SH 17 (1969) 373-382.

[330] Tellería, I, 781.

O texto da 6ª edição da TM, sobretudo a reelaboração do tratado *Sobre a Consciência*, foi obra de uma equipe dirigida por Afonso quando convalescia em Pagani (1762). Nessa equipe, encontravam-se os padres: **Jerônimo Ferrara, Gaspar Caione e Alexandre di Meo.** Afonso comunicou a Remondini que três padres passaram várias semanas trabalhando no texto[331].

O citado A. di Meo reuniu os materiais para algumas dissertações afonsianas, incorporadas ao livro da *Theologia Moralis.* Isso foi feito, de forma exagerada, para a dissertação sobre a proibição dos livros perniciosos, na qual Afonso precisou prescindir de muitos textos de A. di Meo[332]. "Em várias ocasiões, os padres Ferrara, Caione e di Meo proporcionaram [a Afonso], com seus respectivos materiais, a base de três obras que Afonso resumiu conforme seus próprios objetivos"[333].

Os bons latinistas, Jerônimo Ferrara, Gaspar Caione e **Pedro Paulo Blasucci** prestaram serviço a Afonso na tradução de algumas obras para o latim.

Entre os que fizeram cópias dos originais com destino à impressão (no mínimo, eram feitas duas cópias), ou escreveram os textos ditados por Afonso, precisamos nomear "os jovens estudantes Nigro, Criscuoli, de Paola e Reale, de ágil pena; quando era bispo, faziam o trabalho de amanuenses o Ir. Romito e os secretários Verzella, Mecchella e Cimmino, como eles mesmos declararam nos processos de Beatificação"[334].

Portanto, foi notável o emprego de colaboradores por parte de Afonso: comprovação de citações, cópia de originais, versão ao

---

331 Lettere, III, 177.

332 Para a *Dissertação sobre a justa proibição e destruição dos livros maus,* o Pe. Alexandre di Meo tinha colaborado com toda sorte de notas eruditas... que Afonso não publica. Quando o reprovam, "Ora!, respondeu, você quer então que eu passe aos olhos do mundo como um sábio?" (Rey-Mermet, 682). Sobre A. di Meo: GREGORIO, O. *Un manoscritto teologico inedito del P. Alessandro di Meo (1726-1789)*: SH 15 (1967) 113-125.

333 Tellería, I, 781.

334 Tellería, I, 781, nota 48.

latim, correção de provas. Sem dúvida, Afonso sempre reservou para si o último retoque, pois não era autor fácil de se contentar com o trabalho dos ajudantes[335].

7.8.6. A edição e os editores

- Do original ao editor, passando pela censura

Preparado o original, antes de levá-lo ao editor o autor precisava conseguir a permissão para a publicação. Para isso, era necessário submeter o texto à *censura* que, no caso de Afonso, era dupla: civil e eclesiástica[336].

Liguori teve muitos problemas com a censura prévia, tanto com a eclesiástica, quanto com a civil[337]. Soube transpor os obstáculos, fazendo trabalho de captação e recorrendo às influências que tinha à mão.

Como costuma acontecer a todo novato, não foram fáceis para Afonso os primeiros passos como autor desejoso de ver publicados seus próprios textos. "Daí que, nos começos de sua carreira literária, foram seus amigos a custearem as primeiras publicações: *Novena de Santa Teresa, Visitas ao Santísimo Sacramento, Anotações a Busenbaum"*[338]. No entanto, logo se tornou autor procurado pelos editores.

Na época de Afonso ainda não existiam os direitos autorais. A propriedade literária era normatizada pelo chamado *privilégio régio,* que garantia a um tipógrafo o direito exclusivo de imprimir determinada obra em determinado Estado e por determinado número de anos. Não era a mesma coisa que a *real licença* para imprimir, embora, muitas vezes, estavam incluídos ambos os direitos, entendidos como "privilégios" concedidos pela correspondente autoridade. Havia privilégio *simples,* para editar uma obra durante

---

[335] Lettere, III, 177, 178, 179, 181, 420.

[336] Dados sobre a censura de livros na época de Afonso: BAYÓN, R. *Cómo escribió...,* 179-196.

[337] Lettere III, 479, 480-482. Ver: BAYÓN, R. *Cómo escribió...,* 197-214.

[338] Tellería, I, 782.

um período de tempo; e havia o privilégio *com exclusão dos tipógrafos* e privilégio *com exclusão dos tipógrafos estrangeiros*. Remondini tentou conseguir tais privilégios para as obras de Afonso, mas este não conseguiu privilégio para quase nenhuma delas[339].

– Editores de Afonso

Afonso conheceu 53 *impressores* que, naqueles tempos, eram também *editores*.[340] A maior parte deles operava em Nápoles. Mas houve os que trabalhassem em Catania, Palermo, Estados Pontifícios, Grão-ducado da Toscana, Ducado de Parma e Piacenza, Ducado de Módena, Reino da Sardenha e Império da Áustria. Em Veneza, publicaram obras de Afonso, não apenas os Remondini, mas também G. Manfré (*Operette spirituali*, em 1757), N. Pezzana (*La vera sposa di Gesù Cristo*, em 1771), G. Vitti (*Lettera ad un religioso amico*, em 1771).

Com os impressores-editores, Afonso manteve frequentes contatos epistolares, nem sempre agradáveis para o autor, que era meticuloso com os erros tipográficos e a maneira de imprimir. "Não há remédio: quem imprime deve se armar de paciência, se não quiser morrer arrebentado (*crepato*)"[341]. "Se eu tivesse impresso minhas obras para a minha glória, e não de Deus, me sentiria desesperado"[342]. Um dos principais argumentos que se encontra em suas *Cartas* se relaciona com a publicação de seus livros.

Quando o autor tinha previsão de editar um original em Veneza, mais concretamente, na firma Remondini, costumava fazer desse original uma primeira impressão em Nápoles, a fim de controlar erros e orientar a publicação definitiva. Na prática, a edição napolitana consistia na última redação do original, que era enviada às prensas venezianas[343].

339 BAYÓN, R. *Cómo escribió…*, 225.
340 Rey-Mermet, 681. Sobre a relação de Afonso com os editores: CAPRIO, A. *Gli editori napoletani di Alfonso M. de Liguori*: GIANNANTONIO, P. (ed.). Alfonso M. de Liguori e la società civile del suo tempo (Florença, 1990) I, 325-352.
341 Lettere, III, 387.
342 Lettere, III, 399-400.
343 Sobre a dupla relação e meticulosidade de Afonso na preparação e apresentação do original: BAYÓN, R. *Cómo escribió…*, 249-259.

- Os editores napolitanos

A Itália, depois da Alemanha, foi a segunda nação a cultivar a arte da imprensa. "Na metade do século XV, já contava com cerca de cem impressores. Nápoles chega ao número de quinze em 1471 (...). No século XVIII, século de decadência tipográfica, Nápoles estava bem guarnecida de impressores, mas as obras de empenho, em geral, fugiam dali"[344]. Consciente dessa situação, Afonso publicou em Nápoles, mas também buscou outra plataforma editorial de mais amplo influxo.

O. Gregorio dividiu os impressores-editores das obras de Afonso em três categorias[345]:

- Os *seguros:* houve relação entre eles e o autor, que lhes encomendou a primeira edição, além de controlar as edições posteriores.
- Os *duvidosos:* os que imprimiram obras de Afonso por encargo de editores relacionados com Afonso (os *seguros*).
- Os *independentes*: os que imprimiram obras de Afonso por sua própria conta, sem que o autor soubesse e, às vezes, contra sua vontade.

Aplicando essa categoria aos editores napolitanos das obras de Afonso, podemos ter como suficientemente seguros os seguintes dados[346]:

- O grupo dos *independentes* pode chegar a uns dez impressores-editores, dos quais temos escassas notícias[347]. Por carta da Congregação, sabe-se que Cestoni imprimiu em 1753, de forma *independente*, as *Visitas ao Santíssimo*[348]. Em 1765, Catello Longobardo reimprimiu o livro *Do grande meio da oração.* José Raimondi publicou, em 1763, a 14ª edição das *Visitas ao Santíssimo.*

---

344 *Ibid.*, 215-216.

345 GREGORIO, O. *Restituzione del testo*: GREGORIO, O.; CACCIATORE, G.; CAPONE, D. Introduzione Generale [S. Alfonso M. de Liguori, Opere Ascetiche] (Roma, 1960) 65. Nas p. 61-71 são anotados os editores das obras (espirituais) de Afonso no Reino de Nápoles, na República de Veneza, nos Estados Pontifícios, no Grão-ducado da Toscana, no Ducado de Módena, no Reino da Sardenha e no Império da Áustria.

346 CAPRIO, A. *Gli editori napoletani di Alfonso M. de Liguori*: GIANNANTONIO, P. (ed.). Alfonso M. de Liguori e la società civile del suo tempo (Florença, 1990) I, 323-352.

347 *Ibid.*, 326-327.

348 Lettere, I, 233.

- Com segurança, são *duvidosos:* Vicente Flauto, Donato Campo, Miguel Morelli, Vicente Orsini, Domingo Pianese; todos eles trabalhavam o serviço de Miguel Stasi[349].

- Entre os impressores-editores de Nápoles relacionados com Afonso e catalogados como *seguros,* destacam-se os nomes de Nicolás Monaco, Nicolás Naso, Aleixo Pellecchia, Benedito Gessari, José de Domenico, João de Simone, Gregorio e Miguel Stasi, João Francisco, Antônio e Onofrio Paci (ou: Pace)[350].

- O editor de Veneza: a firma Remondini

A TM, depois das duas primeiras edições realizadas em Nápoles, conseguiu se estabelecer em Veneza, um dos locais mais importantes da difusão editorial na Europa e fora da Europa. Além da TM, outros livros de Afonso também tiveram essa sorte.

Embora em momento de decadência econômica da região vêneta[351], Veneza era "o maior centro mundial do livro depois da Antuérpia"[352]. Para Veneza, afluíam obras de todo tipo desde Nápoles, Turim, Milão, Gênova, Livorno, Paris, Leipzig, Londres, Viena, Regensburg, Augsburgo, etc[353].

Umas das firmas de maior prestígio e de mais amplo volume de negócios era a de Remondini, pai (Giambattista) e filho (Giuseppe)[354]. Afonso manteve relação com Dom Giuseppe Remondini[355].

---

349 CAPRIO, A. *Gli editori napoletani…*, 327-331.

350 *Ibid.*, 331-347.

351 KELLENBENZ, H. *Aspetti e cause della decadenza economica veneziana nel secolo XVIII* (Veneza, 1961).

352 Rey-Mermet, 681.

353 GREGORIO, O. *Restituzione del testo*: *Introduzione generale*, 74, nota 2.

354 Sobre a casa Remondini: INFELISE, M. *I Remondini di Bassano. Stampa e industria nel Veneto del Settecento* (Bassano, 1980); INFELISE, M. *L'editoria veneziana nel '700* (Milão, 1989); INFELISE, M.; MARINI, P. (ed.). *Remondini. Un editore del Settecento* (Milão, 1990); INFELISE, M.; MARINI, P. (ed.). *L'editoria del '700 e i Remondini* (Bassano, 1992).

355 "Educado no seminário de Pádua e no colégio dos jesuítas de Bolonha, Remondini [Dom Giuseppe] era homem cultíssimo. Em 1756, foi inscrito na loja maçônica de Vicenza, enquanto em 1785 se inscrevia naquela de Veneza" (ORLANDI, G. *L'epistolario di S. Alfonso M. de Liguori e il suo valore storiografico*: GIANNANTONIO, P. (ed.). Alfonso M. de Liguori e la civiltà letteraria del Settecento [Florença, 1999] 215, nota 103).

"Estes editores, que competiam em toda Europa, controlavam o ciclo completo do livro: produziam o papel em suas próprias fábricas, fabricavam os tipos para a impressão, construíam as máquinas para a impressão (no período mais fecundo, tinham 12 prensas para os livros, 24 para as imagens e um exército de 1200 operários). Eles mesmos se ocupavam da difusão do produto nas cidades europeias mediante uma espessa rede de depósitos e postos de venda (...). Essa facilidade de chegar aos vários mercados europeus jogou um papel determinante para a escolha de Remondini por parte de Afonso que, destinando seus escritos à grande difusão, encontrou em Veneza uma cátedra para falar ao mundo inteiro por meio de seus volumes"[356].

Afonso e Remondini se encontraram na metade do séc. XVIII, em momento de esplendor para ambos[357]. A TM, a partir da 3ª edição, leva o nome de imprenta/editora com assinatura de Remondini.

Iniciada a relação epistolar em 1755, Afonso e Remondini mantiveram continuada correspondência. As cartas que se conservam (301) vão de agosto de 1755 até janeiro de 1781[358]. Nelas se encontra um autêntico diário da vida intelectual e literária de Afonso, bem como a expressão viva de suas opiniões pessoais sobre a Teologia Moral.

Afonso entregou com agrado seus originais a Remondini e este os publicou com gosto. No catálogo de Remondini, de 1759,

---

[356] MARCELLI, E.; RAPONI, S. *Un umanista del '700 italiano. Alfonso M. de Liguori* (Verona, 1992) 216-217.

[357] Sobre a relação de Afonso com a casa Remondini, ver: MORSOLIN, B. *Sant'Alfonso e la casa Remondini di Bassano*: VÁRIOS. Del Secondo Centenario dalla nascita di Sant'Alfonso Maria de Liguori (Roma, 1896) 41-45 (na p. 41, afirma que Remondini foi "um grande, para não dizer, o maior, dos tipógrafos de Veneza no século dezoito"); Tellería, I, 783-784; FERRERO, F. *San Alfonso María de Ligorio y los dos procesos de 1772-1773 contra Giambattista Remondini*: SH 19 (1971) 304-390; MUTTERLE, A. M. *Alfonso e l'editore Remondini*: GIANNANTONIO, P. (ed.). Alfonso M. de Liguori e la civiltà letteraria del Settecento (Città di Castello, 1999) 353-367. Rey-Mermet, 535, afirma que "Os Remondini – pai e filho, José e João Batista – são os maiores impressores-editores de Veneza e Afonso de Ligório é o seu autor mais vendido".

[358] As cartas conservadas vão de agosto de 1755 a janeiro de 1781 (Lettere, III, 18-533).

são anunciadas três obras de Afonso (*Theologia Moralis, Praxis confessarii, Directorium ordinandorum*); no catálogo de 1762, aparecem cinco obras afonsianas; no de 1784, há 30 títulos de Afonso; e no de 1793, são apresentadas 32 obras.

A casa Remondini encontrou em Liguori um autor desprendido, leal e, sobretudo, muito vendido. Os Remondini de Veneza tiveram nos napolitanos Genovesi e Liguori duas notáveis fontes de vendas e, consequentemente, de ingressos[359].

> Pelo contrário, não foi a lealdade a virtude mais destacada de Remondini. De suas prensas saíam também as obras de Patuzzi, principal adversário de Afonso; o editor enviava a Liguori os cadernos da crítica de Patuzzi, antes do livro ser lançado, para que Afonso preparasse a réplica, que, por sua vez, seria publicada pelo mesmo Remondini. Afonso entrou com gosto nesse jogo[360]. "Os editores não se preocupam com o laxismo ou com o rigorismo; eles fazem livros, e para serem vendidos"[361].

Em síntese, a cidade de Veneza, a firma editorial Remondini, o latim como língua: três acertos e três garantias para a promoção da obra escrita de Afonso, principalmente, a de conteúdo moral. Entre as desvantagens, precisamos nomear, necessariamente, a distância entre autor e editor. Apesar dos meios empregados para a comunicação (por terra: via Roma; por mar: via Manfredônia)[362], foram muitas as dificuldades: atrasos, cruzamento de cartas, etc. O editor reconhece, frente ao leitor, as deficiências derivadas de tais dificuldades[363].

Todos esses problemas não superaram as vantagens, tanto para o autor, quanto para a firma editora. "O encontro de Afonso

---

[359] STELLA, P. *Il giansenismo in Italia. II. Il movimento giansenista e la produzione libraria* (Roma, 2006) 71.

[360] Lettere, III, 205, 207, 208, 212, 214, 215, 222, 243, 249, 252.

[361] Rey-Mermet, 612. Sobre a condição maçônica de Remondini: ORLANDI, G. *Una nuova biografia di S. Alfonso Maria de Liguori. A proposito dell'opera di T. Rey--Mermet CSsR*: SM 21 (1983) 392.

[362] Ver: BAYÓN, R. *Cómo escribió…*, 265-281.

[363] Ver o *Monitum Typography ad Lectorem* (na 6ª edição da TM), redigido pelo próprio Afonso. Cf. Lettere, III, 296.

com os editores venezianos frutificou em vantagem mútua: verdadeira mina de dinheiro para a casa editorial, preciosíssimo auxílio para o apostolado do escritor. Tanto é assim, que o empresário chegou a dizer ao autor: 'se tendes para imprimir, mesmo que seja uma só página, mandai-a para mim' (cf. A. Tannoia, IV, p. 88). E o autor, em resposta, se comprometeu: 'eu não trocaria sua prensa por todas as prensas do mundo' (20 de agosto de 1772)"[364].

Sobre a relação de Afonso com os editores - tanto napolitanos, quanto venezianos - pode-se afirmar que "foi substancialmente boa. As críticas que Afonso faz ao sistema editorial devem ser enquadradas na particular situação em que se encontrava a arte tipográfica napolitana no séc. XVIII, que, por falta de capital, não permitia que os trabalhadores do setor levassem a cabo uma política empresarial de tipo moderno e, por isso, ainda apresentava características de atividade artesanal"[365].

7.8.7. O livro como produto técnico e negócio econômico

Afonso foi um autor muito preocupado, e até meticuloso, com a forma externa do livro. Nas cartas a seu editor, Remondini, mostra-se interessado pela tinta, pelo papel, pelos tipos de letra, pelo tamanho do livro[366]. São reiteradas e escrupulosas as anotações que envia para uso dos revisores, tipógrafos e corretores de provas, três ofícios distintos e qualificados na confecção do livro no séc. XVIII[367].

Enquanto produto técnico, a TM é de notável qualidade, tanto nas edições napolitanas, quanto venezianas. Mas uma coisa Afonso não conseguiu do editor Remondini: reduzir o tamanho do livro. Exceto na 9ª edição, que já não foi preparada pelo autor, as edições venezianas utilizaram o tamanho *in-folio,* que Afonso considerava

[364] MARCELLI, E.; RAPONI, S. *Un umanista...*, 217.
[365] CAPRIO, A. *Gli editori napoletani...*, 350.
[366] Ver os abundantes dados da correspondência afonsiana recolhidos em: BAYÓN, R. *Cómo escribió...*, 256; Tellería, 787.
[367] BAYÓN, R. *Cómo escribió...*, 252-255.

pouco prático[368]. O editor se rendeu aos gostos da moda. "Era a época dos grossos in-fólio cujo manejo somente punha à prova a força física daquele que iria empregar semanas em sua leitura"[369].

Além de se servir dos grandes volumes próprios da época, Afonso buscou o tamanho pequeno para livros de ampla difusão. Eram mais manejáveis - um *enchiridion* ou pequena espada de mão, como também Erasmo preferia - e podiam ser transportados facilmente de um lugar para o outro - utilizando o bolso pessoal, como os *livros de bolso* modernos - para leituras rápidas e eventuais. De fato, Afonso deu resposta a grandes e inquietantes questões em pequenos e breves escritos.

Enquanto negócio econômico, os livros de Afonso apenas foram proveitosos para os editores e livreiros. Sendo "um dos grandes sucessos de livraria da história"[370], Liguori não tirou nenhum proveito econômico de suas obras, tampouco mostrou interesse nisso[371]. Os primeiros escritos foram editados às próprias custas ou por doações de amigos, entre os quais devemos nomear Dom João Olivieri (+1759) que, muito provavelmente, custeou a edição das *Visitas ao Santíssimo* e, seguramente, a edição das *Adnotationes* (1748)[372]. Quando Afonso se tornou autor consagrado, os editores imprimiam seus livros sem custos para o autor, mas também, sem retorno financeiro para ele.

Não existia em Nápoles, como, tampouco, em quase nenhum país da Europa, uma lei de "propriedade intelectual". A cláusula de "privilégio" (doação da exclusividade de publicação a um editor) não dava, de fato, vantagens econômicas ao autor[373]. De Remondini, Afonso recebia como contrapartida apenas de 25 a 40

---

368 Lettere, III, 142-143, 145, 181.

369 Rey-Mermet, 471.

370 *Ibid.*, 681.

371 Lettere, III, 65.

372 TELLERÍA, R. *D. Ioannes Olivieri, S. Alfonsi cliens spiritualis, hospitator et cooperator*: SH 13 (1965) 207-217.

373 Sobre o "privilegio": BAYÓN, R. *Cómo escribió...*, 227; TELLERÍA, R. *Primum tentamen S. Alfonsi opera anno 1760 Neapoli excudenda*: SH 9 (1961) 205-228.

por cento de desconto nos exemplares que comprava[374]. O livro da TM foi publicado por Remondini com essas condições de total desinteresse econômico por parte de Afonso[375] e de plena ganância por parte do editor.

7.8.8. A publicidade e a venda

Afonso se deu conta da importância da publicidade. Estava em dia com as notícias através de um periódico que assinava e que também utilizou para divulgar anúncios publicitários de suas obras[376].

O periódico, muito mais um semanário, intitulava-se *Avvisi dell'anno* e era publicado no Reino de Nápoles. Consta que Afonso o aguardava com certa expectativa e lia com interesse, sensível como era, a tudo relacionado com os escritos e meios de comunicação. "Este periódico não continha artigos longos ou cansativos, nem, tampouco, muitas ilustrações. Era um bom boletim de notícias interessantes e boa agência ou vitrine publicitária"[377]. Também já notamos que Afonso inseria, no final de cada livro, uma lista das obras que já havia publicado.

Com objetivo de tratar dos assuntos relacionados com seus livros (expedição de originais a Veneza, via Roma ou via Manfredônia; controle de edições; vendas dos livros que o autor recebia do editor com desconto de, mais ou menos, 40 por cento, etc.), Afonso montou uma minúscula *agência* na cidade de Nápoles, localizada no *Palazzo* dos Liguori-Cavalieri, no *Supportico Lopez.* Foram agentes de Afonso em Nápoles o padre Jerônimo Ferrara e o irmão Francisco Antônio Tartaglione (1715-1774).

---

[374] Lettere, III, 59, 101.
[375] Lettere, III, 18.
[376] BAYÓN, R. *Cómo escribió…*, 259-262.
[377] AMARANTE, A. V. *Dio sulle tracce di un uomo…*, 115.

7.8.9. *A extensa produção, a catalogação e o êxito editorial*

- Extensa produção literária

A produção literária de Afonso é extensa, tanto em páginas, quanto em temas tratados[378]. "Abundante, sim, mas não excepcional para a época em que viveu"[379]. Nisto, Afonso também foi filho de sua época[380]. Conforme minucioso e meticuloso estudo bibliográfico, levado a cabo por M. de Meulemeester, Afonso publicou 111 obras. "Isso é verdade, em se falando do apêndice de 5 páginas até os in-quarto de 1.500"[381].

A clássica, e quase simbólica, cifra de 111 obras afonsianas deve ser aumentada para 114 se levarmos em conta outros escritos não contabilizados por De Meulemeester, publicados durante a vida do autor, e para 128 se levarmos em conta os escritos inéditos, publicados postumamente, depois da morte de Afonso. Portanto, o número de 128 deve ser considerado como cifra definitiva dos escritos afonsianos[382].

Os mais de cem escritos se referem a todos os campos da vida cristã: pastoral, apologética, dogmática, espiritualidade, moral[383].

---

[378] GIGLIO, R. *Bibliografia delle opere e delle edizioni di Alfonso*: GIANANNTONIO, P. (ed.). Alfonso M. de Liguori e la civiltà letteraria del Settecento (Città di Castello, 1999) 333-352.

[379] TORTORA, A. *Sant'Alfonso e gli eretici. In magine ad alcune "opere dommatico-erudite" del santo vescovo*: VICIDOMINI, G. (ed.). Alfonso M. De Liguori. Un santo per il terzo millennio (Materdomini, s. a. [= 2010]) 354.

[380] BAYÓN, R. *Cómo escribió...*, 236: O século XVIII "foi a época dos escritores prolíficos. Para nomear apenas os que têm relação direta com Afonso: Bento XIV, Cardeal Noris, Muratori, Mansi, Ferraris, Pepe, Concina, Patuzzi, De Meo com suas 4.000 páginas *in 4º* e o Pe. Zaccaria, jesuíta amigo de Afonso, com suas cento e seis obras e, ainda, o próprio Afonso, com suas cento e onze. Era a época das Enciclopédias, dos Dicionários, dos Anais, Coleções, Thesauros críticos e *di diritto*, Cartas, etc".

[381] Rey-Mermet, 681.

[382] FERRERO, F.; BOLAND, S. J. *Las obras impresas por S. Alfonso María de Liguori*: SH 36/37 (1988-1989) 485-543.

[383] Sobre a gênese de cada um dos escritos afonsianos, são recomendáveis estas duas obras: ROMANO, C. M. *Saggio storico delle opere di S. Alfonso Maria de' Liguori ricavato specialmente dalla corrispondenza del santo* (Roma, 1896); GETTO, G. *Sant' Alfonso de Liguori* (Milão, 1945).

São estes dois últimos campos - espiritualidade e moral - onde a contribuição foi decisiva para sua época e de grande potencialidade para os séculos posteriores. Afonso é um "mestre de vida espiritual" e educador do povo cristão; aí estão suas obras, repetidamente editadas e traduzidas para muitos idiomas: *Glórias de Maria, Visitas ao Santíssimo, Prática de amar a Jesus Cristo, A verdadeira esposa de Jesus Cristo.* Contudo, o cume da personalidade teológica e eclesial de Afonso é sua contribuição para o campo da Teologia Moral.

- Catalogação dos escritos

M. de Meulemeester estabelece um princípio geral, de validade também para a produção literária de Afonso: "A atividade literária de qualquer instituto religioso deve estar relacionada com sua finalidade"[384]. Como toda boa regra, também esta tem suas exceções: entre os primeiros companheiros de Afonso encontramos A. Tannoia que escreve sobre as abelhas e Alexandre di Meo que publicou sobre as instituições medievais.

Se a produção literária de Afonso está em consonância com o projeto geral de sua vida, ou seja, fazer o possível para que a abundante redenção se verifique na prática dos crentes, este será também o critério geral de seu trabalho literário. Consequentemente, há unidade fundamental, e não dispersão, quer nos temas, quer nos objetivos, de seus escritos.

Uma vez aceita tal unidade básica, é possível estabelecer divisões de caráter secundário. Tais divisões podem ser estabelecidas em razão de diversos critérios: 1. Em razão da apresentação (tamanho e conteúdo) da obra. 2. Em razão do idioma utilizado (a maior parte das obras: em italiano; o restante, em latim). 3. Em razão dos destinatários, ao menos no sentido principal (sacerdotes, religiosos, seculares, etc.). 4. Em razão dos temas tratados.

---

384 DE MEULEMEESTER, M. *Bibliographie générale des écrivains rédemptoristes, I. Bibliographie de S. Alphonse M. de Liguori* (La Haya-Lovaina, 1935) 9.

Este último critério costuma ser o mais utilizado. Na produção literária afonsiana ficam patentes cinco grupos temáticos: literatura espiritual, literatura pastoral, literatura moral, literatura apologética, literatura dogmática. A maneira de organizar esses grupos temáticos varia conforme os intérpretes (e os editores) da obra afonsiana. Por exemplo, F. Chiovaro organiza a produção literária de Afonso em quatro grupos[385]: 1. Obras espirituais. 2. Obras morais e pastorais. 3. Obras dogmático-eruditas. 4. Obras de oratória.

Da nossa parte, não queremos acrescentar mais uma classificação ao conjunto literário de Afonso. Temos satisfação de dizer ao leitor que, se ler com atenção os tomos do presente volume, terá informação sobre *todos* os escritos afonsianos. Dada a especificidade do presente estudo, nesta obra se perceberá uma consideração preferencial da produção literária de Afonso nas seguintes *áreas temáticas:*

1. O maior interesse - e, consequentemente, o maior espaço - deste volume será dirigido à exposição e análise da área temática em que Afonso fez sua máxima contribuição: a área *teológico-moral* (dedicaremos a ela toda a quarta parte).
2. Em relação direta com esse amplo conjunto teológico-moral, destacamos a contribuição afonsiana na área da *espiritualidade cristã* (a quinta parte).
3. Com o objetivo de contextualizar adequadamente a proposta moral-espiritual de Afonso, é preciso ter em conta os escritos afonsianos que se confrontam com contextos ideológicos e culturais de sua época:
   - escritos antijansenistas.
   - escritos apologéticos, frente ao racionalismo filosófico.
   - escritos como resposta aos ideais do *iluminismo,* por exemplo, sobre a pregação.

---

385 CHIOVARO, F. *Sincronia e diacronia della tradizione in S. Alfonso M. de Liguori*: GIANNANTONIO, P. (ed.). Alfonso M. de Liguori e la società civile del suo tempo (Florença, 1990) I, 138-160, hic: 140.

4. Também são levados em conta os escritos afonsianos sobre as instituições eclesiais: a *vida clerical* (orientações sobre: o *seminário*, os *sacerdotes*, os *bispos*); a *vida religiosa* (concretamente: as *religiosas*).

A produção literária de Afonso também teve incidência em diversos aspectos da *cultura* (gramática, retórica, poesia, etc.), como anotamos no cap. 3 da seção precedente.

– Êxito editorial

Afonso de Liguori "é um dos grandes sucessos de livraria da história" (Rey-Mermet, 681). M. De Meulemeester, que dedicou muitos anos a recolher dados sobre a bibliografia afonsiana, constatou 402 edições dos livros de Afonso durante a vida do autor e, desde sua morte até o ano de 1933, ano em que termina a pesquisa, 3.708 edições. Por outro lado, até esse ano de 1933 houve traduções das obras de Afonso para 61 idiomas (durante a vida do autor houve 91 edições em língua estrangeira, ou seja, diferente do italiano e do latim)[386].

Até 1970 se calculava que as obras de Afonso haviam sido traduzidas para 70 idiomas, alcançando 22.000 edições (das quais, 21.500 depois da morte do autor), obtendo difusão comparável aos escritos de Shakespeare, Marx e Lênin[387].

> "A *Theologia Moralis* teve 9 edições durante a vida do autor e 73 depois de sua morte; o *Homo Apostolicus,* resumo da obra precedente, desde o séc. XVIII até hoje alcançou 118 tiragens; as *Visitas ao Santís-*

---

386 DE MEULEMEESTER, M. *Bibliographie générale des écrivains rédemptoristes,* II (Lovaina, 1939) 205-238.

387 SANTONICOLA, A. M. *Vita cronologica di Alfonso M. de' Liguori* (Pagani, 1972) 16. Ver: LISSA, G. *Tra innovazione e tradizione: S. Alfonso M. de Liguori nel dibattito sull'utilizzazione dei testi biblici*: GIANNANTONIO, P. (ed.). Alfonso M. e la società civile del suo tempo (Florença, 1990) I, 190. Também: GIGLIO, R. *Bibliografía delle opere e delle edizioni di Alfonso:* GIANNANTONIO, P. (ed.). Alfonso M. de Liguori e la civiltà letteraria del Settecento (Città di Castello, 1999) 333-352. "Shakespeare, mais velho por uma alentada geração, traduzido, é verdade, em 77 línguas, totalizava em 1961 somente 10.602 edições" (Rey-Mermet, 681).

simo Sacramento teve 2.020 edições; as *Glórias de Maria,* mais de mil; a *Prática de amar a Jesus Cristo,* 535; a *Preparação para a morte, 319;* as *Regras para bem viver,* o *Regulamento de vida de um cristão* e a *Uniformidade com a vontade de Deus* alcançaram mais de 500 edições cada uma"[388].

Em 1778, ao cessar sua atividade literária, Afonso podia estar satisfeito com sua obra escrita. Desde os balbucios das *Máximas Eternas* (1728), até a oitava edição da *Theologia Moralis* (1779), "foi encadeando toda uma lista de obras, tão diferentes em tamanho e conteúdo, até superar uma centena de títulos (...). Afonso tinha motivos para esperar que sua obra sobrevivesse a si mesmo para o bem das almas de todo o mundo católico; tanto que, mesmo os editores protestantes, reimprimiam seus escritos por afã de lucro. Quando até a pequena cela de Pagani lhe chegava por vias indiretas algum eco daquela difusão crescente, exclamava o santo ancião, voltado para o crucifixo: *Soli Deo honor et gloria* (*Lettere*, III, 441)"[389].

7.8.10. O epistolário

O epistolário de Afonso de Liguori tem grande importância, em si mesmo e como fonte documental[390]. Esta afirmação é válida para qualquer epistolário, segundo o axioma de que "a melhor biografia de um personagem, melhor ainda que a autobiografia, é seu epistolário"[391]. E isso é válido, de modo especial, para o epistolário afonsiano, por ser um dos mais extensos, tanto em cartas enviadas, quanto em cartas recebidas. Essa correspondência há de ser entendida e lida em chave de *carteggio,* ou seja, autêntico *intercâmbio epistolar*[392].

As cartas enviadas por Afonso poderiam estar perto das 5.000; enquanto atribuem-se a L. A. Muratori umas 20.000. Segundo a

---

388 MARCELLI, E.; RAPONI, S. *Un umanista del '700 italiano. Alfonso. M. de Liguori* (Verona, 1992) 32-33.

389 Tellería, II, 555-556.

390 ORLANDI, G. *Introduzione generale*: S. Alfonso Maria de Liguori, *Carteggio. I. 1724-1743*. A cura di Giuseppe Orlandi (Roma, 2004) 5-66. Também: SORDO, V. M. *Al margen de un epistolario*: El Perpetuo Socorro 18 (1916) 433-440.

391 Citado em: ORLANDI, G. *Introduzione generale...*, 5.

392 ORLANDI, G. *La corrispondenza di S. Alfonso M. De Liguori. Dall'epistolario al carteggio*: SH 37 (1988-1989) 285-314.

contagem de H. Arboleda, arquivista geral da Congregação do Santíssimo Redentor (Roma), destas cartas enviadas por Afonso, são conservadas 1.895[393]. De Francisco de Sales se conservam 2.103; de Vicente de Paulo, cerca de 3.400; de Paulo da Cruz, 1.884; de Antônio Genovesi, ao redor de 200; enquanto de B. Tanucci se conservam cerca de 18.000. Foram também muitas as cartas recebidas por Afonso, das quais se conservam 625[394].

Em 1940, escrevia R. Bayón: "O século XVIII foi o século da correspondência epistolar, como o XIX seria o da telegrafia e o presente, o da telefonia"[395].

Remetendo a outros estudos para a história das edições do epistolário afonsiano[396], neste volume utilizamos a edição de Roma (1887-1890), obra de F. Kuntz e F. Pitocchi[397]. Citamos a edição mediante a abreviatura: Lettere, I, II, III (tomo em numeração romana e página em numeração arábica). Esta edição recolhe 1.470 cartas (ou documentos a modo de carta) de Afonso. A cifra das cartas de Afonso publicadas até agora chega a 1.823[398].

> Não se deve esquecer que os citados editores das cartas de Afonso omitiram (por decisão própria? obedecendo ordens dos superiores?) cinco cartas, três das quais tinham a ver com o sistema moral afonsiano (as outras duas se referiam à questão do *Regolamento*); também mutilaram três cartas dirigidas a Remondini em que está presente a questão do sistema moral[399].

---

393 ARBOLEDA, H. *Regesto delle Lettere di S. Alfonso Maria de Liguori pubblicate ed inedite, che si trovano nell'Archivio Generale Storico Redentorista*: SH 39 (1991) 359-499. Convém lembrar que muitas cartas enviadas por Santo Afonso foram doadas (fala-se de um total entre 560 e 1000) como relíquias a diversos benfeitores da Congregação do Santíssimo Redentor.

394 ARBOLEDA, H. Lettere *a S. Alfonso*: SH 40 (1992) 129-179.

395 BAYÓN, R. *Cómo escribió…*, 338.

396 De Meulemeester, I, 174-176; ORLANDI, G. *Introduzione generale…*, 34-53.

397 Sobre as qualidades e sombras dessa edição: ORLANDI, G. *Introduzione generale...*, 40-53: "L'edizione degli anni 1887-1890: pregi e difetti".

398 ORLANDI, G. *L'epistolario di S. Alfonso M. de Liguori e il suo valore storiografico*: GIANNANTONIO, P. (ed.). Alfonso M. de Liguori e la civiltà letteraria del Settecento (Città di Castello, 1999) 230, nota 178.

399 O texto completo e o texto mutilado podem ser vistos em: ORLANDI, G. *L'epistolario…*, 216-217; ORLANDI, G. *Introduzione generale…*, 47-50.

Entre os correspondentes de Afonso (T. Falcoia, C. Crostarosa, A. Villani, C. Sportelli, P. Cáfaro, etc.) sobressai, para o interesse da presente obra, o nome dos editores Remondini. Ainda que nos tenham chegado somente três das escritas por eles, são muitas as que se conservam das expedidas por Afonso (295)[400].

Gostaríamos de enfatizar - por razões objetivas e por motivo de experiência própria - a importância do epistolário afonsiano enquanto fonte histórica[401].

O epistolário é um documento de primeira ordem, por seus valores de: *sinceridade* ("tem a espontaneidade de uma conversa"), *riqueza* ("as cartas foram escritas a pessoas de toda condição, pelos mais variados assuntos, no período de cinquenta anos"), *autoridade* ("reprodução fiel do que vê, ouve e deseja")[402].

Muitos dados biográficos afonsianos de 1724 a 1785 - anos cobertos pelas cartas - são iluminados através do epistolário. Dentre esses dados, merecem destaque os que se referem à atividade literária e, nesse sentido, a correspondência com seu editor, Remondini, tem muita importância.

Também foram assinalados no epistolário afonsiano seus valores literários[403]. Além do mais, o epistolário foi estudado enquanto expressão de uma pedagogia moral[404].

Estas e outras análises não resolvem completamente a questão sobre a autoria de Afonso em relação a seu amplo epistolário[405]. Algumas cartas foram escritas de próprio punho por Afonso. Mas, a maior parte delas, foram ditadas a copistas, sobretudo, a partir do

---

400 ORLANDI, G. *Introduzione generale...*, 64-65.

401 ORLANDI, G. *L'epistolario...*, 216-217; ORLANDI, G. *Introduzione generale...*, 53-55.

402 BAYÓN, R. *Cómo escribió Alfonso de Ligorio...*, 339-340.

403 LONGO, S. *L'epistolario di S. Alfonso Maria de Liguori fra norma "classica" e lingua d'uso (1725-1763)* (Roma, 2002).

404 DI NARDI, V. *Cammino verso la santità secondo l'epistolario di S. Alfonso* (Marigliano, NA, 2005); DI NARDI, V. *Pedagogia morale attraverso l'epistolario alfonsiano*: VICIDOMINI, G. (ed.). Alfonso M. de Liguori. Un santo per il terzo millennio (Materdomini, s. a. [= 2010]) 395-400.

405 ORLANDI, G. *Introduzione generale...*, 50-52.

ano de 1758, data em que a artrose começou a dificultar o exercício da escrita. Um desses copistas foi o padre Pascoal Amendolara. Na época do episcopado, o trabalho foi realizado pelo irmão Francisco Antônio Romito. Nos últimos anos de sua vida e de seu serviço como Superior-Mor da Congregação, Afonso precisou recorrer ao prático instrumento de oferecer ao secretariado páginas em branco previamente assinadas.

7.8.11. Autoestima de Afonso sobre sua obra escrita

"É coisa muito comum entre os escritores que sentem a carícia da popularidade, falar de sua própria obra, avaliando e confirmando, às vezes, com a promessa de imortalidade"[406]. Exemplos paradigmáticos disso são Cícero, Horácio, Marcial, Cervantes, Goethe, etc.

Também Afonso "opinou sobre sua própria obra, formando juízos tão favoráveis a ponto de contrastarem, estranhamente, com sua modéstia habitual, muito profunda e sincera"[407]. Eis aqui a avaliação do autor sobre algumas de suas obras:

- As *Visitas ao Santíssimo*: "Creio que é um livro muito útil para quem fizer a Visita ao Santíssimo Sacramento e a Maria Santíssima, e acrescento que não vi livro que lhe seja assemelhado, por isso o escrevi"[408].
- A *Teologia Moral*: "É difícil encontrar hoje uma *Moral* tão rica de coisas antigas e modernas como é a minha (...). Não tenho a pretensão de ser doutíssimo, mas vejo que se servem de minha *Moral* e a aplaudem, inclusive, os que são contrários"[409].
- As *Glórias de Maria*: "Das minhas obras, esta é a mais acabada e, talvez, a mais aplaudida"[410].
- A *Prática do Confessor*: "No que se refere à *Prática,* mesmo que fossem impressos cem mil exemplares, seriam vendidos (...). Repito,

[406] BAYÓN, R. *Cómo escribió...*, 337.
[407] *Ibid.*, 338.
[408] Lettere, I, 96.
[409] Lettere, III, 421.
[410] Lettere, III, 98.

se a tiragem dessa obra subisse a um milhão de exemplares, este um milhão seria vendido"[411].

- O *Homo Apostolicus:* "Se não me enganam as notícias que tenho, mesmo na Alemanha foi celebrado: é livro que pode servir para seminários e para os jovens que começam o estudo da Moral. Sei que os jesuítas, para passarem o exame de jurisdição, se servem da antiga edição do *Homo Apostolicus,* mesmo com o fato de estar tão carregada de erratas que aborrecem a quantos a lêem"[412].
- A *Preparação para a Morte*: "Este livro adquiriu grande celebridade em Nápoles, até o ponto de, assim que acaba de ser impresso, mesmo sem *privilegio* já o quererem reeditar"[413].
- O *Grande meio da Oração:* "É obra notável, a todos utilíssima. Não só uma obra ascética ou espiritual, mas sim, também teológica, que me custou não pouco esforço"[414].
- A *Verdadeira esposa de Jesus Cristo:* "Asseguro-lhe que, de todas as minhas obras espirituais, esta é a mais formosa e melhor acabada"[415].
- A *Selva de matérias predicáveis:* "É uma obra muito madura"[416].
- A *Meditação para oito dias de Exercícios Espirituais em privado:* "É um livro de ouro. Eu me sirvo dele para uso diário"[417].
- A *Instrução ao povo:* "O livro, ainda que pequeno: 14 ou 15 cadernos, creio que resultará tão útil quanto é breve; porque é todo um compêndio, apesar de estar redigido em estilo simplicíssimo, tal como se estivesse falando ao povo"[418].
- A *Prática do amor a Jesus Cristo:* "Minha opinião é que [este livro] será mais devoto e proveitoso que todos os meus outros livros"[419].

---

411 Lettere, III, 121-122.
412 Lettere, III, 194.
413 Lettere, III, 87.
414 Lettere, III, 84.
415 Lettere, III, 117.
416 Lettere, III, 107.
417 Lettere, III, 408.
418 Lettere, III, 307.
419 Lettere, III, 311.

7.8.12. *Complemento bibliográfico*

Três estudos básicos

- DE MEULEMEESTER, M. *Bibliographie générale des écrivains rédemptoristes, I. Bibliographie de S. Alphonse de Liguori* (La Haya-Lovaina, 1933). Ver a apurada e magnífica síntese: "Saint Alphonse Marie de Liguori écrivain", p. 21-26.
- BAYÓN, R. *Cómo escribió Alfonso de Ligorio* (Madri, 1940).
- GREGORIO, O.; CACCIATORE, G.; CAPONE, D. *Introduzione generale* [às *Opere ascetiche*]. Premessa di don G. de Luca (Roma, 1960): GREGORIO, O. "Restituzione del testo", p. 1-101; CACCIATTORE, G. "Le fonti e i modi di documentazione", p. 117-290; CAPONE, D. "Le citazioni nelle opere ascetiche di S. Alfonso", p. 291-388.

Apresentações de caráter geral

- ROMANO, C. M. *Saggio storico delle opere di S. Alfonso Maria de' Liguori ricavato specialmente dalla corrispondenza del santo* (Roma, 1896).
- PICHLER, A. *Der heilige Alfons von Liguori. Ein Charakterbild* (Regensburg, 1922) 296-312: "Der Apostolat der Feder".
- GETTO, G. *Sant'Alfonso de Liguori* (Milão, 1945), especialmente, p. 157-215.
- HORTELANO, A. *Alfonso de Ligorio y su misión literaria:* El Perpetuo Socorro 47 (1946) 302-305.
- TELLERÍA, R. *San Alfonso María de Ligorio. Fundador, obispo, doctor* (Madri, 1950) I, 775-793: "Escritor".
- PIRES DE SOUSA, G. *Um santo às voltas com livros, censores, editores, tipógrafos, correios e leitores:* Revista Eclesiástica Brasileira 11 (1951) 389-410, 596-614; 12 (1952) 125-140.
- MARCELLI, E.; RAPONI, S. *Un umanista del '700 italiano. Alfonso M. de Liguori* (Verona, 1992) 200-248: "Lo scrittore".
- JONES, F. M. *Alphonsus de Liguori. The Saint of Bourbon Naples 1696-1787* (Dublim, 1992) 262-295.
- ORLANDI, G. *Alfonso de Liguori scrittore:* Segno 24 (1998) 103-114.

Este artigo foi reeditado em um folheto, como segundo número da Piccola Biblioteca di Segno (Palermo, 1998), com *Apresentação* de N. Fasullo (p. 7-8), *Catálogo* das obras de Santo Afonso (p. 31-43), e *dados biográficos* essenciais do santo (p. 45-47).

Sobre os manuscritos afonsianos

- ARBOLEDA, H. *Regestum manuscriptorum Sancti Alfonsi in Archivo Generali Historico Redemptoristarum Romae (AGHR):* Studia et Subsidia de vita et operibus S. Alphonsi Mariae de Ligorio (1696-1787) (Roma, 1990) 315-483.

Sobre a "documentação" e as citações

- CACCIATORE, G. *Le forme e i modi di documentazione:* LIGUORI, A. de. Opere Ascetiche. Introduzione generale (Roma, 1960) 117-290.
- CAPONE, D. *Le citazioni nelle opere ascetiche di S. Alfonso:* Ibid., 291-388.
- MARTINELLI, B. *Gli "auctores" e Alfonso:* GIANNANTONIO, P. (ed.). Alfonso M. de Liguori e la civiltà letteraria del Settecento (Città di Castello, 1999) 65-122.

Sobre a relação de Afonso com os editores

- BAYÓN, R. *Cómo escribió Alfonso de Ligorio* (Madri, 1940) 215-229 (tipógrafos napolitanos), 231-247 (Remondini).
- CAPRIO, A. *Gli editori napoletani di Alfonso M. de Liguori:* GIANNANTONIO, P. (ed.). Alfonso M. de Liguori e la società civile del suo tempo (Florença, 1990) I, 325-352.

Sobre o mundo do livro no Settecento napolitano

- GIUSTINIANI, L. *Saggio storico-critico sulla tipografia del Regno di Napoli* (Nápoles, 1793).
- CROCE, B. *Stampatori e librai napoletani nella prima metà del Settecento:* CROCE, B. Curiosità storiche (Nápoles, 1919) 164-172.
- DORIA, G. *Campania:* BONETTI, M. (ed.). Storia dell'editoria italiana (Roma, 1960) I, 355-382.

- PERNA, M. L. *Giuseppe Maria Galanti editore:* VÁRIOS. Miscellanea Walter Maturi (Turim, 1966) 223-258.
- FUIANO, M. *Aspetti della cultura e dell'editoria napoletana del Settecento:* Archivio storico per le provincie napoletane 12 (1974) 257-279.
- LOPEZ, P. *Inquisizione, stampa e censura nel regno di Napoli* (Nápoles, 1974).
- RICUPERATI, G. *Giornali e società nell'Italia dell'"Ancien Régime" (1668-1789):* VÁRIOS. La stampa italiana dal Cinquecento all'Ottocento (Roma-Bari, 1980) 67-372.
- RAO, A. M. (ed.). *Editoria e cultura a Napoli nel XVIII secolo* (Nápoles, 1998).
- LUISE, F. *Librai editori a Napoli nel XVIII secolo. Michele e Gabriele Stai e il circolo filangieriano* (Nápoles, 2001).
- ZAPELLA, G. *Arte del libro a Napoli nel Settecento: i primi decenni:* CICCO, G. G.; VITALE, A. M. (ed.). Le settecentine della Biblioteca Provinciale di Salerno, Napoli, 1701-1725. II. Marche e apparato iconografico (Salerno, 2011) 19-155.

Há mais estudos sobre o mundo do livro na Nápoles dos dois séculos precedentes (séc. XVI-XVII): GIANNINI, G. (1874), CASTELLANO LANZARA, M. G. (1959), SCOGNAMIGLIO, G. (1964), FRATTAROLO, R. (1977).

Outros estudos sobre o livro na Itália do Antigo Regime

- INFELISE, M. *L'editoria veneziana nel '700* (Milão, 1991).
- DELPIANO, P. *Il governo della lettura. Chiesa e libri nell'Italia del Settecento* (Turim, 1997).
- DELPIANO, P. *Liberi di scrivere. La battaglia per la stampa nell'età dei Lumi* (Roma-Bari, 2015).
- NAPOLI, M. C. *Letture proibite. La censura di Napoli nell'età borbonica* (Milão, 2002).
- NAPOLI, M. C. *Giuseppe Maria Galanti. Letterato ed editore nel secolo dei Lumi* (Milão, 2012): "Gutenberg a Napoli" (p. 11-14); "In Napoli trionfa uma gran libidine di stampare" (p. 14-19).

- GATTO, R. *Libri di matematica a Napoli nel Settecento. Editoria, fortuna e diffusione delle opere* (Roma, 2010).
- BRAIDA, L.; TATTI, S. (ed.). *Il libro. Editoria e pratiche di lettura nel Settecento* (Roma, 2016).

7.9. A ETAPA FINAL DA TRAJETÓRIA VITAL DE AFONSO

7.9.1. O retiro em Pagani

Afonso passou os últimos anos de sua vida na casa religiosa de Pagani, onde chegou em 27 de julho de 1775, depois do Papa ter aceito sua renúncia à diocese de Santa Águeda dos Godos. Por sua condição de bispo, recebia em Pagani a pensão da Santa Sé, aumentada pelo governo, quantia econômica reforçada pela pensão proveniente do Colégio dos Doutores da Universidade de Nápoles. Desde Pagani, governou a Congregação por ele fundada e continuava a pensar em seus livros.

No ano seguinte, 1776, vieram à luz, em Nápoles e Veneza, suas *Dissertações teológico-morais sobre a vida eterna,* última grande obra de Afonso, a quem o censor Salvatore Ruggieri incomodou por conta do limbo das crianças mortas sem batismo[420]. Em seu retiro, Afonso controlou as mudanças que haveria de introduzir na 8ª edição da *Theologia Moralis,* pensando, sobretudo, em retirar qualquer rastro de jesuitismo[421].

A fase final da trajetória de Afonso - sobretudo, os cinco últimos anos de sua vida - não foi etapa alegre e tranquila no que diz respeito, nem à saúde pessoal, nem aos compromissos enquanto fundador e superior geral de um novo Instituto missionário. Neste último aspecto, Afonso pode contemplar, no final de seus dias, notável florescimento de sua Congregação[422].

---

420 Jones, 441-443.
421 Jones, 443.
422 Tellería, II, 751-770: "El adiós al Instituto" (1783-1786).

Mas, também teve que sofrer a lamentável (por sua origem pouca clara) e dolorosa (por seus efeitos de divisão produzidos no Instituto) questão do *Regolamento,* a que nos referimos no cap. 7 da presente seção.

O bispo emérito morreu dentro da Congregação por ele fundada, mas fora do "ramo" aceito como tal por Roma. "O regalismo napolitano determinou uma crise pela qual, depois de 52 anos de vida religiosa, Afonso teve que morrer fora da Congregação. Pio VI declarou (aos enviados de Afonso) que motivos políticos impediam adotar outra solução. Roma não podia deixar escapar a ocasião de acertar um golpe na rainha de Nápoles"[423]. No que diz respeito à saúde, Afonso esteve condicionado por uma grave enfermidade (artrose deformante) que sempre mais o impossibilitava e tornava quase completamente dependente. Também foi nessa última etapa de sua vida que os escrúpulos se manifestaram com maior força. Dão conta disso os biógrafos[424], especialmente alguns deles[425].

> "Realmente, era comovente o espetáculo do pobre ancião ditando suas dúvidas ao serviçal ou ao irmão e enviando-o para perguntar a um padre qualquer, por jovem que fosse, umas linhas de resposta, por temer importuná-los fazendo com que viessem ao seu quarto"[426].

As tentações e escrúpulos criavam situações penosas, tanto para o ancião Afonso, quanto para os que o acompanhavam e assistiam. Algumas das "tentações" (ereções involuntárias) ocorriam por causa da deformação da coluna. O componente ou conteúdo dos escrúpulos era de índole diversa e pertencia a diferentes áreas da realidade humana. Sobre esse aspecto, dos escrúpulos de Afonso, voltaremos na última parte deste volume.

---

423 ILLIANO, G. *Sant'Alfonso, vescovo emerito in Pagani*: VICIDOMINI, G. (ed.). Alfonso M. de Liguori. Un santo per il terzo millennio (Materdomini, s. a. [= 2010]) 259.

424 Tellería, II, 735-750; Rey-Mermet, 713-714.

425 Jones, 479-482.

426 Tellería, II, 743.

A um sacerdote que expressava sua surpresa pela tristeza que via em Afonso ("Meu monsenhor, vejo-o melancólico, o senhor que sempre foi alegre"), ele respondia: "Alegre? Estou sofrendo penas dignas do inferno". Com sua costumeira vivacidade, anota Tannoia: "Todas as coisas se convertiam para ele em sombra; e toda sombra era para ele uma montanha cheia de horror. Algumas vezes se encontrou em tal perplexidade que foram inúteis todas as tentativas para proporcionar aquela tranquilidade que antes era o seu céu".

7.9.2. O final

A última crise da Afonso durou quinze dias. Manifestou-se, a partir de 16 de julho de 1787, em um ataque de disenteria, seguido de intensa febre. Com a chegada da última crise somática, retornou a paz ao espírito de Afonso. A etapa de escrúpulos foi sucedida por uma situação de "serenidade inalterável, banhada de confiança sobrenatural, na qual o mais mínimo sucesso servia para avivar o rescaldo do divino amor"[427].

O momento supremo chegou ao meio-dia de 1 de agosto de 1787. Desapareceram os temores, angústias, pesadelos. "Como em um êxtase amoroso, a morte o surpreendeu, enquanto os campanários tocavam o *angelus* do meio-dia, como comentando, com alegria musical, o trânsito sereno do cantor de Maria"[428].

Momento supremo que é descrito por A. Tannoia com estilo lapidar:

> "Circundado pelos confrades, Afonso entra em agonia. Não demonstra lutar com a morte, mas desfrutá-la com Deus em êxtase amoroso. Sem movimentos na constituição do corpo, sem falta de ar, sem suspiros dolorosos. Tendo nas mãos uma imagem de Maria Santíssima, entre as lágrimas e orações de todos, descansando placidamente e, como surpreendido por

---

[427] Tellería, II, 771.

[428] GETTO, G. *Sant'Alfonso...*, 301

um doce sono, enquanto os campanários difundiam o som do *angelus* do meio-dia, Afonso expira sua bela alma no seio de Deus, entre as mãos de Maria Santíssima"[429].

Era o dia 1 de agosto de 1787, em Pagani (Salerno), Reino de Nápoles, Itália. Contava Afonso noventa anos, dez meses e cinco dias. Os redentoristas eram 98 no Reino das Duas Sicílias e 85 nos Estados Pontifícios.

7.10. ELENCO CRONOLÓGICO DOS ESCRITOS DE AFONSO DE LIGUORI. NÚMERO DE EDIÇÕES

O seguinte elenco depende diretamente:

- Do composto por: M. de Meulemeester, *Bibliographie générale des écrivains rédemptoristes, 1.1. Bibliographie de S. Alphonse M. de Liguori* (La Haya-Lovaina, 1933).

A juízo de F. Chiovaro, alguns pequenos detalhes que escaparam ao paciente investigador belga "não diminuem o valor extraordinário desta obra"[430]. Assim saudava a obra, no momento de sua aparição, o estudioso dos escritos de Afonso, redentorista espanhol, Rodrigo Bayón: "Nem pela apresentação, nem pelo esmerado aparato tipográfico, nem pela ampla e minuciosa composição, cede a alguma das obras similares, e avantaja a muitas. O esplendor tipográfico (neste tipo de obra, um fato importantíssimo) é algo inquestionável (...). Nossa Congregação está de parabéns com esse trabalho bibliográfico monumental. Uma obra assim, melhor que qualquer outro cálculo, define a postura e elevação intelectual de uma instituição. E quem sabiamente conserva seu

[429] Tannoia, III, 200. Deste texto tannoiano dependem as descrições dos biógrafos: Tellería, II, 782; Rey-Mermet, 715-716.

[430] CHIOVARO, F. *Sincronia e diacronia della tradizione in S. Alfonso M. de Liguori*: GIANNANTONIO, P. (ed.). Alfonso M. de Liguori e la società civile del suo tempo (Florença, 1990) I, 144.

legado espiritual, torna-se digno dele"[431]. Recolhendo o parecer de muitos, A. Sampers, por ocasião do cinquentenário da profissão religiosa de M. de Meulemeester, reconheceu, nesse padre belga, "nosso bibliógrafo mais insigne"[432].

- Sobre a revisão, que do precedente realizaram: Fabriciano Ferrero - Samuel J. Boland, *Las obras impresas por S. Alfonso María de Liguori:* VÁRIOS. Studia et Subsidia de vita et operibus S. Alphonsi Mariae de Ligorio (1696-1787) (Roma, 1990) 485-543.

Também contém elementos próprios do autor do presente volume.

Anotamos (entre parênteses, no final do título da obra) o número de edições até a data de 1933.

---

[431] BAYÓN, R. *Bibliografía de san Alfonso Mª de Ligorio*: El Perpetuo Socorro 35 (1933) 327-330.

[432] A. S. *Giubileo aureo del più insigne nostro bibliografo*: SH 4 (1956) 500.

Índices das obras de Santo Afonso

Índice Cronológico

(Ferrero-Boland)

1	**1728 (?)**	**Massime eterne.**
2	1732 (?)	Canzoncine Spirituali.
***	1733	Dissertazione sulla povertà.
3	1734 (?)	Orazioni alla Divina Madre.
4	1743	Considerazioni sopra le virtù e pregi di S. Teresa.
5	1744	Compendio della Dottrina cristiana.
***	1744-1745	Notizie della fondazione in Iliceto.
6	1745	Riflessioni utili a' Vescovi.
7	1745 (?)	Visite al SS. Sacramento.
8	1746	Lettera... sopra l'abuso di maledire i morti.
9	1748	Theologia Moralis.
10	1748	Expiatio a calumniis.
***	1748	Praxis interrogationum.
***	1748	Brevis Dissertatio.
***	1748	Supplex Libellus.
***	1748-1749 (?)	Rettitudine d'intenzione.
11	1749	Dissertatio scholastico-moralis.

12	1749	Costituzioni e Regole della Congregazione del SS. Redentore.
13	1750	Le Glorie di Maria.
14	1750	Avvisi spettanti alla vocazione religiosa.
15	1750 (?)	Avvertimenti per la Lingua Toscana. Regole principali dell'Aritmetica.
16	1751	L'amore delle anime.
17	1751	Quiete per le anime scrupolose.
18	1751	Dissertatio de absolutione deneganda clerico habituato.
***	1751	Opere spirituali.
19	1752	Vita del P.G.M. Sarnelli..., e del Fr. Vito Curzio.
***	1753	Theologia Moralis, vol. I, 2a ed. Cfr. n. 9.
20	1754	Modo di conversare continuamente uma Dio.
21	1754	Regole per uma vivere.
22	1755	Uniformità alla volontà di Dio.
***	1755	Theologia Moralis, vol. II, 2a ed. Cfr. n. 9.
23	1755	Pratica del confessore (= Praxis confessarii, 1757).
24	1755	Dissertatio pro usu moderato opinionis probabilis.
25	1756 (?)	Avvertimenti ai confessori novelli.
26	1756	Breve dissertazione contro gli errori dei moderni increduli.
27	1756	Risposta ad un anonimo.
28	1756	Regolamento per li Seminari.
***	1757	Theologia Moralis, 3a ed. Cfr. n. 9.
***	1757	Praxis confessarii (= Pratica del confessore, n. 23).
29	1757	Istruzione e pratica per li confessori (= Homo Apostolicus, 1759).
30	1757	II Sacerdote provveduto per l'assistenza ai moribondi.
31	1757	Examen Ordinandorum.
32	1757	Breve trattato sulla necessità della preghiera.

33	1757	Avvertenza circa la maledizione dei morti.
34	1758	Lettera di risposta sopra l'abuso di maledire i morti.
35	1758	Apparecchio alla morte.
36	1758	Nove discorsi da farsi [nel] tempo di Flagelli.
37	1758	Novena del Santo Natale.
38	1758	Novena al SS. Cuore di Gesù.
***	1758 (?)	Novena del SS. Nome di Gesù.
39	1758	Meditazioni in onore di S. Giuseppe.
40	1758	Apparecchio e ringraziamento.
41	1759	Dissertatio de justa prohibitione librorum.
42	1759	Del gran mezzo della preghiera.
***	1759	Homo Apostolicus (= Istruzione e pratica, cfr. n. 29).
***	1760	Theologia Moralis, 4a ed. Cfr. n. 9.
43	1760-1761	La vera sposa di Gesù Cristo.
44	1760	Selva di materie predicabili.
45	1760	Breve Istruzione degli Esercizi di Missione.
46	1760	La Messa e l'Officio strapazzati.
***	1760	Duetto tra l'Anima e Gesù-Cristo.
47	1761	Meditazioni per otto giorni d'esercizi spirituali.
48	1761	Considerazioni ed affetti sopra la Passione.
49	1761	Esercizio della Via Crucis.
50	1761	Lettera sul modo di predicare all'apostolica.
51	1761	Vita e morte della S. de D. Sr. Teresa M de' Liguori.
52	1762	Risposta apologetica a... D. Cipriano Aristasio.
53	1762	Breve dissertazione dell'uso moderato dell'opinione probabile.
54	1762	Evidenza della Fede, o uma verità della Fede.
55	1762	Breve dottrina cristiana.
56	1762 (?)	Istruzione per l'orazione mentale.
***	1762	Regole per il Seminario di S. Agata de' Goti.

***	1763	Theologia Moralis, 5a ed. Cfr. n. 9.
57	1764	Il Confessore diretto.
58	1764	Risposta apologeticaa circa l'uso della comunione.
60	1764 (?)	Dimande ai Sacerdoti.
61	1764 (?)	Regole per il Ven. Monast. di S. M. Regina Coeli.
62	1764	Risposta apologetica.
63	1764	Apologia contro Adelfo Dositeo.
64	1765	Dell'uso moderato dell'opinione probabile.
65	1765	Breve aggiunta sulla comunione frequente.
66	1765 (?)	La legge incerta non può indurre uma obbligazione certa.
***	1765	Trattato della Confidenza cristiana.
***	1765	Relazione "ad limina".
67	1766	Via della salute.
68	1766	Vita del P. Paolo Cafaro.
***	1767	Theologia Moralis, 6a ed., cfr. n. 9.
69	1767	Verità della Fede.
70	1767	Confutazione del libro intitolato Dello Spirito.
71	1767	Confutazione del libro... De la prédication.
72	1767	Istruzione al popolo.
73	1768	Pratica di amar Gesù Cristo.
74	1768	Vindiciae pro suprema Pontificis potestate.
75	1768 (?)	Foglietto in cui si tratta di cinque punti.
***	1768	Relazione "ad limina".
***	1768	Dissertatio super abusum duelli.
76	1769	Delle cerimonie della messa.
77	1769	Degli abusi nel prender le messe.
78	1769	Apologia della Teologia Morale.
79	1769	Opera dommatica.
80	1769	Del modo come opera la grazia.

81	1769	Dell'ubbidienza dovuta alle definizioni del Concilio.
82	1770 (?)	Quando l'opinione che sta per la legge non è convincente.
83	1771	Sermoni compendiati.
84	1771	Lettera ad uma Vescovo novello.
85	1771	Lettera ad un giovane studioso.
86	1771	Sermoni vari.
***	1771	Relazione "ad limina".
87	1772	Discorso familiare ad uma fanciulla.
88	1772	Trionfo della Chiesa cioè Istoria dell'Eresie.
***	1772	Theologia Moralis, 7a ed., cfr. n.9.
89	1773	Riflessioni sulla Passione di Gesù Cristo.
90	1773	Riflessioni divote.
91	1773	Riflessioni sulla verità della Divina Rivelazione.
92	1773	Ragguaglio del miracoloso ritrovamento delle sagre particole.
93	1773	Meditazioni sulla Passione.
94	1773	Monitum de usu probabilium opinionum.
95	1774	Traduzione de' Salmi.
96	1774	Dichiarazione del sistema.
***	1774	Lettera al Conclave.
97	1775	Vittorie de' Martiri.
98	1775	Del Sacrificio di Gesù Cristo.
99	1775	Stimoli ai Religiosi.
100	1775	Stimoli ad uma Religiosa.
***	1768	Institutio catechistica ad populum in Praecepta Decalogi et Sacramenta.
101	1775	Avvertimenti necessari ad ogni persona.
102	1775	Novena dei Morti.
103	1775	Avvertimenti a' Sacerdoti che assistono a' Condannati a morte.
104	1775	Condotta ammirabile della Divina Provvidenza.
105	1775	Trattatello dell'Amore Divino.

106	1775	Consigli di solievo.
107	1776	Breve Risposta all'Abate Rolli.
108	1776	Dissertazioni Teologiche-Morali.
109	1777	La fedeltà dei Vassalli.
***	1777	Apologia della dottrina morale.
110	1778	Avvertimenti ai Predicatori.
111	1778	Ricordi alle Monache di Scala.
***	1779	Theologia Moralis, 8a ed., cfr. n. 9.
***	1785	Theologia Moralis, 9a ed., cfr. n. 9.
112	***	Consacrazione a S. Teresa.
113	***	Pii riflessi per eccitarsi al santo amore di Dio.
114	***	Affetti al Sacro Cuore di Gesù.
115	***	Dissertatio de Praedestinazione D. N. Jesu Christi.
116	***	Brani apologeti inediti.
117	***	Due scritti inediti intorno al quietismo.
118	***	L'infallibilità e la superiorità del Papa sul Concilio.
119	***	Pratica della virtù del mese.
120	***	Formula della rinnovazione dei voti.
121	***	Uma sermon marial inédit.
122	***	Predica della chiamata.
123	***	Sermone di vestizione per le monache.
124	***	Novena in onore di S. Michele.
125	***	Discorso ai sacerdoti della necessità dell'orazione mentale.
126	***	Sentimenti di Monsignore.
127	***	Documenti pastorali ed epistolari.
128	***	Codicilli Testamentarii.

Índice alfabético dos títulos

(Ferrero-Boland)

Costituzioni e Regole della Congr. del SS. Redentore,	12	1749
Degli abusi nel prender le messe,	77	1679
Del gran mezzo della preghiera,	42	1759
Del modo come opera la grazia,	80	1769
Deliceto,	***	1744-1745
Dell'ubbidienza dovuta alle definizioni del Concilio,	81	1769
Dell'uso moderato dell'opinione probabile,	64	1765
Delle cerimonie della messa,	76	1769
Dichiarazione del sistema,	96	1774
Dimande ai Sacerdoti,	60	1764 (?)
Dimande per l'Esame de' Confessori,	59	1764 (?)
Discorso ai sacerdoti della necessità dell'orazione mentale,	125	***
Discorso familiare ad uma fanciulla,	87	1772
Dissertatio de absolutione deneganda clerico habituato,	18	1751
Dissertatio de justa prohibitione librorum,	41	1759
Dissertatio de Praedestinatione D. N. Jesu Christi,	115	***
Dissertatio pro usu moderato opinionis probabilis,	24	1775
Dissertatio scholastico-moralis,	11	1769
Dissertatio super abusum duelli,	***	1768
Dissertazione sulla povertà,	***	1733
Dissertazioni Teologiche-Morali,	108	1776
Documenti pastorali ed epistolari,	127	***
Due scritti inediti intorno al quietismo,	117	***
Duello,	***	1768
Duetto tra l'Anima e Gesù-Cristo,	***	1760
Esercizi spirituali,	47	1761

Esercizio della Via Crucis,	49	1761
Evidenza della Fede, o uma verità della Fede,	54	1762
Examen Ordinandorum,	31	1757
Expiatio a calumniis,	10	1748
Fedeltà dei Vassalli (La),	109	1777
Formula della rinnovazione dei voti,	120	***
Glorie di Maria (Le),	13	1750
Grazia,	80	1769
Homo Apostolicus (Istruzione e pratica, cfr. n. 29),	***	1759
Il Confessore diretto,	57	1764
Il Sacerdote provveduto per l'assistenza ai moribondi,	30	1757
Infallibilità (L') e la superiorità del Papa sul Concilio,	118	***
Institutio catechistica ad populum in Praecepta Decalogi et Sacram.,	***	1768
Istoria dell'Eresie,	88	1772
Istruzione al popolo,	72	1767
Istruzione e pratica per li confessori (= Homo Apostolicus, 1769),	29	1757
Istruzione per l'orazione mentale,	56	1762 (?)
La legge incerta non può indurre uma obbligazione certa,	66	1765 (?)
Lettera ad un giovane studioso,	85	1771
Lettera ad uma Vescovo novello,	84	1771
Lettera al Conclave,	***	1774 X 24
Lettera di risposta sopra l'abuso di maledire i morti,	34	1758

Theologia Moralis, vol. I, 2a ed., cfr. n. 9.	***	1753
Theologia Moralis, vol. II, 2a ed., cfr. n. 9.	***	1755
Theologia Moralis 3a ed., cfr. n. 9.	***	1757
Theologia Moralis 4a ed., cfr. n. 9.	***	1760
Theologia Moralis 5a ed., cfr. n. 9.	***	1763
Theologia Moralis 6a ed., cfr. n. 9.	***	1767
Theologia Moralis 7a ed., cfr. n. 9.	***	1772
Theologia Moralis 8a ed., cfr. n. 9.	***	1779
Theologia Moralis 9a ed., cfr. n. 9.	***	1785
Traduzione de' Salmi,	95	1774
Trattatello dell'Amore Divino,	105	1775
Trattato della Confidenza cristiana,	***	1765
Trionfo della Chiesa cioè Istoria dell'Eresie,	88	1772
Uniformità alla volontà di Dio,	22	1755
Vera sposa di Gesù Cristo (La),	43	1760-1761
Verità della Fede,	54	1762
Verità della Fede,	69	1767
Vescovi,	6	1745
Via Crucis,	49	1761
Via della salute,	67	1776
Vindiciae pro suprema Pontificis potestate,	74	1768
Visite al SS. Sacramento,	7	1745 (?)
Vita del P. G. M. Sarnelli..., e del Fr. Vito Curzio,	19	1752
Vita del P. Paolo Cafaro,	68	1766
Vita e morte della S. di D. Sr. Teresa M. de' Liguori,	51	1761
Vito Curzio, Fr.,	19	1752
Vittorie de' Martiri,	97	1775
Vocazione,	14	1750

ADENDO:

- É de lamentar:

Que não tenha sido completado o projeto de Afonso (muito adiantado) de editar as *Obras completas ascéticas.* Cf. R. Giglio, *Bibliografia delle opere e delle edizioni di Alfonso:* P. Giannantonio (ed.), Alfonso M. de Liguori e la civiltà letteraria del Settecento (Città di Castello, 1999) 343.

Seria ainda mais louvável, e motivo de agradecimento, Afonso ter feito uma edição de suas *Obras Completas.*

- As edições das obras afonsianas feitas no séc. XIX:

- Edição de L. Corbetta (Monza, 1821-1827): 68 pequenos volumes.
- Edição de Marietti (Turim, 1824-1827): 70 volumes.
- Edição de Marietti (Turim, 1826-1832): 58 volumes.
- Edição de Marietti (Turim, 1845-1848): 9 volumes, com duas colunas por página (total de: 8.640 p.).

  Cf. R. Giglio, *Bibliografia...*, 336-337.

- As edições críticas:

- Da *Theologia Moralis:* edição do Pe. Léonard Gaudé. Dedicaremos a ela uma seção da quarta parte do presente volume:

  S. Alphonsi Mariae de Ligorio, Doctoris Ecclesiae, *Opera Moralia. I. Theologia Moralis.* Editio nova cum antiquis diligenter collata, in singulis auctorum allegationibus recognita, notisque criticis et commentariis illustrata cura et studio P. Leonardi Gaudé, C.SS.R., Romae 1905-1912, 4 vol.

- Das obras espirituais (1933-1939) (1960-1968): dos 18 volumes programados, não saíram os volumes III, VIII, XI, XII e XIII.

  Cf. R. Giglio, *Bibliografia.*, 337-344.

- As edições populares:

Cf. R. Giglio, *Bibliografia.*, 344-346.

Impresso no parque gráfico da Editora Santuário